추수 추기환 목사 자서전

쌩 땅을 파라

인생은 짧았고 목회는 길었다

아이네오

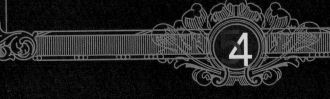

4

쌩 땅을 파라

지은이 추 귀 환
펴낸이 나 상 만
만든이 권 은 주

발행처 도서출판 아이네오
주 소 서울시 관악구 국회단지 15길 3(1층 1호)
전 화 02) 3471-4526
등 록 2008. 11. 24. 제2020-000031호

인쇄 및 제본처 예림인쇄
1판 1쇄 만든 날 2021. 3. 10.
1판 1쇄 펴낸 날 2021. 3. 25.

값 35,000원

ISBN 979-11-85637-37-2

03230

잘못 만들어진 책은 교환하여 드립니다.

쌩 땅을 파라

1968 54 2021

일곱 등대(촛대)는
이스라엘 민족이 광야를 통과할 때(출 25장)
하나님께서 모세에게 지시한 그대로 만든 금 촛대로
성소를 밝히는 하나님의 칠 영,
즉 하나님께서 온 땅을 살피시는 눈으로(슥 4:10; 계 3:1)
지금도 온 우주를 살피시고, 우리 각 사람을 살피고 계십니다.

숫자 54는
54년 성역을 나타내는 것으로
인생은 짧았고, 목회는 길었음을
우회적으로 표현한 것입니다.

신앙인의 5대 신조

 하나님 제일주의

 인격적인 삶

 실력있는 전문가

 건강한 체력과 정신

 온전한 십일조

쌩 땅을 파라

저자 추귀환 목사

가족관계

부인: **박경자 사모**
아들: **추이삭 안수집사 (주)앵거스 월드미트 대표이사**
자부: **강경희 집사**(다주 대표이사)
손자: **수**
사위: **김진협 선교사**(C.C.C.-Gain; SOAP Movement 대표)
딸 : **추지혜 선교사**(C.C.C.-Gain; 민들레학교 교사)
손자: **호연, 하연, 휘연**

헌 사

모든 영광 하나님께 드립니다!

이 책을 손에 들고
책장을 한 장 한 장 넘기시노라면
곡괭이를 들고 쌩 땅을 파내려 가는
한 인생의 굴곡진 삶을 보게 될 것입니다.

이제 그 인생 4막(四幕)의
장막을 함께 바라보면서
쌩 땅을 파봅시다.

자! 이제 출발하겠습니다.

1968 54 2021

추귀환 목사

✝ 가족 관계

- 박경자 사모
- 아들 : 추이삭 안수집사
  - (주)앵거스월드미트 대표이사
- 자부 : 강경희 집사 (다주 대표이사)
- 손자 : 수
- 사위 : 김진협 선교사
  - (C.C.C.-Gain; SOAP Movement 대표)
- 딸 : 추지혜 선교사
  - (C.C.C.-Gain; 민들레학교 교사)
- 손자 : 호연 · 하연 · 휘연

✝ 학력

- 전북 익산 출생(1949)
- 동산초등학교
- 중 · 고교(검정고시)
- 기드온신학교(김천)
- 영남신학대학교(대구)
- 총회신학교(서울)
- 합동신학교(수원)
- 한남대학교대학원(대전)
- 연세대연합신학대학원(서울)

좁디좁은 험지 협곡

믿음으로 가슴으로 뜨겁게

✝ 목회

- 강남노회(1984, 목사안수)
- 제5221군인교회(군종근무)
- 연천 옥계장로교회(개척)
- 대구 중동교회(개척)
- 대구구국기도제단(강사)
- 대구기도원(총무)
- 대구교도소(전임강사)
- 대구산업단지교회(목회)
- 칠곡 복음교회(개척)
- 성주 신계교회(목회)
- 성주 동원교회(목회)
- 서울 정문교회(목회)
- 서산 관리교회(개척)
- 서산 남면장로교회(목회)
- 성남 판교교회(목회)
- 용인 근삼교회(개척)
- 대구 평강교회(개척)
- 여주 삼승제일교회(목회)

✝ 경력

- 부흥회(전국교회) 인도
- 엘림목양회 창립
- 경기경찰청 경목
- 여주합동장로교협회회장
- 수원노회장 역임
- 경성노회장 역임
- 총회 실행위원
- 총회 자립위원 이사
- 기독신문 이사

✝ 저서

- 바울신학과 사상(1976)
- 흔적(2012)
- 쌩 땅을 파라(2021)

붓을 들고서

나는 감히 자서전을 써야겠다고 생각해 본 적이 없었습니다.

나는 '자서전이란 누가 보아도 아! 하고 놀랄 정도의 쓸 만한 이야깃거리가 있는 사람이나 쓰는 것이 아닐까' 생각했습니다. 왜냐하면 나에게는 다른 사람들에게 내놓을 만한 화려한 이력(履歷)이 없을 뿐 아니라 나 자신의 삶이 아니었기 때문입니다.

그런데 2016년 말 즈음에 갑자기 나의 아내 박경자 사모가 '자서전을 쓰면 좋겠다'고 제안을 하는 것입니다.

나는 한마디로 "No!!"라고 거절했습니다.

"내가 자서전을 쓸 자격이 있나? 적어도 자타가 공인할 만한 걸쭉한 사람이나 자서전을 쓰는 것이지, 내가 무슨 자서전을 쓸 일이 있나?"

아내는 이런 나의 자신 없는 대답에 다음과 같은 말로 용기를 주는 것이 아닙니까?

"아니, 자서전은 엄청나게 위대한 사람만 쓰라는 법이라도 있어요? 목사님이 걸어온 발자취를 솔직담백하게 기록하여 먼 훗날 우리가 천국에 간 후에도 우리 자손들이 '우리 할아버지 할머니, 부모님들이 한 시대를 풍미하며 이렇게 신앙과 목회자의 삶을 살다 가셨음'을 글로나마 체감하고, '우리도 그분들의 삶을 본받아 이 길을 따라 가야겠구나' 하는 마음으로 인생을 살아간다면, 그것만으로도 자서전을 쓸 만한 확실한 이유가 되는 것이고, 목사님이 걸어온 길이 알려지면 안 될 일이 그 어디에도 없는데 자서전을 쓰지 못할 이유가 어디 있어요?"

이에 '자서전을 쓴다면 더 유익하고, 은혜롭고, 시간이 지날수록 가치가 있겠다'는 생각이 나의 마음을 흔들어 열게 한 것이 동기가 되어서, 나는 용기를 내어 자서전을 쓰기로 결심했습니다.

2012년에 '흔적'(痕迹)이라는 책을 출간(出刊)할 때도 '읽는 이들이 칼럼과 시사상식과 설교를 어떻게 생각할까' 하고 주저하는 마음과 두려움이 앞섰을 때 성령님께서 '용기 있게 출판하라'는 감동을 주셔서 출판하게 되었는데, 지금도 독자들에게서 직 · 간접적으로 '참 좋은 책이고, 많은 유익이 된다'는 기쁜 소식을 듣기도 합니다.

2012년 '흔적' 출간

세상에는 세 가지 철칙이 있습니다.
첫째는 비밀이 없고, 둘째는 공짜가 없으며, 그리고 해결 못할 문제가 없습니다.
어떤 사람이든지 인생 역정에 숨기고 싶은 비밀이 녹아 있어 감추고 싶기도 하고, 어떤 것은 보여주고 싶기도 할 것입니다.
'역사'(歷史)라는 단어는 'History', 그 사람의 이야기입니다.

즉, 사람의 이야기가 역사인 것입니다.

시간으로 말하면 '크로노스'(Cronos) 흘러가는 계산적 시간과 '카이로스'(Kairos) 의미 있는 일들이 일어난 두 개의 시간 속에서 일어난 일들일 것입니다.

화려하고 호사스러운 삶이 아니었을지라도 나의 감추고 싶은 비밀마저도 카이로스적인 하나님께서 함께 하심의 역동적인 섭리를 조심스럽게 공개하여, 조금이나마 유익을 추구하고자 하는 바람으로 용기를 내어 붓을 들게 되었습니다.

"나의 가족과 자손들이 먼 훗날까지 살아가면서 그래도 우리 가운데 하나님의 복 줄기가 흐르고 있다는 것을 늘 확인하고, 또한 사실 관계적인 일들이 정직하고 솔직하게 공개되는 부분도 막혔던 담이 풀어지고 무너지듯이 그동안 궁금하게 여겼던 헝클어진 실타래 같은 일들이 확실하게 풀어지는 계기가 되어서 앞으로 더 좋은 미래를 바라보게 된다면 보람된 일이 아닐까?"

이것이 솔직한 나의 심정이기도 합니다.

이 책의 제목처럼 내 나이 18세, 1968년 8월 어느 여름날 전북 남원 소재의 고평교회(현 최봉진 목사 시무 장로교 합동측)에서 부흥회를 인도함으로 시작하여 2021년 5월에 목회성역(牧會聖役)을 마치니, 54년의 세월이 흘러 '인생은 짧고, 목회는 길었다'는 생각이 들어서 나의 자전적(自傳的) 이야기를 통해 작은 흔적을 남기고자 하는 것입니다.

탈무드에는 정신분석의 대가 '프로이드'(Freud)의 다음과 같은 말이 있습니다.

"상처 많은 나무가 아름다운 무늬를 남기고, 가시밭의 백합화가 찌르는 가시에 향기를 토하며, 잔잔한 파도로 익숙한 사공을 만들 수 없다. 그 사람을 이해하려면 그 사람의 어린 시절을 살펴보라."

거창한 말들을 끌어다 옮긴 것 같으나 나 자신을 연관시켜 생각해보곤 합니다.

소위 출세나 성공을 이야기하려면 자서전을 쓸 일도 없습니다.

내 인생의 화려함이 없기 때문입니다.

자서전(自敍傳)이란 순전히 자기 몸을 홀딱 벗기는 것입니다.

내 개인의 가난했던 과거의 삶 가운데서 느껴야 했던 창피함과 치부(恥部)까지도 적나라하게 드러낼 일이기에 수사적 과장에 빠질 필요도 없습니다.

그리고 '누가 이 글을 읽어줄까?' 하는 두려움이 있기도 하지만 나는 그마저도 극복하고 씁니다. '이 책을 읽는 독자들에게 다소나마 어떤 유익이 되었으면' 하는 나의 작은 소망이 되기도 하겠습니다.

'나'라는 존재(存在)는 지구상에 현존하는 70억이 넘는 사람들 속에서 오로지 하나뿐인 존재이며, '쌩 땅을 파라'는 자서전은 갓 70세를 넘긴 나의 인생의 경험과 신앙의 체험과 목회 54년의 파노라마(panorama)를 넘나든 나 자신의 역사입니다.

학력(學歷)은 두 개의 검정고시(중·고교), 네 개의 신학교와 두 개의 대학원을 거쳤고, 7개의 개척교회와 열 개의 기관 기성교회 목회사역을 거쳐 오면서 부족함과 부끄러운 발자취도 있지만, 감히 뛰어넘을 수 없는 미지의 정글을 헤쳐 온 길목마다 하나님이 강력한 손과 일곱 영의 눈으로 살펴주셨기에 인생은 짧고(18세), 목회는 깁니다(54년).
질경이 같이 질긴 세월의 길섶에서 모질게도 잘 견뎌 이제는 그나마 목회의 짐을 내려놓고, 나의 남은 인생의 삶을 새로이 펼쳐가다가 천상으로 이사 가렵니다.

끝으로 모든 영광 하나님 아버지께 올려드리고, 나의 아내와 아들 가족(경희, 수), 딸 가족(진협, 호·하·휘)과 기쁨을 나누고, 자자손손(子子孫孫) 우리 가족 영원히 천국에서 함께 할 것입니다. - 아멘 -

주후 2021.

▪ 가족여행 : 2018년 7월 부산 앞바다 아난티 호텔 풀장에서

역경을 딛고 극복한
생생한 도전의 삶을 간증하는
회고록이 되기를

손달익 목사님
대한예수교장로회(통합)
제97회 증경 총회장
기독교방송 CTS 이사장
서울 서문교회 당회장

하나님의 은혜가 참으로 놀랍습니다.

추귀환 목사님과 저는 1974년 영남신학교 신입생으로 처음 만났습니다(영신 24회).
 우리는 선지학도로서 형설지공(螢雪之功)으로 졸업할 때까지 각고의 노력 끝에 학문과 영성의 준비를 하여 목회의 좁은 길을 걸어 왔습니다.
 그로부터 반세기 가까운 세월이 흘러 어느덧 우리 두 사람은 모두 은퇴를 준비해야 하는 초로(草露)의 목회자들이 되었습니다.

추귀환 목사님은 신학교 시절부터 남달랐습니다.

1976년도 겨울방학 때 총학생회 주관으로 담당교수진과 학생회 봉사 전도단을 구성하여 경남 창녕군 지역 교회 특별봉사 전도집회를 나갔을 때 추 목사님이 주 강사로 설교를 맡아 불길 같은 성령의 말씀을 외쳐서 그 지역에 큰 영적 파장을 일으켜 총학생회 전도단을 놀라게 한 사실을 밝혀보고 싶습니다.

목사님은 신학교 시절부터 전도사로서 교회를 개척하며 사역했고, 교도소 강사, 부흥회를 인도하는 강사로서 종횡무진(縱橫無盡) 활동하며 매우 바쁜 일상을 보냈습니다.
목사님은 놀랍고 담대한 사역을 펼치면서 당시 모두를 감동시켰던 동료였습니다.
그 후 나는 예장 통합에, 추 목사님은 예장 합동 교단에 한국교회 양대 거대한 산맥 줄기를 타고, 노선은 달라도 목적은 목회의 길이었기에 서로가 힘껏 달려왔습니다.
불가능에 도전하는 사역자의 거장(巨匠)으로 54년이란 반세기를 넘어 기나긴 목회여정을 돌고 돌아 이제 조용히 마무리 할 시점에서 남은 생애에 또 다른 도전을 꿈꾸며 남은 푯대를 향해 달려갈 것입니다.

저는 추귀환 목사님이 수많은 역경을 딛고 극복한 생생한 도전의 삶을 간증하는 회고록(回顧錄) '쌩 땅을 파라'는 자서전을 출판하게 된 것을 동기 동료로서 매우 기쁘게 생각하며, 많은 독자들에게 깊은 감동과 은혜를 끼치리라 믿으면서 일독을 권해드립니다.

다시 한 번 추귀환 목사님의 탁월한 목회적 삶을 존경하며, 사모님과 가족 위에 하나님의 크신 은총과 축복이 넘치시길 간구합니다.

목사님! 사모님!
참으로 수고 많으셨습니다.

2021년 2월 10일
손달익 목사

62년 전 동산교회 개구쟁이
성역 54년 마친다네!

전계헌 목사
대한예수교장로회(합동)
제102회 증경총회장
익산 동산교회 전계헌 원로목사

2018년 7월 2일 익산 동산교회 방문
총회장 전계헌 목사님 서재실에서

저는 전라북도 익산시 동산동에 소재한 익산 동산교회에서 37년을 담임목사로 시무하고, 2019년 정년 은퇴와 함께 원로목사 추대를 받았습니다.

동산교회는 6 · 25 전쟁으로 피난 온 한 가정에 의해서 설립되어 금년에 교회 역사가 70년이 됩니다.

60년 전, 한 소년이 있었습니다.

소년은 몹시 개구쟁이로 교회는 다니지 않았으나 교회가 조용히 예배드리는 시간에 갑자기 두꺼비집 전기 스위치를 내리는 장난을 치거나 종각에 올라가서 매달린 종을 치고 도망가고, 어떤 때는 예배당 함석지붕에 큰 돌을 던져 예배를 못 드릴 만큼 요란한 소리를 내면서 예배를 훼방하는 짓을 반복하는 대단한 꾀돌이였습니다.

이에 교회는 예배시간만 되면 신경을 곤두세우고 합심기도까지 했으며, 교회 청년회에서는 '반드시 잡겠다'면서 체포 조까지 결성하였으나 상당한 시간이 흐르도록 잡을 방도가 없었다고 합니다.

그리고 상당한 시간이 흘러 '소년'은 드디어 청년들에 의하여 붙잡혔습니다.

그가 바로 소년 '추귀환'이었습니다.

대체적으로 그런 아이들을 잡으면 심하게 꾸짖고 혼쭐을 내든지 아니면 적당한 매질을 한 후 훈계를 하고 보냈는데 당시 주일학교 교사였던 '조상두' 선생님은 꾸지람 대신 부드러운 손길로 철없던 소년을 껴안아주고, 오히려 예수의 사랑으로 품어서 감싸 주었다고 합니다.

이에 개구쟁이 소년의 마음은 감동되어 교회에 다니게 되었습니다.

그 후 '조상두' 선생님은 동산교회 장로님이 되셨고, '추귀환' 소년은 그때부터 신앙으로 성장하여 주경야독으로 선지동산 신학도의 길을 갔습니다.

제가 알기로는 18세 소년시절부터 부흥회를 인도하는 특별한 은사를 받아 목회를 시작하여 목사가 되었고, 그로부터 파란만장(波瀾萬丈)한 험로(險路)의 54년 목회의 사역의 길을 걸어왔습니다.

제가 대한예수교장로회(합동) 동 교단 제102회 총회장으로(2017-2018) 교단을 섬길 시기인 2018년 7월 5일 주일, 60여 년 만에 개구쟁이 소년이 목사로서 경성노회 노회장을 역임하며 사모님과 함께 동산교회를 방문하셨는데, 온 교우들이 매우 은혜롭게 환영해 주어서 예배 설교 시에 장난꾸러기였던 지난날의 사연을 털어놓으며 한바탕 웃음바다를 이루었고, 큰 기쁨을 나누기도 했습니다.

추 목사님과 저는 동 교단 총회장과 노회장이라는 신분으로 만나서 이런 귀중한 시간 속에 하나님의 특별한 은혜였음을 실감했습니다.

추귀환 목사님은 어린 시절 개구쟁이 모습대로 열정적인 목사님이십니다.

54년이란 기나긴 목회의 고난도(高難度)의 길을 걸어오며 그 누구보다도 험지 협곡을 누비면서 개척자요 목회자로서 불굴의 투지로 가만히 앉아있지 못하는 사명과 열정으로 수없는 고비를 무릎으로 걸어서 오직 사명자로서 잘 견뎌 결국 승리자의 모습으로 목회(牧會)를 은퇴하여 오늘에 이른 것입니다.

이제는 원로목사로 추대 받아 뒤에서 묵묵히 주님을 바라보시며 값진 여생(餘生)의 삶과 행복이 가득 넘치시길 바라며, 사모님과 온 가족 위에 주님이 축복과 칭찬으로 보상되어지기를 기원합니다.

숨겨져 있는 저력의 목회자

소강석 목사
대한예수교장로회(합동)
제105회 총회장
새에덴교회 당회장

저는 추귀환 목사님을 종종 뵐 때마다 숨겨져 있는 저력의 목회자라고 느꼈습니다.

지구촌 최대 축제인 세계 제24회 서울올림픽이 열리던 해인 1988년도에 제가 가락동 지하상가에서 맨주먹을 쥐고 맨땅에 헤딩하며 개척자로 십자가 아래에서 청춘을 불태우던 가난하고 외로운 시절 사명자의 길을 가고 있을 때 당시 노회 목사님들이 찾아와서 따뜻하게 격려해주시던 일이 떠오릅니다.

그때 추귀환 목사님께서 제 손을 굳게 잡아주시면서 용기와 희망을 주셨고, 유독 저를 격려하셨습니다.

그때가 엊그제 같은데 벌써 세월이 흘러서 저는 어느덧 신도시 대형교회의 중견 목회자가 되었습니다. 그리고 추 목사님께서는 54년의 성역을 드디어 승리하시고 마침표를 찍고 은퇴의 뒤안길로 가신다니 너무 아쉽습니다.

목사님은 1960년대 보릿고개를 수없이 넘으시면서 복음의 씨를 뿌리기 위하여 아골 골짜기와 같은 험지 협곡의 정글지대를 종횡무진 거침없이 누비시며 도시와 농촌 교회의 목회자로 달려오셨습니다.

또한 개척자로 가시는 곳마다 십자가를 여기저기 세우시며 때로는 성령의 불을 일으키는 부흥사로서 한 번뿐인 인생을 아낌없이 주님을 위하여 바치신 분입니다.

저는 추 목사님을 종종 뵐 때마다 불멸(不滅)의 목회자로 느껴왔습니다.

추귀환 목사님처럼 이름 없이 빛도 없이 복음을 위하여 희생하신 숨겨진 목회자가 계셨기에 한국교회가 오늘의 부흥을 이룰 수 있었습니다.

앞으로도 추 목사님과 같은 사명자들의 눈물과 희생이 한국교회가 세계적 부흥시대를 이끌며 선교의 대역사를 이루는 데 밑거름이 되고, 미래를 향하는 저력이라고 생각합니다.

아! 반세기를 넘나든 54년의 목회자의 좁은 길 속에 또 좁은 길을 걸어오신 추 목사님 성역의 가시밭길! 진정으로 존경을 표하고 싶습니다.

어느 날 추 목사님께서 전화로 저에게 '자서전을 출간하는데 글을 한 문장 써 달라'고 부탁을 하셨습니다.

그때에 저는 목회 성역 54년이란 말을 듣는 순간 "와~!" 하며 가슴이 찡했습니다. 그리고 추 목사님께 "정성껏 써드리겠습니다."라고 대답했습니다.

그러나 정성껏 쓴다 해도 제가 어떻게 54년의 성역을 글 몇 자로 쓸 수 있겠습니까? 그래도 이렇게나마 제 마음을 쏟아서 써드리니 저도 기쁩니다.

오직 주님의 십자가만 바라보고 묵묵히 걸어오신 추귀환 목사님의 54년의 성역을 기록한 자서전을 출판하게 되신 것을 진심으로 축하드립니다.

부디 남은 생애에 사모님과 자녀 가족 모두에게 예수 그리스도의 평강과 축복이 가득하시기를 기원 드립니다.

나와 함께 신학생 시절 밀가루 수제비로 보릿고개보다 더 험난한 쑥죽 고개를

신용현 목사
대한예수교장로회(개혁) 총회장
평택 평안교회 신용현 목사

존경하는 추귀환 목사님께서 거룩한 성역을 마치고 은퇴와 더불어 자서전을 출간하게 되신 것을 진심으로 축하드립니다.

먼저 하나님의 말씀이 생각납니다.

"내가 나 된 것은 하나님의 은혜로 된 것이니 내게 주신 그의 은혜가 헛되지 아니하여 내가 모든 사도보다 더 많이 수고하였으나 내가 한 것이 아니요 오직 나와 함께 하신 하나님의 은혜로라"(고전 15:10)

하나님이 주신 성역 54년을 마치시는 추귀환 목사님은 사도 바울의 고백처럼 하나님의 큰 은혜를 입으신 목사님이십니다.

내가 아는 추 목사님은 특별히 일찍이 어린 18세 청년 시절부터 부르심을 받아 곧 사명자로, 부흥사의 사역자가 되어 전국을 누비며 하나님의 거룩한 사역을 감당하셨습니다. 이는 하나님의 은혜가 아니면 불가능한 일이었습니다.

그리고 긴 세월 따라 성역을 마치면서 지난날을 회고해보니 모든 목회자들이 그랬듯이 추 목사님에게도 파란만장한 일들이 많았을 것이라는 생각이 듭니다.

우리는 1968년 호렙 산중 가시덤불에 불이 붙고, 갈멜산 산상의 엘리야처럼 하늘에서 불을 끌어내려 불붙이던 선지동산 기드온신학교에서 처음 만났습니다.

세상에 여러 갈래의 길이 많지만 나와 추 목사님은 하나님의 특별은총을 입고 오직 한 길로만 걸어온 동역자입니다.

경천절대·인애여기·의리견수·면학종신·친토일생!

5대 정신의 신학교 교훈 아래서 철저히 기도로 영성을! 말씀으로 무장을! 실천으로 공격적인 전도를! 그리고 애국 애족을!

이 세상 그 어느 곳에 이런 선지학교가 있겠습니까?

나는 감히 그 시대 최고의 영적 엘리트 코스였다고 말하고 싶습니다.

이렇게 우리는 보릿고개보다 더 험한 쑥죽 고개를 함께 넘고 넘으면서 쑥을 뜯어 넣고 끓인 밀가루 수제비로 주린 배를 채우며, 모래도 소화시키는 혈기방장(血氣方壯) 한창 식욕이 왕성한 10대 후반에 때로는 금식 아닌 굶식을 하며 배고파도 올라가고 쓰러져도 올라가서 산골짜기에 엎드려 함께 소나무를 붙잡고 눈물로 기도하던 선지성산의 옛 추억을 떠올리니, 그 시절이 사무치게 그립습니다.

내가 알기로 추 목사님은 그토록 힘들고 어려운 날들 속에서도 흔들리지 않고 오직 외길을 걸으셨으며, 목사가 된 후에도 누구보다 열심히 여러 지역 곳곳을 누비며 개척과 목회지를 변혁시키고 교회를 세우셨는데, 그러한 성역의 길을 은혜롭고 명예로운 축제로 마치니, 은퇴의 결실이 무척이나 감격스럽고 기쁩니다.

목사님의 평생 최고의 동역자 박경자 사모님께 격려와 진심어린 축하를 드리며, 아울러 목사의 자녀로 태어나서 성공하여 아버지의 성역을 마음과 정성 다하여 아낌없이 지원하고 응원하는 아들과 딸에게 축하를 드립니다.

지금도 나는 추 목사님에게 "오늘 수제비 먹고 싶냐?"고 하면서 배고팠던 고학도의 신학교 시절을 떠올리며 함께 걸어온 발자취를 이야기하곤 합니다.

이제까지 먼 길을 걸어왔습니다.

성역 54년의 종착역과 그 달려온 애환에 얽히고설킨 사연을 그려낸 자서전 출간을 진심으로 축하드립니다.

사람(人)
내가 만난 사람 추귀환 목사

조복희 목사
대한예수교장로회(합동)
백암중앙교회 담임 목사
경성노회 증경노회장
용인기독교총연합회 대표회장

가장 만나기 쉬운 것도 사람이고, 가장 얻기 쉬운 것도 사람이라네요.

하지만 가장 잃기 쉬운 것도 사람이랍니다.

물건을 잃어버리면 대체가 되지만 사람은 아무리 애를 써도 똑같은 사람으로 대체할 수 없답니다.

그래서 사람이 가장 중요한 것이지요.

그리고 한 번 잃은 사람은 다시 찾기 어려운 것이랍니다.

사람을 사람으로 사람답게 대하는 진실한 인간관계!

그것이 가장 아름다운 일이며, 진정 소중한 것을 지킬 줄 아는 비결인 것이랍니다.

인생에서 사람을 잃는 일이 최악의 실수가 아닐는지 생각해 본답니다.

항상 가까이 있는 소중한 사람을 잃지 않도록 서로 소통하며 자주 안부인사 나누어야 한답니다.

유난히도 매섭게 춥고 눈보라 치던 1983년 12월, 성탄절 축제 캐럴이 함박눈을 타고 울리던 날, 야무진 체구에 빛나는 눈동자의 추귀환 목사님을 처음 만났습니다.

나는 곧장 추 목사님을 백암 근삼리로 데리고 갔습니다.

거두절미하고 개척지로 향한 첫 날 용인민속촌에도 없는 쓰러져가는 초가집을 얻고, 80평 밭을 1년 계약으로 빌려 12평 천막을 치고 곧바로 개척 전투를 벌였습니다.

지금까지 40여 년간 휘몰아치는 목회의 깊은 질곡을 함께 울고 웃고 헤쳐 왔습니다.

근삼리에서 영적 전투로 대 부흥과 교회건축! 교회 터 문제로 네 번의 힘겨운 고비를 넘기고 마침내 성전건축의 개가를 올렸습니다.

그러던 어느 날 갑자기 추 목사님은 대구 도시개척의 꿈을 이루려고 떠났습니다.

참 못 말리는 동역자였습니다.

근삼리에서 갖은 고생을 겪은 후 안정된 목양지를 뒤로 하고 아무런 욕심이나 사심도 없이 깨끗하게 떠난 사람!

그 후 대구에서도 승리 성공적인 교회를 이루고 동일하게 여주 삼승제일교회로 이동하였고, 내가 대구에 가서 보고, 또 그 후까지도 욕심 없이 전·후임 간의 관계가 깔끔하여 의심할 만한 여지가 전혀 없었고, 삼승제일교회 33년 목회 마무리에도 청빙위원회를 조직하여 절차와 규정을 엄격하고 청렴하게 마무리 지었습니다.

나는 이 과정을 모두 지켜보면서 참으로 아름답고 감동적이라 느꼈습니다.

이제는 성역 목양 54년이란 길고긴 여정을 마치고 은빛열차를 갈아타고 사모님과 자녀 손(孫)들과 함께 행복열차 여행 길 삶의 정거장마다 축복이 넘치시길 기도합니다.

마지막으로, 나는 내가 만난 많은 사람들 가운데 가장 사람다운 사람을 만났습니다(추귀환 목사님·박경자 사모님). 추귀환 목사님은 지상 생애 평생 동지요, 장차 천국에서도 영원히 함께 할 친구이기 때문입니다.

이 자서전이 온 가족과 후대 사람들의 신앙과 인생의 삶에 유익이 되기를 바라고, 아울러 일독 추천을 드리면서 성역 54년을 마치심과 자서전(회고록) 출간을 진심으로 축하드립니다.

노회장으로 노회를 섬기실 때
매우 독특한 코이노니아를 통해서

양대규 목사
대한예수교장로회(합동)
경성노회 노회장(현)
이천 믿음의교회 담임목사

추귀환 목사님, 존경하는 선배 목사님!
평생 세 곳의 교회를 개척하시고 건축해 세우기로 서원하고, 하나님과의 약속을 지키신 목사님!
그것도 모자라 여러 곳에 개척하시고, 목양일념으로 헌신하시며 여주 삼승제일교회에 부임하셔서 30년 넘게 목회로 훌륭하게 부흥시키신 목사님!
노회장으로 노회를 섬기시면서 매우 독특한 코이노니아를 통해서 4개 시찰 200여 교회를 단합하게 하며, 동역자들은 물론 사모님들까지 여러모로 잘 섬기신 목사님!
오직 하나님께서 원하시고 기뻐하시는 사역을 하셨더니 하나님께서 가정과 자녀들을 크게 돌보시고 복 주셨습니다.

삶을 통해 증거를 보이신 목사님!
어찌 다 기록할 수 있으리오!
목사님을 만날 때마다 떠오르는 이미지들입니다.

추귀환 목사님께서 정년 은퇴를 앞두시고 자서전을 쓰고 계신 것을 알고 있었지만 뜻밖에도 부족한 저에게 축사의 글을 부탁하셨을 때 송구함과 함께 자서전의 축사를 통해 제가 평소에 목사님을 대하면서 목사님께서 이루신 귀한 것 많지만 그보다 더 귀한 것, 목사님께서 가지고 계신 마인드에 관한 축하를 드리고 싶어서 축사를 쓰게 되었습니다.

목사님께서는 예수님의 영적 생명의 마인드를 가지고 사역하시며 사셨습니다.

목회자들이 흔히 빠지기 쉬운 자기 이익과 자기 영광, 자기 성공 같은 경영의 마인드로의 유혹에 빠지지 않고, 예수님이 우리에게 보여주신 삶과 사역의 흔적을 따르고자 하는 신념과 믿음의 결국으로 고린도후서 4장 8-10절 말씀을 일평생 증명해 내셨습니다.

"사방으로 우겨 쌈을 당하여도, 답답한 일을 당하여도, 박해를 받아도, 거꾸러뜨림을 당하여도 항상 예수의 죽음을 몸에 짊어짐은 예수의 생명이 또한 우리 몸에 나타나게 하려 함이라"

그 결국으로 가정에서는 영과 육으로 성공한 자녀들로 나타나고, 사역에서는 든든하게 뿌리내린 삼승제일교회의 현재로 결실하게 되었고, 사역을 마무리하시는 목사님의 뒷모습이 결코 추하지도 초라하지도 않고, 아름답게 된 것을 축하드립니다.

진리를 분별하며 따르며, 진리 안에 거하도록 도우시는 성령의 마인드!
우리에게 생명 주시기 위해 십자가에 달리시며 생명을 거룩하게 허비하신 예수님의 생명의 마인드!
외아들을 잡으시기까지 우리를 사랑하신 하나님의 사랑의 마인드!

이 귀한 보물을 목사님의 삶과 사역 속에 오롯이 품고 계셨기 때문에 현실의 타협과 유혹과 곤고함에 빠지지 않으시고, 길고 멀고 험난한 목회자의 가시밭길을 걸어오셨다고 생각합니다.

추귀환 목사님의 자서전 발간을 즈음하여 평생 동안 묵묵히 가문과 가정 그리고 목사님을 내조하며 동역하신 사모님께서 온갖 성도들의 울고 웃는 인생사와 신앙사 속에 그 쓰라린 마음 부둥켜안고 걸어오시면서 얼마나 많은 눈물을 흘리셨을지 감히 헤아려봅니다. 또한 본인들의 의지와는 상관없이 부모의 사역 때문에 사역자로서의 버거운 삶을 함께 짊어지고 살아온 자녀들에게 더없는 격려를 드리며, 하나님의 큰 상급과 복이 넘치시길 바라고, 모두에게 축하를 드립니다. 추귀환 목사님의 자서전이 삼승제일교회 성도들과 목회하는 후배들에게 값 주고 살 수 없는 은혜와 교훈이 될 것이기에 크게 축하를 드리며, 성역을 마치심과 원로 추대를 진심으로 축하드립니다.

사선을 넘나들던 기도의 사람
복음의 풍운아

이성룡 목사님과 사모님 | 대전 평강교회 예배 광경
대한예수교장로회(대신) 증경노회장

　나의 학창시절에 우리를 지도해주신 분이 지금은 은퇴를 앞에 두신 목사님이시지만, 당시에는 추귀환 전도사님이십니다(1978년).
　그것도 감수성이 예민하고 영향을 잘 받을 수 있는 고등학교 1학년 시절이니, 이분을 빼놓고는 나의 신앙과 나의 목회를 이야기할 수 없습니다.

　처음 추 전도사님을 뵈었을 때의 느낌은 자신감과 박력이 넘치셨고, 체격은 작지만 강력하셨습니다.
　성경말씀을 재미있으면서도 조리 있게, 그리고 논리적이며 신학적으로 너무 잘 가르치셔서 당시 학생들이 많이 따랐습니다.
　나의 가장 친한 벗이며, 목사로 사역하는 최도선 목사도 나와 똑같은 마음입니다.

지금도 최도선 목사를 만나면 서로 이야기를 합니다.

"옛날 정릉 정문교회에서 만났던 추귀환 전도사님께서 신앙의 길잡이, 미래의 길잡이를
잘 해주셔서 우리가 목사가 되었다."

당시 고등학교 1학년인 내가 목사가 된다는 것은 상상도 못하는 일이었습니다.

나는 군인이 되어 평생지기로 살려고 했었습니다.

그러나 나와 최도선 목사가 목회자가 된 것은 그 당시 우리도 모르는 사이에 이분
의 영향을 가장 크게 받았기 때문입니다.

금요일 밤이면 국민대학교 뒷산 쪽에서 기도훈련을 시키고, 때로는 전도훈련, 성경
특별강의 등, 하여간 틈만 나면 우리 학생들을 모이게 하여 신앙 · 지식 · 인격 · 애국
애족 등을 무차별적으로 가르치고, 훈련병처럼 데리고 다녔습니다.

지금 생각하면 감사한 마음만 듭니다.

그때 추 전도사님은 결혼을 하시고 곧바로 오셨습니다.

내가 알기로는 1978년 1월 19일 결혼 후 일주일 만에 대구에서 서울 정릉 정문교
회로 부임하셨습니다.

사모님은 무척 착하시고 미모(美貌)를 지니셨습니다.

신혼부부로 오셨기에 지금도 기억에 많이 남아 있습니다.

사모님이 특히 우리 학생들을 동생처럼 친절하게 대해주셔서 학생들이 늘 감사한
마음으로 많이 따랐습니다.

첫 아들이 태어났을 때 이름을 '이삭'이라고 하여, 성경 속의 '이삭'이라는 인물처럼
귀하게 느껴졌고, 모든 학생들이 함께 찾아가서 축하해드린 기억이 생생합니다.

여기에 특별히 하나 더 기록하고 싶은 것은 당시에 목사님께서 어떤 목적인지는
잘 모르지만 하나님의 뜻을 구하기 위하여 죽음을 각오하시고 오산리 금식기도원에서
40일 금식기도를 하신 일이며, 나는 지금도 이 은혜로운 간증의 이야기를 우리 평강
교회에서 자주 전하여 아마 우리 교회 교우들은 거의 다 기억하고 있을 것입니다.

당시 전도사님의 간증은 이렇습니다.

추 전도사님이 금식을 시작할 때 환상 중에 주님의 손이 나타나셔서 조그마하고 하얀 떡 한 조각을 주시며 전도사님에게 "받아먹으라!" 하여 받아 드셨다고 합니다.

'그날 이후로 금식을 마치실 때까지 거의 기도원을 구보할 정도로 힘이 생겨 금식을 잘할 수 있었다'고 영적 체험을 말씀하셨습니다.

당시 전도사님은 "금식에는 고난금식과 영광금식이 있는데 나는 영광금식을 하였고, 금식을 마칠 즈음에 그 힘을 주님께서 거둬 가시니 힘이 다 빠져서 기력이 전혀 없었고, 영광과 고난의 금식을 동시에 체험하고 승리했다."고 하셨습니다.

40일 금식 후 정릉 4동 집으로 오셨기에 학생들과 함께 댁으로 찾아가서 추 전도사님을 뵈었을 때에는 마치 뼈만 남은 죽은 송장이 누워있는 듯하여 우리는 너무도 큰 충격을 받았고, 동시에 그 자리에서 하나님의 임재를 크게 느끼게 되었습니다.

그때 추 전도사님이 누워서 하신 말씀이 지금도 기억이 나고, 나의 목회에도 많은 영향을 주었습니다.

금식 후 완전히 뼈와 가죽만 남은 모습이셨지만 그러한 상태에서도 '우리 학생들을 위해 누워서라도 하나님께 기도를 드려야 한다'고 하셔서 기도하시는데, 그 목소리가 모기소리보다도 작아서 들릴락 말락 하였습니다.

그리고 "내 기도소리가 모기소리 같으나 천국보좌 하나님 앞에는 큰 나팔소리로 상달되어 하나님께서 들으신다."고 하시는 말씀에 큰 은혜와 감동을 받았습니다.

나는 이제 추귀환 목사님을 잊지 못할뿐더러 그 영향으로 목사가 되었고, 최도선 목사도 나와 같이 동감하였습니다.

이 글로 같은 마음을 표합니다.

1995년도에 추귀환 목사님을 초청하여 부흥회도 열어 우리 평강교회가 큰 은혜를 받기도 하였고, 종종 목사님과 사모님께 여러 각도로 안부를 전해올리고, 내 마음속에 추귀환 목사님 내외를 늘 존경하고 살아갑니다.

당시에 젊음을 던지신 복음의 풍운아!

사선을 넘나들던 무릎의 사람!

세월이 야속하게 목사님을 은퇴라는 끝자락으로 밀어서 성역 54년이라는 쉽게 달려올
수 없는 길을 마치시는 목사님!

승리의 개선가를 부르시며 이제 그 수고의 짐을 내려놓으십시오.

목사님께 감히 드리고 싶은 성구와 말씀을 드리며 여기에서 글을 마치겠습니다.

"나는 선한 싸움을 싸우고 나의 달려갈 길을 마치고 믿음을 지켰으니 이제 후로는 나를
위하여 의의 면류관이 예비 되었으므로 주 곧 의로우신 재판장이 그날에 내게 주실 것
이며 내게만 아니라 주의 나타나심을 사모하는 모든 자에게도니라" (딤후 4:7-8)

목사님! 사모님!

그동안 정말 수고 많으셨습니다.

하늘의 하나님 아버지께서 그 수고와 땀과 눈물방울을 헤아리시며 모든 것을 갚아
주실 것입니다.

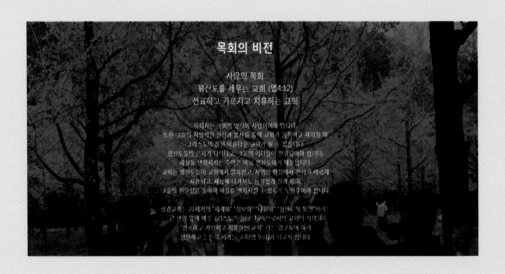

내가 목사가 되어 목회를 하면서
평강교회에서 체험한 은혜로 지금도

강희호 목사
대한예수교장로회(통합)
대구서촌교회 담임목사

저는 1985년도 10월 대학교 2학년 시절 추귀환 목사님께서 대구 대안동 평강교회를 개척하실 때 선배(이석우 형)를 따라 처음으로 교회에 갔고, 예수 그리스도를 영접했습니다.

당시 저는 교인들이 비교인들보다 더 비인격적인 생활을 하는 모습에 아예 교회를 부정적으로 보았는데, 어느 날 선배 이석우 형이 갑자기 "평강교회라는 개척교회가 있는데 한 번만 가면 너는 놀라운 체험을 하게 된다."고 권했습니다.

그런데 더 신기한 것은 그 선배가 평강교회를 다녀온 후로 놀라운 사람으로 변화된 것입니다. 완전히 사람이 바뀌었습니다.

그러니 저는 교회에 가지 않을 수 없었고, 더욱 호기심이 일어났습니다.

제가 평강교회를 갔을 때 너무 초라했습니다.

교실 반절 쯤 되는 몇 평의 공간에 강대상도 없이 푹신한 방석만 깔려있고, 교인들이 앉아서 "주여! 주여!" 하고 소리 높여 기도하는 것이었습니다.

더욱 놀라운 것은 찬송을 열정적으로 부르며, 힘 있게 외치시는 목사님의 설교를 들으니 그 분위기는 마치 초대교회 마가의 다락방을 연상하게 하였습니다(후에 느낌).

당시 저는 낡은 옷에 헌 구두를 신은 평소의 모습 그대로 갔습니다.

교회는 뜨거웠고, 소수이지만 서로 섬기고 격려하면서 저도 그 대열에 쉽게 동화되어 은혜를 받고, 체험이 시작되었습니다.

목사님께서 기도훈련 등 여러 가지 교육도 해주셨습니다.

목사님은 그 누구의 눈치도 보지 않고 오직 복음 구원만을 외치는 설교를 하셨습니다.

제가 목사가 되어 목회를 하면서 저의 첫 사랑 예수님, 첫 은혜, 첫 교회, 첫 목사님 그리고 사모님, 선배들 모두가 좋았습니다.

목사님은 그 당시에도 당당(堂堂)하셨습니다.

눈동자를 황소처럼 굴리며, 호랑이처럼 우렁차게 그 작은 여섯 평 예배당을 뒤집어 놓으셨습니다.

그리고 제가 목도한바 자주 오토바이를 타고 두류산 공원에 기도처를 정하고 기도하러 가셨는데, 더러는 뒤에 저를 태우고 같이 간 적도 있었습니다.

그때에 제 모습을 제가 보고, 목사가 된 후에도 저의 목회현장에 큰 도움이 되었으며, 추 목사님을 교과서요 롤 모델(role model)로 여기며 지내왔습니다.

추 목사님은 지상에 두 발을 붙이고 천상에 머리끈을 매고, 천상과 지상을 연결한 것처럼 오직 기도 끈이 밧줄에 매달린 모습으로 목회하셨습니다.

얼마 후 서구 쪽으로 교회가 부흥되어 이사를 했습니다.

80평의 큰 건물 안에 교회와 2층에 숙소가 있어서 선배 이석우 형과 합숙하며 학교를 다니고 교회생활을 하였는데, 목사님 사택도 1층 옆 칸에 있었습니다.

사모님께서도 어리다고 함부로 대하지 않으시고 인격적으로 예우하시니 몸 둘 바를 모를 정도였습니다.

목사님은 '내 주를 가까이' 찬송곡에 작사를 하셔서 부르기도 하셨고, 노아의 방주 역사적 설교 등 말씀을 실감나고 쉽고 은혜롭게 전하셨습니다.

아들(이삭)과 딸(아름이 지혜)도 생각이 납니다.

저는 제대 후 고향에 머물다가 어느 날 '내가 목사가 되어야겠다. 아~ 평강교회 추 목사님처럼 한다면 될 것 아닌가!' 본대로 배운 대로 체험한 대로 마음이 움직이기 시작하여 준비를 단단히 하고, 서울 장로회 신학대학을 지원, 당당히 합격하여 목사의 길로 들어섰습니다.

저는 목사가 된 후 목회지를 여러 교회 거치면서 수많은 경험을 하였고, 많은 목사님들을 만났는데, 별의별 목회자들을 다 만나보았습니다.

제가 추 목사님 자서전에 축사의 글을 쓰면서 절대로 추 목사님을 자랑하거나 띄우려고 하는 말이 아닙니다.

제가 만난 추 목사님은 특이한 분이셨습니다.

'그 이유가 무엇일까?' 깊이 생각해보았습니다.

인간적인 생각을 많이 하고, 따지고 계산하고, 수단을 쓰는 목회자들이 부지기수인데, 저는 추귀환 목사님은 좀 다르다고 확신합니다.

오직 믿음, 끈질긴 기도, 사람 들으라는 설교는 하지 않으시고, 영혼과 마음에 호소하시는 설교와 꾸밈없는 메시지가 주는 힘이 아닐까 생각합니다.

그런 면에서 저는 평생 추 목사님을 잊지 못하며, 성역 끝까지 초지일관(初志一貫)하신 원로 목회자이십니다.

추 목사님의 은퇴를 축하드리며, 자서전을 집필하시고, 쉽지 않은 완주 목회에 서 계시는 목사님과 사모님과 가족께 마음 담아 축하드립니다.

참으로 감사합니다.

서툴지만 저의 진심을 쏟아 적은 축사의 글을 마칩니다.

존경하고 사랑하고 감사합니다.

주님께서 가라사대 하면 가시고
오라사대 하면 오시는 분이기에

박윤태 장로
대한예수교장로회(통합)
일산 삼위교회 사무
DMGMORI KOREA(부사장)

제가 군대를 제대하고 대학을 복학하여 대구 효목아파트에 머물고 있을 때(형님이 제공함) 그 당시 제 나이 25세였는데, 갑자기 추귀환 목사님(누나 가족)이 이삿짐을 가지고 이사를 오셨습니다.

사연인즉 용인 근삼교회를 개척 건축하시고, 3년 동안 목회하여 교회가 든든히 섰을 때 "대구에 가서 또 개척을 하라!"는 하나님의 음성을 받고 오셨다고 하셨습니다 (1985.9.27.).

저는 전혀 이상한 일이라고 생각하지 않았습니다.

워낙 추 목사님은 개척 후에도 주님께서 "가라시대" 하시면 가시고, "오라시대" 하시면 오시는 분이셨기에 저 또한 자연스럽게 맞이하였고, 형님께서도 쾌히 승낙하였습니다.

혼자 있는 저는 영적 지도자 목사님이 목적 사명을 가지고 오셨기에 기도하면서 동역의 마음을 가졌습니다.

목사님이 대구에 오시자마자 그 이튿날부터 오토바이를 타고 동촌에 있는 망우공원 숲속에 기도처를 정해놓고 하루에 한 번은 틀림없이 기도하시는 것을 보았습니다. '개척'이라는 복음의 숙제를 가지고 대구에 오신 것이기 때문이었습니다.

불과 한 달 여 만에 중구 대안동에 평강교회를 개척하기 시작하였습니다.
그리고 추 목사님 내외(자형·누나)는 밤마다 한 번도 아파트에서 자지 않았고, 추운 겨울을 개척교회 차가운 시멘트 바닥에서 무릎으로 걷고 있었습니다.

조카(이삭·지혜)들은 어렸습니다.
제가 밤에 조카들을 데리고 공부도 시키고, 잠도 같이 자며 지냈고, 새벽기도를 마치면 두 분이 오셨습니다.

그런 일상이 계속되었습니다.
저 또한 평강교회의 일원이 되어 적극적인 자세로 청년 대학생을 전도하고 인도했는데, 청년대학부가 갈수록 늘어나고 부흥되기 시작했습니다.

무엇보다도 성령의 강력한 은사와 말씀으로 젊은 청년 대학생들이 은혜를 받고, 놀라운 변화가 일어났습니다.
제 개인적으로도 추 목사님을 신앙의 멘토(mentor)로 섬기고 나서 새로운 세계를 알게 되었고, 또한 목회는 머리로 하는 것이 아니고 무릎과 가슴으로 몸소 실천하는 것임을 목도(目睹)했습니다.

목사님은 여러 지역에 교회를 개척하셨지만, 주님께서 "가라" 하시면 미련 없이 떠나 새로운 곳에 장막을 치며, 개척자로서 목회자로서 돌파하는 것을 제가 직접 대구 평강교회를 개척하면서 가까이에서 지켜보았습니다.

저와 우리 가족 모두는 차가운 교회 바닥에서 몸부림치며 부르짖고, 설교도 손쉽게 남의 것을 베끼거나 인터넷의 수백 가지 자료를 뒤지지 않고, 손수 밥을 짓는 것처럼 따뜻한 말씀을 먹이시고, 소박하고 신실한 목회자로 성역 54년을 마치시고 목회현장에서 뒤안길로 물러나심을 매우 자랑스럽게 생각합니다.

추 목사님이 목숨 걸고 대구 평강교회를 개척하여 어느 정도 기반이 닦였을 때 주님께서 또 다시 "가라사대" 하신다고 여주로 떠나실 때 상당한 경제적·교세적 물량이 있었지만, 교회와 사택, 거액의 재산도 욕심 없이 미련 없이 그대로 후임자에게 물려주고 가시는 것을 보았습니다.

저는 세월이 흘러 하나님께서 세밀히 계산하셔서 조카 추이삭 안수집사에게 큰 사업을 이루게 하시고, 놀라운 복을 쏟아 부어 주셨다고 확신하며 감사할 뿐입니다.

추귀환 목사님은 매사에 '주님이라면 어떻게 하실까?' 반문하면서 성령님의 인도를 받으며 수많은 목회의 발자취를 남기시고, 이제는 일선에서 은퇴하시지만 남은 생애에도 새로운 은퇴원로의 역사를 써내려 가실 것으로 기대합니다.

우리 가족 모두 추 목사님께서 성역 54년 골인(goal in)하신 것을 축하드리고, 혼돈스럽고 암울한 이 시대에 많은 분들이 자서전을 통하여 신앙생활의 좋은 길잡이로 큰 도움 받을 것을 의심치 않으며, 감히 축하의 글을 마감할까 합니다.

원로추대와 자서전 집필을 진심으로 축하드립니다.

추귀환 목사님은
성직 일생으로 살아오셨다

명노종 장로
대한예수교장로회(합동) 삼승제일교회 시무 장로
장호원 대동기업사 대표

제가 32년 전에 삼승제일교회에 첫 발을 딛고 지금까지 부족하지만 신앙과 주어진 책무를 감당해오면서 미력하나마 목사님 곁에서 한 세대를 목사님의 목양사역에 함께 해온 것은 전적으로 하나님의 은혜였음을 고백합니다.

당시 추귀환 목사님을 처음 뵈었을 때 40세 초반의 목사님은 매우 강력한 성령의 능력적 힘이 넘치고, 산이라도 무너뜨릴 정도로 기세등등(氣勢騰騰) 했습니다.

하나님께서 이 지역의 열악한 환경과 우둔한 영혼들을 깨우시는 데 꼭 필요적절한 시대적 사명자로 특별히 쓰시고 계시다는 것을 발견하였습니다.

때로는 넘지 못할 산을 넘고, 건너지 못할 강을 건너기도 했습니다.

워낙 지역적으로 어려운 형편과 성도들의 연약한 교세 여건으로 교회의 부흥은 더뎠으나 하나하나 성취하고야 말았습니다.

무슨 일이든지 가능성이 1%라도 그때마다 오직 믿음과 기도와 열정으로 밀어붙여서 작지만 강력하게 이루지 못한 일이 하나도 없었습니다.

추 목사님은 삼승교우들을 위해서라면 온갖 일들을 피하지 않으시고 정면승부를 하셨고, 또한 지역사회를 위해서 몸을 던지셨습니다.

그리고 특히 저와 교우들은 목사님이 기도실에서 주님의 옷자락을 붙잡고 씨름하며 밤새우고 부르짖는 것을 자주 보아왔습니다.

참으로 이 시대에 찾기 힘든 성역 성직자의 모습이었습니다.

특히 박경자 사모님은 매우 지혜로우시고 현명하셨습니다.

사모님의 내조의 섬세함은 놀라우셨고, 성도 한 분 한 분에게 가족 이상으로 관심을 가지시고 어루만져 주심으로 지나온 날들에 참으로 행복했다고 말하고 싶습니다.

목사님의 성경적 강론은 평신도를 넘어서 신학도들, 지도자들에게 걸 맞는 수준으로 깊고 넓은 가르침의 말씀이 해박(該博)하심에 언제나 은혜로웠습니다.

이제는 참으로 아쉽게만 느껴집니다.

더 이상 규정과 절차에 따라 머물 수 없는 은퇴이기에 그저 아쉽기만 합니다.

저는 이런 생각을 해보았습니다.

사람이 중년이 되면 경험이 축적되어 후배 젊은이들에게 삶에 대한 유익한 인생경험을 논하며 가르쳐 주기도 합니다.

그러나 영혼에 대한 문제는 그 해답을 찾지 못하여 헤매게 됩니다.

그런 의미에서 저는 '쌩 땅을 파라'는 추귀환 목사님의 자서전 성직일생은 목사님께서 어린 시절에 하나님을 만나서 성령의 불을 받으시고 은사를 받으셔서 18세부터 시작된 성역에 있어서 지금까지 수많은 사연과 은혜 그리고 힘들고 어려운 순간들을 헤쳐 이겨내시고 승리하신 비법과 영적 체험이 담겨 있으니, 이 자서전을 읽으시는 분들은 분명히 인생관과 신앙관이 변화될 것을 확신합니다.

때로는 성경의 원리대로 성령의 역사하심으로 매섭고 분명하게 가르치시는 추귀환 목사님의 모습!

그러한 모습에서 우리 삼승교우들을 사랑하시는 목사님의 사랑을 느낄 수 있었습니다.

저는 그때마다 성경 요한복음 17장 16절 "내가 세상에 속하지 아니함 같이 그들도 세상에 속하지 아니하였사옵나이다"라는 말씀이 떠올랐습니다.

'우리는 비록 잠시 세상에 살지만 성도로 구별된 구원받은 백성'이라고 가르치시고 강조하신 목사님의 영적 사랑을 알게 되었습니다.

목사님은 나라 사랑하시는 애국심과 세계 선교에 대한 관심이 그 누구보다 앞서신 분입니다.

교회사랑, 가족사랑 그 무엇 하나 소홀함이 없으신 목사님이셨습니다.

짧은 글로 이 모든 것을 어찌 다 표현하겠습니까?

위의 내용들 모두 제가 추귀환 목사님을 사랑하고 존경하는 이유입니다.

사모님과 그리고 하나님의 특별한 축복을 받으신 추이삭 안수집사님께서 목사님을 위해 뒤에서 멋지게 배경이 되어주신 것을 고맙게 생각하며, 한평생 행복한 추귀환 목사님 가족과 가문이 되시기를 두 손 모아 기도드리며, 자서전 집필 축하의 글을 올립니다.

그리고 삼승제일교회 모든 성도님을 대표하여 마음을 모아서 추귀환 목사님의 성직 일생(54주년)을 다시 한 번 축하드립니다.

형수님 박경자 사모님의
사랑과 헌신이 없으셨다면

추요환 집사
대한예수교장로회(통합) 마천 세계로교회
(주)브이엔케이 대표

먼저 하나님의 종으로서 주님의 제자로서 살아오신 목양 성역 54년이란 긴 세월을 헌신하심에 높이 경의를 표하고, 하나님께 감사드리며, 이 글을 쓰려고 합니다.

제게 형님과 형수님은 일반적인 가족들의 형제들보다 더 무게감이 느껴졌습니다. 왜냐하면 세상적인 분이 아니었기 때문입니다.

일찍이 어린 시절에 하나님을 만나시고 온 가족 친척에게까지도 예수의 복음을 전파하셔서 놀라운 일들을 가져왔기 때문입니다.

형님은 우상과 미신에 찌든 추 씨 가문에 구원의 빛을 비추게 하는 역할을 하셨고, 부모님은 물론 가족 구원을 이끌어 주셨습니다.

제 이름도 형님이 아버님께 '요한'이라고 짓자고 건의하여 성경의 열두 제자 중 '요한'이라는 어감(語感)의 이름을 짓게 되어서 항상 은혜로 여기며 살아가고 있습니다.

이제는 부모님께서 천국으로 가셨지만, 부모님보다도 어렵고 무겁고, 가까이 다가가기에는 어려운 형님과 형수님이요, 두 분의 존재감이 크게 느껴집니다.

제 스스로의 삶이 영적 또는 모든 면에서 부족하다고 느껴졌기 때문이요, 이 글을 쓰는 지금도 그 마음은 변함이 없습니다.

전에는 우리 가족 가운데 형님이 목사요 목회자라는 것이 그냥 스쳐가는 바람처럼 느껴졌으나, 세월이 흐르고 내 나이가 더해갈수록 '아! 우리 가족 가문에 형님과 형수님 즉, 목사요 성직을 하시는 귀중한 분이 계셨구나!'라는 벅찬 감동이 마음 가운데 밀려오곤 합니다.

좋고 축복된 일보다는 일어나지 않아야 할 일, 남에게 드러내놓고 말하지 못하는 아픔들, 각종 사건 사고로 뒤엉키고 뒤틀린 우리 가족사를 솔직하게 쓰고 싶습니다.

그나마 아픈 상처 속의 모든 중심에 형수님이 계시고, 마치 두 분이 해결사처럼 원만하게 정리하셨기에 가족들이 현재를 누리고 있음을 생각할 때 형님에게 감사한 마음, 그리고 형수님에게 더욱 고맙고 감사하다는 말씀을 드리고 싶습니다.

이는 온 가족 형제 모두의 마음입니다.

저는 살아오면서 단 한 번도 두 분의 판단과 실행에 반대하지 않았습니다.

그 이유는 단 한 번도 틀린 판단을 하지 않으셨기 때문입니다.

저는 형님과 형수님의 말을 세상적으로 판단하는 형제의 말이 아닌 주님의 사자의 말씀이라고 생각하고 늘 순종하는 마음으로 따랐습니다.

이제 54년이란 긴 목회자의 길을 걸으시고 수고와 헌신을 마감하는 '은퇴'라는 참으로 아름다운 최후의 순간까지 오시게 된 것은 형수님이신 박경자 사모님의 사랑과 수고와 헌신이 없으셨다면 불가능하셨으리라 생각합니다.

그리고 이 기회를 통해서 어려운 고비마다 현숙한 지혜를 발휘하여 위기를 기회로 만드시고 우리 가문을 잘 이끌어주신 것에 대해 깊이 감사드립니다.

아울러 우리 가족 모두가 '존경하는 형수님께서 그동안 고생 많이 하셨다는 것을 잘 알고 있음'을 알아주셨으면 좋겠고, 가족을 대표하여 진심으로 뜨거운 감사의 마음을 전해 올립니다.

형님! 형수님!

참으로 수고 많으셨습니다.

무엇보다도 하나님 아버지께서 제일 기뻐하시리라 생각합니다.

특히 '아들(이삭)이 하나님의 축복을 받아 성공적인 사업과 삶을 살면서 부모님께 효도하는 모습을 보고 기뻐하고 있으며, 딸(지혜)도 선교사라는 특별사역자로 헌신하며, 손자들이 번성하는 기쁨을 누리시니 더 이상 무엇이 부럽겠는가?'라고 생각하며, 참으로 하나님께서 형님과 형수님에게 축복을 듬뿍 부어주셨음에 저와 우리 가족 모두 기쁘고 행복함을 함께 누립니다.

이제 남은 생애에 건강하고 행복하게 멋진 삶을 누리시며, 하나님께서 함께 하시리라 굳게 믿습니다.

우리 가족 모두 성역의 먼 길을 걸어오신 두 분께 위로와 축하를 드리며, 또한 자서전 출판을 진심으로 축하드리고, 감사드립니다.

막(幕)을 올리며

　하나님께서는 자연계의 순환 고리를 아름다운 조화로 일 년 12개월 365일 5시간 42분 27초의 시간 속에 사계절 봄(춘:春)·여름(하:夏)·가을(추:秋)·겨울(동:冬)의 한 편의 드라마를 제작하여 생명의 연극 4막(四幕)으로 연출하셨습니다.

　이렇듯 인생도 소년(少年期)·청년(靑年期)·장년(壯年期)·노년(老年期)이라고 하는 인생의 사계절 드라마에서 하나님은 총감독으로서 메가폰의 주권을 통해 인생의 무대에서 한 편의 드라마를 만들어 가시는 것입니다.

　인생 연기에 조연은 없습니다.

　모두가 주연입니다.

　그리고 엔지(No Good), 즉 다시 반복이 없습니다.

　인생은 연습이 없기 때문입니다.

　출생에서 죽음까지(요람→무덤) 단 한 번의 기회로 시간과 공간 안의 삶의 무대에서 치열한 선역(善役)과 악역(惡役)이 있을 뿐입니다.

　이것이 저의 자서전을 인생 4막(四幕)으로 나눈 이유입니다.

저의 이 자서전은 전문적인 학문을 위한 연구논문이 아닙니다.

문학이나 철학적 지식이나 기도서도 아닙니다.

한 시대 역사의 수레바퀴 그 톱니에 끼인 삶을 살아온 작은 목자인 저의 드라마틱 (dramatic)한 삶의 이야기입니다(히스토리; History).

1885년 4월 5일 미국 장로교회가 파송한 언더우드(Horace Grant Underwood) 선교사에 의해 이 땅에 예수 그리스도의 복음이 상륙하여(조선말) 한국 기독교 역사에 첫 단추를 꿴 복음시대의 발자취를 따라 1968년 18세 소년이 목회에 첫 발을 내딛어 험지와 정글지대를 누비며 2021년까지 도달하여 이제는 현역무대의 종착역에 당도하여 목회의 뒤안길목인 원로 연기자로 물러섬으로 무대에서 내려오게 되었습니다.

대체적으로 대행업체 전문가의 도움을 받아 미사여구 가득한 자서전을 출간한다고 알고 있지만 저는 결단코 그 누구의 도움의 손길을 받거나 의탁할 필요가 없었다는 것을 밝힙니다.

책 제목에서부터 표지의 전면과 후면 그림에 이르기까지 저의 손끝에서 시작하고 끝을 맺었음을 정직하게 밝혀 드립니다.

그리고 이 자서전을 읽으시는 모든 분들께서 혹시 과찬하시거나 과소 비교평가하시는 것도 삼가 주시고, 쨍 땅을 파내려가는 마음으로 책(자서전)을 읽어주시기를 감히 요청하면서 이러한 제가 하나님을 만난 것처럼 이 글을 읽는 모든 분들도 하나님을 만나고, 그 하나님의 은혜와 섭리 가운데 행복했으면 좋겠습니다.

여주의 넓고 푸른 들녘에서
추귀환 목사

Contents 차례

축사의글

제1막

소년이여! 꿈을 가지고 씨를 뿌려라!

제2막 청년이여! 꿈을 잘 가꾸어라!

목차를 열다

제3막

중 · 장년이여! 잘거두어라!

제나막

노년이여! 잘누리다잘가자!

삼승제일교회 삼십 삼년! 부록 1
삼삼하고 알짜한 이야기!

아름다운 사람들

부록 2 삼승제일교회 교회연혁

부록 3 대한예수교 장로회(합동) 경성노회장

부록 4 하나님의 부름과 칠영의 계시를 받고

제1막
쌩 땅을 파라

소년이여!
꿈을 가지고 씨를 뿌려라!
Boy! Have a Dream sow the Seed Boy!

"예수께서 이르시되
청년아 내가 네게 말하노니
일어나라"
(누가복음 7:14)

소년이여! 꿈을 가지고 씨를 뿌려라!

Boy! Have a Dream sow the Seed Boy!

소년은 봄입니다. The Boy is Spring
봄은 생명(生命)이 시작(始作)되는 계절입니다.
인생 사계절의 첫 번째 일 년의 미래를 결정짓는 시기입니다.

인생 십대의 첫 단추를 잘 꿰어야 합니다.
'이팔청춘(二八靑春)'이란 '이십 팔세'라는 나이가 아닙니다(2×8=16).
이는 '십 육세'를 의미하는 것으로, 청춘 이십대의 문턱 고갯길에 서서 인생 출발을
준비하는 매우 중요한 시기요, 봄이라는 뜻입니다.

봄에 씨를 뿌리지 않으면 가을에 거둘 것이 없습니다.
십대에 미래의 꿈을 가지고 첫걸음을 용수철(스프링)처럼 힘차게 내딛고 튀어 올라야
합니다.

봄을 본다는 말입니다.
미래를 본다는 것입니다.
새싹이 나오는 것을 본다는 것입니다.

새싹은 미래입니다.
꿈을 꾸고, 생각을 하고, 씨를 뿌리고, 행동을 하여 좋은 밭을 만들고, 좋은 씨를
뿌려야 합니다.
한 살배기가 자신의 돌잔치에서 무엇을 잡느냐에 부모·형제·친지·지인들까지
초 집중을 합니다. 환호가 터집니다.

어린 돌잡이 손에 잡은 꿈이 이루어지기를 바라고, 격려의 박수갈채를 아끼지 않습니다.

맞습니다.
절대적인 것은 아니지만 꿈을 응원하는 것이지요.
유아 교육학적으로 볼 때 사람은 6세 이전에 결정이 된다고 합니다.
그 시기에 이미 인격형성이나 뇌의 구조가 결정지어진다는 것입니다.

10대란 100세를 향한 출발선에 서 있는 것입니다.
흔히 "저 아이는 싹수가 있어~"라고 높이 평가해줍니다.
반대로 "저 아이는 싹수가 없어~"라고 말합니다.
즉, "싸가지가 바가지야"라는 말은 미래가 없는 십대를 향한 쓰디쓴 표현입니다.

싹수가 있어야 합니다.
미래가 있어야 합니다.
꿈을 많이 꾸고, 꿈 자루를 메고 다녀야 합니다.
부모는 꿈을 많이 꿀수록 십대의 자녀들을 보듬어줘야 합니다.
   "너도 글렀어~ 조상 가문 가족을 보니까~"

절대 이런 생각도, 말도 하지 마십시오.

요셉, 다윗을 보십시오.
꿈대로 됩니다.
십대에 결정됩니다.
성령의 영적 DNA가 결정짓습니다(창 37장~삼상 17장).
십대는 인생 무대에서 이미 제1막 연기가 시작되었습니다.

2020.8.
홍천강에서 월척 45cm
"수" 미래 월척 인생

2016년
우간다에서 공부한
"호"의 학교 가는 모습

소년이여! 꿈을 가지고 씨를 뿌려라!
Boy! Have a Dream sow the Seed Boy!

소년은 봄입니다.
The Boy is Spring

2015년
서대문구 자연사박물관에서
위대한 꿈을 꾸는
손자 사 총사(수·호·하·휘)

6 · 25 포성보다
나의 웅애 포성이 먼저 터졌다

나는 현재 우리나라의 333개 성 씨 가운데 151위인 추(秋) 씨로 고려 인종 때 명심보감을 편찬 저술한 대 학자 추적(秋適)이 시조인 추계(秋溪) 추 씨(秋氏) 23대손 추병옥(秋秉玉)의 자(子) 24대손인데, 1949년 11월 13일 전북 익산시 동산동 109번지에서 가난한 농부의 집도 아닌, 그저 남보다 더 가난한 집, 땅 한 평 없이 지독한 가난을 짊어지고 사는 부모 슬하에서 태어났습니다.

매일매일 연명(延命)하는 것이 신기할 정도의 삶이었습니다.

6 · 25 동족상잔의 비극이 끝난 1954년 7월 27일 휴전 뒤에 비극의 뒤처리로 북한보다 뒤처진 당시 남한은 경제적으로 어려움을 겪던 시기였습니다.

나는 7남 4녀 중에 둘째로 태어났지만, 내 나이 6세 때 아버지께서는 군대에 징집되어 입대하시게 되었는데, 그 후에 우리 가정은 더 큰 곤경에 처하게 됩니다.

그때 어머님, 형과 나와 여동생 삼남매와 외갓집의 몰락으로 외할머니와 외사촌 세 명을 합해서 총 8명의 식구가 살고 있었습니다.

거기에다가 아버님이 삼년 반이면 제대하고 귀가해야 하는데 4년이 넘도록 돌아오지 않습니다.

동네 군대 동기 분들은 벌써 돌아왔었습니다.

시쳇말로 재수 없이 병무청 공무원의 행정 실수로 계속 군에 머물러야 하는, 즉 원래 군 복무 기간의 두 배인 7년 동안 군 생활을 할 수밖에 없었습니다.

혼란한 시대라 하소연도 못하고 세월이 흘러버렸습니다.

어머니 혼자서 여덟 식구를 책임져야 하는 절박함으로 닥치는 대로 살아갔습니다.

그런데 군에 계신 아버지는 생사조차 알 수 없이 편지 한 장이 없었습니다.

아버지에게서는 그 어떤 소식도 없었고, 답답한 시간만 지나갔습니다.

철부지 어린 우리 남매는 아무런 내막도 알지 못했고, 또한 그 당시에 알았다고 한들 어찌 할 수 있었겠습니까?

여덟 개 입을 먹이는 26세 젊은 엄마 못 말리는 두 아들

어머니는 여덟 식구를 먹여 살리기 위해 온갖 일을 해서 필사의 노력으로 가정을 이끌고 가셨습니다.

아버지가 계셔도 힘든 형편에 어머니 혼자서 감당하기는 벅차셨을 것입니다.

어린 우리들은 아무런 힘도 되지 못했습니다.

게다가 형은 개구쟁이를 넘어 골목 패싸움을 하고, 손버릇이 나빠서 이웃집 물건들에 손을 대고, 학교에 출석하는 날보다 결석하는 날이 더 많고, 때로는 형이 나까지도 한 번씩 강제로 학교 못 가게 끌고 다니며 중간 치기 즉, 학교에 갔던 것처럼 하고 저녁때 방과시간에 맞춰서 올 때도 있었습니다.

내친김에 더 고백할까요?

내가 4학년 때 학교에서 쉬는 시간에 옆 짝꿍이 내 책(국어)에 낙서를 해서 나도 짝꿍 국어책에 낙서를 했습니다.

그러다보니 서로 책을 찢게 되었는데, 점점 더 심해져서 산수·사생·자연 교과서까지 책 4권을 다 찢어버렸습니다.

12월 중순 영하의 날씨에 짝꿍과 나는 복도에 꿇어앉아서 선생님이 끼얹은 물에 온몸이 얼어붙는 벌도 받았습니다.

그런데 그것으로 끝난 것이 아니었습니다.

저녁에 책이 없는 것을 확인한 어머니에게 들켜서 말도 못할 정도로 혼쭐이 나고, 대가를 톡톡히 치른 적이 있습니다.

그뿐이 아닙니다.

어느 날은 등교할 때 형이 나에게 "야! 오늘 중간 치기하자. 즉, 땡땡이치고 돌아다니며 놀자."고 하여 뒷집 욕쟁이 할머니 집 굴뚝 꼭대기에 나를 엎드리게 하여 올라가 책보자기를 감춰놓고는 둘이서 하루 종일 시장으로, 골목으로 돌아다니며 놀다가 저녁 하교 시간에 맞춰서 돌아와서 감춰놓은 책보자기를 가지고 가기도 하였는데, 어느 날은 내리려고 굴뚝에 올라가서 보니 책보자기가 없는 것이 아닙니까!

그 큰 굴뚝 밑으로 빠져버린 것입니다.

우리 둘에게는 큰 일이 아닐 수 없었습니다.

저녁에 어머니가 장사를 마치고 돌아오셔서 다른 것은 몰라도 책이 있는지는 꼭 확인하시는데, 놀란 형과 나는 거짓말을 꾸며댔습니다.

아니나 다를까 저녁이 되어 집에 돌아오신 어머니가 물으십니다.

"둘 다 책도 없이 공부도 안하고 왜 그리 앉아만 있느냐?"

"엄마, 책보자기 학교에 그냥 두고 왔어요~"

눈치 구단이신 어머니가 궁색한 형의 대답을 그냥 믿으실 리가 없습니다.

"뭐라고? 당장 학교에 가자!"

그때가 캄캄한 밤 8시 경이었지만 우리는 학교에 갔습니다.

당시 학교는 일제강점기 건물이라 판자 건물로 허름하고 교실마다 성한 유리창이 별로 없었습니다.

먼저, 형의 교실 깨진 유리창으로 몸을 디밀고 들어갔습니다.

"엄마, 책보가 없네?"라고 하는 형의 말이 어둠이 깔린 교실 안을 울리면서 빈 대답으로 돌아왔습니다.

그러고 나서 3학년 내 교실로 갔습니다.

내 교실에 가서도 형과 똑같은 상황을 확인하고 돌아와서 우리는 책보자기를 굴뚝에 숨긴 사실을 이실직고하여 그날 저녁 뒤지게 얻어맞고 잠을 잤습니다.

날이 밝고 이른 아침에 어머니가 한 동네에 홀로 살고 계시는 외삼촌을 불러와서 자초지종을 이야기하니, 외삼촌께서 뒷집 할머니 집에 가서 굽실거리며 철부지 조카들의 책보와 굴뚝 이야기를 하셨습니다.

그 할머니는 별명이 '옥쟁이 할머니'입니다.

"이 썩어 뒤질 놈의 새끼들, 우라질 놈들아! 남의 굴뚝이 니네 집구석인 줄 아느냐?"

욕쟁이 할머니의 욕 실력이 다 폭발되었습니다.

당시 국어, 산수, 사생, 자연 교과서는 구하기도 힘들었습니다.

엿장수가 교과서 한 권당 꽤나 많은 엿을 주어야 할 정도로 교과서의 부가가치가 높은 시대여서 구하기가 쉽지 않았습니다.

그래도 이웃사촌 지간이라 욕만 실컷 얻어먹고, 욕 잔치가 끝난 후 굴뚝을 헐기 시작하여 두 개의 시커먼 책보자기를 찾았습니다.

어머니는 두 개의 책보자기를 들고 "아이고~ 내가 못살아~ 지 애비는 죽었는지 살았는지도 모르고, 이 잘난 새끼들이 이렇게 속을 썩이니, 나는 어떻게 살아야 하나?"하고 한바탕 판소리 울음을 터뜨리셨습니다.

이에 욕쟁이 할머니도 우리 어머니 판소리 울음소리에 어우러져서 두 분은 부둥켜 안고 "익환놈애야, 네 팔자나 내 팔자나 두룸박 팔자다. 이 썩을 놈의 세상 어떻게 살아 갈 거나?"라고 하시며 실컷 우셨습니다.

그리고 한참 후 어머니는 우당탕탕!

우리 두 형제를 한바탕 장작개비로 매타작 하시고는 외삼촌과 함께 이틀에 걸쳐서 새 굴뚝으로 보수공사를 해주고, 그 사건은 마무리 되었습니다.

철부지 삼총사!
빵집 습격사건과 자진 퇴학

어린 시절 우리 형제에게는 심심할 때 놀이거리가 될 만한 장난감이나 오락이 없다보니 캄캄한 밤에 누워서 서로 이런저런 이야기를 주고받았습니다.

내가 "밥 나와라~ 뚝딱!" 하면, 옆의 형이 "고기 나와라~ 뚝딱!" 하고, 외사촌 형은 "과자 나와라~ 뚝딱!" 하면서 노는 것이 가끔 배고픈 밤 시간에 허기진 배를 채우는 언어놀이였습니다.

그 당시는 정말로 쌀밥에 고기, 떡이나 과자 등을 실컷 먹고 싶었습니다.

한 번은 형과 외사촌 형과 나, 이렇게 셋이서 밀가루로 달 모양의 빵을 만드는 큰 빵집을 습격했습니다.

나는 망을 보고, 두 형은 빵을 약 30개 훔쳐서 뛰기 시작했습니다.

집에 돌아와 셋이서 약 20개 정도의 빵을 하이에나처럼 먹고 있는데 밖에서 빵집 아저씨가 우리를 부르는 것이 아닙니까?

우리는 빵을 먹다가 문을 열었는데, 그 자리에서 바로 체포되었습니다.

우리 셋은 무릎을 꿇고 빌었습니다.

"죽을죄를 졌습니다."

그런데 '오! 마이 갓!'(Oh! My God!)입니다.

빵집 주인아저씨가 "다시는 그러지 말라~"고 하시는 것입니다.

그리고 "그 빵 맛있게 먹어라~ 힘내라!"고 격려해주고 가셨습니다.

지금도 생생하게 기억나는 빵집 주인아저씨 성함은 '이만철'입니다.

아저씨는 우리의 잘못을 꾸짖지 않고 타이르시고, 용서해주셨고, 어머니에게 이르지 않기로 약속까지 하시고 가셨습니다.

아버지 없는 우리들은 어린 시절을 그날그날 되는대로 살아갈 뿐이었습니다.

누가 붙잡아주지 않으니 방목상태였습니다.

어머니가 아무리 강하셔도 우리 삼총사는 얼마든지 어머니를 속여 가며 거칠 것이 없었습니다.

이 외의 자질구레한 일들을 다 기록한다면 너무 많아서 곤란할 지경이라 그만 두는 것이 더 좋을 것 같아 생략합니다.

> 당시 16세에 결혼하여 18세에 형을 낳으시고, 20세에 나를 낳으신 어머니!
>
> 젊은 나이에 남편의 부재로 인해 가족부양과 자식교육 등의 무거운 짐을 온 몸으로 짊어진 나의 어머니!
>
> 앞의 여러 사건들은 내 어린 시절, 힘겨운 생존현장에서 벌어진 소소한 일들이지만, 팍팍한 삶과 철부지 자식들이 벌여놓은 이런저런 사건들로 인해 마음 편한 날이 없으셨을 나의 어머니!

그러던 어느 날 학교 조회시간(약 1,200명 학생)에 교장선생님이 갑자기 형을 교단 마이크 단상으로 불러 쪽지를 주면서 읽으라고 했습니다.

그 내용은 '형이 자진 퇴학한다'는 것이었습니다.

즉, "나는 오늘부터 동산국민학교를 그만 다니겠습니다."라고 읽고, "안녕히 계세요."라고 인사를 꾸벅하고 내려왔습니다.

형이 학교를 출석한 날보다 결석한 날이 많고, 개구쟁이 이상의 행동들이 나쁜 영향을 주는지라 학교 당국의 입장에서는 최선의 방법인 것으로 이해는 가지만, 나는 참으로 창피하고 서글펐습니다.

당시 문교부 법률에도 없는 자의적 조치로 일어난 일인 줄 압니다.

나는 당시 3학년이고, 형은 5학년이었습니다.

나는 그날 밤늦게 장사하고 들어오신 어머니께 그 사실을 그대로 말씀드렸습니다.

어머니는 하도 기가 막혀서 할 말을 잃고 눈물만 흘리셨습니다.

젊은 남편은 군에 가서 생사의 소식도 없고, 살기는 막막한데 아들이 이런 사태까지 일으켰으니, 무슨 힘이 나겠습니까?

부친 군대 가신 직후 가족
모친과 형, 여동생 그리고 나(좌측 국민
(초등)학교 1학년 모습)

지금 생각하니 모든 것이 무너지는 심정이셨을 것입니다.

어머니는 날이 밝아오길 기다렸다는 듯이 등교시간에 학교에 찾아가셨습니다.

나는 그 당시 담임선생님의 성함을 기억합니다.

어머니가 '유연배' 선생님 앞에서 교무실 바닥에 무릎을 꿇고 "선생님, 제 책임입니다. 이번 한 번만 봐주십시오~" 사정사정하며 빌고 비는 광경을 교장선생님이 보시고 즉석에서 취소하여, 형을 학교에 다시 등교시켜 위기를 넘기게 되었고, 형은 그나마 공부를 계속하게 되었습니다.

아버지는 군에 가신 후 6년째, 아무런 소식조차 없이 세월만 흘러갔습니다.

큰 집 등 친족들은 어머니에게 '기다리지 말고 빨리 다른 데 시집가라'고 압력을 넣으시거나, '벌써 죽은 사람을 뭐 하러 기다리느냐'고 설득했지만, 어머니는 언제나 일편단심(一片丹心)이셨습니다.

큰 집이나 작은 집이나 사는 것이 녹록치 않으니 경제적인 도움은 전혀 없었습니다.

그러던 중에도 김제 작은 아버님이 일 년에 한두 번 어머님을 격려하시고, 우리들의 머리를 쓰다듬어 주시며 용기를 주곤 했던 기억이 생생합니다.

철의 여인 젊은 여인
여자는 약하나 어머니는 강했다

어머니는 살아남기 위해 험한 일도 마다하지 않으신 강인(强靭)한 여인이었습니다.

"여자는 약하나, 어머니는 강하다."는 '빅토르 위고'의 말처럼 말입니다.

나 역시 그 어린 나이에 생존법칙의 밑바닥에서 쓰디쓴 인생의 맛이 무엇인지를 맛보는 단계였습니다.

겨울이면 가장 급한 것이 아궁이 땔감 문제였습니다.

산에 나무하러 가면 산주인이 지킵니다.

그 당시 땔감 문제로 산에도 땔감이 별로 없었습니다.

솔가루를 긁자니 갈퀴도 없습니다.

열 손가락이 갈퀴입니다.

하나님이 디자인하신 손 갈퀴의 위력이 발휘되었습니다.

심지어 손 갈퀴로 잔디도 캐서 털고, 논바닥 벼 뿌리도 캐어 털어 혹독한 엄동설한(嚴冬雪寒)을 이겨내는 일은 다반사였습니다.

정월 대보름이 되면 세시풍속(歲時風俗)으로 찰밥을 서로 주고받는 일반적인 풍습 가운데서 우리는 온 가족이 전적으로 며칠은 거지 옷처럼 입고, 수 킬로미터 지역을 휩쓸어 밥을 얻어 와서 추운 계절이라 밥을 약 한 달 정도는 보관했다가 여덟 식구가 먹고 살아가곤 했습니다.

그런 상황이었음에도 나는 설 명절, 대보름이 기다려졌습니다.

어느 해인가 심한 기근이 들어 호남의 곡창지대에도 흉년의 재앙이 닥쳤습니다.

목구멍이 포도청이라 하루 한 끼라도 피할 수 없는 지경에 당시 이리 보배소주 공장에서 저녁 7시쯤 소주 내린 술 찌꺼기, 지독한 냄새를 풍기는 새까만 액체가 하수구를 따라서 흐르는데, 우리는 그릇을 가져가 고랑으로 흘러가는 소주 찌꺼기를 퍼다가 사카린을 넣고 끓여 먹었습니다.

먹고 나면 배가 찌르고 아팠지만, 배고픈 당시에는 그 정도는 얼마든지 참아낼 수 있었습니다. 위가 녹아내린다 해도 말입니다.

당시 우리 집은 일 년에 쌀 한 말을 대지사용료로 내고, 가옥만 소유권을 가진 상태인데, 고택(古宅)으로 방 2칸, 부엌 1칸, 텃밭 등으로 이루어진 초가집이었으며, 냉난방 시설도 없이 살아갔습니다.

초가을이 되면 또 하나의 고민거리가 생겨납니다.

초가지붕을 덮는 이엉을 엮어서 지붕을 덮어줘야 집도 온기도 보존됩니다.

만일에 지붕을 덮지 못하면 육안으로도 '저 집은 지붕을 못 덮는다'고 공개적으로 내보이는 격이니, 창피한 일이 되기도 합니다.

가끔은 지붕을 덮지 못하는 때도 있었습니다.

농사를 짓지 않으니 어디서 지붕 덮을 짚이 생기겠습니까?

"가난은 결코 자랑할 것은 못 되나 가난은 불편한 것뿐이다."라고 그 누가 말했으나, 결코 아닙니다.

가난은 불편한 것이 아니고, 불행한 요소가 숨어 있습니다.

가난을 싫어하십시오!

당장 먹을 것이 없고, 땔감이 없고, 지붕에 고랑 구멍이 나고, 얼굴이 누렇게 뜨고, 머리가 빙빙 돌고, 이가 득실득실하고, 석유 한 홉이 없어서 동지섣달 기나긴 밤 캄캄함이 깃들 때, 방 안의 걸레가 꽁꽁 얼어붙을 때, 입을 옷이 없어 수치스러울 때 불행하다고 느끼지 않을 수 있겠습니까?

한 번은 내 바지가 다 해졌는데 어머니가 아랫집에 사는 내 친구 '구길서'란 아이의 옷을 얻어왔습니다.

나는 키가 작고, 그 아이는 키가 큽니다.

그리고 그 아이는 날씬하고, 나는 키는 작지만 옷은 크게 입는 편이라, 그 아이의 옷이 작아서 맞지 않았음에도 억지로 입고 학교에 갔는데, 그날 그 옷이 모두 터져서 톡톡히 창피당하고 왔습니다.

당시의 두발은 민둥머리 즉, 빡빡이였습니다.

머리가 자라면 이발소에 가야 하는데 항상 어머니가 집에서 긴 바느질 가위로 머리를 깎아주니, 아무리 다듬어도 단박에 표시가 납니다.

어린 나이에 머리 깎고 난 후 며칠은 학교에 가도 동네를 가도 창피한 마음이 드는 것은 일상이었습니다.

나는 살아오면서 어머니가 늘 "큰 아버지가 둘이 있어도 조카 새끼들 이발소에 데려가 머리 한 번 깎아주지 않는다."고 푸념하는 말을 수없이 들었습니다.

생각해보니 '피는 물보다 진해도, 더러운 것이 피붙이'라는 말처럼 어머니는 혈족을 생각하고 일말의 기대감으로 살았으나 당시에 자기들 살기도 팍팍하니 동생 군대 가서 소식도 없이 살아가는 제수씨며 조카들 생각이 나겠습니까?

내가 생각하기에 '유전자가 별로 좋은 집안 가문은 아니지 않은가?' 하는 의심이 들 정도입니다.

좋은 신발 꼼짝 마!

나는 어릴 때부터 가난이 정말 싫었습니다.

제대로 된 옷을 입어보지 못했고, 신발 한 켤레 사서 신어보지도 못했습니다.

더더구나 새 연필을 사본 적도 없었습니다.

학용품이 허술한 1950년대에 학교 쓰레기장에 가면 무슨 연필이 있겠습니까?

그래도 도토리만한 연필을 주워서 장치를 하여 쓰곤 하였습니다.

나는 교회를 가기도 했습니다.

'친구 따라 강남 간다'고 동산교회 어린이학교, 주일 오전에 가면 철부지가 무엇을 알았겠습니까?

장난기어린 철부지 개구쟁이 그 자체였습니다.

그런데 눈에 확 띈 것이 있었는데, 신발이었습니다.

이제 신발 걱정은 끝이 났습니다.

내 발에 맞으면 필요할 때 가끔 바꿔 신기도 했습니다.

후에 모친에게 들통이 나서 얻어터지고 나서 생각을 바꾸었습니다.

세월이 흘러 그 옛날 신발을 바꿔 신은 것에 대한 벌을 톡톡히 받았습니다.

신학교 1학년 시절, 기숙사에서 어느 신학생이 폐결핵으로 하늘나라로 갔습니다.

그 부모님이 오셔서 유품정리를 하시다가 '아들 구두 신을 사람이 없는지' 찾을 때 내가 "제가 신겠습니다." 말씀드리고 얻어 신었습니다.

그런데 그 구두가 얼마나 작은지 신고 걸을 때마다 고통스러웠습니다.

차라리 맨발이 나을 지경이지만 어찌 신발을 신지 않고 다니겠습니까?

그 후 아내와 사귈 때 사귄 지 한 달 만에 대구에서 쌍벽을 이루는 칠성제화 명품 분홍 신을 아내에게 선물 받았습니다.

아내가 내 모습을 눈치 챈 것이 아닐까요?

그때 분홍 신 가격이 삼 만 원이었습니다.

당시 평균 직장인 월 보수 약 10-20만원 할 때입니다.

아내가 나를 사랑함의 최대 표현이라 생각하니 무척 고마웠습니다.

그런데 기도원에 가서 잃어버렸습니다. 누가 신고 간 것입니다.

그 후 중동교회를 개척할 시절에 예배를 마치고 보니 누가 또 그 많은 신발 중에 내 신발을 가져갔습니다.

양복 원단 사업자인 교회 건물주 유수한 집사님이 경주 거래처에서 구두로 물건 값을 가져왔다고 구두 한 켤레 주셔서 신고 다녔습니다.

그런데 한 달 후에 또 누가 신고 가버렸습니다.

세월이 흘러 1979년도 오산리 기도원에서 40일 금식할 때 저녁예배 드리고 나오니 내 신발이 또다시 없어졌습니다.

눈 쌓이고 추운 1월이라 고생 좀 했습니다.

어느 날 성령의 음성이 들렸습니다.

"야, 이놈아! 너 주일학교 시절 신발 많이 바꿔 신었지? 그때 그 아이들 마음이 어땠겠
느냐? 회개하라! 맛 좀 보아라!"

나는 그 자리에 엎드려 진심으로 회개 기도한 후 마음이 편해졌습니다.

그 후에 내가 살아오면서 지금까지 아내는 신발이나 구두 걱정을 하지 않도록 언
제나 좋은 것으로 사줍니다.

과분하게 좋은 신발도 생겨났습니다.

삼승제일교회 홍옥화 권사님 딸 박영이 집사님, 박대섭 집사님이 경영하는 서울 이
태원 수제화의 1번지 악어 가죽구두로 유명한 '슈즈 박' 상표입니다.

우리 내외는 박정희 대통령, 클린턴 대통령 또한 유명한 연예인들이 거쳐 가는 구
두까지 수백만 원 하는 신발을 선물받기도 했습니다.

시시콜콜한 이야기 같지만 죄의 대가와 회개 후의 대가가 확실함을 깨달았습니다.

나는 그래서 어디를 가도 신발을 보면 감사가 나오고, 되도록 흩어진 신발을 똑바
로 놓아주고, 나가기 좋게 신발 방향을 밖으로 놓기도 하며, 어느 식당을 가서도 화
장실 신발이 나뒹굴어 있으면 기어코 들어가기 좋게 가지런히 놓아주어 다음 사람을
배려하는 습관이 생기게 되었습니다.

종치는 소년, 양철지붕 돌 던지고 개구쟁이 대장

당시 교회 지붕은 양철지붕이었습니다.

언덕에서 돌을 던지면 "쨍그렁~ 땡땡땡~" 소리가 엄청 재미있어서 하필이면 나는
예배드리는 시간에 맞춰서 방해공작을 하는 철없는 말썽꾸러기였습니다.

그리고 주일 대예배 시간이 되고 저녁이 되면 교회 종치는 것을 보았습니다.

나는 초종, 재종의 의미를 몰랐고, 아무 때나 치는 줄 알았습니다.

나는 주일 오전 예배 중에 "땡그렁~ 땡그렁~" 종을 쳤습니다.

큰 청년들이 나와서 종 줄을 못 치게 높이 올려놨습니다.

나는 그 다음 주일 또 그 시간에 종 줄을 내려서 치고 도망쳤습니다.

그런 행동을 여러 차례 했습니다.

동산교회에서 '귀환이를 잡으라'는 체포 조를 파견하였는데, 어느 날 학교에 가다가 골목에서 붙잡혔습니다.

나는 매를 좀 맞고, 혼쭐나는 줄 알았는데 그 선생님이 내 머리를 쓰다듬어 주시면서 오히려 위로해 주시고, 상냥한 목소리로 격려하셨습니다.

지금에 와서 생각해보니 만일 그 선생님께서 나를 혼내고 때렸더라면 나는 교회 발길을 끊었을 것이고, 오늘의 나는 없었을 것입니다.

익산 동산교회 보이는 교회 이전
70년 전에는 이곳에 조그만 양철지붕과 종탑이 세워져 있었다.
지금 보이는 교회 이전 나의 어린 시절에 개구쟁이 시절이 생각나며,
현재는 자서전에 나오는 대로 동산교회는 위 교회보다 더 크게 확장 건축되었다.

'내 무덤에 침을 뱉으라'는 (故)박정희 대통령의 글을 보면, '교회에서 까분다고 어린이 교회학교 주교 선생님에게 머리에 통 꿀밤 한 대 맞고 상처가 되어 교회를 등지게 되었다'고 회고한 말이 생각납니다.

어린 시절 교회는 나의 놀이터요, 필요를 채우는 좋은 곳이었습니다.
동화도 듣고, 성탄 절기에 센베이(senbei)도 맛보고, 연극도 보던 그 추억은 누구나 간직하고 있을 것입니다.

군대 가신 아버지도 무소식으로 세월이 가고,
형은 외곽지대로 나가고,
어머니는 행상으로 밤늦게 들어오시고,
외할머니는 늙으시고,

이렇게 우리 가족은 모두 뿔뿔이 흩어져서 살아갔습니다.
어떤 규범도 없습니다.
아침에 나가면 저녁에 만납니다.
그러니 어머니는 우리를 볼 때마다 언성이 높아집니다.
제대로 교육이 되지를 않습니다.

가난의 무거운 짐을 짊어진 어머니는 무서운 모습 그 자체였습니다.
거친 말투와 욕설은 익숙한 일상의 언어가 되었습니다.
세수할 때나 코풀 때 "흥" 소리가 나지 않으면 한 대 갈겨댑니다.
지리산 치마폭 같은 어머니의 넓은 가슴이 아닌, 태백산 뼈마디 같은 손대와 어조는 무서움 그 자체였습니다.

결코 과장이 아닙니다.
"네 칼이 부러지면 한 발 앞서 적진을 향하라!"고 가르친 스파르타쿠스(Spartacus) 어머니처럼 우리 어머니는 강성(强性)이었습니다.

당시의 엄청난 삶의 무게를 견디기 위한 나름의 몸부림이었으리라 생각됩니다.

공동묘지는 나의 놀이동산

당시 우리가 살고 있는 집의 주변상황은 좋지 못했습니다.

바로 집 앞 150m 전방에는 일제강점기부터 형성된 익산시(이리시) 공동묘지가 큰 산을 차지하고 있었습니다.

관리도 하지 않는 자유매장지라서 하루에도 평균 두서너 번의 상여와 곡소리가 밤늦게까지 들려왔습니다.

우리는 다닥다닥 붙어 있는 공동묘지를 놀이터 삼아 묘 따먹는 놀이를 했습니다.

묘지 위에서 바로 한 보만 내딛으면 또 다른 묘지 봉우리였습니다.

놀기도 좋고, 여기저기 산소를 다녀간 자리에 가면 그렇게 어렵게 사는 시대에도 사탕 한 개, 사과 한 쪽이라도 있기 마련이었습니다.

동네 개구쟁이들에게는 이러한 것들을 주워 먹는 재미도 엄청 좋습니다.

주인 잃은 오래 된 무덤은 셀 수도 없습니다.

우리는 송장 뼈다귀를 들고 칼싸움 놀이를 했습니다.

나는 상여소리를 많이 들어서인지 지금도 구성진 상여소리를 낼 수 있습니다.

'허허 헐라리 넘차 허허 간다 간다 나는 간다 네 복 있으면 잘 사나니 허허허허 헐라리 넘차 허허 나도 가고 너도 간다 허허'

어떤 때는 여인들이 밤중에 묘지에 와서 사무치는 곡소리를 내며 웁니다.

공동묘지와 가까운 우리 집은 이와 연관된 일들이 많았습니다.

어머니는 옻나무를 만지기는커녕 보기만 해도 옻독(옻나무 독성물질)이 올라 가려워서 무척 괴로워하셨고, 심하게 긁어서 상한 피부는 보기 흉할 정도였습니다.

약이 귀한 때라 공동묘지의 송장(죽은 시체) 뼈다귀를 태워서 가루로 만들어서 온몸에 바르고, 먹기까지 하여 옻독을 제거하고 치료하는 민간요법은 일상화 되었습니다.

유난히도 옻독에 약한 어머니의 체질은 일 년에 몇 번씩 뼈다귀 치료과정을 거쳐야 했는데, 그것은 고역(苦役)의 연속이었습니다.

정안수(정화수) 떠놓고
빌어대는 어머니

한도 많고 사연도 많은 나의 어린 시절!

어머니는 아버지의 생사도 모른 채 지칠 법한데도 살아오기만을 바라셨습니다.

어머니는 하나님을 알지 못해 기도할 줄 모르는지라 '언제나 살아서 돌아오나' 미신적인 막연한 기대감을 가지고 아궁이에 불 지펴놓고 부엌 솥 위 벽에 큰 대못 두 개를 박아 그 위에 하얀 사발에 정안수(정화수)를 떠놓고 거친 두 손을 비비면서 생사를 확인할 길 없고 돌아오지 않는 남편을 위해 날마다 날마다 애처로운 모습으로 빌고 또 빌어대셨습니다.

나는 그 내용을 곁에서 듣다가 졸 때도 있었습니다.

어머니의 눈에서 그야말로 닭기똥(닭똥) 같은 눈물이 흘러내렸습니다.

네 살배기 어린 여동생과 두 살 위인 형과 나도 같이 아궁이 앞에 앉아 불 앞에서 흐느끼는 어머니를 쳐다보면서 눈물을 흘리며 세월이 흘러갔습니다.

그야말로 그때를 생각하면 우리는 기막힌 사연 속에 살아가고 있었습니다.

어머니는 우리들에게 "아빠 언제 오나 머리에 손 짚어봐라~"고 하시면서, 이마에 대면 "빨리 올 거야~" 하고, 뒷머리에 대면 "아직 멀었네~" 하면서 어린 우리들과의 대화를 통해 서로를 달래고 위로받으며 자기만의 암시적 방법으로 남편이 돌아오기를 간절히 바라고 계셨던 것 같습니다.

아궁이 앞에서 마치 종이 비비는 소리처럼 들리는 어머니의 손바닥 비벼대는 소리와 함께 구성지게 되뇌며 비는 내용은 이렇습니다.

"동쪽으로 갔는지 서쪽으로 갔는지 남쪽으로 갔는지 북쪽으로 갔는지 어디로 갔는지 알 수 없으나 서른다섯 먹은 아들 죽지 않고 살아 돌아와 이 새끼들하고 살게만 하여 주소서!"

그런 세월이 흘러가고 있었습니다.

당시 모친은 불신자였으나 자비하신 하나님께서 귀 기울여 들으셨으리라 믿어집니다. 나이 삼십도 안 되신 어머니는 나이 든 아낙네 여인처럼 정안수(정화수) 떠놓고 손을 비벼대시면서 정성을 모아서 잘도 읊으셨습니다.

그 당시에 큰 이모는 사망하셨고, 작은 이모는 서울 식모살이를 하셨기 때문에 가난이라는 비참한 상황 속에서 외할머니, 큰 이모 딸(16세), 작은 이모 자녀 2명, 그리고 우리 삼남매!

이렇게 어린 자식에 조카들까지 총 8명의 식구를 거느리고 광주리장사, 찐 고구마 장사, 복숭아 품삯 받는 일 등을 가리지 않고 열심히 일하시면서 가족들을 책임져야만 했던 어머니는 얼마나 힘겨우셨을까요?

그렇게 당시 우리 가족은 마치 출애굽 시 이스라엘 백성들이 광야생활하면서 하나님께서 매일 하늘에서 내려주신 만나를 양식 삼아 살았던 것처럼 살았습니다.

꿈에 그리던 아버지! 칠 년 만에 살아서 오다

그러던 어느 날 내가 국민(초등)학교 5학년 때 꿈에도 그리던 아버지가 돌아왔습니다.

때는 1959년 7월, 죽은 줄로 알았던 아버지는 머리가 다 빠지고, 피골이 상접한 몸으로 돌아오신 것입니다.

군대생활 7년 세월의 모습치고는 너무나 기가 막힌 모습이었습니다.

◀ 국민(초등)학교 5학년 여름. 7년 만에 부친 군대 제대하시고 돌아오셨다(35세 군인 모습). 공병대 6·25 전투 시신 처리반 투입근무

부친 제대증명서(1959년도) ▶

6·25 직후 1954년에 입대한 지 7년 만에 제대하시고, 살아서 돌아오셨습니다.

사연인즉, 강원도 지방에서 전쟁 중에 죽은 전우들의 시체를 산에서 운반하는 등, 온갖 고난을 겪다가 병을 얻었다고 합니다.

그 후 아버지는 군 생활에서 얻은 질병으로 제주도로 이송되어 군 병원에서 약 3년 동안 요양하다가, 7년 만에 돌아온 것이었습니다.

1954년도 6·25 전쟁 시 시체 처리반 근무
공병단장 정장(부친)

군대생활의 모든 것을 뒤로하고 새 삶이 시작되었습니다.

나도 아버지의 얼굴과 모습이 그제야 생각나서 '아~ 우리 아버지구나~' 하고 찾게 되었습니다.

당시 우리 가족은 2남 1녀 삼남매와 부모님까지 다섯 명으로, 새로운 희망의 닻을 올리고 소망의 항구를 향해 출발했습니다.

나는 '아버지'라고 부를 수 있으니, 어린 나이에 힘이 생겼습니다.

학교에서 '아버지 모시고 오라'고 할 때 외삼촌이 가시기도 했는데, 이제는 그럴 일도 없어지고, '애비 없는 호래자식'이라는 말을 듣지 않게 되었습니다.

어머니를 비롯한 우리 가족 모두 힘이 납니다.

아버지가 살아 돌아오셨으니 최고의 소원이 성취된 것이었습니다.

온 동네 사람들에게도 화제가 되어 이구동성으로 축하해 주었고, 행복한 가정이 되었습니다.

아버지는 건강이 점차 회복되어 얼마 후에는 짐자전거를 사서 시장에서 물건을 팔기도 하고, 닥치는 대로 살아가셨습니다.

아버지는 군대에서 공병 목수 일을 배워가지고 오셔서 정교한 목재가구를 만드셨는데, 손재주가 뛰어나신 덕분에 밥상, 문짝 등 여러 가지 제품들이 인기를 끌게 되어 수입도 생기면서 잘 살아가고 있었습니다.

술독에 빠진 아버지

아버지가 돌아오심으로 환경은 나아졌으나 아버지가 일을 하시면서 술을 마시고 늦게 귀가하는 일이 자주 발생하게 되니, 점점 조금씩 불화가 생기기 시작했습니다.

시간이 지나면서 부모님의 갈등이 심해졌습니다.

어머니는 아버지 없는 힘든 세월에 그간 삶의 무게에 짓눌려 지쳐버린 상태에서 죽지 않고 살아 돌아온 남편에게 애정도 있겠으나, 그동안 살면서 겪은 설움과 고생을 풀어주고 위로해줄 것이라 기대했던 아버지가 오히려 밖으로 나돌며 날마다 술에 취해 들어오시게 되고, 점차 벌어들이는 수입도 시원치 않게 되고, 사는 것도 그전과 별다를 것 없는 형편이 되어가니, 화가 나실 만도 했을 것입니다.

술에 취해서 들어오시는 아버지는 술이 깰 때까지 쉬지 않고 술주정 넋두리를 늘어놓고, 우리 형제들이 그 앞에 서 있든지 앉아 있든지 해야지 누워서 잠을 잔다면 맞아죽을 정도로 야단을 치시니, 우리는 밤 한두 시는 보통 견뎌야 하고, 아버지가 밥상의 모든 음식을 모두 비울 때까지 무릎을 꿇고 있어야 했습니다.

소위 '술 배 밥 배 따로 있다'는 말처럼, 이런 비인간적인 일이 한두 번이 아닌, 보통 한 주에 두세 번은 반복이 되니, 어머니는 그 억센 목소리로 퍼붓기 일쑤였습니다.

아버지도 어머니의 잔소리, 억척스런 소리에 맞장구치십니다.

"그만해라, 잉?"

두 분이 싸우시면 밥상머리에 앉아 부동자세나 차렷 자세로 있어야 하는 자식들은 마치 군대식 기본자세로 있자니 그 고통은 이루 말할 수 없었습니다.

그때마다 쉬지 않고 폭발하는 어머니의 속사포 잔소리에 아버지는 술김에 홧김에 반드시 끝에 가서는 밥상을 뒤집어 엎어버리셨습니다.

아버지의 이 같은 술주정은 세월이 흘러도 반복되는 일상이 되어버렸습니다.

가끔 아버지는 술에 취해 형과 나의 옷을 팬티까지 벗긴 채 때리셨습니다.

장롱 위에 아카시아 매를 몇 개 만들어 올려놓고 내리 칠 때의 그 고통은 지금도 생각하면 몸서리가 쳐집니다.

어떤 때는 더 이상 견디기 어려우면 완전히 알몸으로 도망치기까지 했습니다.

형은 친구 집으로, 나는 외삼촌댁으로 도망을 치는 것입니다.

그것도 한두 번이지, 어떤 날은 밤중에 동산교회로 도망쳐 들어가서 일단 쌓아있는 방석을 깔고 누워서 방석 여러 개를 덮고 자기도 했습니다.

새벽이 되면 새벽기도 참석하는 교인들이 하나 둘씩 방석을 벗겨갈 때 어느 시점에서 위기감이 고조되는데, 그 때는 맹수처럼 튕겨 일어나 도망쳤습니다.

다시 집으로 돌아왔지만, 당시의 불안과 공포 분위기는 지속되었습니다.

하루하루가 너무 무섭습니다.

아버지는 술만 드시지 않으면 조선시대 어느 여인보다 더 얌전하신 분인데, 술만 들어가면 완전히 성난 폭군이요, 사자로 변모하여 기어코 파괴적인 어떤 일이 벌어져야 끝을 맺고, 또 다음날 이어지는 지옥 같은 그 분위기는 쉬지 않았습니다.

하늘 천(天) 땅 지(地)

이렇게 저렇게 세월이 흘렀습니다.

내가 5학년 때 아버지는 제대하고 오셔서 곧장 나를 서당(書堂)에 보냈습니다.

학교에 다녀온 나는 오후에 반드시 서당에 가야 했습니다.

놀부처럼 멋진 모자를 쓰고 조선시대 선비대장처럼 생기신 풍채가 빵빵한 훈장선생님이 천자문(千字文)을 가르치시는데, 나는 정말 좋았습니다.

금방 머리에 쏙쏙 들어왔습니다.

"천지현황(天地玄黃)하면 우주홍황(宇宙洪荒)이로다."

나는 서당에 가서 명심보감(明心寶鑑) 등을 공부하는 재미, 한자공부가 정말 좋았고, 얼마 가지 않아서 천자문을 통과하였습니다.

지난날이지만 생각해보면 공부에 대한 큰 추억이었고, 나는 그때 이후로 살아오면서 계속 공부하여 한자 지식이 쌓였습니다.

나는 이러한 한자 실력을 서비스하여 종종 점심을 얻어먹기도 했습니다.

그래서인지 지금도 나는 한자, 고사성어(故事成語) 등의 학문을 즐기고 있습니다.

나는 우리 아버님이 한문서당에 보내주신 것을 평생 감사하며 삽니다.

그 시기를 놓쳤다면 큰 손실이 될 수 있었기에 말입니다.

아버님이 나에게 주신 교육적인 선물은 서당에 보내 천자문을 배우게 하신 것입니다.

내가 신학교 시절이나 목회현장에서 그때 배운 한문 지식을 활용하고, 더 넓혀서 사용하는 기쁨은 나밖에 모릅니다.

부모가 자식의 미래를 열어주는 것은 하나님이 맡겨주신 사명일 것입니다.

어느 시대든지 정치 · 경제 · 사회는 혼돈과 어려움 속에서 존재하며, 그 가운데 자식들은 부모의 의지대로 따라가게 되어 있는 것이 아닙니까?

조선의 실학자 다산(茶山) 정약용이 18년의 긴 유배생활 속에서도 자필로 남겨 자식들에게 보내진 서신에는 끔찍할 정도로 자식들을 사랑하는 마음과 함께 교육과 미래, 경제에 대한 관심이 자상하게 설명되어 기록되어 있지 않는가 말입니다.

나의 형(익환)은 국민(초등)학교 졸업 후 자기 마음대로 생활했습니다.

집에 오면 오고, 나가면 나가고, 아버님의 몽둥이도 소용이 없었습니다.

형이 크게 빗나가지 않은 것은 다행이지만, 크게 속 썩인 문제를 차마 쓸 수 없는 부분도 있습니다.

형님은 그 후 동네에서 여자 친구를 만나 일찍 결혼하여 2남 1녀를 낳고 살다가, 건강이 악화되어 1996년 일찍이 하늘나라로 가셨습니다.

부모 가슴에 자식을 묻어버리는 또 하나의 슬픔을 남기고 떠난 것입니다.

나는 그 이후에 장남 아닌 장남이 되었습니다.

시멘트 마루 원조는 우리 집

당시 우리 집에는 사기그릇이나 옹기그릇이 없었습니다.

모든 깨뜨릴 만한 것은 이미 다 깨져서 없어진지 오래였고, 밤중에 이동화장실 역할을 하던 사기요강도 안방에 놓여 누런 오줌 한 가득 담긴 채 벌써 아랫집으로 날아가서 다 부서져 버려진 지 오래였습니다.

밥상이 빨리 엎어져야 어머니와 아버지의 말다툼으로 인한 괴로운 시간들이 마감되니, 어떤 때는 '언제 밥상이 뒤집히나'를 기다릴 정도였습니다.

이뿐만이 아닙니다.

당시 우리 집의 한국식 전통적인 안방 방문은 모두 없어졌습니다.

교도소 창문처럼 긴 막대기로 된 칸막이 모양으로, 조선시대 귀양 가는 죄수를 가둔 형태였습니다.

작은 마루도 오래 전에 부서져서 아예 시멘트로 만들었습니다.

하여간에 깨질 것, 부서질 것은 없습니다.

우리 집에는 거울도 하나 없었습니다.

안방 농짝문도 없었습니다.

참으로 살벌했습니다.

누가 와서 보면 '영화세트장 같다'고 할 것입니다.

이러한 분위기가 지속되니, 가정형편이 나아질 리가 없지 않겠습니까?

하루하루 사는 것이 버거웠습니다.

그리고 형은 점점 밖으로 나가기 일쑤였고, 삐뚤어지기 시작했습니다.

무조건 큰소리만 치는 부모의 말에 무슨 권위가 서겠으며, 가정교육이 되겠습니까?

나는 절대로 잘난 척하는 것이 아닙니다.

'아~ 술 먹으면 저렇게 얌전하신 아버지도 짐승으로 변하는구나~ 나는 커서 절대로 술은 입에 대지 말아야 살겠구나~' 하는 마음이 들었습니다.

술에 대한 이런 글도 있지 않습니까?

　"한 잔 술은 반주요, 두 잔 술은 약주요, 세 잔 술은 흥주요, 네 잔 술은 패가망신주다."

　부모님께서는 그 당시 결혼 적령기 연령에 맞추어 16세와 22세에 중매로 만나서 가정을 이루시고, 어머니는 20세에 둘째인 나를 낳으셨습니다.

　아버지의 꼬인 군대생활 7년의 세월동안 여덟 식구를 부양하신 어머니!

　골이 깊은 사연을 가지고 부부의 연을 맺었으니, 그 마음이 잘 맞아서 곧바로 행복의 날개를 펼 수 있었겠습니까?

　아버님은 술로 풀고, 어머니는 잔소리로 맞서니, 날마다 부딪칠 수밖에요!

　한때 나는 '아버지가 왜 이러실까'를 생각해보았습니다.

　그리고 아버지의 이성을 잃은 행동의 이면에는 숨겨진 사연이 있음을 알았습니다.

　할머니는 아버지를 낳으신 후 3개월 만에 돌아가시고, 큰할머니가 젖동냥으로 키우셨는데, 12세에 할아버지마저 돌아가신 후에 아버지는 이집 저집 다니면서 일해주고 밥 얻어먹으면서 고아보다 못한 상태로 성장하셨습니다.

　남의 집 머슴살이를 하면서 겨우 논 세 마지기를 사놓고 군대에 가셨는데, 얼마 되지 않아 외삼촌이 팔아버리고 착취하여 그나마 있는 땅(논)이 없어졌으니, 제대하고 와서 그 사실을 안 아버지는 당연히 속이 많이 상하셨을 것입니다.

　나는 '아버지가 모든 사람들이 살기 힘들었던 1950년대에 가난이라는 굴레를 극복하기에는 너무 벅차셨을 것이고, 이러한 속마음을 말로 표현하지 못하고 견뎌내시면서 어머니와의 갈등의 골이 깊어간 것이 아닌가' 생각합니다.

　당시 친족으로는 부친 형제 5남 1녀가 계셨는데, 큰아버지는 고인이 되셨고, 고모는 일본에 생존해 계시고, 다른 분들은 우리 가정과 20km 이내의 거리에 살고 계셨으나, 당신들 살기에도 부대끼니 우리들을 돌볼 여유가 없었습니다.

　빡빡머리 깎는 시대에 가까운 큰아버지가 조카 머리 한 번 깎아주지 않는 세월 속에서 어떤 때는 어머니가 우리 긴 머리를 가위로 깎아주시는 모양대로 다니니, 더러 창피한 적도 있었습니다.

제대하고 오신 아버지의 일상은 크게 달라지지 않고, 위에서 언급한 것처럼 제자리걸음이었습니다.

어머니로서는 갈등도 많으셨을 것입니다.

군대 7년 허송세월을 보내고 나서 두 분이 가난 속에서 벗어날 희망을 찾느라 열심히 살아간들 6·25 직후 한국 사회는 거리마다 거지가 넘치고, 무질서한 사회였으며, 나는 어릴 적에 법보다 주먹이 가깝고, 상이용사들이 갈고리를 휘두르며 횡포부리는 모습도 많이 보았습니다.

깡패들의 폭력 등 무지막지한 막가파만 살아남던 시대입니다.

'배고파 못 살겠다 죽기 전에 살길 찾자'라는 선거벽보가 나부꼈고, 가난하여 못 사는 시대에 웬 아이들은 그렇게 많이들 낳는지 '덮어놓고 낳다보면 거지꼴을 못 면한다'는 산아제한 계몽이 벌어졌습니다.

나는 솔직하게 이 글을 씁니다.

이 글이 당시 우리의 자화상이기에 가감 없이 있는 사실 그대로 표현하기 원합니다.

당시 우리 집은 다른 집들보다 조금 더 가난하였던 것 같습니다.

아버님이 제대하고 오셔서 형편이 조금 나아지는 듯했으나 크게 달라진 것 없이 외상 쌀을 갖다먹기가 일쑤였습니다.

쌀집 앞을 지나가노라면 주인아저씨가 다그쳤습니다.

"야, 귀환아! 아빠 엄마 보고 쌀값 가져오시라고 해!"

어떤 때는 쌀집 주인인 만철이 아저씨가 아침 해도 뜨기 전에 반말로 "쌀값 줘!" 하고 소리 소리치며 우리 집 안으로 들어오기도 했습니다.

나는 고갯길 가게 앞을 지날 때마다 오며 가며 '쌀값 외상값 갚으라'는 만철이 아저씨 다그치는 모습이 정말 싫었습니다.

그래서 형과 나는 그 가게 앞을 피하여 먼 길로 돌아서 다니거나, 외면하고 쏜살같이 도망치듯 지나치기도 했습니다.

당시 나는 '이왕에 쌀 사서 먹는데 왜 꼭 외상으로 가져오고, 돈은 나중에 똑같이 주는데 창피하게 싫은 소리, 독촉하는 소리를 들어야 하는가? 이상하다'고 생각했습니다.

'먼저 쌀을 사오면 되는데 꼭 어머니는 순서를 바꿔서 외상 쌀을 사 오시는 것일까?'

어머니는 간단한 경제 원리를 무시하고, 하나의 지긋지긋한 인생살이 고달픔을 스스로 만들며 살아가신 것입니다.

이는 자서전이기 때문에 치부를 드러내는 이런 소리 저런 소리를 하지만, 정직성의 표현이기도 합니다.

지금도 가난한 자는 가난하게 사는 무지에서 벗어나지 못하는 것이 있을 것입니다.

아버지가 7년 만에 제대하여 오셨으니 젊은 두 분이 힘을 모아도 모자란데 어머니는 일절 품삯일이나 외부활동은 없으시고, 오직 아버지가 무엇을 해서라도 벌어 오시는 수입에 의존해서만 살림을 꾸리셨습니다.

남편 없이 살아온 고생에 대한 자체보상이라도 하듯, 일이나 활동이 전무했습니다.

아마 아버지도 7년의 인생 공백기에 친구나 남들과 비교할 때 너무 힘이 들고, 내적인 갈등요소가 아버지를 괴롭히고 있었을 것입니다.

순풍 순풍 산부인과

우리 집은 아버지가 죽어라 일해도 목구멍에 풀칠하기가 빠듯하였습니다.

당시 우리 집에는 형과 나, 세 살 아래의 여동생이 있었는데, 아버지가 살아 돌아오셔서 얼마 되지 않아 동생을 낳아서, 동지인 또 한 명의 식구가 늘어났습니다.

식구가 늘어난 것이 좋기는 하지만 워낙 없는 살림이라 문제가 생깁니다.

그런데 또 시간이 얼마 지나지 않아 또 다른 동생이 태어났습니다.

그러다보니 어떤 때는 학교만 다녀오면 동생들이 태어났습니다.

아버지는 금줄 치고, 미역국을 끓이느라 바쁘셨습니다.

몇 년 지났을 때 우리 가족은 대가족이 되어 있었습니다.

그런데 한 동생이 2살 때 죽고, 또 12살 5학년 여동생이 죽고, 또 6세 동생이 죽고, 2세 아이가 죽어서, 얼마 안 가서 총 11형제 중에 여섯 명만 남았습니다.

공동묘지에 묻힌 자식이 여럿이니 어머니는 날마다 낮에도 밤에도 공동묘지를 바라보며 끊이지 않고 곡소리, 울음소리를 내십니다.

"아이고~ 아이고~ 내 새끼, 얼마나 추울까? 불쌍혀라~ 불쌍혀라~"

가끔 밤중에 묘지를 찾아가서 울다가 오는 생활이 일상이었고, 어느 날은 죽은 세 살배기의 시체를 파헤쳐서 껴안고 울고 계시기에 어르고 달래서 집에 겨우 모셔오지만, 며칠 후에는 또다시 그런 일이 반복되었습니다.

나는 어린 시절부터 일찍이 동생들의 죽음과 공동묘지, 상여행차 등을 자주 접하게 되면서 그러한 환경의 영향으로 죽음에 대한 철학이나 인생의 허무와 존재적 가치를 조금은 터득했다고 생각합니다.

(현재 그 공동묘지는 사라지고 대형병원과 중학교, 고급 아파트단지가 됨)

여기서 잠깐!

현재 우리 형제는 3남 2녀로, 내가 차남인데 장남 아닌 장남이 되었고, 미자 권사, 정자 권사, 요한 집사, 정엽이 모두 결혼하여 주 안에서 잘 살고 있습니다.

나는 요한과 정엽 두 형제와 나이 차이가 많이 납니다.

참고로 '요한'이란 이름은 출생신고 작명 시 아버지께 내가 '요한'이라고 하는 것이 어떠냐고 건의해서 지어졌습니다.

정자 권사, 요한 집사 두 동생은 수학의 천재입니다.

주산 공인 15-16단입니다.

요한 집사는 재무부, 은행 근무도 했고, 지금은 펀드운영을 하고 있으며(서울), 정자 권사는 주산 암산 교사 기간근무하면서 가정주부(일산)로 재미있게 살고들 있습니다.

동생들이 태어나고 죽는 것은 이제 다반사가 되었습니다.

어머니는 날마다 슬피 우셨습니다.

나는 어릴 때부터 우리 모친이 군대 간 남편, 죽은 자식들 생각하며 날이면 날마다 우는 것만 보고 성장하고 살아온 것만 같습니다.

마침내 울음 그친 어머니

미리 써보지만 어머니는 내가 신학교 시절이나 젊은 전도사 시절, 목회 초기에 집에만 갔다 하면 곡소리부터 내시는데, 자식 만나는 신고식처럼 울어대셨습니다.

"아이고~ 아이고~ 내가, 내가, 어쩌고~ 저쩌고~"

이러한 한탄의 소리를 약 60년 넘게 들어오다가 불과 십 수 년 전 어머니에게서 그 울음의 영이 떠났습니다.

2005년 여름 어느 날!
집에 들어서자마자 어머니는 "아이고~ 아이고~" 하고 우시는 것이었습니다.

이때 나에게 성령의 감동이 왔습니다.
갑자기 내 입에서 "울음을 그치세요!"라는 어머니를 향한 의분(義憤) 조의 외침이 크게 터져 나왔습니다.
그리고 방에 가서 손잡고 기도하고, 대화하며 여러 가지 말씀을 드렸습니다.

"자식들이 모처럼 집에 오면 웃어주고, 다독여주시고, 격려하며 힘을 주셔야지, 만나자마자 울기부터 하시면 어떤 자식이 좋아합니까?"

어머니는 나를 보실 때마다 꼭 "내가 주의 종을 만들어 놓고 얼마나 힘이 드는지…"라며 우십니다.
동생들이 어머니가 우시면서 하시는 말씀의 문구 내용을 들으면 '우리 부모님이 없는 형편에 형 등록금, 학비 대느라 힘들었나 보구나' 오해할 정도인데, 나는 그런 소리를 수십 번, 수백 번 듣고 또 들었습니다.

나는 젊은 시절부터 일관되게 부모님에게 등록금은커녕 십 원 하나 도움 받지 못했고, 고학(苦學)하며 학교를 졸업했습니다.

오히려 대구 영남신학대학교 다닐 때 기적의 삶 속에서 우리 집에 매월 20만원씩

12개월 동안 송금하여 땅을 확보하고, 집을 짓고, 부모님과 동생들 거처의 등기권리 증을 완전하게 만들어드렸습니다.

어머니의 울음은 매우 비상식적이고, 영적인 측면에서 보면 사탄의 장난이었습니다.
그날 이후로 어머니의 지겨운 울음소리는 자취를 감추었습니다.

조금은 반복되는 이야기 같지만, 내가 6세 때 아버지는 군에 입대했습니다.
어머니는 삼남매를 비롯해서 외할머니와 외사촌 셋까지 힘겨운 삶의 멍에를 지고 사셨습니다.
나는 어릴 때 배터지게 먹고 싶은 생각에 허덕이면서 살아온 기억밖에 없습니다.

가난이 얼마나 비참한 것인가를 뼈저리게 느꼈습니다.
동네에 농사 많이 짓고, 큰 집에 사는 것이 눈에 띄는 시대입니다.

기와집에 장작 쌓아 놓고 사는 집과 초가집에 살면서 땔감을 찾아서 온갖 산과 들로 헤매는 우리 가정을 비교할 때 너무도 비참하고 초라했습니다.
배가 고픈 것이 일상이었습니다.
깜장 보리밥을 대소쿠리에 담아 부엌 천장에 매달아놓고 먹기도 했습니다.

국민(초등)학교 다닐 때 일입니다.
3학년부터 오전 공부를 하고 점심시간이 되면 도시락을 가져오라고 했습니다.
그러나 나는 도시락을 가져갈 수 없으니 점심시간에 집으로 뛰어옵니다(약 1㎞).
집에 와봐야 분명히 밥이 없을 것을 알면서도 혹시나 하고 집으로 달려와서 부엌 구석구석 찾아봐도 아니나 다를까 먹을 것이라고는 아무것도 없었습니다.

당시 어린 시절에 단 한 번도 도시락을 싸가지고 간 적이 없었습니다.

어린 소년 귀환이
드디어 교회 입성 입교하다

나는 6학년 말 하나님께로 인도되어 교회 문을 열고 정식으로 입교하였습니다.

"너 교회 안 오면 죽여 버린다"는 2년 선배(현 장평규 장로)의 협박성 발언이 무서워서 할 수 없이 교회에 가서 중학생부에 들어갔습니다.

어린 나이에 접한 새로운 세계였습니다.

이제는 전에 교회 갔던 개구쟁이 시절의 내가 아니었습니다.

검정 치마저고리를 입고 예배를 인도하시는 최길출 여전도사님의 설교는 나에게 충격을 안겨주었습니다.

'진리, 생명, 영원' 등 새로운 단어에 매료되었고, 성령에 대한 신비적 설교에 귀가 열렸습니다.

예배 도중에도 여기저기서 울음이 터지고, 방언이 터졌습니다.

당시 골목을 누비던 껄렁패 같고 산적 같은 청년들도 "주여!" 하고 거꾸러졌습니다.

나 같은 송사리는 아무것도 아니었습니다.

한마디로 불바다였습니다.

최길출 전도사님은 처녀 전도사님이신데, 삭개오 같이 단신(短身)이지만 강렬한 인상을 풍기시며, 눈매는 골리앗도 기겁할 정도로 강렬하셨습니다.

얼마나 소리를 치고, 설교하고, 방언하고, 통성기도를 하는지 가끔은 옆 집 등에서 똥을 퍼서 실제로 약 20평 예배당 건물에 끼얹는 핍박(?)을 받기도 했지만, 그래도 멈추지 않습니다.

그런데 똥물을 끼얹은 아저씨가 삼 개월 만에 자다가 급사했습니다.

그 이후 온 동네가 숨죽은 듯이 조용했습니다.

교회를 향한 비판이나 욕이 즉각적으로 사라졌습니다.

사람들은 "이 모든 일들이 최길출 전도사님의 영권으로 인해 나타난 일이고, 하나님은 살아계시다."라고 이구동성으로 말했습니다.

신불신간(信不信間) 설명할 필요 없이 하나님은 일하셨습니다.

최 전도사님께 걸리면 나가떨어졌습니다. 무섭기도 하고, 존경스럽기도 한 분이셨습니다.

교회는 우리 집에서 약 2km 지점에 있었는데, 집에서 멀리 보입니다.

나는 달리기를 곧잘 하였기 때문에 교회에 갈 때 아이스크림 먹는 시간보다 더 빠르게 단숨에 달려갔습니다.

교회에 가자마자 그 이튿날부터 새벽기도에 나갔습니다.

익산 금강교회 최길출 전도사님 시무
성령의 불 체험한 교회

당시에는 의자가 없고, 맨 마룻바닥이었는데, 제일 앞자리에 가서 예배를 드렸습니다.

언제나 강대상 앞자리 1번지는 내 자리였습니다.

전도사님의 설교 시에 튀는 침은 다 받고, 얼굴에 튀어도 기쁘고, 물이 고기를 만난 것보다 더 좋았습니다.

나의 생활은 오직 교회였습니다.

주일성수, 새벽기도, 수요예배, 금요예배, 특수전도심방 등 어린 나이에 새로운 세계가 열렸습니다.

심하게 표현하자면 교회에, 예수에 미쳐버렸습니다.

그 누구도 말릴 수 없었습니다.

어느 날 시내 변두리에 천막이 처지고 가마니(볏짚 엮은 곡식가마주머니)를 깔고 그 안에서 심령대부흥회를 개최한다(강사 김요한 목사, 계룡산에서 40일 금식하고 능력 받아 역사한다)는 포스터를 전봇대에서 보고 그 천막 부흥성회에 참석했습니다.

수많은 사람들이 북적거리는 공간이지만 빼곡히 앉아 손뼉을 치며 북을 치며, 성령의 충만으로 일어나서 춤추며, 시간 제약 없이 뜨거운 찬송을 부르는 것이었습니다.

인도자의 모습은 마치 불타는 천사 같았습니다.

목사님은 삐쩍 마른 가냘픈 몸매에 날카롭고 카랑카랑한 음성으로 "워씨씨! 불로불로! 워쎄쎄쎄!" 하면서 청중을 향하여 두 손을 들고 하늘의 능력을 직통으로 배달하듯 퍼붓는 행동을 하였습니다.

영적 능력이 폭발하는 소리를 쏟아낼 때에 온 청중들은 실제로 쓰러져버리고, 앞뒤옆 사람 방향이 흐트러지고, 누구의 자리도 없이 오합지졸 헝클어진 천막 안의 가마니 위에서 사도행전 마가의 이층 다락방이 현실화되는 큰 불길이 타올랐습니다.

온갖 회개와 탄식과 함성은 말로 표현하지 못할 지경이었습니다.

나도 앞자리 세 번째 줄에 앉았다가 내 자리가 중간이 되어버리고, 그 자리는 완전히 은혜와 성령의 불도가니, 불바다였습니다.

강사 목사님의 설교가 별 필요 없이 찬송과 기도, 성경 한두 구절 외치는 대로 성령의 강력한 역사가 일어났습니다.

나도 그때 어린 나이에 처음으로 목격체험을 했습니다.

그때 엎드러진 상태에서 내 입이 망치로 얻어맞은 것처럼 감각이 무뎌지면서 혀가 갑자기 굳어지고, 내 의지로 내뱉는 것이 아닌 언어가 터졌습니다.

"아이 칼람미쓰트 워쓰리 칼람미"

별 희한한 말이 다 튀어나왔습니다.

소위 방언이 터진 것입니다.

그 뒤로는 절제를 몰랐습니다.

계속 비슷한 언어가 쉬지 않고 나왔습니다.

길을 걸을 때에도, 잠을 자면서도 방언이 터졌습니다.

교회에 와서 예배 중에도 계속되니 전도사님께서 방언으로 하시면서 "절제하라! 절제하라!" 명령하셨습니다.

그 후 질서 있는 방언(신설방언: 하나님과 영적 교제기도)으로 자리를 잡게 되었습니다.

집에 있으면 날마다 싸우시는 부모님의 큰 소리에 무서웠고 어두운 환경이었지만, 교회만 가면 행복했고 자유로웠습니다.

그 당시 교인들은 왜 그리들 열심인지 저녁마다, 새벽마다 찬송하고, 박수치고, 울고 또 울었습니다.

6·25 직후 잿더미 위에서 살아가는 민초들의 한탄과 한숨을 하나님께 부르짖던 시대였습니다.

어린 나도 동시대의 흐름에 동화되어 그렇게 좋을 수가 없었습니다.

나도 모르게 방언이 터졌습니다.

밤에 이불을 뒤집어쓰고 "샬랴 알랴 또리또리" 신설방언을 읊어대니, 어머니는 '교회 가더니만 미쳤다'고 "이 썩어 뒤질 놈아! 뭘 그리 씨브렁거리냐!"고 후려치고, "절대 교회 가지 마라!"고 소리쳤습니다.

나는 그래도 새벽이 되면 생쥐처럼 교회로 뜁니다.

없는 형편에 바지를 사주면 일주일도 안 되어 바지 무릎에 구멍이 날 정도였습니다.

당시에는 옷감 재질이 좋지 못해서인지 양말은 하루도 안 되어 구멍이 났습니다.

옷 떨어진다고 야단이요, 미쳤다고 혼나고, 이래저래 혼이 납니다.

그러나 그 누구도 나의 열심을 막을 수 없었습니다.

중간에 달걀귀신 나온다는 모퉁이 벌판을 지나갈 때도 "달걀귀신아! 예수 이름으로 물러가라!" 예수 폭탄을 쏴가면서 새벽에도 달려갑니다.

그렇게 어린 나에게는 교회가 도피성이요, 안식처요, 집보다 더 좋았습니다.

사도행전적 성령 역사 일어나다

어린 나에게 성령의 체험이 시작되었습니다.

방언은 이미 받았고, 오른 손이 나도 모르게 움직이며(신비적 현상) 글씨를 씁니다.

전도사님께 여쭤보니 '영서(靈書)'라는 것이라고 했습니다.

성령의 감동으로 방언도 하고, 글씨도 쓴다고 가르쳐 주셨습니다.

점차 교회생활이 은혜로웠습니다.

그 후 어느 여름날에는 이런 일도 있었습니다.

어느 날인가 전도사님이 교회로 오라고 하셔서 여러 어른들과 약 3km 떨어진 어느 교우 집에 가서 예배를 드리는데, 찬송 설교 후 통성기도가 진행되던 중 갑자기 기도 소리가 멈추었습니다.

그때에 나도 모르게 내 입에서 "회개하라! 아들아! 네가 많은 간음죄를 지어서 내가 너를 회개시킨다. 네 입으로 빨리 고백(자백)하라!"는 전혀 불가항력적인 말이 튀어나오는 것이 아닙니까?

그때에 약 60세쯤 되어 보이는 교회 집사님이신 그 집 주인아저씨가 "주여!" 하고 방바닥에 납작 엎드리면서 "내가 죄인이요, 죽일 놈입니다!"라고 고백하며 죄를 자복하기 시작했습니다.

당시 그분은 한 집에 두 부인 즉, 큰 부인과 작은 첩, 두 여인의 동의하에 합리적으로 가정을 이루고 살고 있었고, 몸이 불편한 상태였습니다.

그분이 자백하는데 또 내 입에서 "아직 멀었다! 자백하라!"며 강한 어조로 다그쳤더니, 그분이 또다시 "내가 죄인입니다. 여자들을 많이 유혹하고 간음죄를 졌습니다. 첫 번째는 누구, 두 번째는 누구, 세 번째 누구, 최종 16번째 여자까지 간음죄를 저질렀습니다." 하면서 죄를 토해내고는 쓰러졌습니다.

얼마 후 잘 걷지도 못하던 그분이 일어서서 걷기 시작하더니 펄쩍펄쩍 뛰는 기적이 일어났습니다.

중풍병자가 완쾌되고, 죄 사함과 치료가 동시에 일어난 것입니다.

그 죄가 자백될 때마다, 16명 호명하고 회개할 때마다, 내 입에서는 성령님이 말하게 하심 따라 "또 있다, 또 있어!"라는 말이 계속 나왔는데, 16번째에 가서 "이젠 되었다!" 하면서 그쳤을 때 죄 사함이 선포되고, 걷고 뛰었습니다.

"할렐루야! 아멘!"으로 그 집의 영적 잔치는 꽃을 피웠습니다.

나는 그 당시 무슨 영문인지 전혀 몰랐고, 그저 어린 나는 전도사님과 몇몇 연세 드신 권사님들이 나를 보면 귀여워해주시니 좋기만 했습니다.

그런데 최길출 전도사님은 나에게 칭찬을 해주시기보다는 쌀쌀맞고 차갑게 대하셨고, 어떤 정해진 철로처럼 대하시는 그 이상도 이하도 아니었습니다.

아마 어린 내가 혹시라도 교만해질까봐 칭찬보다는 냉정함을 유지하시고, 영적 성장을 꾀하신 것이 아닌가 생각됩니다.

자살은 지옥 직통 보여주심

그 후 어느 여름날 초저녁 교회에 가서 기도하고 있는데, 갑자기 전도사님과 교우 몇 분이 나를 데리고 급히 어느 불신자 집으로 갔습니다.

그 집 아들은 고교 2학년, 나의 2년 선배였습니다.

선배가 어떤 자기 불만으로 독한 농약을 먹고 자살을 시도한 것이었습니다.

방에서는 농약 냄새가 심하게 났고, 거친 숨을 내쉬며 애처로운 소리를 내는 선배의 모습은 차마 눈뜨고는 볼 수 없는 지경이었습니다.

전도사님과 가족이 마당에서 의논하고 있었습니다.

이제 죽는 마당에 '살리면 살고 죽으면 죽고'의 심정으로 '교회꾼들을 불러 최후의 방법으로 시도해보자'는 그 부모의 요청으로 이루어진 일이라 전도사님과 우리 일행 약 6-7명은 방으로 들어가서 하나님께 울부짖어 기도하였습니다.

살아나면 온 가족이 하나님께 돌아오는 계기가 될 수 있고, 그 아들도 살아나니 얼마나 좋은 일이겠습니까?

한동안 기도하고 부르짖었는데 내가 깜빡 엎드려 비몽사몽하고 일어났더니 방 안의 모든 분들이 나가고 나 혼자만 남아 있었습니다.

그 선배의 애처로운 숨소리도 멎었습니다.

얼굴은 흰 천으로 덮여 있었고, 등잔불만 희미하게 비춰고 있었는데, 나는 순간 섬뜩하고 무섭기까지 했습니다.

밖으로 나갔더니 모든 분들이 내게 몰려왔습니다.

이미 그 아들은 숨이 멎고, 죽은 상태였습니다.

그 부모나 교우들은 상황이 종료됨을 알고 분위기가 완전히 가라앉은 상태였는데, 마당 복판에서 전도사님이 나에게 물으십니다.

"추 선생님, 하나님께서 보여주신 것 있지요? 그대로 말해주세요~"

마치 하나님께서 전도사님에게 시키신 것처럼 내게 요구하셨습니다.

내가 함께 예배드리면서 기도를 부르짖다가 비몽사몽 상태에 빠진 것입니다.
그 내용은 이렇습니다.

갑자기 방 안에 찬바람이 싸늘하게 불어 닥치면서 그 집 방문 양쪽이 확! 하고 열렸습니다.
그때 죽음의 사자, 마귀의 모습, 귀신들이 들이닥쳐서 나를 째려봅니다.

그 귀신의 모습은 사람과 똑같았는데, 얼굴에 인정머리나 눈에 정이라고는 손톱 끝에 때
만큼도 없고, 그 옷차림은 허술하고 제대로 된 옷도 아니고, 특히 얼굴 인상이 꿈에서도
보기 싫은 인상으로 그 죽은 아들을 일으켜 세워 양쪽에서 겨드랑이를 끼고 마치 경찰이
중 범죄인을 체포하여 강제 압송하듯 붙들고 나갔습니다.

그 죽음의 체포자들에게 끌려가지 않으려고 몸부림치는 그 아들의 모습은 차마 눈으로는
볼 수 없었고, 아무리 몸부림치고 두 다리를 뻗쳐서 발버둥을 치고 고함을 쳐도 도저히
이길 수 없을 만큼 강압적으로 제압하며 큰소리로 "가자!"고 하면서 어느 깊은 산골짝으
로 끌고 가는 것이었습니다.

그 산 양쪽 높은 데 풀 한 포기, 어떤 잡초 하나 없이 새까맣게 불에 그슬린 것처럼 음산
하고 춥고, 산의 포근함 없이 죽음의 냄새가 가득한 산 속으로 끌고 들어가다가 머나먼
깊은 골짜기로 그 아들을 데리고 갔습니다.

끌려가지 않으려고 발버둥치는 그의 두 다리를 들어서 양쪽에서 옴짝달싹못하게 음부,
무서운 무저갱 속으로 끌고 가는 그 모습은 지금 내 나이 칠순고개에서도 너무도 무섭고,
온 몸에 소름이 끼칠 정도입니다.

나는 순진해서 마당에서 나를 기다린 전도사님과 일행들에게 본 대로 들은 대로
이야기해주었습니다.
이에 전도사님께서는 다 들으시고 그 부모님을 위로하셨습니다.

㈜최길출 전도사님의 목회는 오직 성령과 말씀 그리고 기도였습니다.
검정 저고리 치마 입으시고 홀로 사시면서 거칠 것 없이 오직 예수님과 결혼하여
독신자로서 그 영적 능력은 매우 강렬하였습니다.

교회 분위기 또한 오직 은혜였습니다.
찬송은 뜨거웠고, 손뼉 치는 것은 기본이었습니다.

기도는 교회지붕이 날아갈 정도였으며, 통성기도 시간은 성령의 절제가 아니면 한 없이 계속되었습니다.

말씀은 오직 성경(聖經)이 시작과 끝이요, 아멘은 자동발사입니다.

예배는 시작은 있으나, 마치는 시간은 아무도 몰랐습니다.

오직 성령님의 이끄심이시니, 한없는 영적 여행이었습니다.

그 당시 교회에 10여 명의 청년들이 있었는데, 나는 가장 막내였습니다.

그 중에서 7명의 목사가 배출되었습니다.

지금쯤은 모두 은퇴했고, 나도 은퇴의 문턱에 와 있습니다.

(장현석 · 하태영 · 최송무 · 최해무 · 김영준 · 임○○)

나는 ㈜최길출 전도사님의 인도로 어린 나에게 일어나는 성령의 역사를 지도받고 있었습니다.

전도사님은 병자들을 심방하실 때 종종 나를 데리고 다니셨습니다.

그리고 이웃교회로 소문이 나기도 했습니다.

너무 어린 나는 순진하고 무지할 뿐이었습니다.

이는 하나님께서 어린 사무엘을 키우듯 영적 세계의 훈련을 하신 것으로 사료됩니다.

자칭 안과의사
선무당 식 부모님의 돌출행위

국민(초등)학교 6학년 말부터 시작된 나의 신앙과 교회생활에 무슨 지성과 인격적인 지식이 있었겠습니까?

다만 정신연령도 어린 나는 소위 은혜로운 영적 체험과 신령한 일들을 통하여 점 점 체험적 은혜 속에 파묻혀 지내고 있었습니다.

우리 부모님은 무신론자요, 전혀 기독교와는 상관이 없었습니다.

할머니는 아버지를 낳은 지 3개월 만에 돌아가셔서 아버님은 큰할머니가 젖을 얻 어다가 먹이고, 숭늉을 먹여 키웠다고 합니다.

할아버지는 아버지가 12세 때 돌아가셔서 어릴 때 성장과 교육이 제대로 이루어지지 못했고, 어머님 역시 4남매 중 막내딸로 태어나 어렵게 성장했습니다.

그렇게 나의 교회생활이 어느 정도 자리를 잡아갈 무렵!

나는 부모님과 가족 전도에 힘썼습니다.

부모님과 가족들에게 예수 영접, 교회 출석을 집요하게 권했습니다.

이제는 영적 전투가 시작된 것입니다.

아버님은 참 희한한 일들을 하셨습니다.

당시 눈이 뻘겋게 충혈된 자들이 아침 해뜨기 전에 우리 집에 오면 아버지가 아카시아 긴 가시를 가지고 "저 뜨는 해를 바라보세요~" 하면서 가시로 상대의 눈 바로 가까이 십자가를 그리면서 "이제 눈이 좋아집니다. 눈이 좋아진다… 눈이 좋아진다……"는 주문을 동시에 주고받으면 눈에서 눈물이 주르르 흘러내리고, 그렇게 아버지 손만 거치면 아이든 어른이든 눈이 감쪽같이 치료가 되는 것이었습니다.

참 신기한 일이었습니다.

내가 보건대, 해를 보면 눈이 부십니다.

날카로운 가시가 눈앞에서 찌를 듯이 아른거리면 동시에 눈물이 나오면서 눈에 있는 나쁜 현상이 없어지는, 소위 해를 보며 심리적으로 소망적인 안위를 얻는 것이 아닌가 생각됩니다.

하여튼 그 미신적인 효험을 체험한 사람들이 술도 사오고, 용돈도 주면서, 우리 집은 안과 아닌 추 안과가 되었습니다.

돈 한 푼이 귀하고 사탕 하나하나가 귀한 그 어려운 시대에 우리 아버지는 어디서 배워서 소위 돌팔이 식 안과 치료적 행위를 하는지 손해보다는 얻어먹는 일이 많으니 싫지 않은 것은 사실이었습니다.

아버지는 한문(漢文)에도 능통(能通)하셨습니다.

어릴 때 일찍이 서당에서 한문을 배워서 어떤 때는 누워서 노랫가락으로 한문 시조를 읊으시는 것을 가끔 보기도 하였습니다.

그러기에 군 제대 후 곧바로 나를 서당에 보냈다는 생각을 해봅니다.

아버지는 자긍심이 강하고 우직스러워서인지 어린 나의 전도를 빨리 받아들이지 않으셨고, 시간이 굉장히 오래 걸렸습니다.

　아버지는 술과 풍류를 즐기는 분이셨습니다.

　그 당시 정초에 풍악대 사물놀이 패가 마을을 돌아다니면서 액운을 쫓아내는 풍습이 있어, 약 한 달 동안 낮부터 저녁까지 돌아다닐 때 아버지는 그들과 함께 멤버가 되어 장구를 치셨습니다.

　아버지의 손놀림과 몸동작은 문화재급이라 해도 과언이 아니었습니다.

　신나는 풍악 구경거리였습니다.

　장구와 꽹과리의 일대일 데스매치처럼 클라이맥스에 가서는 그 소리며 장구의 휘둘러대는 양 손의 움직임, 즉 돌림박의 속도와 몸 회전과 순발력은 나의 아버지이기 때문에 과찬하는 것이 아니라, 객관적으로 요즘 달인처럼 농악계의 대부 그 자체였습니다.

　아버지가 나중에 회개하고 주님께로 돌아왔을 때 벽장에서 장구와 장구채가 17개나 쏟아져 나왔는데, 모두 불태워 버렸습니다.

　아버지는 그렇게 한때 술과 풍류와 자기 쾌락에 빠져서 청춘을 소모시키며, 삶의 한 부분을 즐기신 분이셨습니다.

　재미있는 것은, 풍물패가 온 동네를 집집마다 돌아칠 때면 동네주민과 아이들은 들러리로 관객이 되어 신나는 풍악소리에 함께 어깨를 들썩이면서 정초의 흥을 돋우었고, 끝마무리에는 반드시 멍석을 펴놓은 마당 한가운데에 떡과 과자, 과일이 풍성하게 차려졌습니다.

　조금 잘 사는 집은 음식을 넘치도록 내놓고 모두 즐겼습니다.

　그럴지라도 형과 나는 함부로 다가가서 음식 등을 만질 수 없었습니다.

　그렇게 멀리 서서 바라보고 있노라면 아버지는 형과 나를 보시고 "뭐 하러 왔나!" 고 소리치시면서 장구채 동그란 끝으로 머리통을 툭 치시고는 과자와 사과를 집어서 손에 쥐어 주셨습니다.

　이렇게 먹었던 음식이 얼마나 맛있었는가는 먹어본 형과 나만 압니다.

　매년 정초 풍악 시즌에는 아버지만 따라다니면 먹을 것이 해결되었습니다.

　잠시 옛 추억에 젖어보았습니다.

우리 어머니는 기가 세신 분입니다.

그 누구도, 어떤 신앙적인 것도 거칠 것이 없었습니다.

어머니는 동네 상갓집 입관 수의 옷 입혀드리는 일도 거침없이 하셨습니다.

2001년도 한 해에 11명 옷(교우들 가정)을 입혔다고 합니다.

어느 분은 하도 오래 누워 계시니 욕창이 나서 온 가족이 다 도망갔다고 합니다.

몸이 썩어 구더기가 그물그물 몇 되나 기어 나와 그 누구도 감당하지 못할 때도 우리 어머니가 맨손으로 다 쓸어 담고 온 몸을 목욕시켜 크림 바르고 화장까지 시키셨습니다.

하여튼 종횡무진(縱橫無盡)하시는 분이셨습니다.

젊어서 내가 직접 눈으로 확인한 사실입니다.

동네에 도난 사건이 있었습니다.

금반지 분실로 동네 사람들이 큰 집 방에 모였는데, '누가 대나무를 손에 잡겠느냐' 할 때 소위 샤머니즘 선무당 식입니다.

그것을 '손대 잡는다'고 말합니다.

원을 그려서 의심 가는 수 십 명을 앉혀 놓고 대나무 가지를 손에 쥐고 흔들면 대나무 잡은 손이 덜덜덜 떨리면서 대나무 잎사귀가 도둑놈 앞으로 갑니다.

그런 식으로 도둑놈을 잡아냈습니다.

그 당시 참으로 귀신이 곡할 노릇을 하신 분입니다.

어머니는 이런 분이셨습니다.

우리 집은 당시 자녀가 많고 경제는 어려워서 아이 하나가 어디 아프면 병원을 가거나 약을 사 먹는 것은 완전 차단되고, 무조건 큰 큰어머니가 무당 할머니입니다.

그 할머니를 반드시 모셔옵니다.

그 할머니가 올 때 꼭 조그만 쌀자루 속에 땡그렁 흔들어대는 종을 가져오십니다.

아이들이 많으니 이놈 아프고 나면 저 녀석이 아픈데, 자동반사 식입니다.

그때마다 큰 큰어머니가 오십니다.

갸냘픈 분이 왜 그렇게 귀신처럼 생기셨는지 얼굴이 아주 귀신 씻나락 까먹게 얌체처럼 길쭉하고, 걸어가는 것이나 목소리가 십년 묵은 여우처럼 간지럽고 늘어집니다.

그런데 참 이상한 일입니다.

그 할머니가 와서 한 번 푸닥거리하면 감쪽같이 동생들 병이 낫습니다.

그 맛에 우리 부모님은 누가 아프면 일단 첫 코스가 우리 중 누구를 시켜서 할머니를 오라고 하는데, 그때마다 할머니는 쪼르르 달려오십니다.

마귀부흥협회 초청을 하면 귀신부흥사가 냉큼 달려오듯이 오시는 것입니다.

보리밥도 제대로 없는 집에 귀신 할매 온다 하면 우리 부모님은 또 큰 집 친척 사돈이라 최선을 다하여 별의별 것을 준비하였는데, 마치 귀신부흥사를 최선을 다해 접대하는 듯했습니다.

나는 어린 시절에 수도 없이 보았습니다.

가실 때는 절대로 그냥 안갑니다.

쌀이며 과일 등등 펼쳐놓았던 무당굿전판을 다 가지고 가십니다.

쌀 과일이라도 풍성히 차리면 우선 목소리가 달라지고 구성진 가락으로 읊어대고, 또 길게 설교하는 것처럼 말도 무슨 말인지 진짜 씻나락이 아니라 호두 깨먹는 소리까지 얹어서 장시간 진행되면 온 식구가 둘러앉아 끝나고 밥 먹기를 기다립니다.

언젠가는 하도 배가 고파서 철부지 우리가 굿하는 데 사과 하나 훔치려고 손을 대니 눈 감고 씨부렁대기에 안 볼 줄 알았는데, 종대가지로 머리통을 내리치며, "이 귀신새끼야! 어디라고 손을 대냐? 이놈의 새끼! 복이 지지리도 있나 없나 두고 보자!"고 읊어대니 참 기가 찰 노릇이었습니다.

어느 날 내가 학교 갔다 오다가 대문간에 들어서니 문에서 내가 걸어오는 쪽에 긴 부엌칼이 날아왔습니다.

정말 위험한 순간을 모면했습니다.

"이 집 귀신 썩 물러가라!"

좀 보태자면, 내가 무당 칼에 맞아 죽었다면 이 자서전도 못쓰고 곧바로 요단강 건너(고잉 업 스테이션 해븐 킹덤 오브 갓) 천국 이층을 너무 일찍 올라갈 뻔 했다는 말입니다.

웃고 읽어봅시다.

자! 이런 부모님에게 예수 그리스도의 복음이 쉽게 스며들었겠습니까?

그래도 나는 전도했습니다.

나는 그때 당시 어린 마음에 '우리 부모님과 형제들이 예수 불신하고 죽어 지옥 가면 어쩌나' 하는 생각이 90%였습니다.

눈물로 기도하고, 진심으로 권면하고, 약점 보이지 않게 바르게 생활했습니다.

나는 결코 의롭게 자랑하려고 하지 않습니다.

당시 형은 나와는 완전히 딴판이었습니다.

동생들은 어리고, 부모님은 늘 전쟁하듯이 살고, 어둠과 귀신의 영에 사로잡혀 있으니, 상당히 어려운 싸움이었습니다.

드디어 예수 영접
빛이 어둠 속에 비취다

하루는 어머니가 나에게 물으셨습니다.

"내가 죽어서 천당 가면 죽은 영자(12세) 만날 수 있니?"

영자는 5학년(12세)에 아파서 죽은 내 바로 밑 여동생입니다.

동생은 죽기 하루 전날 우리 가족에게 꿈속에서 어떤 할아버지가 "너는 나와 함께 이 꽃동산에서 살자~"고 했다는 말을 했습니다.

그 말을 들은 어머니는 동생에게 "엄마하고 산다고 하지 그랬어?"라고 말했습니다.

그런데 이튿날 아침에 죽고 말았습니다.

12세 딸을 잃은 어머니 가슴이 얼마나 쓰리고 아프셨을까요?

장례식을 치르고 시신을 리어카에 싣고 집 앞 공동묘지에 묻었습니다.

날마다 가기 쉬운 집 앞 공동묘지라서 어머니는 찾아가서 울고 또 우셨습니다.

바로 그 동생의 죽음이 어머니가 하나님께로 돌아오는 지름길이었습니다.

그래서 내가 '천국 가시면 분명히 만난다'고 했더니, 어머니는 '그러면 이번 일요일 주일에 교회에 가겠다'고 말씀하시는 것이었습니다.

꿈같은 일이 일어난 것입니다.

어머니와 함께 교회에 가서 등록하고, 예배 드렸습니다.

지난날 무당 굿판은 이제 사라졌습니다.

이렇게 쉽게 해결되니, 이제는 그 열심이 교회로 옮겨졌습니다.

한마디로 열심 그 자체였습니다.

비가 오나 눈이 오나 날마다 교회만 가십니다.

(죽은 동생 주일학교 열심히 다님, 분명히 구원받은 꿈 남김, 구원받음)

이제는 아버지 차례입니다.

어머니가 먼저 교회에 앞장서니 쉬운 줄 알았는데 아버지가 만만치 않습니다.

내가 권면하면 "기다려봐~ 내가 지금 하는 게 있어~"라고 하시며 미루십니다.

약 6개월 정도 지났을 즈음에 하루는 "이젠 알았다. 참신은 하나님뿐이야~ 귀신들에게 속았어~ 이젠 오직 하나님 아버지만 믿을 거야~"하시는 것이었습니다.

그리고서는 스스로 신앙고백하고 일어나 교회에 나오셨습니다.

온 가족이 교회에 나갔습니다.

아버지가 교회에 나오시게 된 그 감춰진 이야기는 이렇습니다.

> 우리 아버지 역시 미신적으로 살기에 우리 집이 흙집으로 된 건물이라 부서진 곳 보수할 일이 생기면 귀신이 휴식하는 날 소위 '손 없는 날'이라고 하는 마귀가 활동하지 않는 날에 흙을 이겨서 붙이고 바르고 못 한 개라도 박아 집수리를 해야지, 마귀가 활동하는 날 했다가는 집에 무슨 일이 생기고, 꼭 누가 아픈든지 사달이 납니다.

> 그런데 아버지가 '하나님이 센가, 마귀가 센가, 누가 더 힘이 센가' 싸움을 붙여서 이기는 편으로 정해놓고 마귀가 활동하는 날 즉, 미신 용어로 '손 있는 날'에 흙을 이기어 바르고, 대못으로 수리 보수하셨다는 것입니다.

이렇게 6개월 동안 몇 번을 시험했는데, 그전 같으면 별의별 일이 다 일어나서 굿판을 벌이고, 집안이 온통 뒤집어지는데, 아무 일도 일어나지 않는 것을 확인하신 아버지는 '하나님의 힘이 세기 때문에 마귀가 꼼짝하지 못한다'는 결론을 내리신 것입니다.

즉, 아버지는 자가 시험 체험학교 통과의례를 거쳐서 하나님께 돌아오신 것입니다.

그 후 한 번도 아버지의 입에서는 귀신을 찾거나 세상적인 것을 가까이 하지 않고, 술도 끊어버리고, 오직 예수 뿐이셨습니다.

부모님이 하나님께 돌아온 것입니다.

할렐루야!!

그 후 두 분은 친족 전도에 무척 애를 쓰셨습니다.

'예수천당 불신지옥' 외치던 한국 초대교회 최권능 목사님처럼 큰 집, 작은 집, 어느 집이든지 무조건 복음을 들이대셨습니다.

점차 그 효과가 나타나기 시작했습니다.

무당 할머니 집, 큰 집 모두 하나님께 돌아왔고, 김제 작은 아버님도 모두 돌아왔습니다.

현재 김제 작은 집 2남 6녀 모두 신앙가족이고, 셋째 딸은 목회자 사모이며, 넷째는 광주에서 여교역자로 사역하고 있습니다.

기로에 선 소년의 길목

나는 6학년, 졸업을 앞두고 있었습니다.

학교에서는 중학교 진학생과 아닌 학생을 구별시켰습니다.

중학교에 진학하기 위해서는 부모님의 동의가 있어야 했습니다.

그런데 우리 부모님은 "너는 공부보다 공장에 다녀야 우리가 먹고사니, 중학교는 갈 생각하지 말라."고 하셨습니다.

그리고 졸업 한 달 전에 '벽돌공장 겸 장례식 관 제작공장에 말해 놓았으니 그렇게 알라'고 하시는 것이었습니다.

어린 나는 당시 두어 번 내 주장을 했으나, 부모님을 이길 수는 없었습니다.

그렇게 나는 졸업 후에 시멘트 벽돌공장에 갔습니다.

당시 나는 키가 작고, 체력도 매우 약했습니다.

아침 7시에 나가면 저녁 8시에 옵니다.

어리고 연약한 내가 무슨 일을 잘하겠습니까?

나는 그저 시키는 대로 일할 뿐이었습니다.

한 달 두 달 지나면서 그런대로 조금씩 할 뿐입니다.

동네 친구들은 교복을 입고 멋있게 학교에 다닙니다.

그것을 볼 때마다 왠지 자존심이 상했습니다.

"왜 나는 공부하지 못하고 이렇게 공장뺑이로 살아야 하는가?"

6·25 직후 당시는 사회적으로나 환경적으로 참으로 열악(劣惡)했습니다.

나는 거친 사람들 속에서 보리밥 한 덩이 싸들고 집을 나서면 두 시간쯤 지나서 고된 노동으로 인해 벌써 허기가 져서 배는 쏙 들어가 있고, 저녁 8시 집으로 가는 길에서는 피곤이 몰려와 졸면서 걸었습니다.

자고나면 아침 한 술 떠먹고 또 출근!

장갑도 없이 일하다보니 시멘트 화학독성에 손끝이 모두 빨개지면서 피도 났습니다.

자고나면 괜찮아보이다가 저녁에는 또, 심지어 발등까지 살갗이 벗겨졌습니다.

이렇게 나는 국민(초등)학교 졸업과 함께 힘든 노동판에 내던져졌습니다.

뙤약볕에서 땀은 뻘뻘 흘리고, 시멘트 모래를 이기고 찍고 나르고를 반복했습니다.

공장이 크지 않았는데, 그 옆에는 장의용품 제작판매도 겸하고 있습니다.

아저씨 둘이 관을 만들고, 꽃상여를 주문받아서 만드느라 바빴습니다.

내가 힘들어하니 별명이 '호랑이'인 주인아저씨가 가끔 부릅니다.

얼굴이나 몸체가 마치 호랑이 같습니다.

그 사람을 딱 쳐다보면 호랑이가 먹잇감 냄새 맡듯이 상대를 빨아들입니다.

그 누구도 이기지 못합니다.

어느 날은 나와 주인아저씨 둘이서 리어카에 농약 통을 준비해서 지금 동이리 역 옆 자기 논에 농약을 주러 갔는데, 나더러 농약 통을 지고 농약을 주라고 합니다.

벼는 꽤 크고, 논은 발이 푹푹 빠지는 것이었습니다.

그 당시 나는 키가 작고 몸이 약해서 농약 통이 얼마나 무거운지 논 가운데까지 갔는데 도저히 할 수 없어서 그냥 나오고 말았습니다.

이에 호랑이 아저씨가 그냥 넘어갈리 없습니다.

"이 개새끼야! 농약 하나도 못 주냐? 이 새끼!" 하면서 한 대 후려갈기는데 나는 그대로 논 속에 처박혀 버렸습니다.

사실 내 체력의 한계이니 그 누구를 탓할 수 있었겠습니까?

나는 반항하지 않고 나의 최선의 노력을 다했습니다.

그 후로는 논에 가지 않게 되었고, 관 짜는 일 등을 많이 했습니다.

때로는 피곤하면 관 위에서 누워 쉬다가 잠들기도 하였습니다.

"죽은 사람이 속에 들어가서 잠자는 것이나, 산 자가 피곤하여 위에서 잠자는 것이나 자는 것은 똑같지 않을까?"

이렇게 세월이 흘렀습니다.

운명아! 비켜라!
하나님의 섭리가 나가신다!

지난 2016년 한국 사회를 흔들어놓은 '금수저 흙수저 이야기'는 적절한 표현입니다.

그때 '나는 흙수저도 아닌, 아예 수저가 없는 것과 같다'는 생각을 해보았습니다.

국민(초등)학교 졸업을 한 달 앞두고 미리 일자리를 잡아놓으신 부모를 생각하면, 나는 흙수저도 없었습니다.

우리 아랫집 아주머니는 시장 길바닥에서 생선 몇 마리 팔면서 아들을 육군사관학교에 보내서 장군 만드는 것을 보았습니다.

제대하고 돌아오신 아버지가 자식 교육 그것도 중학교 입학조차 못하게 하니, 그처럼 어려운 처지에 무슨 나의 미래가 있고, 가문의 미래가 있겠습니까?

아버지는 가끔 술 드시고 이런 말씀을 수십 번 되뇌셨습니다.

"내가 서당에 갔는데 글공부를 너무 잘하여 훈장선생님이 신동이라고 칭찬하고 집에 데려다가 밥도 먹여주었다. 나를 누가 조금만 가르쳤더라면 이 모양 이 꼴로 살지는 않았다."

그러셨던 아버지가 정작 아들 중학교마저 보내지 않으시니, 앞뒤가 맞지 않았습니다.

나는 살아오면서 뼈저리게 느끼고 배웠습니다.

'절대로 자식들에게 무지와 가난은 물려주면 안 된다. 내 대로 절단시키고 후손들에게 축복을 물려줘야겠다!'

언제나 신조처럼 다짐하며 살아왔고, 설교할 기회가 있을 때마다 설파했습니다.

아! 하나님의 섭리는 묘하십니다.

어느 날 장의사 집주인이 리어카에 관 한 대를 싣고 와서 나더러 장례 치르는 집에 배달을 다녀오라는 것이었습니다.

나는 관을 싣고 출발했습니다.

장례 치르고 있는 동광교회 옆집 마당에서 동광교회 백남승 장로님을 만났습니다.

장로님께서 나를 보고 놀라워하시며 물으셨습니다.

"아니, 어떻게 이 관을 싣고 왔니?"

나는 자초지종을 말씀드렸습니다.

장로님께서는 심각한 표정을 지으셨고, 우리는 그렇게 헤어졌습니다.

나의 소속교회인 금강교회가 은혜롭다는 소문이 퍼져서 그 장로님과 부인 장순이 권사님 두 분은 가끔 금강교회에 오셔서 예배드리고 큰 은혜를 받으셨습니다.

특히 장순이 권사님은 신유은사를 받아 많은 병자를 안수기도로 치료하게 되어 하나님의 영광을 많이 드러내셨습니다.

동광교회(기장)에 교역자가 없을 때 백남승 장로님이 7년 동안 설교하시는 충성된 종이었고, 부인 장순이 권사님과 함께 충성 헌신하시면서, '내가 어리지만 최길출 전도사님 밑에서 은혜롭게 신앙생활 하고, 성령의 은혜로운 일들을 행한다'는 것을 듣고 잘 알고 계셨습니다.

가끔 교회에서도 나를 보셨습니다.

나의 이야기를 들으신 백 장로님이 어느 날 나를 만나자고 하며 장로님 댁으로 초대하셨습니다.

어린 나에게 존칭어를 사용하시며 "추 선생님~" 하고 부르시는데, 나는 경험하지 못한 인격적 대우에 어색했습니다.

낮에는 일, 밤에 공부, 새벽기도, 특수심방전도로 바쁜 일상이었다. 이리 양은공업사 야유회 모처럼 소풍
(익산 저수지 뚝) 당시 나는 기드온신학교를 가려고 아무도 모르게 몰래 준비하고 있었다.

백 장로님은 일단 키가 크시고, 풍채가 좋으셨으며, 덕장 같이 얼굴과 외모가 호감
이 가는 형(形)이셨습니다.

장로님은 일제강점기에도 애국자로서 민족절개를 지키신 분이셨으며, 뼈대 있는 가
문 출신으로, 삼례 중·고등학교(사립) 교장이셨습니다.

밥상을 받으니 내가 보지 못한 반찬과 음식이 가득했습니다.

나는 당시에 소고기 장조림 같은 반찬은 처음 먹어봤습니다.

그런 밥상도 처음 받아 봤습니다.

밥상이며 놋그릇이 조선시대 임금님 수랏상처럼 보였습니다.

맛있게 음식을 먹고 차를 마시는데, 나는 차도 그때 처음 마셨습니다.

뜨거운 물 같은 것이 맹맹한 맛이 나서 내 입맛에는 맞지 않았습니다.

장로님께서는 "이 차는 최고의 차입니다."라고 설명하시면서 대화를 이어갔습니다.

백남승 장로님은 내게 공부하기를 권하셨습니다.

"앞으로 공부를 해야 합니다. 사람은 배워야 합니다. 배우지 못하면 먼 훗날 다른 사람

뒷다리만 보고 따라가는 것입니다. 추 선생님! 지금 돈을 조금 버는 것이 중요하지 않아요. 그러니 마음 단단히 먹고 배움의 길을 가야 합니다."

이에 내가 "그 말씀에 전적으로 동감이며, 기쁩니다. 그러나 부모님의 생각이 이러하니 어찌합니까?"라고 하니, 장로님은 "걱정 마세요~ 내가 책임져 보겠습니다~"라며 안심시키는 말씀을 하신 며칠 후 저녁에 우리 집으로 찾아오셨습니다.

우리 부모님은 나를 국졸로 끝내고, 아예 교육을 시키실 계획은 없으셨는데, 백 장로님과 대화를 나누신 후 '나를 어떻게 하든지 책임지고 가르쳐서 장래성 있게 길을 열어가야 한다'는 결론을 내리고, 부모님과 나는 그날 저녁 백 장로님의 새로운 제의에 동감하고, 백 장로님의 인도에 따르기로 하였습니다.

그야말로 소설책에서나 있음직한 일로 나는 구세주를 만난 듯했습니다.

당시 백 장로님은 중·고등학교 교장이요, 이사장이셨습니다.

그분은 대농의 대궐 같은 기와집, 그 당시에도 보기 드문 붉은 벽돌로 돌담울타리를 친 거대한 집에 사셨으며, 머슴과 아낙네를 몇 명씩 거느리고 계셨습니다.

거기에다가 온전한 큰 믿음의 소유자이셨습니다.

신앙적·교육적·물질적·사회적으로, 교회의 교권으로도 어느 하나 모자람 없는 분이셨습니다.

한마디로 하나님께서 크게 복주시고 크게 쓰시는 거인(巨人)이셨습니다.

'나무는 큰 나무 밑에서 크면 죽고, 사람은 큰 사람 밑에서는 살아난다'는 말이 나를 두고 한 속담인 듯, 적합했습니다.

하나님께서 큰 사람을 내게 붙여주신 것입니다.

그 후 나는 일이 끝나면 매주 두세 번씩 오라 한 날에 장로님 댁으로 갔습니다.

장로님은 한 번도 보지 못한 중·고등학교 책을 한 보따리 싸주셨습니다.

그리고 영어 알파벳 소문자·대문자를 가르쳐 주셨습니다.

다음에 올 때까지 해야 할 숙제도 주셨습니다.

그런데 이게 웬일입니까?

딱 세 번 읽고 쓰고, 읽고 쓰고를 했는데 영어 알파벳을 다 암송한 것입니다.

그렇게 장로님 댁에 갔더니 장로님께서는 "아!" 하시고 호탕하게 웃으시면서, "가능성이 있습니다."라고 하시며 칭찬과 격려를 아끼지 않으셨고, 계속 저녁 공부시간을 약속해 주셨습니다.

오라고 하시는 날에는 항상 저녁을 같이 먹게 되었습니다.

솔직히 먹어보지 못한 음식을 보니, 눈물이 날 정도였습니다.

낮에 일하고 고된 몸이지만 장로님 댁에 갈 생각을 하면 즐거웠고, 공부에 대한 재미를 느끼게 되었으며, 하나님께서 나에게 놀라울 정도로 큰 은혜를 주셨기에 빠른 속도로 실력이 향상되었습니다.

교과서를 중심으로 한 교육과 아울러 다른 여러 가지 책들도 주셔서 읽게 하신 장로님의 특별과외 지도 덕분에 약 4년의 세월이 빠르게 흘러 절차적 시험을 거쳐서 드디어 주경야독(畫耕夜讀), 형설지공(螢雪之功)으로 중·고교 두 개의 검정고시에 합격하여 대학입학 자격을 얻게 되었습니다.

백남승 장로님의 지도와 인도로 주경야독! 중·고등 자격증 획득한 날 기념사진 ▶

나는 내 인생에서 많은 좋은 분들을 만났습니다.

자서전에 기록되었습니다.

그 중에 (故)백남승 장로님은 결정적인 분이셨습니다.

나 개인의 역사적 카운트 펀치를 날려주신 분이십니다.

우측 백남승 장로님(흰 백발 모습) ▶

'주경야독'(畫耕夜讀; 낮에 일하고 밤에 공부한다)이라는 말은 나를 위해서 만들어진 듯한 느낌이 듭니다.

나는 백남승 장로님을 평생 잊지 못합니다.

우리 부모님 대역을 해주신 분, 내 일생의 길을 열어주신 분이십니다.

"아! 운명아! 비켜라! 내가 나간다!"

하나님의 절묘(絶妙)하신 섭리(攝理)가 일어난 것입니다.

관 배달을 하였던 그날!

초상집 마당에서 만난 백남승 장로님은 내 일생에 변화를 가져오게 해주셨습니다.

종종 나를 장로님 댁으로 불러서 깨끗한 흰 봉투에 그 당시 백 원짜리 지폐 열 장을 넣으시고 정자로 글을 써서 주셨습니다.

'추 선생님~ 꼭 이 시대에 필요한 사람이 되십시오! -백남승 장로-'

그때는 어리벙벙하여 '그런가보다~'라고 생각했습니다.

그러나 지금에 와서는 '참으로 하나님께서 그 장로님을 통하여 이 부족한 나를 특별섭리 하셨구나~ 다니엘의 하나님, 야곱의 하나님, 요셉의 하나님, 섭리의 명수 하나님 만세!'라며 감사와 영광을 돌립니다.

그 당시 영남신학대학교는 제도권 자격이 없으면 들어갈 수 없는 것이 당시 문교부 국가법입니다.

그런데 나는 주경야독한 자격으로 영신(영남신학대학교) 신학과에 당당하게 합격하고 입학했던 것입니다.

나는 나이가 들면서 이런 생각을 해보았습니다.

'내가 대구 영남신학대학을 가게 된 것은 서울대학교를 들어간 것보다 더 가치가 있고, 미국 명문대에 유학을 간 것 같다.'

대단한 평가상승(評價上昇)입니다.

우리 부모님은 내가 국민(초등)학교 졸업하기 한 달 전에 공장뺑이로 정해놓은 상태였지만, 불가능의 정글에서 가능성의 초원지대로 말을 타고 달려 나왔기 때문입니다.

나는 지금도 달리고 있으며, 우리 자손 가문이 계속 달려갈 것입니다.

어린 나는 소망이 넘쳤습니다.

상상초월 단기간에 중·고교 검정고시를 획득한 기쁨을 안고 지냈습니다.

그리고 공장에는 주일 빼고는 하루도 빠짐없이 다녔습니다.

당시 맥기(도금) 공장에 다녔는데, 시계 줄, 만년필 뚜껑, 자전거 부품 등의 부속을 착색(着色)으로 입혀내는 곳이었습니다.

사장님 내외가 일본에서 태어나 당시 일본의 도금 최고기술을 도입해서 세웠는데, 후에 부도가 나서 문을 닫았습니다.

나는 너무 신기해서 노트에 세밀하게 화학적 전류기법인 도금기술을 기록하여 집에 와서 나름대로 공부하면서 다녔고, 힘든 부분을 견뎌내야 했습니다.

한마디로 도금(맥기)은 화학약품과의 전쟁입니다.

쉬고 싶어도 쉴 수 없습니다.

나는 어디라도 가서 돈을 벌어야 했습니다.

1960년대와 현재 2021년은 화폐의 가치가 천지차이입니다.

한 달 일해 봐야 약 1,200원. 당시 최하의 봉급이었습니다.

내가 맥기(도금) 공장을 다니면서 초산, 염산 등 지독한 화학약품이 얼마나 고약한지, 고무장갑을 끼어도 두세 시간 지나면 구멍이 나고, 장화도 구멍이 납니다.

피부에 닿아서 손발 등이 벌겋게 붓고, 소위 피부에 구멍이 송송 나기도 했습니다.

도금할 때 양쪽 전기선이 화학물통에 작용할 때는 마치 방독면 없이 논산 훈련소에서 화생방 가스실에 갇힌 듯했습니다.

열악한 헛간공장은 말로 할 수 없을 정도로 비참했습니다.

6·25 이후 한국 밑바닥 공장에 무슨 시설이 있고, 근로복지가 있었겠습니까?

긴 겨울, 한여름 그 지독한 초산 염산이 전기 전극과 만나 부글부글 끓어오를 때 손에 찌릿찌릿 전류가 흐르고, 계속 기침이 나고, 밤에 잠잘 때는 코에서 누런 물이 줄줄 새나왔습니다.

'내가 왜 이런 공장에 다녀야 하나?' 하고 '왜?'라는 질문을 수도 없이 했지만, 그 당시 나는 어린 소년의 몸이었어도 그때그때 일자리가 생기면 할 수 없이 그냥 가서 일해야만 하는 형편이었던 것입니다.

작업할 때는 검정 장화, 고무장갑과 마스크를 착용했습니다.

장화는 염산, 초산 물에 일주일이면 마치 풀빵이 물에 불어난 것처럼 뒤틀리고, 말이 장화지 두터운 고무봉지 씌운 것처럼 신었고, 고무장갑도 마찬가지였습니다.

장화 속으로 초산 액이 스며들어서 발등을 손상시키면 살갗이 벗겨지는 일이 반복되는 일상이었지만 피할 수도 없었습니다.

도금(맥기) 작업은 고위험 화학약품의 지독한 성분을 오직 물로써 씻어내는 방법 외에는 없습니다.

내 나이 칠십 넘어서까지 지금도 발등이나 손등에 그때의 화학물질의 독성으로 손상된 어린 시절의 흔적이 여전히 남아 있습니다.

TV를 통해서 요즘 아프리카의 저개발국가 잠비아나 우간다 등 빈곤층 아이들이 벽돌을 깬다든지, 가시나무 한 단을 지고 수 십리를 걸어서 단 돈 천 원 벌어 풀칠하는 것을 볼 때마다 그 모습이 1960년대 초반 대한민국에서 일어났던 바로 나의 모습, 대한민국 최하위층의 삶이라는 생각에 마음이 찡해옵니다.

나는 그런 삶의 한가운데 있었습니다.

자! 또 이야기를 해봅니다.

나는 어느 날 대나무를 쪼개서 젓가락을 만드는 공장에 가서 일하게 됩니다.

대나무 쪼개고, 절단하느라 손도 많이 다칩니다.

자장면 같은 중화요리를 먹으려면 꼭 필요한 대나무 젓가락 공장을 수개월 다니다가 또 철공소 즉, 대장간을 다니게 되었습니다.

그런데 거기서는 큰 함마(해머)를 내둘러 내리칩니다.

벌건 쇳덩이를 늘려서 곡괭이나 삽, 호미, 칼 등 거의 다 만듭니다.

작은 체구에 소위 오 함마(해머) 큼직한 무게로 쇳덩이를 내둘러 내리치니 사나이 가슴에 뻐근함이 왔습니다.

철공소에서 옆구리를 다쳐서 뼈가 우굴 났습니다.

누구에게도 말 못하고, 끊어지고 비틀어진 갈비를 움켜잡은 채 참고 일을 했습니다.

그 이유는 솔직히 병원에 가서 치료받을 형편이 되지 못했기 때문입니다.

병원에 가려면 일 빠져야지, 일당 못 벌지, 밀어붙이기 식인 부모와 가정 분위기 속에서 어린 내 심정을 그 누가 알겠습니까?

그때 옆구리 뼈가 우굴 나서 평생 소리가 납니다.

이젠 나이가 들어서인지 별로 소리가 나지는 않지만, '몸이 낡아서 그런가보다~' 생각하면서 살아갑니다.

당시 나는 작은 체구인데다가 제대로 영양가 있는 식단도 없이 먹지 못하고, 그 작은 체구에 견디기 힘든 노동으로 체력이 고갈된 상태였습니다.

아침 7시에 집에서 걸어 나오면 걸어가면서도 잠이 쏟아져 졸면서 걸었습니다.

저녁 8시에 일이 끝나면 또 반복되는 생활이었습니다.

도저히 벽돌(브로크·시멘트벽돌)공장이나 장의사 집 배달 등을 할 수 없었습니다.

그래서 며칠 쉬고 있었는데, 아버지가 다니시는 라디오 부속공장에 같이 다니자고 하여 따라나섰습니다.

앉아서 '액기생(일본식 발음), 즉 오른손으로 돌리고 왼손으로 움직여 쇠붙이 등 부속을 찍어내는 작업인데, 정신을 바짝 차리지 않으면 손가락 절단사고도 가끔 일어나는 위험이 도사리고 있는 작업이었습니다.

양쪽으로 10여 명이 앉아서 하루 할당량을 반드시 채워야 일이 끝났습니다.

나는 아버지와 같이 출퇴근을 하면서 그 일을 했습니다.

그 당시 나는 어려서인지 큰 사고력은 없었고, 단순하기 짝이 없었습니다.

그런데 어느 날, 사장님이 손가락에 담배를 끼운 채 사장실에 앉아서 부속이 조금 잘못된 생산으로 화를 내면서, "이봐요, 추 씨!"하면서 아주 좋지 않은 언성과 손짓으로 아버지를 질타하고 있었습니다.

소위 요즘말로 갑질을 하는 것이었습니다.

어린 나는 그 광경을 보고 자존심과 기분이 매우 상했습니다.

나는 순간적으로 벌떡 일어나 사장님 앞으로 걸어가서, 화난 표정으로 눈을 굴리며 무언의 행동을 취했습니다.

사장은 매우 예리한 사람이었습니다.

이러한 어린 아들의 행동을 재빨리 포착하여 순식간에 부드러운 말투로 변하며 아버지를 향해서 '잘해보자'고 했습니다.

꼬리를 내린 것입니다.

아버지는 그날 일이 끝나고 집에 오면서도 나에게 아무 말씀이 없으셨습니다.

'속으로는 얼마나 자존심이 상하셨을까?' 생각해보기도 했습니다.

부자지간에 열심히 벌어도 겨우 살아가는 형편이었습니다.

군에서 억울하게 7년의 세월을 보내고, 제대 후 기껏해야 영세한 공장을 맴돌며 가족 부양을 책임 진 아버지의 모습은 측은했습니다.

어린 나로서는 무슨 뾰족한 수가 없었습니다.

그런데 그나마도 회사가 전주 사장 집으로 이사를 가버렸습니다.

하루아침에 절벽으로 떨어진 느낌이었습니다.

6·25 직후 우리나라는 아프리카보다 못 살던 나라였습니다.

공장도 온전한 곳이 없었습니다.

허름한 일제강점기 건물, 6·25 폭격 맞은 건물 같은 곳에 임시방편으로 겨우 기계나 시설을 해놓고 머리 좋은 사람들이 자기 특성을 살려 일시적으로 돈 버는 쪽으로 운영하다가 못 견디고, 하룻밤 자고나면 공장이 문닫아버리는 것은 다반사였습니다.

요즘의 떴다방처럼 불안한 때였습니다.

당시 공장이나 회사는 참으로 엉성하였습니다.

건물, 환경, 주인의 비인간적 대우, 현장의 일꾼들은 막가파식이었습니다.

어디를 가든지 오래 다닐 회사가 없습니다.

모두가 철새처럼 드나듭니다.

국가적·사회적으로 탄탄하게 자리 잡지 못해서 안정이 되지 않은 시대였습니다.

나는 5·16 군사혁명을 보았습니다.

이리 역 전에 대포부대가 등장하고, 계엄령 선포로 저녁에는 죽음의 사신이 왕래하는 것처럼 살벌했습니다.

이승만 초대 대통령은 하와이로 망명 즉, 쫓겨난 것입니다.

길거리에 굶어죽은 사람들도 많았습니다.

거지가 일개 소대처럼 몰려다닐 정도였습니다.

'아~ 무엇을 해서 먹고사나?'

가난한 우리 가정은 참으로 막막했습니다.

농토, 직업, 권력, 물질, 아무것도 없습니다.

토담집 방 두 칸에 식구는 많고, 고구마도 제대로 없었습니다.

밭이 있어야 김치죽이라도 먹을 것인데, 김치도 고춧가루나 마늘도 제대로 넣지 못하고 겨우 소금에 절였다 할 정도로 담가 먹습니다.

멀겋게 담근 김치에 물만 가득 넣어 김치죽 끓여먹고, 기나긴 겨울밤 요강은 저녁 10시면 가득 찹니다.

방은 차갑고, 솜이불 뭉친 것 서로 당겨 덮고, 겨울밤 기나긴 밤 배고프면 더 깁니다.

못 먹는 몸뚱이에 왜 그렇게 이는 많았을까요?

초저녁 등잔불 밑에 온 식구가 옷 벗고 흐릿한 등잔불을 빛 삼아 이를 잡습니다.

참 눈도 밝지요.

먹는 것에 비하면 죽지 않고 살아가는 게 기적 같았습니다.

　'언제나 하얀 쌀밥 한 그릇 먹어보나? 언제나 배터지게 먹어보나?'

유치한 말이 아닙니다.

그 당시에는 현실이었고, 사실이었습니다.

나는 주경야독으로 이미 내 몸은 이제 훈련이 되었습니다.

어느 날 '최경식'이란 형 처남이 나에게 "귀환아~ 이리 시에서 가장 좋은 직장 소개해줄게 만나자~"고 했습니다.

그 회사는 거북이표 이리 양은솥 공장이었습니다.

그 회사는 규모가 대단히 큰 편이었습니다.

당시 전국 양은솥은 거북이 상표였습니다.

양은솥에 거북이 도장이 찍혀 있었습니다.

나도 그 도장을 많이 찍어보았습니다.

양은솥 공장은 주물부, 시아게부 즉, 표면연마, 광택부 세 부로 나눠져 있었습니다.

주물부는 고도의 기술자들이 양은재료를 녹여 솥 원판을 부어 만듭니다.

주물부는 약 7-8명인데, 회사에서 점심을 아주 걸판지게 차려 줍니다.

그들의 점심이 끝나면 연마부·광택부 사람들이 그 밥상을 물려받아 남은 음식과 싸가지고 간 도시락을 먹습니다.

매일의 점심시간이 즐겁습니다.

갈치조림, 돼지고기, 김치 두루치기 등… 집에서는 상상 못할 반찬이 나옵니다.

당시 놀부 집 같은 밥상입니다.

당시 이 회사는 그 하는 일이 힘들고 고달팠지만 봉급이 많았습니다.

나는 광택부에서 일했습니다.

솥에 광택을 내는데, 높은 의자에 앉아 앞에 있는 양은솥이 피대에 물린 솥 기계 모양에 돌면 빼빠(사포)가 붙은 큰 헝겊으로 솥 속에 디젤기름을 발라 넣고 양발을 의자 뒷받침의 힘으로 힘을 가해 솥 안의 거친 것들을 벗겨내고, 마른 헝겊으로 닦아내는 매우 원시적인 기계방식으로 위험하기도 했습니다.

솥이 빠지면 큰 회전을 하여 다치기도 하는데, 나도 세 번이나 다쳐서 병원 응급실에 간 적이 있습니다.

한 번은 솥이 회전하다가 앞으로 빠져나오면서 날카로운 솥 날개가 왼쪽 팔등을 치고나가면서 사고를 당했습니다.

병원 응급실에 실려 가서 여러 바늘을 꿰맸습니다.

어느 날은 왼쪽인지 손가락에 크게 사고를 당해서 뼈까지 으스러지는 상처를 안고 며칠 후 다시 공장에 출근을 해야 했습니다.

지금도 그 영광의 상처를 몸에 지닌 채 옛 추억을 더듬으며 삽니다.

양은솥 공장은 일이 많고, 힘들고, 사고를 당할 위험도 크다는 단점도 있었지만, 다른 회사보다 봉급은 더 많이 주면서도 꼬박꼬박 제 날짜에 주고, 쫓아내지 않고, 주일은 철저히 쉴 수 있다는 장점 때문에 당시 이리 시(익산)에서는 들어가기 어렵고, 나오기도 어려운 곳이었습니다.

1960년대는 양은그릇이 대유행하는 시대였습니다.

모든 가정 생활용품이 양은으로 만들어진 것들이었습니다.

양은솥, 양은주전자, 양푼 양은도시락……

최고의 양은솥 거북이표는 삼천리에 거북이처럼 기어간 것 같습니다.

내가 18세 때 경상남도 고성에서 개최되는 부흥회에 참석한 적이 있었습니다.

그때 교회 사택에도 양은솥에 거북이 마크가 찍혀있는 것을 보았습니다.

나는 '아~ 이 양은솥도 내 손을 거쳐서 여기까지 와서 나를 만나주는구나~' 생각하며, 잠시 나만의 추억과 상념에 빠져본 적이 있습니다.

양은솥 공장의 하루 일이 끝나면 두 눈동자는 흰 자위 빼놓고, 손톱, 귀밑, 콧잔등 옆, 구석진 곳들도 강원도 태백 막장에서 일하는 탄광 광부보다 더 새까맣게 됩니다.

시내에서 얼굴 까맣게 하고 다니면 이리 양은솥 공장 사람인 것을 간첩도 알 정도였지만 그 공장을 다닐 때까지는 어쩔 수 없습니다.

그런데 봉급은 다른 어떤 회사보다 두 배 이상 줍니다.

그래서 위험하고, 지저분하고, 힘들어도 당시 그 양은솥 공장은 지금의 삼성이나 현대기업 정도로 인식되어져서 대단히 인기가 많았습니다.

21세기 하이테크(Hightech) 시대에서는 상상하기 힘든 과거적 이야기입니다.

나는 그 공장에서 생각이 바뀌었습니다.

어느 날 광택부 부장 아들 돌이 되어 저녁에 돌잔치 집에 초청되어 갔습니다.

'아무렴~ 큰 회사 부장 집인데 잘 살겠지~'

그러나 조금은 실망했습니다.

집이 무척이나 허름하고, 차린 음식의 질도 너무 뒤떨어졌습니다.

'부장 쯤 되려면 15-20년 걸린다는데, 부장집이 이러하니 부장 돼봐야 잘 살 수도 없구나.'

회사와 나를 비교하니 미래적으로 허무했습니다.

그러나 나는 그때 성령에 사로잡혔습니다.

당시 나는 점심을 먹고 나서 쉬는 시간에 솥을 20-30개씩 쌓아놓으면 마치 설치미술장치 같이 큰 창고에 높이 솟은 수백 개의 솥 사이에 숨어서 언제나 기도했습니다.

어느 날은 기도 중에 하나님께서 환상에 대한 대한민국 지도를 보여주시면서 "너는 나라와 민족을 위해 기도하라!"고 하셨습니다.

눈물의 기도를 드립니다.

지금도 마땅히 기도합니다.

나는 너무도 감동되어 집에서 바늘과 먹물로 어깨 팔에 태극기를 문신으로 넣었습니다.

지금도 팔뚝에 남아있습니다.

또한 왼쪽 팔 위에 십자가를 새겼습니다.

세월이 흘러서 양은솥 공장생활을 약 2년 정도 했을 때, 내가 최고로 장기근무한 회사가 되었습니다.

나는 봉급을 꼬박꼬박 어머니께 드렸습니다.

언제 어느 회사든지, 봉급이 얼마이든지, 한결같이 드렸습니다.

백남승 장로님이 학교문제도 완전히 해결해주셨기 때문에 나는 학비도 필요 없고, 용돈도 별로 필요 없었습니다.

백 장로님께는 감사할 뿐이었습니다.

내가 전도사 시절에 서울 논현동으로 올라가서 사시는 백 장로님을 찾아가 기쁨으로 상봉한 날이 있었습니다.

그 후 장로님은 95세에 하나님 나라로 이사하셨습니다.

교회에서는 언제나 은혜로운 예배를 드리고, 영적 생활을 했습니다.

그런데 교우들이 봄·여름이 되면 몇 사람씩 보따리를 싸들고 최 전도사님과 기도원에 가신다고 합니다.

기도원에 가면 성령의 불을 받고 온다는 것입니다.

금강교회는 최길출 전도사님께서 경북 김천 용문산 기드온신학교에서 공부하고 오셔서 개척하신 교회입니다.

나는 깊은 내막(內幕)도 모르고, 누가 알려주는 사람도 없었습니다.

나도 가고자 하는 마음은 있었으나, 이끌어주는 사람이 없었습니다.

그리고 그 기도원에 가서 공부도 할 수 있는 기드온신학교가 있다고 했습니다.

귀가 번쩍 뜨였습니다.

나에게 신학공부는 천둥소리였습니다.

1968년 2월 28일!

드디어 날짜를 정해놓고 목표를 삼았습니다.

한 달 후에 떠나기로(소위 부모형제 몰래 도망해서 나의 길을 찾아가기로) 작정했습니다.

미래에 목사가 된다는 것보다 '신학'이란 공부를 하고 싶은 단순한 생각이었습니다.

양은솥 공장 같은 데 다녀봤자 부장님처럼 살 수밖에 없다는 생각을 한 것입니다.

이렇게 생각하고 확실한 목표를 정하니 날아갈 듯 기뻤습니다.

저녁마다 교회에 가서 준비 기도를 드리고, 강대상 속에 작은 솥, 숟가락 등 생필품을 구해다가 감추었습니다.

당시 은혜 충만하셨던 이봉희 집사님에게만 내 계획을 알리고 기도를 부탁했더니, 보리쌀을 한 말 주셨습니다.

하루하루 시간이 지나갔습니다.

그런데 두 가지 문제가 나를 괴롭혔습니다.

첫째는, 내가 집을 나가면 부모님이 경제적으로 힘들겠구나.

둘째는, 나는 무슨 돈으로 가야 하고, 살아 갈 것인가?

그러나 나의 미래 목표가 크기 때문에 그럴 때마다 기도로 내 마음을 다스렸습니다.

그런데 당장 차비는 물론이거니와 기도원에 들어가서 생활을 해야 하는데 나에게는 일전 한 푼이 없었습니다.

이젠 일주일 앞으로 다가왔습니다.

교회에서 약 200m 근방에 작은 가게가 있습니다.

내가 수요일 예배를 마치고 집으로 가는 도중에 교인들 5-6명이 그 가게 앞을 지나가면서도 발길에 어떤 종이들이 바람에 나부끼는 것도 모른 채 지나가는 것이 아닙니까?

그래서 바로 내가 약 3-4m 정도 따라가면서 보니, 분명히 이승만 대통령 사진을 넣은 백 원짜리 지폐, 파란 돈이 바람에 흩날리고 있었습니다.

나는 재빨리 손을 움직여 주워 모아서 집으로 왔습니다.

대문에서 돈을 움켜쥐고 긴장된 마음으로 세어 보니 40장, 4,000원이었습니다.

그 당시 장정 봉급 두 달 치의 큰돈이었습니다.

나는 기도하기 시작했습니다.

"하나님! 감사합니다!"

나는 누구의 돈인지, 파출소에 신고해야겠다는 생각조차 없었습니다.

잃어버린 자의 안타까움도 생각하지 않았습니다.

무조건 하나님께서 나를 기도원에 보내시기 위해서 주신 돈으로만 생각되어 감사 기도를 드렸던 것입니다.

청년이여!
꿈을 잘 가꾸어라!
Young Man! Take good care of your Dream

"겸손과
여호와를 경외함의 보상은
재물과 영광과 생명이니라"
(잠언 22:4)

청년이여! 꿈을 잘 가꾸어라!

Young Man! Take good care of your Dream

청년은 여름입니다.

The Youth is Summer

여름은 태양(太陽)이 작열(灼熱)하고 삼라만상(森羅萬象)이 녹색의 춤을 추며, 번성ㆍ번식ㆍ번영하는 계절입니다.

여름에 생장이 멈춘다면 가을이 없습니다.

인생에서 청년의 시기는 여름과 같이 왕성한 활동과 전성기를 만들어내야 합니다.

반드시 기회가 여러 번 있습니다.

마치 수백m 장대비가 쏟아진 후 우후죽순(雨後竹筍)처럼 말입니다.

인생에서 청년기의 이삼십 대는 여름 같은 계절이며 절호의 기회로 삼아야 합니다.

결코 꿈꾸던 십대가 아닙니다.

인생에서 청년의 시기는 모험으로 돌입해야 합니다.

행동파로 나서야 합니다.

뜻이 있는 곳에 길이 열립니다.

걷는 자만이 앞으로 갈 수 있습니다.

높이 나는 새가 멀리 보고, 일찍 일어나는 새가 맛있는 벌레를 다 잡아먹습니다.

영국의 '처칠'(Winston Churchill)은 대학생과 청년을 향하여 "절대로 포기하지 말라! You never give up!"고 3분 동안 세 번 반복 연설한 후 역사를 바꿨습니다.

청년의 눈동자는 살아있어야 합니다.

내 인생을 종횡무진 흔들어 에너지를 만들어내야 합니다.

누구도 내 인생을 대신할 자가 없습니다.

'앉아 있는 신사보다 서 있는 농부가 낫다'는 영국 속담처럼, '자는 자의 몫은 없어도, 나간 자의 몫은 있다'는 말처럼, 이미 부모의 그늘에서 벗어났어야 할 시기에 아직도 캥거루족처럼 부모 슬하에서 비벼대는 청년들이 있습니다.

니트 족도 있습니다.

'니트 족'이란 '교육이나 훈련, 일, 구직활동을 하지 않는 15-34세 청년을 일컫는 말'로, TV나 보고, 휴대폰만 만지면서 집에 틀어박혀 있는 매우 한심한 자들입니다.

청년 실업자나 외톨이 은둔형으로 낙오되어 평생 탈출하지 못할 수도 있습니다.

청년기는 개척기입니다.

도전장을 내밀어야 합니다.

금수저, 흙수저 따지지 맙시다.

금수저가 더 위험할 수 있습니다.

오히려 흙수저는 더 이상 손해 볼 것도, 밀릴 필요도 없습니다.

오직 전진하는 것입니다.

저돌적으로 파고드는 것입니다.

세계는 우리 인생의 무대입니다.

혈기방장(血氣方壯)한 청년의 힘을 어디에 쓸 것입니까?

자동차의 힘은 전진기어일 때는 앞으로 가고, 후진기어일 때는 뒤로 갑니다.

여러분은 지금 어느 방향으로 가고 있습니까?

예수님께서 나인 성 과부의 아들 장례식 행렬을 멈추시고, 관에 손을 대시면서 "청년아! 내가 네게 명한다. 일어나라!"고 말씀하시며 다시 살리셨습니다.

예수님께서 왜 이 청년을 살리셨습니까?

기적(奇蹟)으로만 보아서는 안 됩니다.

이는 인생의 청년기인 젊은이들에게 주시는 메시지입니다.

청년은 죽으면 안 됩니다.

잠자면 안 됩니다. 게을러도 안 됩니다.

일어나서 일해야 합니다.

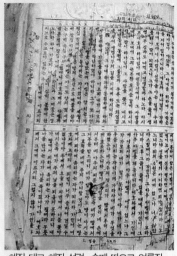

해질 대로 해진 성경. 손때 땀으로 얼룩짐.
1964년 구입한 성경

1968년 9월 22일 서해 덕적도 교회 부흥회를 마치고
김천 기드온신학교 가는 길목 쉼터에서

청년이여! 꿈을 잘 가꾸어라!
Young Man! Take good care of your Dream

청년은 여름입니다.
The Youth is Summer

1996년 2월 22일 대학시절 설악산의 겨울
미래의 꿈을 향하던 시절

2009년 11월 삼승제일교회(청년회)
오병이어 찬양단 찬양축제 때 모습, 자랑스러운 청년들이었다.

바람도 자고 가고 구름도 쉬어 가는 추풍령 고개를 넘어

길바닥에서 돈 4,000원을 줍다니!
정말 기적 같은 일이 아닙니까?

드디어 1968년 2월 28일!
아침 새벽기도 가는 척하고 긴 편지를 써서 아버지 신발 속에 넣어놓고 기차에 몸을 실었습니다.
약 6년여 간의 어린 소년시절!
주경야독하면서 힘든 나그네 모습으로 살아온 지난날의 삶들이 주마등처럼 스쳐갔습니다.
기차는 한 번도 벗어나지 않았던 이리(지금은 익산)의 영역을 벗어나 달렸습니다.
추풍령 고개를 넘을 때는 칙칙폭폭 기차가 마치 나의 갈 길이라도 알아챈 듯 느릿느릿 "칙칙폭폭 칙칙폭폭 뛰뛰" 쉰 목소리로 울면서 겨우 넘어갔습니다.

나는 저녁때쯤 기도원에 도착했습니다.
전국에서 몰려온 수많은 성도들의 얼굴에 간절함과 사모함이 역력해 보였습니다.
나도 그 대열에서 은혜를 받았습니다.
그곳이 바로 나운몽 장로님이 원장이요, 기드온신학교가 있는 곳이었습니다.
1950년대 성령의 불길을 던진 곳이라고 했습니다.

나중에 알고 보니 조용기 목사, 신현균 목사, 오관석 목사, 김충기 목사, 엄신형 목사, 이만신 목사 등 수많은 목회자들이 불 받고 간 영적 동산이었다고 합니다.
지금까지 수십 년 동안 구국제단의 기도소리는 계속됩니다.
기드온신학교와 복음신보, 한국 신학과 교계의 오래된 역사를 안고 있었습니다.
나는 무조건 익산에서 이곳으로 도피 아닌 목적의식을 가지고 보리쌀 한 말과 보따리, 돈 4,000원을 들고 입산에 성공했습니다.

집회를 마치고 무조건 학교 입학절차를 밟고, 기숙사 배정을 받고난 후 곧바로 학업에 들어갔습니다.

　　새벽기도 ― 산상기도 ― 아침작업 ― 조식 ― 수업 ― 산상기도 ― 작업 ― 저녁예배

하루의 일과는 한마디로 무서울 정도로 발바닥에 불이 붙을 지경입니다.

기숙사는 방이라기보다는 포로수용소 같이 허름하고 공간만 구별된 곳이었습니다.

온기라고는 전혀 없는 완전 냉골이었습니다.

그 무서운 추위에도 이불은 누가 덮었는지 시커먼 거적 같은 것 하나였습니다.

겨우 피어나는 석유곤로 하나 줍다시피 하고, 입을 옷도 전혀 없습니다.

누가 나에게 "네 인생에서 가장 처참했던 때가 언제냐?"고 묻는다면, 나는 서슴없이 '용문산 산 생활 만 2년 6개월의 기간'이라 말하고 싶습니다.

일단 난초 표 밀가루 한 포대 450원, 왕소금 한 되 30원.

이것이 전부였습니다.

나는 이것으로 약 한 달 반을 살아야 했습니다.

나는 한 달에 천 원으로 살아야 했기 때문에 돈을 아껴서 쓸 수밖에 없었습니다.

나는 날이 갈수록 몸은 빠짝 마르고, 허기진 배는 더 이상 들어가거나 줄어들 창자가 없이 등짝에 붙었습니다.

갈아입을 옷이나 양말, 신발 등도 없어서 처절했습니다.

누가 주는 사람도 없습니다.

아는 사람도 없습니다.

완전히 버려진 처지였습니다.

그러나 익산 집으로 다시 돌아가고자 하는 마음은 눈곱만큼도 없습니다.

또다시 공장뺑이로 가기는 죽어도 싫었습니다.

저녁이 되면 이가 얼마나 많은지 잠을 잘 수가 없었습니다.

일어나 옷을 벗어서 텁니다.

일주일 지나니 눈이 쏙 들어갑니다.

수많은 군중 속의 고독과 배고픔, 그리고 외로움!

그런데 이상합니다.
마음 한편으로는 기뻤으나, 엎드리면 눈물뿐입니다.

돈이 자꾸 줄어듭니다.
한 번은 책상이 없어서 사무실 옆에 놓인 사과상자 같은 것을 가져다가 책상으로
사용했더니 사감선생님이 오셔서 호통을 치셨습니다.
'성물을 가져다 사용했으니 성경적으로 4배인 400원을 갚으라'는 것입니다.
그래서 약 한 달치 양식비를 냈습니다.
어느 누구도 나를 알고 도와주는 사람이 없습니다.

어느덧 봄이 찾아 왔습니다.
나는 봄기운에 생기를 되찾아서인지 살 것 같았습니다.
일단 밤만 넘기면 따스한 햇볕이 좋았습니다.
성경을 엄청 읽게 합니다.
밤중에 가끔 기도 비상을 합니다.
무조건 산으로 올라갑니다.
맷돌봉, 사사봉, 구국제단 등으로……

여기서 잠깐!

4,000원을 가지고 지금 여기까지 와서 정착하였습니다.
그런데 십일조를 까맣게 잊고 드리지 못했습니다.
이때 나는 깨달았습니다.
하나님께서는 "너의 십일조 내가 가져간다!" 하시고는 상자 값으로 400원을 가져가신 것
입니다.
그 후부터 '하나님의 것이구나~' 하고 더 깨닫게 되었습니다.

이후 나는 평생토록 십일조에 관심을 두고, 단돈 얼마든지 수입이 되면 십일조 먼저 즉
석에서 구별하고, 십일조 함에 넣어둡니다.
나의 자녀들에게도 십일조만큼은 귀찮을 정도로 가르쳐왔고, 우리 자녀들은 철저하게
십일조를 드리고 있습니다.

기차에 치어 죽을 뻔하고
손을 든 아버지

그런데 4월 초에 갑자기 아버지가 나를 잡으러 여기까지 찾아오셨습니다.

나는 아버지에게 잡혀갈 수밖에 없었습니다.

아버지는 나에게 "너! 내 말 안 들으면 이 사람 많은 곳에서 꾀를 다 벗긴다! 즉, 옷을 홀딱 벗겨 버릴 테니 오늘 집에 같이 가자!"고 하십니다.

나는 그때만 해도 아버지를 이길 수 없었습니다.

그런데 나는 마음속으로 '한 번쯤은 잡혀갔다가 다시 와야겠다'고 생각하고, 아버지를 따라서 집으로 갔습니다.

그리고 아버지는 내가 일할 공장을 미리 정해놓고 오신 것이었습니다.

학교 의자, 책상을 만드는 가구공장이었습니다.

나는 한나절만 일하고 집으로 왔습니다.

저녁에 가족들이 모두 모여 가족회의를 했습니다.

나는 '또 내 길을 가야 한다'고 했습니다.

그리고 저녁에 또 도망쳐서 산으로 갔습니다.

강행군이었습니다.

그러나 나의 생각과 꿈은 그 누구도 말릴 수 없었습니다.

일주일 후 또 다시 아버지가 나를 잡으러 산으로 오셔서 또 잡혀갔습니다.

멱살을 잡고 '죽이니, 살리니' 실랑이 끝에 '그래 또 가주자. 그리고 또 와야지' 하는 마음을 먹고 아버지를 따라나섰습니다.

오고 가고 돈만 없어졌습니다.

내게 무척 소중한 돈이 자꾸 소모되었지만, 그래도 좋습니다.

그런데 아버지와 내가 기차를 타고 대전에서 갈아타야 하기에 대전역 홈에서 철로를 건너는데, 다 건넜다 싶던 아버지가 기차가 지나는 걸 보지 못하고 그만 철길에 넘어지신 것입니다.

그 자리에 있던 수십 명이 서서 그 광경을 목도하고 소리쳤습니다.

"어어! 사람 죽었다!"

기차가 지나갔습니다.
죽은 줄 알았던 아버지가 기적같이 살아서 일어났습니다.
역무원 등 수십 명이 천만다행이라며 달려들어서 살아난 아버지를 격려했습니다.

그렇게 우리는 무사히 집에 돌아왔습니다.
그러나 가족 모두는, 특히 어머니와 형은 나를 경멸하는 눈초리였습니다.

"호적을 없애버려야 될 놈, 나가 뒈질 놈아!"

욕이란 욕을 다 했습니다.
형은 과격한 성격 그대로 방 문짝을 부서져라 내리쳤습니다.
그때 아버지가 "내 말 좀 들어들 봐라!" 하시면서 말을 꺼내셨습니다.
"귀환이를 놔두자. 오늘 기차가 나를 깔아뭉개 죽이려 하는데 하나님이 살려주셔서
이렇게 살아 돌아왔다."고 하시면서 대전역에서 일어난 사실(事實)을 말씀하셨습니다.

"기차가 코끝을 스치는데 어떤 흰 옷 입은 사람이 나를 뒤쪽으로 휙 하고 밀어 던지고
갔다. 하나님이 천사를 시켜서 살려주셔서
내가 기차에 치어죽지 않고 살아왔다.
귀환이는 세상사람 아니다.
이제 귀환이가 하고 싶은 대로 하게 해주자."

집안이 조용했습니다.
나는 그 이튿날 가벼운 몸과 마음으로 또
추풍령 고개를 넘어갔습니다.
그때 구름도 쉬고, 바람도 자고 있었지만
나는 넘어갔습니다.

(현)익산 동광교회(박성인 목사 시무)
부모님께서 장로, 권사로 헌신하시다 소천하셨다.
백남승 장로님 본 교회로 나를 만나 인도해주신 교회이다.

물론 내가 기드온신학교에 가기 전 부모님은 금강교회에 등록하여 교회생활을 하고 계셨습니다.

이런 생사의 갈림길에서 하나님이 체험시키신 후에 완전히 달라지셨습니다.

이제는 기도의 후원자가 되어주셨습니다.

부친과 모친은 동광교회 중직자로 충성하셨고, 장로 장립, 권사 취임 시에 머나먼 충청도 관리에서 개척할 때 아내가 아이들을 데리고 두 번이나 다녀왔습니다.

태안읍까지 가서 결혼 패물을 팔아서 선물을 준비하여 다녀왔습니다.

아래 사진이 당시의 모습입니다.

1970년 7월 10일 장로 장립식에서 꽃을 드리는 박경자 사모. 동광교회

1999년 10월 추병옥 장로님 찬양하시는 모습

1984년 2월 26일 모친 권사 취임식에 (앞)아들 이삭 어린이 모습. 동광교회

동광교회 교패와 자택 문패(추병옥)

㉀추병옥 장로님을 기리며

나는 1994년도 젊은 42세 때 군산 대야교회에서 익산 동산동 동광교회 담임목사로 부임하였습니다. 동광교회는 1954년에 설립한 교회로 역사가 흘러왔습니다.

저는 동광교회에 부임해 와서 ㉀추병옥 장로님을 만나게 되었습니다.
장로님은 세 분 장로님을 세우실 때(1979년도) 가장 득표수를 많이 얻을 만큼 신임과 존경을 받아 장로로 임직하신 분으로 전 교우들은 이구동성으로 '추 장로님은 동광교회에 없어서는 안 되는 분'이라고 하였습니다.
장로님은 1973년 교회 증축부터 새벽종을 치시고, 1993년 원로장로로 추대될 때까지 몸 바쳐 헌신하신 분이십니다.

장로님은 종탑이나 지붕을 수없이 오르내리셨고, 페인트칠이나 수리 등 교회 앞 축대 약 100m를 비용을 들여서 손수 몸으로 헌신하셨고, 재주가 남달라 교회 사택 등 사소한 일들은 해결사로 봉사하신 덕분으로 동광교회에 추 장로님의 발길과 손길이 닿지 않은 곳이 없습니다.
언제인가는 자택 앞 오동나무를 베어 송판으로 성가대 의자를 손수 제작(군대 공병 기술목수)하셔서 헌신하시는 등 여러 분야에서 재능으로 헌신하셨습니다.

42세의 나에게 그 당시 추 장로님과 하공임 권사님은 부모와 같은 분이셨습니다.
언제나 예의바르시고, 한 번도 마음 상하는 일이 없었습니다.
아마도 아드님이신 추귀환 목사님을 목회자로 두신 것도 있겠으나, 워낙 말수가 없으시고 겸손하여, 대표 기도하실 때는 간절하고 절제된 용어로 심오하게 드리셨습니다.

주일성수, 수요저녁예배, 새벽기도, 구역예배는 시계보다 더 잘 지키셨고, 교회차로 모시고 오려고 하면 극구 사양하시고, 항상 두 분은 자전거를 타고 다니시며 교회생활을 하셨습니다.
또한 침술에 능하셔서 온갖 질병을 침을 놓아 고치셨으며, 때로는 전국 출장치료도 가시고, 교우들은 물론 동산동에서 침 장로님 댁 하면 다 아는 정도였습니다.
침을 놓을 때는 반드시 기도하고, 불신자는 전도대상이었고, 하나님께서 직접 고치신 방법과 사람의 의술로 고치시는 방법까지 설명하시며 고도의 명 침술사로 하나님의 영광을 크게 드러내셨습니다.
㉀추병옥 장로님의 삶은 그 자체가 버릴 것이 없으신 분이셨습니다.
2005년 소천 시 은혜롭게 천국이사 환송예배와 마지막 영구차로 동광교회 앞에서 기도할 때 나는 교우들과 아쉬운 작별을 하였지만, 천국에 가서 다시 만날 것으로 위로를 받았습니다.

아들 추귀환 목사님의 목회성역 54년과 자서전 출간을 축하드립니다.
㉀추병옥 장로님과 ㉀하공임 권사님이 그렇게 사랑하시고 기도하시던 모습을 떠올립니다.

나는 이런 말로 끝을 맺고 싶습니다.
㉀하공임 권사님이 주일날 가끔 예쁜 옷을 입으시고 교회에 오셔서 예배 후에 꼭 우리 아내에게 "사모님, 내 옷 이쁘지요? 우리 추 목사님 사모님(박경자 사모님)이 사줬지~"하시면서 너무 기쁘고 좋아서 자랑하시고 뽐내셨습니다.
㉀추병옥 장로님을 기리며, 이 글을 올리고 싶습니다.

대한 기독교 장로회
익산 동광교회 박성인 목사

나는 이제야 마음 놓고 입산했습니다.

나에게는 모든 것이 새로운 세계였습니다.

일단 '산 속 깊숙한 곳에 이런 세계도 있구나~' 신대륙을 발견한 것처럼 생각되었고, 조직된 규모에 믿음촌·소망촌·사랑촌 세 개 마을과 우체국 등 각 마을에 교단 이름으로 장로교·감리교·성결교단의 목회자들이 직접 파송되어 목회가 이루어지고, 초교파의 모습이 보였습니다(교회 건물도 교단등록 건물).

많은 수의 사람들이 전국에서 몰려왔습니다.

산상부흥회는 불바다였습니다.

누구든지 오기만 하면 성령 충만 그 자체였습니다.

찬송소리, 기도소리, 아멘소리는 소리의 향연(饗宴)이었습니다.

나는 신학교 1학년으로 입학하여 앞서 언급한 것처럼 진행되어갔습니다.

나에게 성경은 무조건 한문성경이었습니다.

어떤 때는 벙어리 즉, 자갈을 입에 물고 묵언수행 언어절제운동도 했습니다.

참 신기한 곳이었습니다.

때로는 산에 가서 소리 지르며 "의악!"(義惡) 크게 "의!"라고 하면 의가 들어오고, "악!"이라고 할 때는 내 속의 악을 밖으로 내보낸다는 훈련도 했습니다.

나에게는 개인적으로도 참 좋은 교육 방식이었습니다.

교수진도 저명한 분들이었습니다.

저녁 한 시간은 무조건 구국기도제단에 올라가 공개적으로 국가를 위해 기도했습니다.

정치·경제·국방·교육·외교 등의 순으로 기도했습니다.

신학도 제대로 가르쳤습니다.

밖에서는 '이단이니, 삼단이니' 하였지만 절대로 그 당시나 지금도 기드온신학교는 이단이 아닙니다. 몰라서 하는 이야기입니다.

성령의 불을 지핀 곳입니다.

가지 말라고 말리던 목회자가 산에 와서 자기 교인들을 만나곤 했습니다.

봄이 왜 이렇게 더디 오고, 왜 그렇게 추운지 산 속 자연의 시계바늘은 천천히 움직여 1968년 봄은 참으로 느지막이 찾아 왔습니다.

어느 날 어머니가 당시 한 살이던 동생 요한이를 데리고 와서 기숙사 추운 방에서 잠을 자다가 밤중에 동생이 울기 시작하는데 걷잡을 수 없었습니다.

머리에 열도 없는데 우는 것입니다.

달래보고 얼러도 울어댑니다.

몸속에 이상이 생겼나 하고 옷을 벗겼더니, 몸에 붉은 색 점이 돋았습니다.

옷을 보니 이가 얼마나 붙고 붙었는지 참깨 터는 식으로 쏟아졌습니다.

이가 물어대니 요한이가 가려워서 운 것입니다.

기숙사 방 안의 더러운 이불, 옷 등에 이가 굼실굼실 했습니다.

아이의 피가 맛있으니 밤새 요한이에게 이동한 것입니다.

옷을 다 벗겨 털어서 입혔더니 언제 그랬느냐는 듯 요한이는 깊은 잠을 잤습니다.

바로 이런 곳에서 나의 꿈은 피어나고 있었습니다.

나는 요한이를 많이 사랑했습니다.

동생들이 여럿 있지만 당시 요한이는 어린 아기라서 그런지 참 귀여웠습니다.

아파서 다 죽었다고 날 새면 묻으려고 윗목에 놓고 장순이 권사님 모셔다가 기도해서 살아난 적도 있습니다.

어머니가 가슴에 하얀 십자가 놓인 환상을 본 후 살아났습니다.

3일 후에 어머니는 요한이를 데리고 집으로 가셨습니다.

내가 산에서 공부하는 동안 아무도 찾아오지 않았습니다.

집에서는 양식 등 그 어떤 것도 가져오지 못했습니다.

아니, 보내오지도 않았습니다.

나까지 챙겨 거둘 형편이 못되었지만 내가 "나는 고학생으로 살아갈 수 있다."고 호언장담(豪言壯談)하였고, 극구 사양(辭讓)했기 때문입니다.

이전에는 내가 수 년 동안 공장 일을 하면서 식구들에게 경제적 보탬이 되었으나, 이제는 학생 신분으로 더 이상 보탬이 되지 못하니 그 어떤 죄책감마저 드는 내 마음이었습니다.

팔도강산 껄렁패 내 손에 걸려들다

기드온신학교는 변동이 참 많았습니다.

학생들도 들고나곤 했습니다.

껄렁패 같은 자도 오고, 정신이 고장 난 자나 괴상한 자들도 많이 왕래했습니다.

말 안 듣는 꼴통이랄까 칼자국 난 자도 오고, 앞니 부러진 자도 옵니다.

한마디로 정신력이 강하지 않으면 살아남기 힘든 곳이었습니다.

그래서였을까요?

나도 앞니 하나가 마치 공격하려는 모양으로 부러져서 웃거나 입을 잘못 벌리면 분위기에 따라서 힘깨나 쓰는 자에게는 마치 깡패 김태촌의 인상처럼 보이도록 했습니다.

거기에다 양은솥 공장에서 오른손 팔뚝에 솥이 빠지면서 돌아 손에 맞아서 큰 칼자국처럼 보였습니다.

하절기에는 팔을 내밀어 장난삼아 조직원처럼 보이면서 예방적 차원에서 미리 연막을 쳐놓아서 결정적일 때는 부러진 앞니, 잘 긁힌 칼자국 모양의 팔뚝이 상대의 기를 꺾고도 남았고, 이순신 장군 미간에서 찾아볼 수 있는 찡그린 장수의 인상은 가히 종로거리의 이정재 같았습니다.

원래 조직 깡패 두목은 나처럼 왜소하고, 부하들은 어깨가 넓고 용 문신을 했습니다.

나는 두목형의 카리스마와 오소독소를 가졌다고나 할까요?

하여간에 껄렁한 놈들이 오면 나의 예리한 눈동자로 기선을 제압했습니다.

일찍이 험난한 산업사회 속에서 수년 동안 이리저리 헤매며, 온갖 것에 익숙하여 공장뺑이로 닦인 경험이 나도 모르게 몸에 배었고, 일찍이 주경야독하는 꼴통만 모이는 야간 중·고등학교의 깐깐한 관문도 통과한 나로서는 산 속의 준비된 자로 존재하는 것 같아 시간이 갈수록 적응하면서 재미도 있었습니다.

실제로 거칠게 놀던 아이들은 부모나 교회에서 '산에 가서 불 받고 새사람 되라'고 등 떠밀어서 자신의 의지가 아닌 타의로 오는 경우도 더러 있는데, 그 부모들이 와서 수소문도 하고 분위기를 파악하고는 꼭 나에게 오게 됩니다.

"잘 부탁드려요~ 아무개가 제 아들입니다."

그 후에 나는 손쓸 것도 없습니다.

조용한 곳에 데려다가 알아듣게 몇 마디 해주면 달라집니다.

나는 일찍이 쓰디쓴 인생의 밑바닥에서 맛본 경험이 그 누구보다 많았기 때문인지, 내가 생각해도 임기응변(臨機應變)에 강하고, 껄렁한 자를 다루는 솜씨는 있었던 것 같습니다.

"조심해라~ 그러다 다친다."

그리고 여러 가지 메시지를 주면 따라옵니다.

아~ 세월이 가고, 나도 가고~

봄기운이 완연해지니 쑥이 쑥쑥 올라옵니다.

밀가루 반죽에 쑥을 넣어 늘려서 먹어보기도 하지만, 양은 많으나 영양가가 없는 밀가루 수제비만 너무 자주 먹어서 그런지 손톱이 뒤집어집니다.

허리는 미스코리아처럼 24인치가 되어버렸습니다.

소위 용문산 쑥죽 고개는 피해갈 수 없는 고비입니다.

1968년 여름이 되었습니다.

당시 300여 명 되는 신학도들이 고학년과 저학년 두 명씩 균형을 이루어 한 조가 되어 무작위로 전국 시군으로 무전무취(無錢無取) 빈손으로 파송되어 40일 간 전도하고 보고하는 소위 실천신학(實踐神學)을 실시하는데, 3학년 김상태와 1학년인 나는 대구로 파송되었습니다.

대구에 입성하다

대구는 대한민국 3대 도시인 서울·부산·대구 중 한 곳이 아닙니까?

나는 1968년 7월 20일 대구에 첫 발을 내딛었습니다.

이때 인연으로 대구에서 십년 동안의 내 인생 역사가 이곳에서 일어납니다.

그 이야기는 다음으로 미루기로 하고 계속 이어가겠습니다.

나는 전도단으로 대구에 왔습니다.

노방전도를 필수적으로 실시해야 하는데, 훈련받은 대로 십자가나 태극기를 손에 들고 휘날리면서 대중이 많이 모이는 기차역 광장 등에서 힘차게 전도대가를 한 절 부릅니다.

노방전도는 당돌한 성격이거나 얼굴이 두꺼워야 힘들지 않게 할 수 있지만, 나는 그 무엇보다 성령의 도움으로 실천했습니다.

나는 저녁때쯤 복음신문사 겸 주일 오후에 초교파적으로 모이는 구국제단 장소로 찾아갔습니다.

그곳은 중구 대안동 65번지 중앙공원 옆이었습니다.

이곳을 숙소로 정한 우리는 전도하는 일정에 따라 대구시내와 달성군 쪽을 지나서 저녁에는 돌아왔습니다.

당시 이곳의 주인이신 이득향 권사님은 우리를 천사처럼 대접해 주셨습니다.

그러던 며칠 후 선배 김상태 씨가 갑자기 싫증난다고 하더니 슬쩍 떠나버리고, 나 혼자 남았습니다.

나는 혼자였지만 꾸준히 구국제단에서 기도하고, 낮에는 전도에 힘썼습니다.

솔직히 말하면 혼자가 더 좋았습니다.

가버린 선배는 쑥스러움을 너무 타서 노방전도를 무척 힘들어 했습니다.

그러나 나는 거칠 것이 없었고, 무척 신바람이 났습니다.

혼자서 공원이나 역전, 그리고 달성군에 가서 농활처럼 농사일을 해주면서 먹을 것을 해결하였고, 잠은 주로 교회를 찾아가서 목회자의 양해 속에서 기거(起居)했습니다.

이런저런 전도활동 이야기를 쓰자면 이 제한된 책에서는 불가능할 정도입니다.

그렇게 나는 10여일 만에 대구 구국제단 베이스캠프(basecamp)로 들어갔습니다.

이에 이득향 권사님(대구 신암교회 사무권사님)은 기다리고 계셨다는 듯이 내가 그동안 먹어보지도 못한 온갖 음식들을 차려 주시는 것이었습니다.

나는 이때 치킨을 처음으로 먹어봤습니다.

한마디로 뼈도 남김없이 씹어 먹어 치웠습니다.

택시도 처음 타보았습니다.

'대도시의 문화가 이런 것이구나~' 생각하며 보고 듣고 느끼고 몸으로 부딪쳐보니 나에게는 그 모든 경험들이 큰 공부였습니다.

대구는 당시의 이리 시, 지금 익산과는 전혀 다른 도시문화였습니다.

그러나 나는 전도기한이 다 되어 불가불 떠나야 했습니다.

나는 전도보고서를 문서로 만들어 꽤 많은 보고서를 가지고 승리의 개선가를 부르며 입산을 준비했습니다.

이득향 권사님 가족은 2남 2녀였습니다.

당시 대학 다니는 자녀가 둘, 초등학교, 중학교 재학 중인 자녀가 둘이 있었습니다. 권사님은 부동산 등 재산이 많은 재산가였으며, 성령 충만, 헌신적인 일꾼이었던 바울의 동역자인 브리스가 아굴라 같은 분이셨습니다.

그날 밤 가정예배를 드리고, 다과를 나누던 중에 권사님은 나의 신분이나 나에 대한 여러 가지 것들과 '왜 기드온신학교에 왔는지, 어떻게 생활을 하는지' 등을 물으셨습니다.
나는 있는 그대로의 처지를 소상하게 말씀드렸습니다.

대구 이득향 권사님
기드온신학생 때 영남신학대학교 적극 지원하신
은인이요 믿음의 어머니(신앙과 애국자이시다)
1974년 2월 영남신학대학교 입학시험
준비하던 때

권사님은 나의 이야기를 들으신 후 감동어린 눈으로 나를 보시면서 "이제부터 내가 믿음의 어머니로 귀환이 신학생을 도우면서 조금이나마 힘이 되어 줄 테니 걱정하지 말라."고 하시면서 위로와 격려를 해주셨습니다.

그리고 나서 '기드온신학교 공부 마칠 때까지 한 달에 천 원씩 학비 즉 생활을 돕겠다'고 하시는 것이었습니다.

나로서는 이루 말할 수 없는 은혜였고, 너무나 감사한 일이었습니다.

나는 새로운 소망이 넘쳤습니다.

당시 천 원이면 지금의 20-30만 원쯤 됩니다.

대구에서 활동하고 얻어진 것이 나에게는 하나님의 큰 은혜 그 자체였습니다.

이렇게 나의 첫 번째 전도여행은 젊은 나에게 더없이 좋은 배움과 경험이 되었고, 영적 훈련이었습니다.

첫 번째 전도여행 이후 나의 선지동산에서의 생활은 활력(活力) 그 자체였습니다.

산상의 깊은 골짜기마다 새들의 노래와 흐르는 태고의 물줄기 자락!

힘 있게 솟은 사사봉, 단단한 맷돌봉!

그 곳곳에서 울부짖는 팔도강산에서 올라온 성도들의 절규하는 기도소리!

내 옆에는 아무도 없습니다.

아무도 찾아오는 이가 없었고, 아무에게도 소식 전할 일이 없었습니다.

단지 산상에서 나와 함께 생활하는 비슷한 처지의 학생들뿐이었습니다.

나의 주식은 밀가루였는데 날마다 밀가루로 수제비를 만들어 먹었습니다.

오랫동안 밀가루를 만지다보니 밀가루에 대한 노하우 기술이 손에서 나타납니다.

밀가루 수제비 국물을 너무 많이 먹어서인지 먹고 나서 10여 분이 지나면 배에서 "꿀렁꿀렁~ 꼴꼴~ 꾸룩~" 소리가 옆 사람에게까지 들립니다.

그만큼 위가 크게 늘어난 것입니다.

일 년에 360일 정도는 밀가루 음식을 먹었습니다.

당시에 난초 표 밀가루가 450원, 곰 표 밀가루는 900원이었습니다.

지금도 곰 표 밀가루가 있는데, 참 좋은 제품입니다.

형편이 어려운 내가 맛있고 질 좋은 곰 표 밀가루를 사먹기에는 배나 비싸니 쳐다만 볼 뿐이고, 맛이 좀 쓰고, 색이 검고, 질이 떨어지더라도 450원짜리 난초 표 밀가루를 사먹을 수밖에 없었습니다.

그래서인지 쌀밥 한 번 먹어보는 것이 그 당시 나의 작은 소원이기도 했습니다.

쌀밥 한 그릇 - 해골 102구 파묘작업하다

내 바로 옆 친구는 상당히 잘 먹고 삽니다.

늘 쌀밥에 좋은 반찬을 먹으니, 쌀로 밥을 짓는 냄새와 반찬냄새는 옆 동료들에게 는 괴로운 냄새일 뿐이고, 맛있는 쌀밥과 반찬을 먹는 모습을 바라봐야만 하는 우리 들에게 그 친구는 선망의 대상이었습니다.

'나는 언제나 저런 밥 한 번 먹을까?'

사람들은 다 똑같습니다.

살기 위한 것이기에 내가 한 번 핀잔을 줬습니다.

"야! 좀 나눠먹을 줄도 알아라! 너는 옆 사람들이 보이지도 않냐?"

그러면 말이 없습니다.

그 친구는 좀 내성적이고, 이기주의(利己主義)입니다.

나보다 키도 크고 체격도 좋습니다.

큰 기도원 원장님의 양아들이라고 합니다.

양부모님이 기도원 원장님이시니, 그 친구의 배경이 든든하지 않습니까?

솔직히 언성이 높아져서 싸우게 되었습니다.

사람들이 모여 사는 곳에서는 그때그때 잔챙이 같은 일로 다투게 됩니다.

조금 얄밉습니다.

또 그렇게 행동을 합니다.

그 시대에 산 속에서 금수저 같이 먹고 입고 행동합니다.

그러다가 내 눈 레이더에 걸린 것입니다.

누구 하나 그에게 접근을 시도하지도 못합니다.

나는 그냥 시비 한 번 걸어 분위기 좀 평준화시키려고 벌집을 건드린 것입니다.

조금 소란했지만, 은근히 공동체의 가려운 곳을 긁어주니 모든 동료들의 표정과 눈 빛은 내편입니다.

나는 '여기까지 해야겠다'고 생각하고 참고, 손을 잡았습니다.

화해 분위기는 좀 가라앉았으나 건드린 내가 손해를 봤습니다.

기분이 별로 좋지 않고, 나 자신이 서글퍼집니다.

나는 그때 사실상 쌀밥 먹은 지가 수개월(數個月)도 더 지났습니다.

쌀밥 한 번 실컷 먹고 싶었습니다.

그런데 기회가 왔습니다.

마침 2주간 가을방학이 되어 텅 빈 기숙사!

나는 가야 할 고향이 있으나 갈 처지도 못되어 홀로 남아 있었습니다.

홧김에 뭐한다고 얼마 전 옆의 동료와 부딪친 일이 생각났습니다.

일단 그 친구 방에 가서 쌀통을 열고 쌀 한 바가지를 퍼서 밥을 배부르게 먹었습니다.

두 서너 되쯤 퍼다 먹었습니다.

다시 기숙사에 학생들이 오고 집회가 열리니 전국에서 올라오고 분위기가 좋았습니다.

나는 마음이 쓰입니다.

쌀을 퍼온 흔적이 분명했습니다.

'저 친구가 그냥 넘어갈까?'

그 시대에는 북한보다 못살았습니다.

1972년까지는 남한이 북한보다 가난하여 북한의 쌀을 원조 받았습니다.

서울에 제대로 된 건물이 없었습니다.

장충동에 위치한 장충체육관도 필리핀에서 지어줬습니다.

지금은 없어졌지만 박정희 대통령의 5·16 목적 첫 연설문 첫 줄에 "친애하는 국민 여러분! 기아선상에서 허덕이는 민생고를 해결하고…"라는 말이 먼저 나올 정도로 절박한 시대였습니다.

아니나 다를까 그 친구가 대뜸 "야! 너 쌀 퍼갔지?"라고 다짜고짜 따져 묻습니다.

나는 사나이답게 "그래~ 내가 쌀밥 먹고 싶어서 퍼다 먹었다. 미안하다~"고 솔직하게 고백했습니다.

그러나 그 친구는 죽자 사자 날 공격합니다.

나도 가만히 있을 수 없었습니다.

나는 국민(초등)학교 때도 체구는 작았지만 맞아본 적은 없습니다.

나는 아버지 없는(군대) 시절, 어머니로부터 "어디 가서 맞고 오지 마라, 힘 부치면 아무것이나 들고 눈만 빼지 말고 패버려라."는 강한 스파르타식 교육을 받고 자라서 여기까지 왔기 때문에 날렵했습니다.

그 친구가 나보다 키가 훨씬 크기 때문에 누가 봐도 내가 밀릴 것 같지만 잠시 후에 나는 그 녀석을 압도했습니다.

그 친구가 도망을 치자 나는 계속 따라 갔습니다.

기숙사가 온통 곤로로 불 켜지고 저녁 식사준비가 한창인데 복잡해졌습니다.

기숙 학생들의 눈들이 모두 이 싸움에 집중되었습니다.

또 이 녀석이 기숙사로 도망 들어오는데 나와 크게 다투는 그 순간, 대구의 이득향 권사님이 나를 찾으러 기숙사로 들어오시다가 싸움하고 있는 나의 화난 모습을 보시고 말았습니다.

'아! 나는 끝장이구나! 권사님이 주시는 천 원마저도 끝이겠구나! 권사님이 나의 이런 모습을 보시고도 주시겠는가? 은혜의 동산에서 싸움질이나 하다니, 실망했다고 하시지는 않을까?' 하는 생각이 내 뇌리를 강타하는 그 순간 권사님의 입에서 영화 같은 대사가 나왔습니다.

"누가 함부로 우리 귀환이를 건드렸나? 내 아들을 말이다!"

권사님의 쩌렁쩌렁한 목소리가 기숙사의 혼돈과 공허를 깨뜨리고 메아리쳐 울렸습니다.

쥐죽은 듯 조용했습니다.

권사님은 북한에서 6·25 때 20대 후반까지 평양고등학교에서 국어선생님을 하시다가 남편과 같이 월남하여 사시고, 가족은 앞에서 언급한 그대로입니다.

권사님은 대구 한복판에 집, 향촌동에 부동산, 대구백화점 골목 등에 건물을 많이 소유하신 재산가라서 옷차림도 귀부인처럼 우아하셨습니다.

누가 봐도 강하신 모습이셨고, 신앙심과 구국심도 강하셨습니다.

권사님 자택 건물 공간이 구국기도, 민족기도의 요람(搖籃)이었습니다.

그분의 말씀 한마디로 모든 다툼이 해결되었습니다.

나는 어찌하든지 기분이 좋았지만, 걱정도 되었습니다.

그 후 권사님은 아무것도 묻지 않으시고, 아무 일 없던 것처럼 대해주시고, 더욱 후원해 주셨습니다.

"우리 귀환이는 틀림없이 지도자가 될 것이니, 군대도 갔다 오고 후에 대구에 와서 공부도 하여 목사가 되어야 한다."고 미래지향적인 말씀을 해주셨습니다.

정말 의지할 곳도, 손 벌릴 곳도 없습니다.
다만 대구 이 권사님께서 매월 천 원을 우체국 소액환으로 부쳐오는 것이 나의 유일한 후원금인데, 그중에서 십일조로 100원 드리고, 주일헌금으로 매주 1원 드립니다.
지금도 천 원 지폐를 보면 생각이 남다를 때가 많습니다.

1969년 4월 19일 김천 기드온신학교 강당
기드온신학교 2학년 시절 노방전도대회 참가
1위로 대상 장학금 오천 원 받음

산 속의 기드온신학교 생활은 거의 고학(苦學)이었습니다.

이제는 묘지 이장작업에 얽힌 사연을 써보고 싶습니다.
그 당시에는 거의 다 고학생들처럼 어려웠습니다.
그 가운데에서도 나는 가장 밑바닥이었습니다.
1960년대 말 온 나라가 살기 힘들었던 시기에 산상까지 온 사람들은 갖가지 사연도 많았으나, 나 같은 처지에 있는 사람은 드물 정도였습니다.
월 천 원짜리 지폐 한 장으로 생활할 수밖에 없었으니, 450원짜리 씁쓸한 난초 표 밀가루 한 포대 사서 수제비로 끼니를 때웠고, 그야말로 '입에 풀칠한다는 말이 왜 생겼겠는가'를 뼛속 깊이 느끼던 나의 삶이었습니다.

그런데 어느 날 사감 박태득 목사님이 학생들을 모아놓고 "선교대학 건축현장에 공고지 나서 임자 없는 묘지이장을 해야 하는데, 102구의 무연고 묘를 파서 유골을 상자에 넣어 4km 지점에 옮기는 작업에 갈 사람은 나오라."고 하십니다.

당시 기숙사생은 60여 명인데, 13명이 손을 들었습니다.

나도 당연히 손을 번쩍 들었습니다.

공동묘지 옆에서 태어나고, 공동묘지 상여소리 곡소리, 송장 뼈다귀 가지고 칼싸움 하던 생각이 떠올랐습니다.

13명 남아서 작업 내용과 일한 대가로 받는 보수에 대한 설명을 듣고 해산했습니다.

당시 백곰 표 밀가루 한 포대가 900원인데, 하루 일당 천 원을 준다고 했습니다.

그 일이 며칠 걸린다면 상당한 돈이 생기니 한동안 밀가루 걱정을 안 해도 되는 좋은 기회였습니다.

그 당시 나에게 가장 중요한 것은 밀가루 한 포대였습니다.

드디어 이튿날 공동묘지로 갔습니다.

13명이 서서 기도로 작업을 시작했습니다.

책임 공무원 전문가가 설명합니다.

묘를 팔 때에 몽땅 파헤치는 것이 아니라, 사람이 드나들 수 있도록 한쪽만 파라는 것입니다.

그 말이 맞았습니다.

그 많은 묘지의 흙을 판다는 것은 시간적으로나 체력적으로 힘든 일입니다.

우리는 시키는 대로 작업을 했습니다.

묘지는 구멍을 내도 무너지지 않습니다.

그 속에는 반드시 관이 썩었든지 뼈가 있든지, 무엇인가는 존재하기 때문입니다.

상자에 번호가 순서대로 쓰여 있고, 묘지도 순번대로 즉, 1번 묘의 뼈는 1번 상자에, 2번 묘지 유골은 2번 상자에 넣는 식이었습니다.

13명의 학생들은 연령대가 다양합니다.

30세가 넘은 사람도 있고, 나처럼 20세도 있었습니다.

얼굴에 긴장한 기색이 없다는 것은 거짓말입니다.

무덤은 102구인데, 공무상이나 경제적 여건 등 여러 가지 상황을 고려할 때 일주일의 기간 동안에 작업을 마쳐줄 것을 요구했습니다.

유골이 나올 때마다 오래 된 유골, 얼마 되지 않은 유골 등 유골의 상태는 천차만별이었습니다.

작업을 하다가 섬뜩섬뜩한 느낌에 오싹하기도 했습니다.

긴장되고, 체력은 저하되고, 요즘말로 멘붕이 오는 것 같은 느낌이었습니다.

기숙사에 와서 저녁에 잠잘 때는 깊이 잠들지 못했습니다.

낮에 그 송장의 뼈, 해골, 유골들이 뇌에서 떠나지 않습니다.

그리고 그 유골을 지고서 4km 걸어가는 것도 쉽지 않았습니다.

두세 개를 지고 산 속으로 들어갑니다.

어떤 날은 주룩주룩 내리는 비를 몽땅 맞고, 유골도 촉촉이 비에 젖으니 상당히 무겁고 또 소리가 납니다.

발걸음을 옮길 때마다 지고 가는 유골상자와 뼈들이 부딪치는 소리가 "짝짝 쩍쩍 국국! 나를 지고 어디를 가느냐? 이놈아!" 하는 것만 같았습니다.

몇 사람이 일렬로 지고 갑니다.

무서운 공포영화 같습니다.

어느 날은 가다가 서로 발걸음이 어긋나서 동시에 세 명이 넘어졌습니다.

뚜껑만 닫고 가는 유골상자 모두 뒤죽박죽이 되었습니다.

우리 세 명은 엉킨 유골이 뉘 것인 줄 알 리 없으니, 대충 상자에 넣고 지고 갔습니다.

'에스겔 골짜기 해골들도 살아날 때는 다 자기들의 뼈를 찾아 살아났는데, 나중에 생명과 사망의 부활 때 지장 없을 것이다.'라고 생각합니다.

그런데 작업 5일째 문제가 생겼습니다.

'김홍기'라는 학생이 실성한 듯합니다.

즉, 사탄의 장난으로 정신이 온전치 못하게 되어 자꾸 헛된 말과 행동을 합니다.

갑자기 해골 등을 보아서 미쳤다고 보면 됩니다.

이에 학생들은 새벽 예배마다 "주여! 불쌍히 여겨주소서!" 하며 기도하였고, 모두의 기도로 그 친구는 회복하여 온전하게 되었습니다.

(그 후 나는 그 김홍기 목사를 1979년 1월에 오산리 금식기도원에서 만났는데, 순복음신학교 졸업 후에 교단에서 사역을 하고 있었습니다. 깜짝 만남이 반가웠습니다.)

유골작업 중 또 다른 문제가 생겼습니다.

102구의 유골 중 제일 마지막 묘는 흙 색깔이나 묘의 모양이 매장한 지 얼마 되지 않은 새 무덤이라는 것을 눈으로 봐도 알 수 있어서 제일 나중에 작업하려고 102번으로 미뤄놓았습니다.

드디어 마지막 날 작업을 하는데, 구멍을 뚫어서 될 묘가 아니었습니다.

약 3개월 밖에 지나지 않은 묘라 흙이 굳지 않아서 무너지기 때문에 모두들 위에서부터 파서 작업을 시작했습니다.

오랜 시간 지난 후에 관이 보이는데, 새 목조 관입니다.

관 뚜껑을 열었는데, 깜짝 놀랄 수밖에 없었습니다.

젊은 20대 여성의 시신이었습니다.

수의가 아닌 일반 의상을 입었고, 얼굴은 아이스크림처럼 녹은 상태인데, 짙은 화장을 하고 귀걸이와 목걸이 등 완전 유럽식 의상 예술로 단장한 여성이었습니다.

지금 시대는 장갑도 있으나, 그때는 장갑도 없고, 아무것도 없는 시대였습니다.

우리는 맨손으로 그 유골을 해체하기 시작했습니다.

작업은 해야 하고, 저녁이라 시간도 없어서 모두 힘을 내었습니다.

그런데 그 소지품 중에서 성경책도 나옵니다.

여러 묘에서 성경이 나오기도 했고, 둘을 한꺼번에 큰 항아리에 넣어서 묻은 유골도 있었습니다.

아마 어린 두 자녀 같기도 했습니다.

우리 모두는 그 여성의 유골을 조심스럽게 다루면서 작업했는데, 표현하기 힘든 대목이라 상상에 맡기면서, 결론은 맨손으로 그 유골 해체를 완료했다는 것입니다.

16일의 작업을 오전 수업 후, 오후마다 진행하여 하나님의 은혜로 무사히 마쳤습니다.

그리고 한동안 우리 모두에게는 유골작업에 대한 후유증이 조금씩 있었습니다.

자서전이란 무엇입니까?

가장 적나라하게 벗겨버리는 정직한 공개입니다.

그러므로 이런 일도 있었음을 기록해 봅니다.

산 생활하는 학생들이 전부 밀가루 쑥죽 고개를 넘는 것이 아닙니다.

열이면 여덟, 아홉은 가족이나 여러 군데에서 쌀이며 생필품이 넘치게 공급되어서 풍족하게 생활하는 학생도 있었습니다.

명절이나 방학 때가 되면 산 속은 무척 조용합니다.

대부분의 학생들이 가족과 친지가 있는 고향으로 가고 없기 때문입니다.

그런 때는 적막강산(寂寞江山)이요, 새소리 물소리가 구슬프게 들립니다.

바람에 흔들리는 나뭇가지도 나처럼 외롭게 보입니다.

고독(孤獨)은 신비의 동산처럼 내 영혼 깊숙이 스며듭니다.

오히려 주위가 산만하지 않으니 개인의 영성에는 더 크게 도움이 되었습니다.

그 큰 강당 성전에 몇 사람과 오랫동안 중병에 시달린 자들이 아예 자리를 잡고 장기적으로 기도자리를 펴고 있습니다.

나가나 들어가나 다 고달픈 사람들뿐입니다.

기숙사에는 양쪽으로 방이 칸칸이 있고, 통로가 있고, 통로 좌우에 석유곤로를 놓고, 아궁이마다 나무로만 땔 수 있습니다.

입영열차 타고(1971. 1. 19.)

나는 1968년 2월 기드온신학교에 입학한 후 하나님께서 부흥강사의 길을 열어 주셔서 1968년 7월 14일, 전북 남원 고평교회 부흥회를 시작으로 약 2년 반 동안 시간 나는 대로 경남 고성, 충북 제천, 대구 달성, 덕적도(서해안) 섬 등 전국 각 지역의 부흥집회를 인도하였습니다.

그러니 18세부터 쉴 틈 없이 사용하신 것입니다.

18세부터 부흥회 인도를 다닐 때의 모습 ▶

남원 고평교회는 내가 부흥강사로서 첫 부흥집회를 인도한 교회였습니다.

그러니 설교가 서툴 수밖에 없었습니다.

오직 "성령 받아라! 불 받아라!" 성경 본문 중심, 열심 특심이었습니다.

그러나 성령의 역사는 강력했습니다.

삼일 째 새벽, 엄청나게 큰 성령의 불길 속에서 새벽기도가 끝났는데, 약 20명의 교인들이 한 사람도 일어나지 않았고, 진동과 방언, 통성 기도소리는 그 마을을 진동시켰으며, 새벽 4시 30분에 시작한 새벽기도가 7시가 되어도 끝나지 않았습니다.

예배는 마쳤으나 강력한 성령의 불길이 그들 각자의 머리에 임하셨던 것입니다.

아침밥을 지어서 학교, 직장, 일터에 보내야 하는 부인들이 새벽기도에 가서 7시 해가 떠도 집에 돌아오지 않으니, 몇몇 남편들은 실제로 지게 작대기를 들고서 교회로 달려와 자기 부인들을 찾아 강제로 끌고 가며 때려도, 부인들은 잡혀서 길을 가면서도 진동, 방언, 기도의 열정은 계속되었습니다.

그런 역사 후에 그 교회 부흥은 물론 나의 부흥강사의 길은 갈수록 열렸습니다.

1968년 7월 처음으로 부흥회를 인도한 남원 고평교회. 이때부터 사역이 시작되었다. (새로 건축한 교회)

1970년 10월, 충북 제천 기차역 앞 제일교회에서 부흥회를 인도하기도 했습니다.

그 당시 6군단 군목이셨던 오석용 중령님께서 군단교회를 총괄하셨는데, 80세 되시는 그분 모친께서 따님과 함께 내가 인도하는 부흥회에 참석하셨다가 큰 은혜를 받으셨는지, '군대 입대 시 반드시 연락해 달라'고 간곡히 말씀하시고 또 말씀하셔서 내가 1971년 1월 19일 군 입대하기 일주일 전에 편지로 알려드렸습니다.

어느덧 세월이 흘러갔습니다.

내가 입산해서 하산하기까지 약 3년의 기간(1968년 2월-1971년 1월)은 기도영성훈련, 성경말씀훈련, 혹독한 환경적응훈련, 배고픔과 고독 등을 통해서 나 자신이 육체적으로나 정신적으로 연성(鍊成) 연마(鍊磨)할 수 있었던 더없는 기회였다고 생각합니다.

그 후 나는 대한의 남자라면 결코 피해서는 안 될 군 입대의 징집으로 1971년 1월 19일 논산훈련소에 입소하여 군 생활이 시작되었습니다.

군대에서 밥 먹고 자는 것은 산에서보다 열 배는 더 좋았습니다.

기숙사의 냉골 방에서 밀가루 수제비 끓여먹으며 배고픔에 시달리고, 생필품 등이 부족하여 표현하기 힘들만큼 어려웠던 산 생활과 비교하면, 군대에서는 모든 것을 내가 아닌 국가에서 해주고 나는 내 몸만 빌려주면 되니 너무 쉽고 재밌고 좋았습니다.

남들은 '힘들다, 어떻게 하지?' 말을 하는데, 나는 '인생 덜 떨어졌구나' 하며 가끔 그런 동료들에게 인생의 멘토가 되어 주기도 하였습니다.

훈련소에서도 나를 따르는 동료들이 더러 있습니다.

논산훈련소 6주 기초훈련을 마치고 동두천 후반기 교육훈련소로 이동되어 그곳에서 4주 훈련코스 중에 일주일의 훈련을 마친 어느 날, 훈련소가 산 위에 있었는데 군 지프차 한 대가 산 아래에서 부대 산 쪽으로 흙먼지를 뿜어대며 올라오는 것을 병사들과 함께 목도했습니다.

병사들이 "높은 사람이 오는가봐~ 경례하기 싫으니 피하자." 하고 흩어지는 순간 지프차가 본부 현관에서 멈추었습니다.

내가 노란 십자가가 칼라에 부착되고 중령 계급장이 달린 분(순간 군목 같았음)이 중대장실로 들어가는 것을 보고 내무반에 돌아와서 잠시 있는 동안에 하사관이 달려와서 "추귀환 이병! 빨리 중대장실로 와!" 하기에 군복과 군모를 단정히 하고 군화를 점검하고 같이 갔습니다.

나는 중대장실에 들어서자마자 우렁찬 목소리로 "필승!" 하고 경례했습니다.

즉각적으로 중대장님이 "김 대위! 나가있어!" 명령하니 모두 나가고, 나와의 독대가 이루어졌습니다.

그분이 내게 다가와 내 어깨를 어루만지며 "고생이 많지?" 하며 격려하십니다.

처음 뵙는 분인데 순간 나도 모르게 내 눈에서 눈물이 흐릅니다.

그분의 명찰을 보게 되었는데, '오석용'이라는 이름이 눈에 들어왔습니다.

순간, 제천교회 부흥회 때 그분의 모친이신 할머니와 여동생 오춘희 집사님이 생각 났고, '군대 가기 전 반드시 입대 날짜 알려 달라'고 하신 말씀이 떠올랐습니다.

오석용 목사님은 이렇게 말씀하셨습니다.

"내가 군목으로 17년 정도 근무하는 동안 수많은 부탁을 받았어도, 단 한 번도 누구를 교회나 어떤 부서에 추천해준 적이 없는데, 80세이신 노 모친이 이번에 제천에서 서울에 직접 오셔서 '추귀환 전도사님을 꼭 데려다가 일 시켜라. 내 마지막 유언이다.'라고 하셨는데, 내가 '어머님, 그러시면 안 됩니다. 저는 한 번도 그렇게 한 적 없고, 해서도 안 됩니다.'라고 말씀드렸지만, 어머님은 '그렇다 할지라도 나의 마지막 소원이다. 그 추귀환 전도사님은 특별한 사람이다.'라고 신신당부하셨고, 또한 교통이 불편하여 서울에는 잘 오시지도 않는 모친이 노구를 이끄시고 서울까지 오셔서 '나의 유언이다, 어서 대답해라, 그래야 내려간다.'고 하셔서 내가 효도하는 마음으로 진정을 가지고 왔다. 훈련 마치면 곧바로 부대교회로 갈 것이니 그리 알아라. 내일 동생 오춘희 집사와 교우 몇 분이 면회 올 것이니 그리 알고 있어라. 앞으로 좋은 목회자의 길을 가라."

그리고 나를 붙잡고 안수기도해주시고, 용돈도 주신 후 떠나셨습니다.

그 후 나는 날아가는 새처럼 가볍고 기쁜 마음으로 훈련을 받았습니다.

군인교회로 들어가다
육군 28사단 교회부임(1971년 9월 1일)

훈련을 마쳤습니다.

인솔자가 나를 데리고 5221부대 군인교회로 갔습니다.

정확하게 28사단 교회입니다.

동두천에서 약 15km 지점 어유지리 마을 군부대지역 민가인 곳에서 고등공민학교와 군인교회를 동시에 운영하고 있었습니다.

고등공민학교를 나온 학생들은 동두천여상이나 고등학교에 자동으로 진학되는 코스였습니다.

학교운영은 군목과 교회에서 하는데, 교사진은 8명 있었습니다.

나는 가자마자 성경과 한문을 가르치는 교사가 되었고, 동시에 군종부를 맡아서 군선교를 하고, 예배 인솔자가 되었습니다.

이곳에 와서 보니, 참으로 하나님께서는 나의 군복무를 철저히 예비시키셨으니 하나님의 크신 은혜와 역사뿐이었습니다.

학교 분위기는 한마디로 은혜로운 교회 분위기입니다.

고참도, 졸병도 없습니다.

서로간의 대화를 통해 인격적 관계를 형성하는 아주 좋은 조직이었습니다.

군목은 대위계급으로 서울대 철학과 졸업 후 통합측 장로회신학대학에서 신학공부를 하신 분이시며, 영어도 유창한 실력파였습니다.

동료, 선배들은 모두 학벌이 좋습니다.

김승현 목사, 감신출신으로 ㈜인천 동부감리교회

백남운 목사 ㈜전주 효자동 교회 등

그들은 서울대, 연대 출신으로 솔직히 나는 거기에 비교될 수 없는 처지입니다.

나는 주경야독한 독학생이요, 기드온신학교 학력은 그들에 비하면 뒤떨어졌습니다.

그런데 시간이 갈수록 그들이 나를 주목(注目)합니다.

그것은 영적 세계였습니다.

배운 예수로 가득 찬 당시 동료들은 매우 지성적이었습니다.

어떤 때는 영적 대화를 나누거나 성경해석에 대한 치열한 논쟁을 하기도 했으나, 그럴수록 그들은 나의 영성(靈性)에 끌려 왔습니다.

일대일로 신앙적 상담을 하기도 했습니다.

나는 확실히 말해주곤 했습니다.

시간이 갈수록 동료들과의 좋은 추억들이 쌓여갔습니다.

중요한 결정에는 반드시 나를 개입시켜 주었습니다.

"어이~ 영통!" 하고 부릅니다.

이젠 익숙한 사이입니다.

나도 그들과 함께 일하면서 많은 것을 배웠습니다.

'백남운'은 당시 민주화운동을 하다가 정보부에서 사람 만들어달라고 교회로 보낸 특수감시대상자였습니다.

그는 전북대 철학과를 졸업했고, 머리는 개똥철학으로 꽉 찼었습니다.

그것을 깨트리는 것은 나의 몫이었습니다.

우리는 밤새 토론합니다.

그는 상대가 지칠 때까지 물고 늘어졌습니다.

사상(思想)이 철두철미(徹頭徹尾)하였습니다.

군목도 동료도 혀를 내두를 정도였습니다.

1971년 10월 당시 운동권 학생들
백남운(좌) 좌파사상으로 국가가 감당키 어려워 군대
강제징집으로 교회로 보내졌다. 내가 담당했다. 그 후
변화 받고 신학을 하여 현재 전주 효자동교회 목회하다

그러나 내가 누구입니까?

나의 내공(內功)인 성령(聖靈)의 역사(役事)는 그를 능가했습니다.

그가 조금씩 끌려왔습니다.

성령과 말씀에 사로잡혀 왔습니다.

어느 날 "형님~" 하고 나에게 접근합니다.

그의 항복(降伏)의 표현이었습니다.

그 후 그는 장로회신학대학을 졸업한 후 통합측 교단 전주의 대표적 교회인 전주 효자동교회의 목회자가 되었습니다.

그 후 그가 체험했습니다.

십자가 지신 예수님께서 높은 하늘에서 "남운아! 너는 나를 따라 오너라~ 내가 보이지?"라고 하는 영적 체험을 하게 하신 후 부서지고 깨져서 바울처럼 되었습니다.

지금도 가끔 전화로 옛 추억을 나누며 지내고 있습니다.

군인교회로 보직을 받고(5221 부대교회) | 1972년 10월 8일(주일) 군인교회 앞에서

한가운데 추 목사, (좌)첫 번째 감신출신 감리교 감독회장 역임 김승현 목사, (좌)세 번째 현재 전주 효자동교회 백남운 목사. 당시 대학생 운동권자 강제징집으로 교회에서 책임지고 신앙교육으로 정신변화. 지금도 고마움 가지고 목회자로서 성직사명 행복자.

군인교회 목회사역의 길로 들어섰다

당시 학교와 교회는 사단의 배려로 부대 밖 민가 넓은 공간에 나름대로 건물과 교회가 어우러져서 환경도 좋았습니다.

입학 대상은 중학교 진학을 못한 남녀로서 국민(초등)학교 졸업생과 나이가 지났어도 학구열이 있는 청소년들로, 13세에서 18세까지 다양했습니다.

부모의 관심 밖에 있거나 개인적으로 여러모로 여의치 못한 청소년들이었습니다.

군인교회에서 100여 명의 학생을 가르쳤습니다.

수업 시간이 즐겁고, 특별한 교육적 분위기입니다.

그런데 군목이 서울 사당동 집에 자주 외출을 나가십니다.

어떤 때는 주일에도 귀대를 하지 않으십니다.

그때는 순번을 정해서 예배를 인도합니다.

주일 낮, 수요예배를 드립니다.

그때마다 나에게 예배를 인도하라고 전적으로 위임하였습니다.

어느 날 군목이 "내가 출타할 때 추귀환 전도사가 예배인도를 하도록 하라."고 선임자에게 지시하고 회의까지 하여, 이제는 거의 예배는 나의 몫이 되어버렸습니다.

나는 그때마다 큰 부담이 되기도 하지만, 성령의 도우심으로 곧잘 감당했으며, 민간인 교우들도 은혜를 받기 시작하고, 갈수록 모든 면에서 부흥이 되어갔습니다.

당시는 박정희 정권 시대라 유신정책에 반기를 든 민주투사라 할까?

학생운동을 하다가 잡히면 일부러 군에 강제 입영을 시켜 오게 되는데, 소위 친북, 좌파사상에 물든 대학생들은 가장 안전하게 관리되어 교회로 보내졌습니다.

군인교회 예배 시 설교하는 모습(1971년 10월)

그리고 보안대에서 가끔 사상검열 같은 것을 담당한 평가정보원이 사복차림으로 살며시 다녀갔습니다.

나는 여러 학생들을 접하면서 깊숙한 대화, 국가관·인생관·종교관·신앙관 그리고 성경적 사고로 폭넓은 시간들을 가졌는데, 성과가 매우 좋았습니다.

군인교회만 거치면 진정한 애국자가 될 정도였습니다.

나는 별의별 대학생 군인들을 만나보았습니다.

나는 예배인도, 교사, 사상교체 작업 등 참으로 바쁜 일상을 보내고 있었습니다.

예배 시 반주를 하며 인도하는 모습(손풍금)

이제는 예배를 드리는 교인들 중에 민간인 교우들도 상당수 차지하게 되었습니다.

한마디로 주일에 은혜로운 예배를 드리는 것은 큰 행사요, 잔치였습니다.

시간이 갈수록 하나님의 역사는 일어났습니다.

면회실 실장으로 발탁되다

나는 1971년 1월 군 입대, 고등공민학교 교사와 군인교회 목회로 출발하여 쉴 틈 없이 질주(疾走)했습니다.

그러던 중 1972년 2월 사령부에서 나를 불렀습니다.

사단장 부관이 "추귀환 사병은 부대 면회실 운영을 맡으라."고 나에게 명령을 내렸습니다.

이미 군목과 상의하여 사단장의 결재를 받은 사항이라고 했습니다.

상당히 큰 임무였습니다.

　면회실은 연천군 옥계리에 있었고, 일제강점기부터 경찰서로 사용했던 관공서를 개조하여 식당과 피엑스(PX), 즉 모든 생필품을 팔고, 조리병 판매원 등이 운영하여, 전국 각처에서 사병을 면회 오는 민간 면회자나 그 외 모든 것을 총괄해야 하는 임무입니다.

　평일에 수십 명, 주말이면 백여 명도 넘게 오는 곳입니다.

　하나님께서 생각도 하지 않던 면회실 책임자로 나를 발탁해 주셔서 모든 절차에 따라 고등공민학교와 군인교회를 뒤로 하고 아쉬운 작별을 마치고, 일차 임지를 둘러보고 갔습니다.

면회실 근무 중(1972년 2월)

　그동안 면회실은 부사관 즉, 상사·중사 등이나 헌병대 같은 데서 운영했으나, 부작용도 많고, 면회실을 통하여 사단장과 군부대 명예에 누를 끼칠 정도로 크나큰 일들이 벌어지고, 일어나서는 안 되는 불상사까지 생겼다는 것입니다.

　근무자들이 면회 오는 민간인과 사적인 관계를 맺어 금품을 갈취한다든지, 사기를 저지르기도 하고, 또한 헌병대에서 운영한 시기에는 젊은 여성을 유혹하여 성추행이나 성폭력을 행사하는 일이 발생하여, 이러한 곤혹(困惑)스러운 일들로 인해 면회실 운영이 최악에 빠졌었다고 합니다.

이러한 처지에 놓여있을 때 면회실을 폐쇄하는 것은 있을 수 없는 일이니, 군목의 추천과 설명으로 사단회의에서 참모들의 의견을 모아 '면회실의 명예회복과 운영을 위하여 군인교회에 근무하는 추귀환 상병을 발탁함이 옳다'고 만장일치 의결하여 나는 꿈에도 상상한 적 없는 면회실장으로 나가게 되었습니다.

나는 하나님께 감사기도를 드리면서 지혜와 용기를 구하고, '철저하게 성경과 성령님의 인도로 관리해야겠다'고 결심하면서 운영을 시작하였습니다.

추락한 면회실이 새로 태어났다

하루, 한 주, 한 달, 두 달…… 시간이 흐를수록 면회실이 좋아졌습니다.
동네 한 모퉁이 민간인 마을이라 주민과의 소통이 중요했습니다.
소문도 좋아졌습니다.
사단에서도 늘 관심을 가지고 지켜보았습니다.
식당 종업원, 판매원 관리, 면회 오는 민간인 접촉 등 만만치 않은 업무였습니다.
나의 접수테이블에는 빨강 색칠이 된 성경을 놓아두어 말을 하지 않아도 면회접수부터 보는 이들로 하여금 '면회실장 군인이 예수 믿는구나~'라고 생각하도록 유도함으로써 간접적으로 전도할 겸 신뢰감 있게 보이게 했습니다.

어느 날 바로 옆 헌병소대장이 '오늘 사단장이 연대 순시 차 면회실 앞으로 통과할테니 주의하라'고 귀띔해주었습니다.
가끔 지나가거나 들러서 가도 별 일 없었는데, 이날따라 건성으로 들렸고, 날씨도 더워서 상의 정복을 벗고 러닝셔츠만 입고, 또 두발(머리상태)도 좀 길고, 통일화(군화) 아닌 운동화를 가볍게 신고 근무하고 있었습니다.
그런데 갑자기 사단장 지프차가 면회실로 들이닥쳤습니다.
약 50m 전방에서 투 스타(소장) 사단장의 차가 가까이 오는데, 나는 숨이 멎는 것 같았지만 도망칠 수도 없습니다.
그때는 마침 더워서 흰 러닝셔츠를 겨드랑이까지 올렸더니 배꼽은 훤하게 드러나 있었고, 면회실장도 군인도 아닌 복장과 태도였습니다.

육군 소장 정상만 28사단 사단장님의 눈에서 광기가 흘러내렸습니다.

나는 순간적으로 '이젠 죽었구나!' 하고 이후에 벌어질 사태를 생각하니 앞이 캄캄해졌습니다.

그리고 차에서 내린 사단장은 참으로 무서웠습니다.

나는 있는 힘을 다하여 사단장의 고막이 터지도록 큰소리로 "충성!"이라고 경례를 올려 부쳤습니다.

사단장은 즉각적 행동을 보였습니다.

청와대에서 특수임명으로 받은 일만 오천 명을 지휘하고 다스리는, 강력한 은색으로 만들어진 끝이 뾰족한 지휘봉을 그의 오른손에 들고 나의 배를 향하여 있는 힘을 다해 찌르기 시작했습니다.

군화발로는 나의 무릎 정강이를 수없이 찼습니다.

계속 배를 찌르는 아픔(조인트), 무릎 깨지는 고통 그 자체였습니다.

넘어지면 또 밟고, "뭐 이런 놈이 있노? 이 새끼, 이게 뭐야?" 하면서 투 스타의 분노는 멈출 줄 몰랐습니다.

나는 있는 힘을 다하여 뾰족한 지휘봉으로 찔리는 고통을 배의 강력한 힘으로 막을 뿐이고, 넘어지고 일어나고, 지옥 같은 시간이 흘렀습니다.

그리고 사단장이 "부관! 이 새끼를 법대로 처리해!" "예, 알겠습니다!"라고 수행비서 부관장교가 대답하고는, 쓰러질 듯 처참한 모습으로 서 있는 나를 향해 사단장 앞에서 '복장불량, 두발상태 불량……' 수첩에 기록했습니다.

그리고 식당 쪽으로 가서 보니 면회객들에게 판매하는 음식을 요리하는 주방은 내가 봐도 지저분했습니다.

'위생불량 등등…'의 죄목이 붙여졌습니다.

그런데 이게 끝이 아니었습니다.

사단장이 숙소 방으로 들어갔습니다.

그날따라 제대 일주일 남긴 병사 다섯 명이 한 시간 전에 연천읍에서 송별회를 마치고 술에 취해 '면회실에 들러서 잠시 자고 부대 복귀하겠다'는 것을 거절하지 못해서, 그들이 면회실 숙소 방에서 자고 있었습니다.

내 밑에 PX병(판매원)이 제대병들에게 '지금 사단장이 출동하여 면회실장에게 이러 저러하니 빨리 일어나서 도망치라'고 알렸으나, 다섯 명이 얼마나 술에 취했는지 이 구석 저 구석 헤매면서 일어서거나 출구를 찾지 못하고 엉금엉금 기어 다니고 있는 데, 사단장이 방문을 열고 들이닥쳐 보니 차마 눈뜨고 볼 수 없는 광경이 벌어지고 있었습니다.

사단장의 모습은 성난 사자보다 더 무서웠습니다.
큰 소리로 "뭐 이런 놈들이 있나?" 고함을 치면서 군화발로 밟고 차고, 무한리필로 맞고 또 맞아 술에 취한 것보다 매에 녹초가 되었습니다.
코뼈도 부러지고 부상당하고…… 한마디로 숙소의 난은 애처로웠습니다.

최전방을 사수하는 빨강 바탕에 흰 색의 별은 '날아가는 새도 떨어뜨린다'는 속설도 있듯이, 당시 사단장의 권한은 사병을 권총으로 사살해도 군법 안에서 행해진다면 헌 법 안에서의 권한입니다.
지금도 사단장이란 위치는 불변일 것입니다.
그때는 소위 박통(故 박정희 대통령) 시대였습니다.

사단장이 "면회실장을 사단 영창(군대감옥)에 집어 쳐 넣어!" 하고 떠나면서 그 사건 에 대한 결론이 지어지고, 지독한 시간이 흘렀습니다.
약 한 시간 후에 본부 부관인 현대우 소령이 면회실로 전화해서 나에게 "지금 즉시 완전 군장(38kg) 철모 쓰고 M1 소총 들고 본부로 와!" 하고 명령했습니다.
내 몸은 사단장의 군기문란 진노로 만신창이가 된 상태에서 도저히 완전군장을 갖 추고 갈 수 없었습니다.
그냥 가벼운 군복 평상복으로 입고 '이왕에 영창 가는 몸 될 대로 되라' 하고 걸어 서 약 6km를 갔습니다.

현 소령은 마침 군인교회 집사요, 당시에 그의 부친은 서울 새문안교회 장로였습니다.
나는 군인교회에서부터 그를 잘 알고 지낸 관계여서 마음이 편했습니다.
이것 또한 하나님의 은혜였던 것입니다.

이 시간 이후의 나의 신분은 부관 현대우 소령 집사님의 손에 맡겨진 셈입니다.

아~ 이게 웬 일입니까!

사단장과 맞장 뜬 사건인데 현 소령께서는 "야! 너 왜 사단장에게 잘못 걸렸냐?" 위로 같은 말이랄까? 책망하기보다는 오히려 힘을 더해주면서 "내가 책임질 테니 이젠 정신 차리고 오늘 지적된 다섯 가지 철저히 수행하고 보고 철저히 해라! 그냥 가라!"고 하면서 어깨를 두드려주어서 격려를 받고 면회실로 돌아왔습니다.

나는 지금도 그때를 생각하면 추억이지만 인생의 길목에서 많은 것을 느끼고 배웠다고 생각합니다.

군대라는 특수조직을 아는 분들은 잘 아실 것입니다.

사단장과 맞장 아닌 맞장을 떠본 것입니다.

나는 그 후 정신을 바짝 차리고, 정상 근무 최상의 근무 정상화로 일관했습니다.

면회실은 자식이나 남편이나 연인을 만나기 위해 원근 각처에서 머나먼 길을 찾아와서 만나는 장소입니다.

지금은 교통수단이 첨단화되어 있지만, 1970년대 초반에는 자가용은 거의 없고, 비포장도로에 대중교통수단도 완벽하게 운행되지 않은 때라 면회 한 번 오려면 엄청난 고생을 감수해야 했습니다.

왔어도 그냥 가기가 힘듭니다.

멀고 험한 길을 힘들게 찾아와서 하루 만나고, 1박 2일은 기본이며, 먼 데서 오는 사람들은 보통 2박 3일도 걸렸습니다.

이곳은 최전방이라 면회실 부근에는 민박집과 가게들이 있었습니다.

면회실 내에 중화요리와 식료품 등도 군에서 운영했습니다.

면회실은 민간과 군의 상당한 교류작전으로 상부상조하면서 운영되어갔습니다.

면회를 신청 받으면 몇 리 몇 십리 부근에 여러 부대가 있어서 포병·보병·특수부대를 관할하면서 상당히 큰 규모로 운영되었습니다.

그래서 직업군인들이나 헌병대에서 면회실을 운영할 때 많은 부작용이 발생할 만한 상황이었습니다.

나는 기도하면서 치밀(緻密)하게 운영해 갔습니다.

식당, PX판매점 등의 관리를 하루 일일결산으로 세분화하여 빈틈없이 운영했습니다.
숙박인도도 주민 민박과 협력체계로 안전주의로 운영했습니다.

면회실은 다양한 사람들의 접견, 면회신청을 접수합니다.
면회 온 사람들은 기다리다 지치면 독촉은 기본입니다.
당시 아리랑, 청자 담배를 사가지고 와서 놓아주면서 빨리 해달라고 부탁합니다.
'나는 예수 믿는 군인교회 전도사'라고 말해도 믿지 않습니다.
하루에도 수십 명씩 개인적으로 설명하기 곤란합니다.
접수 테이블에 성경을 갖다놓아도 효과가 없습니다.
'담배 등 청탁금지'라고 써 붙여도 소용이 없습니다. 이젠 통하지 않습니다.
나는 아예 담배 담는 박스를 책상 옆에 갖다 놓았습니다.

하루 업무 중에 피할 수 없는 것이 담배문제였습니다.
그 시대에는 '사회적으로 무슨 일이 있을 때 담배 한 갑이라도 줘야 뭐든지 빨리 이루어진다'는 인식이 만연되었습니다.
심지어 천 원, 이천 원을 찔러줍니다.
도저히 막을 길이 없습니다.

사실 내가 면회를 지연시키는 것이 아닙니다.
당시 한국 군대 최전방은 길이 험하고, 수십 리 골짜기라서 한 번 면회를 하려면 수십 리 떨어진 곳에서 훈련 중인 군인을 데려다가 씻기고 군복 정복으로 갈아입히고 선임이 군용차 구해서 데려오는데, 예를 들어 9시에 신청하면 빨리 와야 두세 시에 만납니다.

1972년 7월 어느 날
면회실장으로 근무하면서 개척교회도
하면서 바쁜 일상이었다(장병 면회실). 뒤에
글씨가 보인다.

몇 시간 기다리다보면 기다리다 지친 가족은 나에게 매달릴 수밖에 없습니다.
그 당시 전화 삐삐선 군용전화선은 감도(感度)가 나빴습니다.
소리소리 질러야 들립니다.

독촉해서 되는 것이 아닙니다.

사실은 기다려서 오는 것이 답입니다.

어떤 때는 그 다음날에 만납니다.

면회실의 진풍경은 실로 밀고 당기는 독특한 현상이었습니다.

1972년 2월 5221부대 면회실장으로 근무하는 모습

하루 일과를 마치면 박스에 담배가 보통 50갑에서 80갑이 들어 있습니다.

팁으로 받는 돈도 몇 천원은 되었습니다.

면회자들 가족이 담배를 사오는 곳은 면회실 앞 가게로 면회자들의 필수코스입니다.

그런데 아이러니하게도 저녁이 되면 담배 가게 아저씨가 담배를 가지러옵니다.

담배 가게 아저씨는 '면회실 때문에 우리가 먹고 산다'고 너스레를 떨면서 담배 값을 삼분의 일로 계산하여 돈을 주고 가져가는 것입니다.

이런 현상은 날마다 반복되었고, 이를 막을 도리가 전혀 없었습니다.

그런데 이 담배가 또 그대로 면회실로 옵니다.

담배가 돌고 도는 것입니다.

그런 일이 날마다 반복되니 나는 가만히 있어도 담배로 인한 수입이 생겨났습니다.

팁도 생깁니다.

한 달에 보통 몇 만원은 생깁니다.

병장 월급 이천 원은 껌 값도 안 되었습니다.

보통 일이 아니었습니다.

나는 휴가가 별로 없습니다.

면회실 업무가 바쁘기 때문에 휴가 가면 하루 이틀 만에 와야 해서 자주 못갑니다.

가끔 휴가 때마다 그동안 모은 돈 몇 만원씩 가지고 가서 어머니에게 드립니다.

어머니가 그야말로 벗은 발로 뛰어나오십니다.

이동식 은행이 굴러오니 말입니다.

면회실 근무는 참으로 재미있습니다.

면회 오는 민간인들이 팔도강산에서 오다보니 팔도강산의 특산물과 음식을 그 가짓수도 다양하게, 바리바리 싸가지고 와서는 아들과 손자들에게 먹입니다.

우리에게도 온갖 것을 가져다주며 먹으라고 합니다.

1970년대 초 대한민국은 일차 산업도 해결이 안 되어 1972년에 북한에서 쌀을 원조 받았고, 아프리카보다 더 못살았습니다.

'죽기 전에 갈아보자!'가 선거 벽보였습니다.

박정희 대통령은 시급한 민생고를 해결한다고 별의별 수단방법을 강구해서 후에 통일벼를 개량하여 쌀 생산으로 한 시대를 이끌던 때였습니다.

나는 면회실장이라는 상상을 초월한 위치에서 가난과 굶주림 속에도 풍요로웠고, 넘치는 물질이 불의한 방법이 아닌 매우 합리적이고 상식적으로 쌓여갔습니다.

옥계 장로교회 개척의 계획을 세우다

면회실도 엄연히 군대입니다.

현역병의 가족과 만남의 장소이며, 짧은 시간에 깊은 정을 나누는 청량제 같은 곳입니다.

나는 면회실장으로서 식당, 군 PX를 운영합니다.

당연히 군대 부식차 즉, 먹거리가 조달되고 또 식당운영을 하기 때문에 꽤 많은 양의 특별 식료품이 필요하고, 각종 생필품이나 군것질, 과자류 등 상당히 많은 물품으로 운영이 됩니다.

부식차가 이틀에 한 번은 틀림없이 옵니다.

쌀은 한 달에 몇 가마이든지 필요한 대로 공급되고, 부식은 생선부터 여러 가지가 있습니다.

나의 권한으로 얼마든지 식당, PX운영으로 보급됩니다.

그런데 이 지역은 강원도 화천, 철원 등지에서 온 분들이 매우 가난하게 살아갑니다.

어느 시대이든지 먹고사는 문제가 가장 큰 문제입니다.

구원의 기쁨은 전도로 나타나듯, 나는 어쩌하든지 전도하여 영혼을 구하려는 열정 하나로 살았습니다.

나는 1965년 4월 15일 익산 금강교회 최길출 전도사님이 시무하시는 교회에서 당시 지용성 목사님의 세례 집례로 세례를 받았습니다.

익산시 금강교회는 나의 영적 산실인 교회입니다.

세례 받은 그날 주일 오후, 전도지를 들고 이리 역 전 광장과 열차가 쉬는 기차 객실까지 들어가서 전도했습니다.

그때 성령의 감동이 내게 임했습니다.

"너는 입을 열어라! 내가 말하리라!"

사도행전(使徒行傳) 역사가 성령행전(聖靈行傳)으로 나타났습니다.

사도행전은 12사도가 성령 받아 권능으로 예수 십자가 부활을 전파한 성령행전입니다.

나 자신이 바로 그 속에 있었습니다.

아침에 예수로 일어나고, 성령으로 일하고, 저녁에 예수 품에 안기고, 틈나면 기도와 성경 그리고 '어떻게 하면 전도할까? 지옥 불을 바라보며 영혼을 끌어내라!'는 강력함이 내 속에 불타고 있었습니다.

18세 때(1969년 2월) 김천 기드온신학교 선지동산 입학 학교의 교가 가사가 이렇습니다.

호렙산중 가시덤불 불꽃 속에서

모세를 불러주신 하나님께서

이 동산에 우리 불러 불세례주니

이것이다 한국의 소망……

나는 '전도는 지상 사명'이라는 것을 알고, 언제 어디서나 복음의 사명을 불태웠습니다. 그 후 전도는 '성령의 바람을 타는 것'이라는 것을 알았습니다.

사람을 보면 영혼이 보였습니다.

나는 기차를 타고 달리는 기차 객실 내 의자에 일어서서 외치는 전도도 했습니다.

나는 갑자기 소리쳤습니다.

"이 열차가 서울에서 부산으로 종점을 향해 가듯이 우리 인생도 출생의 출발점에서 죽음의 종점을 향해 쉬지 않고 달리는 것입니다. 잠시 제 말에 귀 기울여 주시면 대단히 고맙겠습니다."라고 시작되는 전도자의 말이 열려 객실에 영적 파도를 일으키곤 했습니다.

나는 성령의 시키시는 것을 체험했습니다.

사도 바울이 '때를 얻든지 못 얻든지 복음을 전한다'고 한 것처럼, 나는 항상 내 몸에서 예수 그리스도만 전파되기를 바라는 마음뿐이었습니다.

최권능 목사님의 "예수천당! 불신지옥!" 전도일화입니다.

최권능 목사님이 시집가는 새색시를 태운 가마를 들고 가는 가마꾼들이 쉬는 틈을 타서 가마 문을 열면서 "색시~ 시집만 가지 말고 예수 믿고 천국 가요~"라고 전도했더니 가마 속 신부는 때마침 오줌을 누다가 가마 속에서 뒤집어졌답니다.

느닷없이 예수 폭탄을 맞은 신부가 신랑과 첫 날 밤 보낼 때 "예수천당! 예수천당!" 주문을 외우듯이 중얼거리기에 신랑이 놀라서 "왜 그러시오?" 물었더니 신부가 이렇게 말하더랍니다.

"오늘 가마타고 오다가 쉬고 있는데 눈이 땡그랗게 생긴 분이 가마 문을 열고 '예수천당!'이라고 말한 이후 내가 예수에 걸렸어요~"

그 후 온 가족이 그 주일부터 이십 리 길 교회로 전도되어 자기 동네에 교회도 세워졌다는 것입니다.

나는 최권능 목사님의 전도사역에 대한 이야기를 감명 깊게 읽었습니다.

내가 군대 와서 면회실까지 운영하며, 경제적·환경적으로 풍족한 여건에서 이 지역의 주민들을 도와주고 싶은 마음이 생겼고, '저들의 영혼구원 전도를 해야겠다'고 결심하니 하나님께서 지혜와 명철을 주셨습니다.

내가 면회실 운영을 맡기 전에는 차마 입으로 말하기 힘든 불미스러운 사건과 사고, 창피한 일들이 많았습니다.

사단장과 연대장이 군복을 벗는 일들까지 일어난 곳입니다.

이렇게까지 추락한 명예를 하나님의 은혜로 두세 달 만에 다시 회복하고, 주민과도 더없이 좋은 관계를 유지했습니다.

개척교회 이렇게 하라! 성령의 감동을 받다

지역주민 중에는 하루에 한 끼 먹기도 힘든 사람이 많았습니다.

그 당시 차마 눈으로 보기 민망할 정도로 초근목피(草根木皮)하며 살고 있었습니다.

그들에게는 콩나물 한 움큼, 쌀 한 되, 두부 한 모는 사치스러울 정도로 빈민촌이었습니다.

잘 사는 집 몇 가구를 제외하고는 가난의 짐에 눌려 있었습니다.

그들의 눈은 항상 퀭하고 삐쩍 마르고, 아이들은 굶주린 기아의 모습이었습니다.

면회실을 운영하면서 이틀 간격으로 부식차가 올 때 '공적으로는 군대 즉 국가의 관할이지만, 나의 권한으로 융통성을 발휘하면 얼마든지 빈곤에 찌든 아이들을 조금이라도 도울 수 있겠다'는 생각을 하면서 기도했습니다.

"이 지역에 전도하여 개척교회를 세우라!"는 하나님의 음성이 들리는 듯 감동이 밀려 왔습니다.

면회실장이라는 당시 나의 권한으로 운영되는지라 부식차가 이틀 간격으로 오면 나는 조금 더 식자재를 확보하였습니다.

식당과 PX(매점)를 운영하기 때문에 내가 경영하기 나름이었습니다.

예를 들어서 두부를 두 판 더, 콩나물을 몇 통 더, 생선은 올 때마다 종류가 다르니 그때마다 내가 직접 더 요구하면 얼마든지 물량을 더 확보할 수 있었습니다.

쌀 등 주식과 부식을 확보하여 저녁에 주민들을 면회실로 오라고 해서 나눠주기 시작했습니다.

나는 예수의 복음을 전하려는 목적이 있었습니다.

그런데 마을의 방앗간을 운영하는 집사님 내외분이 '화천에서 이사 와서 연천읍내까지 약 8km 거리의 교회를 힘겹게 다닌다'고 어려움을 토로하는 것이었습니다.

정미소 집 마루에서
옥계 장로교회 개척을 시작하다 (1971년 5월 1일)

어느 날 마을 방앗간에 볼 일이 생겨서 찾아갔습니다.

그런데 주인아주머니가 반갑게 인사하며 맞아주십니다.

"면회실장 전도사님이시지요?"

"예, 그렇습니다."

"그런데 제가 교회 집사까지 하다가 3년 전에 화천에서 이사 왔는데, 교회도 멀고 방앗간 일도 바빠서 통 예배를 못 드려서 괴로워요~ 전도사님! 가끔 우리 집에 오셔서 예배 좀 드려주시면 안 될까요?"

주인아주머니의 제안을 듣는 순간 나는 '아! 하나님께서 섭리하시고 나에게 이 개척일꾼을 붙여주시는구나' 생각하고, "그렇게 하시지요" 대답하였습니다.

이렇게 놀라운 개척의 물꼬가 터졌습니다.

그 후 내가 그 집사님께 "그러면 이 마을에 교회가 없으니 집사님 댁 마루를 예배실로 정하고, 어린 학생이나 어른들 모두 주일날 시간을 정해서 예배드립시다." 말씀드렸더니 기다렸다는 듯이 펄쩍펄쩍 뛰시면서 기뻐했습니다.

군대용 오토바이를 타고 다니며 근무함

나는 이제 본격적으로 전도의 방법을 실천에 옮겼습니다.

담배 가게 아저씨에게 어느 가정의 생계가 힘든지 파악하여 우선적으로 부식차가 오는 날 콩나물, 각종 생선, 두부, 채소 등을 몇 짝씩, 몇 판씩 더 내려서 놓습니다.

아저씨가 소문을 냈습니다.

'몇 일 몇 시쯤 저녁 때 면회실 후문으로 부식 받을 그릇들을 가지고 오라'고 부탁하고, 약속했습니다.

드디어 첫 번째 날이 되니 약 열 가정이 양동이를 비롯한 그릇을 들고 줄을 지어서 있었습니다.

군부대 지역이어서인지 먼저 온 사람부터 차렷 자세로 똑바로 서 있었습니다.

보는 것, 듣는 것 모두 군대 분위기였습니다.

나는 마치 아프리카 난민촌 유엔본부에서 파견나간 보급대장처럼 각종 부식을 공평하게 분배하여 준 후에 주의사항을 알려주고 조건을 제시했습니다.

첫째, 절대로 면회실장이 주었다고 말하지 말 것.

둘째, 계속 받아가고 싶은 분들은 주일(일요일) 10시 30분까지 방앗간 집으로 올 것. 이상입니다.

그 약속은 놀라울 정도로 그대로 지켜졌습니다.

그런데 문제가 생기기 시작했습니다.

참가하는 가정수가 자꾸 늘어나는 것입니다.

저녁 어둑한 무렵 면회실 후문에는 줄이 자꾸 늘어납니다.

그럼에도 '저 분들에게 어떻게 줄까' 하는 불안함은 전혀 없고, 그저 좋기만 합니다.

부식차가 옵니다.

'군대는 주특기야, 보직이 좋으면 돼~'라는 군대용어도 있듯이, 나의 권한은 실로 끗발이 있었습니다.

어떤 때는 20명이 넘는 가정, 30가정이 넘어도 밀고 나갔습니다.

주일이면 방앗간은 어린이 학교 시간부터 오전 내내 붐비기 시작합니다.

부모들이 "그 면회실장 추 전도사님께 꼭 인사하고 와라~" 소위 눈도장 찍고 오라고 합니다.

나는 누구네 집 아이인지 알 길이 없습니다.

드디어 첫 예배를 드렸습니다.

방앗간 집 마루가 꽤 컸습니다.

재봉틀 탁자 위에 흰 천을 덮고 주일학생들 20여 명이 먼저 와서 예배를 드리고 있었습니다.

어른들의 예배시간이 10시 30분으로 정해졌는데, 어른들이 9시에 미리 와서 기웃거리고, 마당에서 웅성거립니다.

그것은 그들이 하나님을 찾고 예수님을 영접해서가 아니라, 면회실 후문에서 받아가는 부식 때문이었습니다.

추 전도사의 낚시에 걸려서 미리 와서 나에게 잘 보이려고 무척 애를 썼습니다.

나는 그런 모습을 읽고 있었지만 오히려 좋았습니다.

'저들이 얼마가지 않아서 반찬 부식 음식보다 예수생명의 떡, 영원한 양식으로 구원받아 배부를 것이다'라는 생각으로 그들을 바라보았습니다.

어린이 예배가 끝나기 무섭게 어른들이 마룻바닥에 빼곡히 앉아 예배드리려고 기다립니다.

성경, 찬송도 없습니다.

그 중에는 한두 번 교회 가본 분들도 끼어 있었습니다.

사람들이 자꾸 몰려와서 예배시간이 되니 앉을 자리가 없습니다.

마루 옆에 큰 안방 문까지 열고, 방으로 들어가서 앉습니다.

집사님 내외분은 어리둥절하다가 이내 '이렇게까지 되었구나~' 하는 눈치였습니다.

이젠 내 책임적 분위기가 되어 버렸습니다.

한마디로 하나님의 영혼 건지는 일, 개척을 시작하니 놀라울 뿐입니다.

면회실 운영과 주일이면 개척교회 인도하느라 세월이 바쁘게 흘러갔습니다.

그 당시 삶에 지친 많은 국민들이 하나님 앞에 와서 점점 마음 문이 열리고, 은혜를 받고, 갈수록 교회는 영적 성장을 하였고, 조직적 교회로 급성장하여 갔습니다.

군남면에 있는 군남교회 목사님을 모셔다가 세례식도 하였고, 방앗간 교회는 '옥계장로교회'라는 이름으로 (합동)장로교단에 정식으로 가입했습니다.

나는 군인 신분으로 일단 제대할 때까지만 운영하기로 하고, 계속 개척교회를 성장시켜 나갔습니다.

주일학교 학생 50명, 장년 80명, 농촌에서 이 정도면 큰 규모가 되었습니다.

1973년 여름성경학교를 개최하여 어린이와 어른들이 함께 새로운 경험을 하였고, 하나님의 큰 은혜를 체험했습니다.

이 지역 출신 자매 중 언니가 문화촌교회 권사님이셨습니다.

언덕 위에 교회 성전 터를 주셨다(1973년 6월 10일)

며칠 후에 그 권사님께서 면회실에 오셨습니다.

기쁘게 만나서 대화하는 중에 '하나님께서 옥계장로교회를 건축한 성전 부지를 바치라고 지시하셔서 왔다'고 하시면서, '지금 그 땅을 보러 가자'고 하셨습니다.

나는 하나님이 하시는 놀라운 일에 감사기도를 드릴 뿐이었습니다.

함께 출발했습니다.

남편 집사님은 부인 권사님이 하시는 대로 따라만 간다고 하시면서 동네 약간 외곽지대 언덕에 220평 땅 부지를 하나님께 드리겠다고 하십니다.

참으로 감사할 뿐이었습니다.
나는 그 두 분 권사님 부부와 함께 220평 성전 부지에 가서 즉각적으로 헌신 감사기도를 드리고, 하나님께 영구적으로 드릴 것을 약속하고, 등기 서류절차까지 마치고 기도를 올려 드렸습니다.
나는 권사님 부부와 손을 잡고 눈물로 기도했습니다.
그분들이 더 기뻐하시는 듯했습니다.
나는 더 좋았습니다.

'이런 놀라운 일이 일어나는구나!'

방앗간 교회 예배 시에 성도들에게 이 소식을 알려주었습니다.

그때부터 교우들이 시간만 나면 그 부지에 가서 "이곳이 우리 옥계리 장로교회여~" 하고 기도하고, 어디 가다가도 그 땅을 밟고 지나가며 "할렐루야여~" 하면서, 은혜로운 역사하심이 계속되었습니다.

현재 세워진 교회
면회실 근무 중 대지 확보한 220평
광명교회 모습(경기도 연천 군남리)

교우들이 빨리 은혜를 받습니다.
그 당시 한국교회의 영적 분위기는 모이면 눈물의 기도요, 찬송하면 박수였습니다.
설교는 '아멘'으로 먹어버리고, 예배 시간에는 "불로! 불로!"가 기본이었습니다.

불 받아라! 능력 받아라!

방언, 예언, 통역, 들었다, 봤다, 뜨겁네, 받았네, 진동……
나는 이러한 모든 것을 보고 체험했습니다.

1969년 남원시 호평교회 부흥회 새벽시간에 20여 명의 교우들이 성령의 불바다 속에 8시가 되어도 집에 가지 않고 성령에 취해서 남편들이 교회를 부순다고 몽둥이 들고 쫓아왔습니다.

일어나서 남편들에게 끌려가면서도 기도가 멈추지 않으니, 붙잡고 가던 남편들도 같이 성령의 불을 받아 길바닥에 주저앉아 회개 문 터지니 누가 성령의 불을 끄리오!

바울도 성령의 불을 끄기 위해 다메섹에 말 타고 가다가 성령의 불방망이로 얻어맞고 나서 "성령의 불 받아라!" 하지 않았습니까?

그 교회가 성령의 불바다가 되어 부흥되고, 그날 부인을 붙들고 잡아가다가 남편도 불을 받으니 자연스럽게 교회도 부흥되었습니다.

그 후 그쪽으로 부흥회 인도하러 여러 곳 갔고, 고평교회 부흥회는 3년 문 닫은 교회 문 열고 새로 시작, 놀라운 역사였습니다.

평택 평안교회는 나의 동역자 신용현 목사님 사모님의 고향입니다.

그때 신 목사님 처갓집에 가서 융숭한 대접도 받아보았습니다.

그 고향 교회도 부흥회로 인해 잊지 못할 성령의 불 바람을 일으킨 적 있습니다.

이렇게 나는 부족하지만 하나님께서 쓰시고 계심이 분명해졌습니다.

옥계장로교회는 순전히 만세전부터 예정된 하나님의 섭리였습니다.

내 나이 22세였습니다.

영등포 개봉동교회 부흥회 때는 설교를 하고 찬송하면 성령의 불이 직접 임재(臨在)하셨습니다.

찬송 인도로 내 손이 움직이면 성령의 불길이 손에서 휙휙 일어나는 현상으로 청중들이 놀라며 "앗! 뜨거워! 앗! 뜨거워!" 하는 불 체험을 일으켰습니다.

살아계시는 하나님께 영원히 영광을 돌릴 뿐입니다. 아멘.

옥계장로교회는 든든히 서가는 교회, 은혜롭고 건강한 성령과 말씀의 영적 양대 산맥을 이루면서 부흥 발전을 거듭했습니다.

나는 이런 유치하고 철부지한 경험을 털어놔봅니다.

위 사진은 군인교회 사역자들과 면회실 운영을 잘하기 위한 교양 교육을 받기 위해 서울 남산 미8군 교회에 가서 2박 3일 세미나 받던 당시 전군부대 군인교회 요원들

송편 호통치고,
하룻밤 열세 번 설사, 철저히 회개하다

개척을 시작한 그 해 가을 추석이 되었습니다.

비록 빈곤한 지역일지라도 고유의 명절에는 송편도 찌고, 전도 부치고, 마을의 분위기는 들떠 있었습니다.

그러나 나의 분명한 신분은 군인이었습니다.

엄격하게 민간인을 상대해야 하고, 개척교회를 운영하는 것은 법적으로는 허용되지 않는 부분입니다.

그야말로 하나님의 특별한 섭리로 이루어진 일입니다.

그런데 '더도 말고 덜도 말고 한가위만 같아라~'고 하는 추석명절에는 작은 것이라도 주고받는 것이 인지상정(人之常情)이고, 우리 민족 고유의 미풍이 아닙니까?

나는 먹을 것이 없어서가 아니었습니다.

식당 음식 골라서 졸병 요리사에게 명령만 하면 무엇이든 먹을 수 있고, PX 상점에는 군것질거리가 거의 다 있습니다.

그런데 그동안 교인들과는 은혜로 정든 관계입니다.

앞에서 밝힌 대로 개척의 방법으로 부식 등 여러 가지를 여러 통로를 통해 계속해서 수없이 제공했습니다.

그러나 추석 명절이 되었어도 그 누구도, 그 어떤 교우 한 사람도 송편 한 개, 떡 한 쪼가리 가져오는 사람이 없습니다.

그동안 그들에게 베푼 것은 상상을 초월합니다.

하지만 명절이 되어도 누구 하나 관심 없고, '송편이라도 먹었는지' 묻지도, 찾지도 않습니다.

아~ 서운한 마음이 밀려왔습니다.

추석 하루 지나서 수요일 예배 설교 중에 '그럴 수가 있느냐? 누구 한 사람 송편 한 개 가져다주는 분 없고, 이렇게 전도사를 대하는 법이 어디 있나?'고 서운한 감정을 표출했습니다.

수요예배에도 꽤 많은 성도들이 나왔습니다.

미안한 마음에 어떤 분은 우시는 분도 있고, 분위기가 가라앉았습니다.

나는 마음이 후련했습니다.

순전히 인간적인 서운함의 표현이었습니다.

그런데 예배 후 면회실 숙소에 와서 잠을 자는데 배가 아프기 시작하면서 하나님께서 꿈에 책망을 하십니다.

"네가 그들에게 준 것도 내가 그들에게 줄 수 있게 했느니라! 너는 송편 한 개 가져오지 않은 것이 서운하냐? 나는 십자가를 져서 너를 구원하고 생명도 주었는데, 뭘 그걸 가지고 그렇게 어린 양 성도들에게 서운한 감정을 나타내어 슬프게 하느냐?"

그리고 갑자기 설사가 나오기에 화장실에 다녀왔습니다.

잠깐 지나서 또 화장실에 갑니다. 또 다녀옵니다.

그렇게 그 밤에 30분 간격, 10분 간격으로 열세 번이나 반복해서 화장실에 가서 토하고, 설사하고, 괴로운 밤이 지나갔습니다.

나는 하나님께서 설사로 고통을 주셔서 확실하게 체휼하게 하시고 깨닫게 하심으로 하룻밤 사이에 깨쳤고, 결심했습니다.

'혹시 내가 평생 목회를 하게 된다면 이번의 실제 경험을 거울삼아 목회자의 자질적 가치관을 가지고 초월적 사명자로 살아야겠다'고 기도하고, 결심한 후 오늘날까지 지켜왔습니다.

보고 싶다 외치다가 천국 가신 방앗간 권사님 무덤에서 하모니카를 불었다

잠시 옥계장로교회 추억에 얽힌 한 토막 이야기를 해보고 싶습니다.

2003년 11월 한 통의 전화가 걸려왔습니다.

"혹시 추귀환 목사님 아니십니까?"

"예, 제가 추귀환 목사입니다."

"혹시 군대 있을 때 옥계장로교회 개척하신 면회실장님 맞습니까?"

전화하신 분은 옥계장로교회 시무 목사님이었습니다.

교단 전화번호부에 등재된 추 씨 성을 가진 20여 분의 목사님들에게 전화하는 중이라는 것입니다.

추 씨 성을 가졌다는 것만 알지, 이름은 알지 못해서입니다.

아주 감격적인 통화였습니다.

그 목사님이 '곧 옥계장로교회를 방문하여 부흥집회 인도해 달라'고 하셔서 월요일에 출발했습니다.

도착하여 30여 년 만에 교회를 둘러보았습니다.

개척 당시 성전 부지에 교회를 아담하게 짓고, 양쪽에 높게 쌍둥이 종탑도 세우고, 마을 경로시설도 갖추고, 봉사하는 놀라운 교회로 성장했습니다.

당시 방앗간 집사님은 권사님으로 봉사하며 사시다가 일주일 전에 천국으로 가셨는데, 90세 되신 권사님께서 돌아가시기 한 시간 전까지 '이 교회를 개척하신 군인전도사님이 분명히 목사님이 되셨을 것'이라고 하시면서 애타게 찾으셨다고 합니다.

이에 그분 가족들이 '도대체 그 추 목사님을 어떻게 찾아야 하나?' 노심초사(勞心焦思)하다가 권사님은 돌아가셨지만 옥계중앙교회 담임목사님이 '이제라도 찾아야겠다'고 생각하시고 총회주소록을 뒤진 끝에 결국 만나게 되어 교회를 방문하게 되었습니다.

권사님은 30년 동안 '추 전도사님이 어디 계시나, 어디 계시나?' 병이 날 정도로 찾고 또 찾았지만, 결국 찾지 못하고 세월이 흐른 것이었습니다.

청년 몇 사람은 50대가 되었고, 감격적인 만남이었습니다.

목사님이 나를 찾아야겠다고 결단하시고 노력하셔서 결국 나를 찾았지만, 내가 갔을 때 권사님은 일주일 전에 이미 소천하셨습니다.

나는 가족과 목사님과 교우들과 함께 권사님 무덤에 가서 찬송과 기도를 드리고, 가지고 간 하모니카로 '하늘가는 밝은 길' 찬송을 구슬프고 은혜롭게 연주했습니다.

눈물로 무덤을 바라보면서 30년 전 먼지 뒤집어쓰면서 일하시고, 방앗간 집을 개척교회 공간으로 내놓으시고, 나를 도와서 복음을 전하신 모습이 영상처럼 나의 뇌리를 스쳐가니 눈물이 흘러 내렸습니다.

제대하여 면회실과 옥계 교회를 떠나다

세월이 빠르게 흘러 제대 날짜가 다가왔습니다.
개척교회는 급성장하여 이제는 웬만한 기성교회로 성장했습니다.
예배 인원, 교회 성전 부지 확보 등, 헌금도 증가했습니다.

이제 나는 후계자를 고민했습니다.
군남면 장로교회 목사님은 당시 합동측 교단 소속으로, 세례 집례 등을 맡아주시면서 사실상 당회장 역할을 해주셨는데, 그 목사님과 상의하여 총신 졸업 후 목사임직 2년 차 된 심현일 목사님을 청빙해서 인수를 하게 되었습니다.

교우들은 '제대하고 계속 이곳에 머물며 목회하고, 서울로 신학공부하러 다니면서 함께 살자'고 이구동성으로 요구하였습니다.

나는 군 생활을 하면서 군인교회와 고등공민학교 교사 그리고 면회실장으로 근무, 옥계장로교회를 개척하게 하신 하나님의 놀라운 섭리에 감사와 감격밖에 없었습니다.

그렇게 눈 코 뜰 새 없이 3년 반이 지났습니다.

막상 제대 후를 생각하면 앞이 캄캄했습니다.

그것은 내가 이제 세상을 넓게 그리고 멀리 보는 눈이 떠진 것입니다.

어린 시절이나 산 속의 신학생으로서 알게 된 것도 많지만 더 넓은 군에서의 종횡무진(縱橫無盡) 생활을 통해서 이제야 얻어지고 깨닫게 된 것은 '내가 목사가 되려면 적어도 모든 것이 갖춰져야 하는데, 준비가 너무 안 된 상태'라는 것입니다.

군인교회 운영인 고등공민학교 때 같이 있던 선후배 동료들을 보니 보통 학력이 명문고교나 명문대학, 당시 감신 · 장신 등을 졸업한 수준이어서 나와는 비교도 되지 않는 높은 벽을 실감하여 나는 사실 개척도 하고 바쁘게 지냈으나 3년 내내 내 마음은 갈등과 열등감으로 힘들었습니다.

이젠 세월을 피할 수 없어 제대 후 진로에 대한 나만이 아는 고민에 빠졌습니다.

나의 학력은 검정고시를 패스한 것과 기드온신학교 졸업이 전부입니다.

내가 어디로 어떻게 가야 할 지 방향계가 되어주는 그 누구의 손길도 없습니다.

군대 오기 전 대구 이득향 권사님이 '앞으로 대구 영남신학대학에 와서 공부하러'고 소망의 말씀을 해주신 것뿐입니다.

그러나 그것도 내 생각에는 '내 학력으로 영신에 갈 수 있을까' 미지수였습니다.

생각해보면 내 생애에 두 분, 검정고시학교를 배려해 주신 백남승 장로님과 영신(영남신학대학)가는 길목을 인도해주신 이득향 권사님을 잊을 수 없습니다.

하나님은 나의 가는 길목마다 지키고 계시면서 꼭 필요한 분들을 붙여 주셨습니다.

1973년 11월 28일 제대 하루 전 모습
군 제대와 옥계교회(개척)를 떠나는 아쉬움이 컸다.

군 제대 직후 갈림길에 서서 3일 금식기도하다

나는 1973년 11월 29일, 면회실 근무와 옥계장로교회 개척을 마치고, 군에서 제대하여 떠나게 되었습니다.

눈물어린 작별예배와 지역주민들과 아쉬움을 남긴 채 제대복을 입고 3년 6개월 만기 제대자(1973년 11월 29일)로 전주 35사단으로 와서 하룻밤을 보내고, 11월 30일 익산 동산동 109번지 집으로 귀가했습니다.

어머님은 아들이 제대하고 왔다고 여러 가지 반찬을 신경 써서 차려놓고 기다리고 계셨습니다.

나는 제대 전부터 머릿속에 '과연 1974년에 어느 신학대학을 가며, 평생 목회의 길을 갈 것인지, 아닌지'에 대한 생각이 순간마다 멈추지 않았습니다.

어머님이 차려주신 정성어린 밥상도 귀하지만 마음이 내키지 않았고, 기도하는 마음으로 서성일 때 즉각적으로 성령의 감동이 밀려왔습니다.

'나의 갈 길에 대해 하나님께 금식기도를 드리면서 결사적으로 부르짖어야겠다'고 결심하고, 즉시 가마니 등 거적때기를 집 옆 모퉁이 처마 밑에 깔고 이불 뒤집어쓰고 기도하기 시작했습니다.

1973년 11월 30일 저녁 기도를 시작했습니다.

사실 나에게 기도는 영적 사역이요, 이제까지 기도로 헤쳐 나왔는데, 이번에도 갈림길에서 '기도해야 되겠구나~' 생각했던 것입니다.

오랜만에 어머님이 정성껏 차려주신 밥상 앞에 앉아서 오순도순 즐겁게 나누는 식탁대화도 필요하지만, 내게 더 중요하고 급한 것은 하나님의 즉각적 응답, 직설적으로 표현하자면 소위 직통계시(直通啓示)였습니다.

왜냐하면 나의 평생에 가야 할 길이기에 하늘에 계신 우리 아버지의 특별한 기적 같은 일이 철저(徹底)하게 벌어지지 않는다면 나는 사실 아무것도 손에 잡히지 않고, 벼랑 끝에 선 그 자체였습니다.

어린 시절 고난도(高難度)의 길과 산 속에 묻혀 칼을 갈던 시기!

풍운아처럼 걷잡을 수 없는 소용돌이의 바람을 일으키고 온 나의 군대시절의 짜릿함!

그리고 이젠 또 하나의 길을 뚫고 가려면 마치 미국 자이언트 거대한 바위 협곡 석굴터널을 뚫어버리는 것처럼 지금 나는 기필코 이 대 석산의 암석터널을 뚫어야 한다는 절체절명의 순간이 왔습니다.

돈, 학력, 배경, 내 손에 가진 것은 아무것도 없습니다.

단 한 번의 기회로 아프리카 정글지대를 한 발짝씩 긴장과 스릴로 걸어갈 뿐입니다.

나는 집에 오자마자 기도의 베이스캠프를 만들고, 기도하기 시작했습니다.

초가집 옆 처마 밑(11.30-12.1.2.3), 저녁이 되면 하얀 서리가 헌 이불에 내려앉습니다.

너무도 추웠습니다.

배도 고팠습니다.

자고도 싶었습니다.

그러나 나의 달려온 길과 달려갈 길을 생각하니, 오히려 금식하며 처마 밑에 가마니 깔고 기도하는 것이 훨씬 즐거웠습니다.

나는 3일 금식을 정하고, 기도했습니다.

나의 기도제목과 목적은 단순했습니다.

첫째, 부족한 자를 계속 쓰시려면 어떤 놀라운 체험과 응답을 주십시오.

둘째, 아무 증거도, 응답도 없이 지나간다면, 그것도 응답으로 알고 받아들이겠습니다.

특별 응답을 주시면 어려워도 목회자의 길로 헤쳐 갈 것이고, 아니라면 평신도가 되어 교회 장로직이나 받아서 신앙생활 할 것을 생각하고 기도하는 것이었습니다.

하나님의 음성(하나님의 칠 영)을 듣다
(1973. 12. 3. 밤 11시 30분)

신 · 구약 하나님께서 만나주신 다양한 계층의 시대적 인물을 보십시오.

세계기독교회사와 한국 기독교의 역사를 보십시오.

어둠과 광명의 어느 시대든지 하나님이 필요로 하는 시대적 사명자는 하나님께서 반드시 주시는 하나님과 받는 자만이 아는 체험적 은혜와 또한 특별한 은총으로 부르시고 관계적인 사명의 끈을 주셔서 붙들게 하시고 인도하셨음을 봅니다.

1973년 12월 3일 밤 11시 30분에 하나님이 가장 가까운 거리에서 감히 피조물의 한 조각 같은 나에게 음성을 들려주시며 만나주셨습니다.

그 음성을 듣고 일어난 현상을 가감하지 않고 정확하게 자서전 이 대목에서 밝힙니다.

3일 금식 마지막 밤 시간은 12시를 가리키고 있었습니다.

어머니께서 죽을 쑤어서 기다리고 있는데 밖의 기온이 너무 저하되어 집으로 들어와서 안방 아랫목에 반듯이 누워 있었습니다.

분명히 생시(生時)였습니다.

갑자기 천장부분에서 바람소리가 강하게 나면서 내 정신과 몸과 마음이 마치 큰 광풍에 휩싸인 듯하더니 '하나님의 칠 영'이라는 큰 음성이 들리면서(나는 지금 이 자서전을 쓰면서 이 대목에서 무릎을 꿇고 쓰고 있다) 내 몸이 방바닥에서 약 30cm 붕 떴다가 쿵! 하고 떨어졌습니다.

나는 이때 벌떡 일어났습니다.

무섭기도 하고, 너무 갑자기 일어난 일이라 당황도 되어서 처마 밑 기도장소에 다시 가서 한없이 기도하고 울면서 감사기도를 올렸습니다.

그 후 나는 성경을 찾아서 확인했습니다.

감히 '하나님의 칠 영에 대한 성경적 연구 고찰'을 특별히 자서전 후기(부록)로 특별 기록하기로 합니다.

선지동산 영남신학대학교 합격, 입학하다

기도의 응답을 받고 특별하신 음성 '하나님의 칠 영'과 몸이 뿡 떴다가 내려온 놀라운 체험은 '목회자의 길로 가라'는 하나님께서 나에게 주신 명령으로 알고 두말할 여지없이 계획을 세웠습니다.

1974년도 입학을 위해 대구 이득향 권사님께 "제가 영신에 가려고 합니다. 전부터 말씀하신대로 인도해 주십시오."라고 연락을 드렸더니, '1월 중순에 시험일이 예정되어 있다'고 알려 주셨습니다.

12월 중순, 전북 순창 소재의 쌍치교회 부흥회를 인도하고 있는데, 전화 연락이 되지 않으니 형님이 순창까지 찾아오셔서 빨리 대구로 오라고 하여 12월 30일에 대구에 가서 시험 준비를 했습니다.

영남신학대학교는 통합측 장로교단으로 부산 · 대구 · 광주에 신학교가 있고, 지방의 4년제를 마치면 서울 장로회신학대학에서 1년 과정을 거쳐 목사가 될 수 있었습니다.

나에게는 영남신학교에 입학하는 것만 해도 좋은 길이었습니다.

나는 입학전형에 필요한 서류를 구비했습니다.

참으로 감사한 것은 지난날 백남승 장로님의 지도하에 주경야독으로 미래를 준비한 덕분에 그 대가로 오늘날 일생일대(一生一大) 가는 길에 결전의 날이 온 것입니다.

드디어 시험일이 되었습니다.

40명 모집에 220여 명이 응시했습니다.

만만치 않은 시험이었습니다.

시험 당일에 부모 형제, 꽤 많은 사람들이 붐볐습니다.

나는 수험표를 달고 입실하여 국어 순으로 시험을 치렀습니다.

일주일 후 면접이 있었습니다.

여러 면접관 중에 고대 철학과 졸업 후 서울 장신, 미국 프린스턴 6년 반 유학하고 오신 깐깐한 김기달 교수님이 날카롭게 여러 가지 질문을 하셨습니다.

아픈 부분도 찔러댔습니다.

"신학교 공부 따라갈 수 있겠습니까? 좀 힘들겠는데…"하시면서 말입니다.

그러시면서 "국어는 36점 맞았네요. 수험생 중 꼴찌입니다. 그런데 좋은 점수가 있어요. 성경 많이 읽었네요. 성경은 수석입니다. 98점이예요. 딱 한 개 틀렸네요. 가르쳐 드립니다. 2점짜리 이사야 53장 제목 메시야 수난 장 한 개 틀리고 다 맞았습니다."라고 하셨습니다.

그 후 나는 영신입학 2% 모자라는 점수 '이사야 53장 수난 장'의 십자가 예수님을 항상 생각하고 은혜로 여기며 살아왔습니다.

나에게 '잠깐 나갔다가 다시 들어오라'고 합니다.

그리고 몇 가지 더 묻고서 면접을 무사히 마쳤습니다.

영신입학 후 내 자리는 항상 강의실 가장 앞자리 교수님 가까이로 정했습니다.

한 번도 졸거나 딴전 피운 적 없고, 얼마나 강의시간이 즐겁고 좋은지 옥토에 씨 떨어져 백 배, 천 배 결실하는 신학의 지식세계에 빠져들었습니다.

나는 당시 25세의 만학도(晩學徒)였습니다.

그러나 내 두뇌는 텅 빈 창고 같았습니다.

채워도 채워도 빈 것만 같았는데, 모든 교수님들의 명 강의는 계속해서 내 두뇌의 빈 창고를 차곡차곡 채워주었습니다.

거액 등록금 장벽 하나님이 뚫어주셨다

1974년 2월 2일 합격자 발표일, 나는 긴장된 마음으로 갔습니다.

당시 시험일에 꽤 많은 응시생과 학부모, 가족들을 보았기 때문입니다.

그런데 내 마음 가운데는 '하나님이 다 아시고 해주신다는 하나님의 칠 영의 음성 속에 모든 것이 들어있다'는 확신이 왔습니다.

게시판에 다가서서 이름을 찾았습니다.

자음이 치읓(ㅊ)으로 시작되는지라 빨리 끝부분을 보았습니다.

'추귀환 영남신학대학교 신학과 합격'이라고 쓰여 부착되어 있었습니다.

나는 감사의 기도를 드렸습니다.

이득향 권사님도 정말 기뻐해 주셨습니다.

그런데 등록금 고지서 수령을 했을 때 또 벽이 생겼습니다.

등록금이 3만 5천원이었습니다.

나는 솔직히 10원 한 장도 없었기 때문에 등록금 마련이 힘들었습니다.

나는 오직 하나님과 이득향 권사님만 믿고 있었습니다.

그런데 이 권사님도 걱정이었습니다.

당시 권사님의 두 자녀가 사업에 실패하여 가세가 많이 기울어져 있었고, 분위기가 좋지 않았습니다.

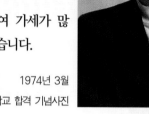

1974년 3월
영남신학대학교 합격 기념사진

나는 일제강점기 건물 초라한 판잣집 건넌방에서 기숙(寄宿)했습니다.

아궁이는 있지만 땔 연료가 없어서 추운 겨울에는 냉골 방입니다.

하루하루 자고 먹는 것도 고맙지만 부담스럽습니다.

그렇지만 '하나님께서 특별응답을 주셨으므로 내 갈 길을 갈 뿐이다'라고 생각합니다.

지나고 보니 염치(廉恥)가 없었습니다.

'우리 부모님은 국민(초등)학교 졸업 한 달 전에 벌써 공장 일자리 맞춰놓고 기다리신 분들인데, 부모가 있다고 한들 무슨 소용이 있는가? 그나마 이 권사님이 아니면 내가 감히 대구 영신까지 왔겠는가?'

나는 생각할수록 이 권사님이 고마웠습니다.

그 당시에는 내가 조금 고생을 할지라도 아무런 미안함이나 불편함이 없었습니다.

어떻게 보면 내가 좀 실성한 사람 같습니다.

더 깊게 말하자면 성령의 불방망이로 얻어맞아 제정신이 아니었습니다.

그러나 하나님은 일하고 계셨습니다.

1974년 1월 초순 대구 대안동 이득향 권사님 집
일제강점기 건물로 매우 노후 됨. 추운 겨울 냉골에서 지낸 겨울은
몹시 추웠다. 그래도 나를 아들처럼 생각해주셔서 고맙다.
좌측 딸, 어린 막내, 세 들어 사는 둘, 뒤쪽 키 큰 추 전도사.
집이 노후 되어 불편하지만, 나에게는 최고의 안식처였다.

2월 12일, 권사님 댁에 김성림 권사님(대구 동인교회)께서 오셨습니다.

나는 처음 뵙는 분입니다.

이 권사님이 소개를 하여 인사를 나누고 건너편 냉골 방으로 왔습니다.

성령의 불이 붙었다

이 권사님과 김성림 권사님의 대화가 건넌방에 있는 나에게까지 들려왔습니다.

김 권사님이 "저 청년이 누구세요?" 물으시니, 이 권사님께서 "아~ 저 전도사님은 내가 아들처럼 여기는 분인데 이번에 영남신학대학에 합격한 분이예요~ 성령이 충만한 분이신데 한 번 예배드리고 권사님 기도 부탁할까요?"라고 말하는 것입니다.

나는 건넌방에서 그 대화를 다 듣고 있었습니다.

그렇게 약간의 시간이 흐른 뒤 두 분이 잠깐 대화 나누시더니 나를 부르셨습니다.

'함께 예배드리자'는 것입니다.

그때 부른 찬송이 '인애하신 구세주'입니다.

찬송가 첫 절 '인애하신 구세주여 내 말 들으사' 할 때에 성령님이 임재하셨습니다.

김성림 권사님 입에서 방언이 터졌고, 경련을 일으키듯이 온 몸이 진동하여 기도의 입이 열려서 도저히 예배를 드릴 수가 없었습니다.

한마디로 성령님이 직접 은혜를 주신 것입니다.

그렇게 20여 분의 시간이 흘렀습니다.

나는 겁도 좀 났으나, 애써 마음을 모으고 기도했습니다.

성령은 매우 인격적이시기에 절제의 간구를 드렸습니다.

분위기가 정리되었습니다.

성경을 봉독하거나 설교도 없이 간략하게 기도한 후에 주기도문으로 마쳤습니다.

그렇게 두 권사님이 건너가시고 한참 후에 내 방으로 다시 건너오셨습니다.

'오늘 저녁부터 김 권사님 댁으로 가면 어떻겠느냐?'는 것이었습니다.

사연은 이러했습니다.

김 권사님 둘째 아들이 계성고등학교 2학년에 재학 중인데, 이름이 '전문석'입니다.

그 아이를 가졌을 때 산부인과 화장실에 가서 "하나님! 이 아이를 수술하여 없애버릴까요, 낳을까요?" 기도했더니, 하나님께서 "낳으라."고 하셔서 낳았는데, 한 쪽 다리가 소아마비여서 보조 장치를 착용하고 걷는다고 했습니다.

그 아들과 같이 숙식하며 인생 신앙상담도 하고, 한마디로 가정 전도사가 되어 달라는 것입니다.

나는 두말할 여지없이 권사님 댁으로 가게 되었습니다.

세상 말로 사람 팔자 시간문제요, 하나님께서 길을 열어주시는 것이 마치 요셉의 형통함 같지 않습니까?

난생 처음 포드 자가용 타고

당시 이 권사님이 나를 대구에 오라고 해서 영남신학에 합격까지는 했으나, 먹이고 입히고 등록금 학비 등 첩첩산중이라 걱정이 태산만산이었습니다.

그러던 어느 날 권사님은 꿈을 꾸었다고 합니다.

권사님이 꿈속에서 나를 업고 큰 강물을 건너야 하는데 도저히 건너지 못하자, 하나님께서 "너는 건널 수 없다. 내려놔라. 내가 업고 건너리라!" 하시는 말씀을 듣고 꿈에서 깨어나셨다는 것입니다.

'하나님이 김성림 권사님을 만나게 하셔서 나를 맡겨 건너게 했다'는 후문입니다.

하나님께서 권사님의 꿈을 통하여 나를 인도하고 계시는 것이 분명했습니다.

갈수록 나에게는 은혜의 길이 열렸습니다.

김성림 권사님이 타고 온 차는 금색 미국산 포드 승용차였습니다.

그 당시 1974년도에 외제차는 보기 힘들었습니다.

그렇게 나는 김성림 권사님 댁으로 가게 되었습니다.

운전기사가 문을 열고 닫아줍니다.

나는 졸지에 VIP가 되었습니다.

김 권사님이 나를 그렇게 대하니, 운전기사도 나를 높은 분으로 알고 모십니다.

권사님 댁은 대 저택이었습니다.

대구 북구 쪽인데 섬유공장을 운영하는 큰 회사였습니다.

전재수 장로님이 사장이었습니다.

그 동생은 대구 검찰청 검사장이었고, 또 한 분은 경북대학교 국문학과 교수였습니다.

회사는 약 500명의 직공을 거느린 당시 대구지역에서 상당히 큰 회사였습니다.

나는 그날 저녁 전재수 장로님과 인사한 후 식탁에 앉았는데, 놀라웠습니다.

솔직히 그렇게 큰 저택 식탁에는 처음 앉아보았습니다.

밥상은 먹어보지는 못했으나 영화에서 본 조선시대 임금님 수랏상처럼 잘 차려졌고, 온갖 음식들이 셀 수 없을 정도로 많아서 무엇부터 먹을지를 몰랐습니다.

권사님께서 이것저것 먹으라 하고, 문석이 학생이 "전도사님, 이것도 저것도 드셔보세요~"하니, 내가 음식을 먹는지 음식이 나를 먹는지 모른 채 식사를 마쳤습니다.

문석이는 철학자, 이놈을 이겨야 산다

나는 방을 한 칸 배정 받았습니다.

하루 사이 졸지(猝地)에 벌어진 일입니다.

> 몇 시간 전에 성령의 불바다, 포드 승용차 타고 이동, 전재수 장로님과 인사, 식사 통과
> 문석 군과 통성명, 방 배치, 잠 자리 기도.

다음날 아침 김 권사님이 직원 한 명을 소개해주셨는데, 교회 집사이시고 김 권사님 비서라고 하십니다.

김 권사님이 승용차를 타라고 하셔서 따라간 곳은 대구백화점이었습니다.

당시 백화점은 온갖 명품이 모여 있는 곳으로, 서민들에게는 그림의 떡이요, 자주 갈 기회도 없던 시대였습니다.

그동안 버스를 타고 대구백화점 앞을 지나다니면서 차창으로만 보았지만, 이날은 권사님과 기사 집사님이 특별히 나를 데리고 쇼핑에 나섰습니다.

맨 우측 추 목사, 두 번째 김성림 권사님, 가운데 전문선 군, 당시 계성고 2학년, 자서전에 자세히 설명, 맨 좌측 기사님(경주에서)

대구의 가장 번화가에 위치한 대구백화점 안으로 들어서니 참으로 휘황찬란했습니다.

우리는 먼저 식당가에 가서 식사를 했습니다.

옷 코너에 가서는 내 몸에 맞는 옷들을 사주시는 것이었습니다.

심플한 청색 상의 셔츠, 부티 나는 체크무늬 남방,

공부에 꼭 필요한 문구류와 제임스 본드의 007가방, 최고급 철 책상 등

그렇게 나는 태어나서 처음으로 백화점 쇼핑을 하고 돌아왔습니다.

아! 불과 하루 전에는 이득향 권사님 댁에서 국수로 끼니를 이어가고, 등록금 문제로 걱정은 태산이요, 공부에 필요한 여러 가지 근심들이 가득했었는데, 하루 사이에 이처럼 놀라운 변화가 내게 찾아왔습니다.

이 어찌 우연(偶然)이겠습니까?

이 권사님 집에서 잠시 드린 예배에 하나님의 성령이 임재하심으로 나는 모든 고민의 늪에서 완전히 해방되었습니다.

　　장로님 권사님 댁, 최고의 산업체, 고급 주택,

　　등록금 학비 해결, 숙식일체 해결, 학교로 외제 미국산 포도, 기사대기 등등……

이런 생각지도 못한 일들이 내 앞에 현실로 펼쳐지다니!

하나님께 깊은 감사뿐이었습니다.

내 마음은 마치 구름 위에 떠있는 느낌이요, 현실로 받아들이기가 벅찼습니다.

지금까지 먹어보지 않은 음식, 입어보지 않은 옷, 저택 등…

솔직히 말해서 나는 난생 처음 접하는 이 모든 것들이 너무 낯설었습니다.

그때 쓰던 철 책상이 얼마나 명품인지, 여주까지 가지고 와서 사용했습니다.

이튿날 장로님은 나를 데리고 주야로 가동되는 직물공장 현장을 보여주셨습니다.

그리고는 '섬유의 명산지 대구의 옷감(다후다) 모두 독일과 이탈리아로 수출한다'고 말씀해 주셨습니다.

참 대단하고 큰 직물 직조 공장으로 사무원 20여 명, 직공은 500여 명이었습니다.

전국 각지에서 온 여직공들이 흰 모자 쓰고 가운 입고, 기계 앞에서 능숙한 손동작으로 실타래를 기계에 물리는 작업장을 둘러보았습니다.

예배실 규모는 약 100평인데, 일주일에 두 번 주일예배와 수요저녁예배를 드리는 소위 산업기업체 교회였습니다.

그렇게 나의 등록금은 해결되었고, 대구백화점에서 구입한 고급 책상과 책가방과 의복, 용돈은 물론 학비 등 전도사가 받는 사례비치고는 넘치도록 제공받았습니다.

이후 나는 바쁘게 지냈습니다.

주일과 수요일 예배는 항상 긴장하고 드려야 했습니다.

지금도 기억하는 나의 첫 설교는 시편 23편, '인생의 푸른 신호등'이었습니다.

500명의 모든 직공들이 작업을 중단한 채 넓은 공간에 앉아 예배를 드렸습니다.

1974년 5월 6일 주일 낮 대구 일신방직 회사 넓은 공간, 사장 전재수 장로님 앞에서 시편 23편 말씀으로 인생의 푸른 신호등 제목의 설교. 멋있는 양복은 김성림 권사님 아들이 입던 옷을 주심

당시는 마이카(My Car) 시대가 아니라서 학교 등교 시에 장로님과 교수·검사 동생들 모두 같이 타고 가다가 영남신학대학교 앞에서 내가 먼저 내리고, 차는 지나갑니다.

하나님께서 이 좋은 환경을 열어주셔서 날마다 은혜롭게 지냈습니다.

문석이 학생은 성격이 괴팍하고, 말도 안 되는 개똥철학을 펼쳐서 논쟁을 벌이기도 했지만, 시간이 흐를수록 영적 성령의 역사와 말씀을 통해 내 영역으로 끌어 들여서 얼마 지나지 않아 그는 순하게 변했고, 가족들이 모두 놀라워하며 지냈습니다.

추 전도사를 빨리 쫓아내시오! 그리고 칠곡 양로원으로

1974년 2월에 김성림 권사님 댁으로 가서 1학년 학기를 한 달여 남긴 10월, 호렙산 기도원 원장이 김 권사님에게 "추 전도사를 빨리 쫓아내시오! 궁합이 맞지 않으니 빨리 내보내지 않으면 권사님 가정과 사업에 큰 재앙이 올 겁니다!"라고 하면서 밀어내기 작전을 펼쳤는데, 그것이 통해서 나는 갑자기 보따리를 싸야만 했습니다.

장로님께서 "하나님 안에서 무슨 궁합이 맞지 않는다는 해괴망측한 말을 하며, 우리 가정에 문석이도 좋아하고 젊은 전도사님 인도로 산업적인 교회예배도 잘되는데 무슨 소리냐?"고 해도, 김 권사님이 기도원 원장의 강력한 반대를 이겨내지 못하여 나는 그 댁을 나와야만 했습니다.

문석이 학생이 애걸복걸(哀乞伏乞)해도 오래 전부터 관계를 가져온 기도원 원장의 텃세로 나는 다시 짐을 싸들고 이득향 권사님 댁으로 철수했습니다.

이 권사님도 '무슨 궁합이니 뭐니 하는……원장이 이러쿵저러쿵~' 속상해하셨습니다.

그때 마침 '칠곡에 있는 칠곡 양로원에서 총무를 구한다'고 하는 학우의 도움으로 소개받아 양로원을 방문했습니다.

원장님은 정성분 권사님이신데, 가족이 다양합니다.

시아버지는 당시 92세, 일제강점기 애국자로 생존해계셨고, 남편은 대구 야구협회 전무요, 심판으로 흑백TV에 자주 나왔습니다.

양로원에서 생활하시는 분은 약 40-50분이신데, 나는 총무 겸 예배인도자로 책임을 맡고, 숙식을 제공받고 열심히 봉사했습니다.

일인삼역(一人三役)으로 그야말로 많은 일을 하였습니다.

그러던 어느 날 나는 원장님께 '이왕에 양로원 예배를 드리는데 지역주민을 상대로 한 교회로 변신하여 개척설립예배를 드리고, 교회로 하자'고 건의했습니다.

원장님도 '그렇게 하면 금상첨화'라고 감탄하시면서 찬성하셔서 1976년 7월 18일에 '복음교회'라고 교회 명을 정하고, 경북노회에 요청을 하여 대구 제2교회 김창인 목사님을 모시고 여러 교우들과 함께 정식으로 개척교회를 드리게 되었습니다.

1976년 7월 18일 칠곡 복음교회 개척예배
양로원 정성분 원장 인사말

개척설립예배 사회자 추 전도사,
뒤편 대구 제2교회 김창인 목사님 설교.

설립예배 드리는 여러 교우들

종탑 앞에서 추 전도사(경북대학교 갈보리클럽에서 세워줌)

하나님의 큰 은혜로 교회가 부흥되었습니다.

대구 쪽에서도 여러 사람이 왔습니다.

주일학교는 놀라운 성장을 했습니다.

기존의 양로원생 노인들이 40-50분 되었고, 주민들도 나오니 양로원 건물에 교회는 안성맞춤이었습니다.

나는 성령의 신바람타고 다녔습니다.

낮에는 학교공부를 칼처럼 하고, 총무업무나 예배인도는 특수의무입니다.

양로원이라서 어르신들이 고집이 세신 것은 물론, 사탕 한 개 가지고 머리끄덩이 잡고 싸우는 것은 보통이며, 어떤 때는 말려도 안 되고, 끝을 보며 심각한 문제도 발생합니다.

양로원에서 특이한 것은 주일학교가 왕성하게 성장한 것입니다.

수많은 아이들이 몰려옵니다.

소문을 내서 대구대학교 등 주일학교 교사들을 모아 몇 명이 와서 함께 가르쳤습니다.

이들이 곧 오늘의 한국교회 중진들이 되었을 것입니다.

그런데 갈수록 양로원의 생활 속에 눈에 거슬리는 일들이 보였습니다.

당시 보건부의 적극적인 지원으로 이루어졌습니다.

예를 들어서 인원 파악 조사가 나오면 원생도 아닌 마을 할머니 등 아무 상관없는 분들의 사진이나 주민번호 등을 수십 개 조작하여 서류를 작성하게 하는 것입니다.

도저히 신앙적으로나 양심적으로 맞지 않아 몇 번이나 이런 운영을 하지 말라고 말렸지만 막무가내였습니다.

다른 곳들도 다 이렇게 한다는 것입니다.

내가 보건대 그렇지 않아도 충분히 운영하고 원장과 대가족이 넘치게 누렸습니다.

나는 원장님에게 '만일 고치지 않으면 나대로 어떤 결단을 내린다'고 경고했습니다.

좀 심한 것 같으나 나의 의사를 분명하게 밝힌 것입니다.

그런 후에 내 스스로 양로원을 나오게 되었습니다.

원장이 학교까지 찾아와서 달래기도 하였습니다.

'만일 문제를 만들면 죽여 버린다'는 협박도 했습니다.

대구 종동교회 개척과 성주 신계교회와 동원교회 주말 목회하다

1975년 3월 새 학기에 신학교 기숙사에 들어왔습니다.

1학년 때 1층으로 시작해서 4층으로 올라오면 졸업입니다.

한 해에 한 층씩 올라가며 실력도 인격도 신앙도 쌓인다고 합니다.

맞는 말이었습니다.

2학년 기숙사에 들어오니 색다른 환경에 마음은 편했습니다.

주일이면 여기저기 가보고 싶은 교회에 찾아가서 목사님들이 설교를 어떻게 하는지 들어보고, 주보는 교회의 얼굴이요 역사이니 반드시 세밀하게 훑어봅니다.

그 무렵 구국제단 기도모임(대안동 65번지)에서 유수환 집사님을 알게 되었습니다.

이분은 양복옷감을 판매하는 일을 하시는데, 경상도 일대 양복점을 순회하면서 장사하시고, 온 가족이 뜨거운 열정으로 신앙을 지키며, 슬하에 어린 아이 삼남매를 두고 매우 은혜로운 가정을 이루었으며, 사도행전처럼 뜨거운 성령의 집안이었습니다.

그런데 그분이 나에게 '그분 집에서 개척교회를 하자'고 제안한 것입니다.

나는 사역지가 없는 상황이라 즉시 동의하였고, 유수환 집사님 가족 5명, 도와 줄 교인 15명, 총 20여 명으로 개척교회를 시작했습니다.

집은 좁은 골목에 위치하였는데 문을 열면 곧바로 길이요, 신발도 길목에 벗어놓을 정도로 말이 집이지 좁은 방 한 칸과 부엌이 전부였습니다.

방은 협소하여 20명이 앉으면 꽉 들어찼습니다.

긴 상자를 강단 삼아 예배를 인도하였습니다.

그래도 은혜로웠고, 그야말로 불덩이입니다.

그러던 어느 날이었습니다.

밖에 벗어놓은 신발 중에서 누가 지나가다가 내 구두만 가져가 버린 것입니다.

기숙사로 돌아가려 하니 신발이 없습니다.

그런데 마침 경주 양복점에서 물건 값 대신에 구두로 받아왔다고 주셨는데, 내 발에 딱 맞았습니다.

그런데 두 주 지나서 예배 후 누가 또 신고 가 버렸습니다.

어린 시절 동산교회 신발 도둑질한 것에 대한 보응(報應)인 듯합니다.

대구 서구 중동교회 개척자로 신바람 나게 지냈는데, 당시 유 집사님이 사례비로 만원을 주셨습니다.

십일조 천 원 드리고, 나머지는 등록금 준비, 생활비 등으로도 빠듯했습니다.

당시 신학교 기숙사 식당의 한 끼 식비는 50원이었습니다.

나는 점심을 건너뛰어야 했습니다.

기나긴 춘삼월 해가 길어 점심을 건너뛰니 체력소모가 많았습니다.

'집 없는 설움보다 배고픈 설움이 더한다'는 옛말처럼 오전 강의 후 점심때는 강당 입구 숲길 속에 숨어서 기도합니다.

어지간히 시간이 지나면 나와서 실제로 수돗가에 가서 물로 배를 채웁니다.

잠시 포만감이 유지되지만 소변만 자주 보고, 허기진 배, 줄어드는 허리띠, 겪어본 자만이 압니다.

신학생들은 점심때 가장 즐거워합니다.

강의실에서 도시락을 펴놓고 옹기종기 식사를 하기도 하고, 식당에 들며날며 강당 아래 식당에서 라면이나 국수, 중화요리 등을 먹기도 하였습니다.

그러나 나는 숲속에 앉아서 기도하기도 하고, 무인도에 고립된 것처럼 멍하게 앉아서 빨리 점심시간이 지나기를 기다렸습니다.

그리고 강의실에 남아있는 음식 냄새는 괴로움 그 자체였습니다.

내가 중동교회 개척한 지 3개월 지나서 유 집사님 친척 전도사님이 내가 개척한 교회를 맡아서 사역하고 싶다고 해서 나는 하나님의 뜻으로 알고 그 제의를 흔쾌히 받아들였고, 계속 기도로 나의 갈 길을 가며 신학공부에 매진하였습니다.

이때 인연을 맺은 동기생이 있었는데 구충회 전도사(당시 35세, 가정 2자녀)였습니다.

전도사님은 대구 제일교회 수석 장로이신 구호서 장로님의 맏아들인데, 영남대학을 졸업하고 영남신학대학에서 공부하여 목회자의 길을 가려고 공부하고 있었습니다.

전도사님은 토요일에 청송 백자교회에 가서 월요일에 돌아오는 주일 목회자였습니다.

그는 나를 보면 "어떻게 설교하지? 다음 주일 설교자료 좀 부탁한다~"고 졸랐습니다.

그러면 나는 조심스럽게 성경을 요약설교로 가르쳐주곤 했습니다.

그것이 고마워서 점심때 꼭 나를 데리고 자기 집에 가서 점심을 같이 먹었습니다.

사모님도 무척 친절했습니다.

설교자료 주는 덕분에 한동안 점심까지 잘 먹을 수 있었으니 고마웠습니다.

일종의 설교문을 제공하는 대가로 대접받은 은혜로운 점심은 맛이 더했고, 수돗물만 먹던 내가 한동안은 점심시간이 기다려질 정도로 행복한 시간이었습니다.
그 집도 마침 학교에서 걸어서 5분 거리였기 때문입니다.

어느 날 대구 구충회 학우가 아버님께 부탁하여 목회지를 구해주겠다는 것입니다.
참 반가운 소식이었습니다.
다행히 며칠 내로 성주군 가천면 신계교회와 동원교회, 두 교회가 동시에 목회지로 결정되어 참으로 기뻤습니다.
주일을 지키기 위해서 첫 차로 대구 시외버스터미널에서 토요일 오후 1시 시외버스를 타면 성주군 신계리가 종점인데, 저녁 7-8시쯤 됩니다.

첫 주일에 가서 인사하고 목회를 시작했습니다(신계 · 동원 인터넷검색 가능).
조그만 건물로 지어진 교회였습니다.
노인 집사님 부부가 교회 바로 옆집에 사셨는데, 그곳이 나의 숙소입니다.
부잣집 머슴밥으로 밥을 수북하게 퍼주시고, 가야산에서 채취한 온갖 나물과 거한 시골반찬으로 차려주십니다.
주일 오전에 예배드리고, 오후에는 6km 떨어진 동원교회에 와서 저녁예배를 드립니다.
동원교회는 약 30-40명 모이는 교회로, 당시 시골교회로서는 든든했습니다.

1975년 7월 성주 신계교회(토요일에 가서 목회함)
현재 2021년도 그때 그 모습 교회임

무당 돌아오고, 불이야! 소동

1975년 영남신학교 2학년 여름방학이 되었습니다.
나는 성주 동원교회 부흥회를 준비하여 개최하게 되었습니다.

1975년 7월 영남신학교 시절 토요일에 성주 신계교회에 가서 오전예배 드리고, 오후에 6km
걸어서 (현)동원교회에서 저녁예배 드리고 월요일 첫 차로 대구 신학교로 돌아옴.
2021년 현재 성주군 가천면 동원리 동원교회 모습

　　그동안 매주 오후에만 예배를 드릴 수밖에 없는 상황이라 영적으로 목말라 있던
교인들이 평일에는 자발적으로 새벽기도와 삼일예배를 드리며, 주일 오후 추 전도사
를 간절한 마음으로 기다렸습니다.
　　부흥회 전에 대대적으로 이웃지방까지 십자가 빨강색 컬러 포스터를 붙이고 홍보
하고 부흥회가 시작되었습니다.
　　이웃의 여기저기에서 부흥회에 참석하여 큰 은혜의 불길이 일어났습니다.

　　부흥회 셋째 날 오전 성경공부집회가 시작되어 조금 지났는데 헌 한복차림의 아주
머니 한 분이 점잖은 모습으로 약 쌀 한 말쯤 되는 자루를 손에 들고 들어오면서 강
단을 향하여 큰 절을 세 번 올리고, 무릎을 꿇고 정자세로 나를 집중하여 쳐다보며,
시선과 몸자세는 흐트러짐 없이 성경공부를 경청하는 것입니다.

그 모습에서 설악산 기암괴석 태고만산 바위틈에서 여유자적 생존결사의 모습으로 앉아 '이제야 내가 찾던 그 진리의 길과 샘터가 여기구나~' 하는 무언의 언어가 풍겨 나니, 내가 본 그 자태는 가히 영적 깊은 계곡으로 깊이 빠져가고 있었습니다.

그런데 문제가 생겼습니다.

온 교우들이 모두 나를 쳐다보는 것이 아니라 머리를 그 헌 옷 입은 여인을 향하니, 분위기가 너무 어색 비색하고 말씀공부에 지장을 주었습니다.

나는 곧바로 눈치를 챘습니다.

'보통 사람이 아니고, 조금은 비범한 사람이 왔구나~'

모든 사람에게 시선을 받는 것을 봐서는 평범한 사람은 아님을 알아챘고, 나는 분위기를 바꾸기 위하여 찬송을 부르고, 시선을 나에게로 집중시키는 센스(sense)를 발휘하여 오전 시간을 잘 마무리하였습니다.

그때 모든 사람들이 의아해하면서 그분을 향해서 "어찌 된 일입니까?" 하면서 다가 갔습니다.

그때 그 여인이 나에게 말을 걸었습니다.

"강사 선생님, 저는 무당입니다. 수십 년 무당으로 귀신에 잡혔어요. 오늘 이 시간부터 저는 이 무당의 길을 버리고 하나님 아버지를 믿기 위해서 왔습니다."

그때 나는 즉석에서 "자~ 모두 자리에 착석하여 이분의 말씀을 들어봅시다." 하고 분위기를 정돈시키고, 무당 여인에게 말할 기회를 주었습니다.

여인의 말이 시작되었습니다.

"삼일 전 꿈속에서 흰 옷 입은 귀인, 천사 같은 분이 나타나 집 마당 한가운데 서서 두 손 높이 들고 '할렐루야! 할렐루야! 할렐루야!'를 큰 소리로 외치는데, 삼일 동안 꼭 밤 12시쯤 연속적으로 꿈을 꾸니, 괴롭기도 하고 영통하기도 하여 '할렐루야는 예수쟁이들이 하나님 신이 최고라고 하는데 왜 무당 귀신 접한 나에게 삼일 동안이나 꼭 밤 12시에 이럴까' 생각한 결과 '참 신이신 하나님 아버지께서 내게 있는 귀신을 쫓아내고 새로운 하나님 신을 넣어줄 테니 예수 믿어라, 이젠 무당을 버려라' 하시는 것으로 알고 결심 특심 작심하고 나왔습니다. 나 이제 예수 믿으렵니다. 받아주시겠습니까? 쌀자루는 이 교회에 오셔서 하나님 굿하시는 강사 선상님 이바구하는 데 수고하시니 밥이라도 한 끼 잡수시게 하려고 가져왔습니다."

무당 여인이 예수 여인으로 바뀌는 놀라운 기적의 간증을 듣게 되니, 하나님께서 부흥회 기간에 마귀 세력 큰 고기를 잡게 하신 것입니다.

당시 교인들이 '이 무당이 너무 귀신 굿을 잘 풀어서 대구지역 안 불려가는 곳이 없는 용한 족집게 무당인데 하나님이 특별히 불러내셨다'고 하며 날이 갈수록 큰 뉴스가 되었습니다.

그리고 부흥회 마지막 날 저녁이었습니다.

나는 수없이 부흥회를 인도하면서 항상 마지막 저녁 시간에는 성령의 불길이 강력하게 역사하는 것을 현장에서 체험하였습니다.

어느 누가 어떤 부흥회를 인도하든지 꼭 마지막 날 "성령의 불을 받고, 안수기도 받고, 불 받고 치료 받읍시다!"라고 외치던 시대였습니다.

동원교회 부흥회 삼일 째 무당이 항복하고 돌아오니 당시 분위기는 최고조의 상태로, 나는 움직이는 사도행전의 역사였습니다.

나의 말 한마디, 손짓, 발짓, 시선, 몸짓이 모두 설교였습니다.

한마디로 솔직하게 표현하자면 완전히 추귀환이는 없고 성령의 포로가 되어 성령의 불 바람을 일으킨 것입니다.

당시 27세의 나이였습니다.

펄펄 날고 펄떡펄떡 뛰었습니다.

예배 끝에 '성령의 불길' 찬송을 하고 있었습니다.

"불로, 불로" 찬송했습니다.

계속 "불로, 불로" 찬송을 불렀습니다.

예배당이 약간 마을의 언덕 높은 곳에 위치해 있었습니다.

그날 저녁 모든 성도들이 성령에 도취하여 엄청난 소리로 "불로, 불로" 찬송을 불렀습니다.

이 "불로, 불로" 찬송소리가 TV도 없다시피 한 고즈넉한 마을에 울려 퍼졌습니다.

온 동네 주민들의 귓가에는 마치 "불이야! 불이야!"라고 외치는 소리처럼 들렸는지 동네 주민 수십 명이 '동네 어느 곳에 불이 났다'는 소리로 알아듣고 물통을 들고 불을 끄려고 튀어 나와서 교회 쪽으로 몰려오는 것을 내 눈으로 직접 보았습니다.

나는 그때를 생생하게 기억합니다.

그들의 손에 양동이가 들려 있었습니다.

그때 불은 실제로 발생했습니다.

동원교회에 성령의 불이 활활 타올랐던 것입니다.

온 주민들이 교회 안과 밖에서 "불로! 불로!"를 외쳐댔습니다.

이때 불이 붙어서 당시 교회가 크게 부흥되고, 무당의 회개와 함께 한바탕 "불이야!" 대소동은 놀라운 사도행전의 역사가 새로이 쓰이는 계기가 되었습니다.

나의 신변(身邊)에도 놀라운 변화가 일어났습니다.

'무족언천리행'(無足言千里行)은 '발 없는 말이 천리 간다'는 말입니다.

지역과 신학교, 초교파적으로 소문이 퍼져나가서 각처에서 부흥회 초청이 쇄도하여 지속적으로 이어져갔습니다.

나는 틈만 나면 고령, 달성, 봉화, 청도, 청송, 군위, 영천, 안동지방 등을 다니면서 부흥회를 인도하였습니다.

그리고 나는 주일 목회로 오전에는 성주 신계교회, 오후에는 동원교회를 가기 위해 토요일 오후 1시경에 출발해서 저녁 7시쯤 도착하는 완행버스를 타고 6-7시간 동안 비포장도로를 달려가야 하는 고단한 길을 다녔습니다.

하루 한 번 왕복버스 코스로 도착하면 녹초가 됩니다.

늘 배고픈 고학(苦學)의 신학도가 가야산 밑 험지(險地) 신계교회와 동원교회에 가면 집사님이 밥이며 개떡이며 꿀을 대접해 주셔서 배터지게 먹고 옵니다.

그 동원교회에서 사도행전의 성령 바람 불길이 타오르기 시작했습니다.

이런 사도행전적인 역사도 있었습니다.

닐 암스트롱(Neil Armstrong)이 달에 착륙하던 1969년 7월 20일이었습니다.

나는 기드온신학교 학생 시절이었는데, 실천신학 차원에서 전국파송 무전(無錢) 전도지역으로 경남 마산과 고성으로 파송되어서 무작정 고성으로 내려갔습니다.

완전히 무전여행, 전도여행이었습니다.

7월 10일부터 40일 작정으로 시작되었습니다.

나는 고성 여객터미널에 도착하여 무작정 버스를 타고 가다가 내려서 마을에 들어가서 가가호호(家家戶戶) 전도를 합니다.

그리고 하루하루를 농촌 일손 돕기 등 닥치는 대로 봉사하면서, 한국 기독교 역사에서 오직 '예수천당 불신지옥'을 외치시던 최권능 목사님처럼 누비고 다녔습니다.

저녁이 되면 어쩔 수 없이 교회로 찾아가서 신분을 밝히고, 환영하면 자고, 거절하면 나왔는데, 육신은 고달팠지만 성령님의 인도하심으로 오히려 마음은 편했습니다.

한마디로 거지 전도사였습니다.

7월 20일 도착한 곳이 고성군 삼봉면 마을이었습니다.

걸어 다니면서 전도하던 차 언덕배기에 교회가 보였습니다.

나는 마을에 들어서서 세 번째 집 마당에 들어섰습니다.

연세가 지긋하시고 귀인(貴人)처럼 몸집이 듬직하신 여자 분이 마루에서 벌떡 일어나시면서 마당으로 뛰어내려 오시더니 "어서 오세요. 기다리고 있었습니다. 속히 마루로 올라오세요." 하며 반겨주시는 것이었습니다.

그때 나는 나이 어린 19세 소년이었습니다.

아주 조심스러운 표현이지만, 연세 드시고 품위 있으신 분이 자식 같은 나를 마치 천사처럼 귀하게 여기시고, 극진히 대해 주셨습니다.

나는 몸 둘 바를 몰랐습니다.

그렇다고 "왜 이러십니까?" 반문할 수도 없었고, 그렇게 말할 틈조차 없었습니다.

집은 조선시대 사대부 집같이 꾸며져 고풍스럽고, 역사의 숨결이 대대로 전해져온 온기가 스며든 집처럼 고택(古宅)의 품위가 넘쳤습니다.

높은 대청(大廳) 마루에 시원한 음료수와 과일 간식을 차려 놓았습니다.

그분은 "이제부터 마음 편안하게 쉬시면서 지내십시오."라고 하면서 놀라운 접대를 아끼지 않았습니다.

나는 시원한 물로 손과 얼굴을 씻고, 마루에 앉아서 대화를 나누었습니다.

이분은 '최필녀'라고 하는 여전도사님이셨고, 연세가 62세셨습니다.

언덕 위에 높이 솟은 예배당에서 사역하시는 목회자였습니다.

바로 7월 20일 목요일 그날 전도사님이 새벽기도 후 기도하시는 중에 "오늘 오후 세시쯤 너희 집에 주의 사자가 올 것이다. 그러니 잘 맞아주고, 오늘밤부터 성회를 열어라!" 하시는 하나님의 직접적인 음성을 듣고, 이런 놀라운 은혜의 체험으로 어린 나를 극진히 대해 주신 것입니다.

그 후 교인들에게 서로 연락하고, 이웃교회에까지 급히 전달하여 즉각적(卽刻的)으로 부흥회가 열렸습니다.

그리고 여름방학이라 여름성경학교를 열어 함께 은혜 받는 대 역사가 일어났습니다.

그날이 바로 인류가 쏘아올린 아폴로 11호가 달에 착륙한 날이었습니다.

영원히 잊을 수 없는 영적 파워(power)의 날들이었습니다.

대구기도원 총무로 발탁
엘리야 선지 겉옷 - 기적의 등록금

1974년 11월, 이득향 권사님께서 '대구기도원에서 추 전도사를 필요로 한다는 연락이 왔다'고 하셨습니다.

당시 영신 출신 선배가 기도원 총무로 수고하다가 서울로 사역하러 갔기에 공석 중이라 급히 구하고 있었습니다.

나는 성주 신계교회, 동원교회는 사임을 하고, 기도원으로 사역지를 옮겼습니다.

나는 짐을 싸서 기도원 숙소로 이사를 하였습니다.

숙소는 기도원 옆 산 아래인데, 아궁이에 솔가지 등 땔감으로 온돌을 데우고 잠을 자야 했습니다.

낮에는 학교 다니고, 토요일과 주일은 기도원 사역 등으로 체력소모가 많았습니다.

방은 그야말로 시베리아를 능가할 만큼 추웠고, 방바닥은 냉골이었지만 나무를 준비하기도 어려웠습니다.

기도원의 사역은 할 일이 참 많습니다.

강당과 화장실(재래식-똥 지개 처리) 청소, 잡초 제거, 식수 공급, 사무 관리, 새벽·밤 예배, 찬송인도, 그 외 노동 작업 등 수많은 일들이 나를 기다리고 있었습니다.

학교에 가기 위해 7시 첫 차를 타면 1시간 30분 걸려서 도착합니다.
도시락은 없습니다.
기도원 가족은 원장님과 부친 등 8명입니다.
아침 식사 시간은 6시로 정해져 있습니다.
모두 부지런하게 삽니다.
한 식탁에 차려진 밥상에서 식사를 하는데, 밥 먹는 속도가 달라서 고역입니다.
나는 20대 나이에 작은 밥 한 공기 먹는 데 딱 세 숟가락이면 끝입니다.
그렇다고 속전속결(速戰速決)로 식사 마무리를 할 수도 없습니다.

원장님의 부친은 교육 공직자 출신으로 매우 근엄하고, 그 누구보다 보수적이며, 예의범절(禮儀凡節)을 강조하시는 분입니다.
생김새부터 태조 이성계처럼 빈틈없이 예리한 분입니다.
나는 밥알을 세면서 같이 보조를 맞춰야 합니다.
어느 날 내 방식대로 먹다가 혼쭐이 난 적이 있습니다.
남의 집 밥상에서 편한 마음으로 식사하지 못하는 것이 싫은 것은 아니지만, 곤욕(困辱)이었습니다.
소위 우렁이 알 만한 아침밥을 먹고 긴긴 하루를 견뎌야 합니다.
도시락을 싸줄 만도 한데 아무도 관심이 없습니다.

나는 솔직히 여유(餘裕)라고는 없었습니다.
조금은 사고방식(思考方式)이 미련(未練)했습니다.
꼭 써야 할 곳에는 써야 하는데 심하게 아낄 수밖에 없었습니다.
학비 비용, 다음 학기 등록금 준비 등 늘 쫓기는 생활이었습니다.

당시에는 겨우 토큰을 구입하여 버스를 탈 정도였습니다.
점심때가 되면 학생들이 학교 구내식당이나 교문 앞 각종 식당으로 끼리끼리 떼를 지어 점심 먹으러 갈 때 나는 그 대열에 낄 수 없는 처지였습니다.

강당 입구 숲속 나무 가운데 자리를 잡고 앉아서 기도하고 생각하고, 또 수돗가에 가서 맛없는 수돗물로 허기진 배를 가득 채우고 다시 숲속으로 들어갔습니다.

소설 속의 이야기를 생각하기도 했습니다.

'고학생 시절 수돗물로 배를 채웠다'는 글을 읽기도 하고, 영화 속의 한 장면을 떠올리기도 했습니다.

배고플 때 가장 맛없는 것이 맹물입니다.

음식을 맛있고 포만감 있게 먹어주고, 위에서 당기는 소금기의 요청이 있을 때 물맛이 제대로 나는 것입니다.

맹물 가득 먹고 걸을 때마다 배에서 쿨렁쿨렁 물소리가 납니다.

나는 허리끈 한 번 졸라맵니다.

시간이 흘러 오후 강의시간이 되면 강의실은 도시락 먹은 흔적 반찬냄새로 진동합니다.

밥 먹은 사람은 그 냄새를 느끼지 못합니다.

원래 담배 핀 사람은 그 냄새를 느끼지 못하지만, 담배를 피우지 않는 자는 지독한 냄새에 빠지는 것입니다.

나는 강의실 도시락 냄새를 맡으며 잠시나마 순간적으로 위안도 받고, 서글퍼지기도 하며, 나도 모르게 인생의 서러움에 마음을 빼앗기곤 했습니다.

배가 고프면 시간도 느리게 가는 것처럼 느껴집니다.

하루 강의 듣고 저녁 5시경 버스에 몸을 실으면, 버스는 한 시간 반 동안 동대구를 지나 팔공산 갓 바위 쪽으로 대구시 외곽지대로 달립니다.

버스 안에는 여러 군상(群像)들이 탑니다.

유독 까까중의 모습이 눈에 띕니다.

소위 '스 씨'들로, 스님들이 팔공산 절간을 오가는 승객입니다.

나는 그냥 지나쳐 보내지 않습니다.

"당신들이 찾는 것이 뭐요? 석가요?"라고 말을 걸어봅니다.

점점 논쟁(論爭)이 시작됩니다.

종교적인 윤회설(輪回說)과 신앙적 창조주(創造主), 영적 입씨름이 한 판 벌어집니다.

내가 버스를 탈 때마다 '스 씨'들이 걸려듭니다.

많은 '스 씨'들이 나를 대면하여 거쳐 갔습니다.

지금쯤 그들은 교회에 가서 멋있는 크리스천(christian)이 되었을지도 모릅니다.

그렇게 나는 학교를 다녔습니다.

내가 봐도 내 몸은 삐쩍 말랐습니다.

거울을 보고 배를 보면 '배가 등가죽에 붙었다'는 말이 실감이 났습니다.

때로는 겁도 났습니다.

한창 나이에 신체조건이 요구하는 음식을 채우지 못하니 늘 현기증과 빈혈, 배고픔에 시달렸고, 냉골에서 자는 것이 일상이니 약간 온기가 있는 공간에 들어서면 끝없이 목이 간질거려 기어코 기침을 하게 되어 빨리 밖으로 나와야 합니다.

그렇지 않으면 기침소리로 주변에 피해 주기도 하고, 나 자신이 창피하기 때문입니다.

그리고 걸을 때마다 위장에서는 '꾸룩꾸룩' 물주머니 같은 소리가 납니다.

위장이 고장 난 것입니다.

그러나 먹고 소화시키는 데는 아무 지장이 없습니다.

저녁 8시경 기도원에 도착하면 봉사자로 식당일을 하시던 서울로 간 선임 선배 큰어머님이 007작전처럼 나를 위해 밥을 몰래 한 공기 감춰두었다가 더 먹으라고 주시고, 부침개도 주시면서, "젊은 전도사 양반이 얼마나 배를 곯았으면 몸이 그렇게 부실해? 아이~ 불쌍해~"라고 하시면서 참 많이 거둬 주셨습니다.

그분은 당시 75세이셨는데, 지금쯤은 벌써 천국에 가셔서 잘 계실 것입니다.

'내가 생명과일 많이 따 드려야겠다'고 생각해 봅니다.

당시 나는 대구 기도원의 총무 직책으로 사역은 했지만 무보수였습니다.

숙식 제공 외에는 아무것도 없습니다.

이것도 나에게는 다행이었습니다.

기숙사에 가면 기숙비나 식사비 등이 내게는 큰 부담이었습니다.

마치 농사머슴처럼 밥만 먹여줘도 감사하게 생각해야 할 처지인 셈이었습니다.

나의 당시 신학교 시절의 기도원 총무 사역은 빛 좋은 개살구였지만 내게는 절대적인 필연코스였습니다.

하계 성회를 앞두고 대대적으로 기도원 대청소를 하게 되었습니다.

기도원 화장실 똥을 푸는 작업입니다.

내가 아니면 누구도 할 수 없는 일입니다.

똥통이 가득 찼습니다.

전국 각지에서 오신 분들이 회개하며 찬송하며 똥까지 다 퍼질러서 더러움의 대명사처럼 큰 놈들이 덩어리째로 나를 반깁니다.

나는 일이라고는 해본 적도 없고, 낫질도 못합니다.

소위 일머리가 없습니다.

그런데 기도원 똥 지개는 피할 수 없으니, 져야만 합니다.

똥 지개 자체도 무거웠습니다.

날은 더워서 반바지를 입고 똥을 바가지로 퍼서 담을 때 냄새도 여간 고역이 아닙니다.

눈으로, 코로, 손으로 느껴집니다.

음식이 입으로 들어갈 때는 그렇게 맛있었는데, 위장, 십이지장, 소장, 대장을 거쳐 똥구멍으로 품어놓으면 그리 냄새가 나는지, 그 모양과 냄새를 직접 만나보지 않은 사람은 말을 하지 말아야 합니다.

나는 '우리 농부들의 농사가 그냥 곡식이 나온 것이 아니다'라고 생각합니다.

나는 여러 가지로 철학과 신학을 만나게 되었습니다.

거룩하신 하나님(신)과 피조물인 인간을 구별하고, 다른 점을 깨닫게 되었습니다.

인간은 먹고 싸고 죽습니다.

(식사식사 - 食事食死 - 먹다죽다)

아니, 지구상의 동서양 역사에서 똥 푼 사람이 한 둘이며, 나뿐이겠습니까?

기도원 똥은 냄새가 더 고약한 것처럼 느껴졌습니다.

오죽하면 은혜를 받으러 올라오지만, 가지가지, 만 가지 천 가지 백 가지, 영육 간 가족 간 인생살이 문제 보따리를 가져 옵니다.

나는 수많은 인생의 문제를 안고 오는 분들을 봤습니다.

반바지를 입고 똥을 퍼서 담아 지고 오다가 언덕배기 비탈길 자갈을 밟아 똥 지개가 나뒹굴면서 내 몸을 덮쳤습니다.

희한하게 똥통을 뒤집어쓰게 되었습니다.

씻고 말리고, 온갖 방법으로 위기를 넘겼습니다.

그런데 문제가 생겼습니다.

내 양다리에 가려움증이 심해지고 부스럼이 나기 시작했습니다.

약을 먹고 발라도 계속 똥독이 올라 양다리가 붓고, 부스럼이 심해, 보기도 흉했습니다.

거기다가 양동이에 풀물을 가지고 대구 시대 주요거리에 부흥회 홍보물 포스터 약 500-600장을 붙이는 작업을 했습니다.

2-3일을 붙여야 하는데, 밤늦게까지 하고 기도원에 못 가게 되면 이득향 권사님 댁에 가서 자곤 했습니다.

늦은 밤 이 권사님 댁에 가면 권사님께서 나를 보시고 안타까워하십니다.

'기도원에 가서 갖은 고생을 한다'고 위로와 격려를 해주셨습니다.

그때의 기도원 부흥회 강사는 당시 대구 침례교회를 담임하셨고, 현재는 서울 강남 침례교회 원로목사이신 김충기 목사님이십니다.

목사님은 나를 보고 기도해주시고, 강사 방으로 불러서 박카스 등 간식을 주시면서 "신학생답게 연단 받는구먼, 참고 견뎌내세요." 하고 용기를 북돋아 주셨습니다.

하나님께서 만져주셔서 약 한 달여 지나 깨끗이 치료되었습니다.

이렇게 기도원의 사역은 갈수록 좌충우돌하면서 고비를 넘어가곤 했습니다.

1975년 추운 겨울 어느 저녁, 나이가 많고 초췌한 분이 기도원에 오셨습니다.

바로 내 옆 기도실 방에 안내하여 등록하시고는 '30대 후반에 북에서 혼자 월남하여 신학공부를 하고 목회를 마치고 이제는 은퇴자로 자유롭게 전국을 순회하며 다니시다가 대구 기도원까지 오셨다'고 말씀하시는 것입니다.

3일이 지난 초저녁에 그분이 나를 방으로 불러서 이렇게 말씀하셨습니다.

"나는 평생 40년 목회를 마치고 혈혈단신 믿음의 나그네로 살아가다가 하나님께서 부르시면 천국으로 갑니다. 추 전도사는 이제부터 시작입니다. 목회 길은 좁고도 험한 길입니다. 내 경험으로는 목회가 크나 작으나 사람의 방법으로 하는 것이 아닙니다. 하나님의 능력의 권능을 가지고 하는 것입니다. 그러니 오늘 이 자리는 엘리야가 엘리사에게 겉옷을 던져주고 승천한 후에 제자 엘리사가 그 겉옷을 걸치고 자기 스승인 엘리야보다 갑절의 영감과 갑절의 사역을 한 것처럼 나보다 추 전도사가 갑절의 영감과 갑절의 사역을 해야 하니, 이 옷은 내가 오래 전에 사 입은 코트인데, 이 옷을 입고 갑절의 영감을 받으십시오."

사실 나는 뜻밖에 벌어진 일이라 당황했습니다.

물론 성경의 엘리야 사실을 알고 믿었으나, 그와 흡사한 일이 기도원 산 속에서 노목회자와 젊은 나와의 사이에서 벌어졌으니, 영적인 장면이 아닐 수 없었습니다.

그 옷은 몇 년 된 옷처럼 보였고, 검정색으로 굉장히 두껍고 무거웠습니다.

그분은 키가 나보다 크셔서 그 옷은 내게는 컸습니다.

나는 반강제로 옷을 입었습니다.

그리고 그분은 엘리야가 엘리사에게 한 것처럼 내 머리에 손을 얹으시고, 갑절의 영감을 주는 능력의 옷을 걸치는 의례(儀禮)를 행하는 시간과 자리였습니다.

자고 일어나서 보니, 그 노구의 목사님은 기도원을 떠나고 계시지 않으셨습니다.

마치 꿈속에서 일어난 느낌이었습니다.

그리고 자서전을 쓰는 지금의 내 마음은 '정녕 그분은 하나님께서 보내신 신분을 가장한 천사였다'고 힘주어 말하고 싶습니다.

삼일 안에 일어난 감쪽같은 일이었습니다.

신비한 일이 아닐 수 없습니다.

나는 목회를 하면서 그때 엘리야 겉옷을 입혀주신 노구의 목사님을 떠올립니다.

나는 힘들 때마다 열왕기하 2장을 읽습니다.

요단강변의 불 말과 불 수레 타고 승천한 엘리야 선지의 벗어던진 겉옷을 엘리사가 휘둘러 요단강을 내리치며 이리저리 갈라놓듯이, 나의 목회 54년의 막힌 길목마다 이리저리 갈라졌습니다.

하나님의 세심 세밀하신 섭리의 주관하심으로 미래의 준비적 사건이라 생각하면서 하나님의 놀라우심에 감사드리고, 언젠가는 천국에서 그분을 만날 것입니다.

한마디로 눈 코 뜰 새 없이 바쁘게 신학교 시절이 지나가고 있었습니다.

내 호주머니에 여기저기서 주는 사역비, 용돈 등이 모아졌습니다.

그렇지만 학비 등을 쓰고, 약간의 저축을 하고나면 항상 여유가 없었습니다.

1975년 2학기 등록금 고지서가 나왔습니다.

사만 오천 원이라는 거액이 눈에 보였습니다.

당시 고졸 봉급 10,000원 대졸 봉급 15,000원이었는데, 신학교 등록금은 대졸 출신 봉급 3개월 치에 해당하는 거액이었습니다.

내 수중에는 약 15,000원뿐이었습니다.

눈앞이 캄캄절벽이었습니다.

3월 말까지 등록하지 않으면 게시판에 미납자로 이름을 붙여서 등록을 재촉하고 압박합니다.

신학교이지만 학교 운영상 불가피한 방식으로 이해가 갑니다.

등록 일주일 전, 시간이 가까이 올수록 마음이 무거워집니다.

나는 하나님께 기도함으로써 해결하는 방법 외에는 길이 없었습니다.

고지서를 들고 기도 굴에 들어가서 하나님 앞에 펴놓고 결사적으로 기도했습니다.

묵상도 하고, 부르짖기도 하고, 소리를 쳐보기도 하였습니다.

이때 나는 땅굴 속에 기도실을 차려놓고 세 가지 제목을 두고 기도하였습니다.

　첫째로, 기도 굴 속 내 앞에서 등록금을 기적으로 만들어주시든지(무에서 유 - 無~有), 없는 데서 있게 하시는 창조적 기적

　둘째로, 어느 누구에게 지시하셔서 가져오게 하시든지

　셋째로, 어떤 획기적인 방법을 가르쳐 달라고

　오전 9시부터 12시까지 젖 먹던 힘까지 다하여 기도했습니다.

그런데 갑자기 코피가 터져서 멈추지 않고 흘러내리는 것입니다.

엎드려 고함치며 부르짖으니 피가 역류하여 터진 것입니다.

나는 방석, 걸레 등으로 기도 굴 안에 흥건히 고인 코피를 닦아내고 또다시 부르짖기 시작했습니다.

성령의 감동이 임재하심을 능히 인지(認知)하면서 내 입에서는 "너는 일어나 지금 즉시 김성림 권사를 찾아가라! 내가 예비했으니 가기만 하면 오늘 중으로 등록금이 해결된다!"는 하나님의 음성이 터져 나왔습니다.

나는 하나님께 구하였습니다.

　"하나님! 제가 먼저 권사님께 등록금 달라고 요구하기 곤란하니 그 권사님께서 먼저 등록금 이야기를 하게 하시고, 백 퍼센트 주게 하옵소서!"

하나님께서 나에게 감동하셨는지 "지금 가라! 내가 그렇게 하리라!"는 응답을 주셔서 감사 찬송으로 마무리하고 기도 굴을 나와서 1시 30분 버스를 타고 대구 북부 산업단지 회사 내 김성림 권사님 댁을 찾아갔습니다.

나는 1974년 입학 후에 특별방법으로 김성림 권사님과 인연을 맺고 있었습니다.
그러나 선뜻 대하기가 쉽지 않은 것입니다.
또 등록금(돈)이라는 예민한 문제를 안고 만난다는 것은 그리 쉽지 않았습니다.
하지만 하나님께서 기도 굴 속에서 내게 가르쳐주신 구체적인 방법 지시가 앞에서 끌고 가시기 때문에 나는 용감하게 권사님 댁의 초인종을 눌렀습니다.
"띵동~ 띵동~" 두어 번 벨소리가 울리더니 스피커에서 "누구신교?" 하는 권사님의 목소리가 흘러 나왔습니다.
"저 추귀환 전도사입니다. 권사님 뵈려고 잠시 들렀습니다."

그때 "전도사님! 반갑습니더. 퍼떡 들어오이소." 하며 상당히 친절하게 맞아 주셨습니다.
도우미 아주머니에게 "뭐하고 있노? 과일찻상 퍼뜩 차려온나~" 하고 재촉하니 근사한 부잣집 다과상이 앞에 놓였습니다.
"고생 많지요? 기도원에서 수고하고 공부할라 내사마 추 전도사님 생각카면 미안타 아닙니꺼. 우리 문석이가 지금도 전도사님을 찾습니더. 어서 드셔보소마."

온갖 너스레를 떠십니다.
나는 잠시 지난 날 이 좋은 집에서 잘 먹고 외제차 타고 학교 다닐 때를 생각하며, 갑자기 기도원 골짜기로 떨어져버린 내 모양이 서글퍼졌습니다.
그러나 지금 이 시간 등록금이 해결되어야 하는 절박함뿐입니다.

세 가지 기도 중 세 번째로 획기적인 방법을 가르쳐 주셔서 권사님 댁을 찾아오게 하신 하나님을 생각하며 차와 과일을 먹지만 아무 맛도 모르겠고, 오직 김 권사님 입에서 등록금 이야기가 나오기만을 뚫어져라 바라보았습니다.
아~ 드디어 입을 여셨습니다.
"전도사님예~ 등록기간일 텐데 준비는 되었능교?" 하고 물으십니다.

나는 일말의 자존심이 있기에 "아버지가 주시겠죠~" 했습니다.

그때 권사님이 "등록금이 얼만교?" 물으시기에 나는 "예, 45,000원입니다."라고 대답했습니다.

그때 일어나서 방에 가셔서 봉투에 등록금을 넣어가지고 나를 주시면서 "전도사님예~ 내가 절반을 드리겠습니더~"하시고 내게 건네주셨습니다.

나는 가슴이 철렁 내려앉았습니다.

'나머지 절반을 어디서 채울 것인가?' 그리고 계속 속으로 기도했습니다.

'다 주셔야 합니다. 하나님! 절반이 아니잖아요? 나머지는 어떻게 하시렵니까?' 하고 조아렸습니다.

그리고 권사님도 나도 일어났습니다.

'이젠 여기서 나가면 끝이다. 절반의 등록금은 어떻게 할 것인가?'

나는 거룩한 강도 같은 자였습니다.

절반의 등록금만 해도 거액이었습니다.

현재의 화폐가치로 약 800-900만 원에 해당되는 액수입니다.

영남신학대학은 완전히 사립대학입니다.

나에게는 해결책이 전무(全無)합니다.

나는 '여기서 하나님이 해결하시지 않으신다면 다음 코스는 없다'고 생각하니 앞이 캄캄했습니다.

나는 힘없는 발걸음으로 대문 쪽으로 발걸음을 옮기고 있었습니다.

권사님도 나를 향해 말씀하십니다.

"전도사님예~ 언제고 또 오이소~ 기도 많이 해주이소마~"

그렇게 인사를 나누고 대문을 열고 밖으로 나가려고 하는 순간이었습니다.

하나님께서 내가 속으로 부르짖는 기도를 들으신 것입니다.

바로 그때 권사님의 음성이 들렸습니다.

"전도사님요~ 등록금 다 채워 드리겠습니더~"

권사님은 집안으로 뛰어 들어가서는 절반을 마저 채워서 주시면서 말씀하셨습니다.

"지금 전국체전이 열려 전국에서 사람이 많이 와서 쓰리꾼도 많습니다. 이 돈을 호주머니에 넣으면 위험하니, 안전하게 신문지에 싸서 러닝셔츠 속 가슴에 꼭 품고 가시소."

권사님은 쓰리꾼 습격에 대비하는 방법까지 알려주시며, '힘들고 어려우면 언제든지 찾아오라'고 하시면서 어깨를 두드려 격려까지 해주시고 밝게 웃어 주셨습니다.

기도응답으로 등록금 해결(가운데 김성림 권사님, 우측이 추 전도사)

나는 그 등록금을 품에 안고 찬송과 감사기도와 눈물로 얼굴을 적시면서 전국체전 개회식이 열리는 북부 종합운동장으로 가는 수많은 인파를 반대방향으로 뚫고 버스 정류장 몇 코스를 일부러 걸었습니다.

아침 9시에 기도를 시작하여 초저녁 7시까지!
10시간 안에 등록금 007작전을 해주신 우리 좋으신 하나님께 영광을 돌렸습니다.
김성림 권사님을 감동시키신 하나님이셨습니다.
참으로 고마운 분이십니다.
마지막 차인 9시 30분 버스를 타고 11시 훨씬 넘어서 기도원에 도착했습니다.
나는 결사적(決死的) 절체절명(絕體絕命)의 기도 굴에 다시 들어가서 등록금 45,000원을 펼쳐놓고, 오늘 안에 이렇게 놀라운 방법으로 해결해주신 하늘에 계신 아버지께 눈물과 감사의 기도를 드렸습니다.

굼벵이도 구르는 재주가 있고, 벼룩도 뛰는 재주가 있고, 카멜레온도 변장의 재주가 있듯이, 하나님은 모든 생명체가 환경에 적응하는 기능을 주셨습니다.

역사가 토인비(Arnold Joseph Toynbee)는 '인간은 도전과 응전의 치열한 삶을 산다'는 것을 갈파(喝破)했습니다.

보십시오!

성경 속 위대한 하나님의 사람들은 어떤 문제를 가졌든지 하나님과 기도의 씨름판을 벌였다는 특징이 있습니다.

하나님은 직·간접적으로 섭리(攝理)의 명수이시고, 자기 이름을 위하여 신적 영광과 권위를 지키시는 절대자(絶對者)이시기 때문에 어떤 방법으로든 반드시 응답하셨습니다.

때로는 무응답도 응답일 때도 있습니다.

나는 동서사방(東西四方)에 의지할 사람은 아무도 없었습니다.

단, 위에 계신 살아계신 하나님뿐이었습니다.

하나님께서 하루 동안에 멋지게 등록금을 해결하게 하신 그 은혜는 영적 이력서요, 기도응답이라는 스펙(spec)을 쌓게 된 것입니다.

사랑하는 나의 자녀들아!
아들 이삭, 자부 경희, 손자 수야!
그리고 사위 진협, 딸 지혜, 손자 호·하·휘야!
너희들이 살아가는 이 세상도 그리 만만치 않은 험한 전쟁터와 같다.

그 어떤 산이 막고, 파도가 쳐오며, 절벽이 있고 정글이 있어도 절대로 낙심 낙망 말고 하나님께 무릎 꿇고 두 손 들고 항복하고 회개 자복하며 구하고 부르짖으라!
반드시 귀 기울여 들으시고 어떤 방법이든 응답으로 해결해 주신다.

창세기부터 요한계시록까지 기도의 사람은 승리했다는 것을 알아라!
기도만큼 확실한 것은 없다.
하나님은 기도를 특별히 취급하신다.

천사들이 지상 성도들의 기도를 금향로에 담아서 하나님 보좌 앞 금 제단에 올리는 향연이다(계 8:3-4).

기도하는 자는 절대로 실패가 없고, 기도하는 부모는 절대로 그 자식이 망하지 않는다.

포로 중 다니엘은 예루살렘을 향하여 하루에 세 번 창문을 열고 기도했다(단 6:10).

하나님은 70년 포로생활에서 해방 회복시키셨다.

교회도 목적이 '내 집은 만민이 기도하는 집'이다(마 21:13).

야곱도 얍복강 나루터에서 밤새 기도하다 천사를 만나 "네 이름이 무엇이냐?", "야곱입니다.", "이제부터 이스라엘이라 하라" 즉, '하나님과 씨름(기도)하여 이겼다'는 뜻으로, '인간이 신이신 하나님을 이겼다', 즉 '하나님이 져주셨다'는 매우 엣지있는 표현으로 마치 손자가 할아버지 수염을 잡고 끌고 가면 너무나 귀여워서 따라가 주듯이 하나님이 져주셔서 사랑해주시는 것처럼 야곱 인명이 이스라엘 국명이 되었다.

이 지구상에서 하나님께서 직접 국가 이름(국명)을 지어주셨다.

기도의 위력을 보여주셨다.

기도는 만사를 변화 변혁시킨다.

우리 자손들아, 형제들아!
부디 기도의 호흡을 멈추지 말거라!

기독교를 기도교라고도 한다.

하나님께서 사람의 인체구조를 창조하신 뼈의 구조가 두 손 모으고 무릎 꿇고 고개 숙이고 기도를 하게끔 구조를 디자인하셨다.

예수님도 주기도문을 교육하셨다(마 6장).

선지동산 영남신학에 성령의 불을 붙였다

1970년대 한국교회는 성령의 불길이 타올랐습니다.

당시 정치는 군사 독재, 경제는 아기 걸음마, 사회는 민주화를 외쳤습니다.

북한보다 뒤처진 경제 속에 '배고파 못 살겠다 죽기 전에 살길 찾자'고 외쳤습니다.

거리에는 거지나 굶어죽는 사람들도 많고, 얼굴이 누렇게 떠서 다녔습니다.

나는 실제로 이런 모습을 보고 자랐습니다.

교회 가면 무조건 웁니다.

살아가는 것이 너무 팍팍해서입니다.

"하나님! 살려주세요! 배고파요~" 웁니다.

그러니 자연스럽게 하나님을 사모하며 부르짖게 되고, 무릎 꿇고 예배드리고, 손뼉 치며 찬송하고, 설교시간에는 간절히 '아멘'으로 화답할 뿐입니다.

신학교에 사명자로 부름 받은 자도 각양각색(各樣各色)이었습니다.

영남신학교는 통합측 장로교로서 칼 바르트(Karl Barth)의 줄기입니다.

좀 자유적(自由的)이고 지적(知的)인 수준입니다.

'성령의 불'이라고 하면 주춤한 당시 한국교회의 얌전한 교단이었습니다.

학교의 철야기도는 금요일입니다.

하나님께서는 내가 1학년 때부터 찬송과 철야기도를 인도하게 하셨습니다.

1977년 7월 16일 영남신학대학교 체육대회 본부석에서 스포츠 중계방송 하는 모습
가운데 양윤기 장로님, 결혼 중매해 주신 분, 서무과장(맨 뒤 군사학 교수)

일찍이 18세 전부터 내게는 영성·영적·성령의 체험과 부흥회 인도, 군 시절의 여러 사역 등 짧은 기간이지만 실전의 경험과 열정이 몸에 축적되었습니다.

성령의 역사하심으로 기회가 주어진 것입니다.
신학생은 한 클래스(class)에 40명, 전체 160여 명입니다.

그 시대 신학교에 온 학생들은 크게 두 가지 유형으로 나뉩니다.
사명감으로 목회의 길을 가고자 준비하여 온 학생들과 반대로 부모의 근심 덩어리들이 사명감도 없고 은혜도 모르고 실력 없어서 대학 가기도 어정쩡하고 껄렁거리며 살다가 억지로 떠밀려서 온 학생들로 크게 구분할 수 있습니다.
이는 그들의 얼굴 표정과 태도에서 나타납니다.

나는 전라도 개똥쇠로 경상도 중심지 대구의 신학도가 된 것도 은혜였습니다.
억양도 달랐습니다.
하지만 내 안에서는 숨길 수 없는 끼와 성령의 불길이 타오르고 있었습니다.
학도호국단(학생회임원진) 선배 즉, 3-4학년에서 나에게 '앞으로 추귀환 씨가 뜨거운 불을 일으켜 달라'고 요청하여 찬송 인도와 금요철야기도 인도 등 예배와 관련된 행사는 도맡아 했습니다.

하나님의 특별한 섭리였습니다.
사실 나도 무의식중에 바라고 있었습니다.
찬송 인도는 특이했습니다.
흰 장갑을 끼고 가사 곡조에 맞는 독특한 손동작으로 청중을 이끌고 압도하였고, 성령의 춤을 추는 선지동산에 어울리는 찬송 인도는 모두가 은혜롭고 즐겁고, 영적 최고의 열린 찬양의 한 판이었습니다.

금요철야기도는 갈수록 숫자가 늘어났고, 외부의 교인들도 자유롭게 참석하여 일반인과 같이 통성기도와 찬양을 드렸으며, 또한 말씀의 외침은 심령 골수를 파고들어 쪼개 놓았습니다.
나는 잘 쪼개지는 장작처럼, 잘 타는 장작처럼, 메마른 젊은 신학도들에게 '왜 영남 선지동산에 올라와서 비정의 그늘 아래 청춘을 십자가 밑에 파묻어야 하는가! 장차 오늘은 대한민국을, 내일은 세계로 향할 것인가!'를 외쳤습니다.

1977년 10월 영남신학대학 4학년 마지막 야외. 구미 금오산. 앞줄 첫 줄 두 번째 추귀환 전도사, 셋째 줄 우측 세 번째 손달익 목사 (2010 총회장 통합, 서울 서문교회)

1977년 10월
4학년 소풍(금오산)

나는 감사할 뿐입니다.

군대에 가서도, 신학교에 와서도 영적 사역은 꼭 내게 맡겨집니다.

일 년에 한 번 학도호국단(당시 군사적 목표로 교련복 착용 학생군사 목적), 요즘의 총학생회가 교수진과 버스를 대절하여 농촌교회 한 곳을 택하여 큰 행사를 치를 때도 교수진들이 나를 설교강사로 내세웠습니다.

농촌교회와 지역사회 봉사활동(농활) ﹒ 낮에는 봉사, 저녁에는 부흥회 인도 ﹒ 우측 셋째 줄 두 번째가 추 전도사

나는 신학교 4년 내내 영적인 면에서 성령의 불을 붙였습니다.

주일에는 목회를 하였는데, 그 당시에는 신학생들이 목회하는 교회가 많았습니다.

부흥회 초청, 심지어 설교 자료까지 요청합니다.

일상(日常)이 눈 코 뜰 새 없이 바쁘게 전개되어 갔습니다.
고아원과 양로원 등에도 초청되어 예배인도를 하고, 군부대 등도 다녀옵니다.

시간이 흐르면서 점차 나는 하나님의 사역자로 연성 · 연단 · 연마되어 가고 있었습니다.
내 평생에 가장 바쁘게 살았다고 하는 시절은 영남신학교 4년이었다고 생각합니다.

나는 1학년 때부터 개척, 산업전도사,
신계교회와 동원교회 두 개의 교회 목회(주일 목회),
기도원 총무, 신학교 영성담당관, 칠곡 양로원교회, 고아원 방문,
대구 교도소 예배, 구국기도제단 인도,
그 외의 일들을 다 기록할 수 없을 정도입니다(부흥회 인도).

나는 공부해가면서 성령의 바람을 타고 다녔습니다.
아내 박경자 사모가 알고 지낸 크리스천 신문사 직원이 영신 추귀환 씨를 이야기
하여 신학교와는 전혀 상관이 없던 당시 아내가 나를 간접적으로 기억하고 '그 사람
이 누구인가' 했는데 하나님이 만나게 하여 대화중에 나에게 '이런 사연이 신학교 밖
에도 회자되고 있었다'고 말해 주었습니다.
그때 그 시절 세월이 흐르면 강물처럼 가버려 흔적은 없으나, 역사의 흔적이 되어
그의 이야기로 남듯이(History), 다시금 사무치게 그리워집니다.
훗날 이야기이지만, '영남신학 24회 졸업생 동기가 가장 뜨거웠다'고 하는 추억이
영신 출신들과 24회 동기생들의 일화가 되었습니다.

2011년도 통합측 총회장인 손달익 목사(서울 서문교회)는 나와 절친이었습니다.
그는 나를 많이 따랐습니다.
내 결혼식을 적극적으로 도와주었고, 서로가 영적인 질문도 하며 함께 지냈습니다.
동 교단 2013년도 총회장 지용수 목사(창원 알곡교회)도 신학교 동기로 좋은 친구였습니다.
나의 과한 생각인지는 모르지만, '합동교단으로 갈아타지 않고 목회의 방랑자가 아
니었다면 손(손달익 목사)과 지(지용수 목사)의 노선에서 총회장 정도는 할 수 있지 않았을
까' 하는 한 가닥 아쉬움도 남습니다.

사역자의 길은 아무도 모릅니다. 오직 하나님만이 아십니다.

대구교도소 재소자 사상범 간첩 83명 예수 영접
역사적 사건 – 포항제철소 견학도 하다

1970년대는 간첩이 남파되고, 숨어 있는 고정간첩들이 국가적·사회적인 암초였습니다.

간첩 한 사람당 삼천만 원 포상까지 주는 국가시책에 따라 전국 어디서나 포스터 일색이었습니다.

나는 그런 간첩 83명을 회개시키면서 경험한 놀라운 사실을 쓰고자 합니다.

대구 기도원 총무로서 기도원의 여러 가지 잡무를 처리하고, 거리가 멀어서 등·하교 시간만 세 시간 이상 소요되는 길을 왕래하던 1975년 9월의 어느 금요일이었습니다.

방학 때라 기도원에 머물러 있는데, 초저녁에 은혜롭게 보이는 7명의 권사님들이 기도원에 오셨습니다.

그때 이정자 원장님은 부흥회 인도 차 출타 중이셨습니다.

기도원은 매일 새벽·낮·저녁 예배가 진행됩니다.

7명 모두 대구 시내에서 특별한 문제 가지고 기도하러 왔다고 하십니다.

어차피 예배당에서 드리는 예배이니, 함께 예배를 드렸습니다.

하나님을 무척 사모하는 모습들이었습니다.

예배 마친 후에 나를 보자고 하십니다.

그 중에 변옥란 권사님께서는 당시 대구 동산병원 원장 장로님 부인이시며, 대구 제2교회 제1여전도회장으로 대구 교도소 재소자 교화선교회 회장이셨습니다.

"원장님 출타하셨으니 중요한 일이 있으시면 다음에 원장님과 의논하십시오."라고 말씀드렸음에도 재차 권하셔서 7명의 권사님들과 티타임(tea time)을 가졌습니다.

그리고 대구 제2교회 헌신예배에 초청을 받았습니다.

얼마 후 헌신예배 마치고 그분들이 나에게 '대구 교소도 내에 사상범(간첩을 부르는 명칭) 즉, 간첩을 교화시키는 예수 복음으로 김일성 사상 세탁하고 자유 대한민국을 넣고 예수 영접하는 일을 한다'고 했습니다.

약 6개월 했다고 했습니다.

나에게 꼭 함께 해주기를 바랐습니다.

대구의 대형교회 목회자 등으로 조직이 되어 있었습니다.

교도소 선교회 팀과 기존 조직체와 상당한 충돌이 있었다고 합니다.

당시 기성 목회자들의 조직화된 선교단체에 햇병아리 영남신학교 3학년 학생을 주강사로 한다고 하니, 내가 생각해도 불가능한 체제 변화였습니다.

그러나 7명의 파워(power)가 없이는 선교회의 운영은 불가능했습니다.

막대한 경제적 지원의 힘을 가진 7명은 대구의 유지들의 내조자들이었습니다.

대구 동산병원장 부인 변옥란 권사님, 기독교방송국 총무 박보금 권사님, 1,000명 직공을 거느린 회사인 창신섬유 부인 김향희 권사님 등 6명은 대구지역에서 여성계의 거물이요, 간첩 전향 전도에 최적격(最適格) 인물들이었습니다.

사회적인 위치나 경제적인 면에서 여성 7명의 파워는 대구 시대 모든 교회연합에서도 막강했습니다.

기존 초교파적 목회자로 조직된 선교단체에서 손을 댔으나 별 성과가 없었습니다.

이러한 내막을 알게 된 7명의 여성 파워가 '일어나 우리가 하자' 하고, 첫 단추를 끼우기 위해서 조직하여 기도원에 하나님께 특별기도 하러 왔다가 나를 만나서 일사천리로 진행되어 기존 초교파 선교단체를 제치고, 초교파적 거물급 항공모함에 돛단배 영신 3학년 추귀환의 등장은 당시 대구지역 교계에 큰 충격과 이변이었습니다.

대구 교도소 간첩 83명 회개로 대 역사를 일으키는데, 6명의 전도멤버 선교단 임원진
1977년 12월 영남신학대 졸업식 함께 한 모습

6명의 여 전사들의 협력이 없이는 다른 관련된 연합활동에도 막대한 지장이 초래되는 때라 대형교회 목사님들도 감히 저지하거나 간섭할 수 없었습니다.

그러니 햇병아리 추 전도사를 강사로 내세워도 온 초교파적 목회자 수 십 명이 벙어리 냉가슴을 앓고, 특히 오춘근 목사님이란 초교파 선교단 총무는 학교까지 나를 찾아와 온갖 감언이설과 협박으로 회유하려 하였고, 미래 목회진로까지 겁을 주면서 내려놓으라고 여러 번 겁박을 해왔지만 나는 한 발짝도 물러서지 않았습니다.

그럴수록 7명의 파워들이 나를 직 · 간접적으로 감싸가면서 준비를 해 나갔습니다.

준비는 다름 아닌 '나와 가족사에 사상적으로나 형사적으로 아무런 문제가 없어야 한다'는 것입니다.

사상 전향 작업이라 중앙정보부에서 직접 나와 가족의 신상(身上)을 털어서 흠결(欠缺)이 없어야 된다는 것입니다.

변옥란 권사님이 선교단장이었습니다.

나에게 구두로 혹시 집안에 사상적 문제가 있는지, 또 이런저런 질문을 하여 아무 문제될 장애물이 없다고 답을 드렸습니다.

그러나 정보부의 조사가 약 2주 걸린다고 했습니다.

후에 들은 이야기지만, 어떤 분들이 익산 부모님 댁에도 두 번이나 찾아와서 아버님께 여러 가지를 물었다고 했습니다.

시간이 흘렀습니다.

단장 변 권사님이 급히 만나자고 했습니다.

1960-1970년대는 박정희와 김일성의 남북 간 첨예(尖銳)한 결투로 날마다 일촉즉발(一觸卽發)의 위기를 피부로 느꼈습니다.

공비침투로 인한 해상과 육상의 총체적 방어, 사업가나 일반인, 엿장수 등으로 위장하여 밀파(密派)된 수많은 간첩들이 별의별 수단으로 남한에 숨어들어 온갖 정보를 캐내고 교란시킴으로 인해 사회 분위기는 항상 흉흉했습니다.

1968년 1월 21일 청와대 폭파 무장공비 김신조 사건은 유명합니다.

그 시대는 간첩 공포시대였습니다.

그런 무시무시한 간첩특수부대까지 있었고, 간첩신고는 국번 없이 113이었습니다.

토마토처럼 잘 익은 김일성 사상으로 무장된 간첩들은 죽으면서도 "김일성 만세!"를 외치며 죽어갑니다.

이에 정부 당국에서는 '그 어떤 방법과 논리와 철학으로 세뇌된 이념을 바꾸어서 사상전환을 시켜 일말의 기회를 주어 자유 대한민국에서 살 수 있는 마지막 희망으로 사상 전환 전향자로 만들까'를 고심하다가 교회에 도움을 요청하여 간첩을 국민으로 바꾸는 작업을 하게 될 때에 대구지역 교회연합회를 통하여 초교파적인 7명의 여 권사님들이 필요한 역량을 발휘하여 창립한 에스터 선교단에 하나님의 섭리의 끈이 이어지게 된 것입니다.

이 예민하고 고도화된 남파간첩을 다루는 데 내 개인과 가정, 부모형제 집안의 신상조사는 필수적이었습니다.

일찍이 아버지께서 군 생활을 두 번이나 겹쳐서 7년 세월을 국가에 헌신한 공적까지 파헤쳐서 보니 추귀환의 사상은 더 이상 의심의 여지가 없고, 당시 형이나 나도 대한민국 육군 만기 제대자로 3부자가 모범적인 신성 국방가족이었습니다.

그 후 동생들까지 우리 가족은 5부자가 나라를 위해 총을 든 자랑스러운 가족, 가문입니다.

소위 군대를 피하려고 방아쇠를 당기는 오른손 인지를 작두로 자르고, 눈을 후벼 파고, 어깨를 탈골시키고, 항문에 담배를 태워 넣고, 돈으로 온갖 수단을 동원하고, 병원 의사와 짜고 있지도 않은 정신병자라고 진단해주는 등 창피하고 수치스러운 불명예의 국민이 많았습니다.

자기 자식들에게 '나는 이렇게 하여 군대 가지 않았다고 할 것인가?' 묻고 싶습니다.

그런 간첩들이 대구 교도소에 집중되었습니다.

교도소 교무과장이 '103명이 수감되어 특수 관리 교도를 한다'고 알려주었습니다.

그 누구의 말도 듣지 않으면서 김일성 만세만 부르고, 소리 지르고, 아무것도 두려워하지 않으며, 그 어떤 교수나 연사, 강사를 불러 모임을 가져도 '소귀에 경 읽기'요, 무시작전과 안하무인으로 '이제는 그 어떤 방법도 통하지 않는다'고 말하는 것입니다.

이렇게 하나님의 놀라운 섭리는 이미 시작되었습니다.

약 2주간 나와 우리 가족에 대한 정보부의 신상 조사가 끝나고 허락이 떨어져서 나는 선교단에서 적극적으로 사상 전향 작업에 나서게 되었습니다.

선교단 7명과 선교임원 목사님 4-5명, 경북대 성악과 학생 약 20여 명이 매주 수요일 오후 2시-4시에 어김없이 대구 화원교도소에 가서 간첩들을 상대하여 1부 예배, 2부 상담으로 진행했습니다.

그들은 내가 새파랗게 젊은 청년이어서인지 나를 잘 쳐다보지도 않았습니다.

거기에는 김일성 대학, 모스크바 대학 등을 졸업한 지식인도 있었고, 수준 낮은 뱃사공도 있었습니다.

천차만별(千差萬別)의 간첩 약 100여 명이 모였습니다.

그때에 대구지역 경북노회는 아주 큰 노회였습니다.

당시 120개 교회 구성노회로, 통합측 교단에서도 굴지의 노회입니다.

목회자 간의 치열한 경쟁이 눈으로 보였습니다.

그런 대마, 대어들 속에서 영남신학대학 3학년 학생인 나는 송사리 같은 존재이지 않았겠습니까?

나는 감히 어느 목사 한 분 제대로 아는 분이 전혀 없었습니다.

한마디로 나는 전라도 개똥쇠, 서편제의 언덕배기에서 태어나 동편제인 대구 보수적 신라 화랑도의 검객이 노니는 땅에 겁 없이 들어 선 토끼였습니다.

당시 40대의 김대중과 박정희의 피비린내 날 정도의 싸움과 기술이 고도로 진행되고 있었으며, 지역감정을 넘어 죽느냐 사느냐 하는 때에 나는 입만 열면 전라도 사투리가 거침없이 쏟아졌습니다.

토끼가 호랑이 집으로 무모하게 들어가 버린 산중 속의 '추귀환'이었습니다.

나는 이 글을 쓰면서도 다시 한 번 하나님의 섭리에 무릎 꿇고 감사를 드릴 뿐입니다.

'되로 배워 말로 푼다'는 말처럼 하나님의 지혜의 신이 나와 함께 하셨습니다.

당시 기라성 같은 목사들을 제치고 나를 들어 쓰신 것은 전적인 하나님의 은혜였습니다(고전 15:10).

교도소 사상범 교육 강사(간첩사상 전향 교육담당 강사)는 실로 중요한 작업이었습니다.

나는 누구보다도 열악한 여건 속에 영남신학교까지 왔습니다.

그러나 하나님께서 작지만 조금은 두뇌(頭腦)의 재능을 주신 것으로 압니다.

1970년대 당시 대학진학률은 8.4%였고, 고졸 출신들이 대접을 받던 시대였습니다.

지금이니 대학이 전문대학 포함해서 260여 개나 되는 것이지, 그때는 150여 개 정도였는데, 대학만 나오면 거의 출세가도를 달렸습니다.

나와 같은 악조건에서 제도권에 들어와 영남신학까지 왔으니, 그야말로 나는 벼랑 끝 전술의 사나이였습니다.

당시 IQ검사를 받을 기회가 있었습니다.

1970년대 당시 국민 평균 IQ는 102였습니다.

2017년도에 한국인 평균 IQ는 106이라고 발표되었습니다.

결코 자랑할 의도는 아니며, 자서전이기 때문에 글로 남기려는 것입니다.

이때 한국두뇌협회 IQ검사단이 방문해서 1,200명을 대상으로 IQ검사를 했는데, 나의 IQ는 145가 나왔습니다.

나는 '뒤떨어지지 않는 두뇌를 가지고 있다'는 평가를 받은 적이 있습니다.

'상위 20명 안에 있다'고 들었습니다.

이렇게 하나님께서는 내게 지혜(智慧)의 은사(恩賜)를 주셨습니다.

강의실에서 하나의 강의를 들으면 내 나름대로 즉석에서 서너 가지로 응용하는데, '여기, 지금, 무엇을, 어떻게 말하나' 순간의 타이밍(timing)은 1초 만에 끝났습니다.

군대 시절이나 신학교 시절을 비롯해서 목회를 하면서도 체육 행사 등 그 어디를 가도 마이크를 잡고 중계방송을 하곤 했습니다.

> '그런 조그마한 재능을 통하여 어떻게 간첩들이 겪는 불안감, 초조, 불확실한 미래, 복잡한 심경들이 자리 잡은 저들의 마음을 열고 영혼 깊숙이 파고들어 영혼부터 치료 시키고 정신 사상을 무장해제 시킬 것인가?'

나는 주로 로마서를 많이 활용했으며, 도그마, 닥트린, 교리적 기독교와 공산주의 로마시대와 세계사 등등 재치와 유머 시사성 등을 성령의 감동으로 공략했습니다.

처음에는 백 여 명이 앉아서 거의 창문 쪽으로 시선을 고정하거나 삐딱한 자세로 차가운 표정을 지으면서 냉소적인 숨소리를 내는데, 이러한 그들의 행동들이 나로 하여금 '참으로 사상의 이질감이 무섭구나~'를 소름이 끼칠 만큼 느끼게 했습니다.

한 주, 두 주 매주 수요일 오후(1시, 3시) 시간이 갈수록 조금씩 변화가 왔습니다.
갈수록 그들의 눈빛이 달라지고, 창문으로 가던 눈동자 시각은 나를 보기 시작하고, 사나운 늑대가 어린 양처럼 순해지는 것이 보였습니다.
당시에 매주 행사를 준비하는 7명의 선교회원 권사님들이 음식이나 과일, 생일자 선물 내의 등을 푸짐하게 준비했고, 경북대생 성악가들은 음악으로 봉사하였으며, 동행하는 몇몇 목사님의 헌신 덕분으로 대구 교도소의 수요일 오후 사상범 전향 작업 교육은 당시 국가적으로도 관심을 끌고, 청와대까지 후원하는 역사가 일어나고 있었습니다.
그리하여 당시 '사상범을 대구 교도소에 더 많이 내려 수감시켜 전향하게 하라'는 국정원 내막 소식도 있었다고 합니다.

6개월이 지났습니다.
83명이 예수를 영접하고, 전향하겠다는 고백을 했습니다.
여기서 '전향(轉向)'이라는 것은 매우 중요합니다.
전향이 없이는 즉, 김일성을 버리기 전에는 예수 그리스도가 그 영혼에 들어갈 수 없는 것입니다.
83명이 예배 때마다 성경말씀으로 감동되고, 은혜로 사로잡혀 갔습니다.
그들 가운데는 포항제철 기술고문으로 포철을 세울 때에 막대한 공을 세운 과학자 김철호 박사도 있었습니다.
그는 고정간첩으로 활동한 사람으로 당시 포철신화 박태준 회장과도 절친이었습니다.

1976년 7월 말, 83명의 세례식을 거행하였습니다.
대구 제2교회 김창인 목사님은 육사 출신 육군 중령으로 예편 후 신학공부하시고 목회자로 시무하시는 군 출신 목사님이십니다.
세례식은 교도소의 상당히 큰 행사로 진행되었습니다.
김창인 목사님과 선교단 회원들, 여러 목사님들과 은혜로운 세례식을 치렀습니다.

그 며칠 후 그간 준비해오던 포철산업 견학을 계획했습니다.

그들 83명은 특수사상범 간첩이기에 대형버스로 이동하면서 권총을 휴대하고, 치밀하게 구성된 경호팀 교도관 1명 당 한 사람씩 경호를 받으며, 선교조직 목회자와 선교회원 교우 다수 등과 함께 포철을 방문했습니다.

당시에 포철은 대한민국 국민 대표기업으로 그래도 내세울 만한 제철소입니다.

83명이 포철에 가서 시뻘건 쇳물이 흐르는 대한민국의 발전상을 눈으로 보고 놀라움을 금치 못했으며, 보람되고 효과 있는 포철방문이었습니다.

포철감상문을 나름대로 잘 기록하여 전향의 매듭을 지을 수 있었고, 세례 받고 예수님을 영접할 수 있었으니, 이들의 얼굴에 구원의 즐거움과 평화가 가득했습니다.

나는 지금도 그때의 일을 회상하며 살아계신 하나님의 놀라운 일하심에 감사와 찬양을 돌려드립니다.

2016년 김진협 선교사(사위) 가족이 우간다를 다녀온 후 한동대 대학원 재학으로 인해서 다섯 식구가 포항에 잠시 머물 때 내가 포항에 가서 사위 가족과 함께 포철을 지나갈 때 1976년 83명의 전향자를 데리고 다녀간 추억이 떠올라 포철의 쇳물처럼 뜨거움과 보람을 느껴보기도 했습니다.

고향 익산 집 땅도 확보하고 새 집을 건축하여 드렸다

교도소 사상범 전향 강사로서 본격적인 사역에 나선 후 나에게는 놀라운 변화와 축복이 주어졌습니다.

7명의 권사님들이 나에게 경제적 · 환경적으로 도움을 주기 시작하였습니다.

학비며 생활비며 온갖 물질적인 손길을 주셨습니다.

한 달에 보통 20-30만원의 거액의 사례비를 서로 앞 다투어 주셨습니다.

불과 한 달 안에 초고속으로 기적과 같은 일이 생긴 것입니다.

떠나온 고향, 가난에 허덕이는 부모님이 한시도 내 머리를 떠난 적이 없습니다.

나는 2년 동안 월 20만원을 집으로 송금했습니다.

당시 노동자 한 달 봉급이 약 2만원, 3만원이었습니다.

상당한 금액이었습니다.

그 돈은 우리 부모님에게는 엄청난 거액입니다.

그 후 지주에게 일 년 토지세를 주는 땅도 매매로 돌리고, 오랜 흙집도 모두 철거하고 완전히 새 집으로 건축했습니다.

초가집에서 기와집으로 변신했습니다.

그리고 새 집에서 동생들이 태어나기도 하고, 학교도 다니며 성장했습니다.

그리고 내가 집을 나온 이후 부모님 가정 걱정을 많이 했는데, 나는 나 자신이 위로와 기쁨이 되었습니다.

옛 초가집을 헐고 새로 신축함, 고향 익산 동산동 소재(1977년 건축), 부모님 가족 약 70년 살아온 터

사실 자서전이라 정확하게 쓰고 싶습니다.

그 당시 월 20만원은 거액으로 당시 고향 땅은 평당 2천-3천원이었습니다.

나는 '우리 부모님께서 미래적으로 잘 관리하실거야~'라고 믿고 보내드렸는데 후에 보니 그러한 나의 생각이 완전히 빗나갔을 뿐만 아니라, 오히려 빚이 많아져서 이자 돈 걱정을 하셨습니다.

그래서 지금도 '그 돈으로 땅을 확보하거나 집을 건축한다거나 이상적인 미래를 생각해서 재테크를 하셨더라면······' 하는 아쉬움이 큽니다.

한 번은 내가 집에 갔는데, 자개농과 찬장에 그릇들이 가득하고, 농 안에는 어머니 한복이 30-40벌 걸려 있으며, 장독에는 각종 항아리 등이 놓여 있는 것이 아닙니까!
경제적으로 여유가 생기니 현실적 안주의 삶에 머물러 있었습니다.
물론 부모님의 자유의지(自由意志)입니다.
그러나 나는 너무 힘이 빠졌습니다.
우리 형제들은 나와 20년 나이 차이가 납니다.
소위 세대 차이, 시대 차이입니다.

이런 실제적 가족사를 한두 번 이야기하면 '또 지난 이야기하느냐'고 잘라버릴 때 허탈감이 엄습합니다.
개인도, 가족도, 국가도, 시대도 역사적(歷史的)입니다.
'우리 가족도 이런 역사가 있다'고 과거를 회상하며 인정하고 격려해주는 것도 하나의 보상심리(補償心理)입니다.

"먼저 태어난 형님이 어쩔 수 없이 책임져야 하는 부분이잖아요~ 뭐 그리 대단하다고 그러십니까? 그때 돈과 지금 화폐가치를 따져볼까요?"

시비(是非) 아닌 어리석은 대화가 오간 적도 한두 번 있었습니다.
위험수위를 넘나드는 일도 있었습니다.
이 자서전을 통해서 헝클어진 실타래를 풀고, 형제 가족 간에도 새로운 미래로 나아가고 싶을 뿐입니다.

나는 이제 모든 것을 잊어버리려고 합니다.
자동차도 차선이 있습니다.
자신들의 갈 길을 가고 있을 뿐입니다.
서로의 차선은 침범하지 않아야 합니다.
침범 아닌 깜박이 방향등을 켜고, 예고하고 들고나고 해야 합니다.

아무 때나 불쑥 내미는 얌체 드라이브는 이제 멈췄으면 합니다.

나는 자서전을 통하여 내 심사(心事)를 통변(通辯), 표현하고도 싶습니다.
나의 사역 목회보다 나의 가족 목회가 더 힘들 때도 많았습니다.
예수님도 칠형제 맏형으로 가난한 나사렛 영세민촌에서 가족 부양하는 서민직업
목수로서 가장 낮은 자세로 살아가신 것을 자주 생각했습니다.
흙수저도 없이 태어난 내 인생도 일찍이 코흘리개부터 인생의 밑바닥 1960년대 쓰
디쓴 소주공장 하수도에 버려진 고랑 물을 퍼먹고 뼈가 굵어졌습니다.
나는 모든 것을 포용(包容)할 수 있습니다.
나는 모든 것을 견뎌내며 살아왔습니다.

부모가 있으나 고아보다 못하고, 형제가 있어도 이웃사촌보다 못하다면 그 인생은
부도인생(不渡人生)입니다.
그러나 주 안에서는 보장된 삶인 것입니다.
나는 결코 부도 난 인생이 아닙니다.
주 예수 그리스도 안에 항상 머물러 있기 때문입니다.

쌩 땅을 파라

하나님의 칠영

"보좌로부터 번개와 음성과 우렛소리가 나고
보좌 앞에 켠 등불 일곱이 있으니
이는 하나님의 일곱 영이라"
(요한계시록 4:5)

중·장년이여!
꿈을 잘 거두어라!
Take good care of a Dream Yourself

"내가 달려갈 길과 주 예수께 받은 사명
곧 하나님의 은혜의 복음을
증언하는 일을 마치려 함에는
나의 생명조차 조금도 귀한 것으로
여기지 아니하노라"
(사도행전 20:24)

중 · 장년이여! 잘 거두어라!

Take good care of Yourself

장년은 가을입니다.
Middle Age is Autumn

장년(壯年)의 시기는 40-60대 중반까지를 말합니다.
인생(人生)의 황금기(黃金期) 입니다.
왕성한 여름과 풍요로운 가을의 황금벌판이 펼쳐진 인생의 시기입니다.

그래서 중 · 장년기라고도 합니다.
그 기간이 길기 때문입니다.

중 · 장년기는 소년기와 청년기를 거친 명인(名人)입니다.
반면 위기감이 고조되며, 지금껏 살아온 삶에 대한 회의와 현재의 박탈감, 절망감 그리고 미래에 대한 초조함이 밀려옵니다.
그러나 성숙되고 능동적인 인생 경험, 지식, 축적된 자료, 개방적인 마음으로 훨씬 더 다양한 삶을 넓게 흡수 확대시키는 실력이 생기게 되는, 즉 다양한 장점이 있어 인생 수확을 거둘 수 있는 확률이 굉장히 높습니다.

또한 중 · 장년기는 자녀들과 젊은 세대들에게 사회모델로 평가받는 세대입니다.
산전수전 다 겪은 세대이기에 다음세대에 창의적 도움을 줄 수 있는 수확기입니다.
이제 낫을 들고 거둬들여야 합니다.
사계절의 여름과 가을은 번성과 수확기로 가정, 자녀, 위치, 목표, 노후 등 모든 준비를 착착 해야 하는 시기입니다.

중·장년기에 빠지기 쉬운 함정(陷穽)이 있습니다.
결혼갱년기, 소외감, 박탈감, 노화, 경제적 스트레스, 소위 제2의 사춘기입니다.
그러나 쇠퇴기는 쓰레기통에 버리십시오!
현실은 인정하되 발목 잡히지 마십시오!
사탄이 뒤에서 당기고, 하나님은 앞서 인도하십니다.
늦여름과 가을의 산과 들판 오색단풍 황금물결을 보십시오!
눈이 가고 손을 대면 무엇이든 거두는 것이리라!
높은 데 갈면 밭이 되고 낮은 데 갈면 논이 되니 콩밥이 맛있구나!

인생살이 삶의 터전 문전옥답 풍년일세
아들딸 결혼하여 손자손녀 어화둥둥 내 새끼로구나
하나님이 짝을 지어 동남동녀 만나서
태의 열매 자식 기업 거두니
젊은 자의 자식은 장사수중 화살이어라
지역사회 성문에서 원수의 목덜미를 잡으니
수치는 물러가고 명예획득 수확이어라

이에 시편 기자는 노래합니다.
  "보라 자식들은 여호와의 기업이요 태의 열매는 그의 상급이로다. 젊은 자의 자식은 장
  사의 수중의 화살 같으니, 이것이 그의 화살 통에 가득한 자는 복되도다 그들이 성문에
  서 그들의 원수와 담판할 때에 수치를 당하지 아니하리로다"(시 127:3-5)

중·장년기 인생 역대기에 놀라운 하나님의 서사시적 지상성취
중·장년의 축복열매 주렁주렁 열렸으니 장년 인생창고에 거둬들입시다!

중·장년이여! 잘 거두어라!

Take good care of Yourself

장년은 가을입니다.

Middle Age is Autumn

1978년 1월 19일 대구 봉산동교회 결혼기념사진

1978년 1월 19일 박경자 사모
최고 아름다운 모습(당시 24세)

쌍 칠 년도 1977.5.17.
영신축제, 결혼축제, 5월의 신부 만난 날

　영남신학교는 개교기념일이 마침 계절의 여왕인 5월과 겹쳐서 매년 5월에 대축제가 성대하게 열리고, 축제와 함께 불꽃놀이가 펼쳐집니다.

　주최 측 학생회(학도호국단)에서 이날 축제장에 반드시 파트너를 데리고 와야 입장을 시키는 로맨틱한 구성으로, 파트너가 없으면 누나나 누이라도 데리고 와야 합니다.

　당시 나는 솔직히 이성교제 등 그 흔한 연애 한 번 해본 경험이 없어서 생소한 입장이라 눈을 뜨고도 축제장은 강 건너 불꽃놀이였습니다.

　이런 나에게 후배(3학년)인 조인동 전도사가 깜짝 놀랄 말을 하는 것입니다.

> "선배님, 내가 전도사로 있는 봉산동교회 주일학교 선생이요, 성가대원이며, 집안이 좋은
> 일등 처자 선생님을 소개할 테니 파트너로 축제입장도 하고, 사모감이니 앞으로 결혼도
> 하이소마~"

　이에 나는 후배의 제의에 흔쾌히 허락하였습니다.

　공교롭게도 결혼할 때가 된 것처럼 1977년 3월 중순 달성군 현풍읍 교회에서 부흥회를 했는데 두 분 장로님께서 나에게 "우리 교회로 청빙할 테니 금년 내로 결혼하여 꼭 오십시오." 하고 진정어린 부탁을 하시는 것이었습니다.

　당시 졸업반이던 나는 12월 졸업하면 목회지 교회를 찾아가야 하는데 미리 청빙예약을 해둔 관계가 되어 있었던 차에 후배(현 영덕 영해 남부교회 시무 조인동 목사)가 강력한 신붓감으로 박경자 선생님을 소개해줘서 '아! 하나님의 깊은 섭리가 작동하기 시작했구나' 마음으로 결심을 하고, 잠시 파트너가 아니라 지상평생(地上平生) 천상영생(天上永生)으로 연결통로를 정했습니다.

　드디어 1977년 5월 17일 저녁 5시 축제 장소 대강당에 입장이 시작되었습니다.

　나는 기대에 부푼 마음으로 축제보다 오늘 만날 박경자 양에게 관심이 쏠렸고, 프로그램이나 축제는 눈과 귀에 들어오지 않았습니다.

시간이 흘렀습니다.

7시 넘어서 축제가 시작되었는데 조 후배가 와서는 "저기 앞에 앉은 분 옆으로 가셔서 앉으세요. 그리고 보세요."라는 말을 남기고 간 것이 끝입니다.

축제가 무르익어 갔습니다.

나는 나왔다 들어갔다 했습니다.

그런데 다른 학생(이강수 학생)이 박경자 양 옆에 앉아있기에 괜히 신경이 쓰여서 강제로 일으켜서 이동시켰습니다.

박경자 양 옆에 내가 앉아 있어야 마음이 편하고, 순간적으로 '누가 그 자리 앉으면 절대 안 된다'는 방어적 생각이 지배하였습니다.

1977년 7월 영남신학교 강당 앞 4학년 때 모습

1977년 5월 박경자 사모 결혼 직전 회사 사무실 근무하는 모습

축제가 종료되고 간단히 통성명(通姓名)하고, "조인동 전도사님 통해서 좋은 인연이 된 것을 기쁘게 생각합니다." 하는 인사 정도만 나누고 헤어졌습니다.

나는 어떻게 진행 발전시켜갈 것인가를 전혀 몰랐습니다.

며칠 후 조 전도사님이 말하는 것입니다.

"선배님, 어떻게 잘되어 갑니까?"

"뭐가?"

"박 선생님 말입니다."

"어 참, 어떻게 해야 할 지 좀 가르쳐 줘봐~"

"뭘 가르칩니까? 일단 만나자고 해서 만나야죠."

나는 용기를 내기로 했습니다.

'용감한 자가 미인을 차지한다'는 말을 생각하며 이튿날 전화를 했습니다.

"박 선생님! 내일 오후 향촌동 중앙공원 입구에서 7시에 만나면 어떨까요?"

처음으로 데이트 신청을 한 것입니다.

그런데 서로 얼굴 생김새를 모릅니다.

처음 만난 날 짧은 인사만 하고 헤어져서인지 기억장치가 작동 입력부실이라 굉장히 조심스럽게 말했습니다.

"박 선생님! 제가 큰 신문지를 들고서 공원 입구에서 신문을 흔들흔들 거리고 있을 테니 추 전도사로 인지 인식하시고 만납시다."

당시 박경자 양은 "예. 알겠습니다."라고 짧게 대답했습니다.

이렇게 해서 추귀환과 박경자 사모의 첫 데이트가 약속 되었습니다.

나는 입고 나갈 옷을 생각하니 고민되기 시작했습니다.

허름한 티를 입고 나갈 수는 없었습니다.

그 시대에는 양복도 귀했습니다.

당시 나에게는 세 벌의 양복뿐이었습니다.

일본에 살고 계신 고모님께서 보내주신 검정 양복과 이득향 권사님이 사주신 양복으로 천이 두꺼운 상의, 그리고 김성림 권사님께서 '큰 아들이 연세대 다닐 때 입었던 옷인데 이 옷 입으면 공부 잘한다'고 주셨는데 그 아들이 키가 큰 사람이라 통은 맞는데 길이가 길어서 반코트 같고, 소매는 줄일 줄도 몰라 안으로 접어 입었습니다.

그렇게 세 벌의 옷으로 각종 모임과 부흥회 등을 다녀서 옷이 땀과 때로 찌들어 있음은 나만이 아는 더러운 비밀로 살던 때였습니다.

드라이클리닝도 먼 세탁문화로 살아갔습니다.

옷은 반코트 같은 상의를 선택하여 소매는 접어 넣은 상태로 '상대는 모를 거야~' 생각하고 신문지를 넓고 크게 펴서 들고 중앙공원 입구에 미리 가서 기다렸습니다.

한참 후 약속한 시간에 정확하게 박 선생님이 나타났습니다.

아담 앞에 나타난 하와처럼 첫 눈에 아름다운 콩깍지가 가동되기 시작했습니다.

나는 무척이나 반갑기는 했지만 어색하고 멋쩍었습니다.

공원 안으로 들어가서 벤치에 앉아 있다가 매점에 가서 작은 콜라 두 병을 사서 따주면서 나는 박 선생님에게 첫 마디로 "우리 결혼합시다~"라는 말을 던졌습니다.

이때 그녀는 "안 됩니다."라고 단번에 거절했습니다.

그도 그럴 것이 첫 마디에 결혼하자 했으니 얼마나 당황되고 황당했겠습니까?

청혼은 쉽고, 허락은 벽에 부딪혔다

우리는 서로 이름도, 고향도, 그 어느 것 하나 제대로 아는 것이 없었습니다.

며칠 전 축제에서 잠깐 스쳐간 만남이었으니 어찌 당황하지 않았겠습니까?

그날 저녁 밀고 당기는 일로 결혼이야기가 나오자 고향 문경에서는 "당장 집으로 철수하라!"는 부모님의 불호령이 떨어졌고, 또 휴가 나온 큰 처남(박승태 장로)은 나를 만나 한바탕 소동이 일어났습니다.

나는 오빠가 휴가 나왔다고 하는 소식을 듣고 바로 그날 저녁 단숨에 달려갔습니다.

인사를 교환하고 첫 마디에 "동생을 저에게 주시지요."라고 말했습니다.

오빠는 일언지하에 "안 됩니다!" 하고 단호히 거절했습니다.

나는 갑자기 욱하는 마음에 대뜸 "뭐 이런 새끼가 있어?"라고 고함을 쳤습니다.

분위기는 험악했습니다.

나는 시계를 풀어 제치고 또다시 다그쳤습니다.

"내가 달라면 줄 것이지, 뭐 그리 말이 많아?"라고 소리치며 한바탕 소동이 벌어졌고, 분위기는 최고조에 달했습니다.

그때 둘째(현 윤태 장로) 처남 윤태는 대성공고 2학년 재학생으로 누나와 같이 학교에 다닐 때였습니다.

선하게 보이는 얼굴에 한쪽에 앉아서 이 광경을 다 지켜보고 있었습니다.

순간 내 마음은 변함이 없었으나, 속으로는 '일단 작전상 후퇴해야겠구나' 생각하고 일어나면서 소리쳤습니다.

"대한민국에 네 동생만 여자냐? 쌔빠진 게 여자다. 내가 장가 못가서 그러는 줄 아느냐? 오늘은 이만 간다."

이렇게 처갓집 식구들과의 첫 만남은 한바탕 소동을 피운 것으로 끝나고 말았습니다.

지금 생각하니 당시 나로서는 계획대로 성사가 되지 않아 난감하였고, 가야 할 목회의 길에 차질이 생기고, 큰 장애물들이 겹겹이 놓여 넘어야 할 산이 문경 주흘산보다 더 험하였습니다.

그 후 며칠이 지나서 점촌에서 어머님이 오신다는 연락이 왔습니다.

휴가차 나온 승태 처남이 자신과 다툰 이야기를 점촌 집에 가서 말하니 부모님의 근심이 태산처럼 쌓인 것입니다.

'그런 못된 전도사에게 절대로 내 딸을 줄 수 없다'고 생각하심이 지당하셨습니다.

승태 처남을 통하여 '속히 직장을 그만두고 집으로 돌아오라'고 하였으나 경자 양은 나와 '무슨 일이 있어도 목회의 길을 함께할 것을 약속했기에 생각을 바꾸지 않았습니다.

말을 듣지 않으니 장모님께서 직접 대구에 오신 것입니다.

전갈을 받은 날 초저녁에 나는 즉각 봉덕동 집으로 달려갔습니다.

나에게는 절호(絶好)의 기회(機會)였습니다.

장차 부모님 장모님을 뵙고 인사드릴 기회였습니다.

방문을 열고 들어가자마자 "어머님! 절 받으시죠." 했습니다.

그러자 장모님은 "왜 내가 어머님잉교?" 하셨습니다.

큰 절을 하기 위해 엎드리려고 할 때 장모님께서 "내가 왜 절을 받능교? 댁이 누구기에 나에게 절을 하려고 하능교? 절 못받습니더." 하시면서 휙 돌아앉으셨습니다.

그래도 앞으로 가서 절하려고 하면 또 "왜 내가 절 받능교?" 하시면서 또 휙! 하며 돌아앉으십니다.

몇 번이나 절이 제대로 이루어지지 않았습니다.

나는 기어코 큰 절 올리는 것을 성공하려고 했습니다.

"어머님~ 정 그러하시면 뒷모습을 보면서 절을 올리겠습니다." 하고는 뒷모습을 향하여 큰 절을 올리면서 말씀을 드렸습니다.

> "저에게 딸을 주시면 함께 하나님의 사역을 하면서 행복하게 잘 살겠습니다. 저를 믿어 주십시오."

장모님께서 대뜸 "경자야! 당장 집으로 오라카니 왜 안 온나? 당장 내캉 내일 가자!" 하시면서 시베리아 바람이 불어왔습니다.

금쪽같은 침묵(沈默)의 시간이 흘렀습니다.

당시 장모님의 모습은 당찬 모습이었습니다.

그 흔한 곱슬이 아줌마 파마도 아니었습니다.

소위 촌 미장원 언니 노란고무줄 당기는 싸구려 파마도 하지 않으시고, 조선 중기 여인 머리를 비녀 꼭지로 당차게 휘어감아 쪽지를 가로지른 머리였습니다.

무서워서 감히 다가가지 못할 정도의 지독한 모습이었습니다.

옷 입은 모습도 검소함이 넘쳐서 문경새재 넘나드는 아낙네의 모습으로 비호(飛虎) 같이 넘을 듯한 거침없는 모습이었습니다.

그런데 이게 웬 말씀입니까?

침묵이 흐르는 조용한 강물에 첨벙하는 물소리처럼

> "야야! 내사 가지고 온 떡 퍼뜩 안 내오고 뭐하능가?"

순간 나가라 하지 않고 뒷모습에 절 받으시고 강력한 메시지 담은 '떡 상 차려라' 말씀하실 때 나는 조금은 위안도 되고 예감이 좋았습니다.

뭔가 될 것만 같아졌습니다.

나는 떡 상을 받아 맛있게 먹었습니다.

서로 겸연쩍은 것이 당연했습니다.

이튿날 대구역에 가실 때 배웅해드리고, 또 '앞으로 어떤 일이 전개될 것인가' 하는 생각뿐이었습니다.

그런데 온 가족 모두 결사 저지하니 박 선생의 마음이 흔들리는 것 같았습니다.

너무 힘들다는 생각이 들어서인지 뒤로 물러설 기미(幾微)가 보여서 나는 아주 강력한 태도로 당시 박경자 선생님을 붙들었습니다.

나는 무슨 일이든 처음에 한 번 관련이 되면 절대로 바꾸지 않는 성격입니다.

그것이 장점이요 큰 단점이었습니다.

목회도 무조건 처음에 이러이러하다 하면 옆도 뒤도 돌아보지 않고 걸어왔습니다.

그러다 보니 '시행착오가 많고 스스로 좁은 길로 들어서지 않았겠는가?' 자문자답(自問自答)을 하곤 합니다.

그러나 당시 박 선생을 놓치지 않고 심히 직진형으로 들이댄 결과 추 씨 가문과 그나마 우리 가족 자녀 또한 목회의 길을 걸어왔다고 힘주어 글을 쓰고 있습니다.

그렇게 우리는 '결의에 찬 대화로 어떤 벽도 넘어가자'고 굳게 결의했습니다.

새벽 제단에 직통 계시 받은 장모님! 두 손 번쩍 들었다

하나님께서도 급하셨던 모양입니다.

이게 웬일입니까!

영순교회(문경 영순교회, 처갓집 교회)에서 놀라운 성령의 강력한 임재로 일어난 사건이요, 기적의 역사를 밝혀둡니다.

1977년 11월 어느 날 새벽기도에 장모님(故 양순임 권사)께서 예배 중에 "내 종이 달라고 하면 줄 것이지 그게 네 딸인 줄 아느냐? 네 딸을 주의 종에게 주어라!" 하는 예언적 기도가 성령님에 의해서 장모님 자신의 입을 통해 터진 것입니다.

새벽예배 도중에 장모님이 교회 마룻바닥에 대굴대굴 구름으로 새벽예배는 마가의 다락방으로 변해버렸고, 예배가 중단되었습니다.

얼마쯤 시간이 지나고 자리가 정돈된 후에 영순교회(문경 점촌) 전도사님이 물으셨습니다.

"양 집사님 무슨 일인겨?"

"여차저차 이런 사연입니다."

"집사님, 하나님의 명령 응답 받았습니더. 할렐루야! 감사 영광입니더."

이렇게 장모님은 우리 하나님께 특별한 응답을 이미 받아놓고 계셨습니다.

그러나 주의 종에게 시집가면 고생문이 훤히 보이는 시대였기 때문에 인간적으로는 애지중지 키운 딸이 얼마나 아깝고, 걱정이 되셨겠습니까?

장모님께서 영순교회(본교회) 목회자들의 모습을 보시면서 얼마나 목회자의 길이 험로(險路)였는가를 눈으로 직접 확인하셨기 때문에 당연한 걱정을 하신 것입니다.

사모님의 슬리퍼가 찢어져서 몰래 사드리고, 꿰매드리기도 하시고, 사모님이 곡식 있으면 점촌 장에 가서 팔아서 생활하고 자식 공부시키는 것을 보아온 것입니다.

영순교회 뿐 아니라 당시 대부분의 교회들이 어려웠습니다.

눈물 없이 못가는 길! 피 없이 못가는 길!

배고파도 올라가고 죽더라도 올라가세! 주님가신 길이라네!

장모님의 반대는 부모의 숭고한 마음이기에 나는 그 마음을 헤아릴 수 있습니다.

문경 영순교회(예장 합동) 박경자 사모(아내)의 모교회이다. 처조모(할머니) 댁에서 시작한 교회로 故 양순임 권사님(장모) 결혼 응답 받은 교회이며, 장인, 장모님, 세 장로 모두 영순교회에서 신앙이 자랐고, 신토불이다. 잊지 못할 나의 교회이기도 하다.

경상도 문둥이와 전라도 개똥새
(와이카노와 아글씨 말여잉) 드디어 물 만났다

나는 '세상에는 무엇이든지 쉬운 것이 하나도 없다'는 생각을 하면서 살아왔습니다.
무슨 일이든지 그만한 일에는 그만한 에너지가 투자되어야 성취되는 것을 알았습니다.
나의 결혼이 이를 분명하게 말해 주고 있습니다.

'축적된 시간 속에서 공간적 역동적인 희생이 치러져야 그 무엇을 얻을 수 있지 않을까?
결혼하는 데 이런 고갯길이 있구나. 우리 둘은 꽃피는 춘삼월이지만 주변의 양가는 동
지섣달도 될 수 있구나~'

'어려운 일은 쉽게 생각하라'는 말도 있지만 반드시 그렇지만은 않습니다.
추억의 세월 속에 묻힌 값나가는 골동품을 끄집어내는 것이 자서전이 아닐까 싶습니다.

내가 처가의 반대에 부딪힐 수밖에 없는 이유는 여러 가지가 있습니다.

고향은 전라요, 성은 추 씨요, 키는 작지요, 돈은 없지요, 얼굴은 까맣지요.

무엇 하나 마음에 드는 것이 없으니 처가 부모님이 선뜻 딸을 주실 리 만무합니다.
응답은 받으셨으나 생각할수록 무거움이 짓누르시니 고민되셨을 것입니다.
당시 세상 말로 재수 없게 처갓집 지역의 추 씨는 가난의 대명사처럼, 추 씨 집성
촌을 이루는 마을이 지지리도 가난했었다고 합니다.
'틀림없이 내 딸도 저 추 씨 마을 사람들처럼 가난을 등에 지고 살 텐데'라는 걱정
이 선뜻 딸을 줄 수가 없었을 것입니다.
또한 박 씨 가문 삼형제 가정에 딸이라고는 딱 하나였으니 말입니다.
하여튼 반대가 이만저만이 아닙니다.

야곱이 밧단 아람 천 리 만 리 길을 걸어서 외삼촌 라반의 집 머슴살이 이십 년
동안 피와 땀으로 얻음이 이와 같지 않겠습니까?
고난이 클수록 영광이 큰 것처럼 반드시 쟁취(爭取)하는 법입니다.

하나님께서는 어느 날 꿈에 분명하게 보여주셨습니다.

온 방 안에 더러운 똥 오물이 묻어있는데 나 혼자 방 한가운데 누워 있었습니다.

"너, 이런 창피를 당하면서 결혼하겠느냐?"고 묻습니다.

"어떤 창피를 당해도 하겠습니다!"라는 꿈속의 메시지를 받았습니다.

그 후 나의 결단(決斷)을 행동으로 옮겼습니다.

5월 17일에 사랑을 싹틔워서 벌써 1977년 12월 영신대 졸업식이 가까워오고, 내년이면 또 새로운 인생길을 가야 하는데 마음이 조급해졌습니다.

가장 중요한 것은 박경자 양이 나만 바라보고 따라오고 있다는 것입니다.

나는 1977년 10월 어느 날 서문시장 떡집 박우순 권사님을 찾아갔습니다.

권사님께 '여차저차 결혼식 관련해서 처갓집 될 어르신들께 드리려고 한다'면서 특별히 주문했습니다.

박 권사님은 부흥회 인도 때 가끔 배고파서 가게 앞에서 얼쩡거리면 떡도, 감주도 주신 분으로, 내가 그렇게 가끔 찾아뵙는 분입니다.

내가 이런 계획을 세웠으니 같이 가자고 미스 박(박경자 사모)에게 알렸더니 좋은 방법이라고 하여 곧바로 준비하여 둘이서 점촌 행 기차에 몸을 싣고 출발했습니다.

맛있고 푸짐한 떡 세 석짝은 내가 지었고, 기대 반 우려 반 기차의 레일 접촉소리가 "뚜구덕 뚝뚝 둑둑" 마치 내 심장의 고동소리 같이 긴장과 스릴의 소리 같고, 점점 점촌역이 가까울수록 더했습니다.

미스 박은 나에게 주의사항을 일러줍니다.

'지난번 큰오빠에게 하듯 성질부리는 모양새는 좋지 않으니, 어떤 말씀을 하시든지 무조건 무릎 꿇고 공손하라'고 말했습니다.

긴장된 마음으로 안방에 들어가자마자 둘러앉으신 어르신들께 꾸벅꾸벅 큰절 올리고 무릎 꿇고 앉았는데 큰 외삼촌께서 "눈이 똑바르고 얼굴이 훤하고 이만하면 훌륭한데요? 매부! 참 좋은 사윗감이네요.", "편히 앉게나. 여기까지 오느라 수고했네." 하시니, 분위기가 화기애애하면서 아주 좋았고, 나를 흔쾌히 받아들여 주셨습니다.

1978년 1월 19일 목요일 대구 봉산동교회에서 김상월 시무 목사님 주례로 결혼식을 올리기로 했다고 말씀드렸더니 부모님들도 흔쾌히 허락하셨습니다.

하나님께서 새벽기도에 큰 은혜로 역사하심으로 혼인의 깊으신 하나님의 배려의 선물이 이미 준비되어 있었던 것입니다.

처음 뵙게 된 장인어른(故 박점암 집사)은 아랫목에 점잖게 좌정하셔서 "과연 내 딸을 어떤 놈이 데려 가려나 궁금했는데 오늘 같은 날이 왔구나. 어디 한 번 보자구나" 하시면서 나를 쳐다보셨습니다.

장인어른을 뵌 나의 첫 느낌은 갸름한 얼굴에 마치 조선시대 영의정 벼슬을 하시고 역사에 녹아 서린 자태에 망중한의 삶을 영위하시면서 낙향하여 산천에 이끼어린 샘골에 몸을 담가 논두렁 밭고랑에 삶의 흔적을 써내려 가시는 모습이었습니다.

과묵하신 성품에 가끔 한마디 내뱉으시는 말씀은 목수의 망치로 꼭 필요 적절한 못을 그 자리에 박는 것 같았고, 주위의 어른들과 외삼촌들이 장인어른을 공손히 받드는 느낌이 무언의 언어로 들려졌습니다.

마당 여기저기에는 농부의 손에서 묻어나온 농기구이며 마당을 쓰는 빗자루 등 손수 제작한 듯 투박하고 정감어린 기구들이 눈에 띄었습니다.

부엌은 전형적인 한국인의 정지였습니다.

새까만 아궁이와 부엌 벽은 솔잎을 태운 듯 그을린 까망(깜장)도 정겨웠습니다.

나는 장모님의 살림도구에서도 과거와 현재 그리고 미래를 읽었습니다.

숟가락 두 개 들고 시작한 인생의 개척사에 삼남 일녀 키워서 사회에 진출시키고, 땅을 확보하여 미래를 준비하셨으니, 그 누구의 부모보다 훨씬 훌륭했습니다.

'무섭게 키운 경자'라고 말씀하셨습니다.

본인 박경자도 그 부분만큼은 서운할 정도로 표현하곤 합니다.

시대의 역동성이요, 흐름을 무시 못 할 일인즉, 그러기에 '좌충우돌 나를 만나 일찍이 강한 모친의 DNA가 뼛속 깊이 영혼 깊숙이 스며들어 오늘에 이르지 않았겠는가', 또한 '뿌리 깊은 나무가 온갖 거름을 흡수하고 만고강산을 이겨내니 국가보호수 지정도 되지 않는가'를 깊이 생각해봅니다.

이젠 하나님의 특별섭리가 가동되어 완전한 결혼 확답이 처가 부모님, 형제 친족의 합창으로 무르익었습니다.

결혼이 임박(臨迫)했습니다.

그 이유는 1978년 1월에 결혼식을 올릴 예정인데 서울 정문교회 전도사로 청빙된 상태라서 신속하게 속도를 내야 했기 때문입니다.

어느 날 장모님께서 대구에 오셨습니다.

경자 양은 직장에 근무하면서 나와 함께 서문시장에 가서 생활도구, 그릇, 요강(오줌통, 밤에 사용) 등을 구입했습니다.

참으로 좋은 추억으로 기억합니다.

신혼이불로 목화(문익점이 붓 뚜껑에 숨겨온) 솜이불을 익산에 한 채, 우리 것을 두 채로 마련해주셨습니다.

그런데 이불의 솜 두께가 얼마나 두꺼운지 덮으면 무거워서 숨이 막힙니다.

장모님의 자식사랑을 솜이불 두께와 무게로 느꼈습니다.

골이 깊으면 산이 높고, 내려간 만큼 올라가는 것처럼 나의 결혼이야말로 반대 받은 것만큼 대환영을 받으면서 결혼의 축제는 커져만 갔습니다.

1978년 1월 19일 양가 부모 친지 결혼 가족사진(대구 봉산동교회)

서울 정릉 정문교회 전도사로 부임(1978.1.23.)
졸업, 결혼, 서울로

나는 1977년 12월 4일 만 4년(1974-1977)만에 감격의 영남신학대학 졸업을 했습니다.
내 생애 가장 중요한 일들이 짧은 시간에 일어난 격동과 역동적인 시기였습니다.
형설지공(螢雪之功)의 학업, 종횡무진(縱橫無盡)의 목회, 공사다망(公私多忙)의 일 속에 파
묻혀 지낸 세월이었습니다.

졸업식에 영순 예비 장모님이 와 주셨습니다.
그리고 여성 파워 7명의 선교단 권사님 등과 기념촬영도 하며 추억을 남기게 되었
습니다.

▲ 1977년 12월 4일 영남신학대학 졸업식(결혼 직전)
　장모님(양순임 권사)과 셋이서 찍은 사진

자서전에 기록된 은인 중 은인(이득향 권사님) ▶

대구 교도소 선교단 임원과 교도소 정보부장과 함께

결혼식은 1978년 1월 19일 봉산동교회 김상철 목사님의 주례로 거행되었고, 은혜롭게 치러졌습니다.

우리 부부는 신혼여행은 꿈도 꾸지 못한 채 익산에 가서 하루를 보냈습니다.

이튿날 대구로 와서 곧바로 서울 정릉 정문교회로 전도사 시무 차 급히 이사를 준비해야 했기 때문이었습니다.

당시는 총회법 규정으로 영남신학대학 4년 졸업 후에는 서울 장로회신학대학에서 1년을 거쳐야 목사안수를 받을 수 있었지만, 어차피 서울에 가서 공부하면서 사역도 한다는 것은 나에게는 매우 좋은 기회였습니다.

마침 수 년 전 영등포 개봉동교회 부흥회를 인도할 때 인연을 맺은 변유자 전도사(담임목사 처형)께서 나에게 제의하여 청빙을 받아 졸업과 결혼, 정문교회 청빙사역 등 여러 가지 일들이 일사천리(一瀉千里)로 진행되었습니다.

정문교회는 약 60-70여 명 모이는 교회로 매우 뜨거운 교회였습니다.

나는 학생회를 맡아서 사역했고, 구역과 철야인도 등 사역에 열중하였습니다.

가끔 중·고등부 학생 20여 명을 삼각산에 데리고 올라가서 기도훈련과 영성훈련도 시켰습니다.

그중에 이성용 목사(대전 평강교회), 최도선 목사(서울 새영교회), 이용덕 목사(서울교회)는 목사가 되어 현재도 성공적 목회를 하고 있습니다.

나는 1년만 늦추고 1979년에 장신대를 가기로 약속하고 전도사 사역에 혼신(魂神)을 다하였습니다.

결혼 직후 1978년 1월 말부터 정릉 정문교회 전도사로 부임한 나는 젊은 열정과 불타는 성령의 역사를 주체할 수 없다고 해도 과언이 아니었습니다.

부교역자로서 각종 심방, 학생회와 청년회의 영성훈련을 담당했습니다.

사진 속 학생 청년들이 그때 큰 사도행전적 말씀과 불길을 통하여 이 시대에 각처에서 그리스도인으로, 사역자로 살아가고 있습니다.

이를 사진으로 소개합니다.

1978년 3월 정문교회 청년 학생들과 삼각산 계곡 기도와 말씀훈련 무척 따르고 성장했다(국민대학 뒷산). 맨 뒷줄 이용덕(목사 되었음), 오른손 든 최도선 목사, 뒷줄 왼쪽 네 번째 이성용 목사(대전 평강교회) 이들이 지금 그 어디에서나 주님의 손에 있다.

1978년 3월 서울 정릉 정문교회 전도사 시절 학생들을 데리고 삼각산 기도원 골짜기에서 말씀강론과 기도 훈련 우측 첫 번째 추귀환 전도사

가운데 추 전도사, 양쪽 모두 목사 됨.
좌측 첫 번째 현재 이성용 목사(대전 평강교회 시무), 우측 최도선 목사(서울 새영교회 시무)

산상에서 청소년 영성훈련
한가운데 파란색 상의 입은 학생 이용덕(목사 되어 서울교회 목회)

내가 본 1978년 당시 추귀환 전도사님

추 목사님을 처음 뵈었을 때가 1978년 당시 전도사님으로 저는 그때 고등학교 졸업 직후 나이 열아홉 앳된 나이였습니다.

추귀환 목사님을 생각하면 그때 당시 입버릇처럼 하시던 매우 선명한 말씀이 떠오릅니다. "인생도 한 번, 기회도 한 번, 주를 위해 바로 살자"입니다.

목사님을 처음 뵈었을 때 유난히 눈빛이 강렬하여 신앙적 영력을 느꼈습니다.

인생과 기회가 한 번이니 주를 위해 바로 살자는 분명하고 확신에 찬 신앙적 결의였습니다.

그 신앙적 신념은 오늘까지 목사님의 카톡 배경화면 문구로 쓰여 있을 정도로 한결같다는 점에서 놀라움을 금할 수 없습니다.

당시 여름으로 기억됩니다.

로마서의 말씀을 칠판에 판서하시며 온몸으로 말씀하셨습니다.

역사적 배경과 원어적 의미, 신학적 주석 등 다양한 해석의 열정적 강의는 본문의 문자적 의미 정도의 이해를 가지고 있던 저로서는 큰 도전이기도 하였습니다.

예배를 마치고 귀가할 때마다 집 방향이 같아서 함께 걷기도 하였습니다.

기도를 많이 하셔서 그런지 유난히 큰 목소리로 내 이름을 부르시면서 대견해 하시고 칭찬하셨던 자상함은 인성 성장 과정에 있던 저에게 많은 영향을 주시기도 하였습니다.

그 후에 제가 사명자로 부름 받아 신학을 하고, 지금 저는 목사가 되어 추귀환 목사님을 따라가고 있습니다.

목사님의 신앙적 신념과 지성적 열정 그리고 자상한 인격을 되새기며 그 길을 가려고 합니다.

추귀환 목사님의 자서전을 통해 많은 신앙인들에게 큰 유익이 있기를 바라며, 감히 축사의 글을 드립니다.

목사님과 사모님에게 평생 하나님의 평강과 은혜가 넘치시길 기도드립니다.

축하드립니다.

대한 예수교 장로회(독립)
서울 코이노니아 교회 최도선 목사

아들 이삭이 세상에 태어나다
무식이 파도치고 유식이 출장 간 담요 뒤집어씌운 사연

서울에 올라온 해 1978년 11월 4일 아침 8시 15분!

세상에서 제일 귀한 보석 아들 이삭이가 태어났습니다.

서울 정릉 4동 11-1번지

남양주 미금으로 예비군 훈련을 다녀오니 큰 방 송봉순 권사님이 "전도사님! 아들 낳았어요!"라고 하십니다.

방에 가서 아들 이삭이와 아내를 보고 감사하고, 감사기도를 올렸습니다.

아침에 아내가 산통이 오는 것도 모르고, 소리를 지르기에 담요를 덮어주었습니다.

병원 갈 생각도 없이 무식이 파도를 친 것입니다.

"여보! 조용히 해! 주인집 집사님이 시끄럽다고 하면 어떻게 하지?"

나는 산통인 줄 모르고 담요만을 뒤집어씌우는 무지한 행동을 한 것입니다.

예비군 훈련을 나가버렸으니 아무도 없는데 아내가 산통하고 있을 때 집 주인인 송 권사님의 기분이 이상해서 혹시 사모님이 산통하나 하고 문열어봤을 때 "아직 멀었어~ 그래가지고는 애가 안 나와~" 말하고 얼마 지나서 외출하려고 대문으로 나가다가 아무래도 이상해서 문을 열었더니 아기가 쑥~ 하고 태어났다는 것입니다.

만일에 송 권사님이 아니었다면 어찌 되었을까요?

하나님께서는 송 권사님을 곁에 두시고 위기의 천사처럼 사용하셨습니다.

송 권사님은 이삭이의 탯줄도 잘라주신 고마운 분입니다.

나는 살아오면서 정릉에서 아들 이삭이 태어날 때 담요 씌워놓은 사건 이야기만 나오면 아내에게 꼼짝을 못합니다.

옛 추억어린 시대로 돌아가곤 합니다.

'이삭'이란 이름은 신학생 때 하나님께 기도하고 미리 지어놓았었습니다.

그 이유는 나는 가난과 역경의 밑바닥 삶이었으나 이삭이 받은 축복은 자연적 · 언약적 하나님의 특별적인 복이고(창 26:12-13), 마침내 거부(巨富)가 되었기 때문입니다.

장차 '이삭기업, 이삭장로교회, 이삭빌딩…' 종이에 수없이 써보기도 했었습니다.

오늘의 이삭기업 '엥거스'는 이미 여호와이레로 준비되어 왔던 것입니다.

추이삭 성 씨와 조화를 이루고, 손자 추수와 같이 가을에 이삭 가득 추수 풍년이라 대대로의 신앙, 물질, 명예의 복입니다.

현재도 미래도 갈수록 이삭, 추수 이름처럼 될 것입니다.

그런데 일 년이 지나 새 학기부터 학교에 진학해서 정상적으로 공부해야겠다고 일 년을 늦췄는데도 목사님이 "아닙니다. 일 년 더 교회부흥 시키고 공부하십시오."라고 말씀하셨습니다.

그때에 "아닙니다. 이젠 일 년이 지났으니 진학을 해야 합니다."고 하는 나의 정당한 요구에도 목사님은 막무가내였습니다.

동기생들도 벌써 공부마치고 갈 길을 가는데 나는 황당했습니다.

교회부흥은 전도사 시무 일 년으로 좌지우지되는 것이 아닙니다.

나는 목사님의 사고방식과 맞지 않아서 사표를 내고 정문교회를 나왔습니다.

내년에도 또 내년!

그렇게 시간이 가버리면 나와는 목회의 길이 맞지 않으니 결단을 내린 것입니다.

이 사진은 아들 이삭 생후 6개월 때 충남 서산 관리교회 개척 때 교회 옆에서(1979년 4월)

나의 호(號)는 추수(秋秀)입니다.

'호'(號)라는 뜻은 나라에도 국호가 있고, 선거후보에 기호가 있는 것처럼, '그 사람을 대표하는 이름 앞에 붙여지는 특색'입니다.

나는 호를 '추수'(秋秀)라고 지었습니다.
으뜸 '수'(秀)를 넣어 굉장히 좋은 의미를 가지고 있어서 손자를 얻으면 성과 호를 합쳐서 추수(秋秀)라는 이름으로 부르는 의미가 클 듯하여 미리 지어 놓았는데, 하나님께서 '수'(秀)를 낳게 하셔서 손자 이름을 '추수'(秋秀)라고 했습니다.

할아버지의 호를 그대로 물려준 것이니 가히 하나님의 으뜸의 복을 받는 손자가 될 것이며, 가문을 이룰 것입니다.

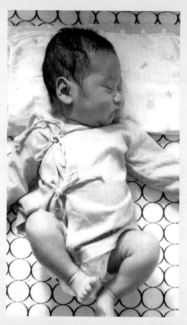

2009년 4월 17일 손자 추수(秋秀) 생후 3주 차 모습

개척자금도 싹 쓸어가 벼랑 끝에 서다

대구에서는 두 군데 교회(신계교회, 동원교회) 목회 사례비, 대구 교도소 전도사 사역비 등 월수입이 꽤 많았습니다.

당 시대와 현 시대의 화폐가치로 볼 때 나의 수입으로 월 20만 원씩 22개월을 부모님께 드려서 땅을 매입하고, 초가주택을 모두 철거하여 새로운 주택을 건축했으니, 부모님께서도 생활면에서 놀라운 혜택을 누렸을 것입니다.

이 자서전을 통해 밝히는바 나의 수입이 꽤 많기는 했으나 지출해야 할 곳이 여러 군데여서인지 정작 나 자신은 점심을 건너뛰는 때가 많았습니다.

나는 점심시간이 되면 강당 뒷산에 가서 기도하고 수돗물로 배를 채울 때가 한두 번이 아니었고, 오후 강의실은 배고픈 내 코를 자극하여 나를 괴롭혔습니다.

'배가 등가죽에 붙었다'는 말을 실감할 때가 하루 이틀이 아니었습니다.

실제로 "내 육체에 흔적을 가졌다"는 바울의 고백이 나의 고백이었던 것입니다.

그렇게 여기저기 이런저런 손길을 통해서 모아진 사례비를 집으로 보내드렸으니 재테크를 했다면 일찌감치 가난을 물리쳤을 것인데, 부모님은 그러지를 못하고 여전히 가난의 굴레를 벗어나지 못하고 있었습니다.

부모님은 '우리 아들이 대구에서는 이렇게 해주었는데 서울로 진출했으니 이젠 대구에서보다 몇 배의 돈을 더 벌고 더 많이 해줄 것'으로 생각하고 엄청난 기대감에 가득 차 있었습니다.

어느 날 부모님과 이모님이 서울에 오셨습니다.

갑자기 '너 결혼시키느라 50만 원 빚졌으니 돈을 내 놓으라'고 하십니다.

또 어떤 때는 '꼭 이자 놓아줄 테니 일단 있는 대로 달라'고 하십니다.

'여기저기 쓸 돈도 있고 축대가 약하니 축대(돌벽)도 쌓아야 한다'고 돈을 요구하십니다.

그러니 누가 거절할 수 있겠습니까?

결혼 전 나에게 180만원, 아내에게는 60만원이 있었습니다.

우리 둘이서 서로 알뜰하게 모은 피 같은 돈입니다.

그 당시 240만원은 거액이었습니다.

앞으로 공부도 해야 하고 집도 마련해야 하고 개척도 할 생각이었습니다.

나에게 어린 시절부터 가장 무서운 사람이 있다면 부모님이었고, 어머님이었습니다.

나는 절대로 부모님을 이길 수 없었습니다.

표현이 지나칠 수도 있겠으나, 나는 부모님의 정신적 노비나 노예였습니다.

우리는 은행에 가서 24만원을 찾아드렸습니다.

세 분이 가지고 내려가셨습니다.

"남은 돈이 있으면 이자 놔서 이자 돈 받아줄게"라고 하시면서 신나게 가셨습니다.

그때 내가 세 들어 사는 집을 45만 원에 사라고 했었습니다.

서울 정릉 집을 살 수 있는 돈이 45만원인데, 내가 부모님께 드린 24만원으로 고향 이리에서 재테크만 잘했어도 엄청난 거액이 되어 있지 않았겠습니까?

그 후 세월이 흘러 지금까지도 나는 그때 거액의 돈 사용처에 대한 궁금증이 남아 있으나, 지나간 역사 속에 묻어버렸습니다.

내 나이 55세 때 어느 날 익산 집에서 아버님과 함께 잠을 자면서 '그때 그 돈은 익산 집도, 땅도 살 엄청난 거액의 돈인데, 그 돈을 어디에 사용했는지' 물어보았더니, "그 돈이 어떻게 되었는지 나도 몰라~"라고만 말씀하셨습니다.

두고두고 궁금한 것은 그만큼 아쉬움이 컸던 때문일까요?

2016년 어머님에게 물어봐도 시원한 대답은 없었습니다.

참으로 유구무언(有口無言)이었습니다.

아무리 자식이라도 부모가 당시 거액의 돈을 가져가서 어떻게 썼는지 최소한의 대답을 듣기 원하는 것은 당연지사(當然之事)이고, "참 미안하다~"라는 말씀 한마디라도 하신다면 좋으련만 그저 희미한 등불처럼 되어버린 것입니다.

세대차이 나는 동생들마저도 이런 사실에 대해서 '왜 자꾸 옛날이야기만 하느냐'고 섭섭해 하니, 격려는커녕 말 한마디 없는 것이 안타까울 뿐입니다.

물론 형제들과 직접적으로 관계된 일은 아니지만 우리는 한 핏줄 신토불이입니다.

서로 가족의 역사를 인정하고 격려하는 것이 좋으련만 이마저도 희미한 등불이 되었으니 한 시대를 거쳐서 가족의 아픔과 상처를 함께 나누고 어루만져주지는 못할망정 엉뚱한 잣대로 재려고만 하는 동생들의 태도에 섭섭한 마음이 들지 않겠습니까?

동생들과 나는 피차 평행선을 달리고 있는 듯합니다.

이것마저도 '목회자는 성직자이기에 내가 지고 갈 십자가가 아닌가!' 하는 생각을 하다가도 야속할 때가 있음을 고백합니다.

흘러가는 역사 속의 과거이지만 아쉬움만 남을 뿐입니다.

생사결단 40일 금식기도(오산리 금식기도원)
얍복 강가 야곱 절체절명(絶體絶命) 기도판 씨름판

대구에서 서울로 올 때 교도소 선교회 7명의 권사님들이 대구지방에서 계속 있어 줄 것을 기대했습니다.

나는 서울에 가면 더 큰 목회를 하고자 하는 꿈도 있었습니다.

약간의 종자돈도 있으니 개척도 할 수 있고, 곧바로 학교에 입학하기에도 거리나 환경적으로 매우 긍정적이었습니다.

그러나 이런 나의 생각은 빗나가고 말았습니다.

정문교회 손광일 목사와 어긋난 약속으로 동기생들은 이미 학교에 입학하여 앞서 가버리고, 개척하자니 이미 부모님이 여러 가지 이유로 내 손에 쥔 자금을 가져간 상태이고, 후일에 개척하려고 부모님께 '남은 돈 돌려 달라'고 했더니 '모자라서 빚졌다'고 하시니, 이제는 더 이상 한 발짝도 앞으로 나갈 수 없는 상태였습니다.

정문교회 전도사로 머물 분위기가 아니었습니다.

부모도, 선배도, 목사도, 내 곁에서 나를 도울 사람은 단 한 사람도 없습니다.

나는 앞이 캄캄했습니다.

나의 판단 오류로 큰 시행착오(試行錯誤)를 겪게 된 것입니다.

아내와 아들 이삭이를 보니 참으로 미안하고 딱해 보였습니다.

독수리처럼 날개를 활짝 펴고 날아다니던 일 년 전의 나는 불과 일 년이 지난 지금은 그 날개가 완전히 꺾여 날지 못하는 독수리가 되어 있었습니다.

그 누구를 원망할 수도 없었습니다.

나는 한 가지 생각이 들었습니다.

'생사를 걸고 하나님께 매달려서 사십 일 금식을 해서 너는 목사로 가든지 아니면 평신 도로 살아라. 둘 중에 하나다.'

이같이 목적을 정하고, 아침금식 40일을 일단계로 시작했습니다.

서울이 아무리 '눈감으면 코 베어간다'고 해도 정문교회 목사는 그 어떤 인편이나 전화로 소식 한 번 없습니다.

'아~ 목사의 세계가 이렇구나!'

너무 비정(非情)했습니다.

가끔 교인들이 몇 명씩 들러서 격려하고, '이 기회에 개척교회 같이 하자'고 하는 분들도 있었습니다.

나는 '비겁하게 그렇게 하지는 않겠다'고 했습니다.

나는 결코 오케이 목장의 결투처럼 뒤에서 총을 쏘고 싶지는 않았습니다.

'모든 것은 하나님의 손에 있다'고 생각했습니다.

> "하나님의 칠 영으로 만나주신 하나님! 이 약속 믿고 40일 금식으로 다시금 하나님의 어게인(again), 하나님의 칠 영을 확인하고자 하오니 하나님! 이번에도 나타나소서!"

1973년 1월 5일 40일 아침금식을 마치고 나는 아내와 마지막 저녁을 먹었습니다.

그때 아내가 준비한 저녁 반찬은 고등어 찜이었습니다.

우리는 '이 밥상이 우리의 마지막이 될지도 모른다'는 생각으로 기도하였습니다.

우리 두 사람의 눈에서는 한없는 눈물이 흘렀습니다.

> "혹시 내가 금식하다가 하나님이 데려가신다면 이삭이와 끝까지 살아주오. 절대로 다른 길은 가지 마오."

> "국보처럼 아끼던 이 책은 꼭 아들에게 주시오."

그렇게 나는 집을 나섰습니다.

나는 가끔 3일 금식기도를 해본 경험이 있습니다.

3일 금식기도 하는 것도 결코 쉬운 일은 아닙니다.

40일 금식은 성경에도 모세나 예수님 등 특정인만 하신 것으로 알고 있습니다.

또한 주위에 40일 금식한 분들이 기도 도중에 실패하거나 기도 후 보호식 기간에 음식조절 실패로 장애도 생기고 119에 실려 가는 등 실제로 40일 금식기도 중에 생각하기 힘든 별의별 일들이 많이 발생하고 있었습니다.

당시 나에게는 내 인생과 미래의 진로를 의논할 그 누구도 없었습니다.

사람도, 가지고 있던 물질(돈)도 전무한 상태였습니다.

그야말로 '막다른 골목에 처한 생쥐도 돌아서서 문다'는 식으로 이제는 동서남북 다 막힌 길목이지만 오직 하나님과 하늘 문만을 바라보는 기막힌 얍복 강가의 야곱의 신세가 되었습니다.

나는 너무나도 견디기 어려운 골짜기에 깊이 빠져 있었습니다.

어머니와 이모님이 금식기도가 끝난다는 소식을 듣고 정릉에 오셨다가 금식 끝나는 날에 맞춰서 오산리 기도원에 오셨습니다.

아래 사진이 설명해줍니다.

아들 이삭이 태어나던 날 결정적으로 받아주신 송봉순 권사님도 오셨습니다.

나는 너무 기진맥진하여 가벼운 아기인 아들 이삭이를 3초도 안고 있을 수 없어서 순간적으로 눈을 깜짝하고 사진을 찍었습니다.

매우 힘든 시간들이었습니다.

1979년 2월 15일 파주 오산리 금식기도원에서 금식 마치는 40일째 날 아들을 안고

금식 후 모습(머리는 삭발함)

40일 금식기도 돌입하다

나는 1979년 1월 5일-1979년 2월 15일까지 금식기간을 정하고(40일 금식기도) 경기도 파주군 조리면 오산리 금식기도원(순복음 중앙교회 조용기 목사님)으로 향했습니다.

시내버스에 올라 아내에게 손짓하며 비장한 각오로 출발했습니다.

기도원 입구에 내려서 이발소에 들러 머리를 삭발했습니다.

이는 금식하는 결심의 자세였습니다.

기도하다보면 머리 관리도 불편할 것이니 싹 밀어내버렸습니다.

추운 기도원에서 머리마저 빡빡이니 얼마나 춥던지 아내가 준 빵모자를 썼습니다.

장기 금식자 숙소 산모퉁이 조용한 곳에 숙소를 배정 받고 금식이 시작되었습니다.

나는 솔직히 3일 이상 금식을 해보지 않았습니다.

제대 직후 3일 금식한 것도 보통 다급한 마음이 아니었기에 했던 것입니다.

이제 '40일'이라는 기간이 쉽게 생각되지 않고, '꼭 죽든지 아니면 무슨 일이 일어 날는지' 기대보다는 우려가 많았습니다.

물 이외는 소금이나 치약으로도 양치를 하지 않았습니다.

물 이외에는 일절 마시지 않았습니다.

하루 이틀 일주일은 견딜 만한데 갈수록 기력이 바닥이 났습니다.

'과연 해낼 수 있을까?' 체력소진이 걱정이었습니다.

그날 밤 깊은 단잠에 빠졌는데, 사람 손보다 더 큰 손이 나타났습니다.

그 손에 들린 하얀 색상의 떡 같기도 하고 과자 같은 것을 먹으라고 했습니다.

먹고 나니 놀라운 힘이 솟구쳤습니다.

잠에서 깨어난 후 실제로 몸이 훨훨 나는 듯 가벼웠고, 상쾌한 기분으로 지낼 수 있게 되어서 기도의 연속으로 지나갔습니다.

하나님의 큰 은혜였습니다.

그러나 어느 정도 시간이 흐르면서 몸은 기진맥진 상태로 돌아오고 있었습니다.

'고난금식'과 '영광금식'이 있다고 들었습니다.

나는 '고난과 영광의 금식을 체험하게 해 주신 하나님이심'을 후에 알게 되었습니다.

나는 기도하면서 이렇게 생각했습니다.

'나는 이대로 주저앉는가? 인맥도 학맥도 아무것도 없다. 그야말로 이 넓은 서울 어디 가서 누구를 붙들고 내 사정을 털어놓을 수도 없고, 믿었던 손광일 목사(정문교회)도 나가 라 하고, 소개했던 변유자 전도사도 나 몰라라 한다. 시간은 가고 내 주위환경은 완전히 절벽이었다. 가지고 있던 통장도 다 털리고, 금식기간에 체력과의 싸움, 처지와 신변의 싸움, 야속한 혈연, 가장 믿었던 부모님도 새 날개 꺾듯이 더 이상 날 수 없는 상황,

나는 사망의 음침한 골짜기로 더 내려가고 있었다. 영적 싸움 사탄의 공격은 쉴 새 없었다. 요즘 말로 극단적 선택이란 하나님 없는 불신자 구원이 없는 자가 선택하는 비극이라면 나는 택자이기에 구원 천국시민이다. 극단적 선택에서 40일 극단적 기도의 선택으로 바뀐 것이 아니겠는가?'

어느 날 주의 음성이 들립니다.

"주의 영이 계신 곳에는 자유가 있느니라"(고후 3:17)

그 이후부터 내 머리와 가슴에 어둠 속에 갇힌 것처럼 답답하고 복잡하게 뒤엉켜버린 염려와 근심들이 한방에 물러갔습니다.

자유의 영 하나님께서 말씀 속에 8 · 15 해방처럼 깨끗이 벗어나게 해주셨습니다.

빈혈 30일째 실제로 죽음의 고비도 있었고, 마귀의 고도수작으로 영적 싸움이 치열했지만, 제한된 공간이기에 쓸 수 없음을 유감으로 생각하며, 40일 금식기도 일기를 따로 써서 보관하고 있습니다.

일주일에 한 번씩 아내와 아들 이삭이를 만나니 참으로 기쁩니다.

전화가 안 되는 시절이라서 그저 기다릴 뿐입니다.

아내와 생후 60일 된 아기 이삭이는 정릉에서 불광동 – 파주 – 오산리 버스를 갈아타고 오는 힘든 여정이었지만, 일주일에 한 번은 꼬박꼬박 나를 만나러 왔습니다.

식당에 가서 밥을 사먹으면 내가 옆에서 지켜봅니다.

오랜 후에 아내는 '그 당시에 밥 먹는 것이 괴로웠다'고 이야기했습니다.

아내는 '금식하느라 비쩍 마른 남편이 옆에 앉아서 손가락 오르내리는 모습을 지켜보고 있으니, 민망하고 미안했다'는 것입니다.

하나님의 은혜는 여러 가지 과정이 있었습니다.

금식 25일째 되는 날 내 몸 머리에서 발끝까지 시뻘건 종기 두드러기가 얼마나 심하게 생겨났는지, 차마 눈으로 볼 수 없을 정도였습니다.

가렵지는 않았지만 하루 종일 사라지지 않습니다.

정말 큰일이었습니다.

금식이라 약을 먹어도 안 되어서 고민하고 있는데 마침 같은 숙소에 키가 큰 분이 삐쩍 야윈 내 모습과 그 현상을 보고 말하는 것입니다.

"축하합니다. 이런 현상은 특이현상으로 몸속의 독소가 나쁜 호르몬 등 먹을 것이 없어서 밖으로 빠져나가는 병균이 이사하고 있는 탈영병 현상이니 가만히 있으면 가라앉고, 평생 질병에 시달릴 일이 거의 없을 것이니 그리 아십시오. 또 축하드립니다."

그 집사님은 서울대 약대 출신으로 서울역 앞에서 약국을 운영하는 약사였습니다. 그분의 시원한 진단을 받고 안도감을 가지고 견뎌냈더니 3일쯤 지나서 몸이 완전히 회복되었습니다.

하나님께서 나의 걱정거리를 해결할 목적으로 약사 천사를 보내셔서 위로하시고 힘을 주신 것입니다.

금식 동역자들 세 분 모두 20일 금식. 맨 우측 강춘원 장로님, 관리교회를 소개해 주신 분

전도사 양반! 걱정 마소!
하나님이 쓰신다 카이~

금식 10일째 되는 날 오후에 제법 연세가 드신 분이 숙소에 들어오셨습니다.
서로 인사 나누고 나서 금세 마음이 통하게 되었습니다.
금식기도원 숙소에 오시는 분들은 다 사연을 안고, 기도로 영적 씨름을 하는 분들이 대부분이었습니다.

대화의 시간에 그분이 내게 말씀하는 것이었습니다.

"젊은 전도사 양반은 무슨 일인교? 보아 하니 금식 좀 했구먼. 내 딱 보니 알겠네 뭐~
나를 주의 종으로 쓰실 겁니껴? 안 쓰실 겁니껴? 그랬지?"

"아니, 어찌 그리 잘 아십니까? 참 신령하시네요."

"그래, 좀 알재~ 나는 용인 원삼면 문촌리교회 전도사라네. 원래 장로인데 하나님께서
나를 쓰시는구먼. 이제 나이도 있고 해서 기도하면서 하나님 인도를 받을라꼬 기도하러
왔지. 나야 나이 많아 70이 훨씬 넘었으나 전도사는 새파랗네."

이렇게 이야기를 주고받으며 시간이 흘러갔습니다.

나는 나의 속내를 대충 이야기했습니다.

그 장로님은 문촌교회 시무 전도사님으로 서울 영등포 당일교회 소속 장로님이며,
현재 문촌교회 시무를 곧 마치고 후임자까지 정해진 상태에서 목회 마무리로 20일
금식하러 오신 분입니다.

어찌나 아는 것도 많으신지 척척박사였습니다.

금식은 시간과 자신과의 싸움입니다.

때로는 대화상대가 있으면 유익할 때가 많습니다.

그 전도사님이 숙소에 들어와서 분위기가 많이 좋아졌습니다.

그 장로님이 하산할 시간이 되어 떠나시면서 나에게 말씀하십니다.

"추 전도사~ 내가 당일교회 이상운 목사님께 부탁하여 개척을 하든지 어디를 가든지
목회길 열어주면 두말 말고 해라이~ 알았능교?"

나는 '직통으로 너 목사 되라, 목회하라!는 하나님의 응답이 오기도 전에 벌써 성
령께서 좁고 좁은 목회자의 길을 이렇게 가라고 하시는구나~' 생각하고 준비기도가
시작되고 있었습니다.

장로님의 말씀에 나는 "예, 연락주세요~" 하고 헤어졌습니다.

금식을 마치고 익산 집에 가서 보호식을 하는데 '당일교회 목사님께 추 전도사 이
야기했더니 목사님이 허락하셨다'는 편지가 와서 나는 서울 당일교회 영등포여상 옆
통합 장로교단 목사님을 찾아뵈었습니다.

사무실에서 인사한 후 목사님이 말씀하시는 것입니다.

"내 동생 교회 부교역자로 가겠소? 아니면 충남 태안관리교회 개척을 하겠소? 5분 안에 결정하세요."

목사님은 이렇게 말씀하시고 나가셨고, 나는 계속 숙고하며 기도하였습니다.

'서울에 올라와 목사에게 데어서 협약대로 안 되어 꼬여서 내가 지금 이런 지경까지 왔 는데 또 목사 밑에 가서 더 꼬인다면 안 되지 않겠는가? 이참에 태안군 관리교회 개척 을 하러 가야겠다. 장신대 공부는 조금 더 미루고 농촌에 가서 목회하다가 기회가 오면 일 년만 공부하면 될 것이다.'

나는 이렇게 결심을 굳히고, 생각을 정리했습니다.
이런 말도 떠올라서 개척교회로 마음을 굳혔습니다.

'사자 꼬리가 되어 뒤에 따라다니는 것보다 차라리 고양이 머리가 되리라!'

나는 힘들어도 지팡이를 짚고라도 예배에 참석하여 성령의 도우심으로 이겨나갔습니다.

어느 날 순복음신학교 학생회 주최로 지하 강당에서 동계수련회를 열었습니다.
강사는 순복음 교단 문정렬 목사님이었습니다.
나는 그분의 강의와 설교에 은혜를 받았습니다.
여기서 내가 도전을 받은 것은 '목사가 지상에서 교회 세 개 정도는 개척을 해야 하나님 앞에 가서 부끄럼 없다'고 강변하신 말씀이었습니다.
그것도 '하나님은 남이 가지 않으려고 하는 험지의 어려운 농촌교회에 가서 개척하 는 개척자를 기뻐하신다'고 강력하게 열변을 토해내셨습니다.
그때 나는 굳게 결심을 하고, 서원(誓願)을 했습니다.

"나도 농촌에 교회 세 개를 개척하리라!"

40일 금식기도 후에 문 목사님을 통해서 '사명자의 길을 가라'는 하나님의 응답의 역사로 받아들였습니다.
그러던 차에 태안 관리지역 농촌 개척교회의 길은 나에게 물을 필요도 없었습니다.
이미 나의 머리에는 '이제 농촌으로 가리라!'는 생각으로 가득 찼습니다.
오히려 마음을 비우니 편했습니다.

충남 서산 관리교회 개척 부임하다(1979.4.3)
충청도 태안 관리교회 개척 시작하다

정문교회 손광일 목사의 약속 어김으로 장신대 공부가 늦어지고, 부모님의 강요로 개척자금이 모두 바닥났으니, 미래의 길이 막혀 40일 금식으로 '목회자의 길이냐, 장로 평신도의 길이냐? 이리 갈까, 저리 갈까?' 막판 뒤집기로 40일 금식 돌입은 오히려 용인 문촌교회 강춘원 전도사님(장로님)의 인도로 급선회하여 관리교회 개척자로 정해놓고(1979.1.5-2.13), 40일 금식기도를 끝내고 익산으로 내려가 보호식을 했습니다.

나의 형님(故 추익환 성도)께서 40일 동안 몸이 축난 나를 위해 당시에도 구하기 힘든 보양식을 사 와서 먹게 해주어서 빨리 회복할 수 있었습니다.

어려운 상황 속에서도 나를 위해 애써주신 고마운 형님을 늘 잊지 않고 있습니다.

4월 초순 충남 태안군 이북면 관리 452번지 관리교회로 가기 위해 서울 정릉 4동에 가서 용달차로 이삿짐을 가지고 관리에 갔습니다.

아내와 이삭이는 일주일 후 관리에 도착하여 합류하였습니다.

태안에서 관리는 20km 비포장 구불구불 길입니다.

버스가 하루에 왕복 1회 다니는데, 눈과 비가 오면 그나마 운행중지입니다.

충남 서산시 태안읍 이원면 관리마을 전경
멀리 한복판에 1979년 개척 설립한 교회(흰색교회 앞 파란 집 옆에서 무당다리 부러짐)

7시 버스를 놓치면 면소재지 20리를 가야 탈 수 있습니다.

박경자 사모는 나중에 "전도사님! 어떻게 이런 데를 찾았능교? 도시락을 싸들고 찾으라케도 못 찾겠는데 참 요상도 하네."라고 말하면서 웃곤 했습니다.

그곳은 산골 오지 바닷가였습니다.

서해지도에 태안반도는 마치 손가락 하나처럼 양면이 바다인 특이한 곳입니다.

주민들은 한 집 두 집 마을이 옹기종기 모여 사는 곳이 아닌 여기저기 흩어져서 자기 밭, 자기 땅 위에 집을 짓고 살고 있습니다.

굴이 많고, 염전과 마늘, 갯지렁이 낚시 등으로 경제적으로는 괜찮았습니다.

비행기는 하늘을 날아가니 보았어도, 기차는 못 본 사람이 많고, 외부에 50리 이상 나가보지 못한 노인들도 많습니다.

당일교회에서 성전 부지를 구입하여 조그마한 예배당을 지어주어 그나마 쉽게 외형은 갖췄으나 교인은 한 사람도 없습니다.

성전 안에 사택이 붙어 있습니다.

바닷가 해변의 바다냄새와 염전을 끼고 있는 해안가 경치는 평화로움 그 자체였습니다.

몇 발자국 나가면 갯벌에 각종 돌찡이 게들도 구멍구멍 사이로 숨바꼭질하며, 낙지도 자기 집에서 고개를 내밉니다.

밤이면 마대자루 들고 랜턴 불 비추면 불빛 찾아 꽤 큰 바다 게들이 우르르 자기 발로 마대로 들어오는데, 지고 오면 끝입니다.

나는 바닷가가 좋아서 날마다 이삭이를 자전거에 태우고 산보를 하기도 했습니다.

아내와 같이 껌과 과자를 싸들고 갯지렁이 낚시 미끼 캐는 아낙네들을 향해서 전도에 나섰습니다.

그들은 널빤지로 갯벌을 스키 타듯이 미끄러져 이동하면서 잡지만 우리 둘은 이삭이를 업고 갯벌에 푹푹 빠지면 때로는 신발도 못 찾습니다.

아내는 때로는 마늘밭도 매주고 땅콩 밭도 매주고, 몸으로 일손을 도우면서 오직 전도에 열심을 내어서인지, 아낙네들이 갯벌전도에 감동을 받습니다.

총회에서 자전거를 지급하여 조금은 쉽게 이동했습니다.

일을 도와주면 '왜 우리 일은 안 해주냐'고 시샘도 합니다.

이해가 갑니다.

1979년 4월 30일 설립 첫 예배 때 취임 인사하는 추 전도사. 좌측은 영등포 당일교회 이상운 목사

1979년 개척 첫 해 성탄절 여전도회 성탄 특송(놀라운 부흥이 일어남)

관리교회 최초 교우 안동안 씨 가족
아내가 아들을 안고 있음. 내 모습은
금식 직후라 허약하게 보임.

1980년 12월 성탄절 예배드리는 모습

1980년 4월 해변 숲속 소풍예배 광경

1979년 10월 관리교회 현관 앞
보행기를 타고 있는 아들의 모습

1979년 12월 성탄절에. 옆은 조만기 집사, 가운데 조선실 집사(현재 권사),
좌측 첫 번째 강재원 관리초교 교사

1980년 7월 5일 여름성경학교 / 좌측 대문 안 조그만 모습이 장모님께서 손자 이삭을 업고 있는 모습 / 가운데 흰색 옷 입은 사람은 조선실 권사

2020년 1월 9일 겨울 여행지로 찾아간 관리교회 앞에서 가족기념 사진
유럽의 고대 건물처럼 역사를 짊어진 교회 모습

1989년 5월 1일 관리교회 10주년 기념행사에
초청받아 선물을 받고 인사하는 추 목사 내외

30주년 기념예배에서 특별 인사하는 김형상 장로. 1979
년 10월 극단적 선택 직전 고갯길에서 만나 전도 받고
바로 이날 장로장립도 하고 기념행사(이선분 권사 남편 되심)

1979년 4월 관리교회 전면. 교회 앞 밭 끝 전면에
서 관리무당 거꾸러져 영적 전투 승리

현재 관리교회 새 성전 건축 모습
관리해상에 발전소 등 관광명소로 크게 발전 부흥하고 있다.

무당다리 세 토막으로 부러지다

1979년 4월 초순 관리교회 개척전도가 시작되었습니다.

교회당은 영등포 당일교회에서 약 40평 건물로, 교회 뒤쪽에 사택을 붙여서 건축했습니다.

당시 교인은 단 한 사람도 없었습니다.

당일교회 50주년 기념으로 충남노회 서산 시찰의 건의로 무교회 지역 개척차원에서 관리교회를 개척하게 된 것입니다.

나는 당시 영남신학교 통합 장로교단으로, 교단 파송 전도자로 갔습니다.

사례비는 7만원을 지원 받았습니다.

나는 오직 지역의 영적 사령관으로서 지휘봉을 들고 영혼구원 작전에 돌입했습니다.

나의 목회관은 '목회는 무릎으로 걷는다'는 것입니다.

목회 사역을 잘 수행하기 위해서는 기도작전을 펼 수밖에 없었습니다.

사택이 동일건물 안에 있으니 서재실 문만 열면 강단이었습니다.

나는 항상 강단 아래에 기도처를 마련했는데, 말씀을 외치고 연구하는 영맥(靈脈)을 뚫기에는 아주 적합한 구조였습니다.

이렇게 시작된 관리교회에서의 목회는 전도를 위한 노동 봉사였습니다.

그런데 나는 일머리가 없어서 무슨 일을 하든지 서툴렀습니다.

이런 나와는 달리 아내 박경자 사모는 밭도 잘 매고, 풀도 잘 베는 등 무슨 일이든지 잘 했습니다.

일손이 모자란 교인들 가정은 부엌 부지깽이도 쓸모가 있다는 바쁜 농촌이기 때문에 전도사 사모이지만 종종 교인들 가정의 마늘밭이나 땅콩 밭을 매주고, 때로는 전도 차원에서 불신자들의 밭도 매주면서 봉사하느라 땀 흘리며 젊음을 불살랐습니다.

절대로 과장된 이야기가 아닙니다.

아내의 헌신적 봉사는 가히 초인적(超人的)이었습니다.

봉사와 전도는 우리의 십자가요, 반드시 필요한 개척자의 필수코스였습니다.

그러나 전도를 하면 이구동성으로 말하는 것입니다.

> "안골 무당 손에 우리 이름이 올라갔으니 무당이 죽든지 이사 가기 전에는 절대로 예수를 믿을 수 없고, 교회는 못갑니다."

이에 나는 '아~ 저 무당을 처치하는 특수작전을 펼쳐야겠구나, 오직 부르짖는 영적 전쟁밖에 없구나.' 생각하고 무당 소탕작전에 돌입했습니다.

조직과 질서의 하나님이시기에 조직적인 영적 전투 기도계획을 세웠습니다.

- 무당집 뒤편 산에 올라가 무당집을 향해 손들고 기도할 것
- 즉각적으로 죽여주옵소서!
- 이사 가게 하옵소서!
- 예수 영접하고 교회로 오게 하소서!
- 위의 기도제목 세 가지 중 한 가지를 한 달 안으로 이루어 주옵소서!

이렇게 기도문을 작성하여 오직 나 혼자만의 비밀로 간직하고 시작하였습니다.

1979년 4월 16일 새벽에 일어나니 밤새 눈이 20cm가 쌓였습니다.

봄인데도 드물게 많은 눈이 내렸습니다.

영전(靈戰: 영적 전쟁) 첫째 날인데 눈이 왔으나 나의 작전에 후퇴는 없었습니다.

나는 쌓인 눈을 밟고 약 250m 되는 무당집 뒷산으로 올라갔습니다.

방석도 필요가 없었습니다.

눈 위에 그대로 무릎을 꿇고 두 손을 들고 기도문을 펼쳐놓고 부르짖어 기도했습니다.

눈을 떠보면 하얀 폭설과 무당집 지붕이 까맣게 보였습니다.

까맣게 파묻힌 무당집 지붕을 바라보니 밤새 내린 하얀 눈이 마치 예수님의 피로 죄를 희게 씻어낸 듯이 까만 흑암의 무당 영적 주적 표적은 예수 피, 예수 승리로 이미 포로가 되어 포위작전 안으로 점령된 것을 느끼면서 계속 기도로 부르짖었습니다.

무릎은 흰 눈에 파묻혀 녹아들어 축축했습니다.

그때 나는 비장한 각오(覺悟)로 기도했습니다.

"주여! 일주일 안으로 세 가지 기도제목 중 하나만 반드시 기필코 꼭 틀림없이 분명히 이루셔야 제가 이 관리지역에 하나님께서 보내신 전도자요 교회부흥의 열쇠요, 그리고 가장 큰 의미는 무당마저 귀신은 거짓의 영이요 하나님만이 참 신이심을 나타내소서!"

절박(切迫)한 심사(心事)였습니다.

나는 그 어떤 일이든지 꽂히면 끝을 봐야 하는 외 고집통입니다.

내가 만일 무당을 때려잡지 못하고 비실대는 개척 목회를 한다면 충남노회의 파송받은 전도자로서 목회 미래에 찍히고 부정적 이미지가 평생 따라다닐 것이고, 내 개인적으로도 관리의 목회 패배는 평생 패배요, 다음 코스는 없을 것입니다.

노회와 내 개인과 하나님 앞에서 큰 책임감이 산처럼 놓였다고 판단하고, 개척의 승리비결은 무당제거 착수작업이었습니다.

기도를 시작하고 정확히 16일째 되던 날(4.16-30)이었습니다.

하나님은 나의 기도제목에 귀를 기울이시고, 눈으로 살펴보셨습니다.

4월 30일 저녁 9시경 무당 여인이 곡식을 이고 가다가 교회 옆 길 7m 전방에서 넘어진 것입니다.

나중에 알려진 바에 의하면 교회 앞 호두나무 집에 사는 우리 교회 성도가 여자의 괴성을 듣고 밖에 나가보니 무당이 넘어져 "아이고~ 내 다리, 내 다리! 날 좀 살려줘요!"라며 고통을 호소했다고 합니다.

우리 성도님은 이장에게 전화를 걸어 급히 태안에서 택시를 불렀습니다.

추운 밤이라 짚단으로 모닥불을 피우고 고통을 달래면서 택시를 기다렸습니다.

당시 무당이 우리 교회 여 성도에게 상세히 알려준 사연은 이렇습니다.

> "내가 보리쌀 한 말을 이고 교회 옆길로 해서 호두나무 아래를 지나가는데 갑자기 회오리바람이 휙휙 불고, 내 몸이 그 회오리바람에 한 바퀴 휙 돌더니 그냥 나가 떨어져 넘어졌는데 그 후 정신을 잃고 얼마 지나서 '내가 왜 이럴까' 하고 정신을 차려보니 호두나무 아래 넘어져 다리가 아프고 일어나지 못하여 소리를 질렀습니다."

그런데 이게 웬일입니까!

택시가 태안에서 비포장 자갈길을 한 시간 달려와서 급히 태우고 태안병원 응급실에 가서 진단한 결과 다리가 세 토막으로 골절 즉, 발목 중간 무릎이 완전히 골절되어 태안에서는 치료가 불가해서 인천 외동딸에게 연락하여 그 밤중에 인천으로 옮겨간 뒤로는 지금까지도 돌아오지 않고 있다고 합니다.

그 후 내가 교회 30주년 행사에 초대 받고 가서 물어봤더니, '그 일로 무당은 한 번도 오지 않았고, 집도 딸이 팔고 정리하여 무당의 자리는 흔적도 없다'고 합니다.

아! 누가 이런 일을 했을까요?

이 일은 16일 특수기도작전에 하나님의 크신 응답이었습니다.

그런데 그 후에 놀라운 일들이 벌어졌습니다.

첫째로, 추 전도사와 무당이 싸워서 추 전도사가 이겼단다.

둘째로, 전도를 안 하고 교회오라고 하지 않는 데도 스스로 나오고,

셋째로, 내가 동네방네 나가면 사람들의 시선과 인사가 달라지고,

넷째로, 서산·당진 일대에 무당제거작전 소식이 회자되고,

다섯째, 부흥회 길이 열리고, 노회나 시찰회에 가면 목회자들이 인정하는 분위기

참으로 살아계신 하나님의 놀라운 응답이 아닐 수 없습니다.

갈멜산 엘리야 850:1에 버금가는 영적 기손 시냇가에서 사탄의 피바다를 흘려보낸 것처럼 16일 특수기도작전은 승리의 개선찬송으로 끝나고, 연속적인 사도행전의 진행형으로 주일이면 매주 2-3명씩 동서사방 바다 끝 내리지역 등지에서 깨끗한 한복으로 멋 부리며 교회로 모여들었습니다.

당시 이원면 소재지 교회는 26년차 역사에 교인 10여 명으로 허덕이는 모습이었습니다. 리 단위 지역 사람의 눈으로 볼 때는 황량한 산천 바닷가 험지 마을이었습니다.

그런데 일 년도 안 된 그 해 1979년 12월 성탄절에 장년부 50여명, 주일학생 30여명, 청년부와 중·고등부 등 모든 부서에 영혼구원의 성령의 불이 활활 타올랐습니다.

그때 중학생 조만기 군, 누나 조선실 양은 관리교회 중·고등부였습니다.

현재 조선실 권사님은 서울 강일동 소재 유명브랜드 핸드백 회사 사장이 되었고, 조만기 집사는 홍대 미대를 나와 최고의 디자이너로 활동하면서 누나 조 권사님의 회사를 함께 경영하는데, 지금도 가끔 우리 내외를 찾아오고, 삼승제일교회에 가끔 와서 예배드리면서 은혜를 나누고, 어린 시절 푸른 꿈을 가진 남매로 꿈을 이루어 관리교회의 옛 추억을 더듬으면서 성탄절의 함박눈을 맞으며 새벽송을 돌던 메리크리스마스의 대화를 나눕니다.

존경하고 사랑하고, 보고 싶은 어머니, 장모님에 대한 사연을 적습니다.

관리 개척 후 1979년 7월에 장모님이 점촌에서 시집간 딸이 전도사 사위 따라간 서해안 바닷가를 찾아서 이곳 험지까지 천 리 만 리 먼 길을 오셨습니다.

이런저런 상황이 궁금하기도 하고, 손자 이삭이도 보고 싶고, 얼마나 아린 사연을 가슴에 담고 계셨을까 짐작이 갑니다.

마침 당일교회 청년들이 하기학교 봉사하러 와서 무척이나 바쁜 때였습니다.

주일학교 학생들도 꽤 많이 모였습니다.

아내는 여러 사람 식사 준비하느라 매우 분주했으나 장모님께서 오셔서 이삭이를 업어주시고, 일손을 도우시면서 같이 협력하셨습니다.

오후쯤 내가 잠시 외출했다가 돌아오는 길이었는데 교회에서 기도소리가 크게 들렸습니다.

장모님께서 두 손을 높이 들고 울부짖으셨습니다.

"주여! 이곳에 늘 임하소서! 주의 전에 양떼가 몰려오고 구름떼처럼 몰려오게 하소서! 주의 종이 오나가나 언제 어디서나 무엇을 하든지 함께 하소서! 주의 종은 신령해야 합니다. 능력이 있어야 합니다. 권능의 손으로 붙드소서!"

경상도 사투리 억양의 야무진 목소리로 부르짖어 기도하셨습니다.

나는 즉시 서재실에 있는 녹음기로 녹음하여 지금도 육성을 들을 때가 있습니다.

부모는 자식을 하나님의 기업으로 주셨기에 생육·양육·교육진출·영육, 눈에 흙이 들어갈 때까지 가슴에 품고 사는 것이 아니겠습니까?(창 49장 참조)

장모님은 그때뿐 아니라 소천하시기 전까지 자손을 위한 헌신과 기도의 무릎으로 승태·윤태·정태 세 장로와 그 자손들, 그리고 사모인 딸과 그 자손들을 위해 그 어느 부모보다 곱절로 희생하신 분이십니다.

이에 처가 식구들은 매년 6월 6일이면 산소를 찾아 부모님 묘소를 관리하고, 가족화합의 장으로 부모님의 생전을 회상하며 서로의 신앙과 삶의 깊은 대화 시간을 갖습니다.

매년 1월 1일 신정(新正)에는 조카에서 증손까지 모두 모여 박윤태 장로의 주선으로 유익한 영적 정보와 가문의 전통 신앙유산에 대한 재료로 영상까지 띄우며 서로 공감하고 공유하는 믿음의 가문이 된 것이 참으로 귀하고 아름답습니다.

귀신들린 38세 여인에게서 귀신을 쫓아내다

자서전을 쓴다는 것은 쉬운 일이 아닙니다.

목회현장에서 일어난 여러 가지 사건과 사고 등을 콩이야 메주야 모두 기록할 수는 없습니다.

다 기록한다면 박경리의 소설 '토지'보다 더 길 것입니다.

내 머리에 입력된 용량을 다 표현할 수 없습니다.

그야말로 조선왕조 27대 왕 527년의 승정원일기나 조선왕조실록처럼 전문가가 기록한 것도 아닙니다.

이 작은 지구의 한 모퉁이 목회현장에서 진행된 시시콜콜한 이야기들, 거룩한 성직 성역에서 일어난 한반도 서해안 태안반도 작은 해변 마을의 밀물과 썰물의 밀당처럼 하루하루 쌓인 청춘목회의 행진곡입니다.

안골 50대 무당을 인천으로 추방시킨 대하 드라마틱한 영풍(靈風)이 휘몰아친 후 관리교회는 일약 충남노회와 서산 시찰 내에서 주가가 상승하는 것처럼 날마다 좋은 소문이 퍼져나갔습니다.

태안읍교회 남재현 목사님이 격려차 방문을 해주신 것도 당시 햇병아리 목회 초년병인 나에게는 큰 힘과 격려가 되었습니다.

1980년 7월 초에 60대 아주머니가 교회로 뛰어오셨습니다.
'무슨 일로 오셨냐'고 물었더니 다음과 같이 말하는 것입니다.

> "전도사님! 우리 며느리가 38세인데 아들 셋 키우고 살림 잘하다가 3년 전에 이상한 행동을 시작하더니 이제는 완전히 미쳤어요. 귀신이 들어앉았어요. 귀신 좀 쫓아내주세요."

그렇게 말하고는 며느리의 주민등록증을 내게 주시면서 "전도사님이 책임지세요. 우리 며느리 좀 살려주세요~"라며 애원하는 것입니다.

며느리가 얼마나 힘이 센지 방에 가두고 쌀가마를 문 앞에 막아놓으면 밀어버리고, 쇠고랑을 채웠는데 끊어버리고, 한 번 나가면 며칠씩 어디를 다녀오는지 온몸이 찢기고 할퀴고 온 집안이 엉망이라고 했습니다.

그런데 어젯밤 TV(당시 텔레비전은 흑백)를 켰는데 관리교회 추 전도사님이 화면에 나타나서 "내가 네 며느리 귀신 쫓아낸다!"고 말하더랍니다.

그러면서 그 시어머니가 "안골 무당 다리도 세 토막으로 부러뜨려 쫓아냈는데 우리 며느리 귀신 쫓아내는 것은 식은 죽 먹기 아니겠어유~" 하고 너스레도 떠시고 간곡하게 매달리는 것입니다.

나는 그 말을 듣고 '아~ 하나님께서 귀신을 쫓아내어 영광 받으시고, 이 가정을 구원하시려는 특별섭리가 작동되었구나' 판단하고 교인들과 귀신추방작전에 들어갔습니다.

그런데 교인들은 낮에는 땅콩 밭을 일구거나 마늘농사 짓느라 바쁘고, 갯지렁이(낚시 미끼) 잡으러 갯벌로 나가고, 굴 따러 바닷가로 나가거나 염전 밭 소금 채취하느라 모두가 다 새벽에 별 보고 일어나서 별 보고 들어옵니다.

그렇게 온몸이 녹초가 되었는데 교회 전도사가 귀신 쫓아내자고 모이라고 하니 얼마나 고단했겠습니까?

그러나 성령의 바람은 강력했습니다.

순종과 열심이 귀신들린 김금례 자매 집에 모이도록 이끄셨습니다.

나는 저녁에 참석할 수 있는 교우 20여 명을 불러 모았습니다.

하루 종일 일하고, 저녁 8시쯤 그 집에서 모였습니다.

말이 예배지 피곤한 교인들은 믿음도 이제 초보자들이요, 미친 여자를 방 가운데 앉혀놓고 마귀 물리치는 찬송 '우리들의 싸울 것은 군대 아니오'를 부르니 여자는 날뛰려고 하지, 교인들은 찬송도 잘 모르거니와 여기저기에서 꾸벅꾸벅 졸거나 아예 엎드려져 자는 분도 있었습니다.

상상을 해보세요.

나와 아내만 목 터지게 '우리들의 싸울 것은……' 하며 불러댑니다.

그래도 그렇게 20여 일을 밀어붙였습니다.

마귀는 나가려고 할 때 성경대로 더 발광(發狂)을 해댑니다.

그 여인이 밤중에 교회에 와서 교회 강대상 위에 올라앉아서 자고 있습니다.

나는 깜짝 놀랐습니다.

"내려오라!"고 호통을 치면 "내가 하나님이다!" 고함을 지릅니다.

그리고 침을 뱉어서 세수한다고 더럽힙니다.

참으로 더럽고 추하고 악한 귀신입니다.

그런데 꼭 교회를 맴돕니다.

나는 '마귀가 결국 나갈 징조다. 멀리 여인이 달아난다면 누가 잡아오겠는가? 마귀는 악령일 뿐이다. 하나님의 부리시는 악한 영이라 결국은 하나님의 일을 할 것이다 (삼상 16:14)'라고 믿고, 확신했습니다.

'하나님께서 나에게 붙여주셨구나' 생각하고 저녁마다 모였습니다.

모여서 졸다가 찬송하다가 기도하다가 교인들 몇 명은 아예 성경 찬송가에 얼굴을 파묻고 자는 사람도 있었습니다.

'이러다가 몇 명이 귀신들리는 것 아닌가?'

귀신 쫓아내다가 귀신이 붙을 정도로 방안에 어둠이 엄습함을 느꼈습니다.
나와 아내는 자는 성도 깨우는 것이 더 힘든 때도 있었습니다.
한쪽에서 한참씩 자다가 일어나고, 교대로 자고 깨고 찬송하고 기도하는 것이었습니다.
나는 귀신 들린 김금례 자매가 갑자기 밖으로 도망칠까봐 경호한 적도 있습니다.
이렇게 우리는 저녁이 되면 한바탕 영적 전쟁을 치러냈습니다.
그나마 김금례 자매가 방 한 가운데 얌전하게 앉아 있다는 것이 다행이라는 생각이 들고, 안도감을 주었습니다.

3년 세월의 행복을 마귀에게 빼앗겼다가 다시 찾았습니다.
이 여인이 김금례 성도입니다.
마귀가 나가니 참 순진하고, 조선시대 여인처럼 조용한 사람이었습니다.
그리고 이런 말을 했습니다.

"전도사님이 제일 무서웠어요. 왜냐하면 추 전도사님 손에 큰 칼이 들려졌는데 그 칼로 나를 쳐서 죽일 것만 같았어요. 그런데 깨어나 보니 힘이 쫙 빠지고 날아갈 듯 기뻤어요."

그 후 지역사회에 '교회 전도사가 아무개집 며느리 누구 엄마 귀신 쫓아내서 살았다네' 하고 소문이 나서 전도의 문을 더 열어 제치는 역사가 크게 일어났습니다.

나는 '바울과 신학사상'이란 제목으로 영남신학대학 졸업논문을 썼습니다.
담당교수님은 서울 장신대 박수암 교수였습니다.
신학교는 '바울신학'이라는 말이 있습니다.
바울이 복음으로 첫 출발한 곳이 바로 빌립보입니다.
바울이 귀신과의 결투에서 멋지게 첫 승을 거둬 첫 단추를 잘 꿰므로 전 유럽을 강타한 것처럼 관리교회 개척에 귀신 역사를 잠재움으로 나 또한 머나먼 목회자의 길에 들어서게 된 것입니다(행 16장).

어느 날 염전에서 일하던 젊은 부부가 갑자기 쓰러져서 3일 간격으로 숨졌습니다.

그 집에 아이가 있었는데 갑자기 부모에게 변고가 생겨 오갈 데가 없었습니다.

우리는 그 아기를 교회로 데리고 와서 키웠습니다.

마침 그 아기가 이삭이보다 어렸습니다.

옷도 내려입히고, 이삭이가 형처럼 아이를 데리고 잘 놀면서 삐쩍 마른 아이가 살이 통통해지고, 물 만난 고기처럼 한 가족이 되었습니다.

동네 주민 불신자들도 아기 구경 온다고 종종 찾아옵니다.

그 아기를 기르다가 전도문도 많이 열렸습니다.

교회의 부흥은 강단에서 외치는 설교에만 있는 것이 아니라, 사사건건 일상 속에서 일어나는 일들이 어우러져 오케스트라의 조화로운 연주처럼 이루어져 가는 것입니다.

그 후 부여 쪽에 입양부모가 생겼다고 큰 집에서 그 아기를 데려갔습니다.

소 살려 주세유!
절간마다 절한 후 일 년 내 사망(하나님의 진노)

예수 믿고 성도(聖徒)로 불러주는 것이 최고의 은총(恩寵)입니다.

당시 이 마을에 '김연자'라는 자매가 있었는데 45세였습니다.

키가 작달막한데 얼굴 인상이 강렬하고 표독스럽게 생겼습니다.

한 여인의 과거사지만 조금은 쓰고 싶습니다.

그녀는 시집와서 점점 사나워져서 온 집안을 휘어잡아 시부모와 남편도 꼼짝 못하게 군림(君臨)했다고 합니다.

어느 날 시아버지가 싫은 소리 조금 했다고 밥상머리에서 갑자기 일어나서 시아버지의 양쪽 귀 머리털을 홀딱 벗겨버렸습니다.

일어나서는 안 될 존속상해(尊屬傷害) 사건이 일어난 것입니다.

경찰을 부르지 않고 온 동네가 들고 일어나서 이 불효 자부를 공동으로 매질하는 선에서 마무리한 후 점차 좋아져서 크나큰 과거사를 안고 살아가는 여인이었습니다.

그녀가 교회로 발을 들여놓았습니다.

눈물로 회개하고 예배드리면서 말씀에 사로잡혔습니다.
포악하고 독한 자가 거룩한 성도로 불렸습니다.

어느 날 수요예배 준비를 하고 있는데 김연자 성도가 교회로 뛰어왔습니다.
약 200m거리입니다.

> "전도사님, 큰일 났어요! 우리 소가 아침부터 여물도 안 먹고 아귀를 돌리지 않아요! 전
> 도사님, 빨리 가셔서 소에게 안수기도 좀 해주세요!"

간절히 매달리는 것입니다.
소는 되새김위가 네 개인데, 계속 입을 되새김으로 돌려댑니다.
멈추면 이상이 생기게 되는 것입니다.

이를 거절하면 곤란할 수 있습니다.
시아버지 머리털 쥐어뜯는 과거 기질이 발동하면 전도사 머리털도 쥐어뜯지 않을
까 하는 쓸데없는 걱정이 되고, 혹여 예수고 나발이고 교회고 천당이고 막가파로 나
온다면 매우 난처한 일이 생길 확률도 있는 것입니다.
소가 불쌍해서가 아니라 김연자 교우가 안고 있는 인간성 때문이랄까요?

이것이 농촌목회에서 흔히 일어나는 일입니다.
소가 아프면 수의사를 불러야 하는데, 이곳은 수의사가 오기 전에 소가 죽어서 불
판에 얹힐 판입니다.
태안읍 거리가 비포장 자갈길 오십 리입니다.
추 전도사는 프로페셔널(professional) 입니다.
'추 전도사'에서 '전'자를 빼면 '추도사'였습니다.
도사(道士)가 되어야 합니다.
도(道)는 통합니다.
못할 것이 없다는 것 아니겠습니까?

나는 "갑시다!" 하고 뛰어갔습니다.
소 외양간에 떡 하니 서서 쳐다보니 소도 나를 빤히 쳐다봅니다.

나는 동양적 십이지[자축인묘진사오미신유술해(子丑寅卯辰巳午未申酉戌亥)]로 하면 '소 축(丑)'자 1949년 소띠 해에 태어난 소띠입니다.

옆에 김연자 성도는 두 손을 모으고 서 있고, 나는 속으로 '너 잘 만났다 소야~ 너는 짐승으로 소라면 나는 사람으로 소다. 그리고 하나님 말씀(신 28:11)에 육축(소) 이 잘되리라 했으니 너 오늘 임자 만났다!'라고 생각하면서 소머리에 손을 얹고 큰 소리로 기도했습니다.

"주여! 소가 오늘 하루 종일 아귀를 돌리지 않고 고장 났어요. 고쳐주세요. 김연자 성도 님 낙심하지 않게 해주세요. 신명기 28장 말씀대로 육축이 잘되어 기쁨과 축복이 되게 해주세요."

기도 후 교회로 와서 약 10분이 지났는데 김연자 성도가 헐레벌떡 뛰어왔습니다.

"추 전도사님, 큰일 났어요!"

순간 나는 깜짝 놀랐습니다.

'혹시 소가 죽었나? 큰일이구나! 소가 기도 받고 죽었다면 이후의 수습을 어떻게 하나?'

단 2-3초 사이에 내 머리에서 컴퓨터가 작동되었습니다.

그런데 이게 웬일입니까?

"전도사님! 소가 아귀를 돌려 여물을 잘 먹어요."라고 말하는 것입니다.

너무 좋아서 알려주려고 왔다는 것입니다.

이후에 소가 아프거나 아귀를 안 돌리면 전도사를 불러댑니다.

어떤 소는 철사를 먹어서 위에 걸린 소도 있었습니다.

아! 때로는 목회현장에서 소에게 안수 기도하여 고치는 수의사로 나서기도 하고, 참 재미있는 일들이었습니다.

1979년 8월 어느 날이었습니다.

나연자 성도는 교회에서 50m 떨어져 사는 분으로 참 열심히 신앙생활을 하십니다.

자그마한 체구에 무척 야무진 분입니다.

정도 많고 착한 분이셨습니다.

가난한 집안을 일으킨 그의 인생 스토리는 눈물겨웠습니다.

무당 추방사건이 일어나고 곧바로 천국 생명책에 이름을 기록했습니다.

그는 마을 구판장을 운영하면서 동네 모든 사람들과 좋은 관계를 맺는 분이십니다.

물건을 외상으로 주기도 하면서 동네방네 뉴스센터요, 구판장 아줌마들을 관리하는 슈퍼우먼이었습니다.

새벽기도도 잘하고 구역예배, 성미, 굴이라도 있으면 주의 종 드린다고 정성껏 가져오고, 교회 옆을 지나 집에 가는 길목이라 수시로 교회에 와서 기도하고 가고, 청소도 하고, 나무랄 데가 없습니다.

특히 무당 추방사건 후 구판장에 오는 사람에게 "빨리 교회로, 예수로 바꿔~"라고 말하며 열심히 전도하는 전도의 일등공신이었습니다.

예의도 바르고 상식과 경우가 밝은 분이었습니다.

나무랄 데가 없었습니다.

그런데 그 여름에 동네 부녀회에서 2박 3일 여행을 다녀온다고 단체여행을 갔는데 우리나라는 여행지가 절간을 들러서 가는 코스가 많기에 관광버스가 절간에 도착하면 나연자 성도가 가장 먼저 절간에 들어가서 꾸벅꾸벅 절을 세 번씩 하고, '절간 생수 먹어야 속병 고친다'고 물을 들이키면서, 유독 나연자 성도가 심할 정도로 행동했다는 것입니다.

'우리 교우들이 다 같이 갔는데 나연자 성도만 그랬다'고 이구동성으로 말합니다.

그런데 나연자 교우가 '절대로 전도사님에게 이르지 말라'고 신신당부 또 당부하여 교우들 모두가 '알았다'고 다짐하고 여행을 마치고 돌아왔으나 감출 수 없는 비밀로 교인들이 여차저차 일렀습니다.

나는 마음이 조금 불편했지만 그렇다고 혼낼 수도 없었습니다.

잘못하면 큰 상처가 되고 시험이 들어 교회에 나오지 않을 수 있습니다.

매우 조심스러웠습니다.

그런데 한두 달이 지나면서 나연자 자매 몸이 시름시름 아프기 시작하더니 밥도 먹지 않고, 얼굴이 까맣게 변하고, 눈에 띄도록 몸이 말라갔습니다.

해를 넘겨 일 년쯤 지나서 갑자기 돌아가셨습니다.

그동안 심방과 위로, 여러 가지를 병행했습니다.

돌아가시기 2주 전 아내와 같이 심방을 갔는데 눈물을 흘리면서 고백하는 것입니다.

"전도사님! 전도사님이 작년 여행 가기 전에 절간에 가면 절대로 절하거나 물마시지 말고 들어가지도 말라고 철저히 일러주셨는데 내가 나도 모르게 절간만 가면 몸이 빨려 들어가듯 들어가게 되고, 절하고 물먹고 죄를 지었어요. 교인들에게 전도사님께 이르지 말라고 부탁까지 했어요. 내가 지은 죄 값으로 이 몸이 이렇게 아파요. 절간 여행 다녀 온 후부터 밥맛도 없고, 잠도 안 오고, 꿈자리가 이상했어요. 내 죄를 용서해주세요."

그때부터 회개(悔改)로 천국 갈 준비를 단단히 시켰습니다.

그의 몸은 회복 불가능했습니다.

나연자 성도는 58세의 짧은 일생을 마치고 하나님께로 이사 가셨습니다.

그 후 교인들은 내가 설교를 하지 않아도 하나님의 진노(震怒)가 무섭다는 것을 알 아차렸습니다.

한 번 하나님을 섬기면 다시는 우상을 섬기거나 가까이 해서는 안 될 것을 실제로 나연자 자매 사건을 통해서 알게 되었습니다.

관리교회가 어떤 교회입니까?

부족하나마 추 전도사의 40일 금식기도 직후 개척한 교회가 아닙니까?

당시 내 몸이 완전히 회복된 것은 아니었습니다.

2월 기도가 끝난 후 약 한 달 반 만에 깡마른 몸에 모발도 제대로 없고, 걸어갈 때 는 방금 태어난 송아지처럼 비틀비틀 거리고, 병자처럼 보였습니다.

나는 무당을 추방하는 영적 전투사로, 귀신들린 김금례 여인의 해결사로서 육체의 힘 은 쇠약해도 영권(靈權)의 힘은 엘리사는 아니지만 원리상 엘리사와 같이 강력했습니다.

우상 앞에 절한 것이 뭐 그리 대수롭겠습니까?

아닙니다!

바로 그것이 목회(牧會)였습니다.

하나님은 자기 이름을 위해서 자신의 권위를 스스로 나타내십니다.

하나님을 우습게 여기고, 만홀히 하고, 경홀히 하면 큰 코 다친다는 것을 분명하게 보여주신 것입니다.

공의적으로 말해서 같이 여행한 교인들 이야기에 따르면, 그렇게 예수전도 일등공신 인 나연자 성도가 가는 절간마다 큰절하고 물마시고 "아~ 이렇게 좋을 수가 없어!" 하 고 감탄사까지 했다는데 하나님께서 가만히 계신다면 오히려 이상한 일 아니겠습니까?

나는 '우리 아버지께서 마땅히 나 자매를 본보기로 쓰셨다'고 생각합니다.

오직 십계명, 사도신경, 주기도문, 십자가, 부활……

성경(聖經)대로 살아야 합니다.

지혜(딸)가 태어나다
땅콩 밭 맨 이튿날 새벽

관리 국민(초등)학교 옆 언덕배기 마을에 전도를 나갔는데 삐쩍 마르고 키가 큰 아저씨가 지게를 지고 가다가 언덕에서 쉬고 있었습니다.

얼굴을 보니 근심 걱정이 가득하고, 무거운 지게 짐보다 더 힘들게 보였습니다.

"아저씨 집이 어디에요?" 물으니 "저 밑에 보이는 건물입니다~"라고 알려줍니다.

"저는 관리교회 전도사입니다. 예수님을 영접하고 구원과 복 받으세요~"라고 말을 건넸더니, 아저씨는 "나 같은 놈은 죽어야 해요." 하십니다.

"왜 그런 말씀을 하세요?"

"나는 노름을 좋아해서 망했어요."

그때가 가을이었습니다.

손으로 가리키며 "저기 보이는 저 논 일곱 마지기 벌써 노름으로 잃어버려서 수확해봤자 노름빚으로 갚아야 해서 겨울양식도 없어요." 하면서 울음을 터트렸습니다.

'후회가 막심하고 다시는 노름을 하지 않으리라' 하는 표정이 보였고, 전도를 잘 받아들였습니다.

나는 그분에게 위로와 격려의 말을 하고 '그러면 집으로 같이 가서 아주머니도 뵙고 오늘 방문하면 어떠냐?'고 하니 '그러자'고 하여 같이 그분 집으로 갔습니다.

마침 아주머니가 반갑게 맞아주어 방으로 들어가서 대화를 나누었습니다.

아주머니는 남편이 하도 노름만 하고 다니니 얼마 전 노름방에 여러 남자들이 앉아서 노름할 때에 똥통을 들고 들어가 온 방에 똥을 퍼붓고 난리를 쳤다고 합니다.

그 뒤로도 남편과의 싸움은 끊임없었고, 온 동네에 창피를 주기도 했다고 합니다.

그리고 이제야 남편이 정신을 차렸다는 것입니다.

그날 이후 부부는 교회에 등록하였고, 신앙생활을 하기 시작했습니다.

두 분이 얼마나 열심인지 예배 한 번 빠지지 않고 새벽기도 등 헌신 봉사에 앞장 섰습니다.

예수 믿고 새사람이 되었습니다.

동네에 소문도 잘나서 칭찬도 듣고 놀라운 변화를 보였습니다.

남편은 김형상, 부인은 이선분입니다.

내가 관리교회를 떠난 후 30주년 기념식에서 장로와 권사로 직분도 받고, 아들이 현대식 주택도 지어 행복하게 살고 있습니다.

박경자 사모는 만삭의 몸으로 당시 김형상 성도의 땅콩 밭을 매주고 그 이튿날 새벽기도 직후 딸 지혜를 출산했습니다.

1981년 4월 7일 7시 15분이었습니다.

새벽기도 직후 산통이 심해지니 사택으로 들 어가 산고 산통을 겪고 있는데 새벽기도에 나 오신 교인들 몇 분이 남아서 아기가 태어날 것 을 기다렸습니다.

7시 15분 드디어 "응애!" 하는 건강한 울음을 터트리고 딸 지혜가 튼튼하게 태어났습니다.

김현분 성도와 이선분 성도가 지혜를 받았습니다.

▶ 1981년 4월 7일 관리교회에서 새벽기도 후 지혜가 태어날 때 받아주신 이선분 권사님(90세 되심) 자택 앞에서(2020년 1월 7일)

그 후 이선분 성도가 '사모님이 우리 땅콩 밭을 매주고 그 이튿날 지혜를 낳았는데, 사모님이 만삭의 몸으로 밭 매고 고생하면서 출산했다'고 굉장히 미안해 하셨습니다.

2020년 1월 10일 관리교회 방문 시 이선분 권사님(93세)은 지혜를 보고 무척이나 감 격하시면서 부둥켜안고 우셨습니다.

사실 박경자 사모는 지혜를 잉태(孕胎)하고도 산부인과에 한 번도 가본 적 없이 오직 교회의 부흥과 성장에 몰두했습니다.

다행히 아내는 무척 건강하고, 아무 이상이 없습니다.

1981년 4월 7일 지혜(딸) 태어난 날 지혜를 받아주신 김연배 권사님(98세) (2020년 1월 7일 방문)

산부인과에 한 번 가보지 않아서 아들인지, 딸인지 모르고 지혜를 낳았습니다.

태어나서 보니 딸이었습니다.

나는 첫 마디로 "딸이구나! 여자의 일생은 고생이 많을 텐데"라고 말할 정도로 걱정은 되었으나, 축복기도를 드렸습니다.

"주여! 지혜로운 딸이 되게 하소서!"

그렇게 기도하고 이름을 '지혜'라고 짓기로 하였습니다.

성경의 지혜로 하나님을 아는 지혜, 세상을 살아가는 지혜자가 될 것을 믿고 '지혜'라고 지었습니다.

'지혜'라는 이름대로 사역자로 살아가고 있으며, 세 아들을 지혜롭게 키워내고 김진협 사역자와 지혜롭게 이 시대를 살고 있습니다.

자서전을 정리하고 쓰면서 관리교회 편을 마칠 때에 관리에서 지내온(1979. 4. 10 –
1981. 11. 13) 목회의 길목에서 일어난 일들이 새록새록 주마등처럼 지나갑니다.

나는 30세였고, 아내는 24세였습니다.

아들 이삭은 5개월째였고, 1981년 딸 지혜가
태어났습니다.

이렇게 우리 가족의 가장 아름다웠던 시절이
떠올라 잠시나마 회고 회상에 젖어보았습니다.

목회의 길목 끝자락에서 관리의 바닷가에
서 쨍 땅을 파던 추억을 더듬어 긴 여정에
지친 나그네의 발길이 십자가 밑에 낡은 괴
나리봇짐 살며시 내려놓고 깊은 사색에 젖어
봅니다.

중세 유럽의 고딕풍의 옛 예배당 관리교회 앞에 선 우리 열 명의 가족!
43년 전과 오늘의 우리 가문의 역사적 한 페이지의 기록적 모습을 담은 사진 속 가족이 복스럽고 자랑스럽습니다.

관리교회 개척 30주년 기념으로 약 1km거리에 새 성전이 아름답게 지어졌습니다.

30주년(1979년-2009년) 새 성전 헌당식에 우리 부부가 초청되어 함께 예배드리고 기
쁨을 나눈 적이 있었습니다.

뛰면서 걸으면서 머언 길 걸어온 길
다시 가보고 싶지 않은 길

순간인들 잊을쏘냐?
멈추지 않는 영적 씨름 전쟁인 것을
한 번의 청춘을 십자가 밑에 불태워 묻어버리고 입버릇처럼 내뱉는 주여!
한마디 연습 없는 인생처럼
목회자의 가시밭길 정답 없는 좁은 길을
한고비 넘어보니
또 한고비 넘을 차비
끌어주고 밀어 주는 그 어떤 손길 하나 없이 막막한 고비사막인가!
그래도 앞으로 가야만 하는 길
그 누가 대신하랴!

주어진 임지에 던져진 존재
사명자의 속 타는 맘 아무도 모른다.
캄캄한 밤바다 해안가
밀물 밀려드는 사리 때 물결소리 엄습할 때
조용히 엎드려 음성을 기다린다.

밧모 섬 사도 요한 어깨에 얹어진 주님의 오른손
내게 얹으소서! 그리고 만나주소서!
쥐어짜는 작은 전도자
고요한 밤 깊은 밤 어둠이 이불 되니
눈을 떠도 감아도 깜깜함이 안식이다.

조용히 불러본다.
그 거룩한 아버지를 영원에 잇대어 간절히 불러본다.
태고에 빚어진 이끼처럼

골짜기 숲속 인적 없는 골짜기 깊은 계곡
무지한 영혼들이 길 못 찾아 헤매인다.
내 청춘 30세 인생 청춘
봄바람 성령 불길 바람타고
서해 바닷가 짜디짠 염전 밭 등성이
십자가 높이 꽂고
양손 벌려 오라 하는 주님
넓은 가슴 열고 예배당 문 열어놓고 날마다 기다린다.
내 아내 24세
젊디젊은 꽃봉오리 멋모르고 따라선 길
배고픈 골고다 언덕길을 올라간다.
생후 5개월 차 이삭이는 어린 천사여라~
지나가는 길손들도
어린 천사 미소에 발길 멈춰 쉬고 간다.

비쩍 마른 추 전도사
염전 밭 같은 거무튀튀한 얼굴이여!
아름다우나 제대로 가꾸지 못하고
못다 피운 꽃 같은 아내 얼굴
아무것도 모르고 마냥 흥겨운 미소천사
오동포동한 우량아 이삭
1981년 4월 입춘 문턱에 귀여운 아기 천사로 먼동 틀 때
새벽기도 마친 후 태어나자
목회의 동지로 아기 천사 지혜가 태어났다.

창세 이후 감춰진 오지 사지에 어둠이 덮이고
악령이 설쳐대고 무지가 목을 조르고
땅만 파고 갯벌만 후벼 파는 아낙네들을 본다.
'기차는 보지 못했지만 비행기는 보고 산다'는
한 발짝도 밖으로 나가보지 못한
아마존 강 유역의 원주민들처럼
현대판 원주민이라고 해도 과언이 아닌 인생살이가
1979년 서산 관리 바닷가에 현존하고 있었다.

조상 대대로 대물림한 선무당집에
이름 석 자 올려놓고
귀신에게 영혼의 코가 꿰어 옴짝달싹 못하니
사망 책에 검은 죽은 이름이 온 지역의 미신의 광기였다.
무거운 짐 가지고 오라 하니
저 골짜기 내 이름 석 자 올렸으니
그 무당 죽기 전에 난 못가요 고개 흔든다.
영적 영전 전투 시작
교회 앞에서 무당 다리몽둥이 세 동강이로
하나님의 강한 팔로 부러뜨려 동네방네 소문나니 무당완패

추 전도사 승리
앞서거니 뒤서거니 주일이면 온 동네방네 몰려온다.
서산 당진 일대 관리교회 성령 불길 소식은
주가가 상승일로였다.
당시 300명 큰 교회인 해미읍 교회에서 청빙,
일주일 내로 이사 날 잡아놓고
기도하던 중 한밤중에 주님 나타나셨다.
긴 곡괭이 던져주시면서
"쌩 땅을 파라!" 벽력같은 음성으로 해미읍 교회 청빙 무산
한바탕 영적 파도가 지나갔다.

목회의 길 돌고 돌아 52년 차로 세월 지나 역사되니
43년 만에 2020년 1월 10일
열 명의 가족 이삭, 경희, 수,
진협, 지혜, 호·하·휘,
역사의 영적 고장 찾아드니 만고만산의 옛 산천같이 다정하고
중년의 아낙네들
구순 되어 노파 권사님들 얼싸안고
이삭 지혜 이름 불러주니
천국에서 만난 듯이 그 기쁨은 표현이 불가하다.

그 이후에 내가 우리 가족과 함께 관리교회를 방문하고자 기도하던 차 2020년 1월 10일 관리교회와 마을을 방문하여 말로만 듣던 당시의 개척지 현지를 본 우리 가족 모두는 감회와 감동 그 자체였습니다.

당시 어떤 식사자리에 가면 전도사 아들 배고프고 고기도 못 먹는 형편을 잘 아는지라 고기 한 점이라도 더 먹이려고 "이삭아~ 고기 먹자~" 하고 억지로 먹이시던 김연배 권사님은 95세가 되어 노인의 백발을 가지고 계셨습니다.

41년 만에 이삭이를 보고 "우리 이삭이구나~" 하고 깜짝 놀라셨습니다.

전 날 땅콩 밭 매주고 이튿날 새벽기도 마친 후 지혜를 출산했습니다.

그 땅콩 밭 주인 이선분 권사님은 90세가 되셨는데, 이삭이와 지혜를 보고 감격의 눈물을 흘리셨습니다.

놀라운 만남의 광장이었습니다.

새로 지은 관리교회(현 정재준 목사 시무)를 방문하여 목사님과 사모님을 뵙고 다정한 인사를 나눈 후 헤어졌습니다.

가족을 대표하여 추이삭 집사가 두 분 권사님에게 용돈을 챙겨드려 흐뭇하였고, 또 관리교회에 헌금까지 드리는 아름다운 모습은 매우 기쁘고 감사했습니다.

43년 만의 관리교회 방문일정은 우리 열 명의 가족으로서는 독특한 개척 성지의 체험이요, 영적 순례의 코스였습니다.

우리 자손들 모두가 이 자서전과 사진을 보면서 각자 굳센 믿음과 뚜렷한 삶의 주관을 가지고 부모와 조부모의 청춘을 불태워 한 시대의 복음사역(福音使役)의 헌신(獻身)을 확인하고 지상생애에서 이탈하지 않고 '오직 성경! 오직 믿음! 오직 예수!' 신앙의 사람으로 살아가기를 간절히 바랄 뿐입니다.

서산 남면교회 부임하다(1981.11.11.) 관리교회 사임하고 남면 장로교회 부임하다

관리교회를 떠나기 직전 익산 동광교회에서 부친의 장로 임직식이 있었습니다.

130명 교인들이 세 후보를 두고 투표를 하였는데 70표를 얻어 최고 득점자로 교인들의 인정을 받은 것입니다.

이에 아내와 이삭이 부친(故 추병욱 장로님)의 장로 임직식에 결혼식 혼인예물 반지를 다 팔아서 양복 등 선물을 준비하여 다녀왔습니다.

관리교회는 영적·수적·물적 삼대 부흥이 일어나서 든든한 교회로 자리 잡았습니다.

충남노회 서산 시찰 관리교회는 일약 스타교회가 되었습니다.

이 소문은 과장이 아니라 모이는 공적 자리나 사적 장소에서 은혜의 파도를 쳤습니다.

이에 서산 남면 소재지 남면 장로교회에서 청빙이 왔습니다.

몽산포 해수욕장을 끼고 있는 경관이 수려한 해안가 명사십리가 펼쳐진 곳입니다.

해마다 바캉스 계절이면 인산인해를 이루는 지역입니다.

당시 남면교회는 13년의 짧은 역사를 가진 교회였습니다.

나는 청빙을 받는 순간 '아~ 농촌목회 5년이 되면 총회규정으로 장신대에서 1년 공부하여 목사가 되는 기회를 주는데, 관리에서 3년이 지났으니 남면에 가서 2년쯤 목회하고 장신대 1년 코스를 밟아 목사가 되어야겠다'는 생각을 했습니다.

남면교회의 최재철 집사님이 적극적으로 나를 만나러 몇 번이나 왕래했습니다.

최 집사는 지혜도 수완도 뛰어난 분이었습니다.

면사무소 지역에 면장이나 파출소장 공직자들이 부임하면 먼저 최 집사를 찾아 인사해야 신세가 편할 정도의 인물이었습니다.

교계에서 당 노회나 시찰회에 유력한 자였습니다.

그런 분이 나에 대한 평판(評判)을 모를 리 없습니다.

순간포착 같이 나를 향해 손짓을 했습니다.

어차피 나또한 관리에서 오래 있을 수 없고, 목사코스를 밟기 위해서는 움직여야 했습니다.

내막을 들어보니 남면교회도 쌩 땅을 파야 할 문제가 많이 쌓인 교회였습니다.

하나님께서는 "쌩 땅을 파라!"고 하셔서 해미교회의 청빙을 거절하게 하셨습니다.

이러한 과정에서 최 집사가 이러한 모든 사실을 다 알게 되었고, 더더욱 나를 청빙할 노력을 하고 있었습니다.

나는 며칠을 기도한 결과 하나님의 감동으로 "네가 가서 할 일이 있다. 가라! 내가 먼저 앞장서겠다!"는 기도의 응답과 확신이 들었습니다.

나는 머뭇거리지 않고 일주일 내로 눈이 쏟아지는 1981년 11월 11일 오전 9시 1톤 트럭이 도착하여 최 집사님과 같이 남면교회에 도착했습니다.

현재 남면교회 모습
1981년도 이후 많은 과정을 거쳐 온 남면교회 역사

이렇게 나는 당회장님께 관리교회를 맡기고 떠나왔습니다.
엄청난 반대, 아쉬운 붙잡음이 있었으나 더 이상 지체하지 않았습니다.
그 후 한 달 안에 좋은 후임자가 부임하여 은혜로 이어져갔다고 들었습니다.

남면교회에 부임하여 보니 13년 역사에 교인은 약 40여 명, 새벽기도 10여 명, 사례비는 13만 원(당시 기준 보통)이었습니다.
앞에서 최재철 집사님의 이력을 소개한 것처럼 남면교회는 모든 것이 최 집사의 코드에 맞혀져 있었습니다.

소위 주동집사였습니다.
남면 소재지 면장부터 모두 '최재철'의 손아귀에 있었습니다.
심지어 최 집사가 서해안 오밀조밀 굽이가 많은 간척지 지도를 바꾸는 당시 국가 정책사업 간척개발 사업에서 서산 시장을 쥐락펴락했습니다.
일본인과 손잡고 매트리스 침구를 제작하여 일본에 수출까지 하는 집사였습니다.
그런데 교회에서 주동자 노릇만 하지, 희생·헌금·봉사는 빵점이었습니다.
나는 '최 집사를 때려잡아야 이 교회가 살고 하나님 영광이 나타나겠구나!' 하는 생각을 하게 되었고, 지혜와 기도작전에 돌입했습니다.

한국 기독교 목회 역사에 전해 내려오는 통설적 이야기가 있습니다.

그것은 '목회지 옮길 때 이삿짐 실으러 오는 자를 조심하라'는 것입니다.

처음 부임하는 목회자의 이삿짐을 가지러 올 정도의 직책을 맡은 자는 교회의 막강한 실세인 것입니다.

처음에는 좋으나 조금 지나면 반드시 본색이 나옵니다.

차차 열거하기로 하겠습니다.

남면교회는 쨍 땅이 아니라 설악산, 도봉산 바위를 깨트려야 하는 엄청난 돌산이 형성되어 있었습니다.

남면교회는 위치가 좋은 언덕배기 약 200평의 대지에 세워져 있고, 사택도 있었습니다. 그러나 문제가 너무나 많은 교회였습니다.

① 교회 땅 부지가 건너편 감리교회 시무 장로 땅임.

② 예배가 끝나면 반드시 두 파(은사파·지식파)로 나뉘어 다시 가서 자기들끼리 예배드림.

③ 주의 종 목회자를 우습게 여기고, 존중도 없고, '전도사 얼굴 쌍판때기'라고 하며 노골적으로 비아냥거림.

④ 약 40여 명 헌금이 너무 빈약, 십일조·감사 헌금 거의 전무, 인색함.

⑤ 남의 땅 점령 불법건축으로 대전검찰청 고소, 매주 소환장 날아옴.

⑥ 재정도 있는데 사례비는 일부러 주급 주듯이 찔끔찔끔 지출함.

⑦ '최재철 교회'라 소문 나 있고, 최 집사의 꼭두각시로 인식되어 있음.

위에 열거한 내용 외에 여러 가지가 더 있으나 불필요한 언급은 자제하겠습니다.

나는 '쨍 땅이 아닌 바윗덩어리'라는 생각에 단단한 각오(覺悟)로 임했습니다.

나 스스로 '대단한 마음, 대가리가 단단해야 살아남는다'고 다짐했습니다.

마치 어떤 건축을 하다가 부도가 나서 다시 재건축을 시도하는 어설픈 공사재개와 같은 느낌으로 '어디서 어떻게 할 것인가, 무엇부터 손을 댈 것인가?' 난감했습니다.

나는 이런 일이 생길 줄은 상상도 못하고 부임한 것입니다.

'관리교회에서 산무당도 때려잡았는데, 독 안에 든 최 집사 왜 못 잡을까?'

방법은 기도뿐이었습니다.

밤마다 강단에 이불을 갖다 놓고 영적 기도 본부를 가동했습니다.

1981년 11월 11일 서산 남면교회 부임하여 12월 성탄절 예배 인도하는 모습

1981년 성탄절 예배 성탄 축하송

남면교회를 새로 개혁하고 개척하라!
최재철을 깨뜨려라!

나는 영적 기도군단을 만드는 것이 가장 시급하다고 생각하여 직분자들과 함께 새벽 기도운동을 시작했습니다.

기도 없는 내 열심은 실패하기 때문입니다.

기도로 영적 회복을 하는 것이 중요했습니다.

주의 종을 자기 마음대로 움직이려는 '최재철 집사'가 그 대상이었습니다.

이분의 영향력은 앞서 소개한 대로 대단했습니다.

면장이나 파출소장 인사이동 시에 최재철 집사를 가장 먼저 찾아와 인사를 해야 그들이 장으로서 이 지역유지들과 잘 지내면서 근무에 지장이 없었습니다.

그만큼 최 집사는 유명 인사였습니다.

최 집사는 잘사는 것도 아닌데 수완이 뛰어난 사람이었습니다.

'최 집사만 잘 다루면 된다'는 것이 나의 생각이었습니다.

교회의 결정적인 문제는 항상 최 집사에 의해 좌우되었습니다.

'꾀 많은 최 집사를 어떻게 바로 세우나?' 생각하고 기도하는데, 내가 꿈속에서 살진 사자와 결투를 벌였습니다.

나는 달려드는 성난 사나운 사자를 도저히 이길 수 없었습니다.

그런데 누가 내 손에 날카로운 곡괭이를 들려주었습니다.

그 곡괭이로 있는 힘을 다하여 성난 사자의 등을 내리 꽂았습니다.

사자는 그 자리에서 죽었습니다.

그때 꿈을 깨고 '아~ 하나님이 최재철 집사를 잡으셨구나. 이제 남면교회는 다시 개혁하여 살아날 수 있겠구나' 확신이 오며, 꿈속에서 분명히 우는 사자, 성난 사자, 어둠의 정체와 사탄의 조정을 받는 최 집사의 모습, 영적인 메시지를 받은 다음 계속 지혜를 구하였습니다.

대어를 잡으면 송사리는 거저인 것처럼, 나는 하나님께 지혜를 구하고 실천했습니다.

새벽기도 10분 전에 최 집사님 집으로 달립니다.

1분이면 되는 거리라서 세숫대야를 들고 가서 방문 앞에서 나뭇가지로 "땅땅땅땅!" 요란스럽게 두드리고는 다람쥐처럼 교회로 뛰어옵니다.

그러기를 며칠 동안 계속 했습니다.

나는 아무에게도 이 행동을 말할 필요가 없었습니다.

하나님이 주신 방법이었습니다.

그 소리를 듣고 기분이 나쁜 최 집사는 한 번도 아닌 여러 번이 반복되니 그때마다 "누구냐?"고 소리칩니다.

그리고 일어난 김에 부부가 새벽기도를 나오기 시작했습니다.

새벽기도의 기도 꾼이 되었습니다.

은혜를 회복했습니다.

여기서 잠깐!

세월이 흘러 2010년 여름날 "혹시 추귀환 목사님 아니십니까? 최재철 장로입니다." 하는 전화를 받았는데, 무척 반가웠습니다.

30년 만에 남면교회에 초청되어 방문하였을 때 최 장로님 댁에 갔습니다.

별장처럼 집을 짓고, 복도 많이 받고, 사위가 의사요, 자녀들도 복 받고, 장로도 되었습니다.

식사 중에 "내가 이렇게 된 것은 옛날 추 목사님의 인도지요. 아, 그런데 새벽마다 어떤 놈이 그랬는지 하나님이 보낸 천사인지는 몰라도 나는 새벽기도가 뭔지도 모르는데 방문 앞에서 땡땡땡땡! 얼마나 큰 소리인지 기분이 나쁜 것도 같고 아닌 것도 같은데 그 소리에 내가 일어나 새벽기도 가서 은혜 받고 예수님 믿기 시작한 덕분에 하나님이 내게 이렇게 복주시고 장로로 만들어 주셨어유."라고 말하기에 내가 "그때 제가 그 땡땡 친 사람입니다~" 그랬더니 깜짝 놀라는 것이었습니다.

그 시절 의외의 사연에 웃음꽃 피우며 시간 가는 줄도 모르고 그 밤을 지냈습니다.

한 사람을 만드는 방법도 다양한 것입니다.

하나님께서 선택하신 성경 속 선지자들이나 그 시대에 필요한 자들을 보십시오!

새벽에 세숫대야를 들고 땡땡땡!

만일에 들켰다면 어찌 되었을까요?

하나님이 하시는 일은 그 열매가 좋은 것입니다.

세숫대야 땡땡땡 작전 성공으로 최 집사도 잡혔습니다.

어긋난 최재철 집사가 새벽기도 드리고, 은혜 받고 깨지니 자연히 집사, 권찰, 새벽기도 숫자, 기도 용사가 많아졌습니다.

찬송소리, 기도소리, 아멘 소리가 달라졌습니다.

여러 가지 문제들은 봄눈 녹듯 녹아 교회는 제자리로 돌아와서 은혜로운 교회의 모습을 되찾았습니다.

쌩 땅을 파라!
곡괭이 한 자루 벌판에 던져졌다

자서전의 표지에 "쌩 땅을 파라!"는 하나님의 응답된 사연임을 밝힙니다.

1980년 10월 충남 서산군 해미읍 해미장로교회의 초청으로 부흥회 인도를 했습니다.

관리교회에서 일어난 성령의 역사는 소문을 타고 부흥회 인도길이 열려 해미교회가 크게 은혜를 받았습니다.

당시 교회의 담임목사님은 공석이었고, 두 분 장로님이 예배 인도하던 때였습니다.

후임을 구하는 입장에서 나를 데려다가 부흥회를 열고 청빙절차만 밟으려고 했습니다.

교인은 약 300명으로, 충남노회에서 세 번째로 큰 교회였습니다.

부흥회 마치는 날 두 분 장로님이 나에게 정식으로 청빙을 하였습니다.

나는 허락을 했고, 2주간 안으로 부임하기로 하고 날짜를 정하고 서류를 준비했습니다.

시찰회에서도 허락하였고, 모든 일이 순탄하게 진행되었습니다.

방도 새로 수리하고, 요즘으로 말하면 사택 리모델링(remodeling)부터 시작하여 모든 일이 급하게 진행되었습니다.

나는 집회를 다녀와서 계속 하나님의 인도를 받기 위해 기도하고 있었습니다.

13일째 되는 날 교회에서 기도하다가 비몽사몽간에 내가 허허벌판 한 가운데 서 있었습니다.

어떤 사람이 나타나서 곡괭이를 덩그렁 하고 던져주면서 "쌩 땅을 파라!" 하고 사라지는 동시에 나는 잠에서 깨어나 정신을 차렸습니다.

온 몸이 떨리면서 기도가 나오기 시작했습니다.

성령님께서 "너는 쌩 땅을 파는 목회를 하는 사역자다!"라는 강력한 감동을 주셨습니다.

그리고 '해미교회 청빙을 거절하라'는 마음이 강렬했습니다.

아침에 장로님에게 전화를 드렸습니다.

"장로님, 못 가게 되었습니다. 하나님께서 허락을 하지 않으십니다."

"아니, 내일 차도 대절해 놓고 이제 출발만 하면 되는데. 안 됩니다! 약속을 지키세요!"

사실 해미로 가면 목사 사례비도 많이 받고, 각종 혜택을 누릴 수 있고, 서울 장신대 1년 공부하는 데도 교통이 편리하고, 좋은 사택에 교회 교세도 있는 클래스가 다른 목사 자리이니, 나에게는 파격적인 교회 청빙이었습니다.

그러나 하나님의 나에 대한 계획은 그 길이 아니었습니다.

나는 "쌩 땅을 파라!"는 독특한 하나님의 부름 앞에 무릎을 꿇었습니다.

남면교회 역시 쌩 땅이 아닌 바위 덩어리 같은 교회였습니다.

주(主)의 종(從)은 말 그대로 종(從)입니다.

바울 서신에 "예수 그리스도의 종 바울은"이라는 말씀에서 '종'(둘로스)을 강조합니다.

'종'의 개념은 '머슴'이 아니라, 그의 명령에 죽고 사는 것입니다.

부귀도 영화도 권세도 그 어떤 것도, 내 사정 내 형편 그 어떤 것보다 그분의 뜻이라면 무엇이든 언제든지 따르는 절체절명(絕體絕命)의 위치인 것을 알게 되었습니다.

하나님께서 내게 음성으로 주신 "쌩 땅을 파라!"는 그동안 생각하지도 못했던 말씀으로 그동안 나의 길을 지탱하게 한 나만이 간직한 계시적(啓示的) 말씀입니다.

'쌩 땅' 그리고 '곡괭이', 이 속에 모든 가능성이 다 들어있습니다.

나는 '인생도 신앙도 아마추어로 살지 말고, 프로의식 프로페셔널로 살아야 할 것'을 배웠습니다.

나는 내 자녀들에게 특히 강조했습니다.

"프로의식으로 살아라! 프로는 주변상황에 흔들리지 않는다. 내가 주변이요, 상황이다. 내가 프로면 모든 것이 프로로 바뀐다."

'흔적'(痕迹)이란 책에 '프로가 무엇인가?'라는 글도 남겨 놓았습니다.

이렇게 하라!
헝겊은 가위로! 나무는 톱으로! 돌멩이는 망치로!

그 꾀 많고 깐깐한 차돌멩이 최 집사의 깨뜨림은 교회 모든 문제점의 출발이었습니다.

최 집사의 은혜로 넘어짐은 도미노처럼 모든 교인들에게까지 영향을 미쳤습니다.

그런데 가장 큰 문제는 13년 동안 교회건물이 남의 땅 위에 세워져 불법점령하고 있으니, 그것에 대한 해결책이 세워져야 한다는 것입니다.

사연은 이렇습니다.

13년 전 어느 가정집에서 시작된 전도 집회로 남면교회 개척이 시작되었는데, 어떤 성도가 땅 200평을 헌납하여 교회당을 지었습니다.

'저 언덕배기가 우리 땅이니 지으라'고 하여 교회를 짓고 몇 달 후에 건축신고를 했는데 바로 옆 감리교회 장로님 땅에 지어졌습니다.

땅이 뒤바뀐 것입니다.

나중에 장로님이 알고 '내 땅에서 교회를 철거하라'고 하니 쉬운 일이 아니었습니다.

'하나님의 은혜로구나~' 하고 땅을 바치기 전에는 해결책이 없습니다.

13년 동안 줄다리기 하다가 드디어 남면교회를 불법점유로 대전검찰청에 고소하여 몇 번이나 소환되어 '형편이 되면 매입하든지 이사 간다'고 하여 10년이 넘도록 창피 당하고, 불신자들까지도 손가락질하며 내가 부임한 후 2주 만에 '추귀환 피고' 하고 대전검찰청 소환장이 등기우편으로 왔습니다.

이 일을 해결하는 비책(秘策)으로 은혜로운 부흥회를 개최하고 싶어서 기도하던 중 경기 판교교회 47세 되신 정광석 목사님, 말씀 중심의 강사님을 모시고 부흥회를 열고 큰 은혜로 마쳤습니다.

부흥회를 인도하는 목사님께 땅 문제는 일체 비밀로 하고 순수한 말씀의 부흥회로 인도되었습니다.

그 후 나는 밤마다 강대상 밑에서 담요를 뒤집어쓰고 '오직 교회 성전 터를 해결하는 길을 열어주시고, 하나님의 지혜로운 방법을 가르쳐달라'고 오직 기도로 부르짖었습니다.

(정광석 목사님은 강남 방초교회 원로 목사님으로 현재 청주에 살고 계시며 삼승제일교
회 다녀가셨습니다.)

그 후 한 달쯤 지난 주일 새벽이었습니다.
1982년 1월 17일 새벽 4시쯤이었습니다.
어두운 적막이 내리운 교회 안 강단 아래 초췌한 풍운아!
몸에 허름한 담요 휘감고 몽산포 해변의 밀물이 썰물이 될 즈음
어둠 짙어 해안가 바닷바람 조개껍질 사이로 명사십리 몽산포의 깊은 잠에 묻혔을 때
언덕배기 성전 속에 13년 응어리 풀어지고
돌멩이보다 단단한 무지의 수치스러운 덩어리 깨트리시는 하나님!
섭리의 명수, 고수의 법, 이것이 신의 한 수 아니겠습니까!

이사야 선지자를 대 영적 선각자로 세우시고자
그 입을 불로 지져서 하고 싶은 말을 넣어서
그가 말할 때는 사람의 소리 아닌
여호와의 입에서 나오는 창조적 미래적 예언이요 성취함 같이,
비록 힘없는 가냘픈 농촌 한 해변의 모퉁이 오래 된 하얀 조개껍질 같은
전도사의 부정한 입술에 이와 같은 하나님의 메시지가 닿았습니다.

"오늘 땅을 사라!"

"어떻게요?"

"이렇게 하라! 오전 예배 후 직분자 세례교인만 남으라고 하라! 그리고 만일 이 시간에
땅을 살 수 없다면 나는 오후에 이삿짐 차 불러서 이 교회를 떠날 것이라고 말하라!"

그리고 내 입에서 성령의 감동으로 튀어나온 말이었습니다.

"헝겊은 가위로 자른다. 나무는 톱으로 켠다. 돌은 망치로 깨야 한다. 너는 이 교회를 망
치로 돌멩이를 깨듯 내리쳐라!"

(주 예수 그리스도의 이름으로 위의 내용을 그대로 정직하게 기록함)

그 후 나는 마음을 정하고 기도하였습니다.

"하나님께서 내 마음을 붙잡아주시고 끝까지 용기 잃지 않게 하소서!"

나는 전혀 상상 못할 생각이었고, 메시지 내용이었습니다.
놀라우신 응답이었고, 꼭 해결될 것만 같았습니다.
그러나 해결이 안 된다면 오후에 떠나야 함도 용기백배였습니다.
왜 그리 11시 예배시간이 더디 오는지 나만 마음이 급합니다.
성령의 바람을 타고 있었습니다.
마치 엘리야가 회오리바람타고 요단강물을 겉옷으로 치며 하늘로 올라감 같았습니다.

드디어 11시 예배 시작!
부르는 찬송도, 외치는 설교도 전보다 더 강력했습니다.
그날 주일은 교인도 거의 참석했습니다.
망치로 돌멩이를 깨듯이 부술 시간도 점점 가까워 옵니다.
하나님과 나와 결의한 이 특수비밀은 아무도 모릅니다.
광고시간에 '세례교인 이상 남으시라'고 광고한 후에 폐회했습니다.

공개적 기록을 목적으로 흑판을 설치하고, 무조건 통성기도, 특별 긴급회의 목적을
설명했습니다.

"자~ 오늘 13년 동안 해결하지 못한 남면 장로교회 땅 200평 해결합시다. 권사님! 헌금
얼마 하실래요? 지금 빨리 말씀하세요!"

"저는 30만원이요, 최 집사님은 20만원… 아무개 얼마 등……"

계속 이어졌습니다.
순식간에 500만 원이 넘어섰습니다.

"지금 약속하신 헌금 두 주간 안에 가져오세요. 길어지면 안 됩니다. 첫 번째 생각은 하
나님 생각, 두 번째 생각은 내 생각, 세 번째 생각은 마귀 생각입니다. 오늘 생각은 하
나님이 주신 복입니다. 끝까지 승리합시다!"

그렇게 회의가 종료되었습니다.
성도들의 얼굴이 뭔가 성령의 은혜로 가득함을 느꼈습니다.
그 후 교회 땅을 등기로 하고 크게 영광 돌렸습니다.
지금도 서산시 남면 장로교회는 크게 부흥되어 가고 있습니다.

이 개 새끼야! 그 남면교회는 목사 자리야!
당장 나가 이 새끼야! 꺼져 버려!

　나는 남면교회로 부임하여 개척 아닌 여러 문제로 눈 코 뜰 새 없이 바쁘게 개혁을 해야 했었습니다.

　당회장은 당시 당진읍 교회 시무하시는 이명남 목사님입니다.

　전도사 시무 남면교회는 장로가 없으니 미조직교회입니다.

　조직교회에서 목사가 있어도 장로가 없으면 미조직입니다.

　마땅히 당회장의 지도를 받아야 합니다.

　그런데 신앙적 문제, 윤리적 문제, 교회 부지 문제 등!

　앞에서 언급한 교회의 여러 문제들에 부딪힌 나로서는 앞뒤 좌우 돌아볼 여유 없이 이렇게 저렇게 바쁘게 다니다 보니 거의 한 달 만에 인사를 드리러 당회장 목사님이 시무하시는 당진읍 교회를 찾아가게 되었습니다.

　사택 현관문을 열고 "목사님, 늦어서 죄송합니다."라는 인사가 끝나기도 전에 "이 개새끼야! 그 교회는 목사 티오(자리)야, 당장 나가, 이 새끼야! 내 집에 너 같은 개 쓰레기 같은 놈은 들어오지도 마, 이 새끼야! 어디라고 함부로 들어와! 당장 꺼져, 이 새끼야!"라는 당시 당회장이셨던 이명남 목사님의 욕설이 들려왔습니다.

　물론 피라미 같은 전도사 존재가 당회장에게 수일 내로 인사를 가야 도리겠지만, 한 달 만에 인사 갈 수밖에 없는 내 형편을 배려해주기를 바라는 것은 내 생각일 뿐이고, 당회장의 입장에서 자신만이 아는 권위로는 나에 대한 배려가 전혀 없었습니다.

　나는 현관에서 쫓겨나서 그 길로 남면 백 리길을 떠나왔습니다.

　나는 목회 첫 발을 내 딘 그야말로 햇병아리입니다.

　서울 정문교회 목사님과 학교 진학을 2년 뒤로 미루자고 하여 뒤틀린 사건으로 금식기도 후 관리에서의 목회, 그리고 남면에서의 목회는 이제 걸음마 단계입니다.

　　내가 만난 예수님, 내가 체험한 성령님, 나를 이끌고 계시는 하나님의 은혜가 나의 어린 시절부터 전도사 되기까지 비정의 그늘 아래 십자가 앞에서 청춘을 불태우며 좌고우면 하지 않고 여기까지 달려왔건만 서울에서, 당진에서 '목사들의 세계가 이렇구나!' 나대로 '아~ 목사가 되면 다 저러한가?' 별의별 만감이 교차하기 시작했습니다.

나는 영신 통합 장로교단 출신 전도사입니다.

이제 1년 여 지나면 농촌 목회자 특혜보너스로 서울 장신 한 주에 2회 강의만 듣고 필수과목 이수만 하면 목사가 되는 길은 코앞으로 다가옵니다.

그런데 당회장의 디스(dis)와 거친 말투는 나를 낭떠러지로 떨어지게 만들었습니다.

당회장이 나에 대한 소문, 관리교회와 남면교회가 부흥되었다는 소식을 듣고 있었을 것인데도 당회장은 나를 따뜻한 어버이의 마음으로 보듬어주지 않았습니다.

이야기를 끝맺고 싶습니다.

세월이 흐른 뒤 2010년도쯤 그 목사님이 머리를 삭발하고 피켓을 들고 "물러가라! 물러가라!" 데모 앞잡이로 행진하는 모습을 TV에서 보았습니다.

'아~ 그런 분이구나~' 생각했습니다.

그 후 한 번도 뵌 적이 없습니다.

현재는 은퇴하시고 청주에서 살고 계신다는 소문은 들었습니다.

통합측 교단에서 총신 합동측 열차로 갈아타다

생각하지 않은 복병들이 나타나서 나의 가는 길에 파고가 높아 밀려드는 세파를 헤쳐 나가야만 했습니다.

당회장의 막가파 식 행태로 할 말을 잃어버렸습니다.

즉각적으로 기도시작 후 계획을 대폭 수정하여 아내와 미래 전략을 다시 세웠습니다.

"교단 열차를 바꿔 탑시다."

아내의 동의로 일단 총신 쪽을 노크했습니다.

일 년 공부할 학비, 숙소 그리고 개척의 길!

나는 무에서 유로 가는 창조적 역사를 믿고 이 모든 것을 시도했습니다.

일단 학비는 아내가 점촌 처가댁에 연락해서 학비를 허락받아 당시 거금 20만원이 확보되었습니다.

그런데 '돈에는 냄새가 난다'는 속설처럼 때를 맞추어 '익산 어머니 몸이 편찮으니 빨리 돈 좀 부쳐 달라'는 아버님의 전보가 왔습니다.

아! 이게 웬 변고입니까!

서울에서의 뒤틀린 학교문제로 정문교회 목사님과 정면충돌, 그 후에 개척하려고 하니 부모님이 모든 개척 종자돈을 가져가셔서 앞이 캄캄한데 꼭 지난날의 일들이 재현되는 사이클 히스토리적 사건(cycle historic incident)이 터진 것입니다.

나는 목회지를 지켜야 하므로 아내를 보냈습니다.

아내는 20만원을 품에 고이 간직하고, 이삭이의 손을 잡고 지혜는 업고, 그렇게 두 아이를 데리고 시외버스를 타고 내리는 일을 거듭하면서 하루 온 종일 걸려서 깊은 밤이 되어서야 무사히 익산에 도착해서 보니 어머님이 크게 아프시기는 했지만 병원에 가실 정도는 아니어서 보약을 지어드리고 왔습니다.

그런 후 일주일 되었는데 아버님이 직접 찾아오셨습니다.

'보약 먹어서 안 되고 다른 치료를 해야 하니 돈을 달라'고 하셔서 결혼할 때 내가 예물로 해준 아내의 목걸이를 아버님께 드렸습니다.

내심 부모님은 보약보다 돈을 필요로 하신 것 같습니다.

물론 경제적으로 어려운 문제가 있겠지만 이럴 때는 또다시 1978년 240만원 거액의 돈을 가져가셔서 어떻게 관리하셨는지 궁금해질 수밖에 없습니다.

당시 240만원은 서울에서도 집을 두 채 정도 살 수 있을 정도의 큰 액수였습니다.

아버님은 며느리의 목에 있는 목걸이를 들고서 쏜살같이 가셨습니다.

살아오면서 아내는 이따금씩 옛 이야기를 하면서 목걸이 드렸던 그때 아버님이 "얘야! 돈이 없으면 없지 내가 차마 어떻게 결혼예물인 네 목걸이를 가지고 가겠느냐?" 하고 되돌려주고 가실 줄 알았다고 합니다.

가장 섭섭했다고 술회하며 추억으로 접어둡니다.

하나님 섬김에 지극(至極)의 한계(限界)는 순교(殉教)가 종착지(終着地)요, 신체발부수지부모(身體髮膚受之父母) 부모은공효심(父母恩功孝心)에 어찌 이유가 있겠습니까?

그러나 아내의 애정물인 목걸이를 드리고도 그 서운함을 이기고 가문을 세워오고 있는 아내의 속 깊은 마음에 나는 진정 고마울 뿐입니다.

부모와 자녀는 순서로 만났지만 서로 잘 만나 베풀면서 살아가야 하는 것을 배웁니다.

나는 '절대로 가난만큼은 유산으로 남기지 말고 내 대에서 끝내자!' 하는 각오와 기도로 살아갑니다.

어느 시대든지 가난한 자는 있습니다.

그러나 어느 시대든지 가난은 이길 수 있는 것입니다.

나는 그래도 우리 부모님을 사랑합니다.

가난의 굴레를 벗어나보려고 몸부림치시는 모습을 보았기 때문입니다.

다만 가난을 벗어나려고 노력하시는 부모님의 방법이 많이 아쉬울 뿐입니다.

그래도 나는 우리 부모님을 사랑하고 존경합니다.

추 씨 950년사, 고려왕조 명심보감을 집필하신 '추적'(秋適) 어르신이 시조요, 그 가문의 추계 추(秋) 씨, 오늘날 350개 성 씨 중 53번째로, 당당한 씨족이기 때문입니다.

이것이 자서전(自敍傳)입니다.

있는 내 모습 그대로 있었던 피붙이의 때 묻은 이야기

아픔도 즐거움도, 낮과 밤의 추운 겨울과 여름이 자연과 인생 그대로의 노래입니다.

등록금도 목걸이도 이제는 익산 쪽으로 가버렸습니다.

학비도 소모 방전되었고, 갈 곳도 없고, 가진 것도 없습니다.

여기는 당진 당회장 목사 말처럼 목사 자리라고, 국어사전에도 없는 싸가지 바가지 노랑 검정 바가지 욕설로 더 이상 머물기 싫고, 하나님께서도 "너, 열차 바꿔 타라!"고 말씀하십니다.

18세 소년이 일찍이 쓴맛을 보면서 부흥사로 그리고 김천 기드온신학교를 거쳐 본과(신학과) 4년을 공부하고 졸업하게 된 대구 영남신학대학은 내 일생에 가장 소중한 선지동산이요, 갈멜산 엘리야 선지동산의 요람이었습니다.

명실 공히 대한예수교장로교 통합교단이었습니다.

24회 동기들은 벌써 목사가 되었습니다.

나는 뒤틀린 첫 출발로 정릉 정문교회에서부터 어긋나기 시작하더니 기어코 남면교회까지 와서 당회장에게 찍혀서 그나마 머물고 싶어도 일말의 자존심 즉, 존심이 상하여 허락이 안 되어 용단을 내릴 수밖에 없었습니다.

결코 쉬운 일이 아닙니다.

동기생과 동문의 영역을 떠난다는 것은 매우 위험하고, 손실이 클 수밖에 없었습니다.

나는 2021년 현재까지도 그 손실과 아쉬움과 갈등을 품고 살고 있으며, 천국 문턱까지 가지고 간다고 생각합니다.

세상의 시쳇말로 하면 재수 더럽게도 없고, 제대로 만난 사람 없고, 이리 가도 저리 가도 치였어도, 결정적 찬스에 만남이 좋아서 살아왔다고 생각합니다.

그러나 나는 '좋은 사람 만나려고 하지 말고, 내가 좋은 사람으로 만나주자'는 역설적(逆說的)인 역지사지적(易地思之的) 사고(思考)를 배웠습니다.

판교에서 36번 버스를 타고 꼬박 1년을 사당동 총신에서 아내의 헌신적인 도움과 주위의 정광석 목사님과 교우들의 협력으로 형설지공(螢雪之功)의 노력 끝에 드디어 1982년 12월 총신 76회 졸업의 기쁨을 누렸습니다.

1982년 12월 총회신학교 졸업사진

성남 판교교회 이동하다(1982.2.10.) 무작정 판교교회로 돌진했다

나는 더 이상 이곳에 머물 수 없었습니다.

지체하면 목사안수가 늦어져서 평생 가야 할 좁은 길이지만 나의 위치를 확보하기 위하여 1% 가능성의 길이 있다면 그 길로 가야만 했습니다.

고마운 것은 나의 아내가 잘 따라오는 것입니다.

아무것도 모르는 두 남매 이삭이와 지혜는 신이 나서 좋아합니다.

(남면교회는 1981년 11월 7일 부임해서 1982년 2월 10일 사임)

이와 같이 3개월의 짧은 기간 동안에 옛 모습은 다 고쳐지고, 교회는 은혜와 사랑, 성전부지 확보성취, 성도와의 관계는 최상이었습니다.

'내가 떠난다'는 소식에 성도들이 이구동성으로 말립니다.

사실 나는 3개월 동안 거의 교회에서 담요 뒤집어쓰고 기도하고, 설교는 강하게, 심방도 목회 전반 개혁의 칼을 휘둘러서 정상화되었습니다.

그러나 나는 에너지를 다 쏟아내고 나니 방전상태가 되었습니다.

당회장의 무차별적인 공격과 주변 가족들의 비협력에 지치고 곤한 상태였습니다.

나는 머물고 싶은 마음도 없었고, 전진할 힘도 없었습니다.

소도 언덕이 있어야 비빈다고 비빌 곳을 찾아도 없습니다.

일단 우리 네 식구가 머물 숙소가 있어야 하고, 서울 사당동 총회신학교와의 거리도 적당해야 하고, 또 어떤 아르바이트라도 해서 가족을 부양해야 하는 세 가지 급한 문제가 가로놓여 있었습니다.

그때 마침 지난 달 12월에 부흥회 강사님이셨던 경기도 판교교회 정광석 목사님이 판교로 가시면서 "추 전도사~ 서울에 올 일 있으면 한 번 들러요~"라고 인사말로 하신 말씀이 생각났습니다.

"한 번 들러요~"

'그래! 판교에서 버스 타고 사당동 학교 가기도 쉽고, 목사님이 한 번 들르라고 했으니 우리에게 가장 적당한 곳은 판교교회다!'

나는 여러 가지 기도하면서 계획대로 드디어 2월 10일 이삿짐 차로 짐을 싣고 떠났습니다.

그날이 수요일이었습니다.

예배 전에 저녁 때 판교교회 마당에 이삿짐을 내려놓았습니다.

그때까지 목사님과 사모님은 모르셨습니다.

나는 사택에 가서 노크했습니다.

나는 사실 판교교회를 다닌 적도 없고, '판교'라는 지역도 이때 처음 와본 것입니다.

"목사님~ 안녕하십니까?" 인사드리니, 목사님이 알아보시고 "어서 오세요~ 어떻게 이렇게 갑자기 왔어요?" 하십니다.

"목사님~ 우리 식구 다 데리고, 이삿짐 싣고 왔습니다. 이삿짐은 교회 벽 쪽에 내려놓았습니다."

그때 정 목사님의 사모님과는 초면입니다.

사모님은 황당한 표정으로 나를 쳐다보시더니 이내 동정어린 얼굴로 우리 가족을 받아주셨지만, 참으로 억지로 들이대고 밀어붙인 나의 행동은 사실 예의범절은 출장 중이었습니다.

막다른 골목에서 비상한 생각으로 이 길, 이 방법 외에는 다른 길이 전혀 없었습니다.

그런데 부흥회 인도하실 때의 느낌은 신사도(紳士道)가 있으시고, 마음씨가 착하셨습니다. 목사님의 인품이 좋으셔서 추 전도사의 공격이 먹혀들었습니다.

사모님도 무척 착하셨습니다.

사모님이 목요일부터 권사님들을 총동원하여 사통팔통(四通八通) 헤집고 다니시면서 추 전도사를 위한 특공대를 조직하여 팔을 걷어붙였습니다.

눈물겨운 모습들이었습니다.

'어떻게 하면 빨리 추 전도사 가족을 안정되게 정착시켜줄까?' 하시는 사모님과 권사님들의 보살핌이 너무나 고마웠고, 지금도 그 사랑을 잊지 않고 있습니다.

성남 판교교회 정광석 목사님 내외. 무작정 찾아 온 우리 가족을 받아주고 도와주신 귀중한 은인들.
현재 서울 강남 방초교회 원로목사로 두 분은 청주에서 살고 계신다

아니! 누가 이렇게 이사 오라 했어요?

옛말에 '하늘이 무너져도 솟아날 구멍은 있다'는 말처럼, "서울 쪽에 올 기회 있으면 한 번 들르라"는 인사말 한마디를 구실삼아 예고도 없이 염치없이 온 가족이 이삿짐 싣고 들이닥쳐서 목회자 입장에서 교회 앞에나 목사님께 짐짝으로만 보였으니 목사님이 어쩔 줄 모르시는 것은 당연지사였습니다.

일단 가족이 다 왔으니 식사 후 예배드리고 목사님께서 광고하셨습니다.

여차저차 이런 사연으로 이사까지 했다고 하시면서 기도와 협력을 호소했습니다.

교우들도 우리를 측은하고 관심 있게 바라보고 서로 인사를 나누었습니다.

다음날부터 사모님과 몇몇 교우들이 일단 우리가 거처할 방을 구하러 다니기 시작했지만, 짧은 기간에 방을 찾기가 그리 쉬운 일은 아니었습니다.

당시 판교는 서울 변두리 지역으로 지금은 테크벨리(Techvalley), 최상의 신도시 과학도시로 변모했습니다.

판교는 그때도 꿈틀거리고, 상당히 들뜬 지역이고, 부동산 열기가 뜨거운 곳이었기 때문에 방 하나 구하기도 꽤 힘들었습니다.

우리는 며칠 동안 목사님 사택에서 식생활을 해결했습니다.

염치가 없었으나 피치 못할 나의 처지였습니다.

나는 송구하여 어쩔 줄 몰랐습니다.

그러나 목사님과 사모님께서는 진심으로 우리를 돌보셨습니다.

그런데 또 겹친 것은 그 교회 전도사님이 솔로인데 '정광석 목사님이 자기를 내쫓으려고 두 달 전에 부흥회 가서 추 전도사와 짜고서 계획대로 일으킨 일'이라고 방방 뛰면서 목사님께 항의하였고, 교우들 몇 사람에게 충동적인 이야기가 퍼졌습니다.

정 목사님의 진심어린 설명과 정직한 사연으로 잘 마무리는 되었으나 그 전도사님이 다른 교회로 떠나게 되었습니다.

나는 참으로 미안하기 짝이 없었습니다.

판교교회에 전도사님이 있는 줄도 몰랐습니다.

하여간 나로 인해서 발생한 일이라 할 말은 없었으나 굴러온 돌이 박힌 돌을 빼낸 결과가 되어버렸습니다.

그 후 내가 은혜롭게 전도사 역할을 하면서 잠잠해졌습니다.

그리고 나는 수요예배 인도를 하기도 했습니다.

목사님께서 부흥회를 나가시면 나에게 맡기셨습니다.

장로님이 한 분 계시는데 깐깐하셨습니다.

장로님은 이북이 고향이시라는데 워낙 까다로운 분이라서 설교를 굴비 뜯고 갈비 뜯고 새김질하듯이 눈을 지그시 감고 고개만 끄덕입니다.

김 장로님이 은혜를 받아야 교우들이 따라서 은혜 받는 교회 분위기가 역력했습니다.

나는 교회 분위기를 빨리 파악했습니다.

정 목사님은 말씀의 깊이가 깊고, 매우 논리적으로 설파하셨습니다.

나는 무척이나 조심했고, 무조건 "불로, 불로!"가 아니었습니다.

말씀과 성령의 장작과 불이 붙는 식으로 수요예배, 새벽기도를 인도했습니다.

나는 정 목사님이 나를 인정해주시는 것이 고마웠고, 김 장로님이 전도사를 인정하고 은혜를 받게 되니, 모든 교인들이 추 전도사를 통하여 은혜를 받고 있었습니다.

이렇게 하나님의 긍휼이 함께 하고 있었습니다.

나 스스로도 정 목사님에게 누를 끼치지 않으려고 매우 조심스럽게 행동하다보니 나 자신에게도 절제된 생각과 행동이 자연스럽게 몸에 배는 것이었습니다.

절제된 모습으로 교인들에게 보여줄 필요와 책임이 따랐습니다.

박경자 사모는 젊지만 관리교회와 남면교회에서 훈련된 특수 여전사와 같았고, 이삭이와 지혜도 어린 천사 군사처럼 보였습니다.

우리 네 식구는 판교교회 성도들의 눈에 은혜와 동정심을 부여시키는 불쌍한 존재들처럼, 또한 누구도 함부로 비판하거나 눈에 거슬리지 않도록 하나님이 함께 하셨고, 정 목사님의 배려와 사모님의 손길이 특별하셨습니다.

온 교우들이 챙겨주시고, 뜨거운 사랑을 주었습니다.

과일, 빵집 도넛, 성미 쌀 등 성도들의 손길이 너무 고마웠습니다.

목매달아 죽은 방!
육 개월째 빈 방, 여호와 이레였다

며칠 동안 방을 구하러 다닌 끝에 겨우 한 곳에 방 한 칸과 부엌, 아주 작은 방이 나왔습니다.

그런데 그 집의 방은 6개월 동안 세가 나가지 않은 방입니다.

거저 살라고 해도 무서워서 살 사람이 없습니다.

사연인즉, 젊은 여인이 남편과 이혼하고 세 살배기 아기와 살았는데, 화장품 외판원 등 갖은 일을 다 하면서 살아보려고 몸부림치다가 너무 지쳐서 아기와 함께 인생의 절벽에서 마지막 선택을 잘못하여 방 가운데서 목을 매어 목숨을 끊은 것입니다.

비정한 세상, 그늘진 삶에 지쳐 목숨을 버린 한 여인과 세 살배기 아기의 비극적 모습이 비록 6개월이라는 시간이 지났지만, 못 다한 청춘의 삶의 모습이 쌓인 먼지보다 더 쌓인 채로 내 눈에 들어왔습니다.

아무도 이 방을 무섭다고 들어오지 않던 방이지만 우리에게는 안식처였습니다.

여호와이레로 바꿔버린 것입니다.

집주인도 그 방 쪽 지나서 화장실을 가면서 그 방 앞에서 '죽은 귀신 사람 나온다'고 휙휙 하고 지나갔다고 합니다.

그러나 우리 네 식구는 새로운 보금자리를 마련하게 된 것을 감사하며 기도하고, 청소한 후에 힘차게 찬송하고 선포하며 이삿짐을 정리했습니다.

판교교회 정광석 목사님께서 나를 적극적으로 도우셨습니다.

총회신학교 일 년 코스를 마쳐야 목사안수를 받는 나머지 학업을 위한 모든 절차를 마치기까지 36번 버스를 타고 다니면서 함께 해 주셨습니다.

그러나 네 식구의 생활이 문제였습니다.

마침 목사님께서 어느 집사님께서 운영하는 가구제작 회사의 아침 예배인도와 약간의 수고를 하면서 오전 근무만 하고, 오후에는 학교에 갈 수 있도록 힘을 써 주셨습니다.

월 십이만 원 월급도 받으며 생계유지도 하고, 학교공부에 열심 열중하게 되었습니다.

이 모든 것이 하나님의 은혜였습니다.

생활비도 필요하고 학비도 필요한데 수입은 빠듯했습니다.

어느 날 학교에 다녀온 저녁에 아내가 '오늘은 저 산에 가서 산나물을 뜯어다가 판교거리에 앉아서 팔았'고 하며 이야기를 꺼냅니다.

이렇게 아내는 종종 나물을 캐서 팔아 생활비로 보태면서 프로의식으로 직진했습니다.

어느 날 지혜가 라면이 펄펄 끓는 냄비에 뚜껑도 닫지 않은 상태에서 주저앉아버려 엉덩이에 상당한 화상을 입었습니다.

그때 치료를 위해 고생하면서 큰 시험을 이겨내기도 했습니다.

집이 너무 좁아서 신발 벗는 곳이 아궁이입니다.

그러니 조금 잘못하면 얼마든지 안전사고는 일어날 수 있었습니다.

그러나 힘든 생활 속에서도 은혜는 임하였습니다.

6개월 동안 방치된 극단적 선택의 빈 방을 차지한 우리 네 식구는 동네에 나가면 사람들이 다 알아보고 약간은 경이로운 눈으로 쳐다보는 것입니다.

'판교교회 전도사 가족인데 무서운 사람들이야~ 귀신이 살던 방에 아무도 못 가는데 귀신 쫓아내고 점령한 전도사야~' 하는 소문이 나면서 하나님의 권위를 높인 것입니다.

어떻게 생각하면 닥치는 대로 살며 거침없는 질주 본능 사도행전의 연속이었습니다.

아들 이삭!
포니 원(현대승용차) 덕분에 찾은 재미있는 일화

어느 날 성남에서 개회하는 산업박람회에 아이들을 데리고 갔습니다.

수많은 사람들이 뒤엉켜 인산인해를 이뤘습니다.

자동차산업이 발달하지 못했던 당시에는 현대 포니 원이 최고였습니다.

그런데 재밌게 놀던 이삭이가 눈 깜짝 하는 사이에 어디론가 사라져 버린 것입니다.

미아신고센터를 비롯하여 이곳저곳을 얼마나 찾고 찾아 헤맸는지 땀 흘리며 긴장과 스릴이 교차되는 순간 내 머리를 번쩍하며 뇌리를 스치는 것이 있었습니다.

"그래! 자동차다!"

이삭이는 자동차를 무척 좋아했습니다.

장난감 자동차 외에는 원하는 것이 아무것도 없습니다.

경제적으로 어려웠어도 장난감 자동차는 사주었습니다.

그러다보니 장난감 자동차가 두 마대쯤 되었습니다.

자동차가 전시된 곳은 딱 한 곳, 현대 포니 원을 근사하게 전시한 곳이었습니다.

나는 직감을 하고, 그곳으로 뛰었습니다.

아니나 다를까, 이삭이가 포니 원 승용차에 본드로 붙인 것처럼 찰싹 달라붙어 아이스크림을 빨듯이 얼굴을 대고 포니를 핥으며 유유히 놀고 있는 것이 아닙니까?

그 모습을 보고서야 우리의 긴장감도 풀리고, 안도의 숨을 쉬었습니다.

'자동차를 그렇게 좋아하더니 결국 하나님께서 자동차를 통해 살리셨구나!'

앞으로 자동차와 관련된 큰일을 할 것 같아 미래를 보는 것 같았습니다.

나는 오전 가구제작회사 예배와 아르바이트, 오후에는 학교로, 아내는 두 아이를 기르며 틈틈이 야산에 올라가 나물을 캐다가 판교시장에 팔기도 하고, 아이들 과자도 사주면서 그 해 봄을 먼 미래의 봄으로 점프(jump)했습니다.

어려움을 아신 하나님께서 당시 청년이던 박정태 처남(현재 구로 산성교회 시무장로)이 국제상사그룹 직원으로 근무하던 중에 잠시 함께 기거하면서 지냈습니다.

어려운 시기에 우리를 도와주고, 점촌에서 소화물 택배로 쌀까지 부쳐와 처남의 덕을 톡톡히 보았습니다.

그 무렵 나는 대전 천승교회 부흥회를 인도하러 갔습니다.

천승교회는 경제적으로 무척 어려운 개척교회였습니다.

실제로 국수를 박스로 사다놓고 다섯 식구가 매일 국수를 먹으며 교회 개척하는데 열심이었습니다.

나는 부흥회를 은혜롭게 마치고 새 신자, 이사 온 자, 부흥회 열매를 많이 맺고 돌아오면서, 헤어지는 동양고속버스 안에서 사례비 봉투를 버스 창 밖으로 목사님에게 던져주고 왔습니다.

나도 집으로 돌아와 봐야 먹을 것도 별로 없고 어렵지만 국수 먹고 개척하는 목사님을 보니 안쓰러워서 드리고 온 것입니다.

돌아와서 보니 하나님께서 우리 형편을 아시고 판교교회를 통해서 과일, 이삭이와 지혜 아동복, 빵 등 먹을 것을 잔뜩 보내주셨습니다.

이렇게 하나님은 하나를 버리니 더 많은 것으로 채워 주셨습니다.

성남 국제박람회
인산인해 속에서 이삭이를 잃어버린 후
다시 찾아서 상징탑 배경으로 기념사진

신명기 8장을 보라!(1982. 11. 13. 토 오후 4시)
1983년 총신 졸업하다

나의 하루 일과는 '새벽기도, 가구공장, 오전예배와 아르바이트, 점심, 1시 학교 36번 버스, 저녁 7-8시 집에 도착' 순이었습니다.

나는 1982년 2월 초 판교에 와서부터 낙생고등학교 뒷산[현재도 있고 경부고속(궁내 톨게이트) 상행선 좌측 우리들교회 뒷동산(그전에 산속이었음)]에 기도처를 정해놓고 비가 와도, 시간이 밤중이 되어도, 그 어떤 일이 있어도 매일 한 번은 기도처에 가서 기도제목을 놓고 기도했습니다.

산속 나뭇가지에 흰 천을 달아놓고, 밤에 못 찾으면 그 천을 보고 어렴풋이 찾아가서 기도합니다.

얼마나 한 길로 다녔는지 1982년에는 길이 나서 풀도 나지 않았습니다.

'1982년도 일 년 2학기 총신대 공부를 마치면 판교를 떠나서 개척의 길을 주시라'고 기도했습니다.

나를 끌어줄 자 그 누구도 없었습니다.

이젠 교단을 바꿨으니 하나님께서 더욱 새로운 나의 총신 합동교단으로 인도해 주실 것을 기도했습니다.

현재 경성노회(합동) 김형석 목사(영흥교회), 문경태 목사(수원흰돌교회), 백종현 목사(대은교회), 김천수 목사(알곡교회), 김한옥 목사(희망찬교회), 최영균 목사(서울예닭교회) 등이 나의 총신 76회 당시 사당동 총신 동문으로 자랑스럽고, 같은 노회소속 동역자들로서 돈독한 관계로 함께 사역하고 있습니다.

노회소속은 강남노회 소속으로 강도사를 거쳐서 1984년도에는 목사안수를 받아야 하는 코스로 정해져 있습니다.

당시는 목회자가 부목이든지 단독 목회든지 사역을 해야 안수도 받을 수 있습니다.

목사안수가 목적이 아니라, 이제는 사역자로 나서야 할 때입니다.

길이 열리기 위한 기도 중 1982년 11월 13일 토요일 오후, 나는 나만의 기도처에 올라가서 기도하는 중에 비몽사몽간 성령에 사로잡혔습니다.

바람소리가 강하게 지나가는 듯하면서 청천벽력 같기도 하고, 예리한 쇳소리 같은 음성이 "신명기 8장을 보라!"고 하는 것이었습니다.

필시 하나님께서 직접 작은 자인 나에게 주신 성경말씀이었습니다.

떨리는 마음으로 감사기도 후 신명기 8장을 찾아 읽었습니다.

신명기는 모세오경으로서 오경에는 각기 독특한 특색을 지니고 있습니다.

창세기는 택하시고, 출애굽기는 구원하시고, 레위기는 거룩하게 하시고, 민수기는 천국백성 숫자와 생명록을 기록하고 있으며, 신명기는 가나안 입성 직전, 즉 천국 입성 일보 전, 마지막으로 재교육 언약축복에 대한 말씀입니다.

모세오경은 사실 타락한 인류 즉, 나 같은 죄인의 구원 여정을 말씀하십니다.

특히 신명기 8장은 이스라엘이 또는 성도가 지상에서 받는 광야교회의 집약된 엑기스 같이 함축된 말씀입니다.

나는 많은 은혜와 축복 약속권, 개척교회 승리 성공, 나와 내 자녀 축복 약속으로 현재에도 개인적 특별응답의 복을 받고 있습니다.

개척자인 나에게 큰 말씀의 무기를 들려준 것이었습니다.

잊지 못할 판교의 추억들

1982년도 판교교회와 총신공부 그리고 많은 추억을 잊을 수 없습니다.

강도사 코스와 목사안수로 이어지는 필수코스이기 때문입니다.

사당동 총신에서 판교까지는 수십km 거리입니다.

어느 날 내 호주머니에 버스비가 백 원 한 장도 없었습니다.

돈이 항상 쪼들리는 상황이라 그날따라 집으로 가는 정류장 쪽으로 걸어가다가 확인하니 빈주머니였습니다.

걸어서 갈 수도 없는 먼 길, 버스 타고 운전사에게 사정하기도 딱하고 가로수에 기대어 "하나님! 버스비 주셔야 합니다!" 간곡하게 묵상기도를 드렸습니다.

그야말로 직통 응답이 왔습니다.

기도 후 약 100m 걷는데 전방에 오천 원 지폐가 바람결에 살랑거리고 있었습니다.

나는 너무나 좋았습니다.

혹 주인이 없나 두리번거리며 얼른 줍고서도 한참을 기다렸습니다.

36번 버스에 올라앉아 가는 기쁨은 우주선을 타고 높이 날아가는 기분이었습니다.

나는 아내의 헌신적 모습이 고맙고, 참 미안했습니다.

앞에서 밝힌 대로 판교에서의 삶은 광야의 삶이었습니다.

신명기 8장으로 위로받게 하시고, 미래의 약속까지 주셨던 주님이었습니다.

나는 총신 성적이 좋아서 장학금 오만 원을 받았습니다.

순간 아내의 모습이 떠올랐습니다.

힘겨운 삶의 현실에서 한마디 불평 없이 어린 이삭이와 지혜를 길러내며 내조하고, 생각 외로 가문과 가정도 잘 이끌어 가는 모습이 마치 하나님이 파송한 특수천사와도 같았습니다.

예상 밖의 돈이 생겨서 결혼 후 처음으로 아내에게 선물을 사주고 싶었습니다.

총신대 옆에 의상실이 몇 군데 있어서 한 곳에 가서 보니 털 스웨터와 흰 블라우스가 마음에 들었습니다.

아내의 취향을 조금은 알기에 선물로 포장하여 저녁에 아내의 손에 들려주었습니다.

아내는 감동을 받았는지 고마워하며, 눈물을 글썽거렸습니다.

아내는 '무슨 돈으로 이런 것을 샀느냐'고 말하면서도 평소에 이런 것을 잘 하지 못하는 나였기에 더 기쁘고 행복했을 것입니다.

이제는 작은 추억으로 남게 된 이야기입니다.

이삭이와 지혜는 하나님의 은혜 가운데 아주 건강하게 성장했습니다.

이삭이는 오직 자동차만 있으면 끝입니다.

너무 심할 정도로 자동차를 좋아합니다.

다른 아이들은 장난감이 수시로 바뀌지만, 이삭이는 어린 시절 오직 자동차에 올인했고, 중·고등학교, 대학교, 현재까지도 자동차에 관한 관심은 현재진행형입니다.

무엇을 먹을 때도 절대로 한 번에 먹지 않습니다.

일단 조금 맛을 봐서 입맛에 맞아야 먹습니다.

맛의 감별사, 음식 마니아같이 검사 후에 먹습니다.

말을 배울 때에 김치를 '귀신, 귀신'이라고 말하여서, 우리는 '이 동네 귀신 이삭이가 김치 먹듯이 다 먹어 해치운다'고 놀리기도 하고, 웃으며 재미있게 지냈습니다.

지혜는 먹성이 매우 좋아서 잘 먹습니다.

냇가(판교 낙생교 옆 개천)에 가서 수영하면 절대로 나오지 않으려고 합니다.

말을 배울 때도 문학적(文學的)입니다.

아침에 해가 뜨면 "아빠~ 하나님이 하늘에 불을 켜셨네?" 합니다.

두 아이들은 일찍이 농촌 오지 해변 가의 거친 바닷바람과 염전의 소금기 어린 땅에서 자라서 강합니다.

항상 교회 안에서 위아래 연령층을 다 보고 자라서인지 관계 형성이 빨랐습니다.

심방과 위로 등 목회자의 행동 하나하나가 나에게는 목회사역이지만, 두 자녀 이삭이와 지혜에게는 은연중에 보고 듣고 느끼는 간접 교육이 되어 인격과 영성이 훈련되어져 갔습니다.

우리 두 자녀는 남을 끌어주고 밀어주고 어루만져주고, 학교생활에서도 항상 왕따 학생들의 보호막과 완충지대로 그들을 붙들어주며 지내왔습니다.

나는 두 자녀들에게 초등학교, 중학생 때까지 가정예배는 기본이었고, 용돈을 줘도 반드시 성경 한 구절을 외어야 주곤 했습니다.

사람은 태어남도 중요하지만, 만들어져야 되기 때문입니다.

판교에서의 이런저런 생활에 얽힌 추억이 어찌 이뿐이겠습니까?

수많은 일들을 다 쓸 수 없는 제한된 지면 관계로 아름다웠던 추억은 하나님이 다 알고 계시니 이쯤에서 멈추겠습니다.

판교교회 정광석 목사님과 사모님께 참 감사한 마음, 평생 은혜의 빚을 지고 살아가고 있습니다.

2014년도에 두 분이 여주에 오셔서 말씀도 전해주셨고, 현재는 청주에 살고 계십니다.

용인 근삼교회 개척 부임(1983.12.23)
천막 열두 평 용인 근삼교회 개척 시작하다

약 3개월간의 남면교회에서의 짧은 목회는 그야말로 하루하루 긴장(緊張)과 스릴 (thrill)과 서스펜스(suspense)의 연속이었습니다.

나쁜 것만 껴안고 있는 고질적 문제, 클 대로 커버린 암 덩어리를 대수술하여 건강한 교회로 고쳐놓고 깔끔하게 마무리 짓고, 후임자는 시찰과 노회에 맡기고 판교로 돌진하였는데, 판교교회도 더 이상 내가 머물 정상적인 청빙이 될 수 없었습니다.

판교교회는 교단이 장로교 통합측입니다.

그러나 나는 보수의 장자교단인 합동측 강남노회 동부시찰 소속이고, 총회신학교 1년 목사과정을 거치고 1983년 강도사를 거쳐 1984년에 목사안수를 받기로 결정되었습니다.

판교에서의 약 10개월은 총신공부와 판교교회 사역을 통한 값진 시간들이었습니다.

한때 기드온신학교에서 함께 신학공부를 한 신용현 목사(현재 평택 평안교회 개혁 증경총회장) 소개로 용인 백암중앙교회 조복희 목사님을 만나 백암면 근삼리에 교회 개척을 제안 받고 그 해 성탄 시즌(1982.12.23.) '기쁘다 구주 오셨네' 성탄 노랫소리에 진눈깨비가 퍼 붓는 날 성남 천막사에서 12평 교회 지을 자재를 구입하여 근삼리에 도착했습니다.

땅은 이미 80평 밭을 일 년 임대료 8만 원을 주고 얻었습니다.

사택은 100m거리에 있는 허름한 빈집 지상권 건물을 십 오만 원에 매입했습니다.

1982년 12월 23일 용인 백암면 근삼리 80평 밭 위에 12평 천막교회 세움
(돌을 구워 헝겊에 감아 밤중에 부르짖어 승리)

용인 민속촌 김 첨지네 헛간보다 못한 집입니다.

부엌 등은 수리를 해야 겨우 사용할 수 있었습니다.

조복희 목사님은 틈나면 수시로 찾아와서 격려하고 협력해 주었습니다.

어느 날은 폭스바겐(Volkswagen) 12인승 폐차 직전의 차를 몰고 왔는데 눈이 펑펑 쏟아지는 위험천만한 길이었습니다.

초보운전 조 목사님이 겨우 1단 넣고 앞으로는 가는데 후진을 못하였습니다.

눈은 쌓이는데 어떻게 조작을 하다 보니 후진을 하여 앞으로 나가게 되는 웃지 못할 에피소드(episode)도 있습니다.

하여간 조복희 목사님은 고마운 동역자였습니다.

나와 조 목사님은 수시로 만나 대화하면서 서로 격려하며 살아가고 있었습니다.

처음에는 주민들이 반대할까봐 '교회'라 말하지 않고 '동계학생교육센터'라고 하면서 개척을 시작했습니다.

천막을 치는 공사장에 어떤 할아버지가 술에 취한 상태에서 비틀거리며 와서 천막 파이프에 대고 "야! 이 새끼들아! 뭐하는 거야?" 하면서 오줌을 싸며 시비를 걸었습니다.

이에 나는 잘못 말썽이 나면 큰 낭패이니 기도하는 마음으로 달래고, '음료수라도 사드시라'고 몇 천원을 손에 쥐어주며 달래서 보냈습니다.

그런데 그분이 며칠 후 가장 먼저 등록한 교인이 되었습니다.

천막교회 내부 교회강단 / 1983년 1월 30일 주일 예배 드리는(설교) 모습

1번 교인 박만배 할아버지는 천막을 치고 바닥에 깔 만한 볏짚이나 멍석 등을 여기저기서 구해왔습니다.

그만한 비용도 지출했습니다.

그 후 동네에 은근히 '교회'라고 소문나고, 홍보되었기에 십자가를 세웠습니다.

12평 파란 천막교회가 들어서니 죽은 아골 골짜기에 생명의 나무가 심겨져 자라듯 소망이 생기며, 보기에도 복된 마을로 달라졌습니다.

말이 교회지 아무것도 없이 12평 천막 공간 그 자체뿐이었습니다.

제1호 교인 박만배 씨와 그의 부인 김서경 씨가 교회에 나오기 시작했습니다.

1982년 12월 23일 천막을 세운 후 곧 예배와 새벽기도를 시작했습니다.

천막교회 앞에서 가족사진

조복희 목사님은 동네 아저씨를 시켜 모래 시멘트를 사오고, 사택 아궁이 등 수리에 협력했습니다.

사실 그 당시에 조 목사님과 나와는 초면이었습니다.

상주에서 신용현 목사님과 전도사 시절 이웃교회로 동역하다가 만났다고 했습니다.

그러니 추·신·조는 전기처럼 연결이 쉬웠습니다.

조 목사님은 나보다 세 살 아래입니다.

지금까지 형제 이상의 절친이요, 동역자인 것을 자타가 인정합니다.

당시에 조 목사님의 도움이 컸습니다.

당시 조 목사님은 1980년 3월 1일 이미 백암 홍 약국 2층을 세내어 백암중앙교회를 개척하여 은혜로운 교회로 성장하고 있었습니다.

현재는 백암지역 중심교회로 용인 기독교연합 830개 교회 대표회장으로서 교계와 용인시청에 목회회관까지 갖추어 놓은 일등공신입니다.

아들 성목이 목사가 뒤를 이어 받들어갈 존귀한 분입니다.

걸어서 4km 거리인 학교에 가려고 가방 메고 출발 직전인 초등학교 1학년 아들의 용감한 모습

말이 집이지 문은 바늘귀 같이 좁아서 조그만 가구도 문을 부숴야 들어갔습니다.

아궁에 불을 지필 때는 부엌이라 불을 때면 연기가 방바닥과 벽 틈으로 연기가 나와서 굴 속으로 변하고, 방바닥은 울퉁불퉁해서 누우면 등짝이 저절로 안마가 되는 낡고 오래 된 집입니다.

빈대 벼룩이 득실거리고 화장실은 외부에 있는데 벽과 지붕이 없습니다.

널따란 박스로 임시 벽으로 사용했습니다.

화장실은 재래식 똥통시설로 바로 길가에 있었습니다.

지붕도 벽도 없어서 큰 박스를 둘러 세우고 볼일을 봅니다.

핑계 같으나 나는 화장실 손댈 여유도 없고, 그런 재능은 더 더욱이 없습니다.

방문은 좌우 문설주 폭이 너무 좁아 작은 가구로 문들을 빼내어 들여놓고 머리를 크게 숙여야 방으로 들어갈 수 있습니다.

교만한 자는 출입이 항상 불가능하니 마치 이스라엘 베들레헴 성지의 예수님 탄생 교회 바늘귀 문처럼 지위고하를 막론하고 고개 숙여야 예수님 만나는 문이 있듯이 바로 우리 사택 문이 그러했습니다.

사택(왼쪽 벽돌 기준) 15만 원으로 구입(자서전에 상세 기록) 지혜를 안고 있는 모습

어떤 장로님이 들어오다가 얼마나 머리를 박았는지 그대로 나가 떨어졌고, 혹부리 영감 이마로 변신한 적도 있습니다.

그 문 공사도 쉽지가 않으니 그냥 사는 것이 편합니다.

그 문을 수리한다면 백년이 넘은 용인민속촌에도 없는 이 집은 그냥 부서져버릴 것입니다.

그래도 15만 원 거액을 준 내 집이니 뿌듯했습니다.

하기야 지금(2021년)은 멋진 사택으로 대변신을 했으니 말입니다.

어느 날 갑자기 아내의 몸에 부스럼이 생기고, 빨강색으로 마치 홍역을 앓는 아기처럼 되었습니다.
'아~ 이렇게 헛간 같은 집에서 살아서 그런가보다~' 생각했습니다.
나는 '홍역은 죽어서도 한다는 속담이 있는데, 혹시 홍역인가' 생각이 들어서 겁이 났습니다.
지금 생각하니 미련한 짓입니다.
병원에 가보면 될 것을 문경 장인어른께 전화를 했습니다.
'혹시 딸 경자 어릴 때 홍역을 앓았느냐'고 물었습니다.
장인어른이 "홍역 앓았었지~"라고 말씀하십니다.
아~ 웬일입니까!
장인어른이 그 다음날 당시 교통편 불편함을 겪으시면서 머나먼 길을 오셨습니다.
28세 된 딸 때문에 장인어른께서 먼 길 오시느라 홍역을 치르셨습니다.
오셔서 개척하는 주변과 교회 사택을 둘러보신 그 마음이 얼마나 착잡하셨을까요?
그렇게 장인어른은 걱정을 가득 안고 그 다음날 백암터미널에서 버스를 타셨고, 떠나실 때 내 손과 아내의 손을 힘 있게 잡아주시며 "김자야~ 잘 견뎌꼬마~ 나 간대이~" 손을 흔들며 두 눈에 비둘기 같은 눈물을 살짝 머금고 가셨습니다.

1982년 여름 장녀 지현이를 안고 문경 영순고택에서, 조선시대 선비 같으신 장인어른 억척의 대명사 장모님, 사남매가 자란 신토불이 집으로(1977년 가을 첫 방문이 그립다) 당시대에 귀한 선풍기가 보인다(딸 선물로). 용인 근삼교회 저 흰 한복차림으로 오셨다. 눈물을 머금고 버스에 올라 떠나시던 그때를 잊지 못한다.

며칠 후 아내의 몸은 나아만 장군처럼 어린 아이의 살결을 되찾았습니다.

아마도 장인어른(故 박정암 집사)의 눈물진 기도응답의 선물이 아니었을까요?

영원히 송구(悚懼)할 뿐입니다.

어느 날 모친(故 하공임 권사)이 익산에서 오셨습니다.

관리에도 두어 번 다녀가셨습니다.

관리나 근삼리에 오시면 마치 아들 전도사가 무슨 판검사나 된 것처럼 목에 힘을 주시고 "우리 아들이 최고여!" 다시 말하면 무슨 권세라도 얻은 양 생각하시고 자부심을 넘어선 지경이었습니다.

긍정적인 것은 그래도 좋은 면이 조금은 있었다는 것입니다.

그러나 숨겨진 사연 속에서 쌩 땅을 팔 수밖에 없는 아들의 목회 사역에 일말의 철학도 없이 당당하신 어머니의 모습에 때로는 힘이 빠지기도 했습니다.

어머니는 한 번 오시면 보통 한 달쯤은 계십니다.

아버님 혼자 계시는 것은 아랑곳하지 않으시고 마냥 좋아하십니다.

똥 냄새나는 고추자리 천막교회, 기어들고나가는 허름한 헛간 사택, 불을 때면 연기가 방바닥 벽에서도 나오지만 우리 어머니는 만면에 미소뿐입니다.

어느 집 심방전도라도 가시면 으스대시고, '예수 잘 믿어야 된다'고 당부하십니다.

내가 해야 할 말을 먼저 다 나서서 하시는 것입니다.

2001년 11월 24일 용인민속촌(조복희 목사님 내외와 같이 조선시대 속으로 잠시 나들이 모습)

어머님이 집에 안 오시니 아버님에게서 편지가 옵니다.

그래도 모친은 아랑곳하지 않으십니다.

당시 모친 나이가 47세, 젊으셨습니다.

또 아버님에게서 편지가 왔습니다.

'나는 밥 잘 먹고 똥 잘 싸고 있으니 더 있다가 내려오라'고 유머 섞인 내용으로 보내왔습니다.

그 좋은 기회와 에너지를 다 소모시킨 탓으로 아들이 밀리고 밀려 농촌 험지를 찾아 개척자로 나서는 것을 아시는지, 모르시는지?

안타까움도 후회도, 아쉬움과 미안함도 전혀 없고, 아무 표현이 없으심이 매정할 뿐입니다.

차라리 "아들 며느리, 미안하구나. 내가 그 많은 돈 개척자금, 미래자금을 허비해버렸구나." 하시며 그 흔한 "미안해~" 단 석자 표현이면 나의 서운함도 조금은 풀어질 수 있으련만, 그리 말하지 않는다고 해도 나의 부모요 모친인 것을 어찌 하겠습니까?

나는 '효도의 극치(極致)가 있겠느냐' 생각하고 삭이면서 살아갈 뿐이었습니다.

한 번은 더리미 마을에 전도를 갔습니다.

종환이 우창이 청년과 아내, 모친이 동행하였습니다.

그 청년은 장신(長身)이며, 20대 중반의 포클레인 중장비 기사였습니다.

우창이 청년들 친구라 반가이 문을 열고 맞이해서 안방에 들어가서 여러 가지 이야기를 하던 중 본격적으로 예수 복음을 전하게 되었습니다.

누가 선뜻 복음을 받아들이겠습니까?

그 청년이 좀 비아냥거렸습니다.

이때 모친이 갑자기 그 청년을 향해서 삿대질을 하면서 말씀하는 것입니다.

"야! 이 새끼야! 네가 뭔데 까불어? 믿으라면 믿을 것이지!"

도저히 전도방법으로는 일어나서는 안 될 일이 벌어지고 말았습니다.

이에 청년은 방에서 마당으로 나가서 씩씩거리고, 두 청년은 어쩔 줄 몰라 하면서 달래고 설득하고, 나도 있는 말 없는 말 다 동원하여 이해를 시켰습니다.

겨우 방으로 데리고 들어와 마음을 다소나마 진정시켰습니다.
아~ 이런 일이 벌어지니 뒷감당이 너무 힘들었습니다.

그 일로 모친은 집으로 가셨습니다.
그날 저녁 일은 그 누구도 어디서나 말하지 않기로 서로 약속이나 했듯이 무언의
약속으로 지켜져 나갔습니다.

천막교회에서 신축교회로(1985년 9월 22일 교회 앞에서 가족 모습)

그러나 아무리 이러니저러니 해도 나를 낳기 위해 피를 서 말 닷 되나 흘리셨고,
하나님의 대리자 역할을 하신 부모님이십니다.

나는 부모님을 존경하고 사랑합니다.
자서전이기에 긍정적이거나 부정적인 모든 것을 사실에 근거하여 명백하게 밝히고,
양파 한 껍질 벗겨본 것입니다.

1985년 6월 16일 주일 주일학교 예배드림(설교하는 박경자 사모)

백암 술꾼 만배가 예수 믿는다네!
소문은 성령의 바람을 타고

나는 1982년 12월 천막교회를 시작한 후 하루도 쉬지 않고 부르짖어 기도했습니다.

오후 3-4시에 세숫대야만한 돌을 연탄불 뚜껑 위에 얹어놓으면 저녁 8시쯤 되어 침을 뱉으면 물방울처럼 구를 정도로 달궈집니다.

뜨겁게 달궈진 돌을 헝겊에 겹겹이 싸서 천막 안에 가서 장모님이 결혼 때 해주신 문익점의 목화이불을 덮고 뜨거운 돌을 난로삼아 쉬지 않고 기도한 것입니다.

참으로 죽기 살기였습니다.

목회경험이 많지 않은 전도사로서 내가 할 일은 오직 기도뿐이었습니다.

새벽이 되면 박만배 씨와 부인 김서경 씨가 새벽기도에 빠지지 않고 나오시는데, 연로한 분들이라 잠도 없지만 하나님께서 특별한 은혜를 주셨기 때문입니다.

나는 그 뜨거운 돌을 박만배 씨에게 건네줍니다.

그러면 고맙다고 받아 끌어안고 있다가 자기 부인 김서경 씨에게 줍니다.

우리는 그렇게 주고받으면서 새벽기도를 쉬지 않았습니다.

만배 노인은 술꾼입니다.

'백암 장날 만배를 모르면 장날을 논하지 말라!'

그래서 '만배' 하면 생각나는 것이 술입니다.

술독에 깊이 빠져서 코는 딸기코인데, 금방이라도 떨어질 듯 덜렁거립니다.

담배는 염소보다 더 피우고, 술 먹고 방 안 화롯불에 오줌 누다가 불똥이 튀어 거시기가 홀라당 벗겨지고, 강아지 새끼 낳으면 들고 가서 술 먹고, 미싱(재봉틀) 가져다가 술 먹는 일이 다반사였습니다.

또한 그의 집은 초가집인데 몇 년씩이나 이엉 짚으로 덮는 지붕공사를 못해서 구멍이 생겨 방은 물이 새고, 방바닥은 논바닥같이 쩍쩍 갈라져 흉측하였으니, 그의 3남 2녀 자녀들은 너무 창피해서 생신이나 명절에 코빼기도 보이지 않고, 그렇게 고향집에 안 온 지가 5년이 넘을 만큼 가장 천하고 가난하고, 지나가는 사람에게 손가락질을 도맡아 받는 그런 사람이었습니다.

그가 근삼교회 제1호 교인이 된 것입니다.

다른 이야기보다 "만배가 천막교회 나가서 예수 믿고 술 끊었다네~"라는 소문이 퍼졌습니다.

나는 만배 노인네가 술 먹는 것을 천막 칠 때 한 번 본 일밖에 없고, 그분에게 술 끊으라고 권면한 적도 없었습니다.

순전히 하나님께서 그 영혼 깊숙이 성령으로 임재하셔서 그분 스스로 '교회에 가고 싶은 마음을 갖게 하심'으로 아버지 앞으로 인도하여 오게 하신 것입니다.

어느 날 아내에게 '이젠 술 끊고 교회에 나가서 새롭게 살아야겠다'는 결심을 털어 놓았다는 것이 그에 대한 후문이었습니다.

이렇게 '만배 아저씨 술 끊고 예수 믿는다'는 소식이 동네에 소문나게 되자 전도에 큰 영향을 주었습니다.

그때 나는 이런 생각도 해봤습니다.

'하나님! 경제적으로나 똑똑한 사람을 먼저 보내주시지, 하필 가난쟁이에, 술꾼이며 왕따 인생을 보내주십니까?'

그러나 이는 나의 인간적인 생각이었습니다.

하나님의 생각과 사람의 생각은 하늘과 땅 차이라는 것을 알게 되었습니다.

> "이는 내 생각이 너희의 생각과 다르며 내 길은 너희의 길과 다름이니라 여호와의 말씀
> 이니라. 이는 하늘이 땅보다 높음 같이 내 길은 너희의 길보다 높으며 내 생각은 너희
> 의 생각보다 높음이니라"(사 55:8-9)

술을 끊은 지 3개월째 박만배 성도의 몸에 이상이 생겼습니다.

밥을 제대로 먹지 못하고, 코피가 흐르기 시작한 것입니다.

그런 증상은 한동안 계속되었는데, 술을 끊은 후유증이었습니다.

저러다 죽으면 교회를 개척하는 데 치명적 장애물이라 나는 기도의 끈을 놓지 않
으려고 사택 뒷동산에 기도처를 만들고 틈만 나면 기도처에 올라갔습니다.

나는 충남 태안 관리교회에서 영적 베이스캠프를 설치하고 기도함으로써 무당을
때려잡아 영적으로 승리한 노하우를 떠올렸습니다.

뒷동산 기도처에서 부르짖음이 시작되었습니다(행 16:13).

나는 바울의 개척자세, 기도처 승리 모습을 떠올리면서 영적 전쟁에 돌입했습니다.

이런 에피소드가 있었습니다.

1982년 12월 23일 천막을 쳤습니다.

29일이 첫 주일인데 아직 교인은 아무도 없습니다.

몇 주 후 박만배 성도 부부가 제1호 교인으로 등록을 했습니다.

사실은 우리 네 식구가 주일 11시 예배를 시작했으나 교인은 한 사람도 없었습니다.

열두 평 파란 천막 목재 강대상 하나 놓고 멍석 위에 앉은 아내와 이삭이 지혜와
함께 경건하게 예배를 드리려고 하는데 문이 흔들립니다.

아내가 일어나 문을 열어보니 누런 송아지 사촌동생 같은 큰 개 한 마리가 문을
여는 순간 쏙~ 들어왔습니다.

사람이 들어오는 것이 아니고 개 한 마리가 왔습니다.

순간적으로 '아~ 이 개도 영혼 없는 짐승이지만 주일 지키기 위해 오는구나. 앞으
로 역사가 일어나겠구나' 하고 긍정적 사고로 생각했습니다.

그 후 주일부터 매주일 하나님께서 영혼구원의 역사를 일으켜 교회가 부흥되었습니다.

가가호호 부서지는 바알 우상 세워진 십자가

얼마 후 박만배 성도의 몸이 정상화되었습니다.

코피도 멈추고, 식욕도 돌아왔습니다.

수십 년 깊이 빠졌던 술독에서 벗어나 깨끗이 치료가 된 것입니다.

객지에 있는 자녀들이 이 소식을 듣고 '아버지가 예수 믿고 새사람 되었다'고 수시로 고향에 내려왔습니다.

전도사님 고맙다고 선물도 사오고, 털조끼도 손수 지어다 입혀주었습니다.

한마디로 '예수 믿고 경사 났네'입니다.

이 가정의 스토리(story)가 많습니다.

박만배 성도의 집은 용인민속촌에나 가야 볼 수 있을 정도의 초가집입니다.

조선시대 가난의 트레이드마크(trademark)처럼 생긴 찌들어가는 초가집은 궁상맞아 보기 흉한데 안방 문 옆에 큰 항아리가 서 있습니다.

그러던 어느 날 나를 초청하여 이 대감 항아리를 치워달라고 합니다.

가을 첫 곡식 담아놓고 '들어가도 대감, 나가도 대감 항아리가 복 준다'는 우상 귀신 항아리를 두고 이제까지 살아 왔던 것입니다.

예배 후 개울가에 가서 기손 시냇가에 바알 때려잡는 엘리야 심정으로 "주여! 이 집만이 아니라 이 마을 전체에서 우상을 제거시키소서!" 선포기도 후 항아리를 박살 냈습니다.

그 후 이 가정에 영적으로 더 큰 은혜가 임하였습니다.

박만배 성도와 김서경 성도의 얼굴에 빛이 나고 평안했습니다.

박만배 성도의 가정은 한마디로 '술은 패가망신'이라는 말이 딱 어울렸습니다.

동네 다른 집들은 번듯하고 당시 슬레이트 지붕으로 개조했는데 이 집만은 그냥 옛날 초가지붕이었습니다.

집안 구석구석이 조선시대 가난뱅이 박첨지였습니다.

그런데 예수 믿고 돌아오니 그래도 이 집이 좋았습니다.

근삼교회 제1호 교인 가정!

술 끊고, 담배 끊고, 술잔과 담배 들던 손에 성경책과 찬송이 들려진 것입니다.

이 얼마나 놀라운 역사입니까?

부인 김서경 성도는 조용한 분입니다.

아예 만배 술꾼 포기했던 차 남편에 대한 기대감이 전혀 없습니다.

가끔 만두를 만들면 만두 속에 넣을 재료가 없습니다.

당면과 돼지고기 등이 들어가야 제대로 맛이 나는데, 김서경 성도는 소금물에 담가둔 매운 고추절이와 김치를 속으로 넣어 만두를 만들어놓고 우리 가족을 부릅니다.

남편 술 끊게 해서 하나님께 돌리는 영광을 표현하고자 고마워서 부른다고 하는데, 그 매운 고추 넣고 만든 만두는 얼마나 매운지 자서전 쓰는 이 시간에도 내 입은 오 므라드는 듯합니다.

그래도 이 얼마나 아름다운 추억입니까?

방바닥은 누런 비닐장판이 너무 오래 되어서 갈라지고 찢기고, 겨울밤 화롯불 불똥 튀어 구멍 나고, 말이 방바닥이지 도저히 쳐다보기도 흉물스럽고, 앉아있으면 온 몸 에 버러지가 기어 나와 몸에 달라붙을 것 같아서 닭살이 돋을 지경입니다.

만두 매운 것보다 방바닥 보는 것이 더 역겹고 곤혹스럽습니다.

1983년 초여름 마침 만배 성도의 생일이 되었습니다.

아내가 나에게 "만배 성도님 댁 방바닥 장판을 깔아줍시다."라고 하는 것이 아닙니까?

아~ 글씨! 나와 생각이 쌤쌤(same same)이었습니다.

나는 몰래 줄자로 방 가로 세로 규격을 알아내어 백암 지물포에 가서 의뢰하여 장 판을 새것으로 갈아드렸습니다.

'예수 믿고 술 끊었으니, 생일 선물로 드리는 것'이라고 하면서 봉사해드렸습니다.

두 분의 눈에 눈물이 글썽이는 감격으로 서로 기뻐했습니다.

만배 성도의 가정은 가난의 대명사처럼 집의 몰골이며 경제활동은 전무하였습니다.

땅 한 평 없고, 그저 살아가는 것이 기적 같았습니다.

슬하의 5남매(3남 2녀)는 겨우 운문(韻文)을 떼는 초등학교 출신들입니다.

꿈 많은 청춘(靑春)을 술의 노예로 살며 허비한 대가를 혹독하게 치르고 있습니다.

교회 짓기 전 막내 우창이가 파주에 있는 직장이 신통치 않아 사촌형 돼지 양돈장 머슴살이 하러 내려왔습니다.

'이 가정이 예수 믿고 새로운 가정이 되었으니 복을 받게 해야겠다, 영혼구원도 육적 구원도 하늘과 땅의 복을 받게 해야겠다'는 생각으로 우창이(자서전에 등장한 우창이)를 불렀습니다.

'꿈이 뭐냐'고 물었더니 '돼지 길러서 성공하는 것'이라 했습니다.

그 당시는 양돈(養豚) 사업으로 꽤 많은 경제활동이 일어났습니다.

"우창 씨! 내가 돼지종자 사줄 테니 한 번 시작해 봐요."라고 하면서 12만원을 주고 돼지종자를 사오라고 했습니다.

그는 사촌형 집에서 한 쌍의 돼지를 데려와서 기르기 시작했습니다.

마침 마당이 꽤 넓어서 조그만 돼지우리를 설치하여 시작했습니다.

그 후 나는 대구로 왔기 때문에 직접 보지는 못했으나 지속적으로 연락을 주고받으면서 소식을 들었는데 그 12만원으로 구입한 한 쌍 돼지종자가 한 번에 17마리를 낳고 몇 번 새끼를 낳으니 60마리 80마리 기하급수로 번식하여 놀라운 돼지 양돈가가 되었고, 부모님도 거들어서 경제적 기틀이 마련되어 가난에서 벗어나게 되었으며, 집도 리모델링하고 장가도 들어 딸 둘 낳아 미국에 시집보냈다고 합니다.

2019년 모친 장례식 치를 때 장호원에 와서 나를 만나 기쁜 대화를 나누면서 추억에 젖어보았습니다. 그리고 바로 그 이틀 후에 딸이 자기 회갑기념으로 초청하여 부부가 미국여행 간다고 환하게 웃으면서 헤어졌습니다.

박만배 집사님 내외는 이미 천국으로 가셨지만 그의 삶의 흔적은 근삼교회 역사의 톱니바퀴에 걸레 역사가 아닌 역사적인 역사로 남게 되었습니다.

비록 가난했지만 예수를 모신 가정의 변화가 동네방네 좋은 소문으로 퍼졌습니다.

채귀례 할머니가 손자를 업고 개울다리에 서 있다가 우리 부부를 보자 인사를 한 후 강력하게 "집으로 좀 갑시다."라고 하시기에 그 집으로 들어갔습니다.

채귀례 할머니 별명이 '쇠부짖땡이'입니다.

그 이유는 그분이 60년 동안 쇠 지팡이가 닳도록 뒷골 절간을 다녔기 때문입니다.

얼굴에 옹골진 주름들이 말해주었습니다.

그런데 이게 웬일입니까?

"전도사님! 나도 장독 뒤에 신주단지 좀 부셔주쇼. 내가 치우면 귀신이 덮칠까봐 겁이
나서요. 우창이네도 부셨다면서요?"

나는 깜짝 놀랐습니다.

하나님께서 일하고 계셨습니다.

나는 아내와 같이 장독 뒤로 갔습니다.

채귀례 할머니는 따라오지 않습니다.

뒤에서 "오늘따라 싫어지네. 나 보기 싫어요."라고 말합니다.

나와 아내는 그 단지를 씌운 볏짚을 벗겼습니다.

얼마나 막걸리를 갖다 부었는지 짚단에 술 냄새가 찌들었습니다.

항아리에 벼가 가득하여 소여물통에 부어주고, 냇가에 가서 기도 후에 큰항아리를
깨트렸습니다.

"와장창! 중창! 추장창!" 박살을 냈습니다.

제2호 우상을 깨트린 집이 탄생되었습니다.

채 할머니의 아들이 당시 백암 면사무소 서기로 집안이 꽤 잘 살고, 토지도 많고,
알부자였습니다.

부인은 서울에서 은행원으로 근무하다가 시집 왔는데 나중에 알고 보니 크리스천
이었는데 남편과 시어머니가 우상불교에 심취해서 영적으로 눌러서 살았다고 하며,
시집올 때 성경책을 가지고 와서 장롱 속에 감춰놓고 살다가 어느 날 천막교회가 개
척되었다는 소문을 듣고 밤중에 몰래 기도하고, 실제로 밤에 춤을 췄다고 합니다.

얼마 후 가리산 마을에 사는 한 가정에서 연락이 왔습니다.

'전도사님이 직접 오셔서 집에 있는 모든 우상 같은 물건들을 처리해주시면 예수를
믿겠다'고 하는 것입니다.

1984년 여름이었습니다.

아내와 같이 만배 성도님과 교우 서너 명을 데리고 갔습니다.

노인 부부와 젊은 아들 부부, 남매, 손자들과 함께 사는 가정이었습니다.

조상 대대로 불교에 찌들어 온 집의 구석구석에 불교식 우상 형상이 가득했습니다.

나는 강력한 마음으로 기도하고, "이제부터 예수를 영접하기로 결심하고, 오늘 이 가정이 하나님의 거룩한 자녀로, 가정으로 바뀝니다!"라고 선포하고 난 다음 "지금부터 내가 시키는 대로 하세요! 집안에 있는 모든 우상 물건을 마당 한가운데로 다 내어오세요!"라고 했습니다.

각종 불교식 목탁, 묵주, 그림, 단지, 책 등 30여 가지 물건들이 수북이 쌓였고, 절간의 불교 여신도 회장인 아주머니는 회원명부 등 책도 다 내놓았습니다.

하나님의 특별섭리(特別攝理)였습니다.

가족 모두 마당에 나와 더러운 우상 물건들을 가운데 놓고 둘러섰습니다.

그렇게 소중하게 여기던 우상 물건들이 이제는 그들의 눈에 흉물이요, 가시로 보였던 것입니다.

며칠 전부터 계속해서 꿈속에 "너! 불교 우상 버려라! 내가 너와 네 가족을 택하였다!"는 음성이 들리더라는 것입니다.

7세인 어린 손자의 몸이 병원에서도 포기할 정도로 심각하게 아픈 상태였음에도 버티고 버티다가 최후의 마지막 상황에서 하나님의 지시를 받은 것이었습니다.

하나님께서 택하시고, 부르시고, 예수 피로 의롭다 하시고, 소명 → 회개 → 중생 → 성화 → 영화의 구원 단계가 시작된 것을 알게 되었습니다(롬 3장과 8장 참조).

일단 찬송을 부르고 성경말씀을 선포한 후에 불을 붙여 우상 물건을 모두 불태워 버렸습니다.

우상 물건들이 불태워지는 순간 속 시원함과 통쾌함을 느꼈지만 다른 한편으로는 깨끗한 소멸, 예수 그리스도의 피와 성령의 불길이 절정으로 치닫는 것이 보였습니다.

그 이후 주일에 온 가족이 교회 출석하여 등록, 구원과 평안과 건강을 회복했습니다.

20년 후 여주 삼승제일교회까지 나를 찾아와 기쁘게 옛 추억을 회상한 적이 있습니다.

그때 주님이 주신 은총에 감사하며, 추 목사에 대한 고마움도 가지고 있었습니다.

은혜의 역사 강한 곳에 마귀 장난 짓궂다

박만배 성도 가정으로부터 시작한 우상 쳐부수기는 벌써 2호집 채귀례 성도 가정, 그리고 세 번째, 네 번째 … 1983년도 한 해 동안 16가정이 우상을 버리고 하나님께로 돌아왔습니다.

우상을 쳐부수면 반드시 한 주간은 저녁마다 그 집에 가서 뜨겁게 예배를 드렸습니다.

이 놀라운 구원의 역사는 근삼리, 영곡, 더리미, 양준리, 가리산(마을 이름) 일대에서 일어났습니다.

저녁이 되면 얼마나 자주 예배드리러 다녔는지, 당시 5세인 이삭이가 성경과 찬송가를 들고 마당에 미리 나가서 "아빠! 오늘은 어느 집으로 가지?" 하고 서둡니다.

어린 이삭이의 눈에도 익숙한 저녁일상이 되어 버린 것입니다.

불교 서적이나 불교용품 등을 태운 가정에서는 온 가족이 열심히 하나님을 섬겼습니다.

그러나 은혜의 역사가 강하니 마귀도 시기하는지, 방해하는 일들이 생겼습니다.

1983년 여름!

열심히 충성하던 24세의 이종환 청년이 부모와 다툼 끝에 농약을 마시고 자살을 시도하는 사고가 일어났습니다.

모친도 우상을 버리고, 온 가족이 열심히 신앙생활 하는 가정이었습니다.

참으로 큰 사건이 터진 것입니다.

농약을 먹고 쓰러져서 용인병원으로 실려 갔는데, 사경(死境)을 헤맵니다.

온 동네방네 소문이 났습니다.

만일 그가 죽는다면 개척교회의 치명적 장애물이요, 찬물을 끼얹는 격입니다.

그 당시 근삼교회는 뜨겁게 달구어진 복음의 햇불이 활활 타고 있었습니다.

나는 그 밤에 하나님께 간절히 또 간절히 기도했습니다.

이종환 청년의 호흡이 옆에서 보고 듣기조차 거북할 정도로 안타깝습니다.

하루, 이틀, 사흘이 지나 죽어가던 청년이 살아났습니다.

예수님께서 "청년아! 내가 네게 말하노니 일어나라!"(눅 7:14) 명령하셔서 살아난 것처럼 살아서 일어났습니다.

온 가족과 교인들의 입에서 감사와 환호가 터지고, 하나님께 영광을 드렸습니다.

잘못된 소식은 차단되고, 근삼교회는 은혜로운 교회로 든든히 서 나갔습니다.

그러나 또 희한한 일이 벌어졌습니다.

채귀례 할머니 둘째 아들 '김영근'이란 청년이 군대 제대하고 와서 어느 날 새를 사냥하는 총으로 교회 종탑과 차임벨 스피커를 모조리 쏴서 총알로 구멍을 뻥뻥 뚫고, 여러모로 교회 시설을 파손하는 일이 벌어졌습니다.

그 형인 면사무소 공무원 '김영수'는 적극적으로 모친과 부인을 교회에 나가지 못하게 말렸고, 나만 보면 달려들고 시비를 겁니다.

구역예배를 드린 날, 주거침입죄로 고소한다고 난리 소동을 부렸습니다.

그런데 놀라운 변화가 일어났습니다.

교회에 총 쏘고 종탑을 부순 '김영근'은 회개한 후 예수를 일등으로 잘 믿고, 부인도 잘 얻어 둘 다 예수 잘 믿고, 운수사업가로 성공해서 백암중앙교회 바로 건너편 화물회사 사장이 되었다고 합니다.

하여간 은혜의 역사가 강하니 마귀도 뒤질세라 날뛰는 것을 보았습니다.

예수님도 공생애에 귀신 쫓고, 병을 고치고, 영적 싸움의 무기로 가장 먼저 악하고 더러운 귀신을 쫓아내는 권능을 주셨습니다.

예수 복음이 가는 곳에는 항상 영적 주적(主敵)인 마귀가 먼저 알고 끼어들어 설치기 때문입니다(마 10:1-10).

예수 이름으로 귀신을 쫓아내고, 마귀의 진영을 파괴하고, 무찌르고, 묶어버려야 합니다.

기도하면 그대로 됩니다.

부추 밭과 이삭이 위기일발 100만원 부도 발생

1983년 봄이 되었습니다.

'개척'(開拓)이란 말 그대로 돌을 깨며 프로정신을 가지고 헤쳐 나가야 합니다.

특히 경제적 어려움은 지독한 고통입니다.

큰 후원이 없으면 막막합니다.

당시 당일교회에서 지원하는 십만 원으로는 도저히 교회를 운영하기가 어렵습니다.

십만 원 지원하는 당일교회에서 담당부장 장로님이 '어디에 어떻게 쓰느냐'고 꼬치 꼬치 캐묻기도 하였습니다.

제정신으로는 개척 못합니다.

이삭이와 지혜에게 맛있는 과자 하나, 사과 하나 사주지 못했습니다.

이에 나는 '이 어려움에서 벗어날 수 있는 경제활동 수단이 없을까?'를 생각한 끝에 궁여지책(窮餘之策)으로 '일단 땅을 빌리고 채소를 심어서 출하하면 된다'는 단순한 생각을 하여 밭을 500평 빌렸습니다.

일 년에 10만원을 주기로 계약하고, 종류는 부추를 심어 판로는 성남 모란시장에 팔면 경제성이 확실하다고 하여 결정하고, 작업에 착수했습니다.

땅을 빌리고, 땅을 고르고, 경운기 작업 비, 부추 씨 심기 등 인건비 등 돈 드는 것이 만만치 않았습니다.

부추가 심겨져 싹이 나고 예쁘게 자랐습니다.

지금 같으면 영농과학으로 비닐하우스 등 첨단농법이 발달했지만 1982년 당시만 해도 농사는 재래식 농법이어서 갈수록 일이 많았습니다.

밭을 매줘야 하고, 풀을 뽑고, 관리 등등……

나는 점점 빠져 들어갔고, 기대와 희망을 안고 집착했습니다.

그러던 어느 날 경운기로 거름을 실어 나르는 작업을 하는데 아이들이 길거리에서 신나게 놀고 있었습니다.

경운기 운전자는 앞만 보고 좁은 길을 힘차게 질주했습니다.

그 순간 이삭이가 쏜살같이 뛰어가다가 경운기가 지나가는 것을 못보고 그대로 뛰다가 약 10cm 간격으로 경운기 뒤쪽을 스치면서 큰 사고를 가까스로 모면했습니다.

나는 길을 가다가 서서 그 광경을 생생하게 지켜보고 있었습니다.

그 순간 이삭이와 경운기가 부딪혔다면 이삭이가 중상을 입을 수밖에 없는 위급한 상황이었습니다.

그때 하나님의 성령의 감동이 내게 임재하셨습니다.

"부추 밭에서 손을 떼라!"

나는 그 자리에 서서 즉각적으로 결단하고 기도를 올렸습니다.

"하나님! 즉각적으로 멈추겠나이다. 우리 이삭이 살려주셔서 감사합니다!"

"네가 이 지역에 영혼구원 농사지으러 왔지, 부추 밭 농사지으며 먹고살려고 왔느냐?"

성령님의 강력한 책망(責望)이 터져 나왔습니다.

나는 농군의 옷을 입은 채로 기도처 산으로 올라가 회개와 감사기도를 드린 후에 부추 밭의 일을 멈추었습니다.

교인들과 주민들에게 "마음대로 뜯어다가 드시든지 말든지 하십시오~"라고 선언한 후 나는 자유롭게 되었습니다.

당시 약 100만원의 손실을 보았으나 잃은 것보다 얻은 것이 더 많았습니다.

하나님은 목회자의 투 잡(Two Job)은 결코 기뻐하지 않으십니다.

아빠, 언제 밥 먹어?

이렇게 나의 첫 부추 밭 사업은 빚만 남긴 채 끝나고 말았습니다.

하나님의 강력한 저지의 말씀에 따라 그날로 막을 내렸습니다.

나는 오히려 마음이 후련했습니다.

그 결과 가지고 있던 재정이 완전히 고갈되었습니다.

쌀독에 쌀이 한 톨도 없습니다.

아내는 언제나 내가 하려는 일에 무조건 따라나서는 순종의 삶을 살아왔기에 아무런 불평도 없습니다.

쌀이 없어 밥을 짓지 못하니 아이들의 눈이 휑하고, 주일 아침이 되었는데 밥을 못먹은 이삭이가 "아빠! 언제 밥 먹어?" 하고 물어옵니다.

"오늘은 주일이야~ 아침 금식해야 해~"라고 말했습니다.

어린 이삭이는 그런가 보다 하고 받아들입니다.

어리니까 넘어가는 것입니다.

천막교회에 가서 예배드리고 와서도 네 식구가 자그마한 오두막집 사택에 힘없이 누워있었습니다.

나는 아무런 대책도 없이 그냥 방안에 있었습니다.

아이들을 바라보니 안쓰럽습니다.

방안에 적막감(寂寞感)이 맴돕니다.

'저녁에 예배를 드려야 한다'는 생각뿐입니다.

'어떻게 살아야 하나?' 하는 생각도 없습니다.

그 현실을 받아들일 뿐입니다.

부추 밭에 경제력, 체력, 모든 것을 다 쏟아 부었습니다.

나는 하나님께서 '이젠 허당이다. 꽝이다. 여기까지이다'라고 정면충돌로 박아버리셨다고 확신했습니다.

그렇기에 오직 내가 의지할 길은 하나님뿐이었습니다.

'내가 안 되고 개척도 안 되면 하나님 손해지?'

누워서 이런저런 상념에 잠겨있는데 밖에 토방 신발 발판에 "쿵!" 하고 뭐가 떨어지는 소리가 들렸습니다.

그리고 누가 "전도사님 계세요?" 하고 부릅니다.

목소리가 박만배 성도였습니다.

문을 열고 보니 쌀자루를 가지고 오셨습니다.

"아니, 이게 무슨 쌀입니까?"

이렇게 묻자 박 성도님은 다음과 같은 사연을 말해주었습니다.

"며칠 전부터 최부억 권사님이 '추 전도사님 댁에 쌀 좀 드려야겠다'고 하시면서 '내가 도저히 갖고 갈 수 없으니 우창이 아버지가 좀 갖다드려요~' 부탁하셔서 심부름으로 가지고 왔어요~"

당시 88세이신 최부억 권사님은 근삼리 출신 신창균 장로님의 모친이셨고, 신창균 장로님은 그 지역 유지 집안이었습니다.

그 집 어르신인 최부억 권사님은 백암성결교회 교우인데, 노쇠하여 우리 근삼교회에 겨우 걸어서 나오시며 천국가실 준비를 하시는 준비생이셨습니다.

그리고 천막교회가 들어왔다고 좋아하시고, 나를 무척 반겨주십니다.

그 최부억 권사님께서 박만배 성도를 통해서 쌀을 보내주신 것입니다.

이는 결코 작은 일이 아닙니다.

광야의 만나는 비처럼 하늘에서 수직적으로 내렸지만, 현대적 만나는 인편을 통해 수평적으로 오는 것을 알아야 합니다.

나는 하나님의 세밀(細密)하심에 놀랐습니다.

쌀 한 톨 없는 것을 아시고 딱 그날 그때에 주신 것입니다.

뜨거운 감사기도를 드리고 나서 즉시 밥을 지어 달랑 무김치 한 가지 밥상 가운데 놓고 먹는 식사였지만 그날 우리 네 식구에게는 최고의 밥상이었습니다.

이삭이와 지혜가 이틀 만에 밥을 먹는 모습에 미안하고 고마웠습니다.

나와 아내는 말없이 바라만 봐도 서로 격려가 되었습니다.

어느 날 판교에서 손님이 오셨습니다.

내가 총신 다닐 때 오전에 아르바이트하던 가구공장 사장 집사님이었습니다.

이삭이 또래의 아이와 같이 왔습니다.

나는 그 집사님이 오신다는 전화에 솔직히 '아이들 먹거리로 과자나 아니면 얼마의 개척후원금이라도 주고 갔으면' 하고 잔뜩 기대하고 손꼽아 기다렸습니다.

집사님 가족이 검정승용차 고급 세단을 타고 왔습니다.

대화를 나눈 후 아무것도 주지 않고 오히려 집사님 아들이 이삭이가 그렇게 아끼던 장난감 레미콘 자동차를 좋다면서 가지고 가버렸습니다.

나는 집사님 가족이 돌아간 후에 정말 섭섭했습니다.

우리 아이들이 어릴 때이지만 그때의 서운한 감정을 훗날 성인이 되어서도 간직하고 있었습니다.

나는 7-8개월이 넘도록 이발을 못하고 있었습니다.

노회나 어느 모임에 가면 장발족으로 오해를 받을 정도였습니다.

곤궁(困窮)하면 표시가 납니다.

그때의 우리에게는 단돈 천 원의 이발비도 부담스러웠습니다.

7개월 가까이 그렇게 흔한 백암 장날에 사과 과일 하나 사주지 못하는 아빠의 미안함이 지금도 남아 있습니다.

쓰러져가는 오두막집, 파란 천막교회, 기어들어가고 기어 나오는 사택, 그래도 두 아이 이삭과 지혜는 세발자전거를 타고 잘도 놉니다.

이삭이가 지혜를 태우고 잘 돌아다닙니다.

나는 가끔 이삭이에게 묻곤 했습니다.

"이삭이는 커서 어떤 사람이 될 거야?"

그러면 이삭이는 아무런 망설임 없이 말하는 것입니다.

"돈 많이 버는 사장 될 거야. 그래서 아빠, 엄마, 동생 내가 맛있는 것 다 사줄 거야."

그러면 이제 겨우 말을 튼 지혜도 말합니다.

"엄마~ 내가 비제바노 신발 사줄게~"

이렇게 어린 두 아이는 미래사를 서슴없이 이야기했습니다.

꿈을 꾸어야 이루어지는 것 아닙니까?

다시 말하지만 그때 부추 밭에 투자한 100만원은 큰 공부였습니다.

한편 어려운 시기 가뭄에 단비 내리듯 배고픈 개척자의 삶은 매우 고단하기만 했습니다.

나의 주변에는 누구 하나 도와줄 후원자 없었기에 네 식구의 생활도 기적의 만나로 살아가고 있었습니다.

광야(廣野)가 바로 근삼리였습니다.

이집트의 사막 광야 40년의 축소판인 근삼 광야였습니다.

나는 누구를 붙잡고 싶어도 그럴 만한 사람이 아무도 없었습니다.

당시 총신대학에서 공부하는 데 후원해주신 분은 송기섭 집사님이었습니다.

참으로 고마운 분입니다.

위에서 나열한 대로입니다.

'아~ 하나님께서 내 형편 아시고 때맞춰서 보내주시는구나~' 하고 잔뜩 기대하고 기다렸습니다.

그리고 송기섭 집사님이 오시면 꼭 가족 셋이서 다녀갑니다.

부인 권사님, 유치원생 아들도 근삼교회 방문은 처음이 아닙니다.

이번까지 네 번째 방문입니다.

올 때마다 '주일학교 학생들 주라'고 꼭 꿀 꽈배기를 두 박스 가져옵니다.

점심식사 때 오시기 때문에 없는 살림이지만 아내는 최선을 다해서 점심상을 차립니다.

반찬도 변변치 않은데 무조건 맛있다고 합니다.

'차라리 추 전도사 네 식구 백암 시내에 가서 갈비라도 뜯게 했다면 얼마나 좋았을까?' 생각하지만, 착각은 자유 아니겠습니까?

그런데 네 번째 방문에는 꿀 꽈배기도 없었습니다.

위의 글처럼 송 집사는 큰 가구제작 회사의 사장입니다.

그 당시 외제차 승용차를 타고 다니며 로터리클럽 멤버로 판교 전역에서 유지 급입니다.

정광석 목사님의 소개로 나와 연관이 된 것은 이미 판교스토리에 기록되었습니다.

하나님이 깨닫게 해주신 것이 많았습니다.

'사람의 힘을 너무 의지하지 말라. 그리고 네가 남에게 바라는 만큼 너도 남에게 주는
자로 살아라. 어디를 가든지 손에 작은 선물 하나라도 들고 가라'

나는 회개하며 감사했습니다.

송기섭 집사님이 나쁘다거나 서운한 것이 아닙니다.

오히려 그분을 크게 대접하지 못한 내 부족함을 탓하게 됩니다.

어느 집에 가든지, 부모 집에 가든지 빈손으로 가면 안 됩니다.

또 누가 방문한다고 하면 빈손으로 보내면 안 됩니다.

주고받음이 삶의 기쁨이요, 흔적이요, 천국생활의 훈련이요, 연습입니다.

절대로 야속한 마음이 아닙니다.

송 집사님의 네 번째 주기적인 방문에 단 한 번도 헌금하거나 격려금 봉투를 준 일이 없습니다.

파란 천막 교회, 무너질 듯하여 위태로울 정도로 허름한 집!

사는 형편을 눈으로 볼수록 불쌍하게 보일 텐데 매정 비정하기만 했습니다.

나는 이렇게 생각했습니다.

'송 집사님이 헌금 풍성 격려금 봉투 팍팍 줬다면 사람을 의지할까봐 그 힘든 상황에 하나님께서 송 집사의 눈을 가리고 마음을 통제하신 것이 아닐까?'

그 후 나는 사택 뒷산 기도처 움막집에 자주 올라가서 하늘을 우러러 기도하고, 마을을 내려다보고 영적 전투에 더욱 몰입했습니다.

"만일 아람 사람이 나보다 강하면 네가 나를 돕고 만일 암몬 자손이 너보다 강하면 내가 너를 도우리라"(대상 19:12)

잘못 찾아온 택시 한 대

말이 교회지 80평 밭에 설치된 12평 파란색 텐트는 초라하기 짝이 없었습니다.

가을에 뿌려진 인분(人糞)이 봄철이 되어 녹아서 바닥의 멍석 짚단 밑으로 올라오는 냄새는 말로 형언할 수 없이 참기 힘듭니다.

12월 꽁꽁 언 땅에 확인도 하지 않고 텐트를 설치했기 때문이었습니다.

급하게 시작된 개척이라 세밀하게 살피지 못한 관계로 빚어진 일이었습니다.

천막 바닥은 왕겨를 펴고 박만배 성도가 동네에서 멍석 몇 장을 구해 와서 깔았고, 방석 하나 없었으며, 교회 안에는 아무것도 없이 허름한 소형 강대상만 덩그러니 놓인 상태였습니다.

주일이면 주일학교 학생들이 20여 명 몰려옵니다.

찬송가 괘도걸이도 없고, 헌금바구니도 없어서 임시로 플라스틱 바구니를 헝겊에 싸서 사용하였습니다.

그야말로 아무것도 없이 "믿습니다!" 하나로 시작한 근삼교회 개척입니다.

내가 쩽 땅을 파내는 전문가 아니겠습니까?

1983년 3월 중순경 택시 한 대가 사택 마당에 와서 정차하더니 후덕한 여자 한 분이 내립니다.

'아무개 집 아니냐?'고 나에게 묻습니다.

"아닌데요?" 했더니 '누구시냐'고 묻습니다.

"저는 이 마을에서 교회를 개척하고 있는 전도사입니다."

"아~ 저기 길 가에 천막교회인가요?"

"네! 맞습니다."

"아~ 저는 원삼에서 온 교회 권사입니다. 택시 운전사가 길을 잘못 알고 이곳에 내려주고 갔어요. 그러면 이왕에 온 김에 천막교회에 가서 기도하고 가겠습니다."

그래서 같이 들어가 기도하신 후 말씀하시는 것입니다.

"어머! 이 교회, 개척하신 것 같은데 아무 비품도 없네요. 제가 가서 필요한 강대상과 방석, 헌금 바구니, 흑판 등 모두 구비해서 오겠습니다."

그렇게 약속하고 가신 후 3일 후에 트럭에다 교회에서 필요한 성구일체를 싣고 오셨습니다.

갑자기 교회 안이 달라졌습니다.

나는 하나님께서 하고자 하시면 못하실 것이 없는 것을 알았습니다.

택시 운전사가 이 지역을 모를 리가 없는데 하나님께서 운전사의 귀를 착각하게 하셔서 이곳에 내려놓고 간 이 실수의 착각이 오히려 권사님을 통해서 근삼교회 개척에 필요한 성물을 주시려고 섭리하심에 큰 은혜가 되었습니다(전 11:5).

만사 성취하시는 하나님이십니다.

갑자기 건축가 보내신 하나님의 특별섭리

관리교회 개척은 영등포 당일교회의 전적인 후원으로 예배당 건축을 완성했습니다.

몇 년이 지나 이상운 목사님에게 근삼리에 교회를 개척한다는 소식을 알리고, 후원을 요청했더니 단번에 연락이 왔습니다.

"추귀환 전도사가 여차저차 용인에 개척합니다. 후원합시다. 관리교회를 성공적으로 개척하여 천 여 명 교우들의 기쁨이었는데 하나님께서 또 추 전도사에게 개척하게 하신다고 하니 당회에서 대지구입 건축 지원하기로 만장일치로 결의해서 즉각 추진합시다!"

이상운 목사님이 전화로 알려오고, 담당 김문환 장로님이 곧바로 내려와서 현장을 보고 가신 후에 급물살을 탔습니다.

나는 언덕배기 경광(景光)이 좋은 높은 위치에 교회 터를 정하고 땅 주인을 찾아 매매작업을 하여 250평 밭을 150만원에 전격적으로 매입하는 데 성공해서 교회 터 부지는 그렇게 결정이 되었습니다.

그 나머지 부분은 우리 근삼교회가 온 힘을 쏟아 해야 하기 때문에 기도와 치밀한 계획이 필요했습니다.

천막교회를 빨리 벗어나 교회를 건축해야 함은 당연지사였습니다.

업체를 선발해서 공사를 맡기는 것도 외부공사를 주면 경제적인 면에서 많은 비용이 들고, 모든 것을 연구해 봐도 자체에서 지어야 한다는 결론을 내렸습니다.

일단 하나님께 기도하여 지혜를 구하고, 필요한 것을 구하고, 날마다 기도처에 올라가서 밤마다 돌을 구워 끌어안고 부르짖는 길밖에 없었습니다.

그런데 이게 웬일입니까?

박만배 성도의 아들 25세 우창 청년이 파주에서 일하다가 '아버지가 술을 끊고 예수 믿는다'는 좋은 소식이 들려서 고향에 돌아와서 아버지와 어머니를 모시고 살겠다고 돌아온 것입니다.

교회에 청년이 지등렬, 이종환, 지득식, 멀대 청년 등 5-6명 있는데, 박우창 청년이 오니 한결 힘이 세지고, 든든해졌습니다.

청년들은 순수하고, 교회 일에 열심입니다.

시간이 얼마 지나지 않아 키가 큰 박원덕 집사라는 사람이 또 왔습니다.

부천에서 부모님이 계시는 근삼리로 이사를 온 것입니다.

부친은 술에 취해 사는 분이고, 권사님은 조용하신 분입니다.

60대 권사님은 '아들이 잠시 쉬러 왔다'고 하십니다.

박원덕 집사님은 나와 동갑이고, 생년월일이 똑같은 사람이었습니다.

그가 고향에 온 이유는 간단했습니다.

'자기는 건축 일을 하는데, 아침에 출근하려고 횡단보도에 서 있을 때 달려오는 택시가 다리를 살짝 쳐서 병원에 입원해 있다가 부모님이 이사한 근삼리에 가서 며칠 좀 쉬고 가려고 왔다'는 것입니다.

내가 천막교회와 교회 건축을 하면서 해야 할 일들을 이야기했더니 그는 대뜸 거침없이 이야기하는 것입니다.

"제가 무보수로 교회 지어 드리겠습니다. 제가 책임을 맡아서 다섯 교회나 손수 지은 적이 있어요. 그저 먹을 양식 밥만 먹여준다 생각하시고 제게 맡겨주세요."

나는 갑자기 일어난 일이라 꿈인지 생시인지 어리둥절했습니다.

다섯 군데의 교회를 지은 경력의 소유자인 박원덕 집사님의 등장과 우창 군의 귀향은 하나님께서 그들의 환경과 마음을 움직여서 강제로 보내주신 것이었습니다.

참으로 감사할 뿐이었습니다.

앗! 이럴 수가!
절대농지를 상대농지라고

근삼교회의 개척 속도는 빨랐습니다.

1982년 12월 23일 천막으로 시작한 교회는 1983년 말이 되니 약 40-50명의 교우로 부흥되었습니다.

나는 관리교회, 남면교회를 개척하고 목회할 때 '내가 관리 개척을 실패하면 평생 실패다. 또 남면교회 개혁적 목회를 실패한다면 다음 목회는 없다'고 생각하고, 항상 처음이자 마지막이라는 각오로 임했습니다.

나는 톨스토이의 세 가지 중요한 사항을 늘 기억하고 있었습니다.

• 지금 이 시간이 중요하고,
• 지금 내 옆에 있는 사람이 중요하고,

- 지금 내가 하고 있는 일이 중요하다.

나는 이 세 가지를 좋아했습니다.

그리고 다음과 같이 확신하고 밀어 붙였습니다.

'내가 지금 하고 있는 일은 무엇인가? 나는 한 시대의 목회자요, 사역자요, 사명자다. 내가 가진 것은 작아도 하나님이 함께 하신다면 무엇이든 성취되고, 기적이 일어난다.'

하나님께서 근삼교회 성전 터를 주셨습니다.

언덕배기 위치가 좋은 밭 250평을 구입하려고 지주와 협의하고 계약하기 직전에 면사무소에 확인 차 지번을 의뢰한 결과 '상대농지라서 무슨 건축이나 행위를 해도 건축법에 의한 절차를 밟으면 아무 하자가 없다'는 확실한 공무원 서류 확인 하에 계약과 동시에 일주일 안으로 토지대금을 지불하고 밭 250평을 매입하였습니다.

그리고 기쁨과 부푼 꿈으로 다음 단계인 성전건축, 곧 교회당을 지을 계획으로 꿈속에서도 기뻐하며 지냈습니다.

1984년 3월 말 건축허가를 내려고 절차를 시작하는데 건축 공무원이 '이 땅은 절대 농지라 농사 외에는 건축행위를 절대로 못하고, 대통령이나 농림부장관도 할 수 없다'는 하늘이 무너지고 땅이 꺼지는 말을 하는 것이 아닙니까?

참으로 기가 막히는 일이 아닐 수 없습니다.

어쩔 수 없이 전에 토지확인을 해준 공무원을 찾아가서 따졌더니 빌어댑니다.

"죽을죄를 졌습니다. 제가 실수를 해서 죄송합니다. 잘못했습니다."

당시는 면사무소 소관이라서 면장에게까지 항의했습니다.

'부하직원 실수라 어쩔 수 없다'는 것입니다.

이런 어처구니없는 일로 인해 성전 건축 첫 단추가 잘못 끼어져서 기가 막힌 절벽으로 내몰려 버렸습니다.

앗! 이럴 수가!

당시 공무원 복 받을 인간이어라~ 쯧쯧~

나의 유언이다.
아들아! 근삼교회 짓게 땅 줘라!

백암 면사무소 공무원의 실수로 일어난 성전부지 착각사건은 1차로 끝나고, 이제 제2차로 성전을 지어야 하는데 땅이 없어서 기도로 길을 찾던 중 하나님께서 최부억 권사님을 생각나게 하셨습니다.

88세이신 최부억 권사님은 양식 떨어졌을 때 박만배 성도를 시켜서 쌀자루를 보내주신 분이며, 이 마을 신 씨 가문의 대모(大母)이십니다.

당시 근삼리는 신 씨가 깊게 뿌리내린 곳이었습니다.

백암성결교회에도 신 씨 가문 장로님들이 계셨고, 백암 시내에서도 막강한 권력을 행사하는 가문이며, 이곳 근삼리에도 신 씨 가문 소유의 땅들이 많았습니다.

'궁하면 통한다'고 산상 기도처에서 기도하던 중에 내게 불현듯 '최부억 권사님을 통해서 성전 터를 마련해야겠다'는 감동이 왔습니다.

박만배 성도를 불러 나의 생각을 의논하자 '아주 좋은 생각'이라고 찬성하여 곧바로 최 권사님 댁으로 갔습니다.

최 권사님은 성전 터가 1차로 틀어진 사연을 잘 알고 계셨기에 내 의견을 솔직하게 말씀 드렸더니 "내가 저녁에 우리 큰 아들 장로에게 전화 넣어서 이야기하지 뭐~ 나의 유언이다. 아들아~ 근삼교회 짓게 땅 줘라~ 할 테니 걱정 마세요~" 하시면서 우리보다 더 좋아하십니다.

최 권사님의 남편 장로님은 백암지역에서 역사 깊고 가장 큰 교회인 백암성결교회 초창기에 교회 부지를 기증하는 등 헌신적인 충성자로, 백암성결교회 마당에 그분의 송덕비가 세워져 있습니다.

백암성결교회를 방문해 보면 그의 헌신과 수고가 한눈에 들어오며, 하나님을 기쁘시게 한 믿음의 가문이요, 그의 후손들(큰아들과 둘째아들)이 모두 장로로서, 서울 연희동에 사는 큰아들은 당시 제일제당 설탕 사업 총책임자였고, 둘째아들은 남대문시장 내에 위치한 옷 단추 상가에서 직원만 20명 거느리고 사업하는 사장님이었습니다.

두 장로님 모두 하나님의 복을 받았고, 신앙인이요, 서울에서 성공한 분들이며, 그 당시 최고의 독일 차 벤츠(경유)를 타고 근삼리에 와서 나를 만난 적도 있습니다.

이곳 근삼리 여기저기에 두 장로님의 땅이 많았습니다.

마침 마을 민가 가까이 논이 있는데 교회를 지을만한 적지(適地)였습니다.

최 권사님이 저녁에 "아들아~ 그 논 한쪽 교회 짓게 줘라~ 이야기했더니 두말할 것도 없이 그러라고 허락했으니까 교회 지으세요." 하십니다.

마침 이장이 신 장로님 조카였습니다.

신 장로님이 "야, 그 논 있잖아? 거기 말이야, 교회 짓게 하고, 농사짓는 이 씨에게 말해서 교회 공사 시작하게 해!" 명령을 내리니 일사천리로 잘 풀렸습니다.

이제 건축하기는 쉬웠습니다.

마침 그 땅이 대지였는데, 논으로 사용할 뿐이었습니다.

행정적으로도 건축하고 나서 신고만 하면 되는 완벽한 땅입니다.

그야말로 땅이 거저 생겼으니 그냥 짓기만 하면 되는 것입니다.

아차! 실수 땅 250평 거저 생기고, 이 땅 또 생겼으니, 흔한 말로 '도랑 치고 가재 잡고, 마당 쓸고 오백 원짜리 동전 줍고, 누이 좋고 매부 좋고', 춤추며 찬양했습니다.

이 모든 것이 에벤에셀(Ebenezer)의 역사였습니다(삼상 7:12).

개미군단 건축재료 준비작전

성전건축에 필요한 모든 외부재료인 시멘트, 적 벽돌, 지붕, 천장 등 수많은 것들을 미리 준비하여 길가 공터에 쌓아놓고, 덮어놓고, 모든 준비를 마친 가운데 대지문제로 지연이 되었습니다.

기초 등 필요한 것은 교인들의 자체적인 봉사로 이뤄갔습니다.

교인들이 낮에는 생업에 종사하고, 주로 밤에 경운기, 세숫대야, 마대 등을 동원하여 야산 등지에 가서 돌을 모아왔습니다.

나는 수요예배가 끝나면 교우들과 함께 가까운 곳에 가서 돌을 주워서 이고지고 오고, 날을 정해서 낮에 경운기 등을 끌고 가서 돌을 모으고, 모래를 실어오고, 마치 개미가 작은 알갱이를 물고 와서 자기들의 영역을 넓히고 건설하듯이 '개미군단 건축재료 준비작전'이라는 타이틀(title)을 걸고 열심히 하나로 움직였습니다.

낮에 갈 때는 큰 가마솥을 가지고 장날에 백암에서 돼지부속물 등을 사서 준비하여 야외에 나가 솥을 걸어놓고 끓여서 먹어가며 수고했습니다.

교인들은 마치 창세기 공부하듯 날마다 보는 자연 산천이라도 직접 산속에 와서 태고의 신비를 느끼면서 자연의 소리를 듣고, 천연에서 나오는 피톤치드(phytoncide)를 오감으로 만끽하면서 땀을 흘리고, 함께 가쁜 숨을 몰아쉬면서 솔선수범하였습니다.

하나님의 성전을 짓겠다는 소망 하나로, 다윗도 경험해보지 못한 솔로몬의 기쁨을 영감(靈感)으로 느끼면서, 유럽이나 대한민국의 대도시 큰 예배당은 아니어도 순수한 근삼교회 성도들은 우상을 쳐부수고 그 회개한 손을 움직이며 말합니다.

"여기도 돌이 있어요. 저기도 있네요. 전도사님! 사모님!"

성도들은 기쁨과 즐거움으로 까르르 웃기도 하고, 흐르는 시냇물로 목마른 목을 축이며, 흐르는 땀방울이 햇볕에 반사되어 하늘에 계신 하나님께서 보석을 주시는 듯 번쩍번쩍 얼굴에 맺혀드니, 아! 이들의 아름다운 모습이 창세전에 예비하신 숨겨진 비밀이 전개되듯 각본 없는 나날들이 엮어져가고 있었습니다.

사실 돌은 돈 몇 푼만 주면 트럭으로 사올 수 있으나 나는 '이 기회에 성도들의 마음이 하나가 되고, 돌 하나라도 할 수 있는 한 우리의 손으로 직접 모은 것으로 기초석을 만들어야겠다'는 선한 욕심이 있었습니다.

성도들 모두가 순두부처럼 아침이슬처럼 봄의 새싹처럼 어린 아기 손처럼 순수하게 하나로 움직이며 "딸딸딸딸" 경운기 기계 박자 음 따라 수많은 돌들이 두 번째 주신 땅에 수북하게 쌓이고 있었습니다.

'이런 모습이 예루살렘 성전을 지을 때 솔로몬의 부역마차가 먼 길에서부터 최고급 대리석을 싣고 오는 것보다 더 아름다운 모습'이라고 표현한다면 내가 지금 붓을 잘못 휘두르는 것이 될 것입니다.

그러나 아닙니다.

하나님은 최고의 인격자(人格者)이십니다.

결코 나의 이 표현을 책망하시기보다는 기뻐하시리라 믿어 의심치 않습니다.

내가 어느 역사책에서 보았던 글이 생각납니다.

솔로몬이 성전을 지을 때 수많은 일들이 있었을 것입니다.

솔로몬의 명령으로 돌을 운반하는 말들이 무거운 돌들을 싣고 예루살렘 성전 건축현 장을 향하여 수백 수 천리 길을 가야만 했으니, 그 얼마나 힘들고 목이 말랐을까요?

이때에 마을마다 나와서 목마른 말들에게 물을 먹여준 사람의 헌신, 충성된 무명씨 들을 그 누가 알아줄까요?

지나가는 나그네 냉수 한 그릇의 상급도 결코 잊지 않으시는 하나님이신데(마 10:42), '하나님께서 말들에게 물을 먹여준 모든 자에게 천국에서 특별상을 주셨다'는 탈무드 의 글을 읽어본 기억이 납니다.

지구촌 지상교회는 무형교회(나 개인이 교회)(고전 3:16)와 유형교회(나와 네가 합친 교회)로 나뉘며, 여기서 유형교회는 주님의 몸입니다(엡 2:18-22).

어차피 예배당 즉, 하나님을 만나야 하는 처소(處所) 건물이 필요한 것입니다.

가톨릭처럼 이슬람처럼 불교처럼(신전 과시) 예배당들을 우상화해도 안 될 것입니다.

나는 절대로 무슨 교회론 예배당 건축론을 쓰려고 하는 것이 아닙니다.

예배당, 예배처소, 그 지역에 맞는 순수한 건축으로 이루어진 공간 확보 이야기입니다.

하나님께서는 과시용으로 예배당을 크고 화려하게 건축하는 것을 결코 기뻐하지 않으실 것입니다.

자! 다시금 근삼교회 이야기로 돌아옵시다!

이곳은 농촌이고, 힘깨나 쓰는 교인들이 별로 없는 수준이지만 하나님께서 은혜를 베푸셨습니다.

교인들이 어찌나 하나로 뭉쳐 가는지 그 모습이 너무도 아름다웠습니다.

하나님께서 돌 싣고 가는 말에게 물을 준 자도 기억하신다면, 나는 오늘의 근삼교 회 예배당 건축 시에 돌을 줍기 위해 찬바람 이겨내고, 산야를 헤매고 도는 어린 양 들의 모습을 기억하시는 우리 하나님이심을 믿어 의심치 않습니다.

공터 길 좌우, 성전 터 위에 즐비하게 쌓인 건축자재들이 일꾼들의 손길만 기다리 고 있었습니다.

나는 이 광경을 바라보면서 항상 기도하며 종종걸음으로, 때로는 뛰어다녔습니다.

"오~ 주여!"

"아~ 언제나 지어질까요?"

자살소동

최부억 권사님의 유언적 부탁으로 아들 신창균 장로님께서 흔쾌히 허락하셔서 결정된 성전 터에 그동안 헌신적으로 모아온 기초 자재를 갖다놓고 기공예배를 드린 후 (1984년 2월 2일) 중장비로 기초공사를 시작하였습니다.

온 교우들도 며칠 동안 나와서 협력하였습니다.

이렇게 근삼교회 성전건축은 순조롭게 그 첫 삽을 뜸으로써 시작되었습니다.

나는 너무 기뻐서 기초 공사한 후 거의 교회 터에 가서 기도하고 손질하며 지냈는데, 갑자기 문제가 발생했습니다.

교회 터에서 가장 가까운 위치에 있는 불신자 가정에서 '교회가 자기 집과 너무 가까워서 교회건축을 결사반대한다'는 항의가 들어 온 것입니다.

흔히 있을 수 있는 일이지만 너무 강하게 반발하는 것입니다.

수원에 있는 아들까지 나를 찾아와서 갖은 욕설과 폭언을 퍼붓고, 심지어 소주병을 깨서 위협하는 난감한 일까지 벌어졌습니다.

'며칠 지나면 누그러지겠지~' 하면 또 소란을 피웁니다.

그 집 70대 부친은 '교회 지으면 자살한다'고 고함치며 동네를 휘젓고 다니고, 사택 앞에 와서 소동을 벌입니다.

온 가족이 동원되어서 반대합니다.

주민들은 하나의 구경거리로 여길 수 있겠지만, 우리 교우들은 이 난감한 사태를 어찌 수습해야 할 지 몰라서 전전긍긍(戰戰兢兢)하며 기도할 뿐이었습니다.

나는 몇 번이고 찾아가 설득에 설득을 했지만 아무 소용이 없습니다.

그들은 건축자재가 지나가야 하는 길목에 쇠말뚝 등 온갖 것을 장애물로 설치하여 겨우 사람만 통행하게 해놓고 길을 막아버렸습니다.

나는 '여기서 밀리면 안 된다' 생각하고, 마음을 굳게 먹고, 옆에 길을 다시 내어 물자를 실어 날랐습니다.

한마디로 정면충돌(正面衝突)을 했습니다.

아! 이게 웬일입니까!

이 집 노인이 자살한다고 소동을 피워서 온 집안이 난리가 나고, 농약 먹고 죽는다고 하니 자식들이 말리고, 큰아들이 방방 뛰고……

그때의 반대는 형언하기 어려웠습니다.

나는 기도처에 가서 심각하게 고민하며 하나님께 여쭈어보았습니다.

기도 중에 이런 감동이 왔습니다.

'이곳에 교회건축을 하는 목적은 영혼구원의 목적이며, 지역주민과 평화로운 사랑관계로 살아가고자 함인데, 교회건축에서 발생한 문제를 정면승부로 간다면 결국 얻는 것보다 잃어버리는 것이 더 많아질 것이고, 하나님 영광을 가리고, 시간이 갈수록 불신자들은 자기편끼리 뭉치고, 교우들은 이제 초신자들로서 받아들이기 힘든 상황이 전개될 것이니, 지금까지 터가 생기고 자재 모으기 기초 작업 등 많은 수고가 단시간에 물거품이 된다 해도 빨리 결단을 내려야겠다!'

심각하게 고민하고 간절히 기도한 결과 세 가지로 매듭을 지었습니다.

첫째: 즉각 공사 중단과 이 터에 교회건축하지 않는다고 선언할 것

둘째: 최부억 권사님께 다시 요청하여 다른 땅으로 주실 것을 부탁할 것 (아들 신창균 장로에게)

셋째: 그동안 수고와 반대에 잘 견뎌 준 교우들을 어루만져 줄 것

결국 제2의 교회 터도 실행되지 못했습니다.

반대 가정도, 주민들도, 모두 조용해졌습니다.

중단된 터 위에 기초 공사가 마무리 된 상태였고, 여기저기 건축자재는 덮어놓고 시멘트 벽돌, 적 벽돌, 모래 등 자재들이 수북이 쌓여 있는데, 아이들은 아무것도 모른 채 그것들을 놀이터 삼아 벽돌 깨기를 하니, 붙어서 지킬 수도 없고, 비가 오면 자재들에 습기가 찰 수밖에 없으니 이런저런 교회 터 문제로 날마다 전쟁을 치러야 했습니다.

불신자들은 수군대고, 성도들은 거의 초신자들이요, 갑자기 우상을 들어 쳐부수고, 조상 대대로 내려온 소위 개종(改宗)이요, 사탄을 쫓아낸 새로운 영혼들입니다.

하나님께서 한마음으로 묶어주셔서 오히려 믿음의 시련 속에서 성장해갔습니다.

또한 고난의 풍랑 속에서도 나를 붙잡고 계시는 주님께서 광풍노도(狂風怒濤)를 헤쳐 이기게 하셨습니다.

그때 그 시절을 생각하면 아찔한 것밖에 없지만, 이 모든 것이 감사할 따름입니다.

나는 이런 글을 또 쓸 수밖에 없습니다.

당시 칠십 대와 오십 대 부자간의 엄청난 반대는 생각조차 하기 힘듭니다.

자기 집에서 상당히 거리가 떨어진 교회를 단지 자기 집 앞 도로(지적도상 도로)로 다닌다는 것을 구실삼아 결사반대(決死反對)한 것입니다.

그 후 포도밭에 문제가 생겼습니다.

해마다 큰 포도원에서 경제적 이익을 얻는 가정인데 바로 그 해 포도 과수원에 병충이 몰려와서 나무가 다 죽어버려 내가 봐도 잎이 마르고 목말라하는 것처럼 흰 색을 띠며, 그 큰 포도원이 보기가 흉해졌습니다.

결국 칠십 대 노인은 가을에 농약을 마시고 극단적인 선택을 하여 세상을 떠났고, 수원시청 환경과 직원인 오십 대 아들은 직장에서 쫓겨나서 집으로 내려 왔습니다.

먼 훗날 그 노인과 아들이 '우리가 근삼교회 짓지 못하게 방해하다가 벌 받아 이렇게 가정이 무너지고 파탄되었다'고 한탄했다는 소리가 들립니다.

그 후 동네에서 그 누구도 교회를 흠 잡거나 뒤에서 궁시렁거리는 사람들이 없어졌습니다.

세 번째 성전 터 또 물거품

시간이 갈수록 성전 터 문제로 힘겨운 날들이 지나갔습니다.

그야말로 갈수록 태산이요, 첩첩산중이었습니다.

최부억 권사님의 아들 신 장로님께서 모친의 간절한 요청을 또다시 받아들였습니다.

며칠 후 고향에 내려와서 조카 신 이장을 만나서 상의한 결과 신 장로님 댁 땅 중에서 냇가 하천 변 땅을 흔쾌히 성전부지로 정해주고 가셨습니다.

제3의 성전 터가 확보된 것이었습니다.

나는 이제 지쳤고, 지난번에 혼쭐이 난 교우들도 초신자급이니, 하나님의 은혜의 역사가 아니면 이겨나가기가 힘든 상황이었습니다.

중단된 저편의 물자를 또 옮겨야 하고, 힘들게 조성한 기초 공사며 그동안 쏟아 부은 땀방울이 허사가 되니 내심 걱정이 되었습니다.

만의 하나라도 광야의 원망 같은 일이 발생하면 큰 시험에 봉착하니 매우 조심스럽게 교우들을 이끌고 일을 진행시켰습니다.

선한 싸움을 져주는 데도 자존심이 상할 뿐 아니라, 꽤씸하기도 하고, 화가 치밀어도 이미 결정된 상태에서 새로운 건축 장소로 이동한다고 하니 소망도 되지만 너무 어이가 없어서 몸을 가누기가 쉽지 않습니다.

여기에 또 기초 공사를 시작했습니다.

이제는 닥친 일입니다.

건축자재는 널브러져 있고, 반대에 부딪쳐 포기하고 새로운 땅에 또다시 재기의 삽을 들고 공사를 시작하여 그야말로 총력 전심전력으로 밀어 붙였습니다.

기초 공사 3일째 여러 명이 공사를 하고 있는데 '용인시청 공무수행'이란 문구가 쓰인 차량 한 대가 다가서더니 "여기서 뭐하시는 겁니까?"라고 묻습니다.

"여기는 근삼교회를 짓기 위해서 기초 공사를 하는 중입니다."

공무원이 '그러시냐'고 하더니 어디로 전화를 합니다.

조금 후에 '일단 공사를 중단하라'고 요청합니다.

'왜 그러냐'고 반문하자 '무엇인가 문제가 있는 토지 같다'고 하면서 '내일 오전 중에 직접 와서 알려줄 때까지 기다리라'는 것이었습니다.

묘한 기분이 들었습니다.

신 장로님이 직접 "이곳은 내 토지이고 문제없는 땅이니 지으세요." 해서 짓는 중인데, 나는 무슨 일일까 궁금하였지만 기다릴 수밖에 없었습니다.

하룻밤 지나 다음날 오전에 다시 온 관계자는 '이곳은 하천부지라 함부로 짓지 못하니 일주일 내로 원상복구를 해야 한다'는 것입니다.

어이가 없었지만, 토지 지적도 같은 것도 없는 나는 다만 지주인 신 장로님 말만 믿고 따를 수밖에 없는 당시의 사정과 분위기였습니다.

공무원의 요구는 당연지사였습니다.

또 다시 기초 공사를 중단할 위기가 찾아왔습니다.

이 일대는 신창균 장로님의 논과 밭과 대지가 널려 있었습니다.

교회 터를 주려거든 법적으로 문제가 없는 온전한 땅을 줘야 하는데, '문제없을 것이라'는 자기 추측만으로 그 많은 땅들 가운데서 하필이면 문제가 많은 땅을 골라주었으니, 한편으로 고맙기는 하지만 공사가 중단되고 보니 '3일간 기초 공사를 90% 마쳤는데, 또 이게 무슨 일인가' 난감했습니다.

그 당시는 순전히 삽 들고 온몸으로 건축하던 시대입니다.

포클레인을 쓸 여유도 없고, 또 40평 이하 건물은 짓고 난 후 선 건축 후 신고제로 내 땅이면 곧바로 건축사나 건축업자 없이 자유로 건축하던 시대입니다.

2021년도 이 시대의 건축법이 아니었습니다.

그러나 대지만큼은 확실해야 했습니다.

지주인 신 장로의 말을 믿고 건축을 시작했으나 상상초월 벽에 부딪쳐 산산조각이 나고 말았습니다.

그래도 나는 하나님께 감사했습니다.

하천 부지 공중에 떠있는 땅, 말 그대로 국가 관리 땅이기 때문에 이후에 복잡한 문제가 일어날 것을 생각하면, 기초 공사 초기에 중단시키신 하나님께 감사했습니다.

막히면 돌아가든지 뚫든지 길이 있을 것입니다.

나는 굳센 각오로 두 손 들고 기도로 외치고 이겨나갔습니다.

네 번째 도전(4)
고난과 죽음의 수를 넘자

성전건축(聖殿建築)이란 것이 왜 이렇게도 어려운가?

첫 번째 땅 첫 단추가 잘못 꿰어지니 이렇게까지 꼬여서 이젠 네 번째 도전을 해야 하는 절박한 지경까지 이르렀습니다.

길가 공터 두 군데 기초 공사판에 널브러진 자재 등 초신자 성도들의 피로감, 주민들과 불신자들의 수군거림, 또한 터를 찾는 길은 막막하기만 했습니다.

나는 '정신을 바짝 차리지 않으면 모든 것이 물거품이요, 나의 목회의 미래는 이곳에서의 승리에 있고, 하나님의 영광을 위하고, 죽어가는 영혼구원의 사역은 멈출 수 없다'는 생각뿐이었습니다.

나는 또다시 기도처에 오르내리면서 '어찌하든지 성전 터를 구해야 한다'는 일념뿐이었습니다.

건축책임자 박원덕 집사는 '빨리 다른 공사도 해야 하는데 두 번씩이나 건축이 중단되어서 너무 지치고 답답하고, 여기서 시간만 가니 가겠다'고 해서 나는 "며칠만 더 기다려봅시다. 나도 네 번째를 마지막으로 알고 최대한 땅을 구해보겠습니다." 약속하며 지연시켰습니다.

박 집사는 '일주일 내로 결정하라'고 합니다.
나는 충분히 이해가 갔습니다.
네 식구의 가장이 건축 일(목수)로 벌어서 생활하는데 내가 크게 충족시키지 못하니 할 말이 없었습니다.
최소한의 생활비를 주면서 일주일을 시한으로 박 집사의 발길을 붙잡아 놓았습니다.

나는 또 다시 최부억 권사님을 찾아가서 마지막으로 부탁드렸습니다.
최 권사님을 통하여 신 장로님과의 통화가 이루어져서 설명을 드렸습니다.

"장로님이 두 번째로 주신 땅에 교회를 지으려고 하니 그 땅이 하천부지여서 불법이고, 경계선 침범이라고 하여 이미 기초 공사한 부분도 일주일 내로 철거해야 한다고 합니다. 장로님은 그 땅과 붙어있어서 구체적으로 모르고 주신 것이니 장로님의 책임을 묻는 것은 결례임을 잘 알지만 저로서는 사실을 말씀드릴 수밖에 없으니 양해해주십시오. 장로님! 다른 땅을 주실 수는 없을까요?"

나는 솔직히 밝혔습니다.
그러자 신 장로님께서 이렇게 말씀하시고 전화를 뚝 끊어버리는 것이었습니다.

"근삼교회 건축에 두 번이나 터를 주었는데 무슨 터를 또 달라고 합니까? 알아서 다른 데 짓든지 하세요! 난 모릅니다. 더 이상 연락하지 마세요!"

사실 나는 장로님의 입장이 백 번 이해됩니다.

짜증도 날 수 있습니다.

그렇다고 또 전화하기도 그렇고, 어떻게 할지 고민이 생겼습니다.

나는 그야말로 소위 최후의 카드를 뽑았습니다.

'신 장로님은 전화로 해결할 일이 아니다. 사느냐 죽느냐, 흥하느냐 망하느냐, 건축이냐 실패냐, 내가 여기까지 왔는데 창피함이 어디 있고, 무서울 게 무엇이 있는가? 하나님 보좌 앞에까지 가서 설 텐데 인생 한 번, 기회 한 번 주를 위해 조져보자!'

나는 여리고를 향하는 여호수아와 갈렙 작전을 펼친 것입니다.

서울 연희동 007 여리고 작전

'소도 언덕이 있어야 비빈다'고 나의 위로(慰勞)는 오직 하나님뿐이었습니다.

하지만 지금 현실적으로는 신창균 장로님에게 매달리는 것이 하나님이 주신 유일무이(唯一無二)한 길이었습니다.

'여리고를 공략하듯 신 장로를 점령하자!'

세 번째 터까지 무너지고, 이젠 네 번째까지 몰렸습니다.

더 이상 물러날 곳도 없습니다.

이 지역에 땅을 소유하고 있는 주민들도 교회 지을 땅을 팔지 않으려고 몸을 사릴 정도로 동네 분위기가 삭막해졌습니다.

이젠 불신자는 물론 교인들까지 '어떻게 되나' 삼삼오오 몰려다니며 웅성거립니다.

교회 짓다 반대에 부딪치고, 쫓겨나고 중지당하고, 갈 데까지 다 갔습니다.

구경거리가 될 판이었습니다.

나는 하루하루 버티기조차 힘이 들었습니다.

나는 결국 벼랑 끝 전술로 나서기로 했습니다.

박만배 집사님에게 가서 논의하여 최부억 권사님을 찾아갔습니다.

"조심스럽게 대화하면서 서울 연희동 신 장로님 집주소를 알아내야 합니다. 만일 최 권 사님이 아들 주소를 알려주려고 하지 않으시면 모든 일이 허사가 됩니다."

나는 박 집사님에게 '최 권사님을 통하여 어찌하든지 신 장로님 댁 주소를 알아내야 한다'는 특명을 내렸더니, 박 집사님은 최 권사님 댁에 비치된 전화번호 책을 스스럼없이 만지면서 최 권사님에게 '신 장로님 댁 주소를 더 확실하게 써놓아야 한다'고 말하고 집 주소를 알아냈습니다.

박 집사님은 최 권사님 댁의 소소한 일을 돕는 사람이었습니다.

그리고 최 권사님께 '우리가 직접 서울 신 장로님을 찾아가서 이곳 사정을 알리고 방법을 찾아보겠다'고 말씀드렸습니다.

그런데 최 권사님은 부정적이었습니다.

"가도 소용없어요!" 딱 잘라 말씀하십니다.

그래도 나는 속으로 '아니다! 이 길밖에 없다. 반드시 이루리라! 여리고를 무너뜨린 하나님이시다!' 생각했습니다.

이제 이곳 교회건축 대명제는 신 장로님을 포위하여 그 생각을 무너뜨리면 해결책이 나올 것 같았습니다.

하나님께서 그날 밤 나에게 명령을 내리셨습니다.

1984년 3월 18일 저녁 천막교회의 기도소리 부르짖음

"어둠을 뚫고 차디찬 밭뙈기 열두 평 천막 속에 젊은 삼십 대 전도사의 목마른 심정, 그을린 얼굴, 야윈 광대뼈, 흩날리던 머리카락, 찌그러진 운동화 질끈 매어신고 엎드려 고합니다. 내일 아침 새벽에 첫 차 타고 서울 연희동 007 여리고 작전 선두에 선 여호수아 갈렙 되어 침투하리라!"

박만배 집사님과 아내와 나, 세 사람은 새벽기도를 마치고 6시 첫 차를 타기 위해 일찍이 백암 버스터미널에서 서울로 향했습니다.

"오늘 007작전을 하라!"는 하나님의 응답이 떨어졌습니다.

우리는 서울에 도착했습니다.

나는 오히려 마음이 편하고 담대해졌습니다.

주소대로 택시를 타고 신 장로님 댁을 찾아 내렸습니다.

대문 초인종이 울려 '근삼교회 추 전도사'라고 하자 깜짝 놀라시면서 '뭐 여기까지 왔느냐'며 말씀하시면서도 의외로 반가워하시고, 부담도 느끼는 것 같았습니다.

나는 신 장로님께 '미안하고, 감사하다'는 말밖에는 달리 할 말이 없었지만, 조심스럽게 제안을 했습니다.

"신 장로님, 지금까지 배려해 주신 것 감사드립니다. 그러나 장로님께서 다시 한 번 땅을 주셔야 하나님의 성전을 짓습니다. 이젠 땅값을 드리겠습니다."

나는 신 장로님께 꼭 해결주실 것을 간곡히 당부(當付) 드렸습니다.

장로님도 나의 말을 듣고서는 "아닙니다. 또 찾아봅시다." 하셨습니다.

신 장로를 접수하라!

그때가 1984년 3월 19일, 목사안수 받기 하루 전 날이었습니다.

목사안수도 중요하지만 교회를 짓다가 세 번의 고비를 넘기고 한치 앞도 보이지 않는 이 처지에서 나에게는 안수 받는 기쁨보다 당장 교회건축 터 문제가 큰 산처럼 가로놓였으니, 나는 오직 일념 땅 문제해결뿐이었습니다.

나는 신 장로님께 간곡하게 매달렸습니다.

신 장로님은 고개만 갸우뚱하며 어디를 선택해야 하나 고민하셨습니다.

"장로님! 제가 동생 같잖아요? 내 동생이 개척자로 나섰는데 이런 일을 당하고 있구나. 형인 내가 도와줘야겠구나. 생각이 들지 않으십니까? 그리고 제가 내일 목사안수를 받습니다. 송구스럽지만 제게 선물 하나 주신다고 생각하시고 땅을 꼭 해결해주십시오. 땅값을 매매가로 꼭 드리겠습니다."

나의 진심을 토로(吐露)하며 말씀을 드렸습니다.

이에 신 장로님께서도 바쁜 듯 일어서시며 말씀하시는 것이었습니다.

"오늘은 일단 내려가 계세요. 내가 더 생각해보고 며칠 내로 결정해서 대답하겠습니다. 오늘은 내가 바쁜 날이라 나가봐야 합니다."

이에 나는 '아~ 이때를 놓치면 안 되겠구나~' 하는 생각이 들어 말씀드렸습니다.

"장로님, 이 시간 이 자리에서 결정해주시지 않으시면 저는 못 내려갑니다. 오늘도 내일도 장로님이 결정하실 때까지 머물러 있으면서 결정하신 후 해결되면 내려가겠습니다."

그러자 신 장로님은 매우 차가운 어조와 표정으로 말씀하시는 것이었습니다.

"왜 이렇게까지 나를 곤란하게 합니까? 며칠 기다리라면 믿고 가셔야죠. 내가 무슨 책임이 있습니까?"

나는 '더 이상 물러서면 안 된다'는 굳은 마음으로 다그쳤습니다.

"장로님은 얼마든지 지금 결정하실 수 있습니다. 고향에 많은 땅이 있으시잖아요~ 그리고 하나님이 세워서 쓰시는 장로님이시잖아요? 장로님이 생각해봐도 농촌교회 개척자로 나선 젊은 전도사가 교회건축 하다가 막히고 또 막히고, 장로님께서 주신 그동안의 배려가 너무 크지만 지금 건축자재는 여기저기 널려있고, 기초 공사 두 번에 고향동네 교인들은 지쳐있고, 이런저런 일로 지역주민들과 교회관계도 어수선하고 이제는 교회가 존폐 위기에 몰려있어요. 장로님이 저의 처지라면 가만히 계시겠습니까? 지금 하나님께서 내려다보실 때에 장로님에게 무어라 말씀하시겠습니까?"

'이제 더 이상 물러서면 안 된다! 오늘 결판을 내야 한다! 여리고 작전이다!'

007 제임스 본드가 007가방을 열고 초미의 긴장감이 넘치는 음악소리와 함께 작전을 개시하듯 나는 나의 있는 심사를 최대한 발휘하면서 밀고 당기는 밀당 작전으로 끌고 갔습니다.

그때의 신 장로의 모습이 지금도 눈에 선합니다.

멋있는 양복에 넥타이, 행커치프(Handkerchief)를 꽂고 기름진 얼굴에 날카로우면서 날이 선 표정과 목소리, 풍기는 인상은 법대 교수 같았고, 그리 크지 않은 검정색 가방을 들고 대기업 고위층답게 품위 있는 스타일은 꽤 멋있었습니다.

신 장로님이 일어나서 나가려는 순간 내 머릿속에는 '지금 놓치면 근삼교회는 없다. 오늘 이 자리에서의 실패는 내 평생의 실패다. 반드시 지금 이 자리에서 신 장로를 체포 접수하리라!'는 생각이 스치면서 가슴에 숨긴 검을 빼는 검객처럼 '사느냐, 죽느냐' 기로에서 결단해야만 할 것 같았습니다.

또한 '개척에 시달린 추 전도사, 천막교회의 무서운 겨울을 나는 새벽기도, 돌덩이 끌어안고 부르짖는 기도, 쓰러져가는 헛간 집에 이리저리 굴러 사는 내 처지, 근삼리 길거리에 건축자재 나뒹굴고, 동네 주민들이 수군대며 비아냥거리는 소리'가 내 머릿속에서 동영상처럼 가동되고 있었습니다.

위화감이 느껴지는 신 장로의 저택은 말로만 듣던 고관대작의 연희동 잔디밭 300평 대지에 어디서 가져다 심었는지 설악산 바위에서 보던 아기자기한 소나무며, 태고의 신비서린 기암괴석이 잔디밭 양편에 나열되고, 영화에서나 볼 수 있는 바로크 양식 비슷한 저택의 화려함에 젊은 전도자는 기가 죽어버릴 지경이었습니다.

같이 간 나의 아내는 당시 서른 살이요, 불과 몇 년 사이에 추 전도사 따라서 인생 목회의 음침한 골짜기를 통과하는 여전사가 되었지만, 그 상황에서는 내 옆에서 연약하고 가냘픈 여인의 소리로 "장로님! 오늘 꼭 한 번 도와주십시오."라고 애원했습니다.

박만배 성도는 평생 얼마나 술을 마셨는지 딸기코에 치아는 거의 빠지고, 촌 노인의 새까만 얼굴에 휘청거리는 몸으로 나를 따라나서 준 것이 참으로 고마웠습니다.

박만배 성도가 나를 따라나서 준 이유는 단 하나, 그분이 고향을 지키고 사시는 신 장로님 모친(최부엌 권사님) 곁에서 눈 오면 쓸어주고, 물 길어다주고, 장날에 심부름해 주면서 신 장로님 모친을 돕는 책임자이니, 신 장로님의 마음을 움직이는 데는 만배 성도가 제격이기 때문입니다.

만배 집사의 핵폭탄 발언

이때 박만배 집사님이 한마디 거들었습니다.
신 장로님은 박 집사님이 고향에서 술꾼인 것을 너무 잘 압니다.

"신 장로! 내가 생각혀도 신 장로 자네 뿐이여. 땅 하나 줘봐. 우리 추 전도사님이 근삼리에 와서 좋은 일하고 교회 세워보겠다고 고생이 많혀. 이 얼굴 좀 봐. 새까맣게 타고 쌀도 없어. 자네 엄니가 쌀도 주고 해서 죽 먹다시피 살어. 불쌍하지도 않혀? 같이 온 사모님도 좀 봐봐. 이 젊은 사람들이 어디 가서 살면 밥 못 먹고 살겠는가? 근삼리에 와서 고생하고 욕먹고 나 좀 봐봐. 나 백암 술꾼이여! 나 만배 알지? 나 술 끊고 교회 들어갔어. 내가 무슨 믿음 있어? 추 전도사님이 끌어서 이만큼 되었어. 자네 어머니도 추 전도사님 뿐여. 어떻든 오늘 결정햐. 아니면 곤란하지. 암만? 교회 못 짓고 뭔 일 일 어나면 신 장로 책임이여. 교인들 주민들 다 알잖혀. 교회지라고 땅 두 번 줬는데 똑 떨어진 곳 있어? 이젠 제대로 된 땅 하나 줘봐. 널려있는 게 신 씨 땅이잖남? 그러는 거 아녀. 이 꼭두새벽에 추 전도사님과 내가 이렇게까지 왔잖혀. 우리 아침밥도 안 먹었어.

밥 먹었냐고 물어보지도 않고, 나 정말 기분 안 좋네. 그러는 거 아녀. 신 장로! 나 말여, 교회 못 짓고 거시기 되면 나 또 술꾼으로 가야 혀."

박만배 성도는 신 장로를 구석으로 밀어 넣었습니다.

자동차 키 들고 사무 가방을 들고, 양복을 차려입고 서 있던 신 장로님은 비석처럼 서서 만배 집사님의 비수 같은 설파(說破)에 여지없이 한 방 맞고 꼼짝 안하고 있다가 소파에 앉아서 생각에 잠겼습니다.

이때 만배 집사님은 "나 오늘 서울 온 김에 큰 아들 만나고 저녁에 올 거여. 그리들 알고 추 전도사님, 사모님 하여간 여기서 잘들 계시소." 하고 밖으로 나가버렸습니다.

박만배 성도가 나중에 '그냥 내가 와버려야 신 장로가 땅을 줄 것이라는 생각이 들어서 작전상 나와서 큰 아들집에 갔다 왔다'고 했습니다.

분위기는 너무 안 좋았습니다.

우리가 들어서자마자 '오늘 월말이라 내가 대리점 점장들과 중요한 회의가 있고 바쁜데 예고 없이 왔냐'고 차갑고 무겁고 의아스럽게 맞이한 신 장로님이었습니다.

사실 그 날 일과가 신 장로님의 일이었습니다.

그렇기 때문에 '007 여리고 작전'입니다.

하나님의 뜻이 여리고의 형편보다 더 중요한 일이기 때문입니다.

만배 집사의 속사포 사격이 멈춘 분위기는 걷잡을 수 없이 되어 버렸습니다.

방앗간을 주겠소!

유명인사만 산다는 연희동 고급주택 부촌, 잔디가 수십 평 깔리고 고대 유물에서나 보는 석화조각상 역사를 머금은 굽은 소나무의 그날의 모습들은 지금도 잊히지 않습니다.

그 안에 당시 대기업 소속의 전국 설탕업계 제일의 제일제당 총수로서 막강한 경제력을 가진 신 장로님은 고향의 뿌리 깊은 가문의 전통적 유지이며, 그의 말은 곧 성취(成就)였습니다.

나는 그를 파악했기에 하나님께 부르짖고 신 장로님을 007작전명으로 삼고 공략에 나선 것입니다.

결과는 대승(大勝)이었습니다.

그의 무거운 표정과 붙어있던 입술에서 한마디가 튀어나왔습니다.

"방앗간을 주겠소!"

내 귀를 의심할 만한 말이었습니다.

바로 근삼교회 사택 앞 30m 거리 마을 중앙 심장부에 위치한 옛날 방앗간은 선조 때부터 내려온 정미소인데, 오랜 세월 역사의 먼지를 끌어안고 있으며, 세월의 무게에 눌려서 온 동네 공동창고로 쓰이며, 갖가지 물건이 쌓여있는 곳이었습니다.

껍데기는 방앗간 모습인데 몰골이 형편없고, 오래된 옛 정취는 있으나 이제는 역사의 퇴물로 발전하는 시대에서 비켜나야 할 처지에 놓인 옛 방앗간이 신 장로님의 생각에 스쳤던 것입니다.

나는 '이때다 하고 하나님께서 성령의 감동을 주셨다'고 믿습니다.

신 장로님은 "전도사님~ 내려가세요. 내가 조카 이장에게 방앗간을 교회 터로 주라고 할 테니 마음 놓고 내려가 계시면 곧 실행하게 될 것입니다."라고 했습니다.

나는 이 순간을 놓치지 않았습니다.

"장로님~ 지금 이장에게 전화해서 알리시고, 오늘 저와 함께 근삼리로 가시지요." 라고 했더니, 장로님은 "아니~ 저를 못 믿습니까?" 하십니다.

그래서 나는 이렇게 말씀드렸습니다.

"아닙니다. 오늘 바로 해결해주시면 진심으로 고맙겠습니다. 제가 내일 목사안수를 받을 예정인데 이 터 문제를 확실히 해결하지 못하고 며칠 후라는 막연한 대답만으로는 안심할 수 없을 것 같습니다. 목사안수도 받을 마음이 나지 않습니다. 장로님이 오늘 저녁에 저와 같이 내려가셔서 꼭 해결해 주십시오."

신 장로님이 나를 보면서 "야~ 전도사님, 대단하신 분입니다." 하시기에, 나는 "아닙니다. 하나님이 대단하신 분이지요."라고 말했습니다.

제3한강교 주유소에서 다섯 시에 만납시다

여리고 007작전명을 내심 가지고 끊임없이 저돌적으로 밀고 들어가서 신 장로님을 기어코 무너뜨렸습니다.

방앗간(정미소) 땅을 교회부지로 정하고, 구체적 해결방법으로 돌입했습니다.

"신 장로님! 오늘 같이 내려가 주십시오."

신 장로님은 "알았습니다." 하고 나서 용인 근삼리 고향 조카 이장에게 전화를 걸었습니다.

"조카 이장이냐? 난데 말야. 오늘 전도사님이 여기에 오셨다. 근삼교회 짓다가 그 땅이 하천경계라서 또 중단하게 되었다고? 오늘 저녁에 내가 갈 테니 주민공동 긴급회의로 주민들을 마을회관으로 소집해라. 방앗간을 교회에 줘야겠어."

그때에 조카 이장이 "삼촌! 안 됩니다! 그곳에 동네 공동연장 등 많은 자재들이 들어 있습니다. 동네 주민들이 절대 반대할 겁니다. 그리고 동네 한복판이라 더 반대할 텐데요. 어려운데요."라고 하니, 이때 신 장로님이 화가 나서 "뭐라고? 미친 사람들이네. 방앗간이 누구 건데, 지금까지 지들 맘대로 사용했으면 됐지, 뭐가 어쩌고 어째? 당장 오늘 저녁 마을회의에 붙여! 내 땅 내 건물을 누가 뭐라고 해?"라고 하십니다.

나로서는 화가 치밀어 오른 신 장로님이 차라리 좋았습니다.

신 장로님 재산권을 주민들이 점령하고 있는 형태였고, 동네 한가운데 교회가 들어서면 반대할 수 없는 것은 신 장로님의 유지와 권위와 부요는 그 누구도 견줄 수가 없었기 때문입니다.

신 장로님은 또 조카에게 "내가 늦어도 아홉 시 안으로 갈 테니 여덟 시 삼십 분까지 모이게 해. 그리고 음료수 간식도 좀 넉넉히 준비해. 모처럼 가는데 좀 줘야지. 내가 화난 것은 네가 이해해라." 했습니다.

조카 이장은 "예, 삼촌! 알았습니다. 저녁에 뵙죠." 하고 잘 마무리가 되었습니다.

숨 가쁜 몇 분이 흘렀습니다.

이제 신 장로님은 확고하게 방앗간 정미소 터에 근삼교회를 짓도록 확정한 상태로, 오늘 저녁 과정만 잘 넘기면 무난히 통과될 것 같았습니다.

이제는 신 장로님이 오히려 나를 보시고 "전도사님! 맘 놓으세요. 좀 전에 전화통화한 내용대로 그 누구도 내가 하는 일 막을 자 없고, 내 땅 내 맘대로 하는 것이고, 동네 한복판이라도 위치가 좋으니 걱정 마세요. 안심하세요. 오늘 저녁 주민들 모인 자리에서 왜 교회를 세워야 하는가를 잘 설명해 주세요."라고 부탁까지 했습니다.

신 장로님은 서둘러 업무 차 나가시면서 "오늘 오후 5시에 제3한강교 입구 우측에 주유소가 있는데 거기에서 만납시다."라고 했습니다.

우리 부부는 거의 하루를 보내고 5시에 한강 주유소에 가야 합니다.

약속시간까지 시간을 보낼 장소가 마땅치 않았습니다.

아무리 서울이 넓고 국제도시라고 해도 교회 땅 문제로 올라온 것이라 마음의 여유도 없고, 오직 저녁 마을회관에서 열리는 회의에 목적을 두고 있기에 둘이서 남산에 올라가 시간을 보내고, 5시에 약속장소인 한강 주유소에 가서 기다렸습니다.

사실 장로님과는 만남이 많지 않아 그렇게 낯이 익은 관계도 아니고, 차도 검정색인 것만 알지 무슨 차종인지도 잘 모릅니다.

무조건 장로님이 '5시에 만나자'는 약속을 한 것입니다.

거기서 만나야 한강을 건너 고속도로 진입이 용이하기 때문이었습니다.

5시 약속시간이 다 되어 갑니다.

주유소에 들어오는 검정색 승용차가 모두 신 장로님 차로 여겨졌습니다.

만일에 서로 알아보지 못하고, 우리 부부를 만나지 못한다면 낭패가 되는 것입니다.

기다린다는 것은 항상 마음이 쪼입니다.

6시 가까이 되었을 때 장로님이 먼저 우리를 보고 "오래 기다렸죠?" 하십니다.

우리는 차를 타고 주유를 마친 후 근삼리로 달려갔습니다.

오늘 하루는 내 생애에서 가장 긴장과 스릴, 서스펜스가 넘친 날이었습니다.

1984년 3월 19일, 목사안수 받기 하루 전 날이었습니다.

달리는 승용차는 하늘을 나는 느낌이었습니다.

푹신한 소파에 적당한 엔진소리는 하루의 피로와 긴장을 풀어주는 듯 잠시 기분이 좋았습니다.

그러나 나는 잠시 후에 동네 주민들을 상대로 '교회건축의 필요성과 중요성'을 이야
기해야 하는데. 머릿속으로는 벌써 준비 작업에 들어가 있었습니다.

마을공동회의와 한바탕 소동이 벌어지다
그 이튿날 목사안수를 기쁘게 받다(1984. 3. 20)

1984년 3월 19일!
나의 일생에 가장 길고도 먼 정글을 헤쳐 나온 날이기에 평생 잊지 못합니다.
첫 차 타고 시작된 연희동 007 여리고 작전으로 그날 신 장로님의 승용차를 타고
근삼리까지 와서 마을회관에서 회의하여 방앗간을 접수한 사건은 하루 동안 긴장과
스릴의 연속이었습니다.
이장의 마이크 목소리가 들렸습니다.

"아, 아, 여기는 마을회관입니다. 지금 즉시 가정의 대표 한 분씩 회관으로 모여주시기
바랍니다. 중요한 회의인 만큼 빠짐없이 모여주세요."

방송이 나간 30분 후 주민들이 모였습니다.
이때에 이장이 신 장로님을 소개했습니다.
소개가 없어도 누구인지 잘 알지만 회의 목적상 소개를 했습니다.

"이제 서울 제일제당 영업사장님 말씀이 있으시겠습니다."

이때 잘 차려입은 신 장로님의 모습은 멋져보였습니다.

"신 장로입니다. 다들 잘 있었죠? 오늘은 특별히 제가 여러분들을 좀 만나보고 싶어서
내려왔습니다. 잘 아시다시피 이 지역에 교회가 들어왔다고 할 때 저는 '아! 이젠 우리
고향 마을이 축복받아 더 잘 살겠구나' 하고 생각했어요. 그래서 오늘 이 자리에서 우
리가 할 일이 있어요. 그럼 먼저 이곳에서 교회를 운영하시는 전도사님의 말씀을 직접
들어보신 후에 제 의견을 말씀드리겠습니다."

그리고는 나에게 기회를 주셨습니다.

나는 담대하게 흰 종이판을 들고, 매직을 가지고서 세 가지로 간단히 설명을 했습니다.

첫째 : 교회는 어떤 곳인가?

둘째 : 왜 하나님을 믿어야 하는가?

셋째 : 이 지역의 미래는 교회에 달려 있다.

이런 내용으로 간단하지만 교회의 필요성을 설명했습니다.

유·무식을 초월하여 알아듣기 쉽게 메시지를 주었습니다.

하나님께서 신 장로님의 재치를 통하여 절호의 기회를 주셨습니다.

분위기는 매우 좋았습니다.

마침 준비된 간식 등으로 음식을 먹으며 교제하였습니다.

신 장로님은 일어나서 첫마디로 "교회 건축할 땅에 문제가 생겨서 세 번이나 실패하고 이젠 네 번째라는데 이번에 방앗간 정미소 자리를 교회건축 부지로 기증하기로 했으니 여러분은 그리 알고 협조하시기 바랍니다."라고 선언했습니다.

이때 30-40대 되는 젊은층 4-5명이 벌떡 일어나서 "안 됩니다! 동네 한복판에 무슨 교회를 짓습니까? 말이나 됩니까? 시끌벅적 사람 못 살아요. 절대 반대합니다!" 하면서 소리소리 지르며 문을 열고 꽝꽝! 하고 나가버리는 것이었습니다.

이때 이장이 "야! 이 사람들아! 어디서 큰소리야!"라고 소리쳐서 겨우 소동을 멈추었고, 여러 사람들이 우왕좌왕하면서 한동안 벌어진 소란은 금세 조용해졌습니다.

나는 순간순간 기도했습니다.

'이곳에 천군천사를 파송하심을 믿습니다. 좋은 결과로 하나님을 기쁘게 하는 일만 있게 하소서!'

다시 자리가 정돈되고, 이장이 "자~ 우리 오늘 모인 이 자리에서 좋은 모습으로 좋은 결과를 가져옵시다." 하고 마을회의를 정리했습니다.

신 장로님이 벌떡 일어났습니다.

"여러분도 일하느라 피곤하고 나도 바쁜데 모였으니 오늘 저녁 우리 좋은 일 한 번 합시다. 그리고 내 땅 내 맘대로 하는데 누가 뭐라 해서 안 하고 하고 합니까? 저 방앗간은 우리 할아버지 숨결이 깃든 조상의 뼈대입니다. 나도 결단을 한 거예요. 그리고 동네 한복판이지만 이 교회는 장로교로서 경건하고 품위 있는 예배를 드립니다. 시끄럽고 소리 나는 그런 교회 아닙니다. 아무 걱정 마세요. 좀 전에 전도사님 설명 잘 들으셨죠? 지금 교회 짓다가 터파기를 두 번이나 하고, 이 교인들과 전도사님이 얼마나 수고가 많은가를 여러분이 보고 있잖아요? 다 여러분과 여러분의 자녀들과 이 마을을 위해서 하는 것입니다. 나는 땅까지 내놓았는데 여러분은 가만히 있으면 되겠어요? 이 마을에 교인도, 전도사님도 더불어 사는 주민이지요. 날마다 보면서 사는 이웃사촌입니다. 곧 교회를 시작해야 합니다. 저 정미소 안의 물건과 농기구 임자들은 내일이라도 다 가져가세요."

이때 이장이 일어났습니다.

"우리 신 사장님 말씀 잘 들으셨죠? 교회 짓는 것은 남의 일이 아닙니다. 우리와 우리 자녀를 위한 것입니다. 재차 말씀드립니다. 일주일 안으로 저 안의 물건 임자들은 모두 가져가시기 바랍니다."

이때 노인 한 분이 일어났습니다.

"여러분! 우리가 이왕 이렇게 교회 짓는 것이 좋은 일이고, 우리가 한 집에 한 분씩 교회 짓는 데 나와서 몸으로나마 봉사하는 것이 어떻습니까?" 하니 "좋은 말씀입니다."라는 소리가 합창되었습니다.

또 한 분이 "만일 부역을 못하시면 쌀이나 라면이라도 내놓읍시다." 하면서 그렇게 결정하기로 만장일치(滿場一致) 결의하였습니다.

회의는 축제의 한마당으로 마무리되었습니다.

신 장로님과 나는 모든 마을 분들과 손잡고 악수례를 하면서 회의결과를 그대로 실천하기로 하였습니다.

그 후 신 장로님은 밤에 모친이신 최 권사님을 뵙고 곧바로 상경하였습니다.

정미소는 일주일 안에 빈 건물이 되었고, 본격적으로 철거작업을 했습니다.

자체건축이라 동네 주민들이 방앗간을 헐어주어서 깨끗한 교회 터가 속 시원하게 펼쳐졌던 것이었습니다.

목사안수식(1984년 3월 20일) 서울 일심교회

땅 문제는 하나님의 놀라운 섭리로 완전히 해결되었습니다.

나는 그 이튿날 목사안수를 받기 위해 아주 기쁜 마음으로 감사하면서 서울 강남 노회로 올라갔습니다.

양가의 부모 친지 모두 다 와주셨습니다.

특히 판교교회 정광석 목사님과 사모님께서 오셔서 축하해 주셨습니다.

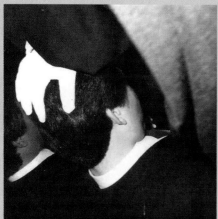

목사안수 받고 성의 착복식을 한 모습(가운데)

왼쪽 부모님, 좌측 세 번째 박승태·박정태 장로, 서경희 집사,
추 목사 뒤 형님, 우측 장모님과 박경자 사모, 큰어머님, 큰집 정애 누나, 양쪽은 이삭이와 지혜 모습이다.

나의 우측은 판교교회 정광석 목사님(현 서울 방초교회 원로목사) 내외, 맨 좌측 부친 모습, 아들 모습이다.

목사 동기생들과 함께 / 바로 옆 알곡교회 김진수 목사님 등

온 주민들의 화합 속에 주민들의 협력과 봉사로 철거된 옛 정미소 방앗간은 깨끗이 사라졌습니다.

마을 한복판 암 덩이처럼 굳어진 정미소 하나가 제거되니 사탄의 세력이 물러간 듯 깨끗한 마을의 모습으로 변했고, 교회건축에 박차를 가했습니다.

기초로부터 시작한 건축은 한 주, 두 주가 지나면서 제법 교회의 윤곽이 드러나기 시작했습니다.

그런데 건축책임자 박원덕 집사가 갑자기 서울에 볼 일이 있다고 갔는데 며칠씩 소식이 없습니다.

안수기념 가족사진
(교회건축으로 아내 얼굴이 나와 같이 거무죽죽, 타고 지친 모습)

당시는 전화 등 통신시설이 발달되지 않은 시대라 연락할 방법도 없었고, 그는 주거부정으로 돌아다니는 사람이라 찾기도 힘들고, 눈앞에 보여야 되는 사람이었습니다.

이런 과정을 여러 번 겪으면서 교회는 더디지만 계획대로 진행되고 있습니다.

거기에다가 최소한의 인건비만 받고 일하는 박우창 청년은 무척 게을렀습니다.

10시나 11시에 나타나서도 하품을 하면서 나오는 것입니다.

최소한의 경비로 고효율을 요구하는 건축이라서 박원덕 집사나 우창이 청년도 힘들었을 것입니다.

힘이 부치는 건축이라 참으로 어려운 일이 계속됩니다.

일하다가 조금 싫증이 나면 벽돌을 던지는 일도 간혹 일어났는데, 우창이 청년은 위험한 행동임을 알았을 것인데도 노골적으로 불만을 드러내듯이 내게 벽돌을 슬쩍 던지는 것을 내가 느끼고 난 후로는 매우 조심했습니다.

충분한 인건비는 아니지만 어느 정도 인건비를 지급하고, 그들이 자청하여 하나님께 헌신한다는 약속으로 시작되었으나 처음에 다짐한 마음이 유지되지 못하고, 깊지 못한 신앙인지라 부지불식간에 튀어나오는 인간성은 막을 도리가 없었습니다.

'하나님의 성전건축이 이토록 어렵구나.'

초신자 교인들과 네 번째 만에 성사된 대지문제, 경제적 어려움, 처음으로 단독으로 건축해보는 서툰 경영, 순풍의 돛을 달고 건축의 망치소리는 났지만 갈수록 지치고, 무엇보다 일하는 책임자들의 기술과 봉사자들의 일탈이 제일 큰 어려움이었습니다.

무엇보다도 사람이 문제였습니다.

좋은 사람인 것 같은데 일을 시켜보니 근본이 나온다고 할까요?

기도와 설득과 격려, 최대한의 인건비 등 능력이 되는 한 모든 에너지를 쏟아서 교회건축은 봄부터 가을까지 지루하지만 마무리가 되었습니다.

1984년 2월. 드디어 건축된 근삼교회 세 번 만에 성공하여 지어진 눈물의 예배당

이렇게 목사안수를 받는 하루 전 날 하나님의 기적적인 역사로 교회 성전부지가 해결되었습니다.

나는 '하나님께서는 시간과 타이밍에 절묘하신 섭리의 명수이심'을 새삼 깨달았습니다.

촉매(觸媒)라는 화학적 요소인 과학처럼 말입니다.

성냥이 불로 켜질 때는 화학성 유황과 공기와 마찰이 있어야 되듯이 놀라우신 하나님의 역사하심을 체험했습니다.

나는 지친 몸, 까맣게 그을린 얼굴, 안쓰러울 정도로 피로에 지친 아내, 이삭이와 지혜, 수개월 버텨오며 싸우며 견뎌준 교인들에게도 고마웠습니다.

선교원(교회 어린이유치원) 개설하다

나는 교회건축에 온 힘을 쏟았고, 갈수록 전도문이 열렸습니다.

아내는 건축할 때 밥 짓기, 집짓기라고 일꾼들 밥 짓기에 온 열정을 쏟았습니다.

때로는 시멘트 치는 일에 협력하여 일했습니다.

그 후로 아내의 손에 습진이 생겨 나이 60이 넘은 지금도 계절이 바뀔 때마다 양손가락 모두 피부질환에 시달리고 있습니다.

어느 날 아내는 '우리도 선교원을 해서 어린 아이들을 교회로 오게 하여 선교원을 통한 전도목표를 삼고 교육복지를 하자'고 제안을 했습니다.

교인과 이웃지역을 파악해보니 어린 아이들의 숫자가 꽤 되었습니다.

그 시대에는 한국교회에 어린이 선교원 열풍이 일어났습니다.

국가적으로 감당하기 어려운 유치원생들의 교육정책에 교회가 눈을 떴습니다.

어린이전도협회, 몬테소리 등이 급부상하였습니다.

반응도 굉장히 좋았고, 결과도 좋은 시대였습니다.

백암중앙교회 조복희 목사님은 이미 선교원을 개설해서 백암지역 아동을 교회로 이끌어 큰 호응을 얻었습니다.

이삭이도 어린 나이에 당돌하게도 약 3km쯤 되는 고갯길을 넘어 백암에 있는 선교원까지 다녔습니다.

추위 속에서도 아랑곳하지 않고 기어코 다녀옵니다.

추위에 얼굴이 빨갛게 얼어붙어서 보기에 안쓰러웠습니다.

어린 시절 아들은 스스로 혹독한 훈련을 한 것입니다.

아들 이삭이는 도보로 비포장국도를 걸어서 백암초등학교에 등·하교하면서 극기 훈련처럼 잘도 헤쳐 나갔습니다.

이렇게 아들 이삭이는 어려서부터 상상초월, 비범한 행동파로 선교원과 초등학교 1-2학년을 근삼리에서 백암을 왕래함으로 극기 훈련이 몸에 배었습니다.

이는 후에 대구 효목초등학교에 가서도 고약한 담임교사의 공개적 왕따에도 불구하고 꿋꿋하게 이겨낼 수 있었던 것도 어린 시절 혹독한 홀로서기를 하면서 강해졌기 때문이라는 생각이 들었습니다.

근삼교회의 어린이 선교원 설립은 큰 도전이었습니다.

백암중앙교회 조 목사님의 안내와 협조로 준비하고, 경험을 통한 조언으로 모험을 하여 정식으로 근삼선교원의 문을 열었습니다.

나는 원장이요, 박경자 사모는 교사였습니다.

교복, 모자, 가방 등 어린이들에게 필요한 물품은 서울역 앞 어린이전도협회에 가서 구입하고 조달하여 지속적으로 공급 받았고, 근삼리를 둘러싼 여러 마을의 아이들을 교회로 보내주는 자체가 신뢰성 있는 인정을 한다는 의미이기에 내심 기뻤습니다.

나는 근삼교회의 어린이 선교원을 개원한 후 책임감이 더 와 닿았습니다.

기도와 연구와 노력으로 헌신하는 아내의 세심함으로 학부형들과 좋은 관계를 맺었고, 불신자들의 자녀들이기에 더 많은 관심이 필요했습니다.

선교원을 실제로 운영해보니 여러 가지가 필요하고 문제점도 많습니다.

그때마다 보완하고 학부형들과도 소통하니 갈수록 만족하게 되었으며, 견학도 가고, 행사 등을 기획하여 좋은 소문이 퍼져 나갔습니다.

자연스럽게 전도의 문도 열리고, 주일이면 등록교인도 더러 생겨납니다.

우리가 대구로 이동할 때까지 선교원은 유지되어 후임 교역자가 이어서 계속 운영되었다고 합니다.

새로운 도전 속에 배우고, 경험도 쌓아 좋은 열매가 나타나니, 참으로 감사할 뿐입니다.

1985년 5월 근삼교회 운영 선교원 원아 교육광경

1985년 5월 5일 근삼교회 선교원 원아들과
수원 과학관 견학과 소풍

1984년 5월 선교원 시절의 딸(아름)
근삼교회 선교원

1984년 3월 아들 선교원 시절에 이탈리아 산(베스타) 오토
바이 앞에서(사택 앞)

근삼교회 자택. 자서전에 설명한 고택
안방에서의 추억이 쌓여있는 모습

370 쌩 땅을 파라!

구역예배의 대포소리는 진노의 곡소리로

근삼리의 개척은 열여섯 가정의 우상을 쳐부순 바알과의 전투였습니다.

특히 채귀례 할머니는 60년 동안 절간에 오르내려서 '쇠부짖땡이'라는 별명을 얻고 장독 뒤의 귀신 신주를 모신 곡식단지 사연은 앞에서 밝힌 바 있습니다.

채귀례 할머니는 두 아들이 있는데 둘째아들은 군대에 가 있고, 큰아들 내외와 손자 손녀와 살고 있으며, 아들은 백암 면사무소 공무원입니다.

이 마을에 교회가 들어올 때 며느리는 너무 좋아서 밤중에 춤을 추었다고 했습니다.

어느 날 구역예배 순서에 따라서 오후 4시경에 채귀례 성도님 집에서 교우 7명이 구역예배를 드리고 있었습니다.

조용히 말씀을 전하고 있는데 바로 방문 앞에서 대포 폭탄 터지는 소리처럼 꽝! 하고 들리는데 엄청난 소리였습니다.

모두가 깜짝 놀라고 있는 그 순간 또 방문이 활짝 열리면서 말합니다.

"뭐 하는 것들이여! 이 새끼들아! 야! 내가 너 오라고 하지도 않았는데 내 허락도 없이 내 집에 들어와 이런 짓을 하냐!"

이렇게 말하면서 막무가내로 나를 끌고 밖으로 나가려 하는 이 광경은 너무 황당하고, 당황되고, 혼란스러웠습니다.

교인들이 뜯어말리면서 "이러지 마세요!" 해도 막무가내였습니다.

나는 순간 직감했습니다.

자기 모친과 부인이 교회를 나가니 적극적으로 반대하는 극단적 표현이었던 것입니다.

나는 매우 조심스럽고 온유하게 대하면서 이야기를 건넸습니다.

"김 선생님! 죄송합니다. 오늘 예배는 구역 순회예배를 드리면서 가정의 축복을 비는 시간입니다. 제발 이해해주시고 이성을 찾으십시오."

그러나 막무가내입니다.

"어서 나가! 이 양반들아! 안 나가면 주거침입으로 고발할거야! 창피당하기 전에 썩 꺼져 버려!"

갈수록 태산입니다.

나는 조심스럽게 인사를 받든지 안 받든지 정중히 예를 갖추고 아내와 교인들은 나와서 해산하였습니다.

그런데 '그 모친과 그의 부인이 교회를 안 나오면 어쩌나?' 걱정했는데 시험을 이기고 교회생활을 열심히 하였습니다.

후에 알고 보니 그때 폭탄소리 같은 굉음은 오토바이를 탈 때 머리에 쓰는 안전모 헬멧(helmet)을 내리치는 소리였습니다.

방문 앞 마룻바닥에 그 젊은 사람의 힘을 가해서 그 헬멧을 위에서 아래로 내리쳤으니, 잘 깨지지 않는 헬멧 한쪽이 떨어져 나갔습니다.

얼마나 세게 내리쳤는지 상상해봅니다.

그런데 하나님의 공의와 사랑의 진노와 은총은 이 가정에 차갑고, 뜨겁게 나타났습니다.

그의 이름은 '김영수'로 면사무소 서기로 일하는 공직자였습니다.

부인은 서울에서 국민은행 직원으로 일하다가 결혼해서 내려왔습니다.

다복한 가정이었습니다.

슬하에 네 살 된 딸과 두 살 된 아들, 남매를 두고 있었습니다.

채귀례 성도님은 지독한 우상단지를 끌어안고 살다가 예수를 영접하고, 영적인 자유와 구원을 받았으며, 며느리는 숨겼던 성경과 믿음을 드러내놓고 교회생활을 즐겼습니다.

이 사건이 있은 후 그의 부인 심영식 성도가 암에 걸렸습니다.

건강한 몸이었는데 삼십 초반 젊은 나이에 갑자기 불치의 병인 암에 걸려서 백약이 무효라 치료 불가능 진단을 받고, 갑자기 중환자가 되었습니다.

나는 1985년 근삼교회를 사임하고 대구로 개척 출발 이동하였습니다.

그 후 소식을 들었는데, 얼마 후에 소천하였다고 합니다.

우연의 일치는 없습니다.

나는 살아계신 하나님께서 그날의 예배 훼방과 억지 시비를 못 보신 척 하지 않으시고, 그냥 유월절이 아니라 그 공평한 진노의 레이더에 포착되었다고 생각합니다.

하나님에게 도전하고 항의하는 자, 살아계신 하나님의 권위를 짓밟는 자들은 신분의 고하, 지위의 고하, 빈부의 차이와 남녀노소, 동서양방과 시대를 초월해서 반드시 짚고 넘어가시는 하나님이십니다.

이는 성경에도 잘 나타나 있습니다(왕하 2장).

암곰이 나타나서 "대머리여! 올라가라!"고 비웃던 아이들 42명을 물어 죽였습니다.

'대머리'를 '대머리'라고 비웃은 것이 가벼운 것 같으나, 그 속에는 하나님의 종에 대한 비웃음 곧, '하나님을 우습게 여긴다, 하나님의 권위에 도전한다'는 의미가 내포되어 있는 것입니다.

하나님께서는 철부지 어린 아이들이라도 반드시 진노하시는 무서운 분이십니다.

젊어서 취한 아내와 평생 누리는 복은 하나님의 선물입니다(전 9:9).

나는 감히 '그들 스스로 이러한 축복을 깨트렸다'고 말하고 싶습니다.

김지혜 4살, 덕수 2살, 결국 이 두 자녀는 엄마 잃은 양이 되었고, 그 후 그들의 가정은 매우 혼란스러웠다고 합니다.

사랑하는 자녀들과 자손들에게

사랑하는 자녀들아!
하나님을 대적하는 일은 절대로 편들지 말라!
조금 마음에 안 들어도 교회와 주의 종에 대한 판단은 너희 소관이 아니다.

언제 어디서나 두세 사람이 모여도 예배를 존중하고,
인도자에 따라 순종·순응·순복·순수·순전하게 드려라!
예배의 대상은 하나님이요,
우리는 함께 이마를 땅에 대고 엎드리는 자세일 뿐이다.

어느 교회를 가든지 이단이 아닌 이상
'교회가 크다 적다', '분위기가 좋다 나쁘다' 하지 말라!
'설교 수준이 낮다, 높다' 말하지도 말라!
예수 이름으로 모이는 장소가 교회요, 성경을 읽고 듣는 것이 설교다.
그리고 헌금은 빠뜨리지 말라!
"내 앞에 오는 자는 빈손으로 오지 말라"(출 23:15)고 했다.

목회자의 입은 더 이상 사람의 입이 아니다.
하나님의 대변인이다.

그의 입에서 나오는 말씀 설교는 그 자리에서 신의 음성이요, 영혼의 양식이요, 계시이다.
사람의 말을 들으려고도 말라!
하나님의 말씀으로 들어야 한다.

벌이 설탕을 먹고 뱉으면 꿀이 된다.
주의 종의 입의 말씀은 꿀로 준다.
설교자의 정면을 주시해야 한다.
그것이 예의요, 주의 종을 대접하는 것과 같다.
딴전을 피우면 설교자가 즉각 알아차린다.
조심하라!
하나님이 먼저 아신다.

록펠러(John Davison Rockefeller; 1839-1937)의 10계명을 중요시하라!
① 하나님을 친아버지 이상으로 섬겨라! - 최고의 아버지시다.
② 목사님을 하나님 다음으로 섬겨라! - 좋은 관계로 따르고 축복 받아라.
③ 주일예배를 본 교회에서 드려라! - 하나님의 자녀로 교회에 충성하라.
④ 십일조는 하나님의 것이다. 온전히 드려라! - 십일조는 오른쪽 주머니에 넣으라.
⑤ 아무도 원수로 만들지 말라!
⑥ 아침에 목표를 세우고 기도하라!
⑦ 잠자리에 들기 전 하루를 반성하고 기도하라!
⑧ 남을 도울 수 있다면 힘껏 도우라!
⑨ 예배시간에 항상 앞에 앉으라!
⑩ 아침에는 꼭 하나님의 말씀을 읽어라!

교회 가는 목적은 예배드리며 하나님을 만나 은혜 받는 목적이요,
교회 도착한 것은 천국에 들어간 것으로 영적 기쁨의 훈련으로 알아야 한다.
절대로 우연은 없다.

※ 과거 근삼교회에서 증명되어진 것으로 구역예배 시에 마룻바닥에 헬멧을 내리치며 예배를 망가뜨린 사건
　은 얼마 못 가서 진노의 곡소리 부메랑으로 돌아왔다.

사형선고 안택균 고2 학생
(현 수원 열린문교회 시무 목사)

※ 이 글은 현재 대한예수교장로회 경성노회 수원시찰 소속 수원 열린문교회 담임교역자인
안택균 목사의 깊은 사연으로, 본인 허락 하에 밝히는 바입니다.

안택균은 당시 17세로 백암고등학교 2학년 학생이었습니다.

그의 집은 근삼리 옆 양준 마을에 있었습니다.

외할머님과 아버지, 어머니, 형과 동생 등 6식구가 행복하게 살았습니다.

외할머님은 당시 연세가 많으셨는데 자세가 올바르고, 품위가 있으시고, 존경을 받으셨습니다.

그런데 아버지는 술에 약해서 거의 술에 취하여 살았습니다.

술에 취해서 길거리에 계시면서 나와 많은 이야기를 나누기도 하였습니다.

가끔은 집으로 모시고 들어와 함께 식사를 하기도 했습니다.

이 가정의 한 가지 걱정거리는 술에 약하신 아버지 때문에 가정이 혼란스럽고, 온 가족이 날마다 긴장의 끈을 놓지 않았다는 것입니다.

옛날에 그런 사람 어디 가나 한 둘은 있듯이 매우 안타깝기도 했습니다.

어머니는 유봉순 집사님으로 백암성결교회에 열심히 출석하시는 신앙인이셨습니다.

항상 우리 교회 옆을 지나가시다가 나와 자주 마주치면서 시간이 지나다보니 어느 순간 자연스럽게 우리 근삼교회로 옮기게 되셨습니다.

'먼 거리를 왕래하기 힘드니 이제는 편리하게 가까운 교회 다녀야겠다'는 마음도 있었지만 무엇보다도 근삼교회의 은혜로운 분위기에 이끌려 가족이 되신 것입니다.

그런데 얼마쯤 지난 어느 날 유 집사님이 급히 달려오셨습니다.

"목사님! 큰 일 났습니다! 우리 아들 택균이가 지금 피를 토하고 쓰러져 있습니다. 요 며칠 아이가 힘이 없어 보이고 허약하더니 오늘은 큰 일 났어요!"

방방 뛰셨습니다.

나는 아내와 같이 뛰었습니다.

셋이서 10여 분 거리를 단숨에 달려갔을 때 택균이 학생은 대문 앞에 피를 토한 채로 쓰러져 있었습니다.

너무 당황되었습니다.

지금 같으면 119구조대가 있지만 그 시대는 꿈도 꾸지 못하는 시대였습니다.

나는 택균이 학생을 붙들고 기도하고, 주변을 정리 정돈하면서 '이 택균이를 붙들고 기도만 해서 될 일이 아니구나. 일단 병원에 가서 치료의 길을 찾아 치료와 기도를 해야겠구나' 생각했습니다.

피를 토하니 어찌할 방도가 없습니다.

"주여! 믿습니다!"만 계속 반복했습니다.

만일 심각한 일이 발생한다면 엄청난 벼랑으로 떨어지는 것입니다.

　"오~ 주여! 이 고비를 넘기게 하소서! 길을 인도하소서!"

급히 택균이를 데리고 어머니와 같이 수원도립병원으로 달렸습니다.

오후 3시쯤 도착하여 X-ray 등 사진을 찍고 얼마 후 마침 원장실로 오라 하여 갔습니다.

원장님의 탁자에 큰 명패가 눈에 띄었습니다.

　'경기도 도립병원 의학박사 원장 김흥수'

자개로 글씨를 새겨놓은 명패가 신뢰감을 주었습니다.

원장님이 X-ray 사진을 전등확대기에 넣고 보여주면서 말하는 것입니다.

　"환자는 폐결핵 말기로 육 개월 안에 죽습니다. 이런 경우 이 환자는 미국 하버드 대학
　병원에 가도 죽습니다. 그러니 입원시키든지, 안 시켜도 됩니다. 알아서 하세요."

다른 곳도 아니고 당시 치료가 확실한 큰 병원인 경기도 도립병원에서 그것도 병원장의 진단결과로 나왔으니, 우리는 그 말을 듣고 순간적으로 어둠에 빠졌습니다.

어머니 유봉순 집사님은 그 자리에 주저앉아 버렸습니다.

택균이는 사춘기를 갓 넘은 청소년 고2 학생입니다.

그때에 나는 순간 기도하는 마음으로 담담하게 서 있을 뿐입니다.

그 원장실에서의 광경은 겪어보지 않은 사람은 모릅니다.

사형선고 받은 자리에서 가장 마음이 찢어지는 분은 어머니일 것입니다.

앉아서 울면서 "목사님! 우리 택균이를……" 하시는데, 참으로 긴장의 초침소리만 들리는 것 같았습니다.

나는 번쩍 생각이 스치는 것을 느꼈습니다.

'아~ 그 이상헌 장로님을 찾아가자!'

1982년 총회신학교 시절에 언제나 싱글벙글 환한 웃음으로 강의실에서 함께 공부한 나이 많은 만학도 이사 장로님 병원이 떠올랐습니다.

나에게도 가끔 "어디 아프면 꼭 와 봐요~"라고 말씀하셨던 기억이 납니다.

그 병원이 영등포여상 정문 옆에 있었습니다.

예배인도 하고 있는 안택균 목사

나는 유 집사님께 긴급제안을 했습니다.

"집사님, 여기서 이러신다고 해결될 일이 아닙니다. 제가 아는 장로님이 서울 영등포병원의 병원장으로 있습니다. 빨리 가봅시다."

마침 내 전화번호 수첩에 이 장로님의 전화번호가 있었습니다.

전화로 간호사로부터 병원 지리를 안내 받고, 원장님이 자리에 계시다고 하기에 원장님과 통화하니 '빨리 오라'는 것입니다.

우리는 한 가닥 희망을 품고 곧바로 서울로 이동했습니다.

수원에서 서울로 달려라 달려!

사형선고 받은 택균이 얼굴, 정글의 수풀처럼 근심 가득한 유봉순 집사님, 긴장 가득한 추 목사, 서울까지 서로 말 한마디 주고받지 못했습니다.

할 말이 없었습니다.

우리는 서로 눈짓으로 '탑시다, 내립시다' 신호만 주고받으면서 차 안에서 얼굴은 굳어 있었고, 가슴은 뛰고, 발걸음은 허공을 치는 것처럼 걷고 있었습니다.

우리는 약속이나 한 듯이 버스에서 내려 병원으로 들어갔습니다.

아담한 병원은 보기에도 안정감을 주었습니다.

총신대학교 캠퍼스 강의실에서 같이 만나서 몇 시간씩 강의 듣고, 서로 학우로 만나 바쁜 일상 일정에 쫓겨 기계처럼 대하다가 막상 현장에서 흰 가운을 입고 쓰러져 가는 환자를 대하는 병원장 이상헌 장로님은 학창시절 학생 때와는 전혀 다른 의사의 의젓한 모습이어서 신뢰가 갔습니다.

몇 시간 전에 피를 토하던 택균이가 두 시간 전 수원 도립병원장 폐결핵 박사의 6개월 사형선고를 받은 이 위급한 상황에서 이제는 서울병원 총신 동기생 장로님 앞에 서 있는 우리의 단 몇 시간의 시간과 공간 속의 일들은 촌각(寸刻)을 다투는 생사의 기로에 서있는 인생 단막극이었습니다.

우리는 허둥지둥 영등포여상 정문 옆의 병원에 도착하여 원장 이 장로님을 만나고, 곧바로 진찰을 받았습니다.

사형선고를 받고 수원에서 서울까지 오는 길이 약 2시간 소요되었음에도 며칠 걸린 것처럼 기나긴 시간이었습니다.

'야~ 과연 이 병원에서 어떻게 될까?'

유명한 도립병원에서 사형선고를 받은 택균이, 그의 어머니와 나는 초조, 불안, 그야말로 표현하기 어려운 마음인지라 안절부절못하는 상태였습니다.

드디어 30분 후 장로님이 우리를 불러서 들어갔습니다.

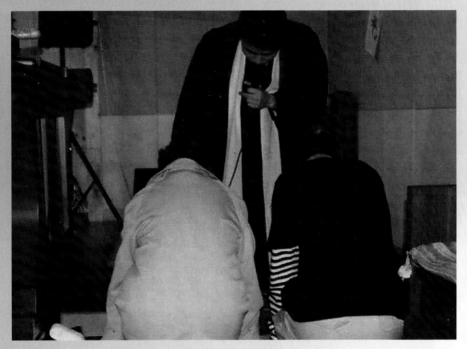

세례식을 하는 모습, 집례 안택균 목사

장로님은 "죽지 않아요. 일주일 치료하면 됩니다."라고 도립병원에서의 진단결과를 정면으로 뒤집었습니다.

흔한 말로 천국과 지옥을 왔다 갔다 했습니다.

순간 가장 먼저 유봉순 집사님은 펄쩍 뛰면서 말하는 것입니다.

"하나님! 감사합니다! 주여! 감사합니다! 장로님! 감사합니다! 우리 택균이를 살려주시니 감사합니다!"

이에 장로님이 "자~ 입원실로 갑시다. 어디로 갈거요? 골라봐요" 하시는데, 그 병원의 입원실은 호실 번호가 아니라 '마태실, 요한실, 베드로실⋯⋯' 열두 사도의 이름이 쓰여 있었습니다.

예수 그리스도로 충만한 병원이었습니다.

죽어가는 자도 살리는 영적 능력이 가득했습니다.

택균이는 베드로실로 입원하여 치료에 돌입했습니다.

그리고 일주일 후 완쾌되어 폐결핵이 깨끗이 나음을 얻었습니다.

하나님의 특별한 은혜였습니다.

아니! 하나님께서 치료의 기적을 선물로 주셨습니다.

그 후 안택균 학생은 다시 얻은 생명을 주의 복음의 사역자로 평생 목회자의 길로 가기 위해 고교 졸업 후 신학공부를 하여 목사가 되어, 현재 수원 열린문교회를 개척하여 크게 부흥하며 사모님과 슬하에 두 남매와 행복한 가정을 꾸리고 목양일념으로 헌신하고 있습니다.

그때 그 시간! 그 사건!

세월이 지나고 나니 그때 그 시간, 그 사건이
얼마나 소중한 시간이었는지 지금에서야 생각하게 됩니다.
상대적인 이 땅에서 절체절명의 순간이었습니다.

그때를 생각하면서 어머님과 우리 온 가족은 목사님과 사모님께 감사하고 있습니다.
당시 근삼교회에서 추귀환 목사님과 사모님의 목회에 대한 열정을 생각하면
너무나 감사하고, 감동이 파도처럼 크게 밀려옵니다.
목사님과 사모님은 영원히 내 마음속에 남아있을 것입니다.
원로추대로 성역 54년을 성공적으로 마치시게 됨을 축하드립니다.

그리고 이 자서전은
목사님의 인생의 삶과 목회의 발자취를 접하는 모든 이들에게
매우 은혜롭고 유익한 회고록이 될 것입니다.
진심으로 축하드립니다.
2020년 9월 25일

대한예수교장로회(합동) 수원 열린문교회
담임 안택균 목사

사랑스러운 열린문교회 양떼들, 뒷줄 가장 좌측 첫 번째 안택균 목사

근삼교회여! 안녕!

나의 목회에서 가장 잊을 수 없는 곳은 근삼교회입니다.

1982년 '기쁘다 구주 오셨네' 성탄의 메아리가 치던 날!

매섭게 흩날리던 눈바람 속에 열두 평 천막으로 시작된 근삼교회의 개척은 일사천리(一瀉千里)로 진행되는 듯하다가 뜻하지 않은 교회 부지 문제로 인해 숨 가쁘게 진행되던 교회건축에 차질이 생겼습니다.

1983년 교회 땅이 뒤틀리면서 세 번의 뒤집기의 성사로 1984년 3월 19일 신 장로님과의 숨 막히는 '007 여리고 작전'은 지금도 잊을 수 없습니다.

그날로 방앗간을 접수하고 1984년 3월 20일, 드디어 목사안수를 받았습니다.

나는 서울 강남노회 소속으로 목사안수를 받았습니다.

판교교회 목사님과 교우 등의 축하로 기름부음 받고, 감격의 눈물을 흘렸습니다.

나는 솔직히 한 지역의 교회에서 오래 머물지 않았습니다.

여주에 와서 장기전이지 그 전에는 단기적으로 있었습니다.

그 이유는 '젊음이 있을 때 세 개의 교회를 개척해야 한다고 사십일 금식기도 할 때에 하나님께 서원적 약속을 드렸기 때문'이었습니다.

절대로 무슨 욕구(欲求)나 객기(客氣)를 부리는 말이 아닙니다.

나의 소신(所信)과 목표(目標)였습니다.

그리고 나는 농촌목회에 관심을 두었었습니다.

근삼교회의 개척은 전적으로 하나님의 은혜였습니다.

하나님께서는 매일 매시 나와 함께 하셨고, 나는 많은 연단과 체험을 했습니다.

돌이켜보면 어느 것 하나 쉬운 것이 없었고, 어느 것 하나 은혜 아닌 것이 없었습니다.

지면의 한계로 다 밝히지 못하는 부분이 유감스럽기만 합니다.

근삼교회에서의 3년은 30년 목회자의 녹아든 기간이었습니다.

불도저식으로 밀어 붙였고, 날마다 일어나는 성령의 역사가 컸습니다.

열여섯 가정의 우상을 쳐부수니 마귀의 영역이 완전히 무너졌습니다.

나의 은사(恩賜) 중 하나는 귀신의 세력을 꺾는 것이었습니다.

하나님이 제일 싫어하시는 우상, 귀신의 흔적들은 그냥 넘어가지 않았습니다.

심한 표현에 오해 없으시기 바라고, 이삭이와 지혜도 당시 흑백TV에 절간의 스 씨가 나오면 "아빠! 마귀새끼 나왔어! 빨리 돌려!"라고 외칠 정도였습니다.

우리 가정은 그랬습니다.

관리교회의 개척도 무당과 영적 전쟁에서의 승리였습니다.

근삼교회에서도 우상을 쳐부수니 승리가 뒤따라왔습니다.

교회가 세워지고 새 성전에서 부흥회도 있습니다.

박정도 목사님(통합측 교단)을 모시고 은혜롭게 부흥회를 마쳤고, 조복희 목사님과는 2-3일 간격으로 만나서 격려하고, 목회전선에서 서로 모든 것을 공유했습니다.

백암중앙교회와 근삼교회는 사촌교회로 성도들 간에도 친밀했습니다.

1985년 9월 26일 근삼교회 교우들이 저녁 늦게까지 떠나는 추 목사 가족을 못내 아쉬워하는 모습. 첫 번째 어르신 최부억 권사님(교회 대지를 제공한 신창균 장로님 모친), 천막교회에서 양식이 없어 주일에 굶고 예배드렸는데 하나님께서 "내 종이 양식 떨어졌다. 빨리 쌀 갖다드려라!" 하여 즉시 박만배 성도 시켜 쌀 한 포대 보내주신 권사님

근삼리 마을은 영곡, 더리미, 가리산, 안마을, 양준리 등으로 나누어져 있는 지역입니다. 근삼교회는 이 지역의 가장 가운데 위치한 영곡마을이었습니다.

이 지역에서 교회는 영적 베이스캠프요, 영혼의 안식처요, 소망의 등대였습니다.

굴러온 돌이 박힌 돌을 빼내듯이 예수 그리스도의 산돌이 이곳의 심장부를 강타하여 생명의 빛을 비추고, 죽어가는 영혼을 살리려는 구속사적 역사는 매우 강력했습니다.

1982년 12월 23일에 근삼교회를 천막교회로 개척하여 시작했고, 1985년 9월 29일 이제는 대구로 떠나가게 되었습니다.

일주일 전에 교회에 알리고 이삿짐을 꾸려 이사준비에 들어갔습니다.

온 교우들이 말리고, 저녁으로 낮으로 찾아와서 '왜 이사가느냐, 이젠 고생 다해서 살 만하고, 주민들도 모두 좋아하고, 갈수록 교회도 부흥되는데 왜 가시냐'고 매달립니다.

나는 '이렇게 건축도 되고, 교회도 부흥되고, 주민들도 안정되었기 때문에 가야 한다'고 하면서 작별준비를 하였습니다.

지나간 추억이요 역사이지만, 당시에도 떠난다는 것이 쉬운 일은 아니었습니다.

나는 후임자를 정하고, 세상말로 '십 원 한 장 어떤 예우금이나 교회에서 은퇴금이나 후임자와의 거래관계도 하나님 앞과 사람 앞, 내 양심 앞에도 아무 거리낌이 없다는 것' 자서전을 통하여 밝힙니다.

나는 옥계교회, 관리교회, 남면교회, 평강교회, 현재까지 교회 전임과 후임 간 어떠한 형태로든지 금전적이나 기타 어떤 거래도 없음을 자유와 기쁨으로 생각하며 살아왔습니다.

대구 평강교회 개척을 위해 근삼교회를 떠나던 날 오전 배웅 나온 교우들 모습. 십자가 우편은 최초의 교인 박만배 집사, 좌측 다섯 번째는 김서경 집사(두 분은 부부이다)

드디어 이삿날이 왔습니다.

1985년 9월 25일 오전 10시경에 이삿짐 차가 도착하여 싣고, 아쉬운 시간에 교우들과 동네 주민들이 몰려왔습니다.

그들이 얼싸안고 울면서 놔주지를 않습니다.

나는 3년여 동안 근삼교회 개척사에서 일어난 일들이 영상처럼 스쳐지나갔습니다.

나는 우상에서 하나님께로, 어둠에서 빛으로, 지옥에서 천국으로 옮겨온 교우들의 모습을 보면서 '아~ 내가 이렇게 이들을 놓고 떠나는 날이 오는구나~' 상상도 하지 못했던 그 일이 현재 진행되고 있었습니다.

성도들은 사모님 손에 참기름 병을 쥐어주고, 곡식을 자루에 담아오고, 과일, 용돈을 쥐어주며 "잘 가세요~ 꼭 다시 오셔야 합니다~" 어느 불신자들은 "나 교회 가려고 했는데…" 하면서 눈물의 작별 시간이 흐르고 있었습니다.

1985년 9월 26일 근삼교회를 떠나기 전 송별의 밤 모임사진 중앙 빨간 옷 입으신 분이 안택균 목사 모친

'마을을 벗어나기가 이렇게 무겁구나~ 올 때는 단순하게 왔었는데 갈 때는 무겁고 이런 일들이 일어나는구나~' 생각하면서 추억의 흔적을 남기고 이삿짐 차는 출발했고, 보이지 않을 때까지 그들의 손이 흔들리는 모습에 한동안 아쉬워하면서 근삼리 교회를 멀리 바라보며 떠나왔던 것입니다.

흔한 말로 박수칠 때 떠난 것이라 할까요?

대구에 개척자로 등장하다(1985.9.28) 대구로 입성하다

나는 대구와 깊은 인연이 있습니다.

1968년 하계 전도파송으로 시작하여 1974년 영남신학대학교에 입학하여 선지동산에서 신학을 연마하였고, 1978년 사랑하는 아내 박경자 사모와 가정을 꾸렸습니다.

1985년 대구에서의 개척을 위하여 또 진입하였고, 2006년 딸 지혜가 상동교회에서 사위 진협이와 결혼하여 가정을 이루었습니다.

이렇게 나는 복음의 나팔을 불기 위해 다시금 대구에 들어 선 것입니다.

나와 가족은 약 3년여 근삼교회에서 진액(津液)을 모두 쏟았습니다.

어찌 보면 지쳐서 어디론가 가서 푹 쉬고도 싶었습니다.

그러나 이는 목회자의 길을 걷는 사명자로서 잠시 생각뿐 새로운 시도를 꿈꾸었습니다.

당시 대구 동구 효목동 아파트는 큰 처남(박승태 장로님) 소유로 마침 비어 있었습니다.

박 장로는 '아파트에 살면서 서서히 준비하여 개척을 하라'고 제시해 주었습니다.

'내가 줄 테니 아무 부담 없이 살아가면서 한 걸음씩 나아가라'는 것입니다.

참으로 고마웠습니다.

우리는 마음을 푹 놓고 지냈습니다.

제아무리 큰 덩치를 가진 소도 비빌 언덕이 있어야 비비는 것입니다.

이렇게 박 장로의 아파트는 대구 개척의 언덕이었습니다.

나는 계획을 세웠습니다.

첫째, 기도처를 정하자.

둘째, 이득향 권사님을 붙들고 개척을 시도한다.

그래서 기도처를 정하는데 멀리 산으로는 거리상 힘들어서 동구 망우공원 애국지사 곽재우의 숨결을 머금은 역사의 동산 안쪽에 기도처를 정하고, 어떤 일이 있어도 하루에 한 번씩 가서 개척 준비기도에 돌입했습니다.

근삼교회에 있을 때 서울에 가서 구한 오토바이는 이태리제 베스타였습니다.

스페어타이어까지 옆에 부착된 꽤 멋있는 오토바이입니다.

옛날 '로마의 휴일'이라는 영화의 여자 주인공인 유명한 여배우 '오드리 헵번'(Audrey Hepburn)이 타고 연기한 오토바이입니다.

큰 마음먹고 그 오토바이를 구입하여 근삼교회에서 우리 가족 네 명이 자가용으로 타고 다녔습니다.

나는 그 오토바이를 타고 망우공원 기도처에 가서 날마다 기도에 힘썼습니다.

하나님께서 나에게 주신 은사는 끈질기고, 근성 있는 기도의 은사였습니다.

나는 아파트에서도 거의 하루에 한 번씩 옥상에 올라가서 대구시내 전역을 바라보며 기도했습니다.

하나님께서 계속 기도를 시키셨습니다.

'기도하고 싶은 마음은 응답이다'라는 것을 체험했습니다.

9월 말에 대구에 입성하여 그 해 10월이 되었습니다.

나는 이득향 권사님을 찾아갔습니다.

나는 권사님을 '어머니'라고 불렀습니다.

연세도 60세 후반이 되셨습니다.

그분은 두말할 여지없이 나를 대구에 발붙이게 하시고, 영남신학의 길을 놓아주신 분이요, 1968년 대구 입성 때 맺은 인연은 내 평생 그리고 천국에 가서도 영원히 기쁨을 나눌 것입니다.

故 이득향 권사님의 사연이 나온 김에 밝혀둡니다.

故 이득향 권사님은 2008년 7월, 89세에 천국으로 가셨습니다.

그의 유택은 왜관공원묘지에 안장되었습니다.

내가 여주에서 목회할 때 나를 보고 싶어 쓴 글을 장례식 때 그의 딸 선우 권사가 준 적이 있습니다.

참으로 귀한 분이었습니다.

그분은 애국자였습니다.

남편은 전사자요, 두 남매를 이끌고 남하하여 통일을 꿈꾸었고, 자수성가하여 성공했고, 참된 신앙인으로 살다가 천국으로 가셨습니다.

박승태 장로는 선산군청 건설과 공무원이었습니다.

부인 서경희 집사는 선산초등학교 교사였습니다.

부부는 행복하게 살면서 대구에 아파트도 가지고 있었습니다.

윤태 처남이 대학공부에 불편함 없이 형님의 아파트에서 혼자 공부하고 있었습니다.

대구의 진출은 박 장로의 집이 있어서 가능했습니다.

농촌 험지인들, 정글인들, 거칠 것 없는 나는 금상첨화였습니다.

일단 아파트에 살림을 확보했고, 아파트에서부터 개척을 시도하려고 했습니다.

불가능한 것은 아니었습니다.

1970-1980년대는 길거리에 천막을 깔고 십자가 들고서 설교만 해도 지나가던 사람이 같이 예배드리던 성령의 시대였습니다.

순복음교회도 서울 불광동에서 7명이 시작했습니다.

일단 우리 네 식구가 아파트에서 한동안 실제로 주일예배를 드렸습니다.

그러면서 기도로 준비하다가 이득향 권사님과 구체적 시도를 했습니다.

우리 가족이 대구에 발을 붙이는 데에 큰 박 장로는 집으로, 작은 박 장로는 몸으로 많은 역할을 하였으며, 또한 두 장로님은 물질과 재능으로도 크게 도왔습니다.

판교에서의 극한 어려움 속에서 막내 정태 장로가 잠시 숙식도 하고 쌀도 영순에서 부쳐오고, 국제상사 다니면서 봉급 타면 도와주기도 하다가 상림 권사와 사랑에 빠져 결혼한 후 우리 곁을 떠나게 되었고, 그 후 대암실업 창업으로 축복 가정이 되었습니다.

그리고 보니 대구 등 어디에서나 결정적 타이밍에는 세 장로들이 나서서 나의 목회의 자갈밭을 함께 밀고 당겨 준 것을 생각하니 하나님께 감사하고, 세 장로님들께 고마움의 빚을 지고 살아갑니다.

대구 평강교회 개척 시작(1985.11.1) 대구 평강교회를 개척하다

망우공원에서 기도드리는 시간은 내 하루의 최고 영적 시간이었습니다.

하나님께 부르짖는 길밖에 방법이 없었습니다.

지난 날 영남신학 시절이 아니었습니다.

동기들 모두 목회자로 흩어지고, 지인들 모두 관계가 자연적으로 느슨한 때에 개척의 길에 끌어들일 만한 분도 딱히 없었습니다.

소수의 사람은 있으나 그다지 동역에 큰 힘이 될지 의문이었습니다.

무모한 것 같아도 오로지 하나님께 부르짖어 한 걸음씩 걸어가는 길밖에 없었습니다.

판교에서 기도 중에 "신명기 8장을 보라!"는 직접 영음을 듣는 체험 속에 달려왔습니다.

대구에서도 하나님께서 나와 함께 하심을 보여주시는 증거로 영적 은혜를 간절히 사모하며 기도에 올인 하고 있었습니다.

성령의 감화로 성경 민수기 14장 8절 말씀을 주셨습니다.

> "여호와께서 우리를 기뻐하시면 우리를 그 땅으로 인도하여 들이시고 그 땅을 우리에게
> 주시리라 이는 과연 젖과 꿀이 흐르는 땅이니라"

대구는 대한민국의 3대 도시 중 한 곳입니다.

당시 150만 인구의 도시로서 서울과 부산 다음이었습니다.

나는 일찍이 대구의 깐깐한 면을 간파했습니다.

그러나 '은혜와 말씀으로 성령의 말하시는 대로 한다면 승산이 있다'고 확신했습니다.

나는 하나님께서 주신 말씀으로 인해 놀라운 힘을 얻게 되었습니다.

앉으나 서나 걸으나 이 말씀은 나의 자동차 핸들같이 암송하고, 붙잡고 다녔습니다.

하나님께서 말씀을 주신 이유는 대구가 아낙자손 가나안 족속 같이 강하고 장대하나, 여호수아와 갈렙의 눈으로 볼 때는 차려놓은 밥상이었기 때문입니다.

나는 숟가락만 얹으면 됩니다.

쉽고 간단하게 생각하고, 밀어붙이기로 했습니다.

나는 기도 중에 심사숙고하며 아내와 깊은 대화 속에 성령의 인도하심 따라서 이득향 권사님을 찾아갔습니다.

우리는 서로 반갑게 인사하고, 지난날의 감사와 대화를 나누었습니다.

그리고 내가 하고자 하는 교회 개척에 대해 의논하였습니다.

권사님은 지난날 내가 신학교 입학한 직후 하나님께서 나타나셨던 성령의 역사뿐 아니라 나의 모든 것을 잘 아시고, 나를 최상의 영적인 사람으로 인정하고 계셨기 때문에 "추 목사님은 됩니다. 아무렴! 개척해야죠." 하시면서 한마디로 동의하셨습니다.

장소문제로 논의하다가 권사님께서 '권사님 소유의 건물이 당시 동아일보 대구지사

65번지 바로 건너편 6m 도로에 인접해 있으며, 세 들어 있는 사무실 6평이 임대가 마침 끝나서 며칠 내로 나간다'고 말씀하시는 것이었습니다.

크기가 6평이어서 좁기는 했지만, 충분히 개척할 수 있었습니다.

나는 권사님에게 조금이라도 불편을 끼치거나 부담을 드리지 않고, 또한 내 마음이 편해지기 위해서 권사님은 극구 사양하셨으나 당시 전세금 백만 원을 드렸습니다.

하나님의 때가 되고 섭리하셔서 대구 중구 대안동 복판에 '평강교회' 간판을 걸고 복음의 새 역사를 시작하게 되었습니다.

교회 명칭(이름)을 짓는 것도 쉬운 것은 아니었습니다.

생각하고 분석하고 기도로 구하였습니다.

'평강'이란 교회명은 기도 중에 성령의 감화가 임재해서 짓게 되었습니다.

대구 중구 한복판입니다.

도시에 찌들고 지친 영혼들이 '평강'이라는 이름아래 영혼 깊숙이 위로받기를 바랐습니다.

간판 제작소에 가서 흰색 바탕에 녹색 글 씨로 주문하였습니다.

하루의 인생고에 시달린 영혼들이 지나가 다가 녹색 글씨인 '평강'의 시각적인 효과로 피로를 풀고 소망을 얻도록 아크릴로 제작하 여 설치하고, 밤에도 불을 밝혀놓았습니다.

이는 어둠 속에 빛과 녹색을 통한 하나님 의 메시지였습니다.

자연이 왜 녹색입니까?

눈의 피로와 마음의 안정을 주시는 자연 은총의 평강이 숨겨져 있는 것입니다.

대구 중구 대안동 65번지 여섯 평 공간에서 시작하다. 좌측에 구국기도제단 간판이 있고, 매주 오후 2시에 초교파 구국기도회로 모였다.

어느 날 '평강'의 글귀를 보고 찾아온 나그네가 교인이 되기로 했습니다.

'예루살렘'은 타락한 죄악의 지구촌 배꼽에 '평강의 도시'라는 뜻입니다.

대구 중구 배꼽에 평강의 빛과 생명이 나타나기 시작하였습니다.

충청도 관리, 남면, 경기도 판교, 근삼교회를 거쳐서 대구 도시 한복판으로 데려다 놓으신 하나님의 깊은 뜻이 이제 시작되었습니다.

여섯 평 공간 평강교회는 이렇게 시작되었다

개척은 희생자 없이는 불가능한 것입니다.

'누가, 어떻게 해주느냐'가 중요합니다.

바울 사도도 빌립보 첫 개척에 루디아를 붙여주셔서 가정교회로부터 시작되어 유럽의 첫 개척의 첫 단추를 잘 낀 것으로 세계 복음화의 길이 열렸습니다(행 16장).

평강교회도 루디아 같은 헌신자로 이득향 권사님의 협력이 큰 힘이 되었습니다.

1부 예배를 본교회인 신암교회에 가서 드리고 곧바로 오셔서 평강교회 오전 11시 예배를 돕고, 최대한 사람들을 동원하여 모아왔습니다.

세 들어 사는 창석 청년, 막내아들 내외 등 사람을 끌어오는 데 수완이 뛰어났습니다.

> "보소? 한 번 와보이소. 젊은 목사인데 너무 잘합니다. 한 번만 와서 앉아서 듣기만 해 보입시다. 가입시다. 내 맛있는 것도 준비했어! 어서 갑시다."

그 시대는 이런 방법이 먹혀들었습니다.

여섯 평 공간에 장정 몇 사람 앉으면 만두 속 꽉 찬 듯이 답답했습니다.

그래도 밀착 방석을 바짝 놓고 앉아서 부르는 찬송과 기도의 열기는 놀랍도록 은혜로운 분위기였습니다.

한 번만 와보면 거의 달라붙듯이 성령의 도우심으로 오게 되었습니다.

박윤태 처남(현재 일산 삼위교회 장로)은 당시 영남대 기계과 졸업 후 군대 제대하여 개척의 멤버가 되어서 열심히 전도하여 데려옵니다.

이석우, 강희호, 박정두 등……

이석우(현 사업가), 강희호(현 대구 서촌교회 목사), 박정두(현 두원공대 교수) 등이 당시 평강교회에서 방언과 불 체험 은사나 은혜를 크게 체험한 후 완전히 달라졌습니다.

젊은 청년들 모두 경북대, 영남대 출신이었습니다.

이들이 주일 오후에 전도대를 만들어 직접 전도에 뛰어들었습니다.

형제, 친구 등을 전도하여 교회로 이끌고 왔습니다.

그러다 보니 약 2-3개월 지나서 장소가 비좁게 되었습니다.

좋은 현상입니다.

더 이상 이곳에서 예배드리는 것이 불가능해졌습니다.

잠시 세 처남 장로들의 지대한 도움의 사연을 쓰고 싶습니다.

1987년 2월 21일 박윤태 장로 영남대학교 졸업식에서 지혜, 지현, 주현(안고) 축하 기념사진
좌측 두 번째 장모님이 얼마나 기뻤을까? 소 팔아 등록금 마련하신 부모님 심정

윤태 처남은 낮에는 학교공부에 열중했습니다.

내가 본 윤태 장로는 아이큐(IQ)가 높다기보다는 무섭게 노력하는 노력형이었습니다.

책을 손에서 놓지 않고 책이 손에 본드처럼 붙어 다녔습니다.

나는 '저렇게 하면 어떤 일이든지 큰일을 낼 사람'이라는 생각이 들었고, 그의 미래를 예감했습니다.

'그러한 노력의 결과 국비 유학생으로서 엄격한 일본 지바대학을 패스하여 오늘의 박원태가 된 것이 아닌가' 생각합니다.

나는 참으로 자랑스럽습니다.

형제, 가족, 그 누구도 시기 질투할 필요 없습니다.

무서울 정도로, 몸이 쇠약해질 정도로,

오뎅국(어묵국) 끓여먹으며, 맹물에 밥 말아먹고……

나는 직접 겪어보았기에 고생과 배고픔을 압니다.

당시 윤태 처남은 경자 누나와 둘이서 봉덕동 작은 방에서 형설지공을 쌓았습니다.

제대 후에는 주어진 기회를 연속적으로 돌파한 결과, 그 험난한 세파를 극복하고 이겨냄으로 윤태 장로의 오늘을 이룬 것입니다.

세 장로 모두 자랑스러운 믿음의 사람들입니다.

나는 세 장로 모두가 '자신들의 동생이며 누님이 목회자 사모인 것에 대해서 그 누구보다 자부심을 갖고 있다는 것'을 얼굴만 보아도 짐작할 수 있습니다.

나는 크고 화려한 목회자도 아닌데 추 목사를 인정해주고 알아주는 세 장로들에게 힘주어 감사할 뿐입니다.

구미 박 장로는 어디서나 추 목사 이야기하고, 시무하면서 항상 나를 격려해 주었으며, 사모로서 그 거친 광야에 던져진 개척자로 살아가는 동생(박경자 사모)에게 오히려 '잘 견뎌라 이겨야 한다. 그것이 사모의 길이다' 격려하고, 때로는 박차를 가하는 말로 긍지를 심어주었습니다.

윤태 장로는 2019년도 삼위교회 청빙위원장으로 후임 교역자를 세울 막중한 책임자로서 누가 해도 해야 하고 결정할 수밖에 없는 최종 결정자가 있는 것처럼 그 일을 진행하고 있었습니다.

"자형! 오늘은 충북 어디로 갑니다. 오늘은 하남으로 이력서 가지고 검토하러 갑니다."

후임자 목회지 현장 확인과 지원자 목사님을 만나러 갈 때마다 나에게 전화하고 물어보곤 합니다.

어느 목사님을 만나든지 "하루의 시간을 어떻게 쓰십니까?" 묻고, 또한 대화중에 "여주의 우리 자형, 목사님으로 목회합니다. 새벽 3시에 일어나고 때로는 강대상 아래 이불 덮고 기도합니다. 그렇게 하실 수 있습니까?" 한답니다.

듣고 보니 부끄러울 정도로 '나와 비교하여 기준 설정을 하며, 후임자 될 분들과 목회철학을 논한다'고 한동안 통화 많이 했습니다.

이미 그전부터이지만 나는 참으로 고마웠습니다.

'세 처남 장로들이 평생 변치 않고 이 부족한 목회자를 존귀한 자로 대해주는구나!'

잊지 못할 것입니다.
아니! 잊지 않을 것입니다.

도토리 키 재기
(지친 나그네 품어주다)

어느 날 젊은 남자가 찾아왔습니다.

"상담하고 싶습니다."

그의 눈동자와 얼굴 표정에서 쫓기는 모습이 역력했습니다.

불안과 초조에 시달리다가 '평강'이라는 교회간판을 보고서 일말의 소망을 품고 왔던 것입니다.

그는 마음에 숨겨진 깊은 사연을 조심스럽게 털어놓았습니다.

상담(相談)은 들어주는 것이 포인트입니다.

그는 쌓였던 마음의 쓰레기를 밖으로 모두 다 내놓았습니다.

내용은 간단했습니다.

당시 월성그룹은 아파트 전문 건설회사로서 경상도 대구지역 아파트공사를 하는 큰 회사였습니다.

사업에 얽힌 돈 관계로 인해 장인과 사위 사이에 분쟁이 발생했는데, 젊은이는 바로 정종율 사위로, 장인과의 힘겨루기에서 밀려나 도망자 신세가 되었고, '법적으로 싸우면 승산이 있다'고 생각하고 법적 대응을 준비하는 때였습니다.

이분은 경북고와 연세대 경영학과를 나온 그 당시 수재였고, 부친은 의사로 병원장이며, 집안이 매우 좋고 실력을 갖춘 자였습니다.

성경도 많이 읽고, 그 누구와 비교해도 손색이 없는 자였습니다.

가정에는 아내와 두 남매가 있었고, 귀공자 타입이었습니다.

평강교회에서 그날 밤늦게까지 이야기를 했습니다.

밖에서 문소리, 부스럭 소리만 나도 누가 왔는가 하여 불안감에 휩싸입니다.

지명수배를 받은 상태라서 숨쉬기조차 어려운 자입니다.

그렇다고 날마다 교회에서 숙식을 같이 할 수 없는 처지입니다.

교회는 6평 공간뿐, 아무 시설도 없습니다.

"목사님! 살려주이소. 기도하셔서 꼭 응답받아주셔야 합니다. 그 기도의 응답을 따라서 순종하겠습니다."

아~ 이제 만난 사람인데 이렇게까지 나를 신뢰하다니!

자기 부모보다 더 나를 의지하는 느낌이 들었습니다.

그가 얼마나 초조하고 불안하고, 긴급한가를 직감했습니다.

평소에 '목회는 아마추어가 아니다. 프로의식, 프로페셔널이다'라는 목회철학을 가진 나는 '혼자 좋아하면서 즐기며 개척하는 나에게 하나님께서 나에게 붙여주실 때는 틀림없이 하시고자 하는 일이 있을 것이다' 생각하고 그 밤에 기도했습니다.

당시에 이삭이와 지혜는 어렸습니다.

이삭이는 초등학교 1학년, 지혜는 유치원생이었습니다.

윤태 처남이 동구 효목아파트에 같이 있고, 나와 아내는 밤에 중구 대안동 평강교회에 와서 기도합니다.

그때는 11월이라 밤에는 추웠습니다.

나는 결혼할 때 장모님이 해주신 솜이불을 가져 와서 교회에서 견뎌냈습니다.

솜이불이 얼마나 두꺼운지 덮으면 숨도 못 쉴 정도로 무겁습니다.

나는 그 솜이불을 덮을 때마다 장모님의 사랑의 무게를 느꼈습니다.

그 솜이불을 솜틀집에 가서 새로 타서 이불 두 채를 만들어 여동생 추미자 권사가 시집 갈 때 예단 이불로 보냈습니다.

그 이불이 지금도 추 권사 집에 있습니다.

추억이 새로워서 써봅니다.

우리는 그 이불을 한 채씩 따로 가지고 가서 날마다 평강교회 여섯 평 공간에서 기도하며, 몸으로 부르짖었습니다.

윤태 처남이 고맙게도 이삭이와 지혜를 데리고 안전하게 돌봐주니 우리는 마음 놓고 초저녁에 평강교회로 와서 얍복강 나루터에 앉아 있었습니다.

나와 아내는 그 정종율 집사를 위해 기도했습니다.

그리고 그분도 간절히 부르짖었습니다.

하룻밤 나그네로 만나, 깊은 사연 속에 빠져 허우적대는 정 집사의 모습이 실로 안쓰러웠습니다.

큰 건설회사 부사장이요 좋은 가문에 좋은 가정이 있건만 이렇게 쫓기는 신세로 전락하여 지나가다 들른 평강의 품 안에 들어와 화로불 앞 길고긴 대화 속에 위로와 격려의 말로 안도감을 찾은 표정이었고, 그는 나에게 큰 신뢰감으로 다가왔습니다.

그는 '틀림없이 추 목사께서는 자기에 대한 하나님의 가르침이 있을 것과 어떤 계시적 즉, 인스피레이션(inspiration; 영감)이 내려올 것'으로 기대하며 나를 바라보았습니다.

그는 깊은 잠에 빠졌습니다.

나는 자다가 깨다가 "하나님! 바로 옆에 누워있는 하룻밤 나그네 심사를 통촉하소서!" 하고 간곡한 부탁의 기도를 올렸습니다.

드디어 새벽녘에 하나님께서 이 종에게 나타나셨습니다.

진실한 마음으로 그대로 옮겨 적습니다.

비몽사몽간에 도토리 두 알이 나타났습니다.

키가 똑같습니다.

그런데 한 손가락이 나타나서 하나를 세우면서 "도토리 키 재기다!" 하면서 환상이 사라졌습니다.

나는 솔직히 말하고 싶습니다.
나는 평소에 '도토리 키 재기'란 말도 모르고 30년 넘게 살았습니다.
그때 처음으로 환상에 하나님께서 말씀하셨습니다.
'정 집사와 장인 두 사람의 싸움은 도토리 키 재기 싸움이요, 단 소망이 있는 것은 손가락 하나가 도토리 하나를 세워주고 있는 것'이었습니다.

나는 본 대로 들은 대로 정 집사님에게 이야기해 주었습니다.
그는 무릎을 탁! 치면서 "목사님이 보신 환상이 틀림없이 딱 맞습니다. 하나님께서 제대로 나의 처지와 미래를 보여주셨네요. 손가락 하나가 도토리 하나를 세우는 것은 내가 신앙인이라서 하나님이 도토리 키 재기 싸움 속에서 나를 도우시는 것으로 확신이 옵니다."라고 해석하여 은혜를 받고, 그의 얼굴에서 수심이 사라지고, 어둡던 초저녁의 그늘이 밝은 표정으로 바뀌었습니다.

어찌하든지 이 일로 인해서 갈수록 나와 평강교회에 유익한 일이 꽤 있었습니다.
그는 쫓기는 신세라 갈 곳이 없기 때문에 효목동 아파트에 가서 함께 기거할 수밖에 없습니다.
그는 낮에는 자고 밤에 몰래 나가서 사람을 만나면서 몇 년을 부자유하게 지내다가 하나님께서 보여주신 대로 다시 손으로 세워 주셨습니다.

평강 얻은 노태화 장로
평강 청년 불세례(1986년)

개척을 하다보면 어떤 사연, 깊은 일들을 가진 자들이 오게 되어 있고, 그 일을 통하여 하나님께서 일하고 계심을 체험하게 하십니다.
어느 날 수요예배에 지긋한 연세의 모친과 젊은 부부가 교회에 왔습니다.

그들은 '교회 앞을 지나가다가 평강이란 교회 이름이 마음에 와 닿아 셋이 들어와 예배를 드리니 참으로 평강이 넘친다. 자기 아내가 마산여고 영어교사인데 심장에 이상이 생겨서 수술을 받고, 관리하며 지내는데 통증이 심하고, 교사도 잠시 휴직계를 내고 회복의 시간을 갖고 있다'면서 "오늘 평강교회에 와서 보니 평강이 밀려옵니다. 추 목사님의 안수기도를 받고 싶습니다."라고 부탁을 했습니다.

이분들은 군위성결교회(군위군) 노태화 장로 부부인데, 교회 내 동산이 있고, 유치원을 오랫동안 운영해온 분으로서 군위군에서 유지로 살아왔고, 교회에서도 헌신적인 분들이었습니다.

처갓집이 대구 평강교회 바로 근처인지라 장모님과 가다가 우리 교회에 와서 인연이 된 것입니다.

노 장로님 손을 대고 그 위에 내 손을 얹고 하나님께 간곡히 기도했습니다.

'기도 후 가슴의 심장이 시원하고 마음에 평강이 넘친다'고 하면서 '다음에 또 오겠다'고 하고 헤어졌습니다.

며칠이 지난 후에 노 장로님 부부가 다시 방문하였습니다.

나는 함께 예배를 드린 후에 또 기도를 해주었습니다.

나는 오직 기도로 하나님의 치료를 바랄 뿐이었습니다.

기도 후 은혜로 받아들이고 좋아하셨고, '지난번 기도 받고 간 후 평안해지고 건강과 식사 모든 것이 좋아졌다'고 하시면서 헌금이 아닌 '목사님 개척에 생활비로 사용하라'고 100만원을 주고 가셨습니다.

당시 100만원은 꽤 많은 돈이었습니다.

나는 그 돈을 고이 간직하고 있었습니다.

교회 이전에 필요할 것 같았기 때문입니다.

이는 실제로 평강교회가 감삼동으로 이전하여 공장 부지를 계약할 때에 노 장로님이 주신 100만원으로 계약하여 요긴하게 쓰이게 되었습니다.

이후에도 노태화 장로님은 평강교회를 많이 도와주셨습니다.

1986년 7월 중·고등부와 청년들의 하계 수련회를 하는 데 군위성결교회 유치원 교실을 빌려주시고 숙식도 제공해주셔서 수련회를 은혜롭게 진행하였습니다.

이때에 청년들은 모두 성령의 각종 은혜와 체험을 하게 되었습니다.

기도의 불이 일어나고, 찬송이 뜨겁고, 말씀 앞에서 성찰(省察)을 하게 되면서 회개의 역사와 방언의 은사 등 대 변혁, 각자 개혁이 일어났습니다.

한마디로 불의 역사가 나타난 것입니다.

당시 박윤태(현재 일산 삼위교회 장로), 이석우(미국사업자), 박정두(두원공대 교수), 강희호(통합 측 목사 경남교회 시무) 학생들과 이재임, 장신자, 정경자, 이대일(사업가) 등이 참석했었는데, 내 기억이 미치지 못하여 다 기록하지 못했습니다.

이 청년들이 하계방학, 직장휴가로 군위성결교회 유치원 교실에서 사도행전의 현재 진행형이 마가의 다락방이었습니다.

수련회를 인도하는 나의 입은 더 이상 내 입이 아니었습니다.

성령의 도구로 입을 열면 말씀이 쏟아져서 선포되고, 합심기도를 시키면 유치원 건물이 부서질 정도로 젊은 20대 초의 불타는 청춘들이 성령에 불타고 있었습니다.

나는 지금도 그때를 잊지 못합니다.

청년들은 한 사람도 빠짐없이 성령의 불세례 체험을 하고 돌아왔습니다.

세월이 흘러서 그들은 각계각층의 자리에서 지금도 그때의 영적 에너지를 바탕으로 승리자로 살고 있습니다.

그 후 1987년 7월에 군위성결교회 부흥회도 인도했습니다(당시 김상복 목사).

여주로 와서도 1989년 봄에 또 부흥회에 초청받아 인도하였습니다.

7시 30분에 설교를 시작하여 12시에 마쳐도 한 사람도 졸거나 나가거나 화장실도 가지 않고 은혜의 말씀에 사로잡혔습니다.

노태화 장로님은 나를 영적인 면으로 존경해주셨고, 두 번이나 담임 목사님의 동의로 부흥인도를 추천하여 진행했습니다.

1992년에 김상복 목사님이 군위에서 마산성결교회로 부임하여 나를 초청하여 부흥회를 인도하게 하였습니다.

군위에서 마산으로 은혜의 영파(靈波)가 퍼져나갔습니다.

군위읍 성결교회는 1937년에 설립하여 군위에서 가장 오랜 역사를 자랑하며, 노태화 장로님의 조부로부터 5대째 신앙가족이며, 노도봉 선친 목사의 목회와 군위군 고아원 운영으로 일찍이 사회복지에 헌신한 가문입니다.

노태화 장로님은 2016년 원로장로 추대를 받아서 교회를 섬기며 행복하게 살아가고 있습니다.

여섯 평의 평강교회는 좁아서 더 이상 목회하는 것이 힘들어졌습니다.

나는 어디로든지 확장이전을 위한 기도를 하고 있었습니다.

하나님의 하시는 일은 참으로 기기묘묘(奇奇妙妙)했습니다.

어느 주일 박윤태, 이석우, 강희호 등 청년들이 서구 두류산 공원에 전도를 하러 갔는데 어떤 아주머니가 슬픈 모습으로 벤치에 앉아있기에 조심스럽게 접근하여 전도를 하였더니 잘 받아들여서 "오늘 저녁 우리 교회 예배를 참석하셔서 목사님 설교를 들으시면 큰 도움이 되실 겁니다." 하고 권면전도를 했는데, 그 자매님이 쉽게 마음을 열어서 오후에 교회로 모시고 왔습니다.

우리는 저녁식사를 같이 한 후 저녁예배를 드렸습니다.

교회에 처음 온 자매님은 여섯 평 남짓한 좁은 공간이 교회로 보일 리가 없었을 것입니다.

자매님은 말씀을 경청하며 작은 공간에 꽉 들어찬 열기에 울기 시작했습니다.

예배를 마친 후 대화 속에 감삼동이 자택이라고 했습니다.

나는 '며칠 후에 그 자매 집을 방문해도 되는지' 물었습니다.

약속한 날에 그 자매 집에 가서 예배를 드렸습니다.

난생 처음 교회에 와서 예배드린 것이고, 무엇이든 처음이요, 초신자로 이제 등록한 자매입니다.

대충 털어놓은 그 자매의 사연은 기가 막혔습니다.

"일 년 전에 남편이 고생고생하며 살면서 집안을 일으키고, 집을 사고, 살만 했는데 갑자기 암으로 세상을 떠나고 말았습니다. 그 슬픔 속에서 아들 하나 믿고 살아가는데 그 아들이 속 썩이고 곁길로 가니 세상에 살 소망도 없고, '내가 세상 살아서 뭐하노 죽어버려야겠다'고 낙심하는 요즘인데, 그날따라 처량한 마음으로 공원에 앉아있을 때 청년들이 와서 '예수 그리스도를 영접하세요. 우리 교회 한 번 와보세요' 하면서 간청하기에 내가 그날 교회에 간 것입니다."

나는 간절하게 기도하고, 말씀으로 위로와 소망을 주었습니다.
그렇게 자매는 등록을 하고 평강교회 교인이 되었습니다.
이때에 나는 '대안동 대구 복판보다 변두리 지역 서구 쪽 감삼동이 더 교회개척으로 용이할 것으로 사료되어서 이전하기로 하고, 기도하면서 장소를 물색하고 있었습니다.

당시 우리는 개척에 몰두하니 이삭이와 지혜, 윤태 처남 모두 비상시국(非常時局)처럼 바쁘게 살아갔습니다.
초등학교 1학년 때 효목초교로 전학한 이삭은 텃세부리는 담임과의 전쟁도 치렀습니다.
담임이 이삭이를 교실 앞에 세워놓고 공개적으로 괴롭혔음에도 잘 참아냈습니다.
그 사건 후에 담임은 시골 벽촌으로 좌천되었다고 합니다.
윤태 처남이 제대 후에 와서 교회개척과 가정에 크게 협력하여 살아갔습니다.

정종율 집사(도토리 키 재기)는 효목동에 숨어 지내고 있고, 교회는 부흥되니 공간이 좁아서 불가불 이사를 하게 되어서 탐색할 때 감삼동 쪽 자매지역 심방 차 탐색 분석 후에 부동산 소개로 양말 공장을 운영하다가 부도 처리가 된 상태로 기제설비 그대로 있는 80평 건물을 알게 되었습니다.
그 건물은 규모가 컸으나 사택도 함께 달린 터라 너무 좋았습니다.
교회와 사택이 함께 있어 용이하게 교회와 같이 활동하니 더 유익이 되었습니다.

양말 공장 주인할머니의 인상이 한마디로 백두산 호랑이 같아 첫 인상에 압권으로 다가서기가 겁날 정도요, 풍채나 목소리가 호랑이형이지만 그의 사연을 들으면 인생 고개가 많고, 목사 앞에서는 양처럼 부드럽고 눈물을 보입니다.
그 호랑이 할머니도 같이 예배드리고 전도되어 교회가 더 은혜로웠습니다.

교회에 청년이 꽤 많았습니다.
아내는 모든 것을 챙기고, 주일이면 눈 코 뜰 새 없었으며, 나는 아내의 헌신적인 모습에 안쓰러울 뿐이었습니다.

80평 사각 진 공간이 결코 작은 장소가 아닙니다.

좁은 여섯 평 연못에 있다가 80평 큰 강물에 앉아 예배드리니 확 트인 예배당으로 많은 양떼들이 몰려왔으며, 나를 비롯하여 평강교회 성도들은 하나님께서 미리 예비하신 여호와이레로 알고 감사와 영광을 돌렸습니다.

시간이 가고 계절이 바뀌고, 새로운 교인들도 생겨났습니다.

당시 1980년대 초는 한국 경제가 세계로 뻗어가는 도약의 시대였습니다.

활기찬 국력의 동력은 한국교회의 원동력이 숨어 있었습니다.

어디에나 십자가만 세우면 사람이 몰려오는 그런 시대였습니다.

전봇대에 심령대부흥회 포스터가 도배할 정도요, 부흥회를 개최하지 않는 교회가 없고, 개척교회가 들어서지 않은 지역이 없었습니다.

한 빌딩에 교회가 예닐곱 개요, 십자가의 네온사인이 밤을 삼켰습니다.

우리 평강교회는 감삼동 신개발지에서 당당히 한 시대에 복음의 평강을 강물처럼 흐르게 하여, 목마른 양들과 사슴이 찾아오고 있었습니다.

눈이 호랑이처럼 동그란 할머니는 지금쯤 천국에 가 계실 것입니다.

1985년 9월 중구 대안동 평강교회 개척. 여섯 평의 교회 안의 조그만 강단, 이곳에서 마가의 다락방 성령의 불길에 뜨거웠다.

장롱공장으로 이전하다
지혜 목에 걸린 100원 동전 십일조 특수훈련 받다

호랑이 할머니 집 팔십 평 건물 임대기한이 만료되었습니다.

할머니는 다른 용도로 재사용한다고 하면서 교회이전을 요구했습니다.

이럴 때는 또 초비상체제로 들어갑니다.

나는 특별기도, 이전할 곳을 탐색하는 것으로 신경을 곤두세웠습니다.

어느 날 부동산에 들렀습니다.

평강교회 근처라 간접적으로 잘 알고 계셨습니다.

사정을 이야기하고 며칠 후에 다시 부동산에 들렀습니다.

부동산 아저씨는 육군대위 출신으로 정확하게 운영한다고 자부했습니다.

대뜸 '장롱공장 땅과 건물이 교회로 좋은 입지조건인데 가격도 좋다'고 소개했습니다.

즉시 현장답사 결과 주택가에 자리한 오래 된 건물이었습니다.

입지는 좋으나 마음에 썩 끌리지 않아서 다시 또 방문하기로 약속하였습니다.

집에 와서 아내와 상의하여 '모험을 해야 된다'는 쪽으로 실행하기로 하고, 부동산에 가서 구체적인 매매 등을 논의했습니다.

160평 대지에 장롱공장 건물인데, 건물은 교회로 쓸 수 있었습니다.

그 건물의 전체 대금은 6,900만원이지만, 현재 우리가 가진 돈은 계약금 100만원뿐이었습니다.

두말할 여지없이 100만원에 계약한 후 한 달 후에 중도금을 주기로 하고, 마지막 대금까지는 3개월 기간으로 하여 계약 완료하였습니다.

계약금 100만원은 중구 대안동 6평 공간 평강교회 첫 번째 개척 때 군위읍 성결교회 노태화 장로님께서 '개척에 힘드실 텐데 생활비로 쓰시든지 개척자금으로 쓰시라'고 주신 돈이었습니다.

나는 수입의 십일조를 정확히 구별하여 드리는데, 100만원을 받은 즉시 십일조 드리는 것을 잊고 지내던 어느 날이었습니다.

아내와 같이 심방 겸 공과금을 납부하기 위해 집에서 나올 때 이삭이는 감삼초교 학교에 갔고, 지혜가 혼자 집에 남아 놀기로 하고 나오는데 지혜가 "아빠! 나 백 원 만 줘요. 아이스크림 사먹고 놀고 있을게~" 했습니다.

지혜는 유치원생 나이라 집을 비워도 한두 시간은 잘 감당할 때였습니다.

나는 100원 동전을 주고 집을 나섰습니다.

약 500m 걸어서 버스를 타려고 가고 있는데 깜빡하고 전화고지서를 놓고 나온 것 이 생각났습니다.

급히 아내와 같이 고지서를 가지러 다시 집으로 발길을 되돌려 집에 도착하여 문 을 열고 방으로 들어서는 순간 지혜가 얼굴이 창백하여 숨을 제대로 쉬지 못하고 목 소리도 희미하게 "아빠! 나 돈 삼켰어~" 하고 목 부분의 고통을 호소했습니다.

나는 당황하였으나 급히 나와서 택시를 타고 인근 병원으로 달렸습니다.

의사 선생님이 응급진단 결과를 말씀하십니다.

"우리 병원에는 동전을 빼는 기계가 없습니다. 파티마병원으로 가셔야 합니다. 속히 가 야 됩니다. 시간이 갈수록 동전이 깊이 들어가서 식도 깊이 박히면 뼈를 갈라야 하는 대수술을 해야 합니다. 그 기계를 다루는 의사가 경북대와 파티마병원뿐인데 빨리 파티 마로 가세요. 금방 총무가 파티마병원에 전화해보니 그 의사선생님이 계신답니다. 전화 로 연락되었으니 빨리 가세요."

택시로 이동하여 파티마병원에 도착하니 의사 선생님이 말씀하십니다.

"지금 바로 기계 실시해야 됩니다. 더 내려가면 매우 곤란해집니다. 약 2회 실시에 성공 해야 합니다."

나이 어린 지혜는 겁에 질려 있고, 우리 부부는 복도에 앉아서 간절하게 부르짖어 기도하기 시작했습니다.

여섯 살 어린 딸의 목에 걸린 동전 하나 빼내는 데 장정 여섯 명이 힘을 모아 지 혜의 머리부터 발끝까지 움직이지 못하도록 꽉 붙잡았습니다.

그렇게 하는 이유는 그 뾰족한 기계를 목으로 넘겨 집어내리려면 고도의 감각적 기 술을 발휘하는데 아이가 아픔의 고통이 심해지며 몸부림치면 엄청난 몸부림과 움직임 으로 큰 의료사고가 발생하기 때문이라는 것입니다.

나는 그 상황이 너무도 애처롭고 안타까워서 차마 쳐다볼 수 없었습니다.

의사가 "부모는 나가 있어야 합니다."라고 해서 아내와 나는 복도에 나와서 엎드려 피 말리는 심정으로 무조건 회개하며 기도했습니다.

그때 성령의 바람이 스쳤습니다.

"너 노태화 장로가 준 돈, 100만원 받은 지 두 달이 넘었는데 왜 십일조 바치지 않느냐?"라는 청천벽력(靑天霹靂) 같은 음성이 내게 들려왔습니다.

"주여! 제가 도둑놈입니다!" 하며 병원 복도에서 가슴 치며 회개했습니다.

> "주여! 내 죄로 인해서 내 딸이 저런 고통을 당하고 있습니다. 저를 용서하소서! 그리고 내 평생에 십일조 떼먹는 범죄를 저지르지 않겠습니다. 그리고 우리 자자손손에게 가르쳐서 십일조 드리며 축복받게 하고 살겠습니다. 주여! 저 어린 딸 목에 걸린 동전을 단 한 번에 빼내어 주소서!"

아내와 나는 기도하고 또 기도하고, 회개하고, 부르짖고 있었습니다.

한동안 수술실에서 긴장된 소리가 들리더니 "성공이다! 빼냈다!" 하는 소리가 함성 같이 흘러나왔습니다.

하나님은 세밀하신 분이십니다.

100만원에 대한 십일조 10만원을 드리지 않은 내 죄를 깨닫게 하시기 위해 사랑하는 딸 지혜에게 고통을 주시고 치료비로 지출하게 하심으로 회개하게 하신 것입니다.

지혜의 목에 걸린 100원짜리 동전이 마치 불 속에서 나온 것처럼 하얗게 색이 변해서 나왔습니다.

> "이젠 살았다!"

아내와 나는 하나님께 감사하며 집으로 왔습니다.

지혜는 며칠간 죽을 먹고 약을 먹음으로 회복이 되었습니다.

대 수술을 하지 않고 성공했습니다.

최고의 긴장과 스릴을 경험한 후에 십일조의 특별교육훈련코스를 마친 것입니다.

사랑하는 자녀들아!
우리 가족 모두 자자손손 십일조 액수가 많아져도 더 드릴 수 있고, 복 주심 감사하고, 드려서 축복받고 살아가기를 소원하고 부탁한다.

사랑하고 축복한다.
그리고 지혜(이름)에게 미안하다.

"만군의 여호와가 이르노라 너희 조상들의 날로부터 너희가 나의 규례를 떠나 지키지
아니하였도다. 그런즉 내게로 돌아오라 그리하면 나도 너희에게로 돌아가리라 하였더니
너희가 이르기를 우리가 어떻게 하여야 돌아가리이까 하는도다. 사람이 어찌 하나님의
것을 도둑질하겠느냐 그러나 너희는 나의 것을 도둑질하고도 말하기를 우리가 어떻게
주의 것을 도둑질하였나이까 하는도다 이는 곧 십일조와 봉헌물이라. 너희 곧 온 나라
가 나의 것을 도둑질하였으므로 너희가 저주를 받았느니라"(말 3:7-10)

나는 그 후에 오직 중도금 준비에 몰두했습니다.
'중도금 2,000만원, 마지막 대금 4,800만원'을 마련해야 했습니다.
첩첩산중(疊疊山中)이었습니다.
길을 걸어도 일단 중도금 생각뿐입니다.
버스 타고 올라도 중도금, 나중에는 기도가 줄여져서 '하중, 하중'입니다.

"하나님! 중도금을 주십시오!"

꿈속에도 '중도금'만 외칠 뿐, 마지막 대금(잔액)은 생각조차 못했습니다.
일단 '중도금'이란 산을 넘어야 마지막 고개이기 때문입니다.
당시 교회 재정능력은 양말 공장 전세로 놓은 것뿐인데, 그것도 보증금 1,000만원
에 월세 10만원이었습니다.
나는 최선을 다해 교우들과 같이 기도하고 소망을 품고, '교회이전에 적극적인 믿
음과 헌금으로 성취하자'고 열변을 토했습니다.

그때는 또 분위기가 은혜로 가고 있었습니다.
나의 사적 사업이 아니라는 것을 잘 알았습니다.
교인들이 무슨 책임자도 아니지만 현실적으로는 하나님께서 그들에게 주신 몫이요,
복이었습니다.
그러니 잘 따라주었습니다.
어느 날 백춘수 권사님, 사위와 딸, 손자, 손녀 온 가족이 등록했습니다.

아파트에서 새벽에 평강교회 십자가를 쳐다보는데 "저 교회를 가라!"는 성령의 감동이 생겨서 오셨다는 것입니다.

백 권사님은 한마디로 신앙이 깊고, 마음이 넓고, 어머니의 품성을 지닌 분이셨습니다.

오직 말씀과 은혜, 주의 종에게 순종하는 분이셨습니다.

또 말씀을 듣고 '이런 좋은 설교는 아깝다'고 아들 며느리까지 데리고 오셨습니다.

교회를 옮기려니 필요한 교우 양(羊)들이 몰려왔습니다.

윤태 처남은 동생을, 동생 재임 양은 친구, 또 그 친구를 데려와서 교우들이 꽤 많이 불어났습니다.

이젠 하늘을 나는 비행기가 이륙의 힘을 얻고, 힘차게 비상을 하려고 합니다.

교회이전과 맞물림의 영적 현상이었습니다.

주일이면 아주 은혜로운 작은 천국이었습니다.

교회이전에 초점이 맞춰져도 교우들이 더 좋아합니다.

교인들과 기도하며 헌금하며 은혜롭게 부흥되어 갔습니다.

하나님의 은혜로 아니, 기적으로 매매자금이 생기고, 거의 신협의 대출로 마지막 잔금까지 치르고, 교회 땅 건물이 완전히 확보되었습니다.

땅은 비록 160평이지만 대지였습니다.

건물도 약간만 손질하면 예배당으로 되었으니, 놀라운 하나님의 은혜였습니다.

목탁소리 염불소리로 방해공작
이불 위로 뛰어내려라!

160평 대지와 90여 평 건축공간을 확보하는 데 힘겹게 성공했습니다.

드디어 공장 안 대청소를 했습니다.

공간은 넓지만 완전히 옛 건물이라 내부와 외부 모두 흉측할 정도였습니다.

그러나 개척의 길이라 생각하니 감사할 뿐이었습니다.

교인들도 마치 가나안을 정복한 것처럼 기뻐했습니다.

개척 일 년 만에 확장되고, 부흥의 영역이 확보되었으니 매우 빠른 속도로 교회가 부흥되어 갔습니다.

건물의 지붕은 엄청 높고, 바닥은 맨바닥이요, 강대상만 덜렁 놓으니 을씨년스럽고 보기가 좀 엉성합니다.

그러나 나와 교인들은 '여기까지 왔으니 조금만 더 부흥된다면 하나님의 역사가 더 크게 나타날 것'으로 확신했습니다.

그런데 문제는 이 지역이 주택밀집지역이라는 것입니다.

'교회까지 차가 오고 그 옆 주택이 사면으로 붙어있어 소음에 민감하겠다'는 생각이 늘 나를 신경 쓰게 하였습니다.

아니나 다를까 우리의 예배소리가 주택가에 들리니 '소음공해가 된다'고 두어 집에서 약간의 항의가 들어왔습니다.

그때마다 우리가 아무리 "손뼉치고 떠들게 하는 예배가 아닙니다. 경건과 조용한 장로교회로서 보고 들으시면 알잖요?" 하고 설명을 해도 점점 가구 수가 늘어나는 반대쪽으로 항의가 들어오기 시작했습니다.

몇 주간이 흐르고 3-4개월이 지나면서 항의와 설득과 충돌의 횟수가 늘어났습니다.

어느 주일에는 주택가 여러 골목에 아예 스피커를 설치하고 예배를 방해했습니다.

주택가 주민들이 나와서 골목마다 자리를 잡고 반대시위를 하면서 목탁소리를 틀어놓고 온 지역에 스피커로 내보내는 것입니다.

급기야는 골목마다 서서 교회에 오는 교인들을 가로막기까지 하였습니다.

어느 수요일에는 건장한 체구의 사람들이 교회까지 들어와서 나의 멱살을 잡고 끌어내리고, 주일이나 수요일에도 더 이상 예배드리는 것이 불가능해졌습니다.

나는 순간 '종교의 자유를 침해당하는구나, 공권력을 이용해서 막아야겠다'고 생각하고 112에 신고하려고 전화기를 들었습니다.

그때 하나님의 감동이 왔습니다.

"네가 하는 일은 사람을 살리는 일이다."

물론 영적으로는 기분이 상해도 앞으로 이 지역 사람과 부딪쳐서 좋을 리 없고, 주거 환경적으로 보면 주택밀집 지역이어서 미래적으로도 여건이 좋지 않았습니다.

하나님께서는 내 마음을 돌이켜 주셨습니다.

경찰이 출동하여 시끄러우면 하나님의 영광을 가리게 되고, 날마다 문제만 생길 것이 불 보듯 뻔한 앞날을 생각하면 까마득했지만, 일단 마음에 '하나님의 감동으로 인내하면서 길을 찾아야겠다'고 결심했습니다.

골목을 지키면서 교인들의 출입을 방해하고, 시끄러운 염불 목탁소리를 매 주일 아침 9시부터 하루 종일 반복적으로 내보내니 너무도 기가 막혔습니다.

이번에도 하나님의 인도를 받기 위해 며칠 기도하러 기도원에 입산하였습니다.

일주일 간 오직 교회문제 생각뿐이었습니다.

무릎으로 가는 길이 목회자의 길이 아니겠습니까!

기도하던 그때 꿈속에서 내가 높은 천장에 간신히 매달려 있는데 오르자니 오를 수 있는 것은 아무것도 없고, 내려가자니 떨어지면 크게 다치거나 죽을 수밖에 없는데 아내가 달려와서 푹신한 솜이불 침대 같은 쿠션이불을 깔아놓고서 "목사님! 손을 놓고 뛰어내려요!" 해서 이불 위에 안전하게 뛰어내렸습니다.

그 꿈을 깨고 순간적 해몽으로 '이 농방을 다 팔아 안전한 곳으로 가라'는 확신이 생겼습니다.

그때부터 나는 기도와 분석에 몰두하기 시작했습니다.

1986년 3월 평강교회가 서구 감삼동으로 이전하여 대안동 — 감삼동 — 농방 — 청실홍실(아파트)
평강교회 이전하여 첫 유아세례 줌(현 두원공대 박정두 교수 형님의 아기)

1986년 3월 평강교회 피아노 드린 유인숙 집사님(우측), 가운데는 백춘수 권사님, 옆은 며느리와 손자

평강교회 간판 네 번째 바꿔서 달다

나는 약 일 년 동안 주민과의 마찰이 있어도 공권력 경찰을 끝내 부르지 않고 인내하면서 하나님의 새로운 인도하심을 따라 농방 건물대지 매매작업에 들어갔습니다.

교인 한 분의 소개로 지인을 연결하여 내가 매매한 가격에서 3,000만원이 오른 가격으로 팔게 되었습니다.

하나님께서는 교인들이 그 어려움 속에서도 믿음을 잃지 않고, 오히려 더 수가 증가하고, 더 헌금하여 든든히 서 가도록 인도하셨던 것입니다.

나는 주민대표자를 불러서 이 사실을 전했습니다.

주민대표자는 "모두의 승리입니다. 교회를 돕겠습니다. 이 지역 가까운 곳에 개척하시면 우리 가족들도 교회에 가겠습니다."라고 하면서 그동안 주민들과의 마찰에 유연하게 대처한 결과 서로 화해하면서 평화롭고 화기애애하게 마무리하게 되었습니다.

사실 이 지역은 주택과 가까이 붙은 곳이라 교회입지로는 적합하지 않았지만, 나는 개척자로서 가능성을 보고 '일단 일보전진이다'라는 적극적 입장에서 덜컥 매매를 했던 것입니다.

지난 일 년 동안 주민들과의 마찰로 심적 고통이 심했으나 결과적으로는 경제적 기반이 더 든든해졌습니다.

잔금 지불 때 대출 빚 다 갚고 5,000만원이 고스란히 남았습니다.

일 년 만에 농방 매매가 이런 결과를 가져온 것입니다.

이곳이 신도시개념지역이라 2층 같은 건물을 찾아 나섰습니다.

아주 좋은 지역 농방 건물 교회에서 약 500m 지역에 위치한 건물을 1,500만원 전세로 계약하고, 교회를 이전하기로 확정되었습니다.

청실홍실 아파트 정문 지역인데 주민과 마찰도 없고 상가 2층 지역이라 교통이나 주변 환경이 아주 좋았습니다.

이사하니 교우들도 이젠 안심하고 은혜로운 예배를 드릴 수 있어서 안도감(安堵感)을 느끼는 것 같습니다.

건물 주인이 서문시장 내 그릇가게 대형 사업가요 큰 교회 배소식 안수집사님인데 앰프 시설을 설치해 주셨고, 우인숙 성도는 피아노를 드리고, 교인들이 의자 등을 적극적으로 헌신 헌납하면서 일순간에 아름다운 교회로 꾸며졌습니다.

동네 주민들과 매주 마찰을 빚으며, 목탁소리, 싸움소리, 골목마다 술판 벌이고, 교우들의 교회출입 실랑이하던 농방 건물 속 포로수용소 같은 곳에서 이곳으로 오니 '아~ 이곳이 평강이요 천국이구나!' 너무도 은혜로웠습니다.

여섯 평 사무실에서 양말 공장 건물 거치고, 치열한 공방전이 펼쳐진 장롱공장에서의 치열한 전투를 하고 나니, 나와 아내, 이삭이와 지혜도 모두 지쳤습니다.

교회가 윤태 처남을 비롯한 당시 젊은 대학부 청년들의 불같은 헌신의 힘으로 안전하게 자리를 잡게 되니, 날마다 사도행전처럼 부흥되어 갔습니다.

그리고 교회건물은 3,000만원 전세, 사택은 현대식 주택 1,500만원으로, 약 4년 만에 교회와 사택이 안정적으로 안착했습니다.

대안동에서 100만원 전세로 시작한지 약 4년 만에 놀라운 부흥이었습니다.

거듭 밝히지만 여주로 부임할 때 교회와 사택 모두 전세 그대로 두고 왔습니다. 그것은 내 사유재산이 아니었기 때문입니다.

대구로 가신 목사님은 당시 눈이 휘둥그레지셨습니다.

그러기에 자서전에 밝힌 대로 욕심도 없이 인간적 생각을 누르고 오직 하나님만 바라보고 여기까지 왔습니다.

평강교회의 뿌리부터 2021년 현재까지 오직 영광은 아버지의 것으로 영원히 돌려드릴 뿐입니다. 아멘.

대구 대안동에서 최초로 평강교회 간판을 내건 후 네 번의 개척의 고비를 넘고 현재 놀랍게 부흥하여 자리 잡았다(1985-2021). 할렐루야!

1988.2.26

여주
삼승제일교회로
부임하다

1968 54 2021

빨리 가라! 안 가면 쏴 죽인다!
(권총 든 하나님의 사자 나타났다)

관리교회를 개척할 때 하나님께서는 "너는 쌩 땅을 파라!"고 하는 나의 미래사를 보여주심으로 해미읍교회의 청빙을 거절하게 하신 후 대구 평강교회에 이르기까지 나는 실제로 쌩 땅을 파는 사역을 해 왔습니다.

나는 이곳 대구 평강교회에서도 교회 간판을 네 번이나 옮겨가면서 대도시 대구 시내에서 쌩 땅을 파는 사역을 함으로써 더 단단한 아스팔트나 콘크리트로 만들어간 것이 아닌가 생각됩니다.

지방 관념으로 말하면 경상도, '와! 이카노?'의 한복판에서 벌어진 복음의 한바탕 대소동은 마치 이스라엘이 수도 예루살렘의 평강을 유지하고자 날마다 테러와의 전쟁 속에서 치열한 전투로 버텨나가듯 대구 평강교회에 승리의 깃발을 꽂기 위해 이렇게 우여곡절(迂餘曲折)이 많을 줄 꿈엔들 알았겠습니까?

나에게 '대구'는 영남신학대학교 시절 종횡무진(縱橫無盡)했던 곳이지 않습니까!

그러나 동기들은 나보다 먼저 목사안수를 받았고, 교단이 서로 다르기 때문에 약간의 간접적인 관계는 갖게 되지만, 교단 동질감에서 차선이 정해진 상태라서 더 이상의 관계는 어려운 상황이었습니다.

당시 7명의 여 선교단체 권사님들도 교단이 거의 통합 장로교단이며, 벌써 십여 년 세월이 흘러 변화무쌍한 삶들 속에 관계는 자동적으로 거의 단절상태로 더 이상 기대할 여건이 아니었기에 사람의 힘을 기대할 수 있는 가능성은 제로상태였습니다.

하나님께서 평강교회와 우리들에게 은혜를 베푸셔서 장롱공장을 거쳐 더 좋은 교회건물을 임대할 수 있었고, 좋은 집주인을 만났으며, 교인들도 홍해를 건너온 것처럼 영적 성숙을 이루었고, 사택도 당시 최신식 건물에 전세로 입주하여 개척교회 고개를 넘어 막 초원지대로 달려 나갔습니다.

그러나 쉽게 되는 것은 없습니다.

즉, 이 세상에 공짜는 없습니다.

여섯 평 100만원으로 시작한 평강교회가
3년 만에 크게 부흥되었습니다.

교회, 사택, 교우, 재산, 은혜로운 교회로
더욱 더 성장하고 있을 때 조복희 목사님이
'여주 삼승제일교회에 부흥회를 와 달라'고
소개를 했습니다.

조복희 목사님과는 근삼교회 개척 때 잊을
수 없는 추억을 함께 나눈 좋은 동역자로서
눈빛만 보아도 마음을 읽는 관계입니다.

나는 흔쾌히 결정하여(1988.1.11-15) 삼승제
일교회에 부흥강사로 초빙되어 갔습니다.

부흥회 첫 날부터 성령의 역사가 강하게
임재하였는데, 입추의 여지없이 강단까지 들
어찬 열기에 분위기 자체가 은혜였습니다.

1988년 3월 9일 부임 첫 해 교회 모습과 우측 종
탑(무쇠 주물쇠로 만든 종) 종 줄을 잡아 당겨 치는 종,
사택과 보일러실(두 번째 교회 12인승 버스가 보인다)

당시 삼승제일교회 목사님은 65세의 박태희 목사님이신데, 평생 농촌목회를 하셨
고, 고향이 대구인지라 자녀분들이 대구에 살고 있어서 자녀들의 소원은 '아버님이 대
구에 오셔서 은퇴 후에 함께 살며 노후를 보내시는 것'이라고 하셨습니다.

박 목사님은 매우 율법적이라 조는 교인이나 우는 아이 등은 엄하게 꾸짖었고, 목
사님의 권위적인 목회 스타일로 인해서 교우들은 주눅이 들어 있었습니다.

나는 부흥회를 마치고 대구로 와서 평강교회 목회자로 미래를 설계하면서 1988년
소망의 항구를 달리고 있었습니다.

그러면서도 나는 항상 마음속에 '기회가 된다면 서울 쪽에 가서 공부도 더하면서
목회를 해보고 싶다'는 소망을 가지고 있었습니다.

뜻이 있는 곳에 길이 열린다고 할까요?

마침 조복희 목사님과 임영석 목사님 두 분이 1월 말에 대구에 내려와서 나를 만
났습니다.

두 분은 내게 다음과 같은 제의를 하셨습니다.

"삼승제일교회 담임목사님이신 박 목사님 고향이 대구이고, 자녀들도 간절히 원하니까 대구에 내려오셔서 평강교회에서 목회하시고, 추 목사가 여주 삼승제일교회에 가서 목회하면 서울권이고 공부도 하면서 꿈도 이룰 수 있으니 좋지 않을까요? 삼승제일교회와 평강교회를 서로 바꿔서 목회하면 어떻겠어요?"

처음에는 당황도 되었습니다.
나는 '기도하면서 생각해보자' 말하고서는
그냥 지나가는 소리로 흘러 넘겼습니다.
실제로 나는 달갑지 않게 생각했던 것입니다.

그런데 며칠이 지나서 조 목사님이 나를 만나
러 다시 내려오셔서는 지난번 제의한 교환목회
에 대한 대화를 나누며 설득하는 것입니다.
그제야 나는 숙고하며, 기도에 몰입했습니다.
그러나 평강교회가 크게 마음에 걸렸습니다.
성도들이나 개척 환경, 여러 가지 면에서 쉬
운 일이 아니었습니다.

나는 일단 기도하며 방법을 찾기로 했습니다.
이미 내 마음은 서서히 움직이고 있었습니다.

1989년 7월 8일 노회 수련회 설악에서. 우측 조복희 목사님, 좌측 신용현 목사님, 가운데 추귀환 목사. 근삼교회 개척과 삼승제일교회 부임에 조복희 목사님의 역할이 컸다.

그런데 어느 날 꿈속에 별을 단 장군이 나를 향해 권총을 겨누면서 "빨리 떠나지 않으면 쏴 죽인다!"고 하였습니다.
이런 중대사를 아내에게 보여주시든지 동시상영으로 보여주셨다면 얼마나 좋겠습니까?
하나님께서 나에게 이런 무서운 꿈으로 현몽(現夢)하심이 못내 아쉬웠습니다.
나에게 간접적으로 지시된 꿈을 이야기해도 직접적으로 본 것이 아닌 아내는 실감이 나지 않을 수밖에 없으니, 반감으로 떨어지는 것입니다.
그러나 이미 하나님의 계획으로 섭리하심이 작동된지라 지체할 수 없었습니다.
아내가 쌩 땅을 파러 나서는 일에 언제나 무조건 순종하고 달려와 준 것이 고맙습니다.

'교회며 개척지며 골라도 어쩌면 그렇게 골라 가는지, 골라서 가라 해도 못갈 텐데 우리 추 목사님은 가더라도 희한한 곳, 주소나 지역이 애매모호한 지역, 시 도 경계 세 개씩 걸쳐진 험지 찾아 삼만 리 은사 가진 목사님'

이렇게 아내와 재미있는 농담을 주고받다보니 옛 생각이 절로 납니다.
'이제 세월 지나서 도시락 싸들고 찾고 싶어도 더 이상 찾지 않아도 될 코스에 와 있으니 아쉽기만 하구나~' 생각하면서 몇 줄 써보았습니다.

3년이 33년 세월의 강물로 흘러갔다

나는 평소에도 수도권에 가서 공부를 더하고 싶은 마음이 늘 잠재해 있었고, 이왕이면 목회로 올라가는 것이 더 유익된 것 같기도 하여 조 목사님이 수차례 방문하여 제의하신 문제를 놓고 기도하던 중 '하나님께서 무서운 꿈으로 현몽하심이 하나님의 급하신 명령이 아닐까' 하는 생각에 더 이상은 버티기 힘든 나의 심사였습니다.

아내는 나의 가고자 하는 목회의 길을 단 한 번도 반대한 적이 없습니다.
아내와 깊은 대화 속에서 아내는 이번에도 따라오기로 결심했습니다.
나는 '여주'란 곳이 어디인지도 모르고, 단지 부흥회 한 번 인도하고 조 목사님 소개로 연결되어 영적 응답 속에 이동은 쉽게 진행되었으나 평강교회 교우들에게 설명과 설득이 필요하여 회의한 결과 교우들은 결사반대를 했습니다.

나는 나의 뜻을 분명히 밝히면서, 제시안을 설명하였습니다.
① 나는 개척자이기 때문에 한 곳에서 사명의 시기가 끝나면 하나님께서 또 다른 사역지로 옮깁니다.
② 내가 가서 3년 후에 다시 와서 평강 교인들과 함께 하겠습니다(3년 복귀각서 작성).
③ 오시는 박 목사님의 나이 65세로 고향이 대구이며, 모든 가족이 삽니다. 마지막 목회를 고향에서 하게 하고, 내가 3년 후 다시 교환할 것입니다.

④ 나는 학문에 더 정진할 목적이 있으니 양해 바랍니다.

⑤ 교회와 사택의 재산권을 그대로 후임에게 즉 평강교회 재산으로 놓고 갑니다. 하나님 의 것이기 때문입니다. 혹시라도 그런 오해 없기 바랍니다.

나의 결심을 누구라도 막을 수는 있으나, 가지 못하게 할 수는 없습니다.

이렇게 우리는 1988년 2월 26일 이삿짐을 꾸려서 내가 여주 땅으로 올라오게 되었 고, 박 목사님은 대구로 내려오심으로 그렇게 임무교대가 이루어졌습니다.

2021년도의 현재 모습이 이 지역 환경인데, 1988년대 이곳은 말이 수도권이지 전기나 도로, 환경적으로 매우 낙후된 지방 소도시 변두리만도 못한 열악한 환경이었습니다.

지금 빅토리아 삼승초등학교 옆 골프장에 한국에서 두 번째로 큰 양돈장이 있었습니다.

환경도 돼지 똥 냄새, 파리 떼, 술꾼, 가난과 무지, 밤에 가로등 하나 없는 암흑천 지, 조선시대부터 내려온 고집불통의 문화잔재, 교회를 우습게 여기는 안티족이 잠재 된 곳, 어느 하나 내놓을만한 것이 없는 너무너무 괴상망측한 곳이었습니다.

원 씨, 박 씨, 최 씨를 의미하는 삼승(三升), 이 세 씨를 이어가자고 한 마을입니다.

본래는 원 씨 마을 즉, '원승리'였습니다.

약 150년 전 원주 원 씨가 이 골짜기에 와서 살면서 생겨난 원승골이었습니다.

그러다보니 박 씨, 최 씨가 들어와 삼승으로 살게 되었고, 또 세월이 흘러 지금은 여러 성 씨가 시대를 거스를 수 없이 살아가고 있습니다.

1989년 4월 19일 새 봄날. 사택 페인트 작업과 비바람이 직접 닥치므로 차광막 설치 종탑나무 기둥이 보임. 굴뚝이 매우 인상적이었다. 꽃을 좋아하는 박 사모의 화단 꽃 활짝

전임목회자들의 과거를 흉잡으려고 하는 것이 아닙니다.

그분들이 몸부림친 목회 현장이었습니다.

나는 여주 삼승제일교회 제4대 교역자로 부임하였습니다.

자서전도 역사입니다.

빛과 어두움의 교차입니다.

전임 2대 교역자는 故 최수복 목사님이십니다.

그분은 삼승제일교회에서 11년을 목회하셨습니다.

성품이 무척이나 조용하시고 온유하시고, 어려운 교회형편은 삼남매 자녀와 사모님, 가족부양마저 불가능했습니다.

목사님은 방콕(외출하지 않고 방에만 처박혀 있는 상태)이었다고 전해 들었습니다.

지역주민들이나 지역 간의 교류가 전혀 없고, 담을 쌓고 지냈다고 합니다.

사모님은 무척 활동적이라 불신자들도 혀를 내둘렀습니다.

교회 목사 사모를 '사모'라 부르지 않고 딸 이름 '은희 엄마'로 통합니다.

2021년 현재까지 80-90대 주민은 소수 남았는데 '은희 엄마'라고 해야 대화가 가능합니다.

교회재정도 약하고 목사님이 두문불출하니 사모님이 육체적인 노동으로 생계를 책임지면서 닥치는 대로 살아갔습니다.

그러니 아침이면 "은희 엄마, 빨리 나와!" 동네 사람들이 데리고 어울려서 일하러 가고, 사모님 성격이 워낙 자유로워 사람들과 잘 어울리면서 세상 사람과 구별 없이 살았던 것 같습니다.

최 목사님은 그렇게 목회를 이어갔습니다.

그런데 사모님의 공사 간 분별없는 행동은 지역주민 여러 사람의 눈초리를 속일 수 없는 어떤 불미스러운 행동과 일탈이 일어났고, 며칠 씩 집을 비우고 오해를 넘어 사실로 이어지는 충격적인 일들이 벌어지니 교회와 목사의 권위, 하나님의 거룩한 이름이 땅에 떨어져서 회복 불가능한 지경에 빠진 것입니다.

걷잡을 수 없는 윤리 도리를 벗어난 사건 속에 14년이란 긴 목회달력만 속절없이 넘어갔습니다.

1988년 내가 부임했을 때도 수년간 오산에서 목회하시던 최 목사님 사모님이 이곳에 와서(어떤 사람 상상에 맡김) 만나고 가곤 하였고, 나는 도저히 참기 힘든 상황을 참아냈습니다.

그 후 그 사람이 사망하니 끝이 났습니다.

내가 관여할 사항이 아니었기 때문에 그때마다 인내로 버텼습니다.

이제는 故 최수복 목사님에 대한 사연은 이 정도로 함축하고 싶습니다.

간단하게나마 기록한 이유는 역사이기 때문입니다.

故 최수복 목사(1970.4-1981.3.)

제3대 교역자는 박태희 목사님이십니다.

박 목사님은 성품이 곧고 철저한 보수주의 신학과 목회자입니다.

성격이 깐깐하며, 설교 시 졸면 무조건 책망하고, 주초(酒草:술·담배)하면 성찬식에 수찬 정지로 징계하고, 성가대는 주일에 한 번 빠지면 탈락, 6개월 후에 다시 서게 하고, 직분자는 새벽기도를 의무적으로 드려야 했으니, 박 목사님이 얼마나 교인과 목회자와의 간격과 권위를 구별하는지 구약시대 율법준수였습니다.

지역과 완전히 담을 쌓고 철저히 칼빈의 예정론을 외고집으로 '택자만 교회 온다' 하고 경조사 관계 전무, 동네 행사에는 전혀 관심이 없습니다.

동네 주민들이 '교회 꼴 보기 싫다' 하여 교회는 쳐다보지 않으려고 고개 돌리고 가다가 논에 빠지는 일이 허다했다고 합니다.

동네 주민들이 토끼나 짐승을 잡아 창자를 교회마당에 던져버리는 일이 생길 만큼 교회와 목회자는 경멸의 대상이었고, 송림리 교인들이 교회 생활했고, 삼승리 주민들 중에 교인은 거의 없었습니다.

넋 나간 아내, 다시 찾은 용기

나는 한 주간 부흥회 다녀간 정보와 교회의 뜨거운 은혜 분위기만 생각했습니다.

나의 목회지론(牧會持論)은 약 3년 타이밍(timing)입니다.

지금까지 그렇게 걸어왔습니다.

아골 골짝 빈들이면 어떻고, 골짜기면 어떻고, 광야면 어떻습니까?

'죽어가는 영혼이 있으면 구원한다'는 단순하고도 무지한 생각을 했던 것입니다.

1988년 2월 26일 토요일 오후였습니다.

아내가 이삭이와 지혜, 윤태 처남과 함께 여주에 왔습니다.

그때는 도로가 별로 없었기 때문에 으슥한 산길과 오솔길을 지나야 했습니다.

대구에서 오기 전 나는 "아주 좋아! 가기만 하면 되는 거야!" 하면서 어찌하든지 긍정적인 말로 아내를 설득했었습니다.

그런데 마을 입구에서부터 아내가 말합니다.

> "아! 이젠 별 희한한 별천지에 오게 되었구나. 고생문이 훤히 열리는구나. 아니, 이런 산골길에 교회가 있네?"

아니나 다를까 다시 보니 동네 집들도 별로 없고, 교회는 조그만 흰 블록 건물로 서 있고, 통나무로 세운 한국교회 초기 종은 덩그러니 달려 있고, 교회 마당 한복판 앞쪽에 자리한 사택은 후지고 낡아서 얼마나 더덕더덕한지 기어들어가고 나가야 하고, 화장실은 반만 년 묵은 고린내가 날 정도로 모든 시설이 최악(最惡)이었습니다.

부흥회 때는 그렇게 폼이 나고 잘 보이던 모습들이 다시 와보니 완전히 눈이 떠져서 눈 뜨고는 못 볼 지경이니 그날 당장 대구로 돌아가고 싶지 않았겠습니까?

이삿짐을 내려놓은 차가 돌아간 후에 아내와 윤태 처남(둘째 박 장로님)은 기가 막히고 코가 막히는 상황이라 한동안 사택, 지금의 교회 앞쪽 하단 가까이에 있었던 건물 앞에 앉아서 먼 산만 바라보고 한숨만 쉬고 있었습니다.

나는 나대로 정신을 가다듬었고, 아내와 처남도 '하나님의 깊은 뜻이 숨겨져 있다. 우리가 할 일이 있어서 하나님께서 보내셨다' 생각하고 마음을 추스르면서 교회에 들어가서 기도하고, 무거운 마음처럼 무거운 짐을 대충 정리하고 안정을 취하면서 다음 날 주일 준비에 들어갔던 것입니다.

나는 대구에서 사택 천오백만 원, 평강교회 삼천만 원 전세 그대로 놓고 왔습니다.

아내도 나도 하나님의 것이니 그대로 교환, 임지를 인수인계했습니다.

깨끗한 마음으로 종결(終結)되었습니다.

대구 대도시 사택에서 살다가 갑자기 바뀐 환경에 아내와 이삭, 지혜에게 미안함만 가득했습니다.

삼승교회 사택은 1960년대 초에 지어져 얇은 블록과 슬레이트 지붕으로 겨울에는 춥고, 여름에는 덥고, 비가 오면 주룩주룩 여기저기 새고, 옛날 아궁이여서 물이 부엌까지 차고, 뱀이 헤엄치는 등 너무나 허름해서 불안감마저 들었습니다.

물론 용인 근삼교회 사택보다는 형님입니다.

하지만 며칠 전 대구의 사택은 당시 초현대식으로 화장실은 좌변수세식이었습니다.

최고의 집에서 그나마 몇 달 살만 했는데 갑자기 여주 땅 삼승교회에 부임하여 기막힌 환경으로 둔갑하여 아내의 안타까움을 해결해주지 못하는 나로서는 미안한 마음뿐이었습니다.

1989년 7월 20일 구 사택 앞에서. 마음을 다잡고 목회자의 동역자로 굳세게 일어선 박경자 사모의 모습

아들(이삭) 초교 5학년, 딸(지혜) 초교 2학년 시절, 학교 가기 직전 교회 앞에서 찰칵! 밝고 씩씩하게 성장하였다. 중·고등학교 도시락은 반드시 아내가 최고의 정성을 다하여 싸주었고, 발이 퉁퉁 붓도록 가난했으나 풍요를 창출하여 아내가 키웠다.

1991년 2월 20일. 밤새 내린 눈이 종탑 아래 가득히 힘든 눈보라를 이겨낸 박경자 사모의 눈처럼 새하얀 마음으로 새벽기도 후 이른 아침에

전임자의 속임수
첫 주일 교인 십 여 명, 깜짝 놀람

전임 박태희 목사님의 목회일생에 대해 함부로 말하려는 것은 아닙니다.

하나님께서 쓰시는 종이요, 당시 65세이셨고, 40여 년 농촌 목회하셨다고 하셨습니다.

그분은 곧은 성품에 카리스마가 넘쳐 그 누구도 함부로 할 수 없는 분이었습니다.

조복희 목사님과의 친분으로 나와 관계 지어져 목회지가 은혜롭고 신속하게 결정되었고, 나는 나대로 하나님께서 영몽까지 주시므로 급박하게 전개되어 여주에 왔습니다.

드디어 첫 주일이 되었습니다.

나는 '지난 달 부흥회 때 강단까지 찼으니 적어도 40-50명은 되겠지' 생각했고, 또 박 목사님이 '40여 명 이상 모인다'고 알려주었습니다.

그런데 주일예배를 인도하려고 보니 교인들이 통 보이지 않습니다.

"아니, 교인들이 왜 이렇게 없어요? 혹시 무슨 문제가 있나요?" 물으니, "목사님, 이분들이 우리 교인 전부입니다." 하는 것입니다.

사실 숫자적으로 너무 적었습니다.

순간 '아! 박 목사님이 나를 속였구나!' 쓰라린 배신감이 몰려왔습니다.

일단 첫 주일예배를 마치고 교인들에게 좀 더 상세히 물어보았습니다.

이야기인즉, 1985년도에 송림리 마을에 교회가 설립되어서 약 30명 정도가 교회를 옮겼다는 것입니다. 즉, 송림리에서 30여 명이 삼승교회로 다니다가 자기 마을에 교회가 들어서니 본 마을 교회로 갔다는 것입니다.

사실 무리는 없는 일이었습니다.

자기 마을 교회에 가는 것이 당연한 것 아니겠습니까?

그러다보니 삼승교회는 텅 비었다는 것입니다.

그런데 박 목사님은 그런 사실은 숨기고 나에게 '40-50명 된다'고 했으니, '일단은 나를 속여서 내 마음을 붙들고, 자기만 빠져나가면 된다'는 식으로 가고 말았습니다.

현금상황도 기가 막혔습니다.

한 달 수입은 사례금이 당시 50만 원도 안 되고, 겨우 교회운영비만 나옵니다.

교회 소유의 산이 있었는데 이천만 원에 팔아서 교회 유리창, 보일러, 기아마스터 (봉고 중고차) 차 구입하고, 나머지는 잘 모른다고 했습니다.

삼승교회는 말이 기성교회지, 개척을 새로 해야 할 지경이었습니다.

대구 평강교회는 교회와 사택 재산이 약 칠천만 원인데, 그대로 물려주고 왔습니다.

그러나 삼승교회는 내부적 상황이 너무 허약하고, 인수인계 때와는 많이 달랐습니다.

차라리 박 목사님이 사실 그대로 이야기를 하셨다면 정직성으로 수용이 되었을 것이고, 나에게도 이곳에 올라와야 할 개인적인 목적이 있었으며, 하나님께서도 "가라!"는 강력한 영적 명령 메시지를 주셨기 때문에 마음을 다잡을 수 있었을 텐데, 첫 주일에 뚜껑을 열어 보니 너무 기가 막힐 일이었습니다.

거기에다가 주민들과 교회의 관계, 목회자와 교인과의 관계 등이 너무나 좋지가 않아 앞으로 헤쳐 나가기에 넘어야 할 산이 히말라야 같았습니다.

나는 대구 평강교회의 모든 재산권을 있는 그대로 서류상 모든 권한을 포기하고 물려주고 왔으며, 온양에서의 최후 결정으로 미련을 접었습니다.

나는 솔직히 자서전을 쓰면서도 아무리 하나님의 깊은 섭리로 전임(前任) 후임(後任)이 우여곡절(迂餘曲折) 속에 성사되었다 해도 마치 '물에 빠진 자 건져놓으면 내 보따리 내 놓으라'는 격으로, 또한 '은혜를 물에 새긴다'는 말처럼 지금까지 박태희 목사님이 한 통의 전화, '고맙다'는 말 한마디가 없는 것이 조금은 서운합니다.

현재는 목사님이 연로하여 사위에게 교회를 물려줬다는 것을 풍문으로 들었습니다.

인생 목회 선배로서 매정하고 비정한 그분이 딱하게 여겨집니다.

하나님 앞에서 살다가 그 앞에 서야 할 텐데 야속한 이여!

그러나 미워하지는 않습니다.

우리 자손들아!

이 글을 읽으면서 '이 세상에서 살아가는 데 사람이 재산이요, 내 명예다.' 생각하고 그 누구와의 관계 맺으면서 살아가는 데 항상 상대를 이해하고 존중하며, 최대한 정직하고 정당하게 판단하면서 살아가야 한다.

조그마한 은혜를 받았다면 항상 그 빚을 갚아야 한다.

'의리견수'(義理堅守)라는 말이 있다.

의리를 저버리지 말아야 한다.

당장 만납시다!
온양 산 속에서 만나다

나는 유형교회 공동체 즉, 교회 머리 되시는 예수 그리스도의 지체가 되는 교회의 이동은 하나님의 깊은 섭리로써 이루어짐을 늘 체험했습니다.

사실적인 이야기를 숨겼다는 상상조차 못하고 여주로 왔으나 나도 사람인지라 부임한 후 첫 주일, 눈에 띄게 나타나는 교회 내부적 운영, 교인과의 관계에서 목회자의 고압적인 자세, 지역 주민들과의 동떨어진 관계 등 어느 하나 칭찬받을 좋은 모습은 눈을 씻고 찾으려야 찾지 못하는 현실에 직면하니 화가 날 수밖에 없었습니다.

나는 첫 주일 오후 대구로 급히 전화를 걸어 통화하면서 강경하게 말했습니다.

"당장 내일 월요일에 만납시다! 안 만난다고 하시면 다시 이삿짐을 싣고 내려가겠습니다!"

사실 내가 다시 대구로 돌아간다 해도 박 목사는 할 말이 없는 것입니다.

어찌 됐든 하루 만에 일어난 일이고, 대구 평강교회와 여주 삼승제일교회와는 목회자들 간에 첫 단추가 잘못 끼인 것과 같으니, 최악의 상태에서 모든 것이 나의 행동과 결단에 달려있었습니다.

월요일에 무조건 온양 역에서 만나기로 하고, 이튿날이 되기만을 기다렸습니다.

월요일 온양 역에서 박 목사님과 사모님을 만난 나는 산속으로 가자고 했습니다.

나는 젊은 목회자요, 박 목사님은 육십 대 중반이니, 세대 간에 차이가 납니다.

산속에 가서 따져 물었습니다.

"왜 아들 같은 나에게 교회의 환경이나 내부적 사실을 좋게만 포장하여 제시하고 속였습니까? 차라리 정직하게 알려주셨다면 나도 상처받지 않고 오히려 강한 마음의 준비를 할 텐데 현실은 하늘과 땅 차이만큼이나 심하지 않습니까?"

나는 다그치며 당장 다시 원상 복구할 것을 요구했습니다.

이때에 박 목사님은 무릎을 꿇고 "나잇살이나 먹은 이 바보 같은 목사가 잘못했습니다. 미안합니다. 잘못했습니다."라고 용서를 구하는 것입니다.

사모님까지 '무릎 관절염이 심해서 무릎을 꿇을 수 없다'고 하면서 말하는 것입니다.

"우리가 잘못했어요. 사실대로 말하면 추 목사님이 오시겠습니까? 그러니 모든 것을 꾸며서 이야기하고, 작은 것을 크게 과장하여 속였습니다. 이 두 늙은이 이젠 늙어서 너무 힘들어요. 자식들 있는 대구로 가게 되니 참 잘 됐구나 생각해요. 평강교회에서 그 고생다 하고, 교회 사택 갖춰놓고 가셨는데 우리가 참으로 잘못했어요."

이렇게 두 분이 빌고 또 빌며, 예수님의 은혜로 용서해달라고 하는 것이었습니다.

그 모습을 보니 어찌할 바를 모르겠고, 한편으로는 원망스러웠지만 다른 한편으로는 젊은 목회자와 연세 지긋한 목회자의 모습이 피차 안쓰럽게 느껴졌습니다.

평강교회는 '든든히 서있는 교회, 목회자와 교인간의 돈독한 관계, 그리고 사택'의 삼박자가 고루 갖춰진 교회였습니다.

내심 하나님의 강력한 메시지를 받은 나는 속히 생각을 고쳐 기도하면서, 그 자리에서 깨끗이 마무리 짓고 돌아왔습니다.

지난날을 돌이켜보니 나의 단순함이 지나쳐서 일어난 일이었습니다.

나는 목회하면서 무조건 길이 한 발짝 열리면 그쪽으로 직진형으로 가려고만 하는 성격과 스타일인데, 그것이 좋은 점도 있으나, 시행착오를 일으킬 때가 많았습니다.

나는 나름대로 '하나님께서는 혹시 나의 단순함을 기뻐하실지 모른다' 생각하고, 내 스스로 위로하면서 살아왔습니다.

새로운 각오로 목회전략을 세우다

이대로 주저앉아 있을 수만은 없었습니다.

온양 산속에서 전임자와의 만남 이전에 어쩌면 이미 결말은 나 있었는지 모릅니다.

나는 '모든 것을 하나님이 하고자 하시는 목적이 있었기에 여주에 옮겨 주셨다'고 믿고, 새로운 목회전략을 구상하였습니다.

"참새 한 마리가 나는 방향도 하나님의 작정 속에 있다."고 한 칼빈(John Calvin)의 말처럼, '비록 작은 목회자의 길을 지금까지 인도하사 쓰셨는데 삼 년이면 이 지역을 복음화 시키고 성령의 불을 붙이고 집어 삼키리라!'는 비장한 각오로 아내와 함께한 결연한 자세는 웅비(雄飛)하는 독수리처럼 강력했습니다.

우리는 새벽에 때로는 한 시 두 시, 잠에서 깨는 대로 일어나서 이 마을을 바라보며 두 손 들고 기도했습니다.

그리고 월요일이 되면 아내와 함께 수십 리 기도원 등을 찾아 기도했습니다.

차라리 교회가 없는 불모지라면 더 쉬운데 이곳은 전임자가 지역 주민과의 관계 속에서 거리감이 있었기 때문에 교회를 향한 안티 주민이 거의 다 형성되었고, 전전 임자까지도 누적된 일들로 교회의 권위는 밑바닥이었습니다.

대략 목회계획은 주민과 간격 좁히기, 경조사 철저히 챙기기, 주민공동체 적극 참여하기 등으로 '교회가 이 지역에 왜 필요한가?'를 심어주기에 열정을 다했습니다.
그 어떤 일이 있어도 경조사에는 반드시 예우를 다해서 경조비를 들고 축하 위로를 철저히 해나갔습니다.
동네 공동부역에 먼저 나가서 간식을 가지고 기다렸으며, 여름 모내기철에는 들판에 나가서 모내기 줄잡는 봉사도 마다하지 않았습니다.

교인이 소천하면 반드시 꽃상여로 장례식을 치러 불신자들에게 보여주기 식의 장례를 통한 구원천국을 보여주었습니다.
지금과는 문화적 차이가 있지만, 당시 80-90년대까지는 상당히 효과적이었습니다.
만나면 언제나 반갑고 다정다감하게, 그리고 구체적인 인사 메시지로 그들의 손을 잡아주었고, 때로는 응급환자를 싣고 병원을 가기도 하였고, 긴급봉사도 해가며 능력이 닿는 한 지역 주민과의 거리를 좁혀갔습니다.
그 효과는 백점 만점이었습니다.

한국인은 머리보다 가슴의 민족입니다.
그릇이 뚝배기 아닙니까?
속을 알아야 하고, 움직여야 합니다.
점차 교회의 소문이 좋아졌습니다.
전도의 문도 열렸습니다.
"내가 교회에 가면 내 손에 장을 지져라!"고 하던 김대순 권사님도 유영종 안수집사님의 전도로 교회에 와서 온 가족, 그 자손까지 현재 다 구원을 받았고, 교회의 중추적 일꾼 가족이 되었습니다.

어디 이뿐이겠습니까?
하나님이 이와 같은 방법으로 더 많은 성도를 불러내셨습니다.

나는 이미 전천후 목회나 사역을 경험했습니다.

자만심이 아니라 이미 밑바닥을 거쳐 오지 않았습니까?

따져보면 여주 삼승제일교회는 전임자들의 소극적 · 인간적 · 냉소적인 것을 반대로 적극적 · 은혜적인 방법으로 전환시키면 되는 것이었습니다.

관리교회와 남면교회, 근삼리교회와 평강교회를 거친 경험을 밑천 삼아 삼승리는 고기 한 점 먹는 것이었고, 이미 땅 위에 교회가 세워져 있었으며, 24년이란 역사의 관록 위에 서 있었기에 '목회자의 교회관과 목회철학만 확고하면 부흥된다'는 확신이 넘치기 시작했습니다.

1988년!

이 시대의 한국교회는 말씀운동과 축복론으로 대세를 이루었습니다.

나도 삼승교회에서 말씀과 축복론을 강조하였습니다.

나의 목회(삼승제일교회 33년)에서 수많은 사람, 교인들이 이 지역과 교회를 거쳐 가는 것을 내 눈으로 보아왔습니다.

10년이면 강산도 변한다는데 세 번이나 변하고도 남지 않았습니까?

지금도 수많은 교인들이 오고가며 변화무쌍함을 피부로 느끼며 목회 마무리 단계 까지 왔습니다.

외적 · 내적 · 가정적(추 목사 가족)으로 치열한 전투였습니다.

과장이 아닙니다.

선한 싸움터였습니다.

33년 삼승교회에서의 목회를 필설로 어찌 다 표현할 수 있겠습니까?

54년의 목회사역을 어찌 다 기록할 수 있겠습니까?

교회가 크다고 일이 많고, 작다고 일이 없겠습니까?

목회의 일선은 다 똑같습니다.

365일 5시간 27분 42초의 일 년의 시간은 똑같고, 24절기 춘하추동의 계절도 똑같고, 교회력에 의한 목회일정도 똑같습니다.

미국만 대국입니까?

작은 한국, 이스라엘도 스위스도 가치 있는 국가인 것처럼 농촌교회 삼승교회도 똑같습니다.

오히려 미국 같은 대국(大國)이 못하는 것을 소국(小國)인 한국, 이스라엘과 스위스가 하는 것처럼 말입니다.

33년의 삼승제일교회의 목회현장은 참으로 파란만장(波瀾萬丈) 했습니다.

삼승제일교회를 거쳐 간 수많은 영혼들이 귀하고, 현재 한 배를 타고 천국을 향해 하는 성도들 모두가 다 귀한 분들입니다.

예배인도를 하려고 강단에 서서 바라볼 때마다 감사 감격의 눈물이 나옵니다.

천국까지 광풍노도 헤쳐 나가 무사 항해하는 영혼의 닻을 잘 다루어가게 하소서!

노아 방주의 선장은 노아가 아닌 하나님이신 것처럼 선장이시오 양의 목자이신 하나님만이 천국 항구 도착, 정박 안착 시까지 인도하실 것입니다.

교회 1기 직분(권사)
밭을 대지로 확보, 교회 앞 26m 길 찾아 공사 완료

삼승제일교회는 최초 원용습 집사님 가정의 잠실건물(누에고치 시설)에서 시작했습니다.

당시 현신애 권사님은 신유(神癒; 신앙으로 병을 고치는) 은사로 한국교회사에 남을 만한 여종(女僕)입니다.

1960년대부터 1980년대 초까지 하나님의 능력으로 수많은 병자를 고친 신유의 종인 현 권사님이 손수건만 흔들어도, 그의 그림자만 지나가도 병을 고쳤습니다.

현 권사님이 1964년 4월에 삼승리 마을에 오셔서 원용습 집사(당시 불신자) 아들 병 치료를 위해 기도해주시고, 교회개척 등의 목적으로 방문함으로 삼승제일교회가 세워지게 된 것입니다.

당시 '현신애 재단'이라고 하는 서울 용산구 사무실에 본 교회의 등기서류를 보관 중이어서 이 문서를 찾아오는 것은 쉬운 일이 아니었습니다.

현 권사님은 천국에 가셨고, 그의 자녀와 재단에서 관리하기에 절차가 복잡했지만 서울에 가서 삼승제일교회가 소유권자로 된 502평 전(田:밭) 문서를 가지고 왔습니다.

그리고 1988년 11월에 제1기 세 분 권사님을 세웠습니다.

24주년 된 교회가 여자 권사 한 분 없이 교회공동체의 구심점이 허약했습니다.

권사 세 분의 취임행사는 당시 큰 잔치였습니다.

교회는 시멘트 블록 건물인데 외관과 내관이 늘 춥고 덥고, 여름에는 흰색 건물에 파란 이끼가 끼고, 겨울이면 까맣게 퇴색되며, 눈에 보기에도 매우 흉물스러웠습니다.

1991년도에 적 벽돌로 공사를 하여 외부에 적 벽돌을 입혀서 건물을 더 보강하니 보기에도 좋고, 매년 흰색 페인트 도색작업을 하지 않고도 냉난방에 유익한 점들이 있으니, 참으로 발전된 모양이 되었습니다.

종탑도 동판으로 새롭게 세우니 작은 건물이지만 교회 건물도 많이 발전하는 모습 자체가 은혜롭고, 교우들도 자부심을 갖게 되었습니다.

사실 교회 부지 502평이 모두 밭으로 되어 있었고, 건축물 대장도 없고, 불법으로 세워져 있었습니다.

사택을 건축하려고 하니 벽에 부딪쳤습니다.

당시 군수 박용국 장로님은 여주 중앙감리교회 장로로서 군수였습니다.

나는 군수를 찾아가서 사실대로 이야기를 했으나 한마디로 '전(田)을 대지로 바꿀 수 없다'고 단호히 거절했습니다. 큰일이었습니다.

사택도 중요하지만 교회건물이 불법건축이니 생각할수록 황당했습니다.

'모르는 게 약이라고 차라리 사택도 건축하지 않고 모른 척하고 지내고 산다면 모를까 알고 나니 이대로 지나칠 사항이 아니었습니다.

그 순간 나는 용기를 냈습니다.

군수와 나만의 독대자리입니다.

내가 탁자를 쾅쾅 치면서 "왜 대지를 안 해주는 겁니까? 김종필 국무총리가 1968년도 국무회의 결의로 분명히 '밭에도 20년 이상 건축물이 세워졌다면 양성화 시켜라' 결정된 것도 모릅니까?"라고 아주 큰 소리로 쾅쾅! 또 치면서 강력하게 들이댔습니다.

비서가 급히 들어오면서 "무슨 일로 이러십니까?" 나를 제지합니다.

그때 즉시 군수가 큰 소리로 "김 비서 아무 일도 아냐! 나가 있어!"라고 명령하니 비서가 나갔습니다.

"목사님! 알았습니다. 지금 가남면장에게 부탁하여 처리할 테니 며칠만 기다려보세요" 나를 달래며 '오늘은 그냥 가시라'고 했습니다.

나는 "아닙니다! 지금 김 면장에게 전화해서 오늘 해주세요!"라고 다그쳤습니다.

군수님이 "나를 믿고 오늘 가셔서 기다리면 연락이 갈 겁니다. 목사님 그리 아세요."라고 말했지만 나는 "지금 전화하세요!" 밀어 붙였습니다.

군수가 전화기를 들었습니다.

직통전화입니다.

군수와 면장실을 잇는 행정 직통전화로 전화를 걸었습니다.

> "나 군수인데 김 면장, 그 삼승리 교회 토지 전환 작업을 좀 해줘! 지금 목사님이 곧 그리 가실거야!"

김 면장이 "예! 알았습니다." 하고 군수와 김 면장과의 통화가 끝나고 나서 군수님이 "목사님! 면으로 가보세요. 처리됩니다."라고 했습니다.

조금 전 쾅! 탁자, 큰소리, 김 비서 출동, 김 면장 통화…….

그리고 나는 가남면으로 찬송하며, 기도하면서 출발했습니다.

오래 전부터 '군수는 행정의 꽃이요, 면장은 열매다'라는 통설적 이야기가 내려옵니다.

나는 면장실로 직행하였습니다.

면장이 기다리고 있었습니다.

직속상관 군수의 명령을 수행하고자 나를 깍듯이 맞이했습니다.

과장된 표현이 아닙니다.

'오늘 즉각 즉시 하라'는 군수 명령은 청와대 지시보다 더 영이 서는 것 아닙니까?

차를 마시면서 교회 등기를 서로 보면서 대화를 나누고 나서 김 면장이 총무과장을 불러서 지시하여, 오늘 공무원 첫 발령을 받은 김 서기와 나는 우리 교회로 즉시 이동하여 건물 크기 모양을 본떠서 가져갔습니다.

김 서기는 경남 진해에 사는 27세 김현석 공무원인데 발령받고 나서 가장 첫 번째 업무로 삼승교회 밭을 대지로 전환시키고, 건축물대장 사택건물 건축 관계서류 등을 새로 작성하는 중요한 업무를 맡게 된 것입니다.

그 후 1개월이 지나서 교회 토지는 밭이 대지로, 종교부지로 허가가 나고, 세금도 없어지고, 완전무결(完全無缺)한 법적 보호 장치가 생겼습니다.
하나님께서 내려주신 선물로 생각하고, 크게 감사했습니다.

한편 교회 앞 도로도 막혀서 논둑길이었습니다.
지적도를 자세히 살펴본즉 452도라고 발견, 교회와 큰 지금의 지방도 거리 26m가 양쪽 지주들이 서로 깎고 깎아서 자기들 땅처럼 사용되고, 452도로가 논둑 경계선만 있었습니다.
양 지주들에게 측량을 통보하여 26m 도로를 찾았습니다.
이렇게 지역 권리행사를 하면서도 공사비는 교회가 전담하는 등 지역개발에도 앞장섰습니다.
교회 출입하는 모든 차량 통행이 편리해서 기분이 좋았습니다.
나는 26m 길을 황금(黃金)의 길이라고 생각합니다.

하나님의 칠영

"보좌로부터 번개와 음성과 우렛소리가 나고
보좌 앞에 켠 등불 일곱이 있으니
이는 하나님의 일곱 영이라"
(요한계시록 4:5)

노년이여!
잘 누리다 잘 가자!

Enjoy Yourself Old People, Let's Go!

"백발은
영화의 면류관이라
공의로운 길에서 얻으리라"
(잠언 16:31)

노년이여! 잘 누리다 잘 가자!

Enjoy Yourself Old People, Let's Go!

노년(老年)은 겨울입니다. Old Age is Winter

겨울은 춥습니다.
만물이 동장군에 꼼짝 못하고 깊은 동면(冬眠)을 취하며 안식하는 때입니다.
노년기(老年期)는 65-100세 시기라고 말할 수 있습니다.

늦가을에서 겨울로 가는 길목에 서 있는 나그네가 지친 장대를 들고 서 있습니다.
소년기와 청년, 그리고 장년의 고개를 넘고 넘어 아리랑 쓰리랑 고개, 보릿고개, 추풍령고개, 미시령·한계령·이화령의 인생 고개를 다 넘어 온 인생입니다.

이제는 겨울나무가 되어 육체도 마음도 정신과 영혼까지 파고드는 찬바람, 칼바람이 깊숙이 스며듭니다.
찬바람이 옷깃에 스칠 때 나 혼자만 억울하게 산 것처럼 착각하고 망상에 빠져들며, 남의 인생과 비교하여 자기 자신을 추하게 여기면 절대로 안 됩니다.
동장군의 호령 속에서도 내 인생의 멋과 사랑에 빠진 노인은 한 겨울의 꽃과 같다고 했습니다.
"An Old Man Love is like a Flower in Winter"

노년기에도 내 인생의 꽃 피우고, 노년기에 건강과 여유는 필수입니다.
재산이나 명예도 좋으나, 건강하여 모든 분야에서 거둬들이는 삶을 영위해야 합니다.
노인의 삶에도 등급(等級)이 있습니다.

아프리카나 그리스, 인도에서는 노인 한 사람의 가치를 도서관, 박물관급으로 여깁니다.
평생 쌓아온 지식과 지혜, 경험과 기술, 각 분야에서 최고의 명인, 명장인 것입니다.

노학(老學) 늙어도 끝까지 배워야 합니다. 면학종신(勉學終身)의 삶

노동(老童) 어린 아이의 순진성을 잃지 않아야 합니다.

노옹(老翁) 자녀도 돌봐주고, 빈 둥지도 지켜주고, 입은 닫고, 지갑을 열어라.

노인의 세대는 계절의 끝인 겨울(冬)처럼 더 이상 지상생애를 꿈꿀 수 없습니다.
땅의 것을 내려놓고 포기하고, 자세를 낮추면서 위를 보며 살아야 합니다.
히브리어로 '사람'은 '안드로포스'인데, '위를 본다'는 말입니다.
"하늘에 계신 우리 아버지여!" 하며, 영적 눈을 떠야 하는 시기입니다.

이탈리아 밀라노 교회에 가면 문이 세 개가 세워져 있습니다.

첫째 문에는 장미꽃이 그려져 있고, '세상의 기쁨은 잠깐이다'라는 글귀가 새겨져 있습니다.

둘째 문에는 십자가가 그려져 있고, '세상의 모든 고통도 잠깐이다'라고 새겨져 있습니다.

셋째 문에는 '오직 중요한 것은 영원한 것이다'라는 글귀가 새겨져 있습니다.

인생 노년(老年), 인생 겨울까지 왔습니다.

여기까지 걸어올 수 있었던 것은 한 걸음 한 발자국 주님께서 함께 하시며 손 잡아주셨기에 가능했습니다.

장미 같이 신나는 일도, 십자가 고난 같은 난관도 헤쳐 왔습니다.

이제 나의 달려갈 길 다 달려왔노라!

주께서 의의 면류관 예비해 놓으시고 천국에서 날 기다리신다.

오직 중요한 것은 영원한 하나님 아버지 나라 천국 소망이다.

노년(老年)아!

영원히 누려라!

2016년 5월 태고의 절경 장가계를 배경으로 한 컷

노년이여! 잘 누리다 잘 가자!
Enjoy Yourself Old People, Let's Go!

노년은 겨울입니다. Old Age is winter

2006년 10월 21일 딸 결혼사진 대구 상동교회

2008년 10월 22일 아들 결혼기념 서울 팔레스 호텔

아들 양가 부모

딸 양가 부모

교회 부흥과 학업 정진

여주 삼승리는 농촌에서도 변두리에 위치한 아집과 무지의 시골마을이었습니다.

그래도 보건소가 있었고, 대현농장(현 빅토리아 골프장 위치)이라는 오만 평 규모나 되는 전국 2위의 양돈장이 있었습니다.

당시 교인은 이 양돈장의 공동숙소에서 생활하는 젊은 부녀자들로 형성되었습니다.

현지 주민들은 극소수였고, 30여 명의 핵심교인은 송림리 자기 마을에 교회가 설립되자 모두 이동하였습니다.

이에 나는 앞서 밝힌 것처럼 '삼승리'라는 마을주민을 상대로 하는 목회전략을 세우고 본격적으로 전진하였습니다.

교회가 싫어서 쳐다보지 않으려고 논둑길을 걷다가 논으로 빠진 사람도 많았고, 짐승을 잡아먹고 그 껍질 가죽을 교회에 던지기도 했던 주민들이었습니다.

나는 목사를 우습게 여기던 주민들과의 관계 개선을 위해 새로운 시도를 했습니다.

그 결과 점차 간격이 좁혀졌고, 교회에 교인이 새로 등록되고, 주일학교, 청년회, 여전도회, 남전도회, 구역도 생겨나기 시작했습니다(자서전 연혁 참조).

나는 하나님께서 공부할 수 있는 기회를 주셔서 합동신학교, 한남대학원, 연세대 신학대학원 등을 다니며 충실하게 학업을 이어갔습니다.

시간적 · 경제적인 면에서도 소모가 많이 되었습니다.

쉬운 일은 아니었으나 나에게는 큰 유익이었습니다.

목회자로서 지적인 향상은 돈으로 계산할 수 없는 것들이었습니다.

나는 1992년 꿈에도 그리던 성지순례(聖地巡禮)를 다녀왔습니다.

이집트에서부터 이스라엘로, 그리고 유럽까지의 여정은 은혜와 감동이었습니다.

이삭이와 지혜는 이곳에서 벌써 초 · 중 · 고 · 대학의 형설지공의 길을 마쳤습니다.

1995년 겨울 아들 이삭이 수능시험 치르고 이튿날 설악산 겨울여행, 설악산 정문에서 설경을 배경으로

교회에서 받는 사례비는 주일헌금이 드려지는 대로 나눠서 받게 되었습니다.
헌금수준이 너무 낮아서 항상 배고픈 생활이었습니다.
그렇지만 굶거나 천하게 살지는 않았습니다.
하나님께서 이런저런 손길로 채워주셨습니다.

당시 이삭이의 건국대학교, 지혜의 배제대학교 4학년 등록금 해결의 열쇠는 우리 힘 50%, 윤태 처남 50%, 반반의 힘이었습니다.
윤태 처남(박윤태 장로)은 참 고마운 사람이었습니다.

세 처남 모두 내 일생과 목회사역에 크게 도움을 주어서 항상 고맙게 생각합니다.
각자 역할이 있듯이 윤태 처남은 나의 목회 최전방에서 적극 도움을 주었습니다.
역사(歷史)란 그때의 순간적 타이밍입니다.
'언제, 누가, 무엇을 같이 했느냐'입니다.
아들과 딸의 대학 생활 8년의 매 학기마다 등록금의 짐을 같이 나누어 준 고마움을 늘 잊지 않고 있습니다.
아니! 하나님께서 기뻐하셨을 것입니다.

수진이가 이대 장학생으로 발탁되고 우진이가 진학할 때 나는 '하나님께서 지상의 보너스로 수진이를 통해 기쁨을 안겨주시는구나~' 생각하며 더 감격하고, 우리 처남 세 가족 모두 기뻐했고, 세 장로 가정 자녀 모두 대학의 통로를 거쳐 사회의 일원이 되어(박점암 부친·양순임 모친) 가문의 신앙과 축복대열에 서게 하심을 감사합니다.

박경자 사모는 평생 좁고 험한 목회자의 길을 나와 함께 걸으면서도 인고(忍苦)의 세월의 무게와 바람을 견디고 막아내며, 여기까지 에벤에셀 하나님의 은혜를 지니고 살아온 것을 감사하고 있습니다.
일찍이 처가에는 할머니 때부터 문경 점촌에 영순교회가 개척되었는데, 할머니 집에서 당시 7명이 예배를 드리면서 지금의 영순교회가 시작되었다고 합니다.
현재 80여 년의 영순교회 역사가 흐르고 있습니다.
'박경자 사모도 이미 그때에 예비 예정되어서 아골 골짝만 찾아다니는 목회를 하기 위해 영적 고도의 훈련이 시작된 것 아닌가' 생각해봅니다.

나는 천국에 가서 박경자 사모에게 생명과일을 따주면서 비서가 되고 싶습니다.
왜냐하면 사모는 평생 나의 목회의 비서로 헌신(獻身)하였기 때문입니다.
지상에서는 갚을 길이 없습니다.
내가 이런 말을 하면 사모는 웃으면서 말합니다.

"천국 가서는 조금 멀리 떨어져서 살고 싶네요~"

그럴수록 나는 "아니야~ 끝까지 따라갈 거야~" 하면서 마지막 목회의 고갯길을 서로 밀고 당기며 밀당 작전 수행 중에 있습니다.

1989년 1월 27일 합동신학교 졸업식에서 다정한 모습

여주 떠날 세 번의 기회와
못 말리는 둘째 처남(박윤태 장로)

내가 삼승제일교회에 부임한 후 약 5년이 경과되었을 때 이곳을 떠날 기회가 세 번 있었습니다.

첫 번째는, 전남 나주교회였습니다.

당시 나주교회는 약 300명의 교인이 등록된 교회인데, 거의 성사되었을 때 내가 생각하기에 두 아이들을 데리고 남쪽으로 가야 하는데 그쪽 대학이나 아이들의 미래가 마음에 들지 않아서 솔직히 거절했습니다.

그 후에 인간적인 내 생각을 회개하기도 했습니다.

두 번째는, 익산 임마누엘 교회와 맞바꾸는 일이 성사되기 직전에 있었습니다.

내가 아버님께 '고향 방면으로 간다'고 말씀드렸더니 얼마나 반대를 하시는지, 날마다 전화로 성경말씀을 인용하시면서 까지 만류하셔서 취소하게 되었습니다.

"제발 부탁이니 절대로 내려오지 마라. 선지자가 고향에서는 환영받는 법이 없다."

세 번째는, 성남교회였습니다.

성남교회로 가려고 사택도 예약하고, 교회임지를 약속하고, 주민등록도 옮겨놓았는데, 이스라엘로 이민 선교를 떠나려고 했던 그쪽 목사님의 계획이 한 주간 전에 갑자기 취소되어서 어쩔 수 없는 그쪽 사정으로 가지 못하게 되었습니다.

이런 일이 세 번 정도 일어났습니다.

나는 '아~ 하나님의 뜻이 이곳에 있어라 함이 아닌가' 생각했습니다.

그런 가운데 박윤태 장로는 이런 소식을 듣고 가만히 있지 않았습니다.

"자형, 쓸 데 없는 생각마세요. 자형이 농촌 버리고 자꾸 도시 도시하면서 옮기려 하는 것은 하나님께서 절대로 기뻐하지 않습니다."

그냥 하는 말이 아니라 마치 하나님께서 강력한 언어로 말씀하시듯이 때로는 비수(匕首)처럼 내 마음에 꽂혔습니다.

박윤태 장로는 항상 "자형 같은 분도 농촌교회에 있어야 농촌의 교인들도 말씀을 듣고 살지요. 다 농촌 버리고 도시 도시하고 외면하면 됩니까?" 하며 나를 눌렀습니다.

한 번씩 찾아와서 만나고, 서로 영적 대화를 나누는 것이 참으로 좋았습니다.

1991년 12월 일본 지바대학교 국가고시 국비로 건너가서 갖은 고생 다하여 승리 성공한 박윤태 장로. 수진이 돌 축하하기 위해 누나인 박경자 사모가 일본으로 가서 축하와 여행 중 일본 유수 호숫가에서

1991년 12월 수진이 돌잔치 하는 모습. 수진이는 일본 태생으로 이대 수석합격, 현재 네이버 중요 직책 근무(현대미술). 우측의 우진이는 현재 일본 대기업 근무

세 장로들과 합동작전
(형제가 연합하여 동거함이 어찌 그리 선하고 아름다운고)

현재도 세 장로 가족과 우리 가족은 6월 6일 현충일이 되면 영순에 있는 선영산소에 모여 예배를 드리고, 산소 관리도 하며 교제하고 있습니다.

일 년에 한 번씩은 온 가족이 만남을 통하여 부모님이 물려주신 신앙유산(信仰遺産)을 확인하면서, 미래를 바라보고 살아가고 있습니다.

큰 처남 박승태 장로는 일생일념(一生一念) 교회지킴이로 헌신하고 있습니다.

둘째 윤태 장로는 세계 선교를 위해 네팔에 목회자 양성 교회를 세워 헌신하고 있습니다.

막내 정태 장로는 세계 선교와 동남아 선교, 그리고 오피스텔 한 동을 선교사를 위한 쉼터로 게스트 하우스(guest house)를 만들어 무료 제공하는 등 헌신하고 있습니다.

나는 용진이 결혼 축의금 약 5,000만원 전액을 교회 건축헌금으로 드리는 것을 보고 '세 장로님들이 참 잘 배우고 지키는 실천적 신앙인이구나~' 느꼈고, 박경자 사모의 남매들을 생각만 해도 감사와 감격이 넘칩니다.

나는 교회를 개척하는 목회자로 살아왔습니다.
나는 장모님의 뜨거운 기도내용을 들은 적이 있습니다.
　"으야든동 주의 종은 능력이 있어야 합니다. 신령해야 됩니다. 주여! 오른손으로 붙잡아
　써 주시옵소서!"

장모님은 충청도 관리교회를 개척할 때 오셔서 이 기도를 하셨습니다.
나는 몰래 테이프에 녹음하여 지금도 소장하고 있습니다(1979년 7월).
장인어른은 교회 헌신자 사모님의 슬리퍼도 꿰매주셨습니다.
당시 어려운 시대의 아름다운 모습입니다.

큰 처남이 대구 효목동 아파트를 제공하고, 평강교회를 개척할 때 물심양면(物心兩面)으로 지원하고, 여주로 오기 직전에 식당에서 식사하면서 '용기 내라' 하면서 현금 100만원을 호주머니에 넣어주던 일을 나는 평생 잊지 않고 삽니다.

막내 정태 처남은 내가 판교교회 전도사 사역을 하던 시기에 와서 함께 기숙하며 국제상사(모피회사)에 다니면서 한동안 우리 생활비를 제공해주었습니다.

이렇게 세 처남 장로님들은 개척교회만을 섬겨온 나의 목회전선(牧會戰線)에서 가장 힘들고 어려울 때 함께 싸워준 용사(勇士)들입니다.

나는 목회하면서 일찍이 세 장로들로부터 직·간접적으로 기도와 협력, 조력자로 도움을 받으면서 살아왔습니다.

고마운 동역자들이었습니다.

1977년 12월 4일 영남신학대학교 ▶

2016년 일산 삼위교회 박윤태 장로 임직식 때 세 장로님과 박경자 사모. 좌로부터 박승태 장로, 윤태·정태 장로
온 가족이 하나님 나라 위해 헌신하고 있다. 박승태 장로는 35세 때 구미 서교회 장로임직 일찍 쓰였다.

1989년 3월 아내(박경자 사모)의 헌
신적인 도움으로 신학대학과 대학
원 공부를 했다. 그 공로를 어찌
다 갚으리오! 합신 졸업식에서 명
예의 사각모를 쓰게 하고, 그동안
의 노고를 그나마 격려해 보았다.

1991년도 대전 한남대학교 대학
원 졸업기념

1989년 합동신학대학교 대학원 졸업. 뒤쪽 우편 임석영 목사, 고덕 중앙교회 원로, 합동신학 측 증경총회장 역임

1993년 6월 7일 연세대학교 연합신학대학원 졸업. 박정태 장로가 축하의 꽃다발을 들고 왔다.

오직! 무릎으로! 동생을 나에게 주시지요?

사람이 '한평생 무엇을 하며 어떻게 사느냐?' 하는 것은 매우 중요합니다.
많은 사람들이 성공 지향적으로 살기도 하지만 '누구를 위하여 사느냐?'는 더 중요합니다.

추귀환 목사님은 하나님의 성역 복음을 위하여 살았기에 승리자로 살아온 것에 높이
격려를 보냅니다.

내가 추 목사님을 처음 만난 것은 군에서 잠시 휴가를 나온 1977년 4월경이었습니다.
저녁에 갑자기 찾아와서 인사를 나누자마자 첫 마디로 "동생(박경자 사모)을 나에게 주시지
요? 나와 목회자로 살게 해주시죠?"라고 하며, 아닌 밤중에 홍두깨 식으로 들이댔습니다.

그때 나는 단호히 거절했지만, 추귀환 목사님은 하나님의 섭리(攝理)로 목회자의 길로
나서서 오늘에 이르렀습니다.
추 목사님은 어디를 가든지 험난한 곳으로 가기를 원했고, 그 모습을 바라보는 나는
약하고 미약한 것 같아 걱정하며 늘 기도로 후원했습니다.
그리고 추 목사님의 특징은 목회자 누구나 그렇듯이 '오직 무릎으로 돌파하는 모습이
무서울 정도'라는 것이었고, 추 목사님이 어려움이 닥칠 때마다 기도하고 또 기도로
문제를 헤쳐 나가는 것을 나는 수없이 지켜보았습니다.

추귀환 목사님은 우리 가문에서도 자랑스러운 목회자요, 사랑받는 목회자입니다.
성역 54년과 자서전을 펴내는 승리자의 모습에 우리 가문 모두 축하를 드립니다.

기독교 대한 감리회
열린교회 시무 박승태 장로

저의 인생과 신앙의 길잡이가 되어주신 추귀환 목사님(매형)께서 하나님의 사역을 멋지게 감당하시고 은퇴하신다 하시니 아쉬운 마음만 듭니다.
제가 중학교 1학년 때 누님(박경자 사모님)과 결혼하시고, 나의 많은 신앙의 길잡이가 되어 주셨습니다.

저는 지금까지 누군가가 저에게 '이 세상에서 가장 존경하는 분이 누구냐'고 물을 때마다 '부모님 다음으로 매형을 가장 존경한다'고 이야기하며 살아왔습니다.
매형께서 목회의 어려운 고비를 넘기려고 40일 금식기도하시고 익산 본가에서 한 달 동안 보호식 후 문경 저희 집에 오셨을 때 뼈밖에 남지 않았을 정도로 야위었던 몸이 생각납니다.
그리고 성남 판교에서 신학공부를 하실 때는 제가 인근 직장관계로 잠시 머물러 지냈는데 다 쓰러져가는 집에서 돈이 없어 굶기를 밥 먹듯이 하신 모습도 생각이 납니다.

이 글을 쓰자니 매형이 걸어오신 가시밭길만 생각이 나며 눈물이 핑 돕니다.
지금은 하나님의 보상인지라 아들 추이삭 집사가 큰 복을 받아 사업으로 하나님께 영광을 돌리며, 부모님께 효도하니 참으로 감사 또 감사할 뿐이지요.
용인 근삼교회 개척하실 때 천막을 치고서 큰 돌을 연탄불에 달궈서 이불에 둘둘 말아 끌어안고 밤마다 천막 속에서 혹독한 겨울을 이겨내며 밤새 기도하셨던 목사님!

수많은 고비 고비마다 절절한 목회의 사연이 많고 많은 가운데 오직 주님 한 분만을 바라보시고 걸어오신 사역이 벌써 '은퇴'(隱退)라는 단어 앞에 멈춰 서시니 숙연한 마음에 아쉬움이 크시겠지만 하나님께서 그 헌신하신 모든 것을 아시고 눈물 흘렸던 목회적 삶들이 저 천국에서 빛날 것입니다.

제가 역부족하여 세상으로 방황하며 빠져갈 때에 올바른 정도의 길을 인도해주시고 부모가 되어주신 은혜(매형·누나)에 진심을 담아 고맙다고 전하고 싶습니다.
성역의 54년 축하와 자서전을 남기시는 추귀환 목사님과 박경자 사모님!
진심으로 축하드립니다.

서울 크라이스트 처치
박정태 장로

천국 이사 가신 날, 주여! 주여! 소천하셨네!

장인어른은 평생 농군(農軍)으로 사시면서 남에게 돈을 빌려주고도 돌려달라는 말도 못하시고, 숟가락 하나 들고 장모님과 재산 재테크로 힘겨운 세파를 이겨내시며 대농 가문과 가족을 이루셨습니다.

1986년 7월 14일 장인어른께서 소달구지에 짐을 싣고 가시다가 사고가 나서 한 쪽 다리뼈가 부서지셨는데, 대구병원에서 당뇨로 수술날짜를 못 잡고 있을 때 장모님이 주야장천(晝夜長川) 기도하니 바스락바스락 소리가 들린 후 장인어른이 벌떡 일어나셔서 "하나님이 내 다리 고치셨다!" 하시면서 5층 건물 병실마다 찾아가서 "예수 믿으이소! 내가 다리를 여차저차 다쳤는데 이렇게 부서진 뼈가 다 붙어서 걸어 다닙니다." 하시니 모든 사람이 깜짝 놀라고, 담당의사도 놀라 자빠지고 온 병원에 '박점암 할아버지에게 하나님의 기적이 일어났다'는 소문이 퍼졌습니다.

장인어른은 그 후 퇴원하셔서 깨끗이 치료되었습니다.

하나님께서 장모님에게 "3년 살리고 데려갈 것이니 그리 알아라!" 하는 음성을 주셨는데, 딱 3년 되던 해에 하나님께로 가셨습니다.

그때가 평강교회를 개척하던 때입니다.

1989년 7월 24일 아침에 내가 기도하고 있는데 꿈에 아버님(장인)께서 흰 옷을 입으시고, 하늘에서 내려온 흰 끈이 매어져 있는 네모반듯한 널빤지에 앉으셔서 "내가 이젠 하늘로 올라간다."고 말씀하셨습니다.

내가 꿈에서 깨어난 후 즉시 아내에게 "여보! 아버님이 오늘 천국 가시나보오." 말하고 약 5분 지나서 윤태 처남의 전화가 왔습니다.

"조금 전에 아버님께서 천국 가셨어요!"

나는 '아! 하나님께서 천국 데려가심을 확실하게 보여주셨구나!' 생각하면서 영순으로 출발했습니다.

그날 저녁 마당에서 영순면 일곱 교회 상조회 단체가 교회 연합으로 장례식을 치르는 데 서로 돕고 꽃상여도 만든다고 하여 멍석을 펴고, 모든 사람이 대화하고, 문상객들도 있었습니다.

내가 피곤하여 잠시 누웠는데, 비몽사몽간(非夢似夢間) 하나님께서 처갓집 대문 옆 벼창고 벽에 '하나님께 영광'이라는 글씨로 나타내 보여주셨습니다.

하나님께서 故 박점암 장인어른을 데려가심과 하나님께서 장례식을 기쁘게 받으시고 영광 나타내심을 체험한 것입니다.

2020년 1월 1일 삼승제일교회 앞에서 가족일동기념
맨 좌측 박승태 장로, 세 번째 윤태 장로, 다섯 번째 정태 장로, 여섯 번째 강경회 추수 엄마, 그 앞에 추 목사 손자 넷이 뭉쳐 있고, 좌우 끝과 끝이 유주와 소현, 모자 쓴 우진이가 보인다(생략).

그 후 윤태 처남은 이렇게 회상했습니다.

"아버님께서 아침에 소천하시기 직전에 어머님이 소밥을 주고 있는데 방에서 아버님이 '나 가여~ 지금 못 보면 볼 수 없어~ 빨리 와봐!' 하시기에 어머님이 '와예? 소도 사람도 밥을 먹어야지~' 할 때 크게 '주여! 주여!' 하시는 소리에 나도 방에서 자다가 뛰쳐나오고, 어머님도 뛰어 들어가시니, 아버님께서 그 순간 천국으로 가셨습니다."

그야말로 하나님께서 은혜로 극적으로 구원하신 흔적을 확실히 남기고 가신 것입니다.

그 후 1989년 7월 24일 아버님께서 천국 소천하신 후 삼년이 지나서 하나님께서 장모님도 부르셔서 가셨습니다.

장모님은 위암으로 고생하셨습니다.

가족들이 수술을 권했지만 '하나님께 가는 것이 더 중요하니 내 몸에 칼을 대지 말아 달라'고 극구 사양(辭讓)하셔서서 수술을 진행하지 못했습니다.

당시 큰 처남은 얼마든지 수술을 진행해도 감당할 수 있는 경제력이 있었고, 승승장구하던 시절입니다.

그러나 장모님의 강한 신앙심과 의지를 꺾을 수는 없었습니다.

한마디로 장모님은 '자녀들에게 짐을 지우지 않겠다'는 굳은 결심이 섰던 것입니다.

그 누구도 꺾지 못하는 분이었습니다.

별명이 '철의 여인'이었습니다.

장모님은 구미 서교회 김석환 목사님의 무릎을 베고 "주여! 주여!" 하시면서 "저기 좀 보세요! 목사님! 천사들이 나 데리러 옵니다." 하시고 우유를 두어 모금 마시고서 소천하신 것입니다.

이렇게 장인어른과 장모님은 지상에서의 삶을 가족과 자녀들을 위해 헌신하시고, 교회를 섬기시다가 자녀들에게 신앙(信仰)의 유산(遺産)을 남기시고 가셨습니다.

그 후 신실하신 하나님께서 장인어른과 장모님이 저축한 기도의 응답으로 자손의 번성과 번영을 주셔서 아브라함과 이삭과 야곱의 복의 통로가 지속되고 있습니다.

나의 처가(妻家)는 하나님께서 특별히 택정하신 가문입니다.

영순교회(문경) 설립 개척사에 박경자 사모의 조모님(故 고혜림 성도)께서는 일찍이 예수를 영접하여 신앙생활을 하신 분이십니다.

영순교회가 처음 시작할 때 할머님 댁에 몇 사람이 모여서 시작했다고 합니다.

영순교회는 80년의 역사가 이어지고 있는 교회입니다.

하나님께서 소천 시키실 때에 "주여! 주여!" 부르시다가 가셨다고 합니다.

자손들에게 확실한 구원(救援)의 표징(表徵)을 남기시고 가신 것입니다.

그 후 장인(故 박점암 집사님)께서도 밝혀진 대로 "주여! 주여!" 하시면서 천국으로 이사가셨습니다.

"주여! 주여!"는 성도들이 가장 마지막 구원의 감격을 남기는 말이 아닐까요?(간증)

장인어른께서는 1960년대 후반에 마을 주민들과 합천 방면으로 단체여행을 가셨는데 마침 해인사에 가게 되었다고 합니다.

당시 절간 안에는 많은 사람들이 고적지를 탐사하는 것처럼 운집(雲集)해 있었는데, 갑자기 장인어른께서 불상을 높이 들고 밑동을 뒤집어 보이시면서 큰소리로 이렇게 말씀했다고 합니다.

"보이소! 이렇게 속이 텅 비어있고 도자기(불상)를 구울 때 손가락으로 빚어서 만든 손자국이 선명한 것을 보이소! 이렇게 허망한 우상, 던지면 깨지는 불상을 믿고 절하는 것은 어리석은 것 아닙니까? 믿지 마이소! 천지만물을 창조하시고 생사화복 사후천국으로 인도하시는 하나님 예수 십자가를 믿어야 됩니다!"

박경자 사모가 '아버님이 직접 말씀해 주셨다'면서 이 말을 들려주었습니다.

장인어른께서 이러한 확실한 믿음을 가지고 사시다가 구원을 받으시고, 승리를 성취하신 것을 매우 큰 은혜로 알고 감사할 뿐입니다.

할머님, 장인어른의 신앙 행적을 처가의 자손들이 유산으로 물려받아서 세 장로, 사모 가정으로 일찍이 섭리가 작용되었음을 알게 되고, 대대로 자자손손 처가 가문이 명품가문(名品家門)으로 이어져 갈 것이라 생각하니 감사뿐입니다.

매 해마다 세 장로 가정과 온 가족이 송구영신 예배를 드린 후 1월 1일 오전에 여주 삼승교회에 모여 가족예배를 드리고, 서로 친교와 대화를 나누면서 하나님 앞에 새해 첫 날을 드리는 전통을 이어오고 있습니다.

큰 장로 인도와 둘째 장로의 세미나로 신앙을 일깨우고, 셋째 장로의 대표기도와 추 목사의 말씀증거, 그리고 각 가정에서 가져온 선물과 박경자 사모의 음식솜씨로 해마다 은혜로움이 쌓여 가고 있습니다.

죽음에서 건져주셨다

1992년 11월 22일 연세대학교 연합신학대학원 종강(終講)하는 날이었습니다.

새벽 6시경 나는 학교에 가기 위하여 영동고속 상행선을 달리고 있었습니다.

여주 휴게소에서 약 2km 정도 지날 때 하나님께서 나를 살려 주셨습니다.
사연인즉 이러했습니다.

나는 새벽기도를 마치면 반드시 사택에 와서 아들과 딸의 초·중·고·대학
시절까지 지속적으로 아이들의 방에 들어가 머리맡에 머릿결이 닿을락 말락
잠이 깰까 조심조심 복을 빌어주는 기도를 했었습니다.
성경말씀(창 49장)대로 '틀림없이 복이 임하리라!' 생각하면서 신앙, 인격, 신체,
지혜, 결혼, 사업, 자녀 등 여러 가지 축복기도를 하였는데, 그런 나의 일상이
즐거웠고, 내가 해야 할 사명이며, 하루 일과의 최고 중요사항이었습니다.

이 날도 새벽기도를 마치고 와서 아들 방에 가서 기도하고 곧바로 딸 지혜의
방으로 가서 기도를 하는데 내 입에서 이런 기도가 나오는 것이었습니다.
"주님! 제가 없더라도 이 딸의 미래를 책임져주시고 지켜주시고 복을 주옵소서!"

내 눈에서 눈물이 쏟아졌습니다.
이때 '아! 내가 왜 이런 기도를 하지? 왜 내가 없더라도 꼭 이 세상을 오늘
떠나가는 것 같이 하고 있지?' 생각하면서 기도를 멈추고 "주여! 이 기도가
잘못된 것 같고, 사탄의 역사인 것 같으니 물리쳐 주옵소서!" 하고 다시 평소
의 기도대로 마치고 승용차를 끌고 출발했습니다.

늦은 가을이라서 11월이라도 어두웠습니다.
여주 톨게이트(tollgate)를 진입하여 위에서 언급한 대로 상행선 휴게소를 지난
2km 지점에서였습니다.
앞에서 오던 1톤 트럭이 순식간에 내 차 운전석을 치는 것이었습니다.

이에 내 차는 방향을 잃고, 나도 정신없이 "주여! 주여!" 소리만 나오지 어떻게
어디로 가는지 알 수가 없었는데 낭떠러지 같은 곳에 차가 처박힌 것입니다.
나는 꿈꾸는 것 같아서 '이게 꿈이면 차라리 괜찮겠지' 하면서 내 볼을 꼬집고
때려보기도 했습니다.

1993년 연세대학교 연합신학대학원 시절

아무리 생각해도 꿈이 아닌, 현실이었습니다.

차 보닛(bonnet)이 위로 올라왔는데, 나는 다행히 안전벨트를 착용하여 상체가
앞으로 튕겨나가지 않았습니다.

정신을 가다듬고 살아있음을 확인하고 나서 내 몸을 내가 움직여보고 팔다리
얼굴을 살펴봐도 큰 이상이 없었습니다.

하나님께 크게 감사 기도드린 후 전후좌우를 살펴보니 상하행선 고속도로가
완전히 올 스톱(all stop)하여 서 있었습니다.

내가 도로 위에 올라와보니 내 차의 방향은 상행선이었는데 반대편 원주방향
언덕배기에 처박혔습니다.

내 차가 받치면서 반대쪽 차 운전석 범퍼(bumper)만 살짝 치고서 처박혔습니다.

나를 정면으로 받은 차에서는 한 사람이 사망하고 두 사람이 중상을 입었습니다.

내 차 뒤에 따라오던 40대 남자 운전사는 그 자리에서 사망하였습니다.

나 혼자만 건강하게 살아남았습니다.

대형사고(大型事故)였습니다.

후에 사고처리도 정확하게 있는 사실 그대로 처리되었습니다.

그날 사고 직후 성령님이 나에게 알게 하셨습니다.

"오늘 너를 데려가려다가 다시 살려준다."

오늘 집에서 나올 때 지혜 머리에 손을 얹고 "주여! 제가 없더라도 이 딸을 꼭 지켜 주옵소서!"라고 드린 기도가 마지막이 될 뻔 했었습니다.
물론 언젠가는 모두 하늘나라에 가지만 그때 하나님께서 나를 살려주셨고, 또 아직은 할 일이 많고, 두 자녀와 아내, 그때 내 나이 41세였습니다.
그 일로 인해서 나는 생명과 재물, 재능 모든 것이 내 것이 아닌 것을 철저히 배웠습니다.
나는 그날로 그나마 작은 재정 관리를 아내에게 다 주었고, 지금까지도 돈 재정은 전혀 모르고 살아갑니다.

그날 집에 돌아왔습니다.
아내와 두 자녀 이삭이와 지혜도 이 사실을 알고는 새로운 삶과 감격으로 세상을 새롭게 바라보게 되었습니다.
하나님께서는 2명 사망, 2명 중태인 대형사고 가운데서 나를 살려 주셨습니다.

1992년 죽음의 계곡에서 건져주셔서 1993년 6월 7일 연세대학교 연합신학대학원을 무사히 졸업하게 되었다.
대학원장 박준서 박사로부터 졸업장을 수여받고 있다.

사택건축 모험하다
(1997.7.10-1997.11.17)

'로마는 하루아침에 이루어지지 않는다'는 말처럼 삼승제일교회의 발전도 하나씩 또 하나씩 성취되어 갔습니다.

사택이 너무 낡아서 춥고, 비만 오면 습기(濕氣) 때문에 축축하고, 주방에 물이 차서 뱀이 들어오는 등 불편한 점이 한두 가지가 아니었습니다.

마침 조복희 목사님의 고향 분이신 건축가 임용이 집사님이 조 목사님 고향에 가족별장을 건축하여 내가 상주를 방문했었는데, 저렴한 건축비로 잘 지어져서 조 목사님의 소개로 삼승교회 사택건축 등에 관한 대화를 나누던 중에 '건축하게 되면 여러 가지로 최선을 다해주신다'고 말씀하셔서 사택을 의뢰한바 결정을 내려 준비에 들어갔습니다.

당시 교회재정을 모두 합해보니 약 600-700만 원쯤 되었습니다.

우선 작업을 시작할 수는 있었습니다.

그러나 사택 건축비가 한두 푼 소요(所要)되는 것이 아니어서 전체 교인들과 협의하며 회의를 몇 차례 거쳤으나 '조립식으로 20평쯤 간단히 짓자'는 쪽과 '목사님의 계획대로 짓자'는 두 그룹으로 나뉘어 보이지 않는 물밑 여론이 형성되었습니다.

원래 세 사람만 모여도 대중(大衆)인데, 그 마음을 모으기가 그리 쉽지 않았습니다.

그러나 어떤 결정을 할 때 시간을 끌어서 지체되면 혼란만 가중되니 나는 결단(決斷)을 내렸습니다.

임 집사님과 상의한바 '삼천만 원에 사택을 짓겠다'고 약속하여 파격적으로 계약을 맺고, 교인들에게 설명하고, 기도와 협력을 구했습니다.

교인들이 거의 다 하나로 뭉쳐졌습니다.

당시 성냥갑처럼 짓는 단층도 7-8천만 원 드는데 임 집사님은 '교회사택 건물구조는 약 1억을 줘야 하나 진심으로 인건비와 물자 등을 저렴하게 하여 자기의 최선을 다해 짓겠다'고 약속하였습니다.

하나님께서 감동을 주셨던 것입니다.

1997년 8월 3일 사택 신축 기공식 예배(구 사택이 전면에 보임)

교인들도 '네모 박스 모양의 삼천만 원 집이라 대충 지을 테니 조립식보다 조금 나은 정도겠지' 하고 별 관심 없었으나 점점 공사가 진행되면서 윤곽이 드러나기 시작할 때마다 교인들이 '3천만 원에 이런 집을 짓느냐'며 깜짝 깜짝 놀랐습니다.

당시 서울 등지의 별장식 건물처럼 지어지고 있었습니다.

불신자들도 관심이 생겨서 찾아와서 묻는 일도 생겼습니다.

사택을 지으면서 오히려 교인들이 은혜를 받았습니다.

주변의 몇몇 불신자들의 집도 약 1억 가까이 들여 지었다고 하면서 교회 사택과 비교하며 놀라기까지 하니, 임 집사님은 사택을 지으면서 두어 군데 건축도 계약하여 후에 짓기도 했습니다.

이렇게 사택은 완공이 되었습니다.

사택 건축비 또한 정확하게 3천 7백만 원이 소요되어 현재의 사택으로 불편 없이 살고 있고, 보기도 좋아서 모두가 만족하게 되었습니다.

하나님께서 시작하게 하셨고, 열매 맺도록 하신 것입니다.

1997년 11월 17일 입주하였습니다.
그날 밤 너무 기뻐서 잠이 오질 않았습니다.
나는 조복희 목사님을 불렀습니다.
그때 입주의 기쁨을 함께 나누고 싶어서였습니다.
저녁 9시였습니다.

늦은 시간이었지만 조복희 목사님께서도 흔쾌히 달려와 축하해 주셨습니다.
그날 저녁 기쁨과 감사로 시간 가는 줄 모르며 대화하면서 보냈습니다.

1997년 8월 6일 사택 건축 현장

장난감 자동차놀이에서 육군참모총장(대장) 운전병으로 변신하다

아들(이삭)은 한마디로 어린 시절 장난감에 눈이 열릴 때부터 장난감 코너(corner)에 가더라도 오로지 장난감 자동차만 손에 쥐었고, 또 다른 어디를 가고 오든지, 혹은 자동차 길을 가더라도 차만 쳐다볼 정도로 자동차에 관심이 많았습니다.
성남 판교 산업박람회 때 미아 실종 위기에서도 자동차 덕분에 찾았습니다.

당시에 이삭이가 한국승용차 메이커 제1호 현대 포니 CRC Pony oen차에 매미처럼 달라 붙어있는 것을 발견하지 않았습니까?

그러니 초등학교 때도 관심은 오직 자동차였습니다.

200-300m 정면에서 오는 차종을 맞추는 것은 쉬운 일이었습니다.

유치원 다닐 때 자동차만 두세 포대였습니다.

고교 · 대학 때는 모터사이클(motorcycle)이나 카(car) 잡지, 자동차컬러 등에 대한 정보 책자를 구입하거나 즐겨 보았고, 나도 가끔 사주기도 했습니다.

잡지 표지에 나온 카 그림을 온 방 벽지에 붙여 방안은 온통 자동차뿐이었습니다.

수능(修能)을 치고 온 날 준비하여 그 다음 날 장호원 운전면허시험장에 가서 곧장 시험을 치르고 합격해서 면허를 취득했습니다.

운전면허시험에 응시할 수 있는 생년월일(生年月日)이 되어야 하기 때문입니다.

그 후 주일마다 교회 차 운전 봉사를 하면서 운전 실력도 키웠습니다.

언제나 입버릇처럼 "나는 군에 가서도 운전병할거야" 하면서 준비하다가 군 운전병으로 지원했습니다.

아들은 장호원 중학교를 나와서 여주고등학교(사립) 시험을 쳤습니다.

장중(장호원 중학교)은 그 자리에서 장고(장호원 고등학교)로 가지만 여주고등학교는 사립이요, 당당히 시험을 치르고 합격해야만 했습니다.

노력하고 도전해서 드디어 여주고교에 합격했습니다.

그때 내가 캐피탈 승용차로 약 18km거리의 등하교 길을 픽업(pick up)해주었습니다.

나는 학교와 집을 오가면서 항상 아들에게 '운전은 왕도가 없다. 전후좌우, 눈은 항상 뒤에도 옆에도 있어야 한다.'는 온갖 잔소리를 다 하면서 이론적으로, 직 · 간접적으로 가르쳤습니다.

아들은 잘 이해하였고, 급기야는 군에 운전병으로 지원하였습니다.

건국대학교 3학년 1학기를 마칠(1998년 11월) 무렵 어느 날 아들(이삭)은 "아버지, 어머니! 앉으셔서 절 받으세요" 하면서 큰 절을 하고 나서 말하는 것이었습니다.

"아빠, 엄마! 나 영장 나왔어요. 지금까지 잘 키워주셔서 감사합니다. 군대 잘 다녀오겠습니다."

나는 순간 감동했습니다.

아들이 부모에게 큰 절하는 것은 있을 수 있지만 조선시대도 아니고 설 명절 세배 하는 것도 아닌데 군대영장 받고 '잘 키워주셔서 고맙고, 신성한 국방의무 잘 마치고 오겠다'고 큰 절까지 한다는 것은 부모로서 아니, 아버지로서 엄청난 감격이었습니다.

나는 즉각적으로 성령의 감동이 임재함을 느끼면서 벌떡 일어나서 머리에 손을 얹고 마치 야곱의 축복기도처럼 기도하기 시작했습니다.

"주여! 우리 아들이 이렇게 성장하여 국가의 부름을 받고 확실한 목적의식을 가지고 군에 입대하려고 합니다. 운전병으로 지원하여 가는데, 우리 아들은 어린 시절부터 자동차를 만지면서 자동차를 우선으로 살아왔고 또 운전병을 염두에 두고 가려 하오니 이왕에 운전병으로 써주실 바에는 육군참모총장 운전사가 되게 하옵소서! 우리 아들은 어린 시절부터 준비된 운전사입니다. 반드시 육군참모총장 운전사가 될 것을 믿습니다!"

기도를 마쳤습니다.

아들은 너무도 강력하고 큰 예언(豫言)적 기도를 받고 보니 실감(實感)이 나지 않는지 도저히 받아들이기 힘든 듯한 표정(表情)이 얼굴에 나타나 있었습니다.

눈치가 빠른 나는 말했습니다.

"이삭아! 너는 하나님께서 준비시켰기 때문에 틀림없이 육군참모총장(대장) 운전사로 쓰신다. 아멘! 크게 해봐라."

순간 아들은 '대대장이나 연대장 아니면 군용트럭이면 모르는데 육군참모총장 운전 사라니 우리 아버님은 개척만 하며 돌아다니다가 이젠 정신이 왔다 갔다 하시는구나' 하는 생각으로 나를 쳐다보는 것 같았습니다.

옆에 앉아 있는 엄마(아내)도 '이게 지금 무슨 야기들이여! 알간디 모르간디?' 아리송한 표정과 모습으로 부자간에 벌어질 미래를 파악하기에 쉽게 판단이 서지 않는 분위기였습니다.

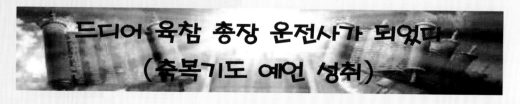

드디어 육참 총장 운전사가 되었다
(축복기도 예언 성취)

우리 가문은 아버님으로부터 아들에 이르기까지 3대가 떳떳하게 국방의 의무를 완수하고 일궈낸 애국자들입니다.

아들을 논산훈련소에 입소시킨 다음 날부터 아내는 하루에 한 번씩 매일 편지를 써서 훈련받는 아들에게 보냈습니다.

6주간의 일과는 편지였습니다.

고된 훈련에도 하루 한 번 엄마의 글을 읽는 아들은 훈련의 고된 몸과 마음이 풀어지고 새 힘이 되었다고 하며, 동료들도 부러워했다고 합니다.

훈련을 마치고 가평 운전병 특별훈련소에 가서 운전특수훈련을 마치고 나서 300명 가운데 '추이삭'을 가장 먼저 호명하였는데 연병장 느티나무 아래 정차된 귀빈용 25인승 버스에서 '추이삭 이병을 데리러 왔다'고 하여 더플 백(duffel bag)을 챙겨 인솔단과 함께 어디론가 이동했습니다.

나는 그날 노회수련회 행사로 설악산 대명콘도에 머물고 있었는데 아들이 그날 가평훈련을 마치고 부대배치 받는 것을 알고 있었기 때문에 "합당하게 인도하시고 꼭 육군참모총장 운전병으로 써주소서!"라는 기도는 불철주야 지속되었습니다.

마침 오후 4시경 아들에게서 전화가 왔습니다.

"아빠! 여기는 별을 단 장군들이 많이 다니는 큰 부대인데 어디인지 모르겠어요."

"아들아! 네가 군인으로서 배치 받은 부대를 모른다면 나는 어디인지 어느 부대인지 전혀 알 길이 없으니 네가 부대를 잘 살펴보고 부대 큰 본부 같은 건물에 태극기나 부대기 그리고 별 장군 부대 같으면 빨강 바탕에 흰 색 별이 새겨진 깃발 등이 보인다."고 설명해주었습니다.

별을 단 장군들이 많이 오가는 것을 보아서는 굉장히 상급부대인 것 같습니다.

그 이튿날 또 전화가 왔습니다.

"아빠! 이곳이 용인에 있는 3군 사령부인데 사령관이 별 4개 사성장군 부대이고, 나는 수송부 운전병 숙소에 있어요."

나는 면허실 운영 등 군 생활의 경험으로 아들을 격려했습니다.

"아들아! 네가 있는 부대는 한마디로 높은 사령부이며, 운전병을 해도 장군 쯤 그리고 육군참모총장 운전사로 기도하니 근무 잘하고 있어~"

아니나 다를까 가끔 '오늘은 수송대장이 갑자기 승용차로 대전 갔다 와야 해~ 대전 또 서울 갔다 와야 해~ 여기저기 갑자기 운전을 시키고 고참 상병 병장도 있는데 제일 졸병인 나를 시킨다'고 전화가 옵니다.

'뭔가 아들 운전 실력을 테스트하는가 보구나~'

혹시는 역시로 바뀌기 시작했습니다.

2000년 2월 18일 육참 전용헬기장(용산) 총장 전용 승용차 앞에서 늠름한 추이삭 모습. 추이삭은 총장 운전병(육사 22기 제34대 육군참모총장 길형보 대장)으로 특별 기용되어 근무함. 차량 전면 빨강색 판에 별 네 개가 보인다.

국방부 육군 참모실! 서울로 입성하다

3군 사령부에서 근무한지 약 3개월이 지났을 무렵 나에게 전화가 걸려왔습니다.

"이삭이 아버님 되시지요? 목사님, 안녕하십니까? 저는 3군 사령부 수송대장 아무개입니다.

이삭이가 특수한 일을 맡았기 때문에 휴가도 못 보내드리는 것은 정말로 죄송합니다. 아버님이 이해해주시고, 죄송하지만 이삭이 양복 신발 등 소지품을 가지고 사령부 공관으로 오실 수 있는지요?"

간곡하게 부탁하며, 이해를 구하였습니다.

나는 오히려 기뻐했고, '무엇인가 좋은 일이 진행되는구나. 준비된 육군참모총장 운전병이다.'라고 확신했습니다.

그 후에 아들은 이렇게 말했습니다.

"얼마 전 비서준장, 수송대장 대령이 나를 데리고 사령관 실에 들어갔는데 사령관이 서류를 검토하다가 '어! 이삭이!'라고 하면서 그 자리에서 '이삭이를 일 계급 특진시켜서 12시까지 공관으로 올려 보내!'라고 명령하니 두 지휘관이 큰 소리로 '필승!' 고함치듯 경례하고 같이 나왔는데, 나오면서 비서와 수송대장이 '추이삭! 너희 집안에 현재 높으신 분이 있나? 야! 참 희한하다, 내가 평생 군인이지만 그동안 그 많은 결재를 받았어도 오늘 같이 즉석에서 일 계급 특진 보직을 한 적은 없어.' 하면서 신기한 표정으로 나를 다시 한 번 처다보고 귀히 여기니, 꿈속을 거니는 듯했어요."

즉각 명령에 죽고 사는 군대이기 때문에 12시까지 사령관 공관에 가서 육군대장 운전병이 이수해야 할 특수교육과 사격 · 암호 · 지리 · 예우 · 상식 · 운전기초교육 등의 고도의 훈련을 받았습니다.

'서울지리나 전국의 작전지도 책을 한 달 내로 독파하라'는 등 강도 높은 훈련과정을 거쳤습니다.

그 이듬해 김대중 정부가 들어서고 나서 장군 이동 때 3군 사령관 육사 22기 '길형보 장군'이 대한민국 육군참모총장으로 정식 영전 발령을 받아서 서울 한남동 총장 공관실로 옮길 때 추이삭 운전병을 데리고 갔습니다.

전격적(電擊的)으로 일어난 일이었습니다.

그러나 하나님께서 "육군참모총장 운전병으로 써주세요."라는 나의 기도에 대한 응답으로 축복해 주신 것입니다.

첫째도, 둘째도, 하나님이 영광 받으시고 복을 주십니다.

대한민국 60만 군대 300명 장성 장군 중에 육군참모총장은 합참 다음 4성 장군으로 해참, 공참, 해병참모 가운데 육참은 최고의 참모로서 청와대에 가서도 가장 서열이 높은 위치이고, 주차 자리가 1순위로 정해져 있다고 합니다.

아들은 별들의 전쟁 속에서 군 생활을 하면서 남보다 몇 배 아니, 상상을 초월할 정도로 그 세계에서 보고 듣고 느끼면서 체험했기 때문에, 나는 '어느 학문을 연마한 것보다 탁월했다'고 생각합니다.

원래 총장 운전사는 하사관급 상위 아니면 특수병인데, 길 참모께서는 장로님(연세대학교 앞 창천감리교회 시무 장로)이었습니다.

추이삭 운전병은 길 장로님의 주관적 판단으로 목사의 아들이고 '이삭'이라는 이름이 주는 신뢰감과 은혜로운 영적 판단에서 "어! 이름이 이삭이?" 하며 선택했던 것입니다.

비서를 통하여 맞춤형 운전병을 찾아내는 작업을 시도하다가 하나님께서 추이삭을 만나게 하셨던 것입니다.

이것은 실로 절묘(絶妙)한 하나님의 특별한 만남의 섭리에 속하는 것입니다.

아들 이삭이는 그 4성 장군 휘하의 별들의 전쟁에서 보고 느낀 삶의 지혜를 축적함으로써 사업가로, 미래의 사람으로 준비되었다고 봅니다.

길 장군은 수많은 병사 가운데 검토 분석해서 걸러내고, 추이삭의 이름에 올인 되었습니다.

나는 농촌 목회자로 평생을 보냈습니다.
한 번도 후회한 적은 없으나, 약간의 아쉬움은 남습니다.
하지만 아들 이삭이와 딸 지혜는 나에게 위로와 힘을 주는 에너지가 되었습니다.

나는 이삭이가 육군참모총장의 운전사로 발탁되기를 간절하게 소망하며 드린 나의 기도에 하나님께서 응답하시고 역사하신 사실을 간증하는 것이지, 자랑은 아닙니다.
군대의 특성을 아는 사람은 누구라고 할 것 없이 처음에는 일단 믿지 않다가 구체적으로 대화가 통하면 무릎을 칠 정도였습니다.
두고두고 이야기해도 은혜롭습니다.

길 장군과 추 병장의 깊은 비밀에 얽힌 비화가 많으나 모두 쓸 수 없음을 유감으로 생각하며, 너무 길게 쓰는 것 또한 오히려 악필이 될 수 있으니 상상에 맡기며, 이 부분은 여기서 마치고자 합니다.

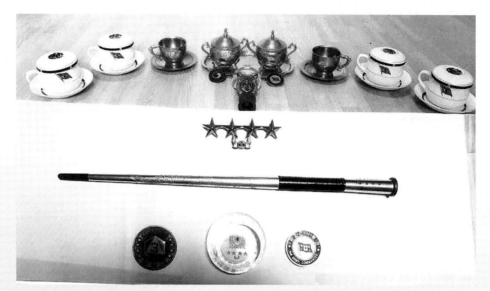

육군참모총장이란 별 4개의 명예는 국가가 해주는 최고의 예우로 공식적인 절차에 따라서 군의 기강적 차원으로 위의 총장의 위엄과 기념을 제작 한정된 관계로 절제된 귀중소장품이다. 금도금 특수 명기와 도자기, 주화, 별판 새겨짐. 긴 지휘봉은 총장이 직접 22사단장 시절에 사단을 지휘한 용품으로 은으로 제작, 별 두 개 소장계급이 이름과 함께 새겨져 있다. 육참께서 아들에게 특별선물로 주셔서 받아왔다(공개된 사실로 법적 이상무).

딸 지혜(아름) 전격적으로 중동 스턴트 선교 가다(2004)

딸 지혜(아름)는 아내가 김형상 성도 댁 땅콩 밭을 매고 와서 밤새 진통 끝에 연세 많은 교인들의 도움으로 1981년 4월 7일 새벽 5시 이 세상에 울음을 터트렸습니다.

당시 아내는 만삭의 몸으로 전도 봉사에 헌신했던 때였습니다.

아내는 새벽기도를 마친 후에 지혜를 출산했습니다.

당시에는 딸인 줄 몰랐다가, 태어나서 보니 딸이었습니다.

순간 감동으로 잠언의 지혜서 말씀이 떠올라서 '지혜로운 딸로 살아가라'고 이름을 '지혜'라고 지었습니다.

'아름'이란 이름은 용인 근삼교회를 개척할 때 어느 날 지혜가 "엄마! 나 '아름'이라고 불러줘~" 해서 본인이 이름을 '아름'이라고 지어서 부르게 되었는데, 지금도 '아름'이라고 부르는 것이 더 편해서 부르고는 있습니다.

'지혜'라는 이름은 지혜로운 사람, 아름다운 인생, 매우 영적이고 문학적이면서, 철학적인 사람이라는 느낌을 풍겨서 좋습니다.

아내는 개척자의 최저 생활 속에서도 항상 아들 딸 구별 없이 사랑을 주었으며, 딸에게 예쁜 옷을 사서 입혔을 정도로 최상의 목적의식으로 보살피고 양육시켰습니다.

나는 아내가 자신의 통통 부은 다리는 아랑곳하지 않고, 항상 맛있는 반찬을 직접 만들어서 아이들 도시락을 집 밥처럼 수제(手製)로 싸주는 것을 보아왔습니다.

지혜는 어릴 때부터 피아노를 접했습니다.

대구 평강교회 개척 시 경남 합천에서 이사 온 피아노 교사가 피아노 학원 이름을 지어달라고 해서 기도 중에 '엘림 피아노'라고 지어주었더니, 그분이 학원을 운영하면서 지혜에게 피아노를 가르쳐 주었습니다.

지혜는 6세 때부터 건반을 두드렸습니다.

여주에 와서 초등학교 2학년 때부터 교회 반주자로 쓰임을 받았습니다.

객관적으로 보아도 실력이 수준급 이상이었습니다.

지금도 피아노를 연주하는 것을 보면 곡조가 힘차고 속이 후련해집니다.

지혜는 문학적 소질도 뛰어나서 고교시절 활동도 했고, 이 지역 글짓기 창작 등 심지어는 영어대회, 군가대회에 나가서 상도 타오고, 만주벌판 독립군이 달린다는 노래까지 섭렵하는 등 한마디로 학교생활이 어디서 어디까지인지 선생님과 동급생들과 어울리다가 늦게 오는 시간이 많았습니다.

많은 활동과 문제 아이들 상담 등 담임 선생님이 상대하기 버거운 아이들을 대신 만나서 소통(疏通)하며 풀어주고, 목회자 자녀다운 예수 그리스도의 영혼과 사랑을 지닌 은사를 나누면서 학창시절을 보낸 것 같습니다.

대학에 입학해서도 비슷한 생활을 했습니다.

성격이 모나고 삐딱한 사람들을 만나면 길잡이도 해주고, C.C.C 동아리 활동을 통하여 캠퍼스 미루나무 아래 노래처럼 일찍이 사명감에 불타올랐습니다.

그러던 어느 날 밤 가남에서 내려 승용차로 오는 길에 차 안에서 말하는 것입니다.

"아빠! 나 중동 스턴트 일 년 기한으로 선교 가려고요. 휴학계 내고 다녀오면 경험, 체험 등 많은 것을 얻고, 실제 현장 속에서 뛰어보려고요. 그런데 육백만원이 있어야 해요."

나는 순간 멍 때리다가 "알았다. 집에 가서 이야기하자." 하고 가족회의 결과 허락하여 계획대로 아랍에미리트로 건너가 귀중한 선교지 현장에서 헌신하고 왔습니다.

그때의 선교체험 훈련이 현재 사역의 전초기지가 되었을 것입니다.

1994년 딸 지혜(아름이)가 상 받는 모습

1991년 2월 12일 피아노 연주로 성가대 반주자로 섬기며 영광 돌리는 딸 지혜(아름이)

흔한 말로 '자녀들은 마치 럭비공 같고, 주식과 같다'고 합니다.

'어디로 튈지 모른다'는 말입니다.

특히 지혜는 어디로 튈지 모르는 예상외의 길을 선택했습니다.

어느 날 '나 씨맨이 되어 선교사역의 길로 간다'고 튀는 발언을 하는 것입니다.

사실 아내와 나는 학문적인 길이라 할 수 있는 교수나 지도자 쪽으로 생각했습니다.

그런데 전혀 다른 방향으로 나간 것입니다.

지혜가 선교사역 쪽으로 방향을 정하니, 내가 목회자의 입장에서 전적으로 동의하고 지원해야 함은 변명할 여지가 없었습니다.

절차를 밟아 사역의 길로 달려가고 있었습니다.

딸 지혜가 씨맨의 특수과정을 통해 전적으로 날개를 달고 날아가는 모습에 오히려 교회적으로 기도하고 후원으로 동역하니, 갈수록 감사한 일들이 일어났습니다.

어느 날 '앞으로 평생 함께 할 사람'이라고 하며, 컴퓨터 사진을 보여주었습니다.

배낭을 메고 산을 오르는 사진 속 청년의 얼굴이 마치 백두산 호랑이 잡으러 가는 산 사람처럼 수염이 시커멓고, 호랑이가 무릎 꿇고 아예 주저앉을 수밖에 없을 것 같은 첫 인상이었습니다.

물론 컴퓨터 사진이라 정확도가 떨어지겠지만 "야! 수염이 왜 그렇게 시커멓게 생겼냐?" 했더니 지혜가 "면도를 안 해서 그렇고 배낭 메고 등산가는 모습이라 그렇지 굉장히 미남형이고 이 사진과 전혀 달라요~"라고 적극적으로 옹호했습니다.

'아! 콩깍지가 끼어도 단단히 끼었구나. 안 되겠구나. 지혜는 이미 이 산적 같은 사람과 이미 먼 미래를 향해 달려가고 있구나.'

나는 긍정적인 반응을 보였고, 차츰 호기심(好奇心)을 갖게 되었습니다.

그 후 우리 가족은 가족회의를 하고 경기대학교 부근의 불고기 집에서 사위(김진협 선교사)를 만났습니다.

'과연 어떻게 생겼을까?' 기대하며 기다리는 긴박한 순간이 지나고, 시간이 되니 우리 앞에 주인공이 나타났습니다.

아내와 아들과 나는 면접관이 심사기준을 가지고 앉은 것처럼 얼굴에 생면부지(生面不知)의 긴장감이 흘렀습니다.

예비사위를 처음 보는 순간 우리 세 사람의 얼굴 표정은 3초 내로 무의식에 통하는 영파(靈波) 같은 속도로 모두 동시에 정상적으로 돌아왔습니다.

봄날 꽃의 향연(饗宴)이 음악처럼 흐르고, 고기가 석쇠에 지글지글 구워지는 소리는 마치 진협과 지혜의 이니셜 'JH'가 공통분모인지라 주님께서 이들의 지구촌 삶을 통하여 사명자로서 틀림없이 귀하게 쓰실 사역자들처럼 보였습니다.

그렇게 우리는 금세 새 가족으로 동화되고, 일정을 마쳤습니다.

나는 진협 예비사위에게 어거스틴(St. Augustine)의 말을 해주었습니다.

"사과 한 개를 먹은 것은 지구의 사과를 먹음 같이 지혜를 사랑하고 만족하고 하나 되어 살아가라."

주례사적 메시지를 던져 주었더니 "예!"라고 대답했습니다.

나는 "'예!'라고만 하지 말고 '예, 아버님'이라고 해" 해서 웃으면서, "예, 아버님! 명심하겠습니다."라고 대답하며 승용차는 달려갔습니다.

삼총사(호·하·휘) 가족 필리핀(2009)과 우간다(2016)의 정글 속을 지나서 삼승제일교회로 오다(2018)

하나님이 짝지어주신 지상의 인륜지대사(人倫之大事)로 대구 양가의 하나님의 사람들과 가족 간의 아름답고 따스한 축복 속에 행복한 가정이 꾸려졌습니다.

씨맨의 사역본부인 부암동 언덕에서 인생의 새 출발을 시작한 사위와 딸은 호연·하연·휘연을 선물로 받았습니다.

그렇게 장차 영적 군사를 준비하는 사명감 속에 삼형제의 기획된 용사를 화살의 전통에 가득 채운 사위와 딸은 말씀에 입각하여 차원이 다른 지상 가문을 굳게 세웠습니다.

이는 하나님만이 아시는 비밀처럼 나타난 현상에 감동을 주기에 충분했습니다.

사위와 딸은 3살 된 호연이를 데리고 필리핀 선교를 떠났으나 열악한 환경을 극복하느라 힘에 부쳤는지 잠시 귀국하여 여주에서 나와 아내가 호연이를 7개월 동안 키우며 사역을 도왔습니다.

호연이는 할머니의 보살핌으로 여주에서 무척 활발하게 성장했습니다.

그때 필리핀 성 누가병원에서 둘째 하연이를 무사히 출생(出生)시키고 잠시 건너가 필리핀 성 누가병원에서 기념사진을 찍고 귀국한 후 필리핀 사역을 마치고 하연이와 귀국하여 네 식구가 되어, 선교본부(부암동 본부) 근무에 매진하였습니다.

그 후 또 휘연이를 이천에서 출생시켜 다섯 식구가 되었습니다.

딸 내외는 삼형제를 거느린 가족으로, 호연·하연·휘연 삼총사는 여주의 가죽소파가 내려앉아 파손될 때까지 뛰면서, 씩씩하게 자랐습니다.

2016년 2월 3일 사위와 딸 그리고 삼총사는 실천선교사가 되어 우간다로 떠났습니다.

온 가족이 한동대학교 대학원에서 세계 지역개발연구와 유엔 유네스코의 지원, 그리고 C.C.C.의 지원으로 아프리카 저개발국가인 우간다 쿠비대학교의 현지 개발선교 프로젝트에 따라 미국에 가서 영적 교육훈련을 마치고, 유럽을 경유하여 2월 말 우간다 쿠미에 도착하였습니다.

전혀 경험해보지 못한 열대성 기후, 흑인의 문화와 환경과 말라리아의 공격으로 호연이만 빼고 모두 2-3번의 고충을 겪을 때마다 기도와 응급처치로 승리하였습니다.

딸 내외는 지금도 '쿠미 추수진 박사님의 직·간접 도움은 평생 잊지 못할 것'이라고 말하면서 이야기꽃을 피웁니다.

추수진 박사님은 주택과 먹거리를 제공하시고, 신변 문제나 다른 도울 일에 자신의 모든 것을 다 투자하여 호연이네 가족을 친 가족 이상으로 도와주셨다고 합니다.

나는 추 박사님이 그 해 7월 분당에 잠시 오셨을 때 뵈었습니다.

외모부터 선교사의 모습이 고스란히 녹아서 스며들어 있었습니다.

'목숨을 담보한 그분이 두려운 것이 무엇일까?'

잠시 나누는 대화 속에서 숨겨진 보화의 역사적인 선교의 고난 이야기가 보자기에 가득히 싸여 있는 것을 가히 짐작할 수 있었습니다.

'순교자의 상급 다음이 참 선교사의 상급이 아닐까' 생각해봅니다.

"이 백성은 내가 나를 위하여 지었나니 나를 찬송하게 하려 함이니라"(사 43:21)

이사야의 예언의 말씀은 우리 삼승제일교회에서도 성취되었습니다.

2016년 2월 1일 우간다 선교와 쿠미대학교 연구 차 떠나던 날 주일예배 후에 강단 앞에 모여 파송(派送)할 때 기도 모습. 제일 우편 흰 머리 故 허정림 권사님(104세), 안수기도 받는 진협과 지혜

나는 선교사로서 멋진 곡예사처럼 달려온 딸과 사위(호연이네)를 보면서 하나님의 놀라운 섭리에 깜짝 놀랐습니다.

사위와 딸은 미래 선교의 전문적인 훈련을 받고자 만학도의 길에 들어섰습니다.

한동대 대학원에 진출하여 2016년 실천적 선교 현장인 우간다에 간 것입니다.

사위와 딸은 선교사로서 약 4-5년 이미 UAE, 중국, 필리핀 등을 경험했습니다.

그러나 우간다는 아프리카로 정글지대 쿠미에서 말라리아와 무더위 등 극심한 환경에서 호연이를 제외한 네 식구가 말라리아에 걸려 심각한 상태까지 이르렀다고 합니다.

2016년 2월 3일 오전 11시 인천공항에서 미국과 유럽을 거쳐 우간다 출발 직전 기념사진. 수가 가장 아쉬운 표정을 짓고 있다.

이후 사위와 딸은 지속적으로 학문의 경로를 걷다가 귀국하여 한동대 수업 중 2017년 11월 15일 포항 지진으로 인해 급히 서울로 이거 후 삼승제일교회의 당회와 교인들의 환영으로 공석이 된 반주자로, 각종 교회봉사자로 김진협 선교사 가족이 함께 사역하게 되었습니다.

2017년 8월 25일 10시 10분 우간다에서 귀국 직후 인천공항에서 건강한 모습으로(기름 섞인 빵만 먹어서 호연이 살이 좀 찜)

2017년 11월 25일에 명인애 반주자가 하나님의 축복을 받아 결혼을 하여 불가불 반주자의 공백으로 성가대가 위기에 처했습니다.

나는 광고까지 했습니다.

'명반주자의 공백으로 26일 주일부터 성가대를 못하게 되니 반주자를 주시하고 계속 기도하자'고 힘주어 말해 왔었습니다.

아! 하나님의 하시는 일이 신묘막측(神妙莫測)하였습니다.

일어나서는 안 될 포항 5.2강도의 지진은 삼승제일교회의 성가대와 주일학교를 다시 일으키셨습니다.

25일(토) 명인애 반주자 결혼!

26일(주일) 추지혜 반주자의 주일예배 반주로 한 주간의 공백도 없이 성가대의 찬송이 하나님 앞에 울려 퍼져 영광을 돌리게 되었습니다.

특별히 하나님께서 삼승제일교회를 사랑하시며, 찬송을 받으시고자 택한 유다 백성처럼 말입니다(사 43:21).

호연이네 가족은 토요일 아니면 주일 아침에 교회로 내려옵니다.

은혜를 끼치고, 은혜를 받는 사역자들입니다.

나는 교회 앞에 '김진협 전도사'라고 공식적으로 호칭을 하였습니다.

김진협 선교사(사위)는 그날 오후 나에게 "아버님! 한 가지 말씀드리고 싶은 것이 있습니다. 전도사라고 부르시지 말고, 선교사로 불러 주십시오. 저는 선교사입니다."라고 했습니다.

나는 오히려 기뻤습니다.

'선교사의 확실한 사명자로 뼛속 깊이 영비에 선교의 사명이 있구나!'

그 후 다시 '선교사'로 소개하여 불렀습니다.

나는 개인기도에도 사위 면전에서 '선교사의 대부로 쓰이고, 선교사의 대부'라고 말합니다.

바울처럼 말입니다.

반드시 하나님께서 사위 김진협 선교사를 세계선교의 대부로 쓰실 것입니다.

이 길로 들어선 지가 꽤 오래 되었고, 현재에도 그 길을 가고 있는 것입니다.

아들 이삭! 나는 사장이 될 거야!

나는 아들(추이삭)이 초등학교 5학년 때 "너는 장차 어떤 사람이 되고 싶니?"라고 물어 본 적이 있습니다.

흔히 부모들은 자녀들이 어릴 때부터 장래의 꿈을 묻고 싶은 심정일 것입니다.

아들은 단 한마디로 "나는 사장이 되어 돈 많이 벌어서 아빠 엄마께 효도하며 살거야!!"라고 말했습니다.

"나는 목사될 거야!" 하는 기대는 하지 않았습니다.

그 이유는 어릴 때부터 개척교회를 한다고 이삭이와 지혜를 농촌의 시골마을, 아골 골짜기로만 끌고 다녔기 때문에 어린 심정에 목사 된다고 하지 않는 것을 이상하게 생각할 필요가 없었기 때문입니다.

개척교회 사례비가 많지 않으니 늘 궁핍하고, 쫓기고, 농촌 환경에서 문화적인 충족도 없으니 어린 마음에도 만족도가 없는 것은 사실이었습니다.

내 주위를 보아도 대체적으로 '세습'(世襲)이라는 단어를 써서 어울리지 않지만 도시 형태의 목회를 하며, 교세가 든든한 목회자 자녀들이 대체로 "나 목사될 거야!" 어린 시절부터 목회자의 꿈을 꾸게 되는데, 왜냐하면 아빠의 목회지(牧會地)를 고스란히 물려받고 싶은 마음도 있을 것이기 때문입니다.

나는 "내가 이 고생을 다하여 이룬 목회지를 그 누구에게도 주고 싶지 않다."고 하는 말을 종종 듣기도 합니다.

요즘은 대체적으로 아들이 아버지의 목회지를 물려받는 것이 이 시대 한국교회의 대세인 것을 그 누가 부정하겠습니까?

또한 이 글을 쓰는 나에게 어느 누가 돌을 던질 자격이 있을까요?

우리 아들은 어릴 때부터 아버지의 개척의 좁은 길을 뼛속 깊이 느끼고 자랐습니다.

농촌지역 목회자의 고충은 농촌목회를 경험하지 못한 사람들은 절대로 이해 불가한 것입니다.

환경적이며 경제적인 어려움!

학교, 거리, 문화, 먹거리, 놀이 등 문화적인 혜택을 전혀 누리지 못하는 지역의 무지막지함, 순수 아닌 아집으로 똘똘 뭉친 곳이 농촌의 시골 부락입니다.

어린 이삭이인들 이런 환경 속에서 교회를 개척하는 아버지를 왜 모르겠습니까?

아들은 근삼리에서 백암선교원 다닐 때 추운 겨울 세찬 눈보라를 헤치고 비포장 고갯길을 걸어서 다녔습니다.

훈훈한 스팀 장치된 도시의 노랑 유치원버스가 데려가고 오는 것도 아닙니다.

이삭이는 일찍이 아니, 어쩔 수 없이 어린 아동기에 자기 앞에 닥친 인생의 첫 걸음마를 홀로 떼야만 했고, 여러 가지 상황을 스스로 해결하면서 성장했습니다.

그렇기 때문에 이삭이의 의식과 무의식 속에 자리 잡고 누적된 심리 '나는 돈 많이 버는 사장이 되어서 살고 싶다. 아빠 엄마가 농촌이라는 곳의 교회 일로 이렇게 고생하는구나!' 하는 것을 누가 가르치지 않아도 저절로 알아가고 있었고, '사장이 된다'고 힘주어 말했을 것입니다.

1985년 2월 27일 백암선교원 졸업장 수여받는 모습

아들은 자신의 말과 꿈대로 2007년 11월 마장동에 '엥거스 월드미트 주식회사'를 설립하게 되었습니다.

나는 아들에게 사업가적 재능이 있다고 믿습니다.

소위 하나님이 주신 은사입니다.

추 씨의 유전자는 사업 재테크 수완이 없습니다.

가진 것도 까먹고, 손에 지어줘도 감당 못합니다.

돈 있어도 쌀을 외상으로 갖다 먹고 싫은 소리 들으며, 아침 해뜨기 전 '외상값 갚으라'는 소리를 재수 옴 붙을 정도로 듣고 나서 돈을 주는 것을 수없이 보았습니다.

돈으로, 현찰로 사다 먹으면 깨끗하고 존경 받으며 먹을 텐데 말입니다.

이 말이 무슨 말인지 이해되지 않는다면 그 사람은 경제점수가 빵 점이요, 대대로 가난은 절친으로 곁에서 본드처럼 붙어서 떨어지지 않을 것입니다.

인류 역사에서 어느 시대든지 정치는 어렵고, 사회는 불안하고, 경제는 힘든 것입니다.

그러나 그 속에서 '어떤 생각을 가지고 어떤 행동을 하느냐'에 따라서 결판이 납니다.

다산 정약용도 목민심서에서 자식들에게 유배지에서 유언처럼 남겼습니다.

"한양을 떠나지 말라. 사람은 경제적 동물이다."

하나님께서 "땅을 정복하라"(창 1:28)고 하신 말씀 안에 들어 있습니다.

"재물 얻을 능력을 네 손에 주리라"(신 8:18)

나는 목회를 하면서 자녀의 성장, 즉 학업과 군 복무, 그리고 올바른 길(正道)을 가는 모습에서 자식들도 나와 함께 목회(同事牧會; 동사목회)를 한다고 늘 생각해 왔습니다.

이삭이와 지혜 두 남매의 성장부터 현재까지 말입니다.

나는 목회자의 가정에 무수히 발생하는 문제를 봅니다.

자녀들이 탈선하는 목회자의 가정도 있습니다.

크고 작은 가정사에 힘겨워하고, 쓰라린 가슴을 안고 피눈물을 흘립니다.

그래서 교회의 권위가 추락되고, 소모적인 일들에 시달리는 목회자들을 보아왔습니다.

'사택의 개나 고양이도 함께 목회한다'고 하는 웃지 못 할 이야기가 있습니다.

개나 고양이가 너무 사납거나 짖어대도 "교회 목사님이 키우는 개, 고양이가 너무 은혜가 없어~"라는 말이 생길 정도입니다.

그래서 나는 절대로 개는 키우지 않습니다.

고양이는 쫓아내도 제 발로 와서 눌러 삽니다.

쥐가 없어서 좋고, 온순하니 목회를 도와주고 있는 것 같습니다.

아들 이삭이와 딸 지혜는 목회를 함께 했습니다.

아들은 외탁을 했습니다.

틀림없는 이유는 '장인 장모님께서 달력에 누구네 집 이자 받는 날을 빼곡히 적어 놓으시고 자녀들에게 이자 받아오라고 하여 심부름도 다녔다'고 하는데, 아들 이삭이 외조부, 외조모의 유전자를 물려받았을 것이기 때문입니다.

험한 지형의 싼 땅을 사서 논으로 고쳐서 되팔아 위치적으로 부가가치가 있는 곳의 더 좋은 땅을 매입하여 그 토지가 현재 문경 영순에 있습니다.

아들의 경제 유전자는 박 씨 외탁한 것이 분명하니, 하나님께 감사드립니다.

앵거스 월드미트(다주) 창업(2007.11) 그리고 결혼하다(2009.10)

아들은 제대 후에 강남 고가의 부동산 컨설팅 전문회사에 발탁되어 당시 오백만 원을 받으면서 두각을 드러내며 근무했습니다.

그러나 워낙 전천후 근무로 주일성수 등 장애가 많아서 갈등하다가 다른 직장 등을 알아보며 잠시 집에서 쉬고 있었는데, 조복희 목사님 아우가 운영하는 '코오코'라는 정육유통회사의 일을 도와주면서 잠시 마음의 여유를 갖고자 일보 후퇴 일보 전진하는 마음으로 며칠을 보내기도 했습니다.

그런데 어느 날 "아버지! 내게 딱 맞는데요?"라며 의아스러운 표현을 하는 것입니다.

'지금 하고 있는 일이 재미있고 좋다'는 의외의 반응을 보였습니다.

그 후 한동안 '코오코'에서 많은 정보를 얻고 배우며, 경험을 축적했습니다.

지금도 아들은 '코오코' 사장이셨던 조군희 장로님과 권사님을 잊지 못하고 감사하는 마음을 가지고 살아갑니다.

'엥거스'(angus)란 '미국산 소'를 뜻하며, '엥거스월드'(Angus World)라는 회사 이름처럼 미국산 수입 소와 국내외 모든 육가공을 포함하여 유통하는 기업입니다.

엥거스 법인설립의 숨겨진 비하인드 스토리(behind story)는 여러 가지가 있습니다.

그 내막을 다 기록할 수는 없지만 한 가지 분명한 것은, 하나님께서 가장 좋은 방법으로 야곱에게 라반의 20년 보상을 빼앗아서 주신 것처럼 수셨다는 사실입니다(창 31.9).

약 1억 가까운 법인설립 자금은 기적이었습니다.

거의 빈손이었으나 하나님께서 생각지도 않았던 분들의 마음을 움직여서 여러 도움의 손길과 더불어 상상을 초월한 방법으로 채워주셨습니다.

기도의 힘으로 기적처럼 엥거스 마크를 마장동 상가 사무실에 개설하고, 교인들과 함께 조촐하지만 예배를 드렸습니다(2007년 11월).

당시 92세 故 허정님 권사님께서 노구의 몸을 이끌고 가셔서 축복기도를 드렸습니다.

삼승제일교회 장로님들과 권사님들과 감격의 예배를 드리고, 축복의 새 역사가 있기를 끊임없이 기도했습니다.

새벽마다 "자녀들을 위해 기도합시다!"라는 공동 기도제목을 가지고 온 성도가 매일의 목적 있는 중보기도를 드렸습니다.

2007년 11월 엥거스 창업 마크 검은 소의 얼굴이다. 마장동에서 시작함.

2011년 4년 차 엥거스 회사 심볼 마크 새로운 디자인 감각적 차원으로 교체함

이후 '엥거스'는 날마다 성장해 갔습니다.

마장동 사무실로는 감당이 안 되어 노원구 상계동으로 이전과 함께 '다주푸드'라는 상표를 더하여 사무실과 작업장 냉동 창고를 갖추었습니다.

회사가 전국적인 네트워크(network)를 구축하게 된 것입니다.

그리고 아들 이삭이는 포천에 임야, 송파에는 건물을 소유하고 있고, 위례신도시, 강남 서초의 아파트에 거주하고 있습니다.

하나님께서 아들에게 누르고 흔들어 차고 넘치게 복을 주셔서 하나님의 영광을 나타내고, 아들이 나에게는 '격이 있는 품위를 유지해야 한다'고 하면서, 적절한 시기에 승용차(그랜저·캠리·아우디 등)를 구입해 주었습니다.

이렇게 나는 '아버지의 위상에 맞는 삶을 누리게 하고 싶은 아들의 효심'에 항상 감동하면서 살고 있습니다.

나는 아버지를 향한 아들의 지나칠 정도의 마음에 고마움을 느끼면서 하나님께 감사하고 있습니다.

무엇보다 며느리인 추수 엄마의 마음 씀씀이가 참 고맙습니다.

항상 추 집사와 같은 마음으로 할 수 있는 한 더하려고 하는 착한 마음에 우리 부부는 행복하게 살고 있습니다.

추수네도, 호연이네도 부모를 향한 마음이 한결같습니다.

두 가정이 의리(義理)와 화목(和睦)으로 믿음 안에서 살아가는 모습을 보면서 온 가족이 행복을 누리고 있습니다.

2017년 2월에는 5층 규모의 빌딩건물과 대지(상계동)를 매입하여 삼승교인들과 같이 입주예배를 드렸습니다.

지금도 '이삭빌딩'이라는 현판을 달고, 갈수록 일취월장하고 있습니다.

이렇게 하나님께서는 부족한 종을 기름 부어 세우셨고, 지독하게 가난하였던 가문을 일으키시고자 아들(추이삭 안수집사)을 통하여 가난과 질곡에서 벗어나 이제는 믿음과 기도로 문을 열고, 감사와 찬송으로 문을 닫는 '엥거스'를 이끌어가게 하셨습니다.

선교와 선교사를 돕고, 지역사회 복지에도 손을 펴며, 사회에 환원하는 기업운영으로 정진하고 있습니다.

2017년 2월 노원구 상계동 소재 '엥거스 월드미트' 회사 건물을 매입 확보, 새로운 기업으로 도약하고 있다.
엥거스 건물 매입 시 기도하는 중(환상) 큰 우물에서 엄청난 샘물이 솟구쳐 올랐다. 바로 그날 계약이 성사되었다.
하나님께서 주셨다.

추수네 가정은 하나님의 은혜로 아름답게 시작되었습니다.
2007년 7월 이천 고미정 식당에서 예쁜 색시 '경희'를 처음 만났습니다.

나는 우리 가정에 새로운 역사가 시작됨을 짐작하고 기도했습니다.
그 해 가을에 상견례로 강남의 근사한 한식집에서 사돈 내외분 강창례 안수집사님
과 신정숙 권사님을 만나자마자 성령의 감화 속에 은혜로운 대화로 두 사람의 미래사
로 이야기꽃을 피우며 진행하여 성혼(成婚)을 위한 준비는 아주 감격스러웠습니다.
이렇게 양가는 예수 그리스도 안에서 영적 가족으로 교감이 이루어졌습니다.
이후 양가는 최선의 마음을 모아 새 가정을 출발시키는 준비 끝에 2008년 10월 신
부 강경희, 신랑 추이삭의 인륜지대사가 치러졌습니다.

결혼식장이었던 팔레스 호텔 웨딩홀에는 축하화환이 넘쳐 외곽까지 펼쳐졌고, 축하객은 차고 넘쳐 식사가 동이 날 정도였으며, 자리가 없어서 커피숍까지 밀려날 정도로 성대하게 치러졌습니다.

혼인예식은 김현철 목사님(현 대만교회 시무) 주례로 새 가정의 출발이 선포되어졌습니다.

그날 육군참모총장 길형보 장로님께서 결혼식 30분 전에 가장 먼저 오셔서 나와 대화를 많이 나누었는데, 장로님께서 이렇게 말씀하셨습니다.

"제가 육사 22기 후 군 생활을 하면서 육군 중령 때부터 운전병과 평생을 함께 했는데, 이삭이는 그동안 함께 다녔던 운전병들보다 운전이 정확하고 세심하며, 승용차 안에 복음성가 CD며 각종 피로회복제나 필기도구를 비치해놓았고, 바쁠 때는 서울 골목길, 지름길, 청와대 긴급소집 비상시간을 정확히 맞추는 놀라운 슈퍼맨이었습니다. 목사님께 구체적으로 칭찬하려고 일찍 왔습니다. 목사님! 과찬이 아닙니다. 우리 이삭이 매우 특이한 아들입니다. 제가 사성장군 말년에 이삭이를 만나 이렇게 국가의 일을 마무리하는 데 크게 도움을 받았습니다. 감사합니다."

길형보 장로님과 나는 서로 '뿌듯한 대화에 하나님께 감사하다'고 하면서 결혼 축하를 주고받았습니다.

이 모든 것이 하나님의 특별한 은혜로 크게 감사를 드립니다.

추수는 2010년 4월 17일 강남에서 태어나 방배동 신혼집에서 성장하여 아빠를 닮아서인지 자동차만 좋아하고, 크면서 범위가 넓어지고, 2017년 2월 9일 위례초등학교 1학년 6반에 입학했습니다.

나는 이삭이와 지혜에게 어릴 때부터 '아마추어 인생으로 살지 말고, 프로인생으로 살아야 한다'는 것을 강력하게 말해 주었습니다.

5대 정신
1. 하나님 제일주의
2. 인격적인 삶
3. 실력 있는 전문가

4. 건강한 체력과 정신
5. 온전한 십일조

이 5대 정신이 우리 가문의 목표입니다.

이 5가지 목표가 이삭과 경희와 수, 진협과 지혜와 호·하·휘 그리고 자손들에게까지 이어지기를 소원합니다.

나는 이 목표를 네모난 도자기에 작품화, 도자기화로 제작해서 삼승교인들에게도 나누어주기도 했습니다.

나는 추이삭 집사가 엥거스 회사 사무실 벽에 컬러 현수막으로 부착시켜 놓은 것을 보고 매우 기뻤습니다.

'우리 아들과 자손들이 5대 목표를 가지고 살아가고 있구나!' 생각하니 우리는 믿음의 승리자(勝利者)요, 온갖 복을 받은 가문이요, 자손임을 확신했습니다.

꿈과 목표는 삶의 에너지요, 반드시 성취하게 됩니다.

하나님은 "생육, 번성, 정복, 다스림, 충만하라"(창 1:26-30)고 말씀하셨습니다.

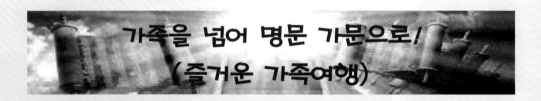

가족을 넘어 명문 가문으로!
(즐거운 가족여행)

우리 가족은 매년 가족여행을 다녔습니다.

이는 가족 모두에게 새로운 경험이 되었으며, 큰 즐거움이었습니다.

2016년 호연이네 가족이 우간다 선교를 떠나기 전 2015년 여름부터 아들과 사위가 치밀한 여행 계획을 세워서 10명의 가족이 즐겁게 가족여행을 다녔습니다.

2016년도에 남해안을 돌아 다도해(多島海)의 절경(絕景)을 보면서 하나님께서 지으신 아름다운 세계를 찬양했습니다.

2017년도에는 거제도와 통영 쪽을 다녀왔습니다.

2018년도에는 일본 도쿄를 거쳐 여행하면서 다양한 문물을 보았습니다.

2019년도에는 부산과 진해를 여행했는데, 진해 해군사관학교를 졸업하고 해군장교로 있는 조카 추교빈 중위를 통해 해사 잠수함 등을 견학했습니다.

2020년 초에는 1979년 개척지로 나섰던 관리교회와 태안 쪽으로 다녀왔습니다.

이렇게 해마다 손자 넷과 떠나는 여행은 풍광(風光)과 먹거리, 웃음과 여유로 쌓인 스트레스를 한 방에 날려 보내며, 우리 가족은 행복을 가꾸며 살아갑니다.

그리고 가끔은 아들의 호의로 좋은 육식 먹거리를 준비해 와서 사위 네 가족 모두 맛있는 파티로 한바탕 축제의 식탁이 펼쳐집니다.

나는 할아버지로서, 목회자로서 우리 가족과 자손들이 주 안에서 영적 영역과 가문 가족을 화목으로 세워가는 것에 대해 매우 기쁘게 생각합니다.

우리 자녀들은 여주에 오면 항상 먼저 교회에 가서 기도합니다.

갈 때도 교회에 들러서 기도하고 출발합니다.

'出必告 反必告'(출필고 반필고)

이렇게 출입을 기도와 믿음으로 행동하는 모습이 너무 좋고, '든든한 믿음의 기초를 가졌다'고 생각하며 감사할 뿐입니다.

수 엄마(며느리)와 딸은 만나면 신앙적인 깊은 대화를 나누는 모습이 참 보기 좋습니다.

손자 수·호·하·휘는 독특한 개성이 있어서 미래세대의 주인공으로 쑥쑥 크고 있는 것을 봅니다.

나는 어릴 때 조부모님이 누구신지 전혀 모르고 컸습니다.

외조부도 모르고, 외할머님만 계셨는데 국민(초등)학교 6학년 때 돌아가셨습니다.

어린 시절 외할머님과의 짧은 추억만 기억에 조금 남아 있습니다.

우리 손자 넷을 볼 때에 '세월이 흘러 조부모인 할아버지와 할머니를 얼마나 기억하고 느낄까?' 깊이 생각해 보았습니다.

그리고 손자 네 명 각자에게 가르쳐 주고 싶은 신앙지식(信仰知識), 인생지식(人生知識), 삶의 지혜(智慧) 등을 작은 노트에 기록하여 이성(理性)과 지성(知性)이 어느 정도 성숙될 고등학교 시기 즈음에서 수·호·하·휘에게 주려고 준비해 놓았습니다.

즉, '신앙편, 예배, 기도, 십일조, 성경, 친구, 결혼, 국가관, 경제관 등' 다방면의 지식적인 정보 등을 기록하고, 하고 싶은 말 등을 써 놓았습니다.

나는 지금도 손자 넷이 5-6세 때 직접 신고 다녔던 신발(운동화)을 버리지 않고 보관하고 있습니다.

"네가 평생 걸어갈 인생길의 어린 시절 신었던 신발이다."라고 추억을 심어주며, '미래를 걸으라'는 의미를 부여하는 차원에서 물려주려고 보관한 것입니다.

자손을 위한 조부 할아버지의 관심도를 실제로 보여주려는 것입니다.

창세기 39장은 야곱이 열두 아들들의 미래사를 제시한 예언이요, 축복예약입니다.

조부모(祖父母)의 기도와 축복은 반드시 성취됩니다.

믿음의 조상 3대 가족사를 보십시오!

아브라함의 하나님!

이삭의 하나님!

야곱의 하나님!

이렇게 3대에 걸쳐 명품가문(名品家門), 명품신앙(名品信仰)의 가문이 된 것처럼 우리 가문이 하나님의 철저한 복된 가문이 될 것을 믿고, 바랍니다.

우리 아들 부부와 딸 부부, 손자 넷은 필시(必是) 축복의 자손 가문입니다.

자서전을 기록하여 남기려는 나의 의도(意圖)는 사실 우리 가족에게 주는 신앙유산(信仰遺産)이요, 작지만 가치 있는 자부심(自負心)과 긍지(矜志)를 갖게 하기 위함입니다.

민족의 얼이 있듯이 우리의 축복된 가문에도 신앙의 얼이 있기를 간곡하게 바람으로 모든 어려움을 극복하고 쓰게 된 것입니다.

나는 모든 예배 때마다 교인들에게 합심으로 소리 내어 통성기도를 시켜왔습니다.

기도 제목은 크게 두 가지입니다.

첫 번째는, 대한민국, 세계선교사, 한국교회, 삼승제일교회를 위하여
두 번째는, 가문과 가족, 자녀와 자손, 자기 자신을 위해 끊임없이 기도해 왔습니다.

특별히 자녀를 위한 기도는 때로 반복시키기도 했습니다.
그것은 부모의 기도는 하나님께서 특별히 기뻐하시며, 지상의 기업으로 주셨기 때문입니다.
"보라 자식들은 여호와의 기업이요 태의 열매는 그의 상급이로다"(시 127:3)

부모(父母)는 하나님의 대리사역자(代理使役者)입니다.
부모가 자녀들을 어떻게 따라다니겠습니까?
그래서 자녀를 위해 기도로 복을 빌어 기업을 유지해야 합니다.
하나님께서는 부모들의 기도를 받으십니다.
기도의 향이 상달되기를 오늘도 기다리고 계십니다(계 5:8; 8:3-4).

2018년 6월 남해지역 가족여행 중 거제도 섬 식물원에서

신앙인의 5대 신조

 하나님 제일주의

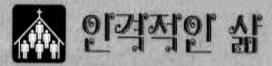 인격적인 삶

 실력있는 전문가

 건강한 체력과 정신

 온전한 십일조

부록

쌩 땅을 파라

1968 54 2021

삼승삼십 삼년 삼삼하고 알싸한 이야기

목회 54년 세월에 삼승제일교회에서 33년이란 후반전 목양을 마치려 하니 지나온 날들의 시간과 공간 속에서 일어난 소소한 일들이 마치 묵은 신문지가 쌓여서 삼십 삼년 삼삼하고 알싸한 꽤 많은 이야기들이 빛바랜 누런 뭉치처럼 차곡차곡 사연이 되어 새록새록 떠오릅니다.

나는 목회 54년 세월 동안 주일성수와 수요저녁, 새벽기도, 구역예배, 심방, 특별모임 등 온통 예배와 설교로 살았습니다.
그리고 부흥회 인도 등 목회의 길을 걸어왔습니다.
삼승제일교회에서 33년, 처음부터 만만치 않은 출발선에서 지금까지 한 발짝씩 걸어오는 동안 그 모든 발걸음을 하나님 아버지께서 특별은총과 은혜로 이끄셨습니다.

33년의 세월 동안 목회를 한 여주 땅은 제2의 고향이 되었습니다.
전북 김제 백구면에 선산도 있으나, 아버님의 유언도 있으셨고, 아내의 시도로 가족회의 결과 여주 추모공원으로 부모님 유골도 잘 모셔놓았으니 말입니다.

아들(추이삭 안수집사)이 초등학교 4학년, 딸(선교사)은 초등학교 1학년 때 삼승제일교회에 부임해 와서 중·고·대학 학창시절을 거쳐 가정도 이루었습니다.
아들은 사업가로, 딸은 선교사 가족으로 친손 수와 외손 호연, 하연, 휘연 등 모두 열 명의 가족을 이루고, 나는 추장이 되었습니다.

이에 나는 나의 사랑하는 가족을 사진으로나마 남겨두고 싶습니다.
아들과 지혜가 제2의 고향이 되어버린 삼승제일교회에서 꿈을 가지고 성장하고 진출하여 오늘에 이르렀습니다.
영원히 잊지 못할 것입니다.
사진의 설명은 불필요합니다.

나의 가족들아!

이 사진을 보면서 평생 신앙 화목(5대 신조)으로 살아가다오!

나의 신앙의 유산은 오직 하나님 제일주이이다.

부록1

삼승제일교회 삼십 삼년
삼삼하고 알싸한 이야기

1988년 12월 설원 속에 잠긴 아름다운 교회와 사택

1994년 4월 11일 부활절 주일 성찬 예식 거행

삼승제일교회 앞에서 가족사진

아들과 딸

수, 호연, 하연, 휘연

2015년 7월 남해안 가족여행

아들 사위 가족, 며느리 가정의 손자수

딸 지혜와 사위의 가족손자호·하·휘

삼승제일교회에서의 33년은 또 다른 정글지대였습니다.

그간의 수많은 사연을 어찌 다 기록하겠습니까?

소위 '기성교회'란 말이 있습니다.

마치 양복도 미리 만들어놓은 최소한의 규격품을 기성복이라고 하는 것처럼 삼승제일교회에 첫 부임하여 1988년 2월 주일부터 매일 매사에 장편의 대하드라마가 시작되었습니다.

최소한이나마 갖춰진 기성교회가 아니었습니다.

차라리 개척교회라 함이 어울렸습니다.

건축도 공사하다가 부도가 나는 등, 문제가 복잡하면 차라리 처음부터 하는 것이 쉽지, 문제가 있는 건축 공사를 맡으면 몇 배나 더 힘든 것처럼 누가 와서 목회자의 사역을 해도 해야 하는 것 아니겠습니까?

그러나 인간적으로 '재수 없이 걸렸구나' 하는 생각은 추호도 한 적 없습니다.

나는 생각했습니다.

'하나님께서는 나를 이 지역의 영적 사령관으로 보내셨다.'

나는 이렇게 생각하고 사택 뒷산 언덕배기에 기도처를 만들어 놓고 힘써 기도했습니다. 캄캄한 밤 마을을 바라보며 두 손 들고 거룩한 보좌를 향해 전투적 기도를 올립니다.

"이 영역에서 사탄의 세력을 잠재우시고 무너뜨리시고 멀리 물리치사 예수 그리스도의 영역으로 점령케 하소서!"

다윗의 전쟁사에 나타난 백전백승의 비법에 따라 나 또한 적진을 향한 손짓으로 "여호와여! 앞서 행하소서!" 기도할 때 더디지만 삼승지역에서도 적중하고 있었습니다.

나는 이 글을 쓰면서 학습·세례 명부를 펴보았습니다.

그리고는 깜짝 놀랐습니다.

수많은 교인들의 이름이 년도마다 기록되었고, 나그네 인생이라 오고가고 상상하기 곤란할 정도로 '아! 이분은 지금 어느 곳에서 살며, 교회생활은 잘하고 있을까? 어떻게 변해 있을까? 건강할까? 많이 늙었을 거야~' 별의별 생각을 다 해봅니다.

그분들과 울고 웃고, 서로 삶의 고단함을 격려하고 기도했는데, 모두 세월의 강물에 떠내려갔습니다.

흔적도 없는 물결 위에 그래도 추억의 기억이 작동되니 '이젠 말할 수 있겠구나' 하는 생각이 듭니다.

지난날을 들춰서 서로의 허물을 이야기하고자 함이 아닙니다.

수많은 사건과 사고 속에 담겨 있는 삶과 신앙의 가시밭길 속에서 고고하게 피어난 백합화가 찢어져 그 향기 토하듯, 오히려 빛과 그림자 속에 숨겨진 또 하나의 역사의 뒤안길에서 있었던 사연들을 함께 공유하면서 더욱 성숙해질 수 있는 작은 힘의 에너지가 될 것을 믿어 의심치 않기 때문입니다.

모든 분들에게 조금이나마 상처가 되지 않도록 저자(著者)는 절제하며, 간결하게 기록하려는 노력을 기울였음을 헤아려 주시기를 바라마지 않습니다.

1988년 3월 10일 삼승제일교회 부임한 지 2주 지나서 단합대회 겸 여주 강변으로 소풍(강변예배 모습)

이제는 말할 수 있습니다.

자서전(自敍傳) 즉, 회고록(回顧錄)입니다.

음지와 양지에서 일어난 지난날을 다시 꺼내어 밝혀줌으로써 더 나은 모두의 기억을 되살리고(Memories) 미래지향 효과가 있으며, 궁금했던 일, 전혀 알지 못했던 일들을 서로 공유하는 유익함이 있다고 할 수 있습니다.

삼승 삼십 삼년 삼삼하고 알싸한 이야기!
이젠 말할 수 있습니다.

삼승을 떠난 지 오랜 성도들이 한둘이 아닙니다.
그리고 현재 삼승가족들을 봅니다.
삼승 삼십 삼년 삼삼하고 알싸한 많은 이야기들을 품고 있는 학습·세례 명부를 보면서 '이분들의 얽히고설킨 인생사나 신앙사, 삼삼한 이야기, 알싸한 이야기를 기록한다면 박경리의 '토지'라는 소설과 비슷할 것'이라는 생각이 듭니다.

파란색 봉고차 기아 마스터 12인승
최초의 교회 차

절대로 과장어법이 아닙니다.
나는 쓴다면 쓸 재주가 있다고 자부합니다.
소위 쓸데없는 객기를 부릴 필요가 없습니다.
그리고 무엇보다도 솔직하고자 합니다.

목사를 공격하고, 또 무슨 은사를 받았다면서 설쳐대고, 예배 후 몇 사람이 2차 가듯이 자기들끼리 몰려다니는데, 교회는 예배 마치면 반드시 집으로 귀가함이 온전하고 건강한 신앙입니다.
성도가 특별교제 이외에 지나치게 자주 만나면 쓸데없는 대화를 나누게 됩니다.
　'교회가 어떻고, 설교가 어떻고, 목사가 어떻고, 재정이 어떻고……'

이렇게 되면 교회 프로그램의 좋은 점도 굴절(屈折)됩니다.
두부나 우유도 유통기한을 넘기면 부패합니다.
자꾸 냄새가 나고 풍문이 생깁니다.
'무족언(無足言)이 천리행(千里行)'이라고 했습니다.
발 없는 말이 천리를 갑니다.

삼승제일교회도 1990년대 초 두세 번쯤 시끌벅적한 일이 있었으나, 잘 넘어갔습니다.

구체적으로 언급하고 싶지는 않습니다.

그것이 은혜이기 때문입니다.

교회는 죄인들이 와서 예수 피 공로로 용서받은 의인으로 칭의를 받은 상태입니다.

수십 년 개인의 성품과 인격은 이미 콘크리트처럼 굳어서 고착화, 사상화가 되었습니다.

무슨 일을 결정할 때 기도로 성령과 말씀대로 하나님 편에서 생각해야 합니다.

자신의 경험과 처지와 수준으로 잣대를 대니 맞지 않습니다.

목회자는 컨트롤 타워(Control Tower) 위에서 조정합니다.

매끄럽게 되는 때가 드물다고 봐야 합니다.

삼승제일교회는 의자 두 줄 배열의 본당과 12평 교육관이 전부였습니다.

사택 슬레이트 블록 20평과 재래식 화장실은 건물상태와 편리성에서 최악이라고 보면 됩니다.

교회 교육관은 비가 오면 줄줄 샙니다.

본당의 종탑, 천장에는 빗물이 쏟아집니다.

대야, 양동이 등이 동원됩니다.

화장실은 엄청난 인내심이 필요했습니다.

이처럼 교회 건물과 환경은 표현이 불가할 정도입니다.

365일 살아보십시오.

솔직히 교인들은 잠시 다녀갈 뿐 세세히는 모릅니다.

안다 한들 뾰족한 수도 없습니다.

어느 해는 사택 뒷산의 배수 고랑이 엄청난 폭우에 무너지고 터지고, 난리가 아니었습니다.

삼승교인들이 이 글을 읽으시면서 "왜 이제야 과거를 들추십니까?" 하고 의아해할 수도 있습니다.

그러나 이것이 교회의 흔적이요, 알짜한 이야기들이 아닐까 생각합니다.

이때 남전도회와 개인적으로 땀범벅 흘리시며 봉사와 헌신의 수고를 하셨습니다.

이렇게 목회자로서 지난날을 회상하면서, 무엇보다도 현재의 삼승제일교회가 이전처럼 최악의 상황이 아니기 때문에 고맙고 감사해서 적어봅니다.

그리고 현재 삼승제일교회 가족 모두에게 깊은 감사를 드립니다.

한 분 한 분 주 안에서 아름다웠던 일들을 다 기록할 수 없는 것이 더 아름답다고 생각합니다.

알짜한 이야기, 낮과 밤의 사연들은 역사 속의 사연이었음을 폭넓게 수용하시고, 이해해 주시리라 믿습니다.

나는 삼승교인들의 인생의 고단함과 견디기 힘든 질곡의 삶에 부대끼는 모습을 너무나도 잘 압니다.

하나님께서는 이 모든 분들과 함께 하시고 책임져 주실 것입니다.

수고 · 헌신 · 충성 · 열정 · 봉사 · 눈물…….

33년이란 길고 긴 세월 따라 오늘에 와 있는 삼승교인 여러분!

참으로 고맙고, 감사하고, 행복했습니다.

이야기하자니 끝이 없습니다.

다만 감사뿐입니다.

이 모든 것을 아시는 하나님께서 칭찬과 축복과 상급을 주실 것입니다.

내 나이 18세 때 입학하였던 기드온신학교의 교훈은 다섯 가지였습니다.

① 경천절대(하나님 제일주의)

② 애인여기(사람 사랑)

③ 의리견수(인간의 기본을 지켜라)

④ 면학종신(죽을 때까지 배우라)

⑤ 친토일생(신토불이 정신)

1976년 입학하였던 총회신학교의 교훈도 다섯 가지였습니다.

① 인간이 되라

② 신자가 되라

③ 전도자가 되라

④ 학자가 되라

⑤ 성자가 되라

우리 가족 가문의 교훈도 다섯 가지입니다.

① 하나님 제일주의

② 인격적인 삶

③ 실력 있는 전문가

④ 건강한 체력

⑤ 온전한 십일조

나 자신에게는 '일생 한 번, 기회 한 번 주를 위해 살다가자'고 다짐합니다.

나는 지구의 한 모퉁이의 작은 목회자였습니다.

그러나 작다고 소홀하지 않았습니다.

목사는 이유 불문하고 기도로 영력(靈力)을, 설교로 실력(實力)을 보여줘야 합니다.

소위 골방(기도), 책방(독서), 심방(살핌)의 삼방입니다.

나는 설교에 많은 집중과 노력을 했습니다.

나 자신을 이기고 관리하기 위해 노력을 게을리 하지 않았습니다.

한숨 자고 나면 교육관 기도처에 나갑니다.

나는 '목회는 무릎으로 걷고, 마른 눈 가지고는 천국 못 간다'는 영국의 황금의 입을 가진 스펄전(Charles Spurgeon) 목사의 목회 명언을 좋아하고, 그렇게 힘써 왔습니다.

나는 기도 시간을 정하고 밤 한 시, 두 시에 갈 때도 있고, 지금껏 평일에는 세 시쯤 되면 일어났습니다.

새벽기도 준비를 마치고 성경을 읽고, 소금물과 치약으로 양치하고, 반드시 따뜻한 물을 한 컵 마시고, 새벽 찬 공기를 마시며 무조건 걷습니다.

얌전하게 걷는 것이 아니고, 나만의 동작으로 뒤로 옆으로, 때로는 개구리처럼, 호랑이처럼 걷습니다.

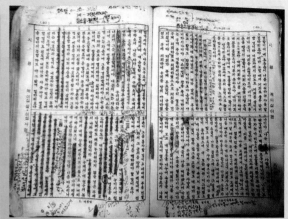

1964년 최초로 구입한 성경(가보로 남기다)　　　　손때 묻은 나의 최초의 성경 눈물과 기도로 낡아졌다.

나는 뒤로 걷는 것이 매우 효과적임을 터득했습니다.

처음에는 배가 아팠습니다.

앞으로 걷는 근육만 발달되었기 때문입니다.

뒤로 걸을 때에도 양손을 뒤로 깍지를 끼고 좌우로 제치면서 걷습니다.

눈이 오나 비가 오나 걷습니다.

그리고 새벽 운전을 하여 한 바퀴 돌면서 새벽기도 교인들을 데려옵니다.

나의 건강유지 비결은 9시 취침, 3시 기상입니다.

음식은 소식(小食)하는 편입니다.

새벽 3시 기상 후 성경을 읽기 전에는 물도 마시지 않습니다.

경제(돈)에는 관심이 없습니다.

나는 1990년 교통사고를 당했을 때 고속도로에서 두 명이 내 차 앞뒤에서 죽는 것을 보고서 하나님의 손으로 보호하여 병원에도 가지 않고 살아난 그 날, 통장 등 일체를 아내에게 인계하였으며, 그 후 지금까지도 사례비에서 십일조와 헌금만 제하고, 일체 관여하지 않습니다.

나의 현재도 미래(노후)도 모두 아내에게 일임하니 머리가 개운합니다.

아내는 두 개를 네 개, 여덟 개로 늘려나가고 있습니다.

아내는 재테크에 뛰어나고, 사업가 기질이 있는 사람입니다.

나는 돈이 있어도 쓸 줄을 모릅니다.

필요한 모든 것은 아내 몫입니다.

그저 기도와 설교준비를 하는 쪽입니다.

그러나 때로 소위 돈질을 할 때는 하고 삽니다.

농촌목회를 하면서 문화적 · 사회적 거리 때문에 도시에서는 당연하면서도 편하게 누리는 수많은 혜택을 누리지 못하고 사는 것이 아쉽습니다.

흔한 자장면, 치킨이 먹고 싶어도 쉽게 접하지 못하는 점이 있습니다.

사우나, 카페 등 도시의 편의 시설이 전혀 없습니다.

충청도를 시작으로 거의 농촌에서 목양의 세월을 보냈기 때문입니다.

갑자기 아프거나 응급 상황이 생겨도 병원 응급실이 멀어서 힘듭니다.

솔직히 아내에게는 미안함이 도를 넘어 무뎌져 버렸습니다.

평생 신토불이(身土不二)로 살아가는 성도들을 봅니다.

천하지대본(天下之大本)이라~

'하나님은 농촌을 만들고, 사람이 도시를 만들었다'는 말이 있습니다.

그리고 여주 땅은 한반도에서 24절기가 가장 정확한 곳이요, 남한강 상류로서 서울 한강으로 가는 최고의 수원지입니다.

지리적으로 명석하기에 조선 지관들이 조선왕조 최고 명품 왕 세종을 여주에 모셨는데, 소위 뒤로는 남한강이 흐르고 좌청룡(左靑龍) 우백호(右白虎), 실제로 세종 영릉을 가서 보면 지리적으로 대단히 좋은 지형이라는 것을 문외한도 느낄 정도입니다.

여주는 기후와 토질과 수질, 최고를 가진 곳이라 절대로 산업화는 허가불가 포기상태로 국책으로 영구적으로 묶어놓은 곳입니다.

그것이 맞는다고 봅니다.

서울 한강 팔달 수돗물을 '아리수'라고 합니다.

나는 여주 남한강 물을 '아리수'라 부르는데, 하나님이 주신 선물입니다.

대한민국에서 가장 수질이 좋은 곳이 여주입니다.

이명박 정권 때 사대 강을 넘어 대운하 계획에 여주가 대운하 터미널로 정해졌을 만큼 여주는 대운하 중심지였습니다.

여주보, 강천보, 이포보 세 개입니다(전국 16개 보).

운하 백지화 결정된 날, 여주 시민 중에 생각이 있는 자들은 땅을 치며 울었습니다.

이는 꾸며낸 이야기가 아닙니다.

그때 정책대로 되었다면 한반도가 바뀌고, 세계적 관광나라가 될 수 있었을 뿐만 아니라, 여주도 세계 관광 탑을 찍을 수 있었는데 말입니다.

쌀, 땅콩, 고구마는 묻지도 말고 따질 필요도 없습니다.

색깔이 다르고, 모양이 똘똘하며, 맛이 뛰어나서 혀로 터치되어 뇌에 저장되면 거부할 수 없는 먹거리 일 번지로 자동 입력입니다.

부친 생전에 나는 가끔 부모님께 여주 쌀을 봉양해 드렸습니다.

잡수실 때마다 "내가 말여~ 평생 밥을 먹어봤지만 여주 쌀이 최고여~ 반찬 없이 밥만 먹어도 맛있어~"라고 말씀하셨습니다.

전 국민의 1%만 먹을 수 있는 생산량이라고 합니다.

여주 쌀은 조선왕조 임금님 수랏상에서 밀려난 적이 없다고 합니다.

내가 여주 자랑을 너무 많이 했나 봅니다.

그러나 여주에서 30년 넘게 살아온 내 절반의 생애가 여주의 흙냄새로 젖어든 삶인데 오히려 표현이 모자랐다고 생각합니다.

나는 어디를 가도 여주의 홍보대사처럼 말하곤 합니다.

추수감사절마다 햇곡식을 먼저 드리는 우리 교인들을 수십 년 보아왔습니다.

매주 성미를 드려서 주의 종 쌀독에 여주 쌀이 떨어져 본 적이 없습니다.

나와 우리 가족은 자자손손 잊지 못할 것입니다.

1990년 5월 27일 가정의 달 찬양의 밤에 가족 찬양하는 모습

삼승제일교회와 사택

1997년 사택 신축 완공, 2005년도 식당, 사무실, 화장실 건축, 교육관 리모델링, 2008년 본당 52평으로 증축 완공 등 놀라운 변화를 가져왔습니다.

삼승제일교회 교인들의 저력(底力)은 위대했습니다.

재정이 넉넉하여 드린 적이 없습니다.

이는 모두 하나님의 도우심 덕분이었고, 이런 일들을 계획하고 추진하는 데 어느 하나 쉬운 것은 없었습니다.

설득과 의논 밀당으로 하나씩 성취해 나아갔습니다.

식당 내부 주일마다 작은 천국잔치였다.

씽크탱크(Think Tank)처럼 작지만 강력한 저력으로 최악의 상태인 모든 건물 시설들이 새로운 변모를 가져왔습니다.

2008년 본당 증축하는 데 건축비 오천만 원이 필요했습니다.

당시 재정은 천여만 원뿐입니다.

하나님의 섭리는 놀라웠습니다.

삼승리 마을을 걸친 골프장 블랙스톤이 토지매입과 지역주민 설득으로 각 가정 당 이백만 원씩을 나눠주었습니다.

골프장이 들어서는 데 주민들에게 선물로 준 돈입니다.

사무실과 당회실, 각종 회의실 내부

마침 본당 증축을 위한 헌금을 하는 시기였습니다.

삼승 성도들은 '하나님께서 성전공사에 헌금하라고 주셨다'고 하면서, 너도나도 하나님께 드리게 되었습니다.

절묘한 타이밍이었습니다.

갑자기 무슨 돈으로 일이백만 원씩 헌금할 수 있겠습니까?

골프장이 때 맞춰 들어서게 된 것입니다.

본당 증축은 배로 늘려서 성공적으로 완공 감사를 드리게 되었습니다.

교회 화장실과 울타리를 공사할 때 당회와 교우들의 협력으로 시작되었습니다.

어느 집사님 가정에서 '공사비는 얼마가 들어도 우리가 책임질 테니 걱정 말고 시작하라'고 하여 기쁘게 시작되었습니다.

공사비는 2천 3백만 원이었습니다.

교회재정은 칠백여만 원뿐이었지만 공사는 시작되었습니다.

그런데 정작 '걱정하지 말고 공사하면 우리가 다 책임진다'는 가정에서 '오백만 원만 한다'고 하여 황당했습니다.

주님의 옷자락 붙잡고 무릎으로 걷는 기도관 교육실 내부

그 후 그 가정의 가족이 불치병에 가까운 질병에 시달렸습니다.

그 가족 중 집사님이 어느 주일, 예배 직전에 나를 잠깐만 만나자 하여 교회 식당 옆에서 "목사님! 하나님이 우리 아무개 아빠를 고쳐주신다면 현금으로 2억을 헌금하겠습니다" 하고 간청했습니다.

사실 이때는 정확히 교회 증축 직후였습니다.

나는 순간적으로 '2억이면 교회와 부속건물 다 헐어버리고 전부 신축하겠구나!' 생각하니 무척 고무적이었고, 그날부터 특별기도에 돌입했습니다.

그리고 증축이 완공되었습니다.

또 '화장실 울타리 공사에 얼마가 되든지 공사비 책임진다' 하고 오백만 원으로 마무리 지었는데, 너무 아쉬웠습니다.

시간이 갈수록 그 가족의 호주(戶主) 집사님은 호전되지 않아 서울로 입원하여 얼마 지나서 소천하여 하나님께로 부르심을 받았습니다.

나는 깊이 생각해 보았습니다.

골프장 토지매입으로 로또처럼 거액을 얻게 된 집사님 가정의 입장에서는 교회 증축을 하는 데 헌금으로 일조하여 하나님의 복을 받을 수 있는 절호의 기회였습니다. '먼저 2억을 드려 증축하고, 각종 교회시설 공사를 했다면 하나님께서 큰 긍휼을 베풀어서 건강은 회복되고 행복한 가정의 삶이 되지 않았을까?' 하고 생각했습니다.

소위 이런 비사(祕事)를 회고록이라고 합니다.

눈치 채도 좋습니다.

이 모두가 지나간 시절에 일어난 삼승제일교회의 비하인드 스토리 아니겠습니까?

그 가정은 골프장 매입으로 상상초월의 수십 억 돈 가마니가 쏟아졌습니다.

십일조만 드렸어도 교회의 모든 건물 포함 종합세트로 멋진 교회 모습으로 탈바꿈시켰을 것입니다.

나는 두고두고 아쉬움을 가지고 있습니다.

기회(機會)는 두 번 오지 않습니다.

냉엄(冷嚴)할 뿐입니다.

십일조는 내 것이 아닙니다(말 3장).

내 것으로 착각하면 큰 오산입니다.

적으나 많으나 십일조의 기준을 변동시키지 말아야 합니다.

거액의 수입이 생기면 십일조 액수도 거액으로 발생합니다.

도리어 더 감사해야 합니다.

수입의 통로가 커졌기 때문입니다.

큰 수입에 큰 십일조, 얼마나 감사합니까?

그런데 교인들은 거액의 십일조에 허물어집니다.

삼승제일교회 역사에서 위 가정의 비사는 마음이 아픕니다.

그 가정 가문과 교회의 역사도 많은 변화를 가져올 수 있었기에 이쯤해서 더 논하고 싶지 않습니다.

그러나 이 글을 접한 모두에게 산교육이 되기를 바랄 뿐입니다.

십일조는 신앙의 고백이요, 축복의 통로요, 그릇이요, 미래사를 책임져 주십니다.

하나님께서는 아브라함이 멜기세덱에게 드린 십일조의 축복 약속으로 이스라엘 자손에게 가나안 땅 39억 평의 세계 보물국가를 복으로 주셨습니다.

사랑하는 우리 삼승가족 여러분! 그리고 추 씨 가문들아!
믿음으로 구원 받고, 십일조로 축복 받자!

그렇습니다.
삼삼하고 알짜한 빛과 그림자는 삼승의 33년 역사라는 치열한 사람들의 이야기입니다.
그렇게 우리는 오늘에 이르기까지 서로 부딪치고, 넘어지고, 일으켜 세워주고, 안아주면서 왔습니다.
사랑하는 삼승가족 모두 이 대목에서 이제는 자유로워지기를 기도하고 축복합니다.

내가 원로가 되어 뒤안길로 접어든 길목에 서서 바라볼 때 이러한 크고 작은 사건들이 교회(教會)였음을 고백합니다.
고린도 교회처럼 오직 예수만 바라보고 달려온 길!
이러한 한 시대의 모든 믿음의 동역자, 믿음의 동지들이 많이 떠났으며, 지금의 삼승의 가족은 잘 훈련된 빌라델비아, 서머나 교회가 되었으니, 참으로 감사 감사할 뿐입니다.

이런 역사 속에서 삼삼하고 알짜한 이야기의 주인공들도 이 삼삼하고 알짜한 스토리를 깊이 헤아려 주시기를 간곡하게 바라마지 않습니다.

삼승제일교회 쉼터

나는 지난날 삼승제일교회의 역사에서 삼삼하고 알싸한 사연의 가정과 가족 모두를 진심으로 사랑합니다.

당시에는 경지(境地)에 이르지 못했을 뿐 매우 가문 가풍이 존경스러운 분들이었다는 것을 말씀드리며, 혹시 이 사연을 접하시고 마음에 와 닿으시더라도 오히려 은혜의 가치로 수용하시리라 믿습니다.

여러분 모두 모두를 사랑하고 축복합니다.

나는 삼승제일교회에서 목회하는 동안 여러 번 해외에 나갈 기회가 있었습니다.

연세대학교 졸업여행으로 대만을 다녀왔습니다.

그 후 1995년 이스라엘과 이집트와 유럽을 다녀왔습니다.

2001년에 우리 내외는 회갑기념으로 미국을 다녀왔습니다.

2013년에는 박경자 사모와 함께 터키, 그리스, 로마 등을 다녀왔습니다.

2019년에 우리 내외는 이스라엘 성지(聖地)만 집중적으로 순례(巡禮)하였습니다.

많은 은혜를 받았습니다.

무엇보다 하나님께서 기회를 주셨고, 성도님들의 기도와 협력이 주요했습니다.

2019년에 성도들의 개인적인 기도 제목을 받아 모아서 그 기도문 쪽지를 금색 봉투에 담아 예루살렘 통곡의 벽 돌 틈새에 직접 넣고 온 것은 매우 이례적인 기획이었고, 모든 목사님들도 감동이었다고 합니다.

동영상을 가져와 성도님들과 함께 기쁨을 나누었고, 그 기도가 평생에 그리고 자손들에게까지 대대로 응답되리라 굳게 믿습니다.

여기에 사진을 공개합니다.

그때의 기도의 현장 통곡의 벽입니다.

삼승성도 여러분의 사랑을 영원히 간직하며 살겠습니다.

진심으로 감사드립니다.

2019년 11월 2-11일 이스라엘 성지 예루살렘 성전 (솔)건축 서쪽 돌 벽 쪽 통곡의 벽에 삼승교인들의 기도제목을 개인이 작성하여 주셔서 금색 봉투에 넣어 벽 돌 틈새가 보이는 곳에 금색 기도제목을 직접 넣었습니다. 세계 각지에서 순례 온 수많은 기도사연을 볼 수 있습니다.

2019년 11월 2-11일 성지 이스라엘(솔로몬 건축) 예루살렘 성전 서쪽 벽 통곡의 벽 돌 틈에 세계 각지에서 온 순례자들이 기도쪽지를 끼어 넣은 모습을 볼 수 있다. 추귀환 목사가 유대인 전례에 따라서 키파 모자를 쓰고 삼승교우들의 기도제목을 돌 틈에 넣고 기도하고 있는 모습(키파를 쓰는 이유는 내 머리 위에는 오직 하나님만 계신다는 뜻으로, 오직 믿음의 상징적 신앙표현이다.)

2019년 11월 1-9일 이스라엘(성지) 순례 예루살렘. 전경 속 황금 돔 교회, 아브라함이 이삭을 번제로 드린 바위를 가운데 황금 돔 중심으로 세운 솔로몬 성전이 보인다.

2019년 11월 7일 박경자 사모가 예수님께서 십자가에 고난당하시고 새 무덤에 장사되신 바로 그 자리 예수님이 누우셨던 자리에 손을 얹고 기도하는 모습

삼인방 권사 삼총사(1) 권·박·엄

내가 1988년 삼승제일교회에 부임해 보니 이 지역에 안착하고 사시는 세 분 여 집사님들이 연세도 있고, 주민들 속에서도 자타공인의 신앙과 삶을 살고 계셨습니다.

신앙 연조와 하나님 앞에서 살아가는 모습이 그 누구보다 돋보였습니다.

일찍이 원 씨 가문에서 시작된 교회로서 장로도 벌써 세워져 조직교회가 되고, 당회장이 있고 노회에도 권위 있는 공교회가 구성되어야 했는데, 설립 24년 차 된 교회가 아무리 숫자적 즉, 교세가 약해도 시무권사 한 분 없는 것이 구심점이 약해 보였습니다.

일단 시무권사 감으로는 권금순·박무순·엄정희 세 분으로 형평성 있게 추대하여 1988년 11월 28일 권사 취임행사를 은혜롭게 진행하여 교회 분위기가 훨씬 좋아지고, 뭔가 미래가 열리는 것 같았습니다.

어떻게 보면 이미 권사를 세웠어야 했는데, 앞선 목회자의 엄격한 잣대로 재다보니 다 잘리고 말았습니다.

권사 취임식

내가 부임하기 전에는 주일날 대표기도도 없었는데, 나는 과감하게 번갈아가며 대표기도도 시켰습니다.

규정은 주일예배 시 장로가 대표기도를 하지만 장로는 꿈도 꿀 수 없었습니다.

교인도 소수이지만 사실 맡길만한 자격자가 한 사람도 없었습니다.

비슷한 사람도 없었습니다.

앞서 기록된 대로 원 씨 가문에서 출발하여 시작한 교회인데 아쉽게도 내가 왔을 때는 기대 이하였습니다.

그러니 '여자 권사라도 세워서 교회가 미래지향적으로 가야 되겠다'고 생각했습니다.

故 권금순 권사님은 당시 혼자 살면서 오직 예수 천국의 신앙을 소유하고 있었습니다.

그리고 추 목사의 출입을 굉장히 신경 쓰십니다.

내가 외출했다가 조금 늦은 저녁 시간에 돌아오면 꼭 전화로 '어제 어디 다녀왔나?'고 물으시고, 또한 권사님 아들이 특별간식을 사오면 잡수시지 않고 놔두었다가 아들이 가면 포장도 뜯지 않고 그대로 가져오십니다.

"이 농촌 구석진 곳에 오셔서 얼마나 애로가 많고 고생하십니까?"라고 격려하시고, 잊어버릴 만하면 우리 가족과 함께 장호원에 가자고 하셔서 교회 봉고차로 모시고 가는데, 그때마다 고기 종류로 사주셨습니다.

현재 교육관의 전자시계가 권금순 권사님이 기증하신 시계입니다.

나는 어느 날 진지하게 "왜 내가 어디 가는지 오는지 신경 쓰세요?" 하고 물었더니, 권사님은 '젊은 목사님이 이 시골교회 오실 것 같지 않은데 오셔서 곧 다른 교회로 가실 것만 같아 걱정이 된다'고 하셨습니다.

나는 "목회자는 하나님의 사역 종이기 때문에 오고 싶으면 오고, 가고 싶으면 가는 것이 아닙니다. 철저하게 하나님이 주장하시니 걱정 마세요~"라고 안심시켜 드렸습니다.

그렇게 권사님은 약 3년 동안 봉사 헌신하시다가 건강이 악화되어 성남 아들집에서 요양하시다가 1994년 4월에 소천하셨습니다.

소천하시는 날 장호원 혜민병원에서 교인심방을 하고 계단을 내려오는데 갑자기 내 입에서 '하늘가는 밝은 길이' 찬송이 나오는 순간 '아! 지금 권 권사님이 천국 가시는구나!' 하는 영감이 왔습니다.

바로 전화가 걸려왔습니다.

"지금 어머님이 하나님의 부르심을 받았습니다."

나는 삼인방 가운데 한 분이신 박무순 권사님을 잊을 수 없습니다.

딸이 포천에서 이곳으로 이사 오면서 같이 오셔서 사시는 분이셨습니다.

사위 최성철 성도님, 딸이 이영숙 집사님이신데, 2남 1녀(민·준희·강희) 가족으로, 최성철 성도님은 재주도 많고 시원한 분이셨습니다.

장모님을 어머니로 모시고 행복한 가정으로 이끄셨습니다.

박 권사님은 순수하신 분이셨습니다.

산등성이 언덕 집에서도 새벽마다 걸어서 교회에 나오시는데, 거의 결석 없이 새벽기도를 하시는 분이셨습니다.

몹시 추운 날이나 더운 날이라도 어김없이 새벽기도에 나오십니다.

오직 "주여! 주여!" 하시면서 천국소망과 교회부흥, 가정축복과 자손들의 평안을 위하여 기도하셨습니다.

젊은 시절부터 손가락이 휘어질 정도로 일을 많이 하셨으면서도 여전히 노구(老軀)를 이끌고 가족을 위한 그 어떤 희생도 마다하지 않으셨습니다.

어느 날 새벽기도 때 눈이 많이 와서 앞이 분간되지 않는데 계속 걸어가다 보니 송림리였다고 하십니다.

대표기도 시키면 곧잘 하셨습니다.

기도하는 것, 그리고 헌신도 자기가 가진 힘을 다하여 충성하셨습니다.

잊어버릴 만하면 "나 천국 가면 추 목사님이 꼭 장례식 치러주세요~"라는 말씀을 수십 번도 더 하셨습니다.

사업상 가족이 강원도 양양으로 옮겨 가셨습니다.

돌아가실 때까지 큰 질병 없이 사셨고, 86세 되시던 봄날 딸하고 나물을 다듬다가 "주여!" 하며 앞으로 몸이 숙여지셨는데 그 순간 주님께서 그 영혼을 천국으로 데려가셨습니다.

박무순 권사님의 유언에 따라 나에게 연락이 왔습니다.

'추 목사님이 오셔서 장례식을 치러줘야 한다'고 하여 속초 장례식장에 가서 천국환송예배를 인도하였습니다.

박무순 권사님의 자손들은 생전에 권사님의 기도가 있었기에 현재 행복하게 살고 있습니다.

마지막 삼인방 가운데 한 분이신 엄정희 권사님은 매우 긍정적인 분이셨습니다.

언제나 얼굴에 미소가 떠나지 않는 분이셨습니다.

풍채에서 여유가 느껴지시는 분이었습니다.

만나는 사람마다 전도하는 사명자이셨습니다.

엄 권사님은 전도의 은사가 있으셨습니다.

구수한 언어와 부드러운 인상은 상대방에게 포근함을 줍니다.

혹여 책망 같은 말에도 절대로 섭섭함을 느끼거나 삐지지 않는 도량이 넓은 분입니다.

박명식 장로님의 모친이십니다.

박명식 장로님과 고경애 집사님 자손 위해 눈물로 기도하신 어머니였습니다.

박 장로님과 고경애 집사님은 삼승제일교회에서 전임 박태희 목사님의 주례로 결혼하여 가정을 이루신 분이십니다.

엄 권사님의 기도로 가문의 자손들은 의인의 종려나무처럼 번성하게 되었습니다.

엄정희 권사님은 새벽에 가장 먼저 오시고, 가장 늦게까지 기도하고 가십니다.

남편 박봉화 성도와 함께 팔을 걷어붙이고 교회 주변의 하수구 청소나 풀베기 작업 등을 도와주시며 열심히 봉사하셨습니다.

가끔 나에게 "목사님! 이런 농촌 구석에서 고생만 하시니 보기에 너무 딱해요." 하면서 위로하십니다.

손자 신현이와 신재를 위한 축복기도를 달고 사셨습니다.

그 결과 박신현 전도사, 목사가 곧 나오니 엄정희 권사님 생각이 많이 납니다.

세월이 흘러서 조카 목회지 안산교회로 옮기셔서 충성 헌신하시다가 하나님의 부름을 받아 천국으로 이사 가셨습니다.

이렇게 삼인방 권사님들은 삼승제일교회 제1기 초기 시무권사로 한 시대 교회사에 은혜로운 흔적을 남기고 가셨습니다.

1992년 4월 11일 부활주일 예배 광경. 우측 박무순 권사님, 좌측 엄정희 권사님, 우측에 최성철·이상숙 집사도 보인다.

찾아온 지원발길, 거절한 용기(1989.7.23)

내가 삼승제일교회에 부임하고 보니 첫 단추부터 잘못 꿰어져 교세는 약하고 재정은 바닥이요, 겉만 교회 모습이지 허술한 내막은 기가 막힐 정도였습니다.

사례비 삼십만 원은 매주일 주일헌금 거두는 대로 받아서 목양을 했습니다.

이삭이와 지혜 교육과 양육비, 가정생활비, 교회운영비 등 여유는 없습니다.

작고 험한 목회지 개척을 누빈 나는 교회에 기도 본부를 차리고 저녁시간 내내 엎드려 기도했습니다.

"이 교회를 어떠하든지 부흥시켜서 자립을 해야겠다. 도울 자도 없다. 기대할 곳도 없고, 이 삼승제일교회를 일으키지 못한다면 내 평생 목회는 죽 쑨다."

어떤 개인이나 단체, 교단에서도 뚜렷한 지원은 전혀 없었습니다.

삼승보건소장으로 재직하시다가 내가 부임한 지 3개월 후에 곧바로 미국으로 이민 가신 이정경 집사님이 이민 가시기 전 부흥회 때 큰 은혜를 받고, 아쉬워하면서 가셨기에 그 은혜를 못 잊어 몇 번에 걸쳐서 약간의 교회 재정을 후원한 것이 고작이었습니다.

1989년 7월 중순 전화 한 통이 걸려왔습니다.

3일 후 방문을 요청했습니다.

'할렐루야! 교회 농촌지원 전도부에서 여주 삼승제일교회를 계획 방문하여 교회 재정을 후원하려고 한다'는 것이었습니다.

가뭄에 단비 같은 듣던 중 반가운 소식이었습니다.

나는 그분들을 기다리면서 다음과 같은 기도를 했습니다.

'그분들이 와서 대화중에라도 내가 결정하는 일이 아니니 성령님의 감동으로 내 생각과 분위기를 주관하옵소서!'

성령님의 인도하심이 함께 하시기를 바랐습니다.

3일째에 두 분 장로님들이 오셨습니다.

50대 중반 양복차림의 중후한 장로님들은 농촌의 작은 교회 목회자에게 위압감을 주지 않으려고 겸손함으로 나를 대해주시고 용기와 격려로 대화에 응해 주셨습니다.

교회는 흰색 블록으로 여기저기 이끼가 끼어 검정 때가 묻어 있고, 큰 통나무 네 기둥에 옛날 쇠 종이 높이 달려 있으나 기둥이 썩어서 위험하게 보이고, 사택은 낮은 슬레이트 지붕에 겨우 세워져 벽들이 갈라지고, 눈으로 봐도 빈티 가득한 6·25때 인민군도 못 찾아왔다는 귀빠진 지역 무실봉 산자락 밑 샘골 터에 오직 십자가만 우뚝 선 채로 예수님이 마음에 제대로 있는 자만이 영의 눈을 떠서 성전 안에 들어와 "오! 거룩하다. 거룩하다. 거룩하다!" 할 수 있는 삼승제일교회였습니다.

전임 박태희 목사가 교회 명을 '삼승교회'라고 하면 될 것을 가운데 '제일'이라고 넣어서 왜 '삼승제일교회'라고 했는지 이해가 되지 않습니다.

무엇이 제일입니까? 아무것도 제일 되는 것이 없습니다.

'제일'을 빼고 '삼승교회'라고 교회개명신청서 서류 한 장으로 본 노회 허락을 받으면 단숨에 해결이 됩니다.

그러나 전임의 명예로 생각하고 그냥 지내는 나의 심사를 말해봅니다.

나는 두 분 장로님에게 교회 현주소의 현황을 브리핑했습니다.

말이 끝난 후 전도부장 장로님께서 말씀하셨습니다.

"돕겠습니다. 매월 이삼십만 원을 우선 3년으로 정하고 그 후 또 재조정하여 부흥될 때까지 칠 년에서 십년을 돕겠습니다."

그야말로 파격적인 지원이었습니다.

그 말을 듣는 순간 나의 마음에 '아니다! 내가 이 도움을 받아들이면 나는 의타심만 생기고 다른 데 또 지원이 없나 하고 잘못 길들여지면서 목회가 빗나갈 것 같고, 교회부흥은 요원해지며, 나 자신의 발전도 없고, 하나님께서도 결정적으로 도우시지 않을 것이라는 생각이 들면서 성령의 강력한 감동이 밀려왔습니다.

나는 말씀을 드렸습니다.

"고맙습니다. 여기까지 도와주러 오셨는데 송구스럽지만 도움을 거절하겠습니다. 우리교회도 미자립이고 약하지만 다른 지역교회 하나라도 더 도와주십시오. 오늘 지원을 받는다면 삼승제일교회는 부흥 자립이 더딜 것 같고, 영영 미자립 교회로 전락할 수 있으니 정중히 거절하겠습니다."

두 분 장로님이 동시에 깜짝 놀란 표정을 지으며 "아니, 이렇게 도움을 드린다면 더 힘이 되지 않을까요?"라고 재차 권유(勸誘)하셨습니다.

전도부장님이 천천히 말을 이어갔습니다.

"목사님! 제가 할렐루야 교회 농촌 전도부장으로서 지금 십년 차 전국 농촌 가보지 않은 곳 없이 다니면서 이 직책을 수행하고 있습니다. 십년 동안 저는 전국의 그 수많은 교회 목회자들을 만났지만 어느 한 교회도 예외 없이 고맙다고 하면서 지원 액수를 더 늘려서 해줄 수 없느냐고 사정사정하고 안달인데 오늘 삼승제일교회 목사님처럼 거절하신 경우는 할렐루야 교회 지원활동 십년 만에 처음 있는 일입니다. 오늘 제가 큰 은혜 받고 갑니다. 목사님! 틀림없이 수년 내에 교회 부흥과 재정이 넘칠 겁니다. 지나가는 말이 아닐 겁니다. 목사님! 오늘 저희는 너무 기쁘게 돌아갑니다. 목사님과 전도부에 이 사실을 그대로 보고하고 삼승제일교회를 위해서 기도하겠습니다."

임무수행을 마무리하고 두 분 지원 천사의 발길은 떠났지만 오히려 나는 그 두 분이 다녀감으로써 박차를 가할 수 있었고, 하나님의 섭리에 따라 사실상 나와 교회를 도와주고 간 천사의 발길이었다고 생각합니다.

오히려 그 두 분이 축복을 놓고 간 것입니다.

나는 전혀 아쉬움도 없었습니다.

그 후 삼승제일교회는 더디지만 조금씩 부흥의 불길이 타오르기 시작하여 미자립에서 자립으로 열차를 갈아타고 달리고 있습니다.

故 홍을순 집사!
짧은 인생 두 남매 두고 떠나다

지금의 빅토리아 골프장은 1995년까지 전국에서 두 번째로 큰 돼지 양돈장이었습니다.

약 5만평 대지에 시설과 규모는 입이 떡 벌어질 정도였습니다.

농장 이름은 대현농장이었습니다.

왕기창 사장은 동원참치 형제 집안이라고 했습니다.

약 80여 명의 직원들, 그리고 그 가족들이 기거하는 숙소는 마치 군 부대 막사처럼 마주 보며 2열로 지어져 있었습니다.

이 숙소에는 이삼십 대 젊은 아기 엄마들이 많았고, 대현농장의 경제 영향으로 삼승리 일대가 한때 호황을 누렸습니다.

마장동으로 올려 보내는 돼지 출하는 매일 매일 꿀꿀거리는 양돈 차량이 줄지어 올라가 수도 서울시민의 밥상에 삼겹살과 족발을 책임졌습니다.

대현농장에서 일하는 꽤 많은 성도들이 주일에 봉고차로 한 차씩 수송도 하고 각자 오기도 하며 교회가 활기가 넘쳤습니다.

한 가지 흠은 사계절 내내 돼지 돈분(豚糞)에서 유충(幼蟲)된 파리 떼가 때로는 여름에 재앙 수준으로 이 지역을 강타한 것입니다.

파리를 친구처럼, 적과의 동침이라고 할까요?

대현농장의 센스일까 동네 행사마다 돼지 한 마리씩 제공하여 입을 막아 놓습니다.

소금도 먹은 놈이 물 키고 오줌 눕니다.

왕 사장은 술을 지나칠 정도로 마셨습니다.

며칠에 한 번씩은 꼭 "추 목사님 계시죠?" 하며 술에 끌려 비틀거리면서 찾아옵니다.

그런데 왕사장이 술에 취했을 때 특징은 '누구를 만나 어떤 이야기나 행동을 하든지 그 다음날에 빠짐없이 기억하며 그대로 말한다'는 것입니다.

그런 이유로 조금이라도 싫은 내색을 하지 않으려고 하니 말 한마디 행동 하나 매우 조심스럽습니다.

한 번 붙잡히면 서너 시간은 보통입니다.

그때마다 최성철 성도가 슬며시 옵니다.

나와 눈짓으로 사인을 주고받다가 기회를 노려 데리고 가곤 했습니다.

대현농장의 젊은 부부 교인들은 신앙생활과 교회에 충실하였습니다.

만일 심방 갈 일이 생기면 거의 모든 가정을 심방하고 와야 합니다.

숙소가 군대 막사처럼 일렬로 배치되어 심방 유무를 떠나서 '목사님은 왜 우리 집에 예배드려주지 않고 가시냐?'고 하니 이해하기 힘들고 곤혹스럽기는 하지만 좋은 현상이었습니다.

믿음의 사람이었던 故 홍을순 집사님은 이곳 숙소에 사셨는데, 1988년 2월 집회 시 불편한 몸 상태로 열심히 교회 청소하시는 모습을 잠깐 보았습니다.

내가 부임해서 보니 홍 집사님은 신앙이 깊고, 가정살림도 알뜰하고, 나무랄 데가 없는 분이었습니다.

추운 날씨에 몸이 굳어지고 손이 오므라드는 데도 물걸레 청소를 할 정도로 열심이셨습니다.

농장 숙소에서도 별명이 '천사'였습니다.

그분의 전도로 몇 명의 이웃들이 교회등록도 했습니다.

남편과 두 남매(초등학생), 온 가정이 믿음의 가정으로 손색이 없었습니다.

그런데 안타깝게도 그분의 건강이 악화되었습니다.

부임하자마자 나에게는 큰 난제였습니다.

그전부터 건강 상태가 악화되어 병원을 전전하였고, 약은 한보따리가 되도록 치료를 위해 수단과 방법을 가리지 않고 매달렸다고 합니다.

집사님은 그런 몸을 가지고서도 신앙의 가정답게 자녀들을 양육하고 충성하였습니다.

교회에서 김장을 할 때면 혼자 마늘을 다 까서 가져오기도 하고, 전임 목회자나 이제 막 부임해 온 나에게나 주의 종을 섬김은 과할 정도였습니다.

집사님은 섬김에 있어서 그 누구의 말도 듣지 않았습니다.

나는 여러 번 대화를 했으나 막무가내였고, "하나님이 오라고 하시면 가야 됩니다." 라고 단호히 말했습니다.

부임 후 찾아온 목회현장에서 참으로 안타까운 일이었습니다.

하나님께서 신유의 은사를 주시면 간단하지만 시간이 흐를수록 홍 집사님에게 응급을 요하는 긴박감이 자주 오더니 급기야 하나님의 부르심에는 항거할 수 없었습니다.

가정의 슬픔이요, 교회에서 빈자리는 컸습니다.

생가 쪽 선산에 고인의 유택이 정해져서 엄숙하게 장례 절차를 마쳤습니다.

그분의 나이 서른 넷, 하나님께서 너무나 일찍 데려가셨습니다.

슬픈 사연이지만 잊지 못할 믿음의 헌신자였습니다.

그 후 두 남매가 새 가정 보금자리에서 무난하게 성장하는 모습을 보았습니다.

젊은 부부 아쉬운 작별, 최금규 · 염미선

삼승제일교회에 부임할 당시 젊은 두 부부 최금규 · 염미선 집사님의 아름답고 충성된 이야기입니다.

1988년 2월 부흥회를 통해 은혜 받은 최금규 · 염미선 젊은 부부 집사님이 있었습니다.

교회 앞 건너편 큰 산자락에 체리 과실주 과수원을 운영하면서 젖소를 키워 매일 우유를 짜서 파는 참 착하고 분명하였던 신실한 부부였습니다.

서울 팔당 미사리에서 이곳으로 귀농하여 왔는데, 삼승제일교회로서는 큰 일꾼들이었습니다.

성가대, 교사, 운전 등으로 열심히 봉사하는 참으로 귀한 인재였습니다.

새벽기도를 올 때마다 꼭두새벽에 젖소에서 우유를 착유하여 끓여서 따뜻하게 한 통씩 가져왔습니다.

참 고소하고 담백한 맛이었습니다.

그런데 아무리 열심히 노력해도 안 되는 것은 안 되었습니다.

체리는 당시 최초로 한국에 상륙한 과실수인데, 그분들은 모험을 했던 것입니다.

나와 같이 대전에 가서 체리 과실수를 사와서 그 큰 산을 개간한 밭에 심고 땀 흘려 가꾸었습니다.

그러나 토질 기후가 체리와 맞지 않은 관계도 있었지만 일종의 사기성 과대광고에 속아서 큰 손실을 보았습니다.

젊은 인재가 성공을 해야 교회도 든든하건만 내가 부임한 후 약 2년 되던 해에 이곳을 떠날 수밖에 없었습니다.

교회로서는 큰 손실이었습니다.

그 후 약 20년 후 두 부부가 찾아왔습니다.

장로와 권사의 중직자 신분이었고, 자녀들 남매는 성인이 되었습니다.

지난날의 추억을 잊지 못해서 다녀간 적이 있습니다.

1988년 3월 10일 여주 강변 소풍에서 특별 율동. 우측 빨강 점퍼 염미선 집사, 가운데 박경자 사모

보건소장 서지현, 권석배 부부 로맨스

당시 24세의 젊은 나이로 작지만 아주 당찬 서지현 삼승보건진료소장은 전북대학교 간호학과 출신으로 야무진 사람이었습니다.

1988년 내가 부임하면서 찾게 된 농촌지역 주민에게 의료혜택을 주는 건강종합센터인 보건소는 삼승리를 중심으로 5개 마을 주민들의 건강을 책임지는 곳이었습니다.

주야 근무로 지역주민들은 문턱이 닳도록 드나들었습니다.

흰 가운에 청진기를 목에 걸고 전라도 사투리를 걸러내지 않고 "오매~ 얼마나 아픈겨? 엄마~ 눈물이 남시만요~"하며 주민들의 스트레스도 풀어주고, 아픈 사람도 서 소장을 만나면 금방 나으니, 치료는 절반 성공입니다.

긴급 출동도 하며, 여러 가지 일을 해냅니다.

서 소장은 수술만 하지 않을 뿐이지 만능의료 센터장입니다.

1990년 3월 권석배·서미현(삼승보건소장) 집사 결혼식. 주례하는 추귀환 목사

신앙심 또한 돈독하여 십일조·감사·주일 헌금은 기본이었고, 삼승제일교회 성가대장으로서 당돌하게 지휘봉을 잡고 교인들 앞에서 지휘를 했습니다.

성가대장과 성가대는 예배의 절대적 사명이기에 철저한 교회관을 가지고 충성을 다하였습니다.

그녀는 지성과 감성이 풍부한 신앙의 사람이었습니다.

혈기방장(血氣方壯)함으로 교회에 헌신하는 농촌목회에 적격의 인물이었습니다.

때로는 목회자의 입장에서 자체적으로 해결하기 힘든 문제들은 동네 교회 뉴스 룸이나 사랑방처럼 수많은 이야기보따리들을 풀어 놓는 보건소에서 얻은 정보들을 공유하여 해결하기도 했는데, 조금 지나친 표현 같으나 흠잡을 데가 없는 사람이었습니다.

가끔 과일도 사가지고 와서 "목사님, 사모님! 농촌목회 힘드시죠? 얼굴색이 비타민 C가 부족하네요~" 하며 대접도 참 잘했습니다.

참으로 기특한 서지현 집사였습니다.

하나님은 그에 걸맞은 '권석배'라고 하는 청년을 배필로 맞이하게 해주셨습니다.

교회 건너 젖소 농장주 아들이 교회에 몇 번 출석했는데 서로 사랑하게 된 것입니다.

권 총각은 강원대학교를 나온 청년으로 잠시 농장 일을 도우러 온 것인데, 두 사람의 뜨거운 사랑으로 인해서 삼승제일교회에도 젊은 바람이 불어 활기가 넘쳤습니다.

양가 상견례(정상회담)를 통하여 결재를 받고 1990년 3월 1일 여주중앙감리교회에서 추귀환 목사 주례로 혼인예식을 거행하였습니다.

권석배 신랑의 부모님이 여주에 거주하시고, 그 교회 집사님이셨기 때문에 결혼식은 여주에서 하게 된 것입니다.

삼승제일교회 역사에 두 사람의 헌신이 축적되었습니다.

파란 트럭으로 소풍에 필요한 물건을 싣고 봉사한 (현재)최금규 장로와 부인 염미선 집사

그 부부는 남매를 낳아 1994년도에 능서, 현재 경기도 광주로 이사를 갔는데, 지금도 여전히 보건의료계에 몸담고 행복하게 살아가고 있습니다.

잊지 못할 삼삼한 이야기보따리를 풀어 보았습니다.

용감하게 떠난 김욱관 · 박순덕 선교사

"땅 끝까지 내 증인이 되라"(행 1:8)는 말씀은 선교사 김욱관 집사가 가장 좋아합니다.

김욱관 집사님은 1988년 2월 29일 내가 부임하기 약 1년 전에 이곳에 와서 살면서 삼승제일교회에 몸담고 있었습니다.

김 집사님은 내가 부임할 때 너무 좋아서 밤잠을 설쳤다고 합니다.

이 가정은 김 집사님 부부와 2남 1녀의 자녀, 다섯 식구였습니다.

가족 모두가 양식이 없으면 '금식하라고 하는구나' 집 없으면 '땅바닥이 방바닥이요, 천장이 하늘이 뭐?' 하고 부모와 자녀가 일심동체 의견일치입니다.

마음은 천하태평인데, 강력한 믿음의 소유자들이었습니다.

그는 좋은 직장이 생겨도 주일 성수가 되지 않으면 절대로 가지 않습니다.

솔직히 교인들이 '일단 직장이든 무슨 일이든 먹고사는 문제를 해결해야지, 주일 지키는 곳만 찾는다'고 수군거릴 정도였습니다.

한 번은 누가 그런 소리 했다고 크게 말싸움까지 했습니다.

김욱관 집사님의 승리였습니다.

돈이 없으니 빈 집이 나오면 수리하고 가서 몇 개월 살다가 주인이 나가라고 하면 또 나옵니다.

나와 같이 집을 다시 구하면 금방 또 집이 생깁니다.

손재주가 좋아서 별 재료 없이도 뚝딱거리면 쓸 만한 거처가 됩니다.

김 집사님은 청년 시절에는 목수였답니다.

망치하나 들고 길거리에 서 있으면 먹고 산답니다.

삼승리에서 여섯 군데 이사하면서 남의 집 고쳐주고, 그 집 귀신 쫓아냈다고 하니, 생각하면 선교사 극기 훈련 아니겠습니까?

그리고 교회에 오면 둘러보고 스스로 알아서 치우고, 고치고, 전기 등 여러 가지 검사도 알아서 다 해결하기 때문에 나는 아무 신경 쓸 일이 없었습니다.

일용직이라 일거리가 생기면 가고, 없으면 교회에서 살다시피 합니다.

내가 어디를 간다 하면 내 사적인 일 외에 교회 사무적인 일에는 집사님이 운전합니다.

당시 교회 차는 기아마스터 봉고 12인승이었는데, 그분은 안전운전의 대가입니다.

한 번은 교통순경이 "속도위반입니다." 하고 차를 세웠습니다.

스피드건으로 속도 체크한 것을 보여주려 할 때 김욱관 집사가 "속도위반 안 했는데요?" 말하니, 경찰이 "했습니다. 속도기계에 나왔잖아요." 이때 김 집사가 "내가 다시 뒤로 갔다가 다시 달려올 테니 속도를 다시 재보세요", 순경이 "내가 교통 삼십 년 경력에 당신 같은 사람 처음 봤네요. 그냥 가세요"라고 하는 것입니다.

무죄(無罪)였습니다.

개그 같기도 하고, 엉뚱하기도 하고, 자기 철학이 강하지만 재미있고 좋은 집사였고, 차를 몰고 가면서 성경을 읽다가 의문(疑問)이 생긴 부분은 반드시 물어봤습니다.

어느 날 나에게 "제가 운전하여 목사님과 함께 다니고 싶은 이유는 성경 난제를 질문하여 배우고 은혜받기 위해서입니다."라고 말하는 것이었습니다.

그리고 교회에 와서 기도를 시작하면 그때는 에어컨이나 난로가 없다시피 했는데도 아무리 춥고 더워도 두세 시간은 기본이었습니다.

내가 어느 날 교회에 갈 일이 있어서 들어갔는데 김 집사님이 세계 선교사들을 위해 눈물로 기도하는 것을 직접 목격했습니다.

나중에 살며시 물었습니다.

"집사님은 보통 기도를 몇 시간씩 하시는데 주로 기도제목이 뭡니까?"

대답은 간단했습니다.

"세계 선교사, 세계 복음화를 위한 기도가 그렇게 나오고, 눈물이 나옵니다."

"누가 시켰습니까?"라고 물었더니, 아니었습니다.

'성령의 감동이 오면 자신도 통제가 안 된다'고 했습니다.

그 후 세월이 지난 어느 날 찾아와서 내게 말하는 것입니다.

"목사님! 서울에 제가 아는 친구가 소개해 준 선교사 훈련원이 있는데 학벌이 없어도 사
명감만 있으면 되고, 약 6개월의 훈련과정을 마치면 곧바로 선교사로 파송된다고 하여
이미 여러 번 교육을 받아서 이제는 아무 때나 떠나도 됩니다."

나는 당황스럽고 이상하기도 했으나, 김 집사의 주관과 신앙은 내가 말린다고 되는
것도 아닙니다.

그 후 얼마 지나지 않아서 '선교지가 어딘지 자신도 모르지만 가족과 함께 서울로
간다'고 말하고는 하루아침에 떠나버리고 말았습니다.

구체적인 의논도 필요 없었습니다.

김 집사는 아무도 통제할 수 없는 분이었습니다.

내가 도와줄 힘도 없고, 붙들 수도 없는 입장이었습니다.

그때는 한국교회가 특히 필리핀을 중심으로 동남아 일대에 사명자만 있으면 누구
든지 선교사로 파송하는 분위기였습니다.

하나님의 세계선교의 성령바람이 강력하게 불어 닥칠 때였습니다.

약 3년이 지났을 무렵 "목사님! 김욱관입니다. 교회에 방문해도 될까요?" 하고 연락
이 왔습니다.

나는 참으로 반가웠습니다.

마침 수요일이라 수요예배 시간에 김 집사님이 선교간증을 했습니다.

그때는 수요예배에도 꽤 많은 성도들이 참석하는 때였습니다.

나의 궁금증이 모두 다 풀렸습니다.

1992년 여름 다섯 식구가 무조건 필리핀 공항에 자유선교사로 나갔다고 합니다.

소속도 없고, 지원하는 교회나 개인도 전혀 없이 삼백 달러만 손에 쥐고 갔답니다.

공항에 내려 여기저기 헤매면서 어찌 해야 하나 애태우며 전전긍긍(戰戰兢兢)하다가
돈이 삼십 달러만 남았을 때 생각했다고 합니다.

'야! 이 타국 도시에서 돈도 없고, 선교지도 없어 전도는 불가능하고, 오라는 곳도, 반겨줄 곳도 없으니 이제 섬으로 가자!'

이렇게 생각하고 항구 이름도 모르는 채 택시 기사에게 무조건 "배 타는 곳으로 갑시다." 하고서는 배를 탔다고 합니다.

드디어 미지의 섬에 도착해 보니 필리핀 마닐라에서는 영어라도 쓰니 오케이 땡큐(Okay Thank You)인데 그곳은 전혀 알아들을 수 없는 필리핀 원주민 언어인 타갈로그어(Tagalog Language)를 쓰더랍니다.

그렇게 섬에 내려서 한참을 가는데 길이 두 갈래로 갈라졌답니다.

이리 갈까 저리 갈까 다섯 식구의 의견이 일치되지 않아 망설일 때 큰 아들 도형이가 손바닥에 침을 뱉어서 탁! 치더니 침이 많이 떨어지는 오른쪽 길로 가기로 결정하고 한참 가는데 어느 한 여인을 만나 인도를 받았다고 합니다.

그렇게 이들은 섬마을 초등학교 교장 집으로 안내되었고, 이들 가족은 섬에 정착하면서 미용이나 목수일 등으로 선교의 발을 내딛었다고 합니다.

그 후 지금은 호주 시드니에서 선교사로 사역하고 있다는 것입니다.

참으로 특이한 스토리였습니다.

부디 서너 시간씩 선교사를 위해 눈물로 뿌린 기도의 열매가 되어 땅 끝까지 선교사로서 아름다운 삶을 살기를 기도하고 축복합니다.

청년회와 남전도회 조직한
황규진 · 신정원(신혼의 단꿈)

"사모님! 밥 좀 주세요~ 사모님이 주시는 밥이 엄마 손 같이 맛있어요~"

황규진 청년은 배가 고파서 이렇게 말하는 것이 아닙니다.
성격이 온순하고 소탈합니다.

그는 건대 수의과 출신으로, 대현농장 돼지들의 건강을 책임지는 수의사였습니다.

믿음의 가정에서 자라 건국대 동아리에서 신앙을 잘 키우고, 기초신앙과 인격지식을 갖춘 청년이었습니다.

수의사 자격시험에 합격하고 첫 발령이 나서 삼승으로 왔습니다.

그의 얼굴에 착한 모습이 나타납니다.

그는 수의사의 고된 업무로 인해 지친 몸이지만 주일에는 교회에 나와서 예배와 교제로 객지에서의 고단한 삶을 하나님의 은혜로 위로받고 극복했고, 기타를 연주하면서 찬양으로 영광 돌리며 삼승제일교회를 잘 섬겼습니다.

또한 그는 교우들과 많은 대화를 나누며 즐겁게 은혜생활을 하였고, 대현농장에서도 전도자로서 복음을 전하며, 목회에 필요한 것을 채우려고 애를 썼습니다.

그가 주일학교 괘도걸이 찬송가 기록장비와 프로젝트라는 전기 전등으로 글자를 확대하는 기계를 헌납하여 성경공부에 큰 도움이 되었습니다.

참으로 삼승제일교회에서 역사의 한 페이지를 잘 써가고 있었습니다.

당시에 서지현, 권석배 등 청년들이 교회에 활력소가 되었었습니다.

"목사님! 청년회를 조직하는 것이 어떨까요?"라고 제안을 했습니다.

1991년 7월 7일 청년회와 남전도회를 창립. 맨 앞줄 황규진 집사

구슬이 서 말이라도 꿰어야 보물이 되듯이 청년들은 보물자원입니다.

즉각적으로 1992년 1월에 청년회와 7월에는 남전도회를 조직하여 남전도회와 청년
회장으로 헌신하게 되었습니다.

역시 신앙을 바탕으로 한 지성과 인격이 매우 훌륭했습니다.

그러던 어느 날 "나의 평생 동반자가 될 미스 신을 데리고 왔습니다." 하면서 사택
으로 찾아왔습니다.

이름은 '신정원'인데, 황 집사와 건국대학교 동문으로 성악을 전공한 성악가였습니다.

황 집사가 데려온 처자(處子)는 복스럽고 단아한 모습이었고, 두 사람은 하나님께서
이미 짝지으신 인연이라는 것이 내 눈으로도 감지되었습니다.

수의과 졸업 후 첫 직장이요, 섬기는 삼승제일교회가 자리 잡고 있는 이곳에서 출
장 데이트를 하는 황 집사와 첫사랑 여인의 모습은 실로 아름다웠습니다.

신정원 집사님의 특별 찬양이었던 '여호와는 나의 목자'는 우리의 영혼을 파고드는
천사의 소프라노(soprano)였습니다.

둘이 하나 되는 연애가 결혼으로, 그리고 가정이 탄생했습니다.

서울 이화여자대학교 앞 감리교회에서 웨딩마치(wedding march)를 울렸습니다.

나에게 축복기도 부탁을 하여 예배순서에 따라 기도를 올렸습니다.

나는 정직하게 회고합니다.

기도는 성령의 감동이었습니다.

입은 내가 열었으나 기도의 단어와 내용은 추 목사가 아니었습니다.

웬일로 기도가 하나도 서툴거나 막히지 않고, 성령의 감동 받은 선지자의 입이 되
어 쏟아져 나왔습니다.

내가 기도하면서도 나 자신이 은혜를 받으면서 기도 인도를 했습니다.

'아니, 자서전에 자기가 자기 기도한 것을 과시하는 건가?' 하고 오해가 없으시길
바랍니다.

하나님께서 사랑하는 두 가문에 마음껏 복을 누리고 흔들고 넘치도록 부어주시는
것이었습니다.

은혜롭고 품위 있는 혼인예식 예배를 드렸습니다.

황 집사도 가끔 이 혼인예식 때의 기도에 대해서 '추 목사님께서 차고 넘치는 축복을 기원해주신 기도의 내용은 무척이나 훌륭했다'고 술회하기도 했습니다.

황규진 집사님은 결혼 후 대현농장에서 제공한 사택에 신혼집을 차렸습니다.

행복한 가정으로, 주일이면 두 부부가 즐거운 모습으로 손잡고 교회에 나왔습니다.

가끔 황 집사님의 장모님이신 이남구 권사님이 신혼의 가정 딸을 보러 주일에 오셔서 예배도 드리고, 맛있는 요리도 나누곤 했습니다.

하나님은 황 집사님 가정에 새 생명 신영이를 보내주어 선물로 받았습니다.

여주 강변에서 황규진 집사님과 고기 잡던 추억

갓 태어난 아기는 무척 예쁘고 건강했습니다.

아쉽게도 아기의 백일이 되기도 전에 생활 여건과 환경이 훨씬 더 좋은 군산 제일제당으로 직장을 옮기게 되어 급하게 이사를 하였습니다.

그렇게 황 집사 가정은 신혼집으로는 환경이 조금 열악하였지만 여주에 아름다운 추억과 사연을 남겨놓고 훌쩍 떠나게 되었습니다.

삼승제일교회에도 큰 손실이었습니다.

그 후 약 1년 정도 지났을 즈음 황 집사님으로부터 전화가 왔답니다.

지금은 경기도 곤지암 제니스 회사에 몸담게 되었다는 것입니다.

그러던 어느 날 황 집사가 전화로 '회사로 오시라'고 하면서 날짜를 물었습니다.

나는 약속한 날짜에 제니스 회사에 갔습니다.

황 집사님이 큰 박스를 들고 나와서 "이 고기를 가져다가 목사님 가족 건강 보양식으로 드세요." 하면서 고기 박스를 주었습니다.

그 횟수가 여러 번 반복되었습니다.

나는 가져온 고기를 맛있게 먹으며 황 집사에 대한 고마움이 쌓여갔습니다.

그것은 황 집사님이 농촌 목회자 형편에 경제적 쪼들림으로 제대로 정육점 한 번 못 가고 검소하게 사는 것을 보고 느꼈기에, 이사를 가서도 잊어버리지 않고 가끔 옮긴 직장에 오라 하여 고기 한 박스씩 사서 제공했던 것입니다.

그 후 황 집사는 용인 쪽에 '희창냉장'이라는 거대한 물류저장 회사의 총책임자로 옮겨가게 되었습니다.

하나님께서 황 집사에게 갈수록 더 큰 회사의 중책(重責)을 맡겨주셨습니다.

내가 직접 가보니 큰 회사였습니다.

황 집사님은 책임을 느끼고 업무에 만전을 기하기 위해 나를 회사로 불렀고, 집사님과 나는 월요일 이른 아침에 하나님께 예배를 드렸습니다.

"이 큰 희창 회사에 지혜를 주셔서 잘 감당하게 하소서!"

기도와 말씀으로 하나님의 도움을 요청하였습니다.

황 집사님은 시간이 갈수록 주어진 책임을 잘 감당하였고, 회사는 태평하였습니다.

또한 황 집사님은 매주 봉투와 고기를 내 손에 들려주었습니다.

고마움의 표시였고, 목회에 협력하는 사명의 마음이었습니다.

그때 삼승제일교회 재정은 미자립이었으나, 이런저런 손길에 시냇물이 강물 되듯 큰 물줄기로 흘러가고 있었습니다.

그 이후 황규진 집사는 더 나은 회사로 옮겼습니다.

국가적 검역회사 검역관으로 마치 인천공항 검역관처럼 외국에서 들여오는 모든 수입고기를 검역하는 회사에서 중직을 맡은 최고 수준 고위급 공무원인 공무검역관으로 현재 안착 정착된 자리에서 크게 일하고 있습니다.

황 집사님은 생각할수록 믿음의 사람이요, 그 가슴속에 예수님을 모시고 있는 분이었고, 신정원 집사님의 그 고운 목소리 같이 두 분은 좋은 동역자였습니다.

안양에서 신영이와 재경이 두 남매와 행복 가정, 예수 가정으로 살아가고 있습니다.

좌충우돌 진용구! 성경을 화장실 거시기로

조선시대 사대부 댁 나무꾼 같은 육십 대 아저씨 한 분이 길거리에서 만나면 쌩긋 쌩긋 웃으며 반가이 인사를 나눕니다.

나는 그분의 거친 손을 잡아주면서 '용기를 내어 사시라'고 격려를 보냅니다.

그분은 내 말을 진지하게 받아들입니다.

"목사님! 감사합니다. 누가 내 손을 잡아주면서 이렇게 해줍니까? 나는 누가 쳐다보지도 않아요. 마누라가 저 지경이니 내가 안팎으로 뛰어다녀야 살지요."

그렇게 진용구 씨는 마음 문을 열고 나에게 이런저런 이야기보따리를 풀어 놓습니다.

진용구 씨는 산자락에 집과 논, 밭 등 꽤 큰 토지를 소유했습니다.

진 씨는 삼승리 윗마을 복판의 삼승리 메인(main) 중앙 도로변에 집이 있었습니다.

삼승리의 수호신으로 자리 잡고 있는 고목나무는 약 이삼백 년 된 고목입니다.

무실봉 산자락 최고령 고수인 고목나무가 서 있으니 사람들은 온갖 비정한 삶으로 인해 가슴이 미어지고 복장 터지는 사연을 안고, 고목나무 밑에 촛대 세우고, 떡이며 술이며 과일을 놓고 소원성취를 빌던 자리였습니다.

우리 민속 고유의 명절은 물론이고 1년 365일 남녀노소(男女老少) 끊임없이 찾아와서 달라고 소원을 빌어대는데 줄 수 없는 늙은 고목은 속이 터져 썩어서 텅 비어 서서히 지쳐서 쓰러져 버린 자연사(自然死)라 할까요? 실제로 수명이 다한 모습이었습니다.

그 고목나무 앞에 진용구 씨 집이 있었습니다.

나도 그 나무를 보았습니다.

마지막 증인이라 할까 진용구 씨는 어려서부터 남의 집 나무꾼, 머슴, 소몰이꾼으로 살면서 돈을 모아서 토지 전답을 장만했다고 했습니다.

한마디로 온 몸으로 벌었습니다.

장가들어 아들 둘, 딸 하나 낳아 키워서 사회진출을 시킨 분이셨습니다.

부인은 조그마하고 야무진 모습이었지만 양손이 모두 고사리 같이 오므라진 주먹손으로 자기 몸 관리하기에도 역부족입니다.

그럼에도 불구하고 입만 살았습니다.

온갖 말로 남편 진용구 씨를 부려먹습니다.

지금은 가전제품도 현대식으로 문화적인 편리함의 극치를 이루지만 옛날 재래식으로 생활할 수밖에 없던 시대를 상상해 보십시오.

부인이 양 손가락 오그라져서 집안 살림도 불가능하니, 진용구 씨는 저울로 달 수 없는 삶의 무게를 두 어깨에 짊어지고 아이 셋을 키우며 살아온 것입니다.

1997년 11월 17일 삼승제일교회 사택 준공예배. 우측 박무순 권사, 진용구 집사, 원용관 성도

부인의 손은 결혼 전부터 조금 불편했으나 결혼 후 점점 더 손의 기능이 상실되어 얼마가지 않아 두 손이 완전히 회복 불능 상태에 빠져버렸습니다.

이 이야기는 여기서 잠시 멈추고, 뒷부분에서 계속 이어가겠습니다.

진용구 씨는 전도를 잘 받아들여서 1993년 정초 58세 나이에 하나님 앞에 돌아왔습니다.

부인은 걷는 것도 힘들어 거의 집안에서 앉은 상태로 살아갑니다.

교회에 입문한 진용구 성도는 한마디로 열심이었습니다.

그는 천성이 순수하고 착합니다.

새벽기도는 물론이요, 성도의 의무인 주일성수, 십일조 성수를 인색함 없이 즐겨하며, 헌금도 드리고, 어린 양과 같았습니다.

산자락 밭은 굉장히 넓고 밭농사에 적격이라 하우스를 설치하여 가지도 심고, 노지채소 등을 가꾸느라 눈 코 뜰 새 없이 바쁩니다.

원래 농촌목회란 눈뜨고 보면 교인들이 농토에 엎드린 모습에 일손이 달리면 안타까운 것입니다.

나는 일머리가 없으나 박경자 사모는 눈에 보이면 달려갑니다.

아니나 다를까 진용구 성도 밭에 가서 엎드리면 몇 시간씩 일합니다.

어느 날 일은 몰리고 햇볕은 쨍쨍한 날 일하러 갔습니다.

그날 일사광선에 화상을 입어 지금도 한쪽 얼굴에 영광의 상처가 남아 있습니다.

'도둑의 때는 벗어도 데인 때는 벗겨지지 않는다'는 속담이 있지 않습니까?

그렇게 진용구 성도는 밤낮으로 일하고, 열심과 특심으로 예수 중심으로 살았습니다.

나는 남자 성도들의 이발을 해주고 싶어서 이발 기구를 사왔습니다.

원태희, 진용구 성도들을 가끔 교회로 불러서 교회 옆 벽에 의자를 놓고 이발을 해주는데, 어리짐작으로 가위질을 하고, 모터가 달려서 앵앵거리는 커트기로 밀기 때문에 조금만 어긋나도 머리카락 몇 가닥 날리는 실수를 하게 되어 추남으로 추락시킵니다.

몇 번의 실수를 잘 막아내며 한동안 지나갑니다.

그래도 진용구 성도는 목사님이 깎아 주신 머리라고 좋아하면서 자랑하고 다닙니다.

내가 새벽이나 주일예배 때 강단에서 진용구 성도를 쳐다보면 웃음보가 터질세라 인내합니다.

강단의 관록으로 혀를 깨물면서 참고 설교를 합니다.

이렇게 경제적으로 다소나마 도움이 되라고 무면허 추 이발소 운영도 해보았습니다.

진용구 성도는 1993년 초에 등록한 초신자였습니다.

그 해 부활절 주일에 성찬예식을 거행했습니다.

세례교인만 성찬예식에 참여하기에 그 당시에 학습교인이었던 진용구 성도는 빵과 포도주를 먹고 마시지 못했습니다.

오후 3시쯤 갑자기 진용구 성도가 술을 잔뜩 마시고 비틀거리면서 혀가 꼬부라진 언어로 "목사님! 교회에서까지 나를 인간차별 합니까? 오전에 다들 빵도 주고 포도주도 자기들만 먹고, 나는 왜 주지 않습니까? 너무합니다! 나 오늘부터 예수도 안 믿고, 교회도 안 올 겁니다!" 하고 투정을 부렸습니다.

온갖 말을 해도 술기운에 설명이나 설득이 되지 않았습니다.

나는 이튿날 찾아가서 잘 설명했습니다.

하나님의 은혜였습니다.

그대로 받아들였습니다.

그는 '성찬예식에 세례교인만 참여하라'는 주의사항도 알지 못하였기 때문에 '이제 진용구 성도님도 세례 받으시면 성찬예식 참여 자격이 생긴다'고 가르쳤습니다.

그분은 그 해 가을 1993년 11월 27일 추수감사절에 세례를 받았습니다.

참으로 순진한 분이었습니다.

때로는 새벽기도 시간에 옷을 뒤집어 입고 올 때도 있습니다.

피곤한 몸이니 옷을 홀라당 벗고 그냥 또 입고 옵니다.

그래도 예쁩니다.

어느 여름에는 잠옷차림으로 온 적도 있습니다.

내가 지적하면 삐질까봐 그냥 놔둡니다.

그렇다고 하나님께서 "왜 잠옷 입고 나왔느냐?"고 책망하시지 않으실 테니까요.
추억이 많습니다.

이제부터는 부인의 손 장애에 대한 이야기를 하고자 합니다.
이미 두 분이 천국에 가셨고, '망자종결'(亡者終結)이란 말도 있으나 그 두 분의 명예를 실추시키기 위해 쓰는 것이 아닙니다.
나는 이 사연 속에 숨어 있는 '하나님께서 우매한 죄인들을 향해 진노하심과 더불어 베푸신 긍휼과 은총'에 대해서 말하고 싶은 것입니다.

진용구 집사의 아내는 원래 믿음의 가정에서 성장했다고 합니다.
1993년만 해도 친정 모친이 권사님이시고, 생존하셨었습니다.
얼마 후에 소천하셨다고 들었습니다.

결혼 전 온 가족이 "너 예수 믿어야 한다. 우리 가족은 하나님의 가족이다."라고 했으나 극구 거절하고, 친정어머니가 성경을 사주었는데 결혼 후에 화장실에 몰래 갖다놓고서 대변을 본 후 뒤처리(화장지)를 하는 데 날마다 한 장씩 뜯어서 사용했다고 합니다.
그때는 반감이 들어서, 반항심으로 못된 행동을 했다고 합니다.
결혼 후에 점점 양손이 마비되고 열 손가락이 오그라지기 시작했고, 다리도 불편해졌습니다.

세월이 흘렀습니다.
삼승리에 살면서 수십 번의 전도와 권면을 했지만, 그녀는 이렇게 대답했습니다.

"우리 친정도 예수 믿어요. 친정어머니가 권사님이세요. 날마다 전화 와요. 너 예수 믿고 꼭 구원 받으라. 내 소원이라고 하세요."

말은 청산유수 선생입니다.
얼마나 말을 야무지게 잘하는지 당할 자가 없습니다.
손과 발은 굳어 있지만, 입은 건강하고 온전합니다.
돌아가시기 전에 두어 번 마지못해 끌고 오다시피 하여 예배는 드렸습니다.

그것이 신앙의 전부입니다.

그리고 몸이 굳어지고 떠날 날이 다가오니 자주 심방을 갔습니다.

어느 날 눈물로 뜨거운 회개를 했습니다.

"하나님! 이 죄인이 큰 죄를 저질렀습니다. 내 손으로 감히 성경책을 가지고 죄를 지었어요."

속죄 찬송 '나의 죄를 씻기는' 찬송을 많이 불러달라고 했습니다.
하나님께서 구원을 최소한 준비시키셨습니다.
얼마 후 돌아가셨습니다.
교인들과 기도하면서 장례 절차를 잘 마쳤습니다.

부인이 먼저 가시니 진용구 집사님은 홀아비가 되었습니다.
부인이 입으로나마 거들어 준 것이 큰 힘이 되었는데 그 잔소리마저도 없어지니
외로운 기러기가 되어 교회 오면 슬피 울어대십니다.

"우리 마누라! 마누라!"

부부 일심동체 불구가사 아닙니까?
애처로운 신세타령에 위로할 뿐입니다.

그러던 어느 날 말하는 것입니다.

"목사님! 나 새 부인 하나 생겼어요."

'누구냐'고 물으니 '인천에 사는데 믿음이 좋고 좋은 사람'이라고 합니다.
동네 친구가 소개해줬다고 합니다.
어느 날 새 부인을 데리고 왔는데 내가 여러 가지로 대화를 해보니 가족사항도 환
경도 엉망이었고, 소위 서울 파고다공원 노인들을 유혹하는 박카스 시니어였습니다.
진 집사에게 당장 보내라고 해도 한 번 붙은 본드처럼 어느 한쪽이 떨어지는 아픔
이 있기 전에는 불가능했습니다.

우여곡절 끝에 떠났는데 어느 날 다시 나타났으니, 진 집사는 마음을 잡지 못하고
불안정하기 짝이 없습니다.

그 후 결국 그분이 이곳을 떠나게 되었습니다.

새로운 경사가 생겼습니다.
등잔 밑이 어둡다고 삼승제일교회에 나이도 비슷한 이숙자 권사님이 계셨습니다.
대구 오미마을(풍계리)에 사시는데 신앙이 좋은 분이십니다.
그분은 진 집사의 모든 것을 잘 알고 계셨습니다.
추 목사 부부의 권유와 교인들의 사랑으로 교회에서 결혼식도 올려 예배드리고, 신혼여행으로 당시 박명식 집사님(장로님)의 승용차로 모시고 교회에서 수안보 온천을 향해 출발할 때 청년들과 교인들의 박수를 받으며 축하 세리머니로 깡통, 색실을 승용차에 장식하여 성대하고 근사한 신혼여행을 떠났고, 후에도 두 분이 행복하게 사시다가 지금은 소천하여 우리의 영적 선배가 되었습니다.

진용구 집사님의 부인이 하나님의 기록된 성경을 찢어 뒤처리를 한 행동은 도저히 일어나서는 안 될 비상식적 · 비인격적 행위입니다.
하나님을 모독한 괘씸한 행위임에도 불구하고 하나님은 자신의 권위를 스스로 지키시기 위해 진노(震怒)하시고, 두 손 모두 기능을 상실하게 하여 백약이 무효로 치료회복 불가능으로 평생 고통의 삶을 살게 하셨습니다.
그나마 임사호천(臨死呼天)격인 마지막 생의 끝자락에서 자비를 베푸셔서 회개하여 영혼 구원을 시키므로 구원의 은총을 주신 것을 매우 다행스럽게 생각합니다.
죽음을 앞두고 그녀는 심방 때마다 예수의 피가 기록된 찬송만 불러달라고 하였습니다.
그렇게 그녀는 마지막 예수 피, 예수 천국의 구원의 흔적을 남기고 하나님의 부르심을 받았습니다.

이 글을 읽으시는 모두는 하나님의 말씀 성경을 항상 높이 섬겨야 한다는 것을 배우시기 바랍니다.
말씀을 우습게 여기거나 버린다면 하나님도 우리를 우습게 여기시고 버릴 수도 있다(삼상 15:23)는 것을 깨닫고 배웁시다!

하나님의 계시는 크게 두 가지입니다.
첫째는, 일반계시(자연계시)입니다.

그 속에 사람과 태양이 걸작품입니다.

둘째는, 특별계시로 예수 그리스도와 성경입니다.

성경은 살아있는 하나님의 말씀입니다.

책이 아닙니다. 정경(正經)이요, 성경(聖經)입니다.

절대로 찢어서 화장실 뒤처리용으로 사용 불가합니다.

모르고 했어도 그냥 넘어가지 않으십니다.

성경을 두 손으로 뜯고 찢어서 더러움을 처리했던 그 손을 하나님께서 평생 장애로 살게 하신 것은 죄인을 향해 진노하심 가운데 사랑의 매를 함께 주심으로 결국 회개를 통하여 영혼 구원을 받게 하시려는 하나님의 은총입니다.

성경을 함부로 대하지 마십시오!

두 손으로 정중히 열고 닫고, 관리도 하십시오!

성경을 펴서 읽을 때는 항상 "하나님이여! 말씀하옵소서! 제가 듣겠나이다. 아멘." 하고 읽어야 합니다.

혹시 위 글의 등장인물 되시는 사랑하는 분들과 가족 그리고 관계되시는 분들께서 읽으신다면 깊은 양해와 배려를 바랍니다.

이는 목회현장에서 일어난 소중한 역사입니다.

오히려 사랑하기 때문에 명예를 높이며 구원받으셨고, 결과가 더 좋은 하나님의 은총이었다는 것을 가치로 두었기 때문입니다.

한 시대 삶의 아름다운 순간을 글로 엮어 모두에게 더 아름답고 유익함을 추구하고자 하는 나의 심정을 기꺼이 이해해주시리라 믿어 의심치 않습니다.

우리는 모두 하나님 앞(면전)에서 살고 있기 때문입니다.

해군 대령 출신 김형봉 집사 부부

해군사관학교 출신 김형봉 집사님은 대령으로, 영관급 고급 장교로서 사십 년간의 군 복무를 마치고 예편한 분이십니다.

군복을 입지 않았을 뿐이지 군기가 몸에 밴 의젓한 모습이었습니다.

그의 부인 장영이 집사님과 같이 삼승리 윗마을에 집을 구해서 '세월아 갈 테면 가라' 하고 몇 개월에 걸쳐서 손수 리모델링을 하셨습니다.

그분은 기술이 다양합니다.

해군에서 큰 군함의 기계실 전기장치 부서에서 근무했다고 합니다.

해박한 지식과 논리는 그 누구도 따를 수 없습니다.

성경말씀을 세세하게 알고 계실 정도로 지식이 풍부하십니다.

설교는 반드시 노트정리하고, 때로는 성경구절 등 주보의 작은 것까지도 족집게로 집어내듯 하십니다.

새벽기도는 기본입니다.

두 분은 시간을 철저히 사용하시고, 무척 검소하시며, 길거리를 가시다가 못 한 개, 철사 줄 하나, 끈 하나라도 주워서 가져오십니다.

집도 고물상에 가서 몇 시간씩 뒤져서 꼭 필요한 것만 사다가 수리하시는데, 예를 들어 헌 집을 칠백에 사서 고물상 고철 자재 값 이백 만원 들여서 잘 고치고, 2년 후에 이곳을 떠나실 때는 이천삼백만 원 받았다고 하시며 가셨습니다.

읽으시면서 계산을 해보십시오.

그리고 삼성전자 본부에서 전자레인지 개발 전기연구 용역을 받아 조그만 창고를 짓고 전기에 관한 연장 부속 연구할 재료 즉, 실험실을 만들어 약 1년여에 걸려서 성공하여 거액을 받기도 했습니다.

참으로 대단하고 희한한 분이셨습니다.

한 번씩 만나서 대화를 하면 모르는 것이 없는 척척박사였습니다.

정치 · 경제 · 외교 · 국방에 관하여 국 · 내외 총망라해서 꿰고 있고, 특히 기계 전기 분야에서는 국가가 인정하는 해군 대령이 보증입니다.

주일성수, 십일조, 각종 예물드림은 철저했습니다.

검소(儉素)가 넘쳐 왕소금처럼 짠 내 날 정도로 경제관념이 투철하셨습니다.

그러나 하나님과 주의 종에게는 인색함이 없었습니다.

칠십이 다 되신 연세에 일기와 가계부를 10원 단위로 철저하게 기록하는 분입니다.

추운 겨울인데 두툼한 점퍼 하나 없이 새벽기도에 나오십니다.

어느 날 아내가 "목사님이 새벽에 입는 두툼한 겨울코트 집사님 드립시다." 하고 제안하기에 "그럽시다" 하고 기도가 끝나고 가시는 집사님을 불러서 "이 옷 드릴 테니 입으시겠어요? 나는 또 옷이 있습니다."라고 하니, 아~ 이게 웬일입니까? "목사님! 그렇지 않아도 겨울 오기 전, 한 달 전쯤부터 새벽에 입을 코트 하나 꼭 주세요~ 하고 기도로 구했는데 내가 꼭 이런 모양과 색상의 두툼한 옷을 구한대로 주셨습니다." 말씀하시고는 너무 기쁘게 받으셨습니다.

집사님은 돈이 있어도 이렇게 하나님께 기도로 구하는 신앙으로 살아왔다고 하시면서 기도응답을 중요시했습니다.

옷을 받으시면서 "목사님 입으시지 그러세요?"라고 하십니다.

사실 나는 그 옷보다 얇고 조금 허접한 옷이 있었으나 더 좋은 옷으로 드렸습니다.

좀 더 구체적으로 밝힌다면, 그 집사님께 드린 옷은 그 당시 북극의 사촌이라고 생각될 만큼 추운 여주의 겨울이었던지라 원남희 권사님 언니 원정혜 사모님(현 서울 어린이집 원장님)이 어느 날 삼승리 친정에 오셨다가 추 목사가 새벽기도 시간에 추운 모습으로 예배드리는 것을 보시고 안타까운 마음에 사 오신 좋은 옷이었습니다.

나는 그 옷을 드리고 나니 더 기뻤습니다.

두 분은 철저한 자기 관리 신앙생활로 절제된 삶을 살며 어느 선까지 선을 그어놓고 더 이상 선을 넘지 않으셨습니다.

자녀는 아들 가족만 있고, 매월 15일은 전화로 문안드리는 날로 정해져 있다고 합니다.

자녀들도 부모와의 관계에서 차선을 정해놓고 살았습니다.

부인 장영이 집사님은 예배 후 틈만 나면 그 어떤 것 한 가지라도 반드시 간섭이나 지적을 해옵니다.

"찬송이 너무 빨랐어요. 교회가 너무 더워요. 강단에 화분이 너무 요란해요. 성경 본문이 너무 길어요. 설교시간에 조는 사람이 있네요. 마이크 소리가 너무 거칠어요. 조명이 너무 약해요. 넥타이가 색이 너무 바랬네요."

단 한 주일도 그냥 넘어가는 날이 없습니다.

그 간섭에 잘못 대꾸하면 말이 길어지고 한동안 그 일로 불편함이 오래 갑니다.

나는 '기도할 문제구나~' 생각하고, 필시 악한 영의 끈질긴 농락 같아서 하나님께 기도하기 시작했습니다.

주일예배, 수요예배, 새벽기도 때마다 '장 집사님이 오늘은 무슨 일로 나에게 다가올까~' 하는 노이로제 스트레스가 더블로 밀려왔습니다.

어느 날 밤 교육관 기도처에서 꿈속에 장영이 집사의 얼굴이 보이는데, 그의 입이 열리면서 이빨(치아)이 마치 늙은 늑대의 이빨처럼 누런 색 날카로운 모양이었습니다.

얼굴은 장 집사인데 입과 이빨은 무서운 늑대입니다.

"너는 절대로 감정으로 대하지 말라! 듣기만 하라! 대꾸하지 말라! 잘못하면 늑대 이빨에 물린다!"

하나님께서 알려 주셨습니다.

그 후부터 다정한 인사 외에는 어떤 간섭의 말에도 대꾸하지 않았습니다.

세월이 흘렀습니다.

김형봉·장영이 집사님도 이사 가신다고 합니다.

이사 가실 때쯤 장 집사님이 많이 좋아졌으나 변화되기까지는 아쉬웠습니다.

그러나 다른 곳에 계획이 있으셔서 떠날 수밖에 없는 불가피한 선택이라 하시면서 가시게 되었습니다.

김형봉 집사님은 매우 정확하셔서 교회 시설 전기 등 헌신도 참 많이 하셨습니다.

약 3년 반 동안 얽히고설킨 이런저런 사연만 남기고 가셨습니다.

또한 하나님께서 부족한 나를 이리 깎아내시고 저리 쪼아서 좋은 정원수로 조각품을 만드시듯 늘 하나님의 은혜의 가시로 만들어져 갔었습니다.

부정하는 것이 아닙니다.

긍정으로 받기 때문입니다.

그러나 목회의 현장에서 있었던 비화(秘話)인지라 남기는 글입니다.

두 분의 일생에 축복이 임하시기를 바라고, 장차 천국 영계에서 만날 것입니다.

잠시 지상교회의 소회를 꺼내 보았습니다.

1992년 12월 25일 성탄절. 우측 앞에 장영이 집사님, 그 뒤에 계신 분이 김형봉 집사님, 고경애 집사님이 보이고, 좌측 서지현 집사, 박경자 사모님 옆에 명노종 장로님과 서 집사 남편 권석배, 추지혜 선교사 옆에 손계옥, 뒤로 정원년 집사님이 보인다.

마룻바닥을 내리치면서
나를 전도사로 쓰세요! (2003년)

삼승리 마을은 약 150년 전 원주 원 씨 자손들이 조용한 무실봉 산자락에 삶의 터전을 잡고 살아온 원 씨 집성촌 마을이었습니다.

그 후 박 씨, 최 씨들이 합류하였는데, 마음씨 좋은 원 씨들이 받아들이고 '원승리'라는 지명까지 양보하여 '원 씨 최 씨 박 씨' 삼 씨로 삼승 즉 삼대 성 씨가 뭉쳐서 잘 살아보자고 삼승 세 성 씨를 이어 자자손손 석 삼(三) 이을 승(承)으로 '삼승리'로 지명을 개명까지 한 유례 깊은 마을이라고 합니다.

이제 이 마을은 수많은 성 씨가 자유경쟁으로 행복하게 살아갑니다.

원주에서 곱게 자란 최고 가문의 귀한 선녀 같은 '최귀녀'라는 새댁이 원주에서 가마 타고 이틀 걸려 원 씨 가문에 시집 와서 '원대희'라는 아들을 낳아 자손이 번져 오랜 세월 삼승리에서 가풍을 이어왔습니다.

그 새댁이 할머니가 되었고, 내가 부임한 직후 전도를 받고 교회에 나오게 되었습니다.

최귀녀 할머니는 주일이면 흰 한복을 차려입고 곱게 빗어 넘긴 머리에 쪽 비녀를 꽂고 초대 한국교회사에 나오는 진지한 교인의 모습으로 예배를 드리고, 순수한 성도로 살아가시다가 몇 년 지나 하나님의 부르심을 받았습니다.

이 가정의 장남 원대희 씨는 부인 조규란 씨와 두 형제를 낳고 행복한 가정을 이루고 살다가 어머니의 신앙을 유산으로 이어받아 열심히 신앙생활을 했습니다.

철저하게 주일성수하면서 고속열차처럼 빠르게 신앙이 성장하였고, 두 아들 종욱이와 종훈이도 교회학교에 열심히 다녔습니다.

동네에도 좋은 소문이 돌아 하나님께 영광이요, 전도도 많이 하였는데, 특히 조규란 성도가 열심이었습니다.

주일성수와 새벽기도는 기본이요, 십일조 헌금과 감사헌금도 열심히 드렸습니다.

'교회만 오면 제일로 마음이 편하다'고 늘 신앙고백처럼 말하기도 하였습니다.

교회 증축하기 훨씬 전 1994년도에 교회 천장 베니어 덧씌우는 일에도 헌신하였고, 충남 금산까지 가서 화단 목련나무 두 그루를 사와서 현재 큰 나무로 우뚝 서 있습니다.

주의 종을 잘 섬기고 공과 사를 가릴 줄 아는 자랑스러운 교인이었습니다.

집에만 있던 조규란 자매는 교회생활을 하면서 지혜가 열리고, 생활방식을 터득하여 외부에 적당한 직장도 구하고, 운전면허도 취득해서 자가용도 지프차로 타고 다니는 등 개인적으로 다방면에서 급속한 발전이 눈에 띄었습니다.

이제는 직장도 잘 구하고, 이동도 잘합니다.

여주 I.C. 요원도 하고, 트럭을 사서 여주 위성도시를 돌며 이동트럭 마트도 하고, 신차 구입고객 전달맨도 하고, 건설회사 사무원 등 다양한 직업에 종사하면서 직장 백화점처럼 슈퍼우먼으로 살아갔습니다.

조규란 권사님은 교회에 출석하여 예수 믿고 놀라운 변신을 한 케이스(case)로 이 지역에서 따라잡을 사람이 없었습니다.

교회에서는 집사, 시무권사로서 귀하게 봉사하였습니다.

큰 아들은 해군 단기 하사관으로, 둘째는 애니메이션 전공으로 재능이 많고, 원대희 집사는 순수한 신토불이 농군으로 조상 대대로 농부였습니다.

어느 날 조규란 권사님이 심방을 요청했습니다.

예배 후 갑자기 신학공부를 했다면서 '지금 4학년 졸업반'이라고 말하는 것입니다.

그 말을 듣고 나니 어이가 없어서 '아니, 언제 어떤 신학교를 다녔나?'고 물으니, '이천 신둔면 산 아래 조그만 집에 인천에서 어떤 목사님이 오셔서 몇 사람을 가르치는데 1년 만에 졸업이 가능한 신학교이고, 올해 졸업하면 인천 그 학장 목사님 교회로 가서 전도사를 한다'고 하기에 나는 일단 "조 권사님! 그런 신학교는 있다 해도 정식 신학교도 아닙니다. 조그만 시골집에서 일 년에 무슨 신학을 마쳤다고 졸업을 시킵니까? 상식에도 어긋나고 그 길로 가면 안 됩니다!"라고 말렸습니다.

'그럼 그 교회 주보나 교회 주소, 목사님 연락처라도 주시라'고 했습니다.

조규란 권사님은 무조건 '인천 교회건물도 확실하고, 이번 주일부터 자기를 전도사로 데려가기로 결정되었다'고 고집을 피우니, 대화가 불가능했습니다.

조 권사의 표정은 이미 결심하고, 결정한 듯 굳어 있었습니다.

옆에 있던 원대희 집사가 "이봐, 이 사람아! 무슨 신학교가 일 년 만에 졸업하고, 당신이 인천으로 가면 우리는 어떻게 해? 내 참 살다가 별꼴 다 보겠네!"라며 자기 부인을 향해 거칠게 항의했습니다.

나는 '벌써 조규란 권사가 그 목사의 영역에 깊이 들어갔구나' 직감하고 일어나기 직전에 "조 권사님! 다시 심사숙고하시고 그 길로 가시면 안 됩니다!"라고 말했습니다.

순간 조 권사가 성난 사자의 얼굴로 변하면서 전혀 조규란이 아닌 빗나간 표정을 지으며 손을 들었다가 있는 힘을 다하여 마룻바닥을 내리치면서 고함을 치는 것입니다.

"그러면 나를 삼승제일교회 전도사로 쓰세요!!"

손바닥을 마룻바닥에 내리치며 오만과 독선으로 가득차서 뿜어내는 조 권사의 표독스러운 목소리는 지금도 생각하면 소름이 끼칩니다.

이것은 사실입니다.

씩씩거리며 대드는 조 권사는 그 순간 사람이 아니었습니다.

완전히 돌연변이였습니다.

나는 마음을 추스르며 박경자 사모와 심방 가방을 들고 허탈한 발걸음으로 교회로 돌아왔습니다.

나는 목회를 하면서 교인들의 일탈을 많이 보게 됩니다.

그런 일들을 경험하면서 별의별 일들에 익숙해졌습니다.

그러면 나는 다음 다섯 가지 방법으로 다가갑니다.

    ① 권면과 설득

    ② 기다린다.

    ③ 무관심 작전

    ④ 하나님의 징계(사랑의 매)

    ⑤ 포기선언

조규란 권사는 포기 대상이었습니다.

지금도 그가 이단에 빠져 있는지 사실 궁금할 때도 있습니다.

누구에게 물어볼 만한 루트도 없고, 생각해본 적도 없습니다.

관심을 둔 들 이미 오랜 세월의 강물에 떠내려갔습니다.

책임회피도 아닙니다.

내가 손을 대기에는 너무도 역부족입니다.

그 후 그 가정은 집과 농토를 뒤로 한 채 인천 어디론가 옮겨갔습니다.

   "나를 전도사로 쓰세요!"

까맣게 목회자를 속이고, 1년 만에 신학교를 졸업해서 신학교 학장 교회 전도사로 간다는 것은 밑도 끝도 없고, 말도 안 되는 이야기였습니다.

모든 것이 비정상이었습니다.

조 권사는 그런 상황이 매우 정상적이라고 생각할 것이고, 착각은 자유이니 말릴 수 없으나 최종 종착역에는 하나님이 계시지 않습니까?

인천 쪽이라고만 알지 전혀 모르는 상태인데 2019년 7월 갑자기 교우들을 통해서 원대희 집사의 부고(訃告)를 받았습니다.

장지는 원 씨 문중이라 '삼승리 동산이겠지' 하고 소문에 따라 일시를 맞춰서 장지에 갔습니다.

마지막 가는 길에 무슨 이유가 있겠습니까?

구원에 능하신 하나님을 중심하는 마음으로 갔습니다.

하관 예배순서에 따라 진행할 즈음 축도를 부탁받고 마지막 故 원대희 집사의 인생 마무리 바느질 고름을 홀매쳤습니다.

故 원대희 집사님의 나이 71세였습니다.

여러 가지 상념에 잠시 잠겨보면서 원 씨 종중 산에서 내려왔습니다.

성전에 들어가 조용히 기도했습니다.

"주여! 저 가족들에게 평강과 복으로 인도하여 주옵소서! 감사합니다!"

권사 삼인방 삼총사(2) 허·박·홍

1988년 2월 부임 초기 '권·박·엄이 삼인방 권사 삼총사'(1)였다면, 2003년 2월 20여 년 만에 전혀 상상초월로 외부에서 '1916생 허정림, 1928년생 박정숙, 1933년생 홍옥화 세 분 삼인방 권사님'들이 한꺼번에 대거 영입되었습니다.

물론 현재 시무 권사님 14명이 현존하시지만, 특이한 부분이라 회고해봅니다.

일찍이 인생고수로 산전수전 다 겪고, 고개란 고개 다 넘긴 세 분 권사님들은 교회 생활도 다양하게 거치고, 성숙된 신앙으로 잘 익은 과일처럼 '척하면 삼척', '툭하면 카톡'이었습니다.

그분들은 이래라 저래라 할 필요가 없는 분들이었습니다.

자신들이 터득한 인생경험과 신앙체험은 욥이 겪은 시험과 환난의 코스를 다 거친 특전사 여 전투 노병으로, 삼승제일교회의 분위기 메이커요, 주일예배와 수요예배, 새벽기도회를 움직이는 유격부대 빨강 모자 조교들이었습니다.

주일성수로 시작해서 나무랄 데가 없습니다.

목회자와 서먹함도 없습니다.

몇 년 사귀어봐야 조금 알 정도는 오히려 어색했고, 그냥 통했습니다.

한마디 건네면 눈앞에 펼쳐집니다.

이제는 천국 문턱 입성이 코앞이라 삐죽빼죽할 시간도 없습니다.

잔잔한 삼승제일교회에 파도가 일어났습니다.

그것도 노련한 뱃사공 노 젓는 것처럼 서둘지 않아도 물 위로 미끄러져 갔습니다.

새벽기도의 삼인방은 동네 지날 때 개 짖는 소리에 이미 새벽 먼동이 터 왔습니다.

수많은 교회를 거친 십자가 군병이었습니다.

목회자에게 영적 천군만마가 생긴 것입니다.

기존 삼승 성도들과 너무나 은혜롭게 어울리며, 때론 격려나 책망도 서슴지 않습니다.

교회행사는 물론 특별한 일에도 지갑을 열어 과감하게 쾌척하십니다.

세 분은 물질적으로도 궁핍함이 없습니다.

경조사도 일종의 품앗이요, 심어 놓으면 거둬야 하는데, 삼인방은 모두 가족과 분리된 삶임에도 거둔다는 개념도 없습니다.

성도의 웃고 우는 일에도 손을 펴서 함께 하였습니다.

어린 아이, 청소년들에게까지 사랑의 손길을 펼쳤습니다.

주의 종에게는 더할 나위 없이 격식을 너무 잘 아시는 고로 교회 절기, 심지어는 스승의 날이나 어버이 주일에도 삼인방의 손길은 계속되었습니다.

'주의 종은 영적 스승이요, 아버지'라고 말씀하셨습니다.

버릴 것, 나무랄 것이 없었습니다.

때로는 양로원에 갇혀서 사는 듯한 답답함을 달래려고 나에게 부탁을 하십니다.

나는 비어있는 날을 잡아 점심메뉴를 정하고 삼인방과 이동을 하여 평생 길들여진 입맛을 찾아 나섭니다.

대화와 맛으로 즐겁게 바람을 쐬고 돌아옵니다.

삼인방의 일상은 하루하루 천국 소망과 교회생활의 중심이었습니다.

춘추 대 심방은 교회 차 안에서 반드시 예배를 드렸습니다.

금요일부터 주일 준비를 합니다.

오전 8시에 예배를 드리고, 건강이 약하신 분을 제외하고는 모두 교회 차로 모셔서 본 교회 오전 11시 예배를 드리시는데 삼인방은 또 참석하고, 점심 후 오후 찬양으로 마무리합니다.

2016년 허 권사님이 낙상하여 골반에 타격을 입으셔서 몇 달 병원 신세를 지시다가 소천하셨습니다.

당시 104세셨습니다.

백세시대에 입문하시고, 끝까지 신앙 지키다가 가셨습니다.

박정숙 권사님도 2018년 2월 90세 일기로 생을 마감, 소천하셨습니다.

외손자 가족과 같이 장례 절차를 진행하였습니다(여주 추모공원).

현재는 홍옥화 권사님이 진행하시고, 끝까지 창강원 주일예배와 그분들의 영혼을 위해 헌신하고 계십니다.

단 몇 자의 글로 어찌 20여 년 동안의 삼인방과 삼승제일교회와 추귀환 목사와의 은혜로운 사연을 다 표현할 수 있겠습니까?

더 아름답고 진한 미담도 있지만 오히려 감추는 것이 유익하기에 천국까지 가지고 가려 합니다.

실로 큰 삼인방 허정림 · 박정숙 · 홍옥화 권사님입니다.

천국에서 영원히 만나는 날이 올 것입니다.

자서전으로나마 지상에 남긴 삼인방의 발자취가 후배들에게 좋은 교과서가 되리라 믿으면서 글을 맺습니다.

그를 '홍 천사'라 부르고 싶다

나의 목회 54년 역사 속에서 처음이자 마지막으로 만난 귀인(貴人)이요, 영적(靈的)인 동역자(同役者)가 한 분 계십니다.

감히 '천사'라고 부른다고 해도 손색이 없는 분, 바로 존경하는 '홍옥화 권사님'이십니다.

1933년 강원도 동해시에서 방앗간을 운영하는 집안의 6남매 중 셋째로 태어나셨으며, 동해에서 삼척으로 통학하였던 여고시절, 당시 강원도 고등학생 부 전체 회장으로 큰 행사 때면 앞에 나가서 "전체 열중 쉬어! 차렷!"을 외치고, 길거리 군악대 행진을 할 때면 맨 앞의 사열대 대장으로 지휘봉을 휘두르며 행진한 학도였습니다.

삼척여고 3회 졸업생으로 모든 학생들의 인기를 독차지하며 성장하고, 온 가족에게 '남아로 태어났으면 큰 인물감'이라는 칭찬을 듣고 성장기를 보냈다고 합니다.

가정은 엄격한 유교집안으로 장유유서가 철저한 가문에서 큰 오빠 되시는 분은 연세대 외교정치학과를 졸업하고 6·25 전쟁 시 미군 사령관 통역관으로 영어에 능통하였으며, 후에 감리교 신학교를 졸업하여 목사가 되어 선교사로 사역을 하였습니다.

인천 내리감리교회 출신으로 내리감리교회는 한국 감리교회 최초로 세워진 대표교회로 현재에도 교단에서 매우 명예롭게 높이고 있는 교회입니다.

홍기표 목사는 최초의 일본 선교사 제1호로 파송 받아 큰 성과를 거두었습니다.

일본 야쿠자 갱단조직의 부두목이 회심하여 홍 선교사를 따랐고, 그는 야쿠자 조직에서 목숨 걸고 이탈하여 예수 그리스도를 영접하므로 거물급이 회개하니 야쿠자 세계에 큰 파장을 일으켜 도쿄에 놀라운 선교 전도의 파도를 일으킨 선교사입니다.

그 야쿠자 부두목이 예수 믿어 홍기표 선교사 보디가드가 되어주고, 행정적으로나 환경적으로, 또한 경제적으로 큰 힘이 되었습니다.

최고급 승용차를 구입하여 홍 선교사에게 선물하고, 어디를 가도 모시고 가며, 모든 사람 앞에 최고의 인물로 소개하여 90도 각도로 홍 선교사님을 받들어 조직사회 보스로 꾸벅꾸벅 인사 올리니, 감히 홍 선교사를 털 끝 하나 건들지도 못하고, 선교의 대 변혁이 일어나 그 여파로 감리교단이 일본 선교의 교두보를 확실하게 만들어서 지금 21세기에도 유지되고 있는 것입니다.

홍기표 목사(선교사)는 지성 · 야성 · 영성의 실력자입니다.

그의 이력서는 앞에서 소개한 그 이상이었을 것입니다.

홍 권사님께서는 제일 큰 오라버니에 대해 '철저한 신앙과 카리스마는 놀라웠다'고 언급하며 눈시울을 적시기도 하셨습니다.

이제는 하나님이 데려가셨지만, 홍 권사님 가문에 이미 준비된 선교 사역자였습니다.

특별히 빼놓을 수 없는 것은 '감리교 100주년 역사를 기념하는 감리교 100년사를 펴낸 분이 홍기표 목사'라는 점입니다.

감리교단에서는 빼놓을 수 없는 가문이 아니겠습니까?

홍 권사님의 조카 목사와 독일의 대법관에 한국의 대법원 법관과 동등한 위치를 가진 현 법관이 있고, 서울 공대를 거친 사위 이관호 장로님은 현재 미국에서 큰 사업과 멕시코 선교를 수 년 동안 해오면서 15개 교회를 지었으며, 주를 위한 그 가문의 헌신은 다 기록할 수 없습니다.

이처럼 믿음으로 헌신하여 하나님의 영광을 나타낸 가문이 되기까지 홍 권사님의 큰 어머니가 결혼 후 십일 만에 청상과부가 되어 20세 나이로 홀로 지내던 차 미국 여선교사의 전도를 받고 예수를 영접하여 신앙에 입문한 것이 그 계기가 되었습니다.

신학공부를 하지 않은 분이었으나 신실하고 충성스러운 삶을 사는 것을 보고 교회에서 전도인(전도사격)으로 임명했습니다.

시댁 어른들의 가문회의 결과 허락을 받고, 또한 홍 씨 온 가문이 전통적 유교를 버리고 정식으로 예수 그리스도를 믿는 기독교인이 되기로 결정하여 큰 어머님의 신앙을 따라가기로 하였습니다.

이러한 가정인지라 홍 권사님은 어린 시절부터 선교사가 집에 오면 예배드리고 성경공부를 하며 일찍이 성경과 신앙을 접하게 되어 신앙이 자라나게 되었습니다.

미국 여선교사님이 집에 오시는 날에는 대청소를 하고, 최고의 음식을 준비하였으며, 잠자리는 높은 방에 여름에는 좋은 돗자리를 깔아드리고, 그야말로 부모님과 온 가족이 '예수님이 방문하신다'는 마음으로 정성을 다했다고 합니다.

그런 모습을 보면서 성장한 홍옥화 권사님은 뼛속 깊이 모든 신앙적 · 윤리적 섬김이 살아있는 목회 현장처럼 신앙으로 배어들어갔던 것입니다.

2005년 5월 안나회 청주 상수 식물농원 소풍
우측 허정림 권사님(104세로 소천), 두 번째 홍옥화 권사님, 그리운 분들

어느 해 여름날 C.C.C. 하계 전도수련회에 참석하여 부르짖어 기도하던 중에 놀라운 체험을 하게 됩니다.

환상 중에 예수께서 십자가에 못 박혀 달리신 채로 홍 권사님을 내려다보시면서 말씀하시는 환상을 보게 된 것입니다.

"내가 너를 위하여 십자가에 못 박혀 피 흘려 죽어주었다. 똑바로 알아라! 그리고 네 평생 나를 위해 바로 살고, 십자가 지고 따라오며, 십자가 예수를 만민에게 전할지라!"

홍 권사님은 이러한 영적 체험을 통하여 새로운 세계를 다시 발견 체험하시고, 십년 동안 눈물로 기도드렸다고 하셨습니다.

십년 동안 십자가 생각으로 눈물의 세월을 보냈고, 그 후로도 언제나 말씀의 깊은 영적 불만족을 채울 수 없었다고 합니다.

용인 예담 양로원에 같이 계시던 허정림 권사님과 양로원 측의 견해 차이로 자주 충돌이 발생한 것이 누적되어 행정적으로 허 권사님이 삼승리 창강양로원으로 옮겨오실 때 '아! 내가 같이 가서 저 허 권사님을 돌봐드려야겠구나!' 하는 성령님의 감동이 와서 함께 오신 것이라고 하셨습니다.

그때가 바로 2003년 2월 셋째 주일이었습니다.

그렇게 홍 권사님과 허정림 권사님이 새로운 삼승가족이 되셨습니다.

허정림 권사님은 북한에서 월남하셨고, 평양 분으로 부유한 가정 출신이요, 북한 순교자 김화식 목사님의 교회에서 어린 시절부터 신앙생활을 하셨다고 하셨습니다.

故 허정림 권사님은 2016년 3월 104세의 장수일기로 소천하셨습니다.

홍옥화 권사님은 깊은 생각을 하시므로 계획적으로 미국과 서울에 두 자녀 가정에 부담을 주지 않으시려고 가진 재산 육천칠백만 원을 서울 둘째 딸에게 물려주고, 미국 딸네 가정은 큰 사업으로 여유로워 배려하므로 삶의 마지막 생애를 일부러 양로원(시설)에서 마치시기로 결정하시고, 1999년에 용인 예닮 양로원으로 옮기셔서 오로지 천국소망으로 사셨으며, 삼승 요양원으로 오신 이유를 위에서 밝힌바 2003년 2월에 삼승제일교회에 오시게 되었습니다.

이제부터는 홍옥화 권사님의 신앙생활과 성도와의 관계, 교회와 주의 종과의 관계를 열거하기로 합니다.

① 새벽기도는 그 어떤 형편에도 빠지지 않으심. 겨울에도 여름에도(2002-2013) 걸어서 다니심.

② 창강원 교우들과 철저히 구역예배를 드리심. 한 번도 거른 적 없고, 직원들의 방해 작전도 극복하심.

③ 창강양로원 신입이 오면 전도대상이요, 누구든지 예수 영접할 것을 시도하심. 열매도 많이 맺으심.

④ 주일·수요·새벽·구역 예배 철저히 하심. 심지어 봄·가을 심방도 교회 차 안에서 드리심.

⑤ 예배태도, 곧은 정자세, 절대 졸지 않으심, 설교듣기 집중.

⑥ 주보 소중히 간직, 꼭 복습, 성경 다시보기, 설교 다시 기록, 요약노트가 수십 권

⑦ 헌금 철저, 십일조·감사·설교·구역·특별·절기 헌금 등 일천번제

⑧ 어린 아이들이나 청년들에게 용돈 주기, 경조사 모두 챙김, 주의 종에게 매월 용돈 주기, 절기 때마다 섬김 등

⑨ 주의 종 존경, 권위 세워 줌, 서울 치료 차 출타 때도 절대로 차 이용 한 번 부탁 없고, 제안하면 철저히 거절하심.

⑩ 성도 바로 세우기, 주일성수와 십일조성수 가르쳐주기, 오해 많이 받으심도 극복하심.

⑪ 주일성수 준비, 금요일부터 양로원 교우들에게 주일 가르쳐 줌, 준비시킴(헌금 미리 준비).

⑫ 나눔의 손길, 과일이든 과자든 절대로 혼자 드시지 않음, 수박 참외 등도 깎아서 조각을 내어 나누심.

⑬ 새 신자 성경 반드시 구비시킴, 여분의 성경이 없으면 직접 구입하여 성경 지참하게 하심.

⑭ 중환자 교우 소천 직전 꼭 추 목사 불러서 기도 받고 소천 시키심(할 수 있는 대로).

⑮ 주의 종에게 칭찬과 격려 아끼지 않으심(수많은 사랑 받음, 하나님만 아심, 상급 천국).

홍 권사님은 교회에 오셔서도 성도 개개인과 친분이 깊으셨습니다.

흰 양털 같은 머리카락이 백발의 영화와 면류관처럼 보기 좋은 은빛 색상 헤어스타일에서 풍기는 모습과 단아하신 풍채는 예수의 향기가 은은히 풍겨 나오는 듯 권위 있게 보였습니다.

그러나 신앙적 · 비인격적인 거슬림이 있다면 면전에서나 혹은 다른 방법으로 직설적으로 심한 책망을 하시고, 아플 정도로 찌르는 분이셨습니다.

이런 비화(祕話)가 있습니다.

금당리에 사시는 김종심 집사님이 주일에 교회에 출석하지 않았습니다.

홍 권사님이 '주일에 왜 못 왔느냐'고 물으니 김 집사님이 "아이고, 교회 오려고 대문 밖을 나서는데 아들 부부 가족이 오기에 밥해주려고 못 왔어요."라고 대답했습니다.

그 말을 들으신 홍 권사님은 "아들 가족을 데리고 교회로 같이 와야지 자식들이 하나님보다 높은가!? 그리 믿음생활을 해서 되겠어?"라고 책망과 가르침으로 말씀하셨습니다.

이때 김종심 집사님은 큰 상처를 입고 교회와 단절했습니다.

목회(牧會)란 양이 길을 잃으면 찾으러 가는 것입니다.

김 집사님은 홍 권사님의 호된 책망에 넘어졌습니다.

사실 이뿐이 아닙니다.

이야기를 하자면 많습니다.

금당리 집사님은 변덕이 심하여 수십 번도 더 변하는 분입니다.

그런데 이번에는 제대로 충돌이 되었습니다.

그 후 권면과 이해를 구했으나 마음 문을 굳게 닫았습니다.

그리고는 '홍 권사가 와서 무릎 꿇고 사과해야 교회에 간다'고 합니다.

나 또한 이 말을 권사님께 전하고 실행하기가 쉽지 않았습니다.

목회의 현장에서 일어난 모든 일은 결국 목회자에게 오게 되어 있습니다.
대신 사과하고 설명하는 것이 절대 불가했습니다.

몇 주가 지났습니다.
시간이 너무 지체되어도 한 영혼을 잃어버릴 수 있습니다.
나는 기도하면서 조심스럽게 홍 권사님께 자초지종을 설명했습니다.
권사님이 "예수님은 천국보좌 버리시고 이 땅에까지 오셔서 십자가에 죽어주셨는데…"라고 말씀하시면서 "목사님! 수요일 차 운전할 때 같이 가서 사과하겠습니다."라고 흔쾌히 허락하셔서 수요일 저녁이 되어 김 집사님 댁에 가서 홍 권사님이 안방에 들어가셔서 무릎을 꿇고 정중하게 "내가 잘못했어요. 미안해요." 하면서 손 잡아주며 기도까지 하셨습니다.
못이기는 척 하고 일어나 함께 차를 타고 교회에 와서 수요저녁 예배를 드렸는데, 김종심 집사님이 유달리 은혜를 받았습니다.

홍 권사님은 십자가 체험신앙으로 기초가 든든하신 분이십니다.
사실 연하인생에게 무릎 한 번 꿇었다고 비굴하거나 비겁하게 생각하지 않으시는 분입니다.

나는 잊지 못할 미담(美談)을 말하고 싶습니다.
강단에 서서 설교를 하다보면 공기상승으로 인도자들의 호흡은 기침을 유발시킬 확률이 높습니다.
그래서 컵에 물은 반드시 준비해놓는 편입니다.
박경자 사모의 손길이 평생 이어졌으나(2003-2017) 홍 권사님이 오신 후로 새벽마다 따뜻한 물을 떠서 올려놓으십니다.

누가 빼앗아갈까 싶어서 그런 것도 아닙니다.
가끔은 정성어린 디자인의 컵으로 바꿔가면서 해주십니다.
새벽에 창강원에 교회 차로 모시러 가면 꼭 보온병에 홍삼차를 담아 오셔서 한 잔 주십니다.
'그렇게 하시지 말'고 간곡히 사양해도 홍 권사님의 손길을 막을 수는 없었습니다.

겨울에는 교육관의 기도자리에 겨울에 딱 맞는 크기의 미니 전기매트를 구입하여 깔아주십니다.

나는 한숨 자고나면 기도장소에 오기 때문에 목회자의 몸을 건강하게 해주시는 배려의 손길입니다.

아름다운 손길 가운데 빼놓을 수 없는 분이 계십니다.

원남희 권사님이 매주일 강단에 따뜻한 물을 올려주셔서 항상 목이 마르지 않게 봉사하신 수고를 잊지 못할 것입니다.

이런저런 홍 권사님의 신앙과 철학은 그 누구도 막을 수 없는 것이었습니다.

사실 상대가 되는 사람들이 그 수준에 미치지 못할 뿐이지 홍 권사님의 입에서 나오는 말씀이 맞습니다.

홍 권사님의 언사(言辭)에는 하나님을 높이고, 상대방의 영혼을 사랑하는 마음이 깊이 배어 있습니다.

나는 목회자로서 하나님 옆에 서는 것이 얼마나 중요한 것인지 체험적 경험을 많이 했습니다.

출애굽 후 모세가 시내 산에 오른 후 조급증이 나타난 군중들이 아론을 앞세워 금송아지를 만들어서 우상에 빠지는 끔찍한 사건이 발생하여 하나님의 진노의 칼을 누가 들고 하나님 편에 설 것인가를 외치는 모세 앞에 레위 자손이 담대하게 나왔습니다.

그때의 헌신이 복으로 이어져 레위 자손은 거룩한 제사와 성막 성물 관리(창·출·레)하는 지파로 성경에 레위기가 형성됨을 보십시오!

우리는 하나님 편을 택하고 사십시다! 아멘.

홍 권사님은 기초가 튼튼한 신앙인으로 살아오셨습니다.

세월이 흘러 거친 풍파를 겪으면서 운영하던 사업도 흥망성쇠를 거듭하고, 난관 속에서도 오직 예수로만 살기를 노력하셨습니다.

그러나 연약한 인간의 약점 속에 말씀의 갈등과 영적인 목마름을 채우려고 1970-1980년대까지 '더 은혜롭고, 더 깊은 말씀의 교회가 어디이며, 말씀을 깊이 파헤쳐 줄 종이 어디에 있나' 하고 전봇대에 붙어있는 심령부흥회 포스터를 보고 강사를 찾아 가는 등 약 20년 동안 찾고 또 찾아 갈급함을 해결하는 길을 걸어오셨다고 하셨습니다.

나는 여기서 솔직하게 회고(回顧)하고 싶습니다.

나는 자만(自慢)이 아니라, 그 어떤 목회자보다 말씀의 큰 은사를 가지고 있다고 감히 자부(自負)하고 있었습니다.

당시 홍 권사님께서 오시기 전까지는 말씀 즉, 설교의 클래스가 맞지 않았습니다.

솔직히 표현하자면 수준이 평이한 선에서 설교의 카테고리를 가지고 외쳤습니다.

그러나 홍옥화 권사님을 만나서 여러 각도에서 체크한 결과 '말씀의 장·광·고를 확장시켜야겠다' 판단하고, 분석하여 조금씩 수준을 높여갔습니다.

그 이유는 홍 권사님과 허 권사님 두 분의 영적 스케일은 기존 삼승의 성도들과는 격이 다르고, 차이가 있었기 때문입니다.

말씀에 배고픈 홍 권사님은 주일이 거듭될수록 가뭄의 단비 맞듯 영혼의 갈증이 해소되었고, 오랜 세월 추구해 온 말씀의 코드가 풀렸으며, 소위 추 목사의 설교(말씀) 코드가 맞아 떨어진 것이었습니다.

수많은 성경공부, 부흥회를 전전하고, 미국의 사위 이 장로가 보내준 설교테이프 수십 개를 듣고 들어도 해소되지 않은 말씀의 맥을 잡게 되어 테이프를 모두 버리고 마음의 가죽이 벗겨졌다고 술회하셨습니다.

허 권사님을 위해 이곳으로 오셨는데 정작 자신에게 주신 삼승교회라고 하셨습니다.

그렇게 교회에 오셔서 약 1개월이 지났을 무렵, 용인 예닮마을 양로원 원장 장로님이 홍 권사님께 '서울 용산에 최신식 시설로 최고의 케어를 하는 곳을 알아놓았으니 즉시 옮기라'고 하는 엄청난 호의를 베풀었다고 하십니다.

그러나 "나는 결정했습니다. 이곳 창강양로원이 모든 것이 부족하나 삼승제일교회 추귀환 목사님 말씀에 붙잡혀서 가지 않겠습니다."라고 거절하셨다고 잊어버릴 만하면 나에게 말씀하셨습니다.

그 후로도 몇 년 동안 연락이 왔다고 합니다.

이는 결코 내가 자서전에 무엇을 뽐내고자 만들어 낸 사연이 아닙니다.

이 이상의 내막을 내가 어찌 알고 표현하겠습니까?

이 사연 속에는 하나님의 은혜의 샘이 흐르고 있고, 지상생애에서 홍 권사님에게 주어진 사명이 들어있던 것입니다.

창강원에서의 삶은 신앙 인격이나 지적 수준, 대화 상대를 쉽게 찾을 수 없다는 점에서 홍 권사님과는 전혀 맞지 않았지만 주님의 눈으로 바라보며 한 지붕 한 가족으로서 영혼구원의 열정으로 바라보았다고 하십니다.

나는 2003년 이후 홍 권사님과 신앙적 영의 세계에 대해서도 심도 있는 대화를 나누면서 나 자신도 영적 동지애를 감지하게 되었고, 홍 권사님이 살아오면서 축적된 신앙과 영적인 힘은 자신을 위하기보다는 창강원에서 사명자로서 사용되었음을 알게 되었습니다.

그것은 창강원의 구역예배와 주일예배를 통하여 입증되었습니다.

본래 시설의 특수성에 따라 경영자와 운영자 쪽에서 적극적인 지원이 있어야 예배를 드리고 활동이 원활한데 홍 권사님이 직접 원장과 직원을 설득하고, 내가 측면에서 도움으로써 창강원 주일예배를 드릴 수 있었습니다.

그 모든 것이 하나님의 섭리였습니다.

초대 박천일 원장과 홍 권사님과 내가 삼인회동으로 주일예배를 결정하여 드렸으나, 현 원장의 부임으로 헌금 자제 등 벽에 부딪치는 일들이 생겨났습니다.

그러나 모든 것을 극복, 자리매김하여 누구도 방해가 될 수 없었습니다.

그동안 수많은 영혼들이 소천하였습니다.

오전 8시 예배를 준비해놓고 내가 도착해서 예배실에 들어서면 모두 손을 들고 "예수 피!" 하고 소리치며 인사를 교환합니다.

창강원에는 홍 권사님이 아침부터 "예수 피!"라고 하는 인사를 가르쳐 놓았습니다.

지금도 "예수 피! 예수 천국!" 하고 외칩니다.

지금 이 순간에도 홍 권사님은 "예수 피! 예수 천국!"을 소망하고 외치시며 날마다 주위의 약한 영혼들을 위해 헌신하고 계십니다.

하루 식사 세 번 꼭 30분 전에 식당에 미리 가셔서 연약한 몸으로 직원들 못지않게 식사준비 봉사를 하고 사십니다.

당뇨, 고혈압으로 안구(눈) 질환이 심한 편이고, 이미 한계점을 다 넘겨서 거의 치료 불가판정을 받았으나, '녹슨 몸보다 닳고 닳아 쓰이다가 하나님이 부르시면 간다'고 하시던 故 방지일 목사님의 신앙의 명언을 붙잡고 오늘도 천국을 향해 걸어가십니다.

삼삼 알짜한 사연을 보시면서 혹시나 저자가 홍옥화 권사님에게 너무나 치우치고, 중독 같다고 오해하실 수도 있습니다.

그렇습니다. 오해받을 만합니다.

그러나 한 가지 이유에서입니다.

홍옥화 권사님이 오직 하나님 제일주의의 삶을 사시기 때문입니다.

내가 18년(2003-2021)이란 긴 세월을 그리고 '홍옥화'라고 하는 분의 히스토리를 감히 어찌 다 기록하겠습니까?

지금까지의 기록은 흔한 말로 빙산(氷山)의 일각(一角)입니다.

모든 것은 위의 보좌에서 내려다보시는 우리 하나님 아버지가 더 잘 아십니다.

'어느 날 추귀환 목사의 기도를 받으면서 천국 입성하는 것이 소원'이라고 하신 홍옥화 권사님의 바람대로, 아니! 그런 상황이 되지 않더라도 어떤 환경에서도 지상에서 홍 천사로 사셨기 때문에 주님께서 천상 천사를 항상 대기하신 상태로 천사들의 손에 받들어져서 천국으로의 이사 이동이 이루어지리라 믿어 의심치 않습니다.

우리 삼승가족과 또 추 목사의 가족과 그리고 추귀환 목사가 주님의 거룩하신 이름(성회)을 받들어 "홍옥화 권사님! 사랑합니다!"라는 고백으로 맺으렵니다.

부록2

삼승제일교회 교회연혁

"이 집은 살아 계신 하나님의 교회요
진리의 기둥과 터니라"
(디모데전서 3:15)

경기도 여주시 가남읍 삼승1길 73 / 031-884-5617

삼승제일교회 설립 동기

삼승제일교회는 1964년 4월 5일 故 현신애 권사님의 신유집회를 시작으로 설립되었습니다.

당시 故 원용습 씨의 10여 평 잠사건물(1988년 내가 부임할 때까지 건물이 있었음)에서 동네 병든 자들과 주민들을 모아서 전도집회를 가졌습니다.

원용습 씨의 아들이 현 권사님의 기도로 고침을 받았기에 복음의 씨를 뿌리기 위해서 교회설립을 추진하였습니다.

당시 현신애 권사님은 한국교회에서 인정하는 신유집회로 수많은 병자를 고치는 은사를 가진 분이었습니다.

그의 그림자만 지나가도, 손수건만 흔들어도 병을 고침 받았습니다.

1964년 4월 5일 삼승리 잠사 안에서 최초로 설교하시는 故 현신애 권사님. 병 고치는 최고 은사로 한국교회사에 남은 여종.

현신애 권사님이 삼승리 마을까지 오셔서 원용습 씨의 아들을 고침으로 하나님의 섭리로 십자가를 세우게 되었고, 오늘에 이르렀습니다.

누에고치 치던 당시 잠실 초가집 교회당. 최초에 삼승제일교회 교우들의 모습

故 원용습 안수집사님은 아들의 병 고침을 크게 감사 감격하여 현 삼승제일교회 부지 502평을 하나님께 드렸습니다.

교회 연혁에 기록된 대로 밭을 대지로 전환시켰으며, 등기도 삼승제일교회 명의로 되어 있습니다.

교회는 여러 번 증축했고, 사택은 신축하여 지금은 모습이 달라졌습니다.

그의 후손과 가족들이 가끔 교회에 방문하여 지난날을 추억하며 은혜를 나눌 때가 종종 있습니다.

현 교회 부지에 교회를 건축하던 장면

원 집사님의 원주 원 씨 집성촌이었던 이 마을의 원래 지명은 원승리였는데, 약 180년 전 원주 본관 원균의 후손들이 이곳에 자리를 잡고 살았다고 합니다.

그 후에 '삼승리' 즉, 박 씨와 최 씨가 후에 들어와서 삼 씨가 되어 '우리 삼 씨의 정신을 이어가자'는 의도에 따라 마을 이름을 '삼승리'로 짓게 되었으나, '지금은 수많은 성 씨가 모였으니 다승리라 함이 좋기도 하겠다'는 생각을 나 혼자 해보았습니다.

교회 완공 사진(블록 벽돌, 시멘트)

교회 연혁에 기록되고 교회 현관에 기념글귀가 비석에 세워져 새겨진 글씨도 내가 50주년 설립 글을 쓸 때에 어느 날 성령의 감동이 힘 있게 임하였습니다.

볼펜으로 글을 써내려갈 때 한 번도 수정하거나 두 번 세 번 생각 없이, 단 일회적(一回的)으로 끝까지 일필휘지(一筆揮之) 일서일단(一書一斷)으로 쓴 글귀입니다.

50주년 기념비 글은 하나님께서 주신 글이요, 이 지역의 과거·현재·미래가 연결된 영적 메시지입니다.

나는 매우 높은 가치를 부여하고 있습니다.

교회 뒤쪽 꽤 높은 언덕배기를 무실봉이라고 합니다.

나는 가끔 무실봉에 오릅니다.

등산도 하고 꼭대기에서 두 손 들고 기도합니다.

앞을 보면 강원도와 충청도, 경기도의 중심을 잡아주는 오갑산이 떡하니 버티고 서 있습니다.

609m 높이로, 나는 두 번 오른 적이 있습니다.

오갑산이 두 팔 벌려 품은 이곳 삼승리는 매우 조용하고 숨겨진 샘골 터입니다.

33년의 만고풍상을 지나다보니 냇가에 나무 한 그루, 길가에 돌멩이, 누구누구 집 사사로운 일, 울고 웃는 경조사에 옛 고택 안방은 거의 출입한 것 같습니다.

인지상정이라 앞서간 나그네도 많고, 같이 익어가는 사람도 있습니다.

이러한 의미에서 삼승제일교회의 예배 자리는 그야말로 몇 명의 교인들이 지나갔는지 그 발자취를 헤아리기 어렵습니다.

이제는 나도 그 대열에 서서 막 일어서서 앞으로 나아가려 하고 있습니다.

또한 내 뒤에 따라오는 사람들도 있을 것입니다.

부디 지금 현재 이 자리에 머물고 있는 성도여!

오직 예수, 오직 천국으로 그리고 밖에서 길 잃은 양들이 삼승목장으로 많이 들어오기를 바랄 뿐입니다.

삼승제일교회여!

영원하라!

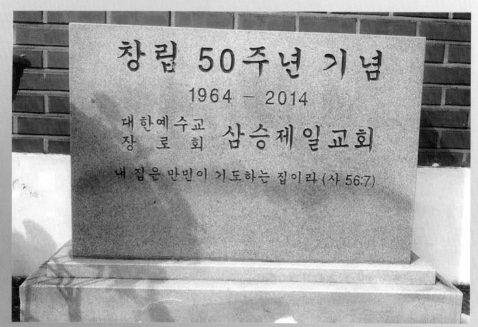

2014년 4월 5일 창립 50주년 기념비. 삼승제일교회 시무권사회 기증

성령의 감동으로 한 번도 수정 없이 쓴 50주년 기념글(기념비)

지나온 50년! 다가올 100년!

잃어버린 실낙원 쫓겨 난 영혼들
지구촌 한 구석 어둔 골짝 무실봉 산자락
다시 찾아 나선 아버지의 그 사랑
뽕잎 휘감고 잠자던 누에 깨워

삼승 샘골 개울가에 복음의 씨 한 알 떨어져
어언 50년 순진보다 무지로 순박 아닌 완고로
이해보다 오해 가득 찬 엉성한 이곳에
아직도 길 못 찾아 헤매 도는 영혼의 방황과 혼돈 속에
십자가 우뚝 선 지 50년 세월 흘러

이나마 저 하나님의 은총의 비 역사의 숨결이 멈추지 않으니
새벽제단 주님의 옷자락 붙잡고 흐느끼는 촉촉한 눈과
기도의 무릎으로 걸어가는 좁디좁은 길로 들어선
음지의 소리 없는 부르짖음이 보좌를 흔들어
새로이 써내려갈 50년의 미래는 지금보다 백배로 가득하리라!

그리고 저 50주년 기념비 옆에
100주년 기념비 세우리니
그때 아니, 다음세대들이 누구인가 벌써 궁금해진다
여기 우리 중에 혹시 100주년 기념비는 못 볼 수 있으나
천국에서 반드시 그들을 만나리라!

설립 50주년에서 100주년을 머얼리 바라보면서 이 글을 쓰다
2014년 4월 5일
창립 50주년 기념 글 : 추귀환 목사

1968　54　2021

삼승제일교회 연혁

1964.4.5. 현신애 권사 신유집회로 설립(원용습 집사 잠사건물 신유집회 전도로 시작하다)

1964.6. 초대 교역자 여성원 전도사 부임

1966.1. 교회부지(전 502평) 원용습 씨 헌납

1967.4. 성전건축(시멘트 블록 30평)

1968.2. 여성원 전도사 사임

1970.4. 최수복 전도사 부임

1975.1. 삼승제일교회에서 연대리교회 개척설립 교우 10여 명

1981.1. 최수복 목사 사임

1981.3. 박태희 목사 부임

1983.5. 교육관 건축 12평(시멘트 블록)

1985.1. 삼승제일교회에서 송림리교회 설립 30여 명 이명하다

1988.2. 박태희 목사 사임(대구 평강교회로)

1988.2. 추귀환 목사 부임(대구 평강교회에서)

1988.7. 교회부지 502평(현신애 권사 기념재단에서) 등기완료로 삼승제일교회 명의하다

1988.11. 제1기 시무권사 취임식(권금순·박무순·엄정희)

1988년 11월 28일 권사 취임예배 광경

1989.8. 이용범 선교사 파송(케냐)

1989.12. 추귀환 목사 합동신학대학원(박윤선 총장) 졸업

1990.3. 교회 승합차 구입(신차 베스타)

1990.4. 브라질 선교사(권노선 목사) 파송하다

1990.3. 본 교회 합신측 탈퇴(공동의회 결정) 공고

1990.4. 본 교회 합동개혁 동서울노회 가입(공동회의 결정)하다

1989년 4월 19일 교회 모습과 교회 버스

1991.6. 추귀환 목사 한남대학교 대학원 졸업

1991.7. 김욱관 선교사 파송(필리핀) 가족 5명

1991.12. 각 구역회 조직

1992.1. 청년회 조직

1992.2. 여전도회 창립(마리아회)

1992.3. 남전도회 창립(여호수아회)

1992.2.13-26. 추귀환 목사 성지순례(이집트, 이스라엘 및 유럽 5개 국)

1992.4. 본 교회 합동개혁 동서울노회 공동회의 탈퇴 결정

1992.4. 본 교회 합동개혁 수원노회 공동회의 결의 가입

1992.5. 삼승제일교회 로고(교회 연혁 표지 참조) 추귀환 목사 제작

1993.5. 부흥성회(강사: 김병구 목사 오산교회)
1993.6. 추귀환 목사 연세대학교 연합신학대학원 졸업

1997.6. 삼승제일교회 부지(田을 대지와 종교부지로 취득하다)
1997.6. 본당, 사택, 교육관의 건축물 대장 취득하다
1997.7. 사택(현) 건축 시작해서 동년 1997.11.17. 완공 입주하다
1997.8. 삼승보건진료소 폐쇄 결정, 추귀환 목사 청와대 진정 서신
(김대중 대통령 진정 긴급서신) 취소와 신축확정 통보받다
(1998.2-8) 보건소 신축 완공 운영하다
1997.10. 본당 피아노 헌납(박경자 사모)

1998.8. 교회 화단 조경, 소나무 등 식수공사하다
1998.8. 엘림선교회 선교지원 시작하다(2021년 현재)
1998.9. 교육관 피아노 헌납(김종필 · 이정자)

1999.10. 본당 영상기기 설치하다
1999.11. 본당 외벽 적 벽돌 공사하다

2001.7. 교회 지붕개량공사 헌신(강숙자)하다
2002.3. 추귀환 목사 여주 기독교연합 주최 부활절 설교하다
2002.4. 날개달기 심장재단(어린이) 지원 시작하다
2002.6. 교회 승합차 12인승(신차 그레이스) 구입하다
2002.7. 교회 마당 레미콘 포장 공사하다

2003.3. 제2기 임직식: 박명식 · 명노종 · 김종필(안수집사)
　　　　　　　　　강숙자 · 김대순 · 성정훈 · 조규란 · 표성순(시무권사)
2003.4. 시무권사회 조직하다
2003.5. 창강양로원 주일예배 시작하다
2004.6. 에녹회와 안나회 창립하다
2004.11. 본당 내부 리모델링 및 장의자 교환하다

2005.4. 추귀환 목사 수원노회장 선임되다

2005.4. 박청자 시무권사(인천 복된교회) 영입하다

2005.7. 식당, 사무실 건축하다

2005.7. 교육관 내부 리모델링 봉사 헌납(신윤재 · 김태식)

2005.9. 합동 장로교단으로 합병하다(삼승제일교회)

2005.11. 추귀환 목사(위임목사 임직식 거행)

2005.11. 제3기 임직식: 원성국 장로, 명노종 장로 임직

　　　　　　　　임순옥 · 서영애(시무권사 취임)

　　　　　　　　정유낭 · 피인순 · 최보선 · 이순도 · 이연우(명예권사 추대)

2005.11. 국세청 비영리법인 인증(126-82-62963) 취득하다

2005.11. 삼승제일교회 당회 조직하다(당회장: 추귀환, 당회원: 원성국 · 명노종)

2005.12. 지역 대 전도대회 행사(예닮교회 이기현 목사) 실시하다

2006.1. 부흥성회(강사: 김영남 목사, 인천 소망교회) 실시하다

2006.8. 지역 봉사전도대회(강남 대치교회 김현철 목사) 이 · 미용 전도

2006.9. 삼승제일교회 전도단(안성 북좌리교회 오승연 목사) 전도 실시하다

2006.11. 삼승제일교회 전도단(여주 서원교회 한철수 목사) 전도봉사 실시하다

2006.12. 북한 염소보내기 운동 참여하다(C.C.C.)

2007.1. 우간다 폴(3세 아이) 가정 지원하다(2021년 현재)

2007.1. 교회 화장실 현대식으로 신축하다

2007.1. 교회 울타리 목재로 설치하다

2007.11. 찬양전용 프로젝트 디지털 카메라, 노트북, 드럼 구입하다

2007.12. 박명식 장로(총회 헌법 규정) 당회 및 공동의회 결정 영입하다.
　　　　(인천 해명교회 이명 접수)

2008.9. 전기 전력 승압공사하다

2008.9. 본당 확장 증축공사(이전 교회 두 배로) 완공하다

2008.9. 본당 장의자 비품 등 구입 설치하다

2008.9. 교회 앞 도로 지적도 452번지 측량 확보공사 26m 완료하다

2008.9. 도로변 교회 철 간판 설치 및 본당 종탑 밑 철 간판 설치하다.
　　　　(허정림 · 홍옥화 · 박정숙)

2008년 9월 교회 앞 26m 길 찾음

수십 년 간 잃어버린 길(일명 황금의 길: 자서전에 설명함)

2008.10. 본 교회 청년회 오병이어 찬양단 발족하다

2008.11. 본당 크리스털 강단 헌납하다(허정림·홍옥화·박정숙)

2009.7. 교회 쉼터 공간 및 차고지 설치공사(허정림·홍옥화·박정숙)

2009.11. 본 교회 오병이어 청년 찬양단 찬양의 밤 개최하다

2009.11. 추귀환 목사 여주군 합동 장로교 연합회 회장 선임하다

2010.1. 부흥성회(강사: 한철수 목사, 여주 서원교회)

2010.1. 김진협·추지혜 필리핀 선교사 파송하다

2010.3. 김한나·오용직 선교사(필리핀·대만) 파송지원, 2021년 현재

2010.6. 추귀환 목사 회갑 기념 내외 미국 여행하다

2010.11. 성경과 찬송가 개역개정으로 교체하다

2011.4. 원성국 원로장로 소천하다

2011.6. 교회 울타리 태양광 야간조명 설치(김선옥)

2011.12. 류정현·추이삭 안수집사 영입 공동의회 결의 결정하다

      (류정현 안수집사 - 인천 감리교회 이명 접수)

      (추이삭 안수집사 - 강남 대치교회 이명 접수)

2012.2. 추귀환 목사 저서 「흔적」 출판기념 감사예배 드리다

2012.3. 제4기 임직식: 류근서·김대성(안수집사)

                최종윤·김선옥·김대숙·원남희·김혜영(시무권사 취임)

2012.1. 구일 선교사 지원 시작하다(2021년 현재)

2012.4. 안수집사회 조직 및 시무권사회 재조직하다

2012.5. 크리스털 소 강대상 헌납(추이삭·강경희)

2012.6. 여주 수도국 공사 수도급수 완공 개시하다

2012.12. 점촌 풍성한교회 개척 설립(이기범 목사) 예배드리다

      (본 교회 각 기관 헌금과 음식, 쌀 제공 지원)

2013.4. 추귀환 목사 내외 성지순례(터키 — 그리스 — 로마)하다

      (2013.4.8-2013.4.20)

2013.6. 여주 관내 원로목사 26명 초청 접대 선물 위로하다

2013.11. 여수 청산교회 개척 설립 지원(송명호 목사)

      (본 교회 각 기관 지원하다)

2014.4. 삼승제일교회 50주년 기념 행사하다
　　　　① 감사예배 강사: 박복성 목사(경성노회 은퇴 목양회 회장)
　　　　　　박찬옥 목사(수원 산성교회)
　　　　　　민선기 목사(오산 한누리교회)
　　　　　　조복희 목사(백암중앙교회)
　　　　② 명예권사 추대: 배정원
　　　　③ 50주년 기념비 제작 건립(시무권사회)
　　　　④ 50주년 기념비 글(작시: 추귀환 목사)
　　　　⑤ 50주년 기념비 글 기념비 제작(민선기)
　　　　⑥ 50주년 기념 승합차(신차 스타렉스 12인승 구입)
　　　　⑦ 50주년 기념 교회 식당 자동세척기 구입 설치하다
　　　　⑧ 50주년 기념 성도의 집 교패 제작 부착하다
　　　　⑨ 50주년 기념 최장기 출석 성도 선정 축하선물하다
　　　　　　(구순회 · 원남희 · 배정원 · 박명식 · 고경애)
2014.7. (30-31) 분당 지구촌교회 주최 지역 대 전도대회
　　　　(진료, 이 · 미용, 영정사진, 구제품 제공 등)

2015.3. 성찬기(특수 금도금) 일체 헌납(홍옥화)
2015.4. 박신현 전도사 임명 - 동년 12월 사임(김천교회 부임)
2015.9. 김옥자 권사 영입(안양 팔복교회) 이명 접수
2015.12. 유영종 안수집사 영입(여주 감리교회) 이명 접수

2016.2. 김진협 선교사 가족(우간다 선교사 파송)
2016.9. 본당 전구 LED 헌납(명노종 장로)
2016.10. 교육관과 식당 LED, 교육관 앰프 기증(강숙자)
2016.10. 경성노회 은퇴 목회자 초청 위로행사

2017.1. 더 칠드런 국제아동 돕기 지원 시작(2021년 현재)
2017.3. 식당, 교육관, 사무실 리모델링(추이삭 · 강경희)
2017.3. 추귀환 목사 차기 경성노회장 선거투표 확정하다
2017.8. 교회 승합차 12인승 스타렉스 구입하다
2017.11. 김진협 선교사 삼승제일교회 사역 시작

2018.4. 본당 영상기기 헌납(김대성)

2018.4. 식당 가스기기 헌납(구상수)

2018.4. 경성노회(제93회) 삼승제일교회에서 개회하다

2018.4. 경성노회장 추귀환 목사 선임하다

2018.4. 경성노회 회계 명노종 장로 선임하다

2018.5. 총회 실행위원 이사, 미자립위원 이사, 기독신문 이사 선임하다

2018.7. 교회 식당 소독기와 식기도구, 교육관 온풍기 헌납(김옥자)

2018.7. 추귀환 목사 내외 익산 동산교회 초청 설교(제102회 총회장 전계헌 목사)

2018.9. 총회 제103회 대구 반야월교회(제102회 총회장 이승희 목사) 참석

2018.12. 명예원로목사 추대, 민승호 목사(백석장로교단 36년 시무)

2018.12. 명예원로장로 추대, 구상수 장로(안산 시민교회 35년 시무)

2018.12. 강숙례 권사 시무권사 영입, 안산 시민교회 이명 접수

2018.12. 구일 · 김윤영 선교사 본 교회 소속(당회 결정)하다

2019.2. 진해 해군사령부 천오백 명 진중세례식 설교하다

2019.4. 경성노회로부터 공로패 수여받다(삼승제일교회)

2019.9. 제104회 총회 참석(서울 충현교회, 총회장 김종준 목사)하다

2019.11. 추귀환 목사 내외 이스라엘 성지순례(2-9) 다녀오다

2019.12. 나눔재단(켈리그라프) 성경말씀 예술작품 전시 판매(87만 원) 지원

2020.2. 선교지 방문 말레이시아 김성진 선교사(20년 현지선교), 추귀환 목사 내외

2020.3. 코로나19 바이러스 창궐 사태로 오후예배 휴예되다

2020.6.7. 제5대 목회자 청빙위원회 조직하다

(고문: 추귀환 목사, 위원장: 명노종 장로, 부위원장: 박명식 장로, 위원: 김대성 안수집사, 유영종 안수집사)

공동회의. 뒷줄 오른편 공동회의 의장 조복희 목사, 앞줄 좌측부터 명노종·박명식 장로, 김대성·유영종 안수집사

2020.6.24. 식당 온풍기 헌납(김옥자)

2020.7.19. 청빙위원회(옥천 금암교회, 유진상 목사 시무) 방문하다

2020.7.26. 교회와 사택 하수도 처리 시설 개수시작

2020.8.9. 유진상 목사 청빙 설교(양정분 사모 동행)

2020년 8월 9일 주일 오전예배, 청빙설교(막 10:35-45; 인자가 온 것은)
유진상 목사님, 양성분 사모님을 소개한 후 인사하시는 두 분의 모습, 코로나19로 마스크 착용.

2020.8.16. 청빙위원회 경성노회장 양대규 목사 면담(이천 믿음의교회 방문함)

2020.9.6. 공동회의, 임시 당회장 조복희 목사(백암중앙교회) 인도
(원로추대 추귀환 목사, 위임목사 유진상 목사)

2021.5.28. 원로추대, 위임청빙 행사 거행하다

사택 건축 중

옛날 사택 모습

설원 속에 잠긴 아름다운 교회와 사택

증축 전 교회와 건축 전 사택과 완공된 사택

교회 증축 공사하는 모습

부록3

대한예수교장로회(합동) 경성노회 노회장

삼승제일교회

추귀환 목사

경기도 여주시 가남읍 삼승1길 73 / 031-884-5617

삼승제일교회(2018. 4. 9)

직전 노회장 성남 대은교회 백종현 목사님께 감사패 전달

경성노회(93회) 성찬식 모습(삼승제일교회)

경성노회 개최 노회 감사패 받아 들고(명노종 장로, 박명식 장로)

2018년 4월 9일 경성노회 만국기로 장식한 교회 전경

2018년 4월 9일 경성노회 잔치에 목련화 만발하여 한껏 화사한 분위기. 모든 것이 하나님의 은혜였다.

삼승제일교회 교우들이 꽃 선물함(맨 우측 명노종 장로님 모습)

강도사 인허증 수여식

경성노회 회의 광경

2018년 5월 구리 중앙교회 원로추대 위임식

천신만고 끝에 얻어진 경성노회장 스토리

나는 목회자의 길을 걸으면서 일 년이면 두어 번 이상 노회에 참석해 왔습니다.

노회란 목사 장로를 임직시키고 지교회를 관리하는 성노회로 거룩한 공회입니다.

더 구체적으로 논하면 천국(천상)교회, 지상교회의 조직, 총회산하 노회, 시찰회, 당회(개교회 즉 장로가 시무하는) 당회장(목사), 당회원(장로) 개교회 개인 교인으로(노회—교회—성도) 연결된 성스러운 하나님의 거룩한 공교회입니다.

사도신경에서도 '거룩한 공회와 성도가 서로 교통하는 것'이라고 신앙을 고백하고 있습니다.

거룩한 조직도에 노회는 목사와 장로의 교회인 것입니다.

목사와 장로는 노회에서 관리합니다.

목사후보생(신학생 추천), 장로고시와 임직, 목사안수, 전도사 고시, 재판·청빙·치리 등 참으로 중요한 기구입니다.

노회장이란 위치는 노회를 지휘하는 권위와 책임을 갖습니다.

목사라면 누구나 한 번쯤은 해보고 싶고, 꿈꾸는 것은 자명한 일입니다.

1976년 영남신학교 3학년 때 경북노회에서 전도사 고시에 합격하여 경북노회 소속으로 첫 발걸음을 떼면서 노회와 관계가 시작되었습니다.

나는 그 후 목회 50년 넘게 수많은 노회와 공회의를 거치면서 수원노회장, 시찰장 등 노회 임원으로 섬겨 왔습니다.

그런데 2005년도 교단 대통합으로 합동측 교단은 약 1만 2천 교회, 187개 노회, 350만 성도의 대 교단 장자교단으로 지구상에서 명실공히 '오직 예수, 오직 성경, 오직 믿음'의 보수교단으로 세계 197개국에 선교사를 파송하여 땅 끝까지 복음의 영토를 넓혀가고 있는 교단입니다.

삼승제일교회는 당당하게 거룩한 조직력을 갖춘 187개 노회로 구성된 대내외적인 장자교단 대한예수교장로회(합동) 총회 산하의 약 230개 교회, 선교사 30명을 파송한 대 노회에 준하는 공회인 경성노회에 소속된 교회입니다.

나는 노회장으로서 헌신하고 봉사하면서 목회의 말미(末尾)를 장식하고 은퇴하고자 하는 생각을 가지고 기도하였습니다.

수원·강중·한성·중경의 네 개 시찰이 노회 산하기관입니다.

수원시찰에 속한 우리 교회는 매우 건강하고 노회 활동에 최선을 다하는 교회였습니다.

교회 대표인 나는 노회를 섬기려는 뜻을 당회와 교회에 알렸습니다.

2017년도에 부노회장으로 추대되어야 2018년도 4월에 노회장으로 피선되므로 시찰회에 뜻을 전하고, 노회 규정에 따라 진행하였습니다.

그런데 나보다 5-6년 젊고, 목회사역에서 은퇴하려면 10여 년 정도의 기간이 남은 경쟁자의 등록으로 나는 때 아닌 복병을 만나게 되었습니다.

노회 임원들이 세 시간 넘게 마라톤 회의를 했지만 결론이 나지 않았습니다.

즉, '젊은 목사가 양보하면 3년 후 추 목사가 노회장을 먼저 마치고 다음 기회에 하기로 결정하자'고 요구했으나, 상대 목사가 '절대로 물러날 수 없다'고 버티면서 결론이 나지 않았습니다.

나는 집에 와서 아내와 의논했습니다.

'조용히 목회를 마무리하고 은퇴하는 것'으로 결정하고 포기선언을 했습니다.

상대 목사와 직접 통화를 했으나 '투표로 결정하자'고 강력하게 제의하는 것입니다.

그래도 다시 '내가 포기할 테니 목사님이 부노회장으로 출마하라'고 간곡히 말했으나 계속 '투표로 결정하자'고 주장하는 것입니다.

상대 목사는 도시에 소재한 교회에 시무하고 있어서 삼승제일교회보다 유리하고, 주변에 젊은 목사들의 지지가 많았으며, 또한 당시 노회 서기로 임원의 요직을 맡고 있어서 내가 합리적 협의가 아닌 투표하는 방법으로 부노회장 직을 얻는다는 것은 절대적으로 불리할 뿐 아니라 불가능했습니다.

그런데 상대 목사님은 "투표! 투표! 투표로 합시다!" 우기며, 그 누구의 소리도 듣지 않고, 이미 승리를 획득한 것처럼 깃발을 꽂고 기다리듯이 의기양양한 태도였습니다.

2017년 3월 17일 투표로 결정할 수밖에 없는 불가피한 상황이 되었습니다.

경선투표에서 절대적으로 불리한 나는 계획과 결심으로 2017년 2월 17일 전략본부 베이스캠프를 작은 방에 차려놓고 노회 주소록과 시찰회 촬요를 펼쳐가며 분석하고, 전화설득, 소신 표현 등으로 선거운동에 돌입, 몰입 집중 공략 전선을 펼쳐 나아갔습니다.

그 해 2월은 선거 전략을 위한 기도 노력에 전심전력을 다했습니다.

나는 반드시 승리하기를 원했으나, 시간이 가까울수록 초조함보다는 즐기자는 여유를 가질 수 있게 되었습니다.

하나님께서 부족하지만 노회를 섬기고자 하는 나의 마음을 기뻐하시고, 마지막 목회자의 마무리(은퇴)를 노회에 헌신하여 후배들에게 작은 흔적이라도 남기고, 노회 역사에 발자국 하나라도 남기고 싶었습니다.

드디어 투표의 일시와 장소가 2017년 3월 17일 오전 11시 수원 열린문교회로 정해져서 참석했는데, 나만의 느낌일까 긴장과 스릴이 교차되며, 결정적 시간이 마치 양쪽에서 달려오는 열차와 같이 마주쳐 오고 있었습니다.

사회자가 '두 분의 부노회장 진출(부노회장으로 뽑히면 일 년 후 자동으로 노회장으로 추대됨) 후보들이 노회장이 되면 어떤 정책을 가지고 노회를 위해 일할 것인가 정견발표를 하라'고 하며, 뚜껑을 열었습니다.

나는 평소에 오랫동안 '노회장이 되면 이렇게 해봐야겠다'고 생각해놓은 축적된 재료가 마음속에 있었습니다.

먼저 상대의 정견발표가 있었습니다.

매우 간단명료했고, 모든 회원이 묵시적으로 자기를 위한 투표를 던져줄 것이라는 자신만만한 태도로 "여러분이 뽑아주면 하겠습니다." 하고 간단하게 한마디로 끝내고 내려왔습니다.

매우 단조로운 정견발표였습니다.

드디어 내 차례가 왔습니다.

나는 노회장으로 피선되면 세 가지를 실천하겠다고 했습니다.

(1) 노회원을 위하여 경성노회 240여 명 회원의 명단(노회촬요), 즉 노회 블랙박스 같은 노회촬요를 가지고 날마다 회원 한 분 한 분과 교회를 위하여 기도하겠습니다.

(2) 노회원을 위한 격려와 화합을 위하여 노회장 목회서신과 함께 강단 요약설교 자료를 발송하여 작지만 목회에 도움이 되겠습니다.

(3) 각 네 개 시찰을 회기 안에 순방 시찰하여 격려와 선물을 나누며 발로 뛰는 노회장으로서 낮아져서 섬기겠습니다.

"누구라도 한다면, 내가 언제라도 한다면, 지금 이왕에 할 일이면 충성하겠습니다."

이렇게 정견발표를 했습니다.

두 후보자의 정견발표가 끝나고 즉각적으로 투표가 시작되었습니다.

개표의 긴장된 시간의 흐름은 오히려 한 번도 없었던 경험의 자리로 회원들의 눈빛과 촉각은 실로 재미있게 느껴졌습니다.

투표란 공정하고도 잔인한 결과의 쓰디쓴 잔과 달콤한 축배의 희비가 교차된 분위기는 목회자의 결정체의 품격이 마음껏 풍겨나는 현장이었습니다.

드디어 한 달 여를 불태웠던 보이지 않는 투표전쟁의 종식이 선언되는 순간이 포착되기 시작되었습니다.

개표위원이 투표함을 열어 개표의 결과가 큼직한 글자판에 투명정대하게 공개된 결과 추귀환 목사의 97% 압승(壓勝)으로 깜짝 놀랐습니다.

추귀환 목사가 부노회장으로 선출(1년 후 노회장 자동 확보 결정)이 되었고, 축하와 격려 박수가 심장박동을 자극하였습니다.

나는 지금도 그날의 감격을 잊지 못하며, 하나님께서 노회를 섬기는 기회를 주셨으므로 감사와 결의의 기도를 드렸고, 당회와 교회에 보고하였습니다.

부노회장 1년 후 노회장으로 피선되어 하나님께서 우리 교회로 하여금 경성노회를 섬기는 교회로 사명과 복을 주셨다는 설명과 함께 기도 협력을 부탁하였고, 이제는 부노회장으로서 노회장의 직임을 위한 준비를 했습니다.

그 후 2017년 4월 13일 성남 대은교회에서 경성노회 부노회장으로 선임되어 노회 활동을 시작하였습니다.

노회의 모든 행사, 교회, 노회원의 애경사와 각종 회의 봉사가 시작되었습니다.

부노회장으로 노회장을 보좌하며 최선의 헌신을 즐겁게 하다가 드디어 2018년 4월 9일 1년 동안 준비해 온 교인들의 열정으로 제93회 성 경성노회를 삼승제일교회에서 개최하게 되었습니다.

외부에 플랜카드와 만국기를 장식하여 봄바람에 나부끼고, 목련화 만발하여 동서남북 사방에서 모여드는 목회자 장로님들이 먼 길 오느라 수고하셨다고 기다렸다는 듯이 반겨주니 분위기는 훌륭했습니다.

전날 밤늦게까지 쏟아지던 빗줄기도 새벽에 멈춰서 걱정스러운 노회행사는 날씨마저도 주장하시는 하나님의 기적 같은 일을 잊을 수가 없습니다.

김진협 선교사(사위) 아이디어로 교회 내부 강단 정면과 양 벽 쪽 창문 공간에 각 시찰의 의미를 부여하여 트레이드마크처럼 어울리는 장식으로 꾸몄으며, 추이삭 집사(아들)의 사각 기념품 시계도 선물하고, 뷔페 출장과 성도들의 온갖 정성이 깃든 음식으로 더해져서 노회 잔치는 시간의 흐름이 아쉽기만 했습니다.

2018년 4월 9일 경성노회장 삼승제일교회

하나님께서 마지막으로 공회인 성 노회를 섬기라는 명령과 기회로 알고, 두렵고 떨리는 자세로 임기를 시작하였습니다.

한마디로 230여 개 교회의 머리 되는 수장(首長)입니다.

회기 안에 일어나는 모든 일은 노회장의 책임입니다.

머리에 큰 짐을 이고 어깨에 큰 짐을 지고 있는 느낌이었습니다.

서기(안산 새희망교회 시무 최철원 목사)와의 전화는 언제나 열어놓고 일사불란한 출격태세로 콤비를 이루어 갔습니다.

최 목사의 행정 은사와 재치는 놀라웠습니다.

어디를 가도 노회장 자리나 다음의 진행을 면밀히 잘 수행하였습니다.

잊을 수 없는 분입니다.

50대 초반 젊음의 힘이었습니다.

그리고 투표 전 정견발표의 공약(약속)이 공약부도(허공)가 나지 않도록 최선의 노력을 하며 하나씩 실천해 갔습니다.

나는 목회 50년 되던 해 노회장으로서의 마무리 단계에서 개인적으로 무척 기쁘고, 감격적인 마음뿐이었습니다.

어느 애경사, 회의, 행사 등을 이동할 때는 정말 사명감으로 달려 나갔습니다.

항상 필요한 것을 챙겨놓고 상황에 맞는 의복, 현장감 있는 유머, 말씀, 나비넥타이 등 항상 스탠바이 큐(standby cue)였습니다.

그리고 김진협 선교사(사위)는 각종 노회장 서신, 말씀자료 발송 작업 도우미 역할로 나이 든 나의 약점을 크게 도와주었습니다.

무엇보다 아들 추이삭 집사는 이 시대 남자의 품격은 시계와 승용차라고 하면서 롤렉스(ROLEX)를 끼워주고, 과분함을 넘어선 외제차 최상의 아우디(Audi A6)까지 사주어서 종횡무진 누비며 노회활동은 무한 질주형이었습니다.

나는 농촌지역 목회자입니다.

승용차를 타더라도 교인들과 주민들의 눈치를 볼 수밖에 없었습니다.

나와 아들은 솔직히 차(car)에 대한 관심과 흥미는 똑같습니다.

코란도 신형(호랑이형 앞모습)은 지프 형으로 외관이 터프한 차로 1999년도에 신차를 구입하여 타봤고, 아들이 제대하여 타기도 했습니다.

하나님의 축복을 받은 아들은 그 후 나에게 그랜저와 도요타를 사주었습니다.

도요타를 탈 때는 반응에 따라 타려고 교인들의 양해를 구했습니다.

장로님들과 교인들이 "목사님이 외제차 타시는 데 누가 뭐라 할 자 없습니다. 우리가 못 사드리는데 누가 감히 가타부타 할 수 있겠습니까? 괜찮습니다. 추이삭 집사가 복 받아서 아버님 사드리는데 우리는 더 기쁘고 좋습니다." 하는 여론이 형성되어 그 후에 외제차를 타게 되었습니다.

노회장의 품위와 더 순발력 있게 활동하라고 고급차 아우디를 사줬다. 추수네 가족 고맙다.

나는 감사할 뿐이었습니다.
물론 모든 차량관리는 아들이 했고, 나는 타고만 다녔습니다.

좀 빗나간 것 같습니다.
노회활동은 희한했습니다.
장례식이 많이 발생했습니다.
노회원 목사님 부모들은 대체로 연세가 높으시고 소천하시는 분들이 많으셨습니다.

원근 각처 여러 노회 일들과 활동은 은혜로웠습니다.
나는 총회 총대 활동과 각계각층의 만남 등 여러 가지를 경험하였습니다.
그야말로 나는 노회장의 위치에서 종횡무진 펼쳐 나갔습니다.

무엇보다도 삼승제일교회 당회와 교인들의 기도협력은 지나칠 정도였습니다.

주보 광고란에는 경성노회를 위한 의무적인 기도 부탁으로 축도 직전에 통성기도를 드린 후 축도로 예배를 폐회했습니다.

명노종 장로님은 상반기 후반기가 되면 '적극적으로 노회활동을 하시라'고 하면서 상당한 금일봉으로 후원해 주셨고, 김대숙 권사님께서도 일찍이 몇 번에 걸쳐서 노회 행사 준비금으로 상당액의 준비금과 활동비로 후원해 주셨습니다.

그 외에 많은 분들의 직·간접 협력으로 노회활동은 멈추지 않았습니다.

선거공약대로 매월 노회장 목회서신과 설교 자료를 발송하여 행사 등 모임에 가면 여러 회원들이 고맙다는 인사와 감사를 표현했습니다.

참으로 보람이 있었습니다.

한편 각 시찰회에 참석하여 설교와 선물로 삼겹살을 한 팩씩 증정하고, 함께 기쁨을 나누면서 발로 뛰는 격려의 속도는 아우토반(autobahn)이었습니다.

절대로 자랑삼아 이 글을 쓰는 것이 아닙니다.

자서전이라는 정직하고 사실적인 기록의 한 부분으로 노회활동의 보람된 기록을 남김으로써 나 자신에게 주는 칭찬 투여(稱讚投與)이며, 우리 가족 자손들에게 남기고 싶은 뿌듯한 욕심입니다.

나보다 더 훌륭하고 헌신적인 노회장이 왜 없겠습니까?

그러나 천신만고 끝에 주어진 노회 섬김의 기회에서 일어난 역사의 톱니바퀴에서 가늘게 떨어지는 부스러기 한 조각을 조심스럽게 드러낸 것입니다.

특히 원로 선배 목사님들의 외로움을 달래드리기 위해 2018년 10월 오산 한누리교회(민선기 목사 시무)에서 노회 때 금일봉을 준비하여 참석한 30여 명의 원로 은퇴 목사님들께 격려금을 전달한 것은 참으로 보람된 일이었습니다.

이 말씀만 드리고 줄여보려고 합니다.

목회자나 교인들은 사모님들이 숨어서 숨죽이며 내조하시는 모습을 잘 모를 수 있습니다.

그분들을 격려하고 싶어서 되도록 기회가 오고 마주치면 행복커피 두어 잔 사드시라고 소액의 봉투를 꾸깃꾸깃 접어서 불특정 다수에게 은밀히 접선하는 식으로 지나가면서 손에 쥐어드렸습니다.

모친 장례식에 오신 모든 목회자들에게 모친 천국 환송식에 오신 것을 감사하며, 커피 값이라고 호주머니에 넣어 드렸습니다(약 400만원 지출).

기쁘고 감사할 뿐이었습니다.

경성노회 군 복무 목사님들과 세례식 거행하는 모습. 좌측 한철희 목사님은 해군 출신으로, 13년 동안 매해 세례식 거행 시에 백만 원을 기부하시고, 개근하심.

2019년 2월 23일 수요일 저녁 해군사령부 교회 세례식 거행 '포기하지 말라'는 제목으로 설교
진해 해군사령부 세례식과 행사 모습(천오백 명, 세례 700명)

2019년 7월 하순 가족여행 때 추교빈(조카) 인도로 해사본부 방문 후 정문에서

2018년 세례식 행사 때 식당에서 해사 71기 추교빈 대위(조카; 잠수함 부대 우수 장교, 해참총장 꿈)와 함께

인생도 목회도 마라톤이라 생각합니다.

42.195km 올인 지점을 몇km 앞에 놓고 피골이 상접한 피디피데스(Pheidippides)가 승전보를 손에 쥐고, 승리의 소식을 움켜잡고 힘줄이 튀어나오고, 똥줄이 당기도록 그리스 올리브 바람을 가르며, 거칠게 숨을 몰아쉬면서 올림포스 거친 가시밭 광야를 질주하는 모습을 상상해 보십시오.

목말라서 주저앉고 싶고, 흐르는 시냇물에 그냥 뛰어들고 싶은 두뇌의 번뜩거리는 순간과 유혹의 눈길을 사정없이 차단하고 질주하듯 내가 경험하는 목회의 54년이란 세월은 길고도 험난한 질곡과 구곡을 넘어 추풍령 바람과 구름의 쉼터를 지나 대관령 미시령 한계령 이화령 고개 넘듯 이젠 힘을 내고 싶어도 '소진'(消盡)이란 말이 가까운 것은 엄살 아닌 정확한 나의 표현입니다.

아쉬움도 후회함도, 부끄러움도 두려움도, 욕심도 없습니다.

전쟁터에서 장수가 긴 칼 뽑아 하루 종일 검투 쟁투 싸우다가 더 낼 힘조차 없고, 지친 애마 다리의 힘줄은 질긴 가죽털이 터질 것처럼 튀어나오고, 말의 눈동자는 더 이상 장수의 휘몰아치는 박차의 채찍에서 큰 눈동자만 굴릴 뿐, 그 눈에서 눈물만 주르륵 흐르는 애처로움처럼 목회의 서산일락에 더 이상 전진할 영역이 맞닥뜨림은 나의 솔직한 고백입니다.

쉽게 말하면 더 이상 객기를 부릴 힘도 없습니다.

아름다운 퇴장으로 승리의 영광을 오직 하나님 아버지께 올려드릴 뿐입니다.

나는 경성노회장으로서 심하게 표현하면 성령의 신바람 타고 하늘을 나는 듯한 마음으로 보냈습니다.

마침 102회 총회장님이 나의 모 교회 전계헌 목사님(익산 동산교회 담임목사)이었습니다.

전 목사님은 정치성향이 전혀 없으신 분이십니다.

말없이 이름 없이 묵묵하게 익산 지역에서 동산교회를 크게 부흥시킨 전형적인 목회자요 영적 지도자입니다.

그런데 당시 총회여건에 변화가 생겨 하나님의 특별섭리로 총회 어르신들이 이구동성으로 입을 모아 전계헌 목사님의 등을 떠밀어서 총회에 진출시켜 102회 총회장으로 세워주셨습니다.

서울 충현교회 제104회 총회

대한 예수교 장로회 총회 제104회 총대
경성노회 추귀환 목사

개구쟁이로 다니던 최초의 교회 익산 동산교회
(제102회 총회장 전계헌 목사)

아! 이 얼마나 복된 일입니까?

하나님의 특별한 섭리로 모 교회(익산 동산교회)에서 어린 시절 개구쟁이 노릇하던 철부지 골목대장이 목사가 되어 노회장으로, 그리고 모 교회를 섬기시는 담임목사님이 총회장으로 우뚝 섰다는 것은 오직 하나님의 은혜요, 감동이 아닐 수 없습니다.

이에 나는 나의 죽마고우인 동산교회 최건호 장로님에게 전화를 걸었습니다.

"야~ 최 장로~"

"추 목사야~"

격세지감(隔世之感)의 건호 장로입니다.

어린 시절 소문 난 개구쟁이였던 나는 목사로, 건호는 메리야스 섬유사업이 크게 성공하여 동산교회 16명 수석장로 가운데 한 사람의 장로로서 서로 다른 십자가를 지고 가는 일꾼이 되었으며, 전계헌 총회장님의 오른팔이 되었습니다.

나는 지나가는 말로 말했습니다.

"최 장로! 전 목사님께 내 이야기하고 언제 한 번 불러! 개구쟁이 귀환이가 목사 되어
모 교회 가서 설교하고, 총회장님도 만날 기회를 한 번 만들어봐~"

격의 없는 통화가 있은 후 일주일쯤 지났는데 최 장로가 "추 목사! 내가 자세히 말
씀드렸어. 전화로 인사하고 통화해. 곧 기회가 올거야." 하는 것이었습니다.

나는 곧바로 총회장님께 전화로 인사를 드렸습니다.
단번에 감을 잡으신 총회장님께서 '서울 충현교회 목장기도회 행사 첫 날 설교 직
후 강단으로 올라오라'고 하셔서 약속하여 2018년 5월 21일에 만나게 되었습니다.

2018년 5월 서울 충현교회 전계헌 총회장 설교 모습

그 후 7월 첫 주에는 아내 박경자 사모와 같이 꿈에 그리던 동산교회에 내려가서
총회장 목사님과 사모님을 만났습니다.

최건호 장로님과도 함께 어린 시절 이야기를 하며 은혜로운 예배를 드리고, 설교
후 전 목사님의 소개로 우리 부부를 세워서 축하 환영의 시간도 가졌습니다.

2018년 7월 고향 죽마고우인 익산 동산교회 최건호 장로와 함께 총회장 서재실에서

약 400명이 오후에 모였고, 총회장 사역 감당을 위해 주보에 매일 새벽기도 책임자의 이름을 넣어 기도에 집중하게 하였습니다.

그리고 5대 목적으로,

1. 죽어도 예배
2. 굶어도 십일조
3. 힘들어도 주일성수
4. 쓰러져도 새벽기도
5. 자나 깨나 영혼구원

세련되지 않고 투박한 5가지 구호가 주보에 실렸습니다.

제102회 대한예수교장로회 총회장 전계헌 목사님 그리고 사모님,
제93회 대한예수교장로회 경성노회 노회장 추귀환 목사와 그리고 박경자 사모
세월이 흘러 2018년 7월의 만남은 필시 하나님의 깊으신 섭리 속에서 이루어진 일이었습니다.

나는 생각할수록 하나님의 은혜로 감사 감동뿐입니다.

총회 102회 즉, 102명의 총회장 전계헌 목사님의 이름은 명예의 전당 한국 기독교 역사의 한 톱니바퀴를 형성하여 천국까지 영원하리라!

부족한 추귀환 목사도 말입니다.

2018년 7월 익산 동산교회 예배 광경. 강단에서 설교하는 추귀환 목사

총회 장소에서, 또한 목사 장로 기도회 때 대 행사에서 자주 뵙고 반갑게 만나며, 짧은 만남 같으나 긴 세월의 미시시피 강 줄기 같음을 감지하며 기쁘게 생각합니다.

이제는 2019년도에 은퇴한 후 원로로서 뒤안길로 물러나셨습니다.

나 또한 이제 54년의 험지 협곡을 벗어나게 되었습니다.

그 옛날 익산 동산교회 개구쟁이 시절!

이제는 종 치고 도망 다닐, 양철지붕 돌던질, 두꺼비집 전기 내릴, 그리고 바꿔 신을 검정고무신도 없어졌으니 말입니다.

동산교회여! 영원하라!!

2018년 7월 익산 동산교회 예배. 전계헌 목사님 인도로 추 목사 내외를 교우들에게 소개 후 환영식 장면

2018년 7월 익산 동산교회에서 설교. 62년 전 동산교회 개구쟁이가 목사가 되어 방문하여 설교하다

2005년 9월 대전 중앙교회 제90회 총회 참석. 맨 앞줄 우측 9번째 나의 모습

2018년 9월 제102회 총회 참석

2018년 5월 천안 아산 주님의 교회

제104회 총회 서울 충현교회 참석

600 쌩 땅을 파라!

추 목사 설교 듣는 천안 아산 주님의 교회 은혜에 도취됨

2019년 4월 오산 한누리교회 노회 인도 광경

노회장 목회서신

교회 사진

노회장 사진

공약이행하다

치열한 선거로 경쟁 정견 발표 시 공약한 대로 약속을 지키기
위하여 경성노회 목회자들끼리 관계를 돈독하게 하고, 강단에서
말씀 전하는 목사의 꿀 팁(설교자료)으로 요약 설교자료를 만들어
서신과 자료를 제작하여 목회사역에 도움이 되기를 바라는 마음
으로 한 달에 한 번 노회원들의 교회로 발송하였습니다.

모두의 만족은 아닐지라도 매월 기다리는 목회자들이 많았다는
것을 알았습니다.
모임이나 행사에 가면 고마움을 전해주고, 노회장 임기 후에도
계속 보내달라고까지 요청하는 분들이 많았습니다.

오랜 목회현장에서 절기 등 말씀 자료(영혼의 식탁)의 특이점을 느
껴온 바 제한된 지면과 여건으로 요약하고, 함축하고 농축하여
엮어서 제공하였더니 그 반응은 상상 외였고, 나는 칭찬받고자
하는 마음은 털끝만큼도 없습니다.

받는 목사님들(노회원)보다 내가 준비하는 과정의 설렘과 기쁨은
나만이 아는 큰 보람이었습니다.

특히 노회장 목회서신은 우리 자손과 가족들에게 주고 싶은 선
물로 자서전의 부록으로 묶었습니다.

제1신: 삼가 모시는 글월

주 예수 그리스도의 거룩하신 이름으로 인사 올립니다.

구속사적 역사의 길목에 지구촌 한 모퉁이에서 성역의 일꾼으로 전천후 프로페셔널 의식을 가지고 오로지 한 영혼의 파수꾼으로 삶을 불태우시는 존경하옵는 경성노회 동역자 여러분!

여주 땅 조선왕조 숨결이 머문 세종의 영릉 따라 여덟 명의 왕후를 배출한 유서 깊은 고장 귀퉁이에서 인사 올립니다.

유난히 길고 긴 겨울의 끝자락이 막 지나고, 따스한 봄바람이 불어들며 움츠렸던 산천 초목 기지개 펴듯 은혜로운 경성노회 춘삼월 기지개 펴고 새 봄 출발 선상에 성 노회가 코앞으로 다가오고 있습니다.

새삼 강조할 필요 없이 언제나 약속된 거룩의 조직으로 벌써 기다리고 계실 줄 아오나, 삼가 동역자 모두에게 고마운 마음이 앞서가니 저의 마음의 소리를 몇 자 글로써 전하고 싶어 글월을 올립니다.

여주! 그렇게 멀지 않습니다. 잘 뚫린 고속도로에 오르면 잠시 후 이천 아니면 여주 톨게이트로 내비게이션이 인도합니다.

주차장은 이백 여대 공간으로 고민 끝입니다.

교회는 다소 어깨가 부딪치고 협소하더라도 주님을 위해 노회를 위해 조금 불편을 감내하심도 은혜로 생각됩니다.

동역자 모두의 애정 어린 마음으로 성 노회 때 발길을 옮겨 주십시오.

작은 마음이나마 노회를 섬기는 마음으로 감히 초청의 글을 올립니다.

오셔서 함께 은혜 가운데 교제하시면서 즐거운 노회 일정 되시고 기쁨 나누시기 바랍니다.

저와 성도들이 뜨거운 마음으로 기도하며 정성으로 섬기겠습니다.

노회 때 직접 인사 올리겠습니다.

삼가 글을 거두면서
2018년 3월 추귀환 목사 배상

경기도 여주시 가남읍 삼승1길 73 삼승제일교회

노회를마치며…또다시

존경하고 사랑하는 경성노회 동역자 여러분!
주 안에서 문안드립니다.
목련화 순백의 흐드러진 꽃잎 날리며 잠시 머물다 가신
여주 삼승제일교회 마당입니다.
조그만 추억으로 쌓였겠지요?

한 지붕 네 가족! 포근한, 활기찬, 희망찬, 샘솟는 시찰이 성령과 말씀으로 묶여 천상의
시온 성을 향한 찬송과 기도의 향기 오르고, 영성과 예술의 혼을 가진 노회장의 감성 변
압기란 특유의 말씀 속에 감성의 스위치 틀어 믿음의 발전소 가동되니

살과 피의 거룩한 성찬으로 이입되어 점심 교제의 즐거움을 만끽하고, 신·구 임원 교
체의 필수 속에 군살 뺀 상비부로 더 강력한 경성의 한 지붕 네 가족의 우렁찬 목소리 음
행 고저 넘나들고, 마치 엄마의 한 젖 먹고 자란 형제들이 딴 마음 먹지 못하는 형제애의
위대함이 발휘되듯 한 걸음씩 발맞추어 모두가 성령님의 광야로 몰아내신 강력으로 목양
지로 떠나시고 난 후,

존경하옵는 동역자 여러분이 남기고 간 정감어린 흔적을 정리할 즈음 봄바람에 휘날리
는 목련 꽃잎에 노회원들의 정취가 새겨진 것처럼 축하의 만국기와 함께 춤을 추니 설립
54주년 성상의 삼승제일교회의 노회원과의 하루는 창세 이후 처음이자 마지막일는지 모를
뿐 경성노회 한 지붕 네 가족 위에 하나님의 은총의 빛 줄기 내림을 만끽하며 삼승 교우
들과 마당에서 손잡고 감사의 기도를 올렸습니다.

저는 존경하는 노회원 여러분들께서 섬기라고 뽑아주신 임원진과 함께 '누가 해도 될
일이면 내가, 언제 해도 될 일이면 지금, 이왕지사 시작한 일 최선을 다한다'라고 다짐하
면서 "주께 하듯 하라"(골 2:23)는 말씀 붙잡고 섬기겠습니다.

노회원들의 가정과 목양지 교회와 선교지 위에 주 예수 그리스도의 은혜가 넘치시길
기도드립니다.

노회장 추귀환 목사
섬기는 종 배상

존경하옵는 노회원 여러분

사월 초순경 순백의 목련화가 노회원들을 반겨주며 춘계노회의 닻을 올려 출항하였는데, 벌써 그 순백의 목련은 자취를 감추고, 늘 푸른 녹색이 되어 마치 명실공히 경성노회의 건강한 모습으로 생명 가득 품고 서 있습니다.

아직도 바람결에 나부끼는 그날의 축제의 깃발은 한 지붕 여섯 가족 거느린 경성의 영풍을 타고 마치 '여호와 닛시' 승리의 깃발처럼 노회원 모두를 향하여 쉬지 않고 춤추고 있으며, 저희 삼승제일교회는 제가 약속드린 대로 주일 오전예배 축도 직전에 양면 '강/한/중/수/선/원' 그림을 보면서 온 성도 합심기도를 드린 후 폐회하고 있습니다.

저는 2018년 5월 26일 중앙교회 원로추대 및 위임식에서 말씀을 전했습니다(왕하 2:9).

엘리야가 제자 엘리사에게 "네가 원하는 것을 빨리 요구하라" 승천 직전 초급을 다투었고, 엘리사는 스승인 엘리야의 갑절의 영감(영력)을 구하여 부여받은 갑절의 영감으로 엘리야의 시대보다 더 악한 시대에 갑절 더 많은 일을 감당하였습니다.
엘리야 시대 삼년 반의 기근이 있었으나(왕상 18:1; 약 5:17), 엘리사 시대는 칠 년의 기근이었고(왕하 8:1), 엘리야보다 갑절의 많은 기적을 나타냈습니다.

동역자 여러분! 우리가 사는 현 21세기를 봅시다.

어느 시대보다 고도화 된 죄악이 파고들며 동성애를 성소수자나 인권이라는 포장지로 위장하여 각 교단과 신학생 교수까지 동조하고 있고, 정치권의 권력으로 차별금지법을 통과시키며 야비한 끼워 넣기가 자행될 것으로 보이며, 이슬람의 검은 그림자는 사탄의 통로로 다음세대 교회를 넘보고 있습니다.

목사님들 셋만 모이면 '교회가 부흥이 안 되고 전도가 안 된다'는 한탄이 나오고, '이대로 가다기는 큰일이 일어날 것'이라는 불안감은 아무도 외면할 수 없게 되었습니다.
그러나 답이 있습니다.
엘리사의 영감을 사모하고 추구하고 집착하면 반드시 승리의 목회비결이 있습니다.

저는 이 시대에 우리가 엘리사의 갑절 영감(영력)을 얻을 수 있는 비결을 세 가지로 요약합니다.

1. 하나님께 붙잡혀야 합니다.
   자나 깨나 성경을 파고들고 또 팝시다.
   즉, 말씀과 성령에 붙잡혀야 합니다.
   말씀에 붙잡힘은 곧 성령의 포로가 되는 것입니다.
   신·구약 성경 그대로 본문 중심으로 할 때 영감이 발휘됩니다.

2. 사명에 붙잡혀야 합니다.
   교세의 크기가 아니라, 사명이 필요합니다. 목회는 생계유지가 아닙니다. 한 영혼을 붙잡고 강단 밑에서 죽는 것입니다. 사명 없는 목회는 삯군이요, 하나님을 만홀히 여기고 교인을 속이는 일입니다.

3. 고독의 시간을 많이 가져야 합니다.
   기도, 묵상, 성경상고, 독서, 영성 키움의 시간은 기본이지만 핵심입니다. 혼자 있는 시간을 가능한 많이 가져야 합니다.

밤중(새벽 1시-3시)에 기도를 작성하고 기도해 봅시다.
좀 심한 말이 될 수 있으나 할 수만 있다면 해 보세요.
에어컨 켜놓고 오지도 않는 잠을 청하고 더 자려고 애쓰는 것보다 밤중 어두움과 고요를 친구 삼아 교회 강단 아래 엎드려 봅시다.
영감이 축적될 것입니다.

옛날 방식이요, 시대에 뒤떨어진 방법이라고 생각한다면 어쩔 수 없겠지요.
그러나 이 방법이 절대적인 것은 아니지만 한 가지 분명한 것은 하나님을 가까이 하는 종들을 반드시 가까이 해주신다는 것이며, 이는 성경이 증명해 줍니다.
고독과 신비의 영감 어린 목회자의 무릎으로 걷는 좁은 길은 엘리사의 영감(영력)의 비법의 한 수단이요, 영감의 지성소임을 기억하시기 바랍니다.

주께 하듯 하라(골 3:23)

노회장 주귀환 목사(섬기는 종 - 2018년 6월 중순)

존경하옵는 노회원 여러분

사랑하고 존경하옵는 동역자 여러분!

녹음방초 우거진 한여름 속 푸른 축제가 풀벌레 노랫소리로 여주 삼승제일교회에서 날마다 열리고 있습니다.

눈썹도 무겁다는, 더위에 시달린 선조들의 엣지 넘치는 표현처럼 조선 말기 명성왕후의 시아버지 대원군은 마루 대청 밑에 수많은 뱀을 잡아넣고 냉혈을 벗 삼고 삼복을 이겨냈다니 역시 폭군다운 객기가 아닐까 생각됩니다.

경성노회원 모두가 건강하게 여름을 통과하시기를 기도드립니다.

존경하옵는 동역자 여러분!

단연코 저는 유력하게 보이려고 이 글을 쓰는 것이 아니고, 함께 더 은혜가 되기를 바라며 저의 마음을 열어 보입니다.

저는 지난 4월 초순 노회장으로 추대된 후 지금까지 11개 교회(경성노회 산하)에서 예배 초청으로 말씀을 전하며 은혜를 나누던 중 지난 7월 첫 주에는 유년부까지 다녔던 저의 모 교회인 익산 동산교회(현 우리 합동측 교단장 전계헌 목사 시무)의 초청으로 말씀을 전하고 교제하고 왔습니다.

동산교회는 68년 역사 속에 현재 전계헌 목사님은 11대로 부임하여 35년 차 목회를 해오며 대단히 큰 교회로 성장해왔고, 상상 외로 하나님께서 총회장으로 세워주셨다는 간증을 들려 주셨습니다.

35년 동안 일관된 목양일념은 강단 상단 전면에 '하나님이 디자인하신 동산교회'라는 문구나 주보에 '죽어도 예배, 굶어도 십일조, 쓰러져도 새벽기도, 힘들어도 복음전도'라는 표어에 담아 일사각오로 전 교인을 영적 은혜의 동산으로 인도하고 있습니다.

주일 오후에는 매주 모든 주일학교 부서가 차례로 부모와 함께 나와 찬양 율동을 하나님께 올리는 헌신예배로 드리고, 전 교인이 일천번제 헌금으로 천 원에서 오천 원까지 형편대로 한 사람도 빠짐없이 드리고 있었습니다.

또한 총회장을 위해 특별 금식기도를 시작하여 55주간(임기기간) 요일마다 조·중·석 명단을 만들어 각자가 맡은 시간에 릴레이로 기도하고 있었습니다.

대한민국 6만 2천여 교회 주보표지는 이웃사촌 지간처럼 엇비슷하겠지요.

저는 느끼고 온 여러 가지를 간략하게 기록하고, 동역자 여러분 모두가 공감이 가든지 그렇지 않든지 용기를 내어 적어보았습니다.

교세가 크든 작든, 도시든 농어촌이든 우리가 있는 모든 사역지는 영적 격전지입니다.

마치 러시아 월드컵 16강에서 다윗과 골리앗 싸움 같은 세계 1위 독일과 57위 한국의 경기에서 모든 나라가 독일의 승리를 확신했으나 패배했고, 독일 메르켈 총리는 매우 슬퍼했다고 세계 언론은 하루 종일 보도했습니다.

동역자 여러분!

두려워 말고 그 어느 교회와 비교도 마시고 그날 뛴 한국선수들 같이 118km를 산소탱크처럼 달린다면 하나님께서 목양의 초장마다 길목마다 지키셔서 후반 추가시간 5분 44초에 독일 골문을 가르고 월드컵 4회 우승국을 격파했듯 경성노회 동역자들의 목양 초장에 승리를 주실 것입니다.

삼복더위에도 성령님의 바람 타고 다니시고, 늘 건강, 행복하시기를 간구 기도드리옵니다.

주께 하듯 하라(골 3:23)

섬기는 종, 경성노회장 추귀환 목사

주후 2018.7.16.

존경하옵는 노회원(동역자) 여러분

주 예수 그리스도의 이름으로 문안드리옵니다.

처서(處暑)가 지난 지금도 대단한 금년 더위의 위력을 이곳 초야의 삼승제일교회에 매미의 찌르르르 시원한 노랫소리가 온종일 달래주고 있습니다.

칠 년을 준비한 칠 일의 짧은 매미의 노래는 조선시대 어사 출두해 불의를 찌른다는 날카로운 의미로 어사 모자(익선관)에 매미 날개 수백 수천으로 제작하여 어명을 받들었다는 역사성 있는 이야기에 더해져 동역자들이 불의와 더위를 날려버리듯 매일 매주 하나님의 날카로운 말씀의 검을 들고 어둠과 죄악을 찌르르!
찌르고 찔러 휘두르는 것 같은 영적 의미가 있는 것 같아 아침부터 찌르르르 매미 노래가 조금은 위안이 됨을 공유하고 싶습니다.

저는 얼마 전 영적으로 탄탄한 서울 서대문 옆 독립문중앙교회에서 말씀을 전하고 왔습니다.
말만 들어도 마음이 시린 민족의 아픔을 품고 또 인근 서대문형무소에서 자주독립을 열망하던 민족혼을 안고 독립문 바로 옆에(1928-) 1970년 故 최한용 목사님께서 십자가 밑 비정의 그늘 아래 청춘을 불태워 민족의 한을 품은 '독립문'이란 교회로 복음의 깃발을 들고 개척하셨다고 합니다.
지금은 최기성 목사님이 선친의 불타는 목양을 지속시켜 예배의 영적 감동이 어떤 교회보다 충만 분출함을 경험하고 왔습니다.

한편 故 최한용 목사님께서 친히 기도 중에 감동을 받아 손수 설계 제작하신 강대상은 마치 구약시대 싯딤나무로 제작된 법궤처럼 느껴졌고, 성찬상 역시 특수제작으로 십자가 성찬의 깊은 오묘함이 담겨 있었습니다.

특히 교회 천장은 서울 대목수 네 사람이 포기한 고난도의 작업을 故 최한용 목사님께서 수개월 동안 나무 한 쪽 한 쪽씩을 마치 레오나르도 다빈치가 천장에 몸을 매달고 천장화를 그린 것처럼 친히 작업을 하여 완성시킨, 그야말로 오직 예수 그리스도의 몸 된 성전을 개척, 제작, 헌신한 그의 눈물과 땀방울이 보였습니다.

현재 독립문중앙교회 시무하시는 최기성 목사님은 1990년대 중반 미국의 유수한 대학에서 유학을 마치고 꿈을 펼치던 중에 선친의 기도와 성령님의 감동으로 꿈을 접고 기꺼이 순응하여 독립문중앙교회 제2대 목회자로 충성하고 있으며, 장남은 캐나다 육군 장교로, 따님은 의사로 사모님과 함께 다복함 속에 목회자의 길을 걷고 있습니다.

존경하옵는 노회원 여러분!
노회에 오시면 하나님이 더 잘 보일 것입니다.
의아한 표현 같으나, 성 노회는 '거룩한 공회와 성도가 서로 교통하는' 사도신경 일부 내용 같이 우리는 한 시대 성 노회원이며, 경성노회는 우리들의 교회입니다.
벌써 가을노회가 기다려집니다.

사랑하고 존경하옵는 노회원 여러분!
상반기 흩어져 현장에서 뜁시다.
잠시 만나 손에 손을 잡고 서로의 격려 속에 하나님께서 귀히 여겨주시고, 목양지에의 그 성실성이 부흥의 부메랑으로 좋은 일들이 가득하게 몰려와 채워질 것입니다.

하나님의 은혜와 사랑과 축복이 목사님과 섬기시는 교회와 가정 위에 함께 하시기를 기도하며 축복합니다.

주께 하듯 하라(골 3:23)

섬기는 종, 경성노회장 추귀환 목사
주후 2018.9.3.

존경하옵는 노회원 여러분

우리 구주 예수 그리스도의 존귀하신 이름으로 엎드려 문안 올리옵니다.

밤새 내린 이슬에 흠뻑 젖은 벼이삭이 고개 숙여 아침 산보 나선 내 발길을 멈추게 할 때 올 여름 그토록 심통 부린 태양이 조금은 미안한 듯 고개 내밀며 솟아오르면 누런 황금벌판에 영롱한 이슬이 찬란한 빛의 향연, 가을의 정취를 드러내니, 하나님의 세 번째 교과서 가을 동화책이 펼쳐진 듯한 삼승 초장의 풍경화를 나 혼자 바라보며 동역자들을 떠올리고, 편지에 담아 나눕니다.

사랑하고 존경하는 동역자 여러분!
저는 103회 총회에 총대들과 같이 대구 반야월교회에 은혜로 다녀왔습니다.
'변화하라'는 주제와 '품격 있는 格, 꿈이 있는 來, 소통하는 通'이라는 슬로건을 내걸고 신임 이승희 목사의 포부와 매끄러운 인도, 1,625명의 총대들의 기도와 협력으로 157개 노회에서 올라온 367개의 헌의안(경성노회 3건 헌의함)을 순조롭고 합리적으로 처리하였습니다.

존경하는 동역자 여러분!
지난 달 중순에 부천 도심 속에 자리 잡은, 마치 에덴동산의 축소판처럼 꾸며진 '생문교회'에 다녀왔습니다.

32년의 설립 역사에 ㈜한철희 목사님 내외의 청춘을 불태워 십자가를 태우고 현재 사진으로 보이는 것처럼 지친 나그네 발길을 붙잡아 쉼터로 자리 잡아 커피 향 내뿜고, 몇 발짝 옮기면 마치 생명수 강물처럼 흐르는 졸졸졸 시냇가 속삭이는 물소리가 꽃송이와 옛 정취를 가득 품은 정감어린 물레방아 돌아드니 포도송이 덩굴째로 덮인 지붕에도 감탄사가 연발되고, 교회 안으로 들어가니 영감어린 내부와 강단은 가히 지성소요 하나님의 은혜가 풍겨졌습니다.

또 하나, 열방을 누비면서 선교사역을 하다가 잠시 귀국하여 머리 둘 곳 없어 헤매는 선교사들을 쉬게 하는 게스트 룸은 유럽 귀족 구옥을 연상시키는 예술적 감각으로 꾸며져 이방에서의 거친 선교사역에 지친 사역자들이 방문을 열고 들어서자마자 온갖 시름이 사라지고 영육 간 재충전을 받은 뒤 다시금 임지로 떠나고, 무조건 선착순으로 거저 받았으니 거저 주고 있었습니다.

20주년과 28주년 기념사업으로 필리핀, 캄보디아, 인도 국제제자센터, 프라미스 등을 세우고, 국내외적으로 왕성한 사역을 펼치고 있었습니다.

한철희 목사님은 유치원 소꿉놀이에서 모래성을 쌓다가 만난 사모님과 함께 살며, 현재 장남은 미국 미드웨스트 대학 신학박사 코스를 밟으며 장차 21세기를 준비하는 목회자로 있고, 둘째는 도예 설치 미술전공자로 귀하게 활동하고 있습니다.

세 팀의 찬양단과 뜨겁게 하나님을 높이며 주일 저녁예배인데도 예배당을 가득 메운 성도들의 열기는 분명 성령의 불길이었습니다.

존경하는 동역자 여러분!

우리 모두는 지금 그 어느 누구보다 어느 교회보다 함께 현재의 임지에서 치열한 목양일념으로 노심초사 전력투구하고 있습니다.

제한된 저의 동선에서 접했던 곳에서 느꼈던 바를 동역자 모두와 공유하고자 함이지 그 어떤 비선의 뜻은 전무하다는 것만 인지하시고, 함께 기도하며 승리의 목양을 꿈꿉시다.

가을 노회에 동역자 모두 한누리교회 축제의 장에서 만납시다!

주께 하듯 하라(골 3:23)

섬기는 종, 경성노회장 추귀환 목사

주후 2018. 10. 1.

존경하옵는 노회원 여러분

우리 구주 예수 그리스도의 존귀하신 이름으로 문안 올리옵니다.

요즈음 가는 곳마다 가까이 보면 추풍낙엽이요, 인생과 세월의 애처로움이 스며들어 있고, 멀리 보면 만산홍엽이라 만추의 멋들어짐이 하나님의 창조의 세 번째 가을, 자연의 오케스트라가 지구의 한 모퉁이 여주 땅 삼승제일교회 주변에도 꽤 보기 좋습니다.

10월 경성노회를 가을 축제노회로 섬겨주신 오산 한누리교회는 올해 목회 35년 차 ㈜민선기 목사가 22년 전 십자가 밑에 청춘을 묻어 십자가 높이 세우고 허름한 건물을 구입하여 주님의 복음 위해 헌신하여 22년 동안 한 번도 멈추지 않은 365일 새벽기도와 성경공부, 매주 오후 전도로 열정을 쏟고 있었습니다.

다음세대를 세우기 위해 특별 새벽기도(유·초·중·고·대학부)를 계절마다 실시하여 개근, 정근으로 장학금을 수여하며, 또한 해외선교로 특히 민족 감정의 골이 깊은 일본열도에 구체적으로 공략하여 현재 큰 성과를 올리고 있으며, 국내·외를 교구 삼아 세미나, 말씀공부로 뛰어다니며 2017년 새 성전건축과 교인들의 헌신으로 매주 새 신자 증가로 천국 생명책에 이름이 등록되어 갑니다.

가족으로는 조선시대 여인 같은 사모님과 교육자인 아들과 피아노 학원장인 딸로 행복, 다복하며 금 번 노회를 헌신하며 노회원을 위해 교우들이 직접 수제로 만들어 대접한 정성어린 한우 도시락을 받아 식당 완공이 더딘 관계로 여기저기 삼삼오오 노회원들이 즐거운 오찬을 나누던 모습이 생생합니다.

민선기 목사의 트레이드마크 헤어인 화이트컬러의 머릿결을 지금도 휘날리며, 다음세대를 위해 달려가고 있음을 기분 좋게 떠올리며 존경하는 노회원들과 함께 나누고 싶어 이 글을 올려봅니다.

존경하는 경성노회원(동역자)들에게 드리는 고언

한 지붕 네 가족으로 14년 차 자리 잡은 동역자요, 갈수록 깊어지는 긍정의 모습이 보이며 아침햇살 힘 있게 떠오르듯 미래는 밝아옵니다.
금 번 가을노회를 거치면서 저는 욕을 얻어먹더라도 우리 각자 자신과 교회 그리고 노회의 미래를 개척하는 마음으로 고언의 글을 드립니다.

총회와 노회의 권위를 인정하는 것은 하나님의 뜻입니다.
그리고 나의 존재를 인정하고 찾는 것입니다.
목사는 노회에서 시작하여 노회로 마치며, 목사에게 노회는 천국까지 향하는 영적 베이스 캠프요, 방향을 설정하는 전진본부입니다.

천국(천상)교회 – 성 총회 – 각지교회

(지상교회 – 거룩한 공회 – 사도신경)

원 나뭇가지에 붙은 생명나무인 것입니다(히 12:22-23).
노회(춘·추)는 일 년 정기모임으로 예배로 하나님께 영광을, 성찬으로 십자가 구원을, 회의로 하나님 나라의 확장을 목적합니다.
성 노회원으로 하나님의 동역자요 목사들의 교회이기 때문입니다.
개회예배 시 밖에서 삼삼오오 모여 있음도 안 됩니다.

만약 주일 오전 대예배 시 교인들이 예배당 마당에 삼삼오오 서서 교회 안으로 들어오지 않는다면, 목회자가 그 광경을 보고 묵인할 수 있겠습니까?
만약 주일성수 하지 않고 사적인 일로 주일에 빠진다면 어느 목회자가 좋아할까요?

노회를 은연중에 싫어하고 무시하고 가볍게 여겼기 때문입니다.
노회 참석 예배는 교회와 똑같습니다.
성 노회 성직자인 목회자는 다 우리들입니다.
노회의 권위는 하나님이 세우셨습니다.

나 한 사람이 사적으로 무너뜨리면 안 됩니다.
존중할 때 영성도 목회도 힘을 얻고, 하나님께서 목양의 길도 열어주십니다.
반드시 하나님은 헤아리시고, 눈여겨보십니다(시 139:1-9).
하나님의 공회를 존중하고 세울 때 하나님께서도 나를 세워주시고 도와주십니다(10.30).

불참도 안 됩니다.
회의 중 이탈이나 회피도 온당치 않습니다.
스스로 거룩한 영역에서 빠져나가는 어느 제자와도 비슷하다면 지나친 표현일까요?
흠석사찰이 있고 불참여부 사실여부 보고가 있습니다.
사실 엄격한 조직입니다.

노회 불참은 어떤 이유로도 안 됩니다.
생명이 오고가는 문제가 아니라면 목사는 노회출석이 마땅합니다.
노회는 어떤 경우든 절대로 갑자기 열리지 않습니다.
임시노회도 10일 전에 예고하고, 정기노회는 일 년 두 번 법으로 정하고, 한 달 전에 통지하는 등, 조금만 주의를 기울인다면 일정이 겹칠 수 없습니다.

노회 참여는 개인 사정이나 교회일정에 매여서는 안 됩니다.
가정도, 교회 일도 일단 노회일정이 우선입니다.
노회일정을 두고 심방이나 여행, 교회행사를 겹치게 하는 것은 온당치 않습니다.
바쁘다는 생각은 옳지 않습니다.
크나 작으나 목회는 동일하고 생업을 가진 장로 회원들은 더더욱 바쁩니다.
노회의 소중함을 알지 못하는 무지 때문인 것 같습니다.
목사는 노회를 지탱하지 않으면 존재할 수 없습니다.

존경하는 노회원(동역자) 여러분!
저는 103회 총회 대구 반야월교회(2018.9.10-14) 이승희 목사 (헌)총회장 교회에서 9월 13일 저녁 10시 10분쯤 총회장이 회의 인도 중에 정치부 임원조 중에 목사 수가 많으니 형편 상 한 분을 제외시키는 건에 정치부 임원 회의를 소집했다고 합니다.
출석을 확인하던 중 임원 한 사람이 자리에 없는 것을 확인하고 이유를 물으니, 월요일에 참석했는데 부친이 돌아가셔서 장례식에 참석하기 위하여 급히 자기 집으로 돌아갔다는 것입니다.
이에 총회장이 크게 호통을 쳤던 일을 기억합니다.

호통 내용인즉 부친 사망으로 인한 장례일정보다 성 총회의 거룩한 하나님의 일이 우선이니 끝까지 참석하는 것이 옳다는 것입니다.

순간 1,600여 명의 총대들이 모인 곳은 정적이 흐르고 감히 그 순간에는 숨소리조차 내는 것이 허용되지 않음을 저는 분명히 느꼈습니다.

너무 한다고 생각할 수 있습니다.
그러나 주일예배 인도냐 부모형제 장례식이냐 할 때, 어느 편입니까?
마찬가지로 주일예배를 인도해야 되지 않겠습니까?
하나님의 일이 우선입니다.
노회 일이 우선입니다.

외람되지만, 끝으로 저는 개인적으로 1968년 당시 18세 고교 3학년 때부터 부흥회 인도로 목회를 시작하여 현재 51년 차로 험지목회, 남들이 가지 않는 지역에 개척도 하며, 기관과 기성교회 등 여러 지역에서 목회하면서 적지 않은 노회를 참석해 보고 지금까지 보고 느낀 점을 가감 없이 지면의 제한을 느끼며 간략하게나마 글을 올립니다.

목양의 일락서산 서해 바다 쪽을 자주 바라보는 목회의 말미를 두고 있는 저로서는 혹시 욕을 하셔도 꾸지람을 하셔도 마음에 안 들어도 좋습니다.
마지막 외마디로 드리는 바, 현명하신 노회원들에게 모든 판단을 맡기며, 조금이라도 유익이 되었으면 합니다.

노회는 우리의 알파와 오메가입니다.
영권 영적 충전소입니다.
나의 존재와 방향을 더 설정하는 곳입니다.
우리는 평생 그리고 영원한 가족입니다.
존경하고 사랑합니다.

주께 하듯 하라(골 3:23)

섬기는 종, 경성노회장 추귀환 목사
주후 2018. 11. 2.

붓을 놓으며

존경하는 경성 동역자 제위들께 삼가 옷깃을 가다듬고 이제 붓을 들고 글월을 올리면서 저에게 주어진 그나마 섬김이로서 마지막 인사를 드리게 되었습니다.

지난 해 4월 삼승의 활짝 핀 목련화 아래서 동역자들과 함께 출발하여 기다려주지 않는 세월의 야속함에 이제 여기까지 동행하신 에벤에셀의 하나님께 높이 감사와 동역자 모두에게 깊은 감사뿐입니다.

해마다 진해 진중 세례식을 주최하는 경성노회의 군 경목부가 금년에도 부장 최기성 목사의 인도로 10명의 위원과 함께 명실공히 대회적 행사를 해사 30기 출신인 상적교회 나광화 목사의 매회 가교적 역할과 십 수 년 큰 후원의 손길로 생문교회 한철희 목사의 섬김이 더해져서 3월 20일 해군 교육사 교회에서 1,300여 명이 모여 700명 세례식, 300명 축복 안수기도회를 거행하였습니다.

여기에서 저는 해군 수병들에게 '여호와는 나의 목자'라는 제목으로 '5포에서 벗어나라! 연애포기, 결혼포기, 출산포기, 내 집 마련 포기 인간관계포기에서 탈출하라'는 메시지를 전했습니다.

다윗은 어린 목동으로 8형제 막내로 일찍이 외곽지대 목동으로 양치기 소년으로 맹수와 싸우며 잔뼈가 굵어졌고, B.C.1021년 드디어 적장 골리앗이란 대장수를 물맷돌 한 개로 이마에 적중 쓰러뜨리고 일약 슈퍼스타로 등장한 당시 나이는 약관 20세였습니다.

붓을 들면 시인이요, 악기 들면 악사요, 칼을 들면 검투사요, 말을 타면 장군이요, 의자에 앉으면 왕이 되는 포기를 모르는 승리자 데이비드였다고 역설하면서 독일의 대공습에 맥 풀린 영국의 윈스턴 처칠이 대학 졸업식에서 외친 짧은 3분의 명언, 'You Don't Never Ever Give Up!'을 외치며 젊은 20대들의 절박함의 포기 시대에 '절대로 포기하지 말라!'는 웅변적 설교를 했습니다.

20대는 인생 청춘의 봄이요, 신상품을 만들라는 메시지는 다음세대를 향해 계속되는 경성의 진중 세례식이 진행형임을 보고하면서 함께 기쁨을 공유합니다.

존경하는 동역자 여러분!

618 쌩 땅을 파라!

목회현장에서 부딪치는 장애물이 얼마나 많겠습니까?

오늘날 역사적·정치적·사회적 높은 파도를 더 이상 견디지 못하여 교회가 현실로 존폐위기 일로의 기로에 놓인 채로 어려움을 겪는 동역자 모두에게 역전의 명수이시고, 섭리의 고수이신 하나님의 신비의 섭리가 눈앞에 펼쳐지기를 감히 힘주어 말씀드리며, '전능하사 천지를 만드신 하나님 아버지를 내가 믿사오며'라고 하는 사도신경의 첫 고백처럼 하나님의 전능성에 따라 모든 것이 합력하여 더 좋은 선을 이루시는 하나님(롬 8:28)의 개입이 나타나시길 간절히 기도 올립니다.

동역자 여러분!

급변하는 AI시대와 도전받는 교회시대에 목회현장이 갈수록 위협받는 것을 부인할 수 없으나 성경이 말하는 대로 목회자 자세를 의연히 지키면서 이미 잘 알고 계시는 내용일지라도 다시금 제언함은 작은 유익을 도모하고자 함입니다.

1. 말씀선포는 아버지 호령보다 어머니 치맛자락 덮어주듯 위로와 격려, 어루만짐으로 부드럽게 설파하며

2. 교회운영도 합리적으로 그리고 모두의 공감을 솔직하게 공유하며

3. 재정 관리도 투명하고 정당하게 필요와 불필요를 즉각적으로 판단하여 집행하고

4. 목회자는 다윗처럼 한 마리의 어린 양 살리려 맹수와 싸우며 목숨을 바꾸는 심정으로 어린 양 편에 설 때에, 하나님께서 그 책임감을 보시고 책임져 주실 것입니다.

존경하는 동역자 여러분!

저의 미력한 힘이나마 모두의 유익을 위해 노력했으나 모두에게 유익을 드릴 수 없는 역부족을 느꼈습니다.

그러나 행복했다고 하는 작은 부분이라도 느낀다면 모두의 행복과 유익이 아닐까요?

'로마는 하루아침에 이루어지지 않았다'는 말처럼 로마 시내 아무 곳이나 서 있으면 사진배경이 되는 웅장, 굉장함이 저절로 되지 않았고, 오랜 역사와 숨결과 손길이 만들어낸 작품인 것처럼 경성노회도 이젠 제법 한 지붕 속 네 가족이 모여 아옹다옹 속에 오순도순하며 더 좋은 집을 짓고 있다고 생각합니다.

뼈아픈 말 한마디 할까요?

개 교회의 특수한 상황도 있겠지만, 교회매매와 합리적으로 포장된 폐쇄꼼수로 개척 시 사명 초심 버리고 욕구충족 혈안 된 작금의 사태가 경성노회도 피해갈 수 없이 일어났고, 또 일어날 것이라고 뜻 있는 자리에서 쉽게 들립니다.

두렵건대, 하나님의 계산방법이 있지 않을까요?
쓰디쓴 말 마지막으로 합니다.
툭하면 집나가 버릴거야(탈퇴) 그런 생각은 마세요.
위험한 생각이고, 비이성적, 비 목회자적 자질문제가 되고, 어디를 가도 격은 떨어지고, 명예는 실추되며, 잘못하여 성령님이 철수하면 곤란에 빠집니다.

이탈하지 마십시오.
함께 살아요.
무엇이 그리 못마땅한 일이 있나요?
해 아래 새것도 없고, 안전지대나 완벽한 곳은 없습니다.
내가 머문 자리에서 그래도 도전과 응전으로 살아가는 것이 하나님의 뜻은 아닐는지요?
소의와 잔꾀보다 대의와 지혜로 함께 적응하며 나아갑시다.
욕먹을 각오로 한마디 썼습니다.

이젠 4월 노회가 다가오네요.
분명한 것은 우리는 성 노회의 제도권 아래 동역자입니다.
우선순위로 이미 정하시고 마음은 달려오신 줄 아옵니다.
그리고 원로 김형석 목사님, 일동중앙교회 김종광 목사님, 동산교회 이재수 목사님 세 분이 중병으로 투병 중이십니다.
회복 위해 함께 기도해주시고, 동역자 모두 건강하고 기쁜 얼굴로 송능 중앙교회에서 만나서 함께 걸어갑시다.

한 회기 동안 노회를 위해 협력해 주신 동역자 모두에게 깊은 감사를, 섬겨주신 임원진에게 감사를, 그리고 모든 영광을 하나님께 올려드리옵고, 이젠 붓을 놓겠습니다.
진심으로 감사합니다.

작은 일을 섬겨온, 경성노회장 추귀환 목사 배상
주후 2019년 4월

하나님의 칠영

1968　54　2021

"보좌로부터 번개와 음성과 우렛소리가 나고
보좌 앞에 켠 등불 일곱이 있으니
이는 하나님의 일곱 영이라"

(요한계시록 4:5)

하나님의 칠 영

성경에 하나님의 칠 영에 관한 말씀이 많이 기록되어 있습니다.
저는 이렇게 많은 칠 수와 관련된 말씀이 있었는가를 새삼 발견했습니다.

그 후 내가 알고 있던 생각이 완전히 달라졌습니다.

목사가 되어 목회자의 길로 갈 것인가를 주저하던 마음이 깨끗이 사라졌습니다.

그 누구와 비교할 필요가 없어졌습니다.

배경이나 학력 등에 대한 걱정이 깨끗이 사라졌습니다.

목회자의 길에 대한 미래적 두려움이 없어졌습니다.

지상생애와 천상세계 모든 나의 삶의 종합세트로 하나님의 칠 영 속에 포함되어 성취된
것으로 너무 확실한 말씀과 음성으로 영원한 보장을 받았다는 놀라운 은혜로 모든 인간
적인 생각은 완전히 소멸되고 새로운 미래만 보였습니다.

이제부터는 하나님의 칠 영에 대한 성경(聖經) 그리고 관련된 사실을 고찰하여 즉,
'하나님의 칠 영'이란 특별부록으로 기록하고자 합니다.

나는 하나님의 칠 영의 영음(하나님의 음성)을 듣고 비로소 신학의 길을 다시 가고, 목
회자의 길을 걷기로 전격적인 결정을 하게 되었습니다.

만일 하나님의 칠 영의 음성을 듣지 않았다면 사명자의 길을 가지 않았을 것입니다.

그 후 나는 하나님의 칠 영에 대하여 성경에 기록된 그 칠 영의 영적 세계를 깊이
연구하게 되었습니다.

다음은 내가 연구한 성경적인 하나님의 놀라우신 사역의 사실에 대한 기록입니다.

- 창 2장 칠일 후 안식하심. 창 4:15, 24. 가인 7, 라멕 77.
- 창 7:2-3 정결 짐승과 새, 일곱 쌍 방주 안으로
- 창 7:4 칠일 후 홍수 시작, 8:4 칠월 달 방주 아라랏 산 정상
- 창 8:10 비둘기 칠일 기준(출필고 반필출)
- 창 9:16 일곱 색깔 무지개(생명 언약)
- 창 21:28 일곱 암양 새끼 언약식
- 창 29:20 야곱이 라헬 아내 조건(칠일과 칠년 봉사)
- 창 33:3 야곱이 에서에게 일곱 번 절함
- 창 41장 살진 소, 마른 소 일곱, 충실 이삭, 마른 이삭 일곱(칠년 풍년, 칠 년 흉년)
- 창 50:3 야곱 장례 70일
- 출 3:17 가나안 7족속(약속의 땅)
- 출 13:6-7 7일간 무교병 먹으라
- 출 21:2 7년째 종을 자유해라
- 출 23:11 땅도 7년째 쉬어주라
- 출 24:1-11 장로 70인과 함께 시내 산 오르라
- 출 29:35 7일간 위임식(제사장)
- 출 37장 일곱 금 촛대를 제작하라
- 레 4:6 제사장은 속죄의 피 일곱 번 뿌려라
- 레 8:11 단에 피를 일곱 번 뿌려라
- 레 8:33- 위임식 7일, 7일 출입금지하라
- 레 12:1-5 아들 낳고 7일, 딸 낳고 14(7배수)일, 부정하다
- 레 13:4-6 피부병 7일, 출입금지하라
- 레 14:27 기름 일곱 번 뿌려라
- 레 15장 유출병 7일, 출입금지
- 레 16:14 속죄소에 수송아지 피 일곱 번 뿌려라

- 레 23:8 칠일 동안 화제 드려라, 칠 일 동안 성회로 모이라
- 레 23:15 (7×7=49), 번제와 소제를 드려라
- 레 25:8-9 7×7=49일 지키고, 안식년 선포하라
- 레 26:18 칠 배 징치하리라
- 민 6:9 나실인 부정에 7일 머리를 밀어라
- 민 7:13 은전 70세겔 드려라, 제7일에 드려라
- 민 11:25 장로 70인 성령임재 받으라
- 민 19장 장막에서 사망자, 7일 부정, 정결 의식하라
- 민 23:1-4 발람에게 일곱 단 만들고 일곱 수양 드려라
- 민 29:1 7월 1일 나팔 불고 축제하라
- 민 29:32-33 일곱째 날 수양 일곱, 수송아지 일곱, 소제 드려라
- 신 10:22 애굽에 내려간 열조 70인
- 신 15:1 매 7년 끝에 면제하라
- 신 16:3 7일 동안 무교병을 먹어라. 4, 7일 동안 누룩을 있게 말라
- 신 16:9 곡식 거둘 때 7주 계산 77절을 지켜라. 14, 초막절 7일 지켜라
- 수 6:4,13 일곱 나팔을 불며 여리고 성을 일곱 번 돌아라(일곱 제사장 앞장 세워라)
- 수 6:15 7일째 새벽을 기회로 삼아라
- 삿 9:56 아비멜렉이 그 형제 70인 죽임
- 룻 4:15 일곱 아들보다 귀한 자부
- 삼하 12장 일곱째 날 아이가 죽으니라
- 삼하 24:13 칠년 기근 있으리라
- 삼하 24:15 칠만 명 사망
- 왕상 5:15 솔로몬에게 짐꾼 7만 명
- 왕상 6:38 성전건축 7년째 준공됨
- 왕상 18:43 일곱 번까지 가보라
- 왕상 18:44 일곱 번째 이르러 비가 내림
- 왕상 19:18 바알을 이겨낸 7천인 숨겨놓음
- 왕하 4:35 일곱 번 재채기하고 살아남
- 왕하 5:10 요단강에 일곱 번 씻으라(나아만 장군 문둥병 치료)

- 대상 21:14 7만 명 전염병으로 사망(하나님의 진노)
- 대하 36:21 70년의 안식년을 지냈다
- 느 8:2 7.1 에스라가 율법 책 낭독
- 욥 5:19 일곱 가지 환난에도 일어선다
- 시 12장 일곱 번 단련한 은
- 시 18:2-3 일곱 가지, 하나님의 도구역할
- 시 90:10 우리의 연수가 70이요
- 시 119:164 하루에 일곱 번씩 찬양
- 잠 9:1 일곱 기둥의 지혜로 다듬어라
- 잠 24:16 의인은 일곱 번 넘어져도 일어난다
- 전 11:2 일곱에게나 던져라
- 사 30:26 일곱 날에 빛과 같으리라
- 렘 25:12 70년이 마치면 바벨론에서 돌아오리라
- 렘 29:10 70년이 차면 유다로 돌아온다
- 렘 34:14 7년 만에 종을 놓아주다
- 렘 52:28 7년 만에 바벨론 포로 유대인 인구조사 실시
- 단 3:19 7배나 더 뜨겁게 하라
- 단 9:2 70년 만에 예루살렘 황무함이 마치리라
- 단 9:24 70이레로 기한 정하심
- 단 9:25 일곱 이레 지날 것이다
- 단 10:13 세 이레 장애물 놓임
- 슥 1:11 70년이 되었으니 긍휼을 주소서
- 슥 4:2 일곱 등잔과 일곱 관이 보입니다
- 마 14:19 일곱 개 음식(떡5+물고기2) 기적이다
- 마 16:10 일곱 개 떡으로 사천 명 먹이심
- 요 19:30 일곱 마디 말씀(十字架上七言)(십자가에 달리신 예수님이 일곱 마디)
- 행 6:3 일곱 집사 세움, 초대교회 최초 조직교회 탄생
- 히 1:1-4 일곱 명칭 가지신 예수 그리스도

  1. 만물의 상속자(히 1:1-2)

2. 구원의 자랑(히 2:10)

3. 사도요 대제사장(히 3:1)

4. 영원한 구원의 근원(히 5:8-9)

5. 휘장 안에 선두주자(히 6:19-20)

6. 믿음의 창시자요 완성자(히 12:2)

7. 새 언약(히 12:24)

- 약 3:13-18 야고보서의 일곱 지혜(성결·화평·관용·양순·긍휼·선함·정직)

- 유 1:14 7대손 에녹(영원 구원 완성체 미리 보여주심)

- 계 1:3-4 일곱 교회와 일곱 영, 일곱 별, 일곱 촛대

- 계 2:1 오른손에 잡힌 일곱 별

- 계 3:1 일곱 별과 일곱 영

- 계 4:5 보좌 앞의 일곱 영

- 계 5:6 일곱 뿔과 일곱 눈과 일곱 영

- 계 1:3 일곱 가지 계시록에 제시한 칠 복

1. 복음을 깨닫는 자(1:3)

2. 주 안에서 죽은 자(14:13)

3. 영성을 입은 자(16:15)

4. 주님을 사랑하는 자(19:9)

5. 부활 생명으로 사는 자(20:6)

6. 말씀대로 믿는 자(22:7)

7. 날마다 자기의 행실을 씻는 자(22:14)

- 계 6:1 일곱 인을 떼는 의식행사

- 계 8:1 일곱 째 인, 일곱 천사, 일곱 나팔 등장

- 계 7:12 칠 대 찬양 표현(아멘·찬송·영광·지혜·감사·존귀·능력·힘)

- 계 11:15 일곱 째 나팔 불 때 하늘에 큰 음성이 발함

- 계 12:3 일곱 면류관 등장

- 계 13:1-2 일곱 머리와 뿔 등장

- 계 15:1-8 일곱 재앙 가진 천사 등장

- 계 16장 일곱 대접을 땅에 쏟아 재앙 내림

- 계 16:17 일곱 대접 가진 천사 공기 중에 재앙 내림

- 계 17:1 일곱 대접, 일곱 머리 권세 행사함

- 계 17:9 일곱 머리, 일곱 산, 일곱 왕, 짐승 권세 패배함

이렇게 하나님께서 일곱 수를 가지시고 일하시는 사역을 성경에서 찾아볼 때에 살아계신 우리 하나님 아버지께서 낮고 천한 티끌 같은 존재인 나에게 그 큰 음성으로 간결하고 확실한 언어로 직접 '하나님의 칠 영'이라는 음성을 주셨습니다.

하나님께서는 잠시 머뭇거리고, 점점 용기가 사그라지며, 비교분석하는 나를 이미 하나님의 칠 영으로 계획하시고, 영원구원과 사역과 복을 그 계획 속에 담아서 안겨 주신 것입니다.

이에, 비록 작은 목회자의 길 54년의 '쌩 땅을 파라'는 말씀으로 또다시 도약시켜 오늘에 이르게 된 것은 티끌만큼도 내 실력이 아닌 전적으로 하나님의 섭리와 긍휼의 은총으로 믿고 지상의 사역과 삶을 달음질할수록 기쁘고, 넘어질 뻔 할 때도 다시 그 음성을 듣고 또 들음으로 지금 이 순간에도 '하나님의 칠 영'은 나를 이끄신 것입니다.

예수님의 족보 가운데 7의 숫자의 조화

무신론자였던 '이반 패닌'(Ivan Panin, 1855-1942).

이반은 구소련에서 태어나 독일로 피난하였다가 미국으로 이민 가서 하버드대학교 교수가 되었습니다.

이반은 어느 날 창세기 1장 1절을 히브리어로 읽다가 깜짝 놀랐습니다.

창세기 1장 1절은 히브리어 단어 7개로 된 문장이라는 것 외에도 숫자 '7'과 연관 해서 만든 사실을 발견한 것입니다.

이후 이반은 마태복음에 나오는 예수님의 족보에서도 7과 관련된 사실을 발견했습니다.

이러한 사실을 발견한 이반은 성경이 성령님의 감동으로 쓰이지 않고는 도저히 이러한 숫자적 패턴을 가질 수 없다고 결론을 내리고, 무신론자에서 크리스천으로 회심하게 되었습니다.

마태복음 1장은 11절, 17절, 25절까지로 크게 3단락으로 나눠집니다.

마태복음 1장 1절에서 11절까지는 헬라어로 49개 단어인데, 이는 126개의 자음과 140개 모음을 합쳐 266글자이고, 이 중 명사가 42개입니다.

남자 이름이 56번 나오고, 여자 이름의 글자 수는 14입니다.

도시 이름은 바벨론 하나만 나오는데, 바벨론 글자도 7자입니다.

1절에서 17절까지에 명사가 56개 있습니다.

18절부터 25절까지는 161단어이며, 여기에 서로 다른 단어는 77이 있습니다.

주의 사자가 요셉에게 한 이야기는 28단어이며, 위에서 언급된 모든 숫자는 7의 배수입니다.

예수님의 족보에 여성이 5명 등장합니다.

그런데 '다말·라합·룻·마리아'는 이름이 나오지만, '밧세바'는 이름이 나오지 않고 '우리야의 아내'(마 1:6)라고만 되어 있습니다.

이들 여자 이름(다말·라합·룻·마리아)의 글자 수가 14인데, 만일 '밧세바'란 이름이 등장한다면, 족보의 숫자적인 조화가 깨지게 됩니다.

유월절은 니산월 14일입니다(출 12:6; 레 23:5).

유월절 어린 양으로 오신 예수님(고전 5:7)은 아브라함의 14대, 14대, 14대 손으로 오셔서 우리를 죄에서 구원하셨습니다.

예수님의 족보를 완전수 '7'과 구원을 뜻하는 숫자 '14'(역시 7의 배수)가 아름답게 구원의 7수의 조화를 이루고 있습니다.

숫자 7로 세상(우주)을 수놓으신 하나님

하나님의 창조는 숫자 '7'로 수놓인 것입니다.

"하나님이 그가 하시던 일을 일곱째 날에 마치시니 그가 하시던 모든 일을 그치고 일곱째 날에 안식하시니라"(창 2:2)

7일째 날에 천지창조의 모든 일이 완성되었습니다.

하나님께서 안식하신 것처럼 우리도 칠 일마다 안식을 갖습니다.

오늘날 세계적으로 사용하는 달력도 7일 주기로 되어 있습니다.

달력뿐만 아니라 우리 주위는 온통 '7'로 가득 차 있습니다.

마치 하나님께서 숫자 '7'로 세상을 온통 수놓으신 것 같습니다.

세계를 표현하는 놀라운 능력을 갖고 있는 수학의 아름다움과 구조는 하나님에 의해 주어졌습니다.

하나님을 찬양하는 음악도 '도·레·미·파·솔·라·시' 7음계로 되어 있습니다.

하늘의 아름다운 무지개도 '빨·주·노·초·파·남·보' 일곱 색깔입니다.

동양의 소리음악(자연의 소리) '궁·상·각·치·우·박·챙 소리' 7로 소리가 납니다.

학교에서는 지구가 5대양 6대주로 되어 있다고 배웁니다.

그러나 자세히 관찰해 보면, 지구는 7대양 7대주로 되어 있음을 알 수 있습니다.

바다를 연구하는 과학자들은 태평양을 남태평양과 북태평양으로 나누고, 대서양도 남대서양과 북대서양으로 나누어 연구하고 관찰합니다.

태평양과 대서양이 워낙 커서 한 개의 바다로 놓고 이야기하기에는 바람의 방향이나 파도의 흐름 등 차이가 많이 나기 때문에 남과 북으로 나누어서 봐야 한다는 것입니다.

5대양이 아니라 7대양입니다.

대륙도 6대주 이외에 남극 대륙이 있습니다.

여기서 활발한 활동과 더불어 남극 대륙 기지를 차지하려고 국가 간에 심한 경쟁을 벌이고 있습니다.

당연히 별도의 대륙으로 구분됩니다.

6대주가 아니라 7대주입니다.

화학에서 기초가 되는 원소주기율표를 봐도 지금까지 발견된 103개의 기본원소들이 7주기로 구분되어 있습니다.

1869년 '멘델레예프'(Dmitrii Ivanovich Mendeleev)가 만들 때는 63개의 원소들로만 구성되었지만, 그 후로 계속해서 발견되는 원소들이 7주기에 맞게 배열되고 있습니다.

동물들의 수태기간도 놀라움을 금치 못합니다.

쥐나 닭은 21일, 토끼는 28일, 오리는 42일, 고양이는 56일, 개는 63일, 사자는 98일, 양이 147일로 이 모든 주기가 7의 배수입니다.

사람도 7의 배수인 280일 만에 태어나며, 7년마다 인체 구조가 변합니다.

유아기 · 아동기 · 청년기 · 성년기 · 장년기 · 갱년기 · 노년기 등 7기입니다.

사람의 얼굴에는 구멍이 '눈 2개, 코 2개, 귀 2개, 입 1개' 총 7개가 있습니다.

눈으로 봅니다.

코로 맡아봅니다.

귀로 들어봅니다.

입으로 먹어봅니다.

7개의 얼굴 기능으로 살아갑니다.

이같이 사람의 얼굴에 나타난 이 기능은 하나님의 형상으로 창조된 사람의 마음에 내재되어 있는 '희노애락애오욕'(喜怒哀樂愛惡欲) 등 7가지와 연결되어 있습니다.

'7'로 구성요소를 갖춘 것이 사람입니다.

프랑스혁명 시기(17-18세기)에 사람들은 더 노동하게 할 욕심으로 10일 달력을 만들어 보았지만, 실패하고 말았습니다.

사람들도 쉬어야 했지만, 그보다도 사람들이 부리는 말과 같은 동물들도 10일 주기를 따라가지 못하고 쓰러지는 바람에 7일 주기 달력으로 환원시킨 역사적 사건입니다.

러시아혁명(19세기 초) 후에는 노동자들이 더 쉬어야 한다는 이유로 주5일 달력을 만들었지만, 노동시간과 생산성이라는 문제를 해결하지 못하자 이 달력도 오래 가지 못하고 폐기처분한 역사가 있습니다.

"일곱째 날은 네 하나님 여호와의 안식일인즉 너나 네 아들이나 네 딸이나 네 남종이나 네 여종이나 네 가축이나 네 문안에 머무는 객이라도 아무 일도 하지 말라"(출 20:10)

창조주 하나님께서 생명의 신비를 가지고 만드신 인간과 자연의 모든 생명들은 '7'의 숫자 속에서 생체리듬과 삶의 행복도가 들어 있다는 것을 알아야 합니다.

모든 기계나 물건도 만든 제작자가 더 잘 알고, 거기에 맞게 만들어서 사용하는 것처럼 하나님께서 어련히 아시고 창조관리를 지속적으로 진행하고 계심을 알아야 합니다.

하나님께서는 창조를 완성하신 후 크게 감탄을 하셨습니다.

"하나님이 지으신 그 모든 것을 보시니, 보시기에 심히 좋았더라"(창 1:31)

일곱째 날이 이를 때에 마치니 그 지으셨던 일이 다하므로 일곱째 날에 안식하시고, 하나님이 일곱째 날을 복 주사 거룩하게 하셨습니다.

"하나님이 그 일곱째 날을 복되게 하사 거룩하게 하셨으니 이는 하나님이 그 창조하시며 만드시던 모든 일을 마치시고 그 날에 안식하셨음이니라"(창 2:3)

이처럼 '하나님의 칠 영'의 음성을 들은 나는 지상 생애와 천국 천상에서 영원히 영광을 돌릴 것입니다.

성경에 나오는 숫자 속의 의미는 하나님의 신비성이요, 과연 신이신 하나님만이 하시는 놀라운 능력이요, 상징이십니다(계 13:15-14:5; 시 147:4; 욥 14:16; 마 10:29-30).
창조·노아·방주·성막·절기·족보·성소·묵시록(계시록) 등의 여러 기적 상징들에 의미 있는 숫자들로 가득 차 있습니다.

성경에 나타난 '하나님의 수학'이 보여주는 몇 가지만 살펴봅니다.
모세가 광야에서 지은 성막의 둘레는 300규빗(1규빗을 약 50cm로 볼 때 150m)이었습니다.
성막은 장(길이)이 100규빗, 광(폭)이 50규빗인 직사각형이었습니다(출 27:18).

이 성소에 놋 제단이 있는데, 가로가 5규빗이고, 세로가 5규빗인 정사각형입니다.
그 높이는 3규빗(출 27:1)입니다.
그런데 번제단과 관련된 숫자를 모두 곱하면 300입니다!($5 \times 5 \times 4 \times 3$)
이 성막 안에 있는 번제단에서 제사장이 희생물을 드렸습니다.

제사장은 모두 24반차가 있습니다(대상 24:1-19).
그런데 1에서 24까지의 모든 수를 더하면 얼마일까요?
300($1+2+3+4 \cdots +24=25 \times 12$)입니다.
바로 성막 둘레 길이입니다.
노아 방주의 길이는 300규빗이었습니다.
방주의 폭은 50규빗이고, 높이는 30규빗입니다(창 6:15).

그런데 성막의 둘레가 300규빗이요, 성막의 폭은 50규빗이요, 성막 안에 있는 성소의 길이는 30규빗이었습니다.

또한 하나님께서 노아에게 방주를 만들라고 하신 때부터 노아와 방주에 있는 모든 것들이 홍수 이후 땅으로 나올 때까지 '방주'라는 말이 24번 나타납니다.

앞에서 밝혔듯이, 헤아릴 필요 없이 1에서 24까지의 숫자를 더하면 300이 되는데, 바로 방주의 길이입니다.

또한 바울은 로마서에서 "곧 예수 그리스도를 믿음으로 말미암아 … 또한 그로 말미암아 우리가 믿음으로 … 하나님의 영광을 바라고 즐거워하느니라"(롬 3:22-5:2)고 했는데, 이 구절에는 '믿음'이라는 말이 19번 나오며, 1에서 19까지를 더하면(1+2+3+……16+17+18+19) '190'이 됩니다.

즉, 이삭의 부모 나이, 아브라함 100세, 사라 90세를 합해서 '190'이 됩니다.

"믿음으로 사라 자신도 나이가 많아 단산하였으나 잉태할 수 있는 힘을 얻었으니"(히 11:11)라고 기록되었습니다.

이삭은 믿음으로 탄생한 아들입니다.

성경에는 이 외에도 숫자와 관련된 수백 개의 예들이 나타나 있습니다.

성경은 1,600년 동안 40명의 기자들이 기록한 다양한 내용의 하나님 말씀입니다.

천지창조, 인류종말, 최후의 심판까지 모두 다 저자들이 언제 서로 만나서 의논하고 하나하나를 끼워 맞출 수 있었을까요?

절대적으로 불가능한 일입니다.

오직 전능하신 하나님만이 하실 수 있는 성령의 감동적인 일인 것입니다.

내가 '하나님의 칠 영'이란 영음(靈音) 즉, 하나님의 음성을 직접 듣는 그 순간, 내 몸이 약 30cm는 위로 들려서 아래로 떨어졌습니다.

이는 꿈이 아니었습니다.

생시에 일어난 초자연적 · 직접적 체험이었습니다.

그 후 숫자에 대한(왜 7의 숫자로) 관심이 더욱 생겨서 성경을 보며 각종 관련된 책을 찾기도 했습니다.

다시 숫자를 좀 더 이야기해보고 싶습니다.

- 1(하나) 하나님의 유일성, 모든 수의 첫 숫자, 창조 첫째 날. 유일, 절대, 개시, 일치, 평화, 협조(창 1:5; 마 23:9; 요 8:41).

- 2(둘) 상대 수, 빛과 어둠, 남녀, 세상 수, 나눔, 분리, 조화(창 2:24; 신 17:6; 엡 5:31).

- 3(셋) 하나님은 삼위이심(성부·성자·성령), 예수님, 왕, 제사장, 선지자.

- 4(넷) 땅의 수, 땅의 기본범위, 동·서·남·북, 4계절(창 1장), 창조 시 4가지 명사(태초·하나님·천지·만드심), 하루 바다의 조수, 밀물 2, 썰물 2(4번), 에덴동산 강 4개, 노아 홍수 때 4가지(사람·육축·기는 것·공중의 새), 에스겔 환상 4생물, 4날개, 4방향, 복음전파 4방향(예루살렘·유대·사마리아·땅 끝), 인생의 모습(먹고·마시고·장가들고·시집가더니), 혈육적 인간.

- 5(다섯) 피조물의 수인 4에 하나님의 수 1을 더한 수, 은혜, 축복 수(창 45:22; 삼상 17:40), 생명 대속 전 5세겔(민 3:46), 다윗이 골리앗과 전쟁 돌 다섯 개(삼상 17:40), 성막 높이 5규빗, 놋 제단 5규빗, 가로·세로 5규빗, 5가지 기구.

- 6(여섯) 사람의 수, 짐승의 수, '7'의 완전에 못 미치는 불완전 마귀 수(창 1:31; 신 15:12; 수 6:3), 예수님 광야시험에 마귀 4번, 사탄 한 번, 시험하는 자 한 번, 모두 6번 마귀를 의미한다.
  6계명(살인하지 말라), 예수님은 '마귀는 처음부터 살인한 자'(요 8:44)라고 하셨다. 느부갓네살 왕이 신상을 세웠는데 광이 6규빗, 6가지 악기 연주, 신상에 절하라고 시킴, 벨사살 왕과 귀인들은 여섯 재료(금·은·동·철·목·석) 신상, 요한계시록에 6번째 나팔 불 때 우상에 절하고, 음녀의 여섯 가지 장식 자랑, 요한계시록에 '짐승' 단어 36번, 6×6=36이다.
  그리고 1에서 36까지 숫자를 더하면 666이다.
  짐승에게 능력이 42개월 주어진다(계 13:5).

- 7(일곱) 완전수, 천지창조의 완성(동서남북+천·지·인), 완전, 온전수, 생체 생명 리듬수, 요한계시록에 '짐승' 단어 36번, '용'이란 말 13번, 두 숫자를 합하면 49이다. 49(7×7)는 최후의 심판은 마귀의 수가 가득 찰 때 이루어진다.

  계 15:6-7을 보면 일곱 천사와 일곱 대접이 나오는데, 공교롭게도 헬라어 단어 49개 단어로 이루어졌다.

  여리고 성 파괴 7일 돌고, 7일째 7바퀴 돌았다. 예수님 십자가 상 7언 마지막 말씀 다 이루었다.

- 8(여덟) 부활 수, 원 창조 곧 처음 창조 두 배로 한 숫자 '8'이란 숫자는 새로운 탄생의 수, 재창조, 새 출발, 구원받은 자(창 17:12; 마 28:1; 벧전 3:20), 노아 가족 8식구, 새 생명 구원 다윗 8번째 아들, 예수 혈통의 명가, 신정국가 출범, 할례 8일 만에 하라. 새로운 백성 탄생기원 8수, 니고데모에게 '거듭나라, 나라, 태어나다' 8번 사용(요 3:3-9).

- 9(아홉) 성령의 열매 수, 논리적으로 새로운 탄생 즉, 성령으로 거듭난 자의 성령의 삶으로 좋은 열매를 맺는(갈 5:22-26), 고전 12:8 이하 은사적 삶이다.

  마태복음 5장의 산상보훈은 원래 8복이 아닌, 9복이다.

  성령의 9가지 열매와 같다.

- 10(열) 숫자의 만수, 기본수의 종결숫자이다.

  율법의 10계 숫자, 완전, 전체, 편만, 전존재(창 18:32; 슥 8:23; 눅 19:13), 롯의 아내 기업식 10명 증인, 10년 만에 하갈의 몸종 아들, 유월절 어린 양 예수님 모형, 시내 산 율법 선포 후 10일째, 지성소의 휘장(하나님 만나는 1년 1차 대제사장 입장) 가로·세로 10규빗으로 되어 있다.

숫자 해석의 글은 11 - 600 - 12,000까지 있으나, 너무 방대하여 지면상 줄이는 것과 더불어 위의 숫자해석만 가지고도 하나님께서 숫자를 통하여 일하심을 알고, 은혜로 깨닫고, 더욱 영적 신앙을 건강하게 이어갈 수 있을 것입니다.

성지순례와 하나님의 칠 영(칠 수)

성지순례에 얽힌 '하나님의 칠 영', 즉 칠 수로 인해 일어난 은혜로운 사연입니다.
나는 1990년 2월 13일에서 25일까지 성지순례를 다녀온 적이 있습니다.

이집트 ― 이스라엘 ― 이탈리아 ― 프랑스 ― 스위스

대구 평강교회 백춘수 권사님 자녀들이 '노령이신 모친(백 권사님)께서 혼자 여행하시
는 것이 걱정되니 추 목사님이 함께 다녀오시면 좋겠다'고 제의하여, 꿈에 그리던 성지
와 유럽을 다녀왔습니다(비용은 물론 백 권사님 가족이 부담하심).

하지만 아내와 함께 하지 못하는 내 마음은 미안함과 마음의 빚으로 남아 '언젠가
는 아내와 같이 성지를 다녀오리라' 다짐하며 기도제목으로 삼고 있었습니다.

그리고 나의 이 기도제목은 2019년 수원 시찰회에서 이스라엘 성지순례 개최로 기
회가 주어져서 아내와 함께 부부동반으로 다녀옴으로써 응답이 되었습니다.

나는 두 번째이지만 아내는 평생의 꿈을 성취하는 설렘으로 드디어 2019년 11월 2일
오후 11시 인천공항에서 16시간의 장시간 비행에 몸을 싣고 성지로 출발하여 무사 비
행으로 성지도착, 날마다 은혜로운 일정이 이루어졌습니다.

잠시 가이드 소개를 하고 싶습니다.

가이드 : 조성진 목사 52세 대구 달서고, 총신 출신

이스라엘 유학 3년차로 가족 다섯

가이드 수입으로 학비와 생활을 하는 아주 유능하고 성지에 대한 해박한 지식을 갖춘 목사

나는 최고의 안내를 받아가며 성지순례는 갈수록 은혜로 이어져 갔습니다.

"오늘은 여리고로 갑시다." 하며 미니밴 버스는 이스라엘 남쪽지역으로 상쾌하게
달렸습니다.

우선 이 이야기를 해야겠습니다.

성지순례의 일정은 사실 몸이 고단한 것입니다.

깊은 잠이 들고, 꿈을 꾸었습니다.

꿈속에서 내가 종려나무 숲 속 한가운데 서 있는데, 위 아래에서 폭포수 같은 생수가 터져서 나는 완전히 종려나무 숲 폭포를 맞고 있었습니다.

엄청난 은혜였습니다.

깨어 보니 꿈인지라, 영적으로 너무도 기뻐서 감사, 감사기도만 했습니다.

나는 매일 구약과 신약 성경을 읽는데, 이날 구약 출애굽기 15장을 읽을 차례로 성경 마지막 절을 읽으면서 깜짝 놀랐습니다.

> "그들이 엘림에 이르니 거기에 물 샘 열둘과 종려나무 일흔(칠십 주) 그루가 있는지라 거기서 그들이 그 물 곁에 장막을 치니라"(출 15:27)

종려나무 칠십 그루 엘림 샘 말씀과 잠시 전 꿈속의 종려 숲 속 폭포수 세례를 생각하니, 성지순례 기간에 나에게 일어난 영적 현상은 가히 계시적으로 느껴졌습니다.

그런데 이게 웬일입니까!

달리는 양쪽 풍경은 완전히 종려나무 숲이 오와 열이 맞춰져서 풍성한 숲과 빨강 열매가 주렁주렁(종려 열매를 대추야자 열매라 부름) 열려서 열매마다 보호망으로 씌워졌고, 그 광경은 너무 풍요롭고 가나안 복지 하나님의 특별한 젖과 꿀이 흐르는 지상에서는 천국 상징 영적으로는 요단강 건너 가나안 천국이 아니겠습니까?

그래서 성지(聖地) 아닙니까?

나는 꿈속에서 종려나무 숲 폭포 세례 맞음과 엘림 종려나무 샘 말씀(출 15:27)을 읽음과 지금 차창 가에 펼쳐지는 종려나무 숲을 통과하는 순간에 '오늘은 하나님께서 나에게 종려나무로 은혜 주시는구나' 하면서 달리다보니 여리고쪽에 도착했습니다.

사실 성지순례란 내 개인적인 면도 있으나 교우들의 기도와 협력 없이는 이루어질 수 없는 것입니다.

모든 성도들의 격려금과 재정부의 협조로 약 600만원의 경비가 소요되었습니다.

나는 마음에 사랑의 빚을 진 자입니다.

'무엇 하나라도 선물을 할까' 하는 좋은 고민이 정상 아닐까요?

성지에 여러 기념품들이 있었지만, 전에 1990년도에도 내 눈에는 '하나님의 칠 영' 칠 촛대(출 37장)만 크게 보였습니다.

나는 두말할 것도 없이 '하나님의 칠 영'이라는 엄청난 체험을 한 자로서 이번에도 칠 촛대를 기념품으로 정하고, 삼승교우들을 위한 선물로 약 60여 개를 구입했습니다. 참으로 기쁘기 그지없었습니다.

그리고 저녁에 예루살렘 숙소 호텔에 도착하여 여장을 풀고 식당에 내려와 식사하러 가려는데 아내가 뒤에서 "목사님! 빨리 와보세요!"하며 내 손을 잡아끌었습니다.

로비 기념품 가게에 진열된 여러 품목 중 '하나님의 칠 영' 칠 촛대 모양의 무늬로 제작된 아름답고 깜찍한 반지를 유리관에 넣어 열쇠로 잠가 놓았습니다.

나는 아주 마음에 쏙 들었습니다.

판매원에게 가격을 물으니, 120불이라고 합니다.

손에 끼어보니 좋았습니다.

가격은 절대로 흥정 불가였는데, 아내가 사줬습니다.

지금도 기쁘게 끼고 있습니다.

2019년 11월 8일 예루살렘 호텔에서 구입한 하나님의 칠 영 반지. 아내가 120불에 구입해 주었다.

그날 저녁 하루의 일과를 곰곰이 정리하여 보았습니다.

꿈속의 종려 숲 폭포, 성경의 종려 칠 십 엘림 숲, 여리고 종려나무 숲을 지나서 하나님의 칠 영, 칠 촛대 기념품 선물 구입, 호텔 숙소 칠 촛대 반지 구입 기쁨, 단 하루 동안에 다섯 번이나 하나님의 칠 영과 관련된 신비로운 일상이 어찌 우연일까 보냐!

나는 절대로 우연(偶然)이 아니라는 생각이 들었습니다.

세상만사 대소사는 철저한 하나님의 섭리인 것입니다.

2019년도 나의 성지순례는 순전히 아내와 함께 하나님의 칠 영으로 나를 부르시고 모든 것을 완전하게 복 주심을 체험했다고 믿고 하나님께 두 손 들고 감사합니다.

모친 (故)하공임 권사와 하나님의 칠 영(칠 수)

모친 (故)하공임 권사 천국 소천에 관련된 하나님의 칠 영, 칠 수에 얽힌 사연을 말씀드리겠습니다.

부친과 모친에 관한 명(明)과 암(暗)을 밝히는 것도 가족의 역사 때문입니다.

모친(1930-2019)은 90세의 일기로 하나님의 부름을 받아 지상 생애를 마감하셨습니다.

16세에 부친을 만나서 삼남매를 낳은 당시 6·25 직후 부친이 군에 입대하셨던 약 7년의 세월 동안 모친 혼자서 어린 아이와 외할머니, 조카 셋의 생계를 책임지느라 찢어지게 가난한 삶 속에서 견디기 어려운 인생고에 시달렸습니다.

성격은 무척 괄괄하시고, 한마디로 무서웠습니다.

고등학생과 같은 나이인 18세에 형, 20세에 나를 낳아 기르셨습니다.

그 당시 경제적·환경적으로 세계적 빈곤 국가에서 최하층(最下層)이라 해도 무방할 만큼 땅 한 평 없이 단칸방 초가집 남의 터에 일 년 집 터 값 내고 사니 가난에 찌든 가정 형편인데 아버지마저 군에 가서 7년 세월 소식이 없으니, 어머니는 본래가 강성이신데 삶의 무게가 너무나 무거워서인지 깡다구만 생기고 거칠 것이 없었습니다.

그래서였을까요?

어머니는 우리 형제가 말귀를 알아들을 때부터 수도 없이 '배고프면 물마시고 허리끈 한 번 꽉 졸라매면 된다'는 말씀을 귀에 딱지가 생길 정도로 하셨습니다.

"나 죽으면 땅에 묻지 말고 쌀독에 넣어 놓고, 고추장 항아리에 담아 묻어서 벽장에 올려놓으라."는 말씀도 수도 없이 하셨습니다.

부친이 제대하고 집에 돌아오셨지만 나아진 것은 별로 없고, 두 분 사이에 갈등이 생기면서 부딪치는 소리는 날이 갈수록 심해졌습니다.

초등학교 졸업 한 달 전부터 나를 공장빵이로 미리 접수할 정도로, 심하게 표현하자면 자식의 미래는 생각하지 않고 우선 먹고 살기에 급급해 하신 분들이었습니다.

살아오면서 30-40대까지도 부모님께 두어 번 "내게 중·고등학교를 보내서 공부를 가르치고 미래를 열어주셨어야지, 왜 그러셨습니까?"라고 물으면, 두 분은 "몰라~" 하시며 서로 핑계만 대셨습니다.

그렇다고 과거에 발목 잡힐 것은 아닙니다.

나는 1963년부터 1967년까지 하루도 쉬지 않고 일했으며, 공장뺑이로 벌었던 월급은 항상 부모의 몫이었습니다.

1968년 기드온신학교로 도망칠 때 십 원 한 장 없었습니다.

영남신학교를 다닐 때에도 매월 20만 원씩(20만 원×22=440만 원)을 보냈습니다.

그 돈은 당시에도 거액이었습니다.

그리고 나는 '부모님께서 잘 관리(재테크)하고 사실거야'라고 생각했습니다.

그래서였을까요?

충남 관리교회 ➡ 남면교회 ➡ 근삼교회 개척 시무 때에도 항상 부모님은 나에게 많은 기대를 하고 사셨습니다.

40대 후반의 어머님은 젊은 나이지만 몸이 편찮으셔서 보약을 드셔야 한다고, 아버님께서 남면교회까지 오셔서 보약 값을 가져가셨습니다.

나는 아내와 함께 익산에 가서 보약을 지어드리고 왔는데, 일주일 만에 아버님이 또 오셔서 '그 보약으로는 안 되고 다시 지어야 한다'고 하여 결혼패물과 총회신학교 가려고 장모님이 주신 20만 원 준비해 둔 등록금까지 모두 드리기까지 하였습니다.

우리 결혼 패물의 가치를 돈으로 따질 것은 아니지만, '팔아서 쓰시지는 않았을 거야'라고 생각했는데 후에 알고 보니 패물까지도 팔아서 쓰셨다고 합니다.

아내는 '살아오면서 그 부분만큼은 서운하였다'고 말하였습니다.

영남신학대학 졸업 후 서울 정문교회 전도사로 부임하여 있는데 또 부모님과 이모님 세 분이 오셔서 '돈 있으면 이자를 놓아 줄 테니 달라'고 하십니다.

'나중에 개척하든지 필요시에 회수하자'고 하여 아내와 상의 후 240만원을 드렸습니다.

그 후 개척도 해야 하니 필요해서 달라고 했더니, 부모님께서는 "돈 없어~ 다 썼어~ 집 주변 돌 축대 쌓고 생활비로 쓰고 빚 갚았어~"라고 말씀하셨습니다.

그 시대 화폐 가치는 지금과는 천지 차이입니다.

내가 정릉 전세방 살던 집 한 채 값이 45만 원으로 나더러 주인이 사라고 할 정도였으니, 150만 원이면 서울 정릉에서 대저택을 살 정도였습니다.

익산에서는 집과 땅을 놀라울 정도로 구입하고도 남았을 액수인 것입니다.

정자 동생은 주산학원 5년 동안 한 달에 50만 원씩, 직장생활 3년 매월 30만 원씩 드렸다고 회고합니다.
요한이 동생도 언제든지 부모님께 충분한 효도와 물질을 드렸습니다.

혹자는 왜 자서전에서 이런 가족의 내밀(內密)한 사생활까지 쓸까 생각할 것입니다.
물론 그냥 덮고 지나면 되지만 가족이란 이 땅에서 맺어진 필연적 관계입니다.
젊은 부모로서 얼마든지 가난을 이겨내고, 자식들의 미래를 열어갈 수 있고, 주위에서 보면 우리 부모보다 더 나이가 많고 힘든 사람도 당당하게 사는데, 지나고 보니 안타까운 마음이 떠나지를 않고, 나의 형제들도 이런 사실을 잘 모르고 각자 생각으로 오해 아닌 오해가 있을 수 있어 당시의 상황을 떠올려 본 것입니다.

어느 해에 어머님께서 마음을 털어놓으셨습니다.
돌팔이 약장수들에게 가서 사기성 물품 등 구입으로 약 3천만 원을 썼다는 것입니다.
특히 어머님은 돈에 집착(執着)하고, 돈이 손에 잡히면 얼마가 되든지 가지고 있거나 재테크에 대한 개념조차 없고 어떻게 하든지 무조건 쓰는 것만 생각하십니다.
자식의 것도 어떤 돈이든 잡히면 소멸시킵니다.

세월이 흘러 미자 · 영자 · 요한 · 정엽의 결혼식이 다가왔습니다.
결혼한다고 좋아하시지만, 결혼 자금으로 모아놓은 돈은 한 푼도 없습니다.
그때마다 아내가 백만 원씩 동생 4명 결혼식 자금을 만들어서 갖다드렸습니다.
동생들은 지금도 이런 사실을 전혀 모를 수 있습니다.

나는 농촌교회 미자립교회의 개척자요 목회자로, 그야말로 심하게 말하면 양식이 없어 굶으면서 주일설교를 할 때도 있었습니다.
그런 속에서도 아내는 지독할 정도로 알뜰하게 살림을 꾸려갔습니다.
직 · 간접으로 사례비 등이 생기면 굶어죽어도 적금을 들었습니다.
충남 관리교회 개척 시 월 7만 원을 서울 당일교회에서 지원하였습니다.

그 사례비 십일조 드리고 거의 전부를 적금을 넣었습니다.

그리고 성도들이 가져다주는 농산물, 바닷가 해산물 등으로 생활했습니다.

열악한 목회환경에서 미래를 준비하는 현명한 아내는 참으로 나에게 더없는 동지이기도 했습니다.

나는 이 모든 것이 하나님의 섭리라고 미리 밝히고 싶습니다.

약속이나 한 듯이 4명의 동생 결혼적기에 맞춰 적금이 만기가 되어서 백만 원씩 가져다 드렸고, 그 덕분에 동생들의 결혼을 시킬 수 있었습니다.

반복되는 이야기지만 부모님은 물질적인 준비가 전혀 되어 있지 않았습니다.

미자 동생은 신체적으로 조금 불편했으나 하나님의 은혜로 매제를 만나서 약혼식은 했지만, 결혼이 늦어지고 깨질 위기에 처했습니다.

눈치를 챈 아내와 나는 서둘러 결혼 날짜를 정하고, 적금을 깨서 여러 가지 혼수 가전제품을 구입하고, 아내가 결혼하면서 혼수로 가져온 솜이불을 타서 혼수이불을 만들어 미자 결혼식을 밀어붙여서 강행하여 필승이와 승엽이 두 아들을 낳아 현재에 이르렀습니다.

정자 동생(일산교회 권사)은 직장 근무, 학원운영을 통한 수입의 98%를 가져다드린 후 '부모님이 결혼자금 모아서 결혼할 때 혼수 등 잘해주겠지' 하고 굳게 믿고 지냈는데, 막상 결혼을 앞두고 돈이 필요할 때는 십 원 한 장이 없었습니다.

나는 정자 동생이 땅을 치고 통곡하는 것을 목도했습니다.

"혼수를 어떻게 할 것인가?"

그때 아내의 제의로 나와 상의하여 "목사님, 우리가 나섭시다~" 하고 교회 봉고차를 끌고 가서 시집가는 정자(신부)의 혼수 전자제품 냉장고·TV·세탁기 등을 한 가득 싣고 포항까지 갔습니다.

이렇게 동생들 결혼 때마다 현금으로 백만 원씩 가져다 드려서 가족의 대소사를 치르곤 했습니다.

나는 우리 형제자매들도 나름대로 부모님께 효도했다고 생각합니다.

나는 태어나는 순서로 먼저 나온 형이요, 오빠입니다.

동생들의 생각도 있겠지만, 지나온 과거사에 나의 아내의 역할은 놀라울 정도로 발휘되었습니다.

여주에서 익산은 왕복 650km입니다.

어떤 때는 한 달에 한두 번 늘 왕래하면서 쌀·부식·의복 등… 말로 표현하기 힘들 정도로 봉양했습니다.

자식이요, 또 목회자의 양심이요, 설교자이기 때문에 최선을 다했건만 이런 일도 있었습니다.

나는 1988년 여주 삼승제일교회에 부임하였습니다.

교인이 20여 명 정도로 헌금으로는 사례비를 지급하기도 어려웠고, 하나님의 은혜가 아니면 견디기 어려웠습니다.

생활고를 이겨내기 위하여 아내가 이천 꽃 학원에 가서 강습을 받고 자격증을 획득했는데, 꽃꽂이 등에 재능이 있어서 장호원에 꽃가게를 차렸습니다.

자금이 필요하여 동생 요한이에게 700만원을 빌렸습니다.

어려운 목회현장 속에서 궁여지책(窮餘之策)이요, 최선의 노력으로 교우들의 동의하에 가게를 열었습니다.

교회 꽃 장식 등을 하며 그런대로 운영이 되었습니다.

어머님이 어느 날 느닷없이 '내 아들 요한이 돈 빌려서 꽃가게 차렸다고 당장 내놓으라'고 호통을 치십니다.

의아스럽기 짝이 없습니다.

내가 어릴 적부터 신학생 시절, 결혼한 후에도 진행형으로 거액으로 봉양했건만, 어머니가 변함없이 우리에게 따져 몰아붙일 때 너무도 상처가 되었습니다.

'그렇구나~ 서로 돕기도 하는데 빌려주고 했으니 잘했구나~ 추 목사가 목회하면서 자녀 키우며 어려운 교회 사역하고 꽃 장사까지 하니 참 안타깝고 애처롭구나~' 하고 부모 된 입장에서 생각하고 배려하기는커녕 오히려 남보다 못한 말씀을 하시니, 지금도 그때의 심정을 생각해보면 의아합니다.

그 후 1년 안에 요한이 동생에게 빌린 돈 700만원은 서둘러 갚았습니다.

꽃 장사는 1년 만에 마감했는데, 남거나 밑진 것 없이 평행선으로 끝나고, 큰 인생 공부를 한 번 한 적이 있습니다.

지난 과거사 들춰낸들 무슨 소용이 있겠습니까?
앞서 밝힌 대로 수없이 가져간 현금으로 부동산을 구입하든지, 이사를 가든지 했더라면 좋았을 것인데, 우리 부모님은 옴짝달싹하지 않으시고 동산동 109번지에 깃발을 꽂고, 그 좋은 축복의 기회를 세월의 강물에 덧없이 흘려보내고 말았습니다.

인생은 '왜 사는가?' 하는 분명한 목적이 있는 삶이 필요한 것입니다.
우리는 살면서 한 번쯤은 '부모는 왜 자손을 거느린 족장인가?'를 생각해야 하며, 또한 '부모는 하나님과 같은 창조적 위치'라는 것을 알아야 합니다.
나 혼자만의 단막극 인생이 아닙니다.
지상 생애의 자손과 천상 천국 세계로의 영원한 이사로 이어지는 관계입니다.
우리는 신앙과 성공과 명예를 성취해야 합니다.
나는 우리 부모님을 사랑하고 존경합니다.
그러나 부분적 요소는 결코 받아들이기 힘든 부분이 있으니 어찌 하겠습니까?
지구촌에 살고 있는 70억 명의 인간성은 서로 각기 다르지 않습니까?

나는 자서전을 쓰는 것은 양파를 까는 작업이라고 생각합니다.
아프고 창피하고 감춰진 속살을 드러내는 것입니다.
칭찬과 과장은 오히려 속이는 것입니다.
우리 가정사를 말함으로써 우리 가족 모두는 현명해지리라 믿습니다.
그리고 이 외에 도저히 윤리적으로 일어나서는 안 될 뼈아픈 사연은 성령의 강력한 절제의 강압으로 기록하지 않기로 했습니다.
그야말로 무덤까지 가지고 가며, 영원 천국 문까지 자물쇠를 달고 함구함이 그나마 추 씨 가족사의 작은 미덕일 것입니다.

일도 많고, 탈도 많고, 사연도 많고, 한도 많은 모친 ㈜하공림 권사님은 90세 되던 2019년 1월 7일 초저녁에 익산시 동산동 109번지 자택 수돗가에서 낙상하셔서 치골이 손상되니 몸 져 누우셨습니다.

집에서 기거하기가 불가능하여 아내가 '15일에 빨리 내려가서 요양병원으로 모셔야 미자 권사도 보호되지, 그렇지 아니면 모두 더 큰 어려움이 닥친다.'고 하여 익산 실로암 요양병원에 입원을 시켜서 안정을 찾았습니다.

평소 심장이 고장 나서 약으로 견뎌냈는데, 변고가 닥쳤습니다.

온 형제간의 합의하에 입원과 절차 협력으로 한 달, 두 달 지나갑니다.

내가 장남인지라 병원에서 계속 전화가 와서 '낮과 밤에 소리 지르고, 침대를 잡아 흔들고 고함치며 집에 보내달라고 하시는 등' 모친의 여러 가지 문제점을 의논하는데, 그 당시에는 참으로 고민이었습니다.

병원장을 만나서 상태와 관리를 물었더니 매우 난감하다고 합니다.

내가 가 봐도 철로 된 침대가 헐렁해지고 덜컹거렸습니다.

얼마나 흔들고 몸부림을 치셨는지 느껴졌습니다.

모친의 몸 상태로는 도저히 집에서 생활할 수 없었습니다.

어느덧 2019년 5월 중순이 지나 22일 저녁!

나는 교회 교육관 기도실에서 모친을 위한 기도의 밤을 보내고 있었습니다.

꿈속에 하나님께서 골프공 같은 새하얀 돌을 7개를 주시면서 '내가 너의 모친 7일 안에 데려간다'는 환상을 보여주셨습니다.

나는 믿음 안에서 소망을 품고, 감사의 기도를 드리며, 하루하루를 기다렸습니다.

5일이 지나고 5월 27일이 되었습니다.

삼일장을 치러야 하기에 어머님이 27일 소천하시면 하나님이 기도 중에 보여주신 대로 이루어지는 날이 7일째인 29일이 되는 것입니다.

나는 하나님의 놀라우신 일하심에 깜짝 놀랐습니다.

아들(추이삭 안수집사)이 '구미에 거래처 내려가는 길이니 아버지와 어머니 감곡IC에서 만나 점심도 하며 이야기하자'고 하여 12시에 만나 음성 장호원 감곡IC 감곡식당에서 식사를 마쳐갈 때에 익산 실로암 요양병원에서 전화가 왔습니다.

모친께서 1시 35분에 돌아가셨다(소천)는 것입니다.

우리 온 가족은 모친 장례절차를 시작했습니다.

여기서 잠깐!

하나님께서 하얀 골프공 같은 돌을 7개 보여주셔서 7일 안으로 소천(召天)하신다고 알려주신 대로 29일 장례마침까지 7일이 되었습니다.

정확하신 하나님의 칠 수 안에서 이루어진 약속 성취였습니다.

장지는 여주 추모공원으로 모시기로 형제간에 합의로 결정하고, 익산의 부친 유골까지 2019년 10월 2일 정중하게 모셔서 현재 두 분의 유골이 모셔져 있습니다.

㈜하공림 나의 모친은 '7일 안으로 소천시킨다'는 하나님의 은혜로운 약속이 성취됨으로 인생의 막을 내리고 천국 영원의 삶으로 이사 완료하였습니다.

자서전이기에 기록으로 옮기고 싶은 우리 가족의 이야기는 모친의 장지를 여주에 정하고 부친과 함께 모셔져 익산의 시대가 마감되는 새로운 변화가 일어났습니다.

모친 장례식에 온 형제와 친척 그리고 무엇보다 손자이지만 아들 이삭이의 역할이 있어서 장례식은 막힘없이 치러졌습니다.

물론 형제들과 교우, 친지와 조객 그리고 추이삭 집사와 관계된 분들은 상상 외였고, 사업체와 연관된 조화만 70여 개로 공간이 넘쳤고, 아들(추이삭 집사)이 손자가 아닌 아들 이상의 역할을 담당한 것이 내게는 많은 힘이 되었습니다.

목사님들도 약 80여 분이나 조의를 표하고 아주 은혜로운 천국 환송식장으로 경성 노회와 수원 시찰회 등 형제들의 교회방문 예배로 장례는 전적으로 하나님께서 마지막 칠 수로 모친의 천국여행길로 막을 내렸습니다.

이렇게 살다 가실 것을

한도많고 탈도많은
한평생을 누구보다
짓눌리며 찌든삶을
살아올재 구십평생

고비구비 아찔하게
넘어오다 다시못올
사선넘어 하나님의
칠영따라 영계계곡
넘어설재 하얀도포
개켜볼때 내입에서
튀어나온 단외마디
터져나온 조사런가
이렇게 살다 가실 것을

위 글은 (故)하공임 권사(모친) 소천 후
익산에서 장호원 장례식장 도착 직후(2019년 5월 29일 4시 30분)
유가족 대표 확인절차로 정중하게 덮여있는 하얀 천을 거두고 모친 얼굴 확인하는
순간 내 입에서 튀어나온 외마디입니다.

　　"이렇게 살다 가실 것을……"

※ 삼가 모친을 기리며 가족과 함께 마음을 나누고 싶습니다.

1993년 1월 29일 부친 칠순 잔치 익산 한양호
텔에서 예배드리는 모습(우측 하단 부친 존영 보임)

1997년 1월 29일 부친 82세 생신 날 케이크

모친 소천 마지막 장례식 광경과 부친과 함께 모셔놓은 묘 자리

▲ 모친 하관식 예배(여주 추모공원 411)

◀ 익산공원에 계신 부친(유골)을 여주 추모공원으로 옮겨서 두 분을 같이 모심(2019년 10월 7일 모셔 옮)

2019년 5월 31일 모친 (故)하공임 권사 장례식 마친 후 삼승교회에서

붓을 놓고서

일찍이 하나님께서는 요셉, 다윗, 다니엘 등의 인물을 십대에 그 소명(召命)에 따라 부르시고 준비시켜 쓰신 것처럼 부족한 저를 18세 소년기에 소명과 사명자(使命者)로 부르셔서 부흥회를 인도하는 사역으로 첫 발을 내딛는 순간부터 다듬고 만들어 가시면서 쓰셨습니다.

당시 6·25전쟁에 처참하게 짓밟히고 불타버린 잿더미 위에서 부러진 흙수저를 들고 처절한 가난과 치열한 생존의 결투를 벌이며 거친 어린 십대 소년기를 격동의 역사에 흐르는 강줄기 따라 굽이쳐 휘몰아 돌아가 한 가닥 꿈을 안고 성경 한 권, 보리 한 말, 솥단지 하나, 단 돈 사천 원 손에 쥐고 단벌 옷 걸친 채로 집을 나섰습니다.

그렇게 새벽 종소리 들으며 몰래 도망쳐 기적소리 구슬픈 열차에 몸을 싣고 바람도 쉬어 가고 구름도 자고 가는 추풍령 고개 넘어 심산유곡(深山幽谷) 김천 선자동산에 올랐습니다.

아무도 손잡아 주는 사람 없이 무인지경(無人之境) 처지로 보리 자루 하나 매고 겁 없는 맹수가 되어 정글을 누비며 좌충우돌(左衝右突) 넘어지고 부딪치고, 쓰러지고 자빠지고, 깨지고 물어뜯기고 얻어터지면서 쑥죽 고개, 수제비 멀국, 냉수로 배를 채우며 가시밭길, 사막길, 자갈밭길 황토 벌판에 하나님께서 곡괭이 한 자루 뗑그렁 던져주시면서 "쌩 땅을 파라!"는 청천벽력(靑天霹靂) 마른하늘에 날벼락 치듯 명령하시니, 오직 한 길 목회자의 좁은 길을 54년 걸어왔습니다.

'인생칠십고래희'(人生七十古來稀)란 말은 남들의 것으로 알았는데 정작 내 인생 칠십 고갯마루에 걸터앉아 지난날들을 깊이 헤아려 회고회상(回顧回想)하니 주님께서 한 걸음 두 걸음 함께 걸어주셔서 여기까지 오게 된 그 은혜 고마워 감사의 뜨거운 눈물이 앞을 가립니다.

'남은 여생 녹슬다 가지 말고 닳고 닳다 가라'는 (한국교회가 존경하는) 故 방지일 목사님(1911-2014)의 명언처럼 살다가 삼층 천으로 이사 갈 것입니다(고후 12:1-4).

그렇습니다.

인생(人生)이란 이 땅에 왔다가 두 번의 기회 없이 단일회적으로 연습 아닌 순간의 삶의 연기자로 무대에서 살아가는 것입니다.

작은 배우란 없습니다.

모두 연기자일 뿐입니다.

산다는 자체가 한 편의 드라마를 연출하는 것입니다.

흐르는 시간이 과거가 되어 사라지고, 현재의 시간은 너무 짧고, 미래는 아직 오지 않았으니, '오직 시간이란 바로 지금 뿐'이라고 갈파한 어거스틴(Augustine)처럼 지금 이 순간이 연결고리가 되니, 과거와 현재와 미래를 엮어가면서 시간과 공간의 울타리에서 우주 공간, 가문 가족 부모형제를 만나고, 나의 아내 박경자 사모를 최고의 배필로 만남으로 그나마 추 씨 가문과 나의 인생과 목회의 좁디좁은 길을 함께 울고 웃으며 걸어와 준 헌신적 삶에 이 기회에 뼛속에서 나오는, 그리고 내 영혼의 깊은 곳에서 나오는 고마움을 전하고 싶습니다.

"장차 천국에 가서는 내가 당신의 종이 되어 맛있는 생명과일 따다주는 심부름꾼으로 살아주겠소." 하며 말하기도 하는 내 마음은 정직한 진심이라는 것을 알고 그나마 위안이 되었으면 합니다.

아들 이삭의 자랑스러운 모습은 나의 기쁨이었습니다.

맨 땅에 헤딩하듯이 오직 믿음으로 모험의 삶을 살고 있는 아들입니다.

그 나름 승리하고 성공한 아들이 아우디 자가용을 사주면서 한 말을 기억합니다.

"어디를 가시든지 품위 유지하십시오."

롤렉스(ROLEX)를 사주면서 한 말도 있습니다.

"남자의 멋을 가지고 사세요."

이런 아들에게 나는 감동 받았고, 목회의 마지막 고갯길을 무난히 잘 넘어왔다는 안도감을 느끼며 하나님께 감사할 뿐이고, 자자손손 명예스럽게 생각합니다.

또한 자부(子婦) 강경희 집사는 조용하고 인내하는 모습과 내조의 여왕처럼 끝까지 참아내는 모습이 참 보기 좋습니다.

특수선교사역을 하는 딸 지혜(아름)와 김진협 사위는 재능이 많아 장차 바울처럼 선교의 대부가 될 모습을 상상하면 흐뭇하고 자랑스럽습니다.

추수와 호연·하연·휘연 네 손자들은 하나님의 숨겨놓은 다음세대 위대한 명품인생 신앙인이 될 것을 생각하며 바라보니 무척 기대가 되고, 소망 속에 기쁘기만 합니다.

이처럼 자서전을 쓰게 된 동기와 목적은 바로 우리 가족에게 내가 경험하고 체험

한 이야기들을 전해줌으로써 명예로운 가문과 각자 자신들에게 미래적·신앙적 영양소가 되는 자부심과 자존감을 갖게 하며, '하나님 앞에서 끝까지 믿음의 자손이 되어 달라'고 갈구하는 내 마음을 전하고 싶었기에 모든 것을 무릅쓰고 남기게 되었습니다.

비록 크고 화려한 대형적 목회는 아니었지만 소위 험지 같은 곳에서도 옆도 뒤도보지 않았으며, 하나님의 명령으로 알고 오직 목양일념으로 걸어 왔습니다.
내가 걸어온 길을 뒤돌아보면 무모하기도 했습니다.
어리석고 미숙한 결정으로 빙빙 돌았던 우둔한 내 자신을 한없이 자책하고, 때로는 작은 이유로 더 좋은 목회현장을 거절한 후 세월이 흘러 '아! 괜히 객기를 부렸구나!' 하는 후회와 아쉬움에 '그때 그곳으로 갔더라면 어떻게 되었을까?' 하는 생각도 해 봅니다.

54년의 목양일념(牧羊一念)!
마냥 하나님의 뜻으로 돌리기에는 너무도 아쉬웠던 흔적들!
그러나 "쌩 땅을 파라!"는 하나님의 명령을 지켜냈다는 안도감에 후회는 없습니다.

이제는 나의 현재적 짧은 인생과 길었던 목회의 현장에서 일어난 크고 작은 드라마틱한 54년의 발자취를 웃으며 나 자신에게 말하고 싶습니다.
"추 목사! 참 잘했다."

결코 자랑이나 과시나 그 어떤 상념도 없이 써 내려온 소위 추수 추귀환 목사 자서전의 이야기를 여기서 기어코 붓을 내려놓고자 합니다.

오직 하나님께 영광을 돌릴 뿐입니다.
"쌩 땅을 파라!"
"인생은 짧았고, 목회는 길었다."

주후 2021년 3월 일
추수 추귀환 목사

하나님의 칠영

"보좌로부터 번개와 음성과 우렛소리가 나고
보좌 앞에 켠 등불 일곱이 있으니
이는 하나님의 일곱 영이라"
(요한계시록 4:5)